探寻古文明丛书

探寻古罗马文明

〔英〕莱斯莉·阿德金斯 罗伊·阿德金斯 著
张楠 王悦 范秀琳 译
张强 校

商务印书馆
2008年·北京

Handbook to Life in Ancient Rome(Updated Edition)

by Lesley Adkins and Roy A. Adkins © 2004

Published under license from Facts On File, Inc. , New York

此书经北京版权代理有限责任公司代理,由 Facts On File 授权。

编者的话

探寻古文明丛书包括美索不达米亚、埃及、希腊、罗马以及玛雅诸古代文明。在西方传统学术体系中，对这些古文明的研究分别属于“亚述学”、“埃及学”、“古典学”和“玛雅学”，所及学科包括考古、文字、历史、艺术等，内容繁复而庞杂，均已成为专门之学。

我们引进和出版这套“探寻古文明丛书”，用文字和黑白图片汇集了上述古文明发生、发展的各个形态，详细讲述了那些学科所涉及的古文明时期人的日常生活、风俗格调、器皿物件等，展现了现代文明和文化的起源。它们用鸟瞰的视角给读者提供了一个了解古代文明的机会，无论从做学问、满足好奇心还是求知的角度，人们都可以从书里找到有用和有趣的知识。同时，又因作者独具匠心的编排，这套知识性读物还具备参考书和工具书的功能。

这套丛书的特点在于：

- 综合性地介绍和描述古文明史的各种学科和研究领域。有强大的信息量。
- 按照历史时间的顺序排列，方便读者在历史叙事中找到重要的人物、地方和事件在古文明史中的位置。
- 图片、线条图和地图展示了这些古文明的发展脉络和它们的高光点，涵盖的范围从错综复杂的人物、创造发明到历史性的建筑物、纪念物。
- 翔实的原文参考书目和词汇译名对照。

商务印书馆编辑部

目 录

致谢

感谢欧内斯特·布莱克帮助我们对本书全部手稿进行了阅读和修改;同时,也感谢米兰达·奥尔德豪斯—格林、瓦莱丽·马克斯菲尔德和斯蒂芬·明尼特对个别章节的校阅。不过,一切谬误应由我们负责。斯蒂芬·明尼特(英国陶顿市萨默塞特郡博物馆服务部)和拉尔夫·杰克逊帮助我们获得或直接提供了图片,在图书方面我们得到了希腊—罗马协会联合图书馆的诸多帮助,在此一并感谢。当然,我们应向本书曾参阅过的所有出版物的作者致以谢意。最后,我们要为主编希尔拉·达拉斯所做的一切向她表示感谢。

感谢 Facts On File 出版社(尤其是克劳狄娅·沙普)为我们提供了出版修订本的机会。感谢杰里米·伊格尔重新绘制了全部地图。

序言

本书旨在为罗马历史和考古专业的学生及爱好者提供一种简便的参考工具，这与我们在1982年初版的《英国考古手册》(*Handbook of British Archaeology*)一书的原则相似。让我们欣喜的是，这部罗马手册的形式十分成功，Facts On File的出版者已将我们最初的想法发展为一整套丛书。

自公元前8世纪罗马还是一个小型聚落时至公元5世纪西罗马帝国灭亡，罗马时代延续了1200余年。帝国最后被分成东西两部分，东部拜占庭帝国延续多年，处于君士坦丁堡(初称拜占庭)而非罗马的治下。在本书中，我们尽可能一并收录那些与公元5世纪之前的罗马时代相关且有价值和确凿的信息。

本书按主题而未以时间为序划分章节，目的是易于读者对各个专题的理解，不过索引(即"词汇译名对照")十分全面，便于查找个别词汇。我们对所引用的考古证据和史料证据均加以区分，尽可能选取两种学科中最为重要的东西；但行文中并未对史料因素与考古因素加以区分，亦未专设章节阐述考古证据或物件。

某一专题的考察方法通常不止一种，所以可能在几部分中均有涉及。例如，壁画和马赛克可从建筑(建筑技术)或艺术品角度考察。遇此情况，我们会将信息的重复率降到最低。由于篇幅所限，我们仅对各主题加以概述，但尽量为希望对任一专题做深入了解的读者提供更多的参考。大体来讲，参考资料以常见的概述性英文文献为主，并附有详尽的参考书目，便于读者对某一专题进行更深入的研究。至于书中出现的技术、史学以及考古方面的术语，我们也尽量给出其在拉丁文中的一般用法。

除约定俗成使用拉丁文和无相应英文单词处以外，地名均用英文表述。遇有现代国家名称时，我们仅使用那些在写作时有适当指定区域的名称。量度单位使用公制，并在括号中给出相应的美国标准量度。如只知约数，美制和相应的公制单位均以整数表示，如“约 60 米（200 英尺）”。罗马量度单位（如罗马足和罗马里）如上标明以区别于美制单位。除仅知大致时间外，书中尽可能给出精确日期。“约公元前 60—约公元前 50 年”（c. 60—c. 50BC）表示“约公元前 60 年至约公元前 50 年”。“约公元前 60—前 50 年”（c. 60—50BC）表示“约公元前 60 年至公元前 50 年整”；“公元前 60—前 50 年”（60—50BC）表示“公元前 60 年整到公元前 50 年整”。此法同样适用于公元后的定年，但除为明确时间外，通常不标“公元”（AD）一词。

新　版

罗马历史与考古并非一成不变的学问，因为遍布世界各地的研究均在不断为之增添新内容。随着计算机技术的发展和其他科学方法的应用，考古研究的技术也在不断提高。有关罗马历史和考古的出版物面世的数量每年均呈上升趋势，研究者们若要完全掌握这一学科的发展动态便更为困难。因此，新版着重对每章之后的阅读书目部分进行了全面修订，为那些欲深入研究某些特殊专题者提供了更新资料（多为 1994 年以后出版）。所有章节均做了必要的更新、校正与扩充，并进行了一些调整以使行文更加清晰。此外，插图也有所增加。

地图列表

插图列表

狄奥多西一世向一名屈膝跪拜官员颁赐宪章的仪式

尼禄阿司币的背面图案：持盾的胜利女神，并刻有“SPQR”和“SC”的字样

公元 283 年重修的罗马元老院会堂或称库里亚

一名辅军骑士（色雷斯第四中队）的墓碑

公元 3 世纪初诺伊马根的运酒船形墓碑

米塞努姆船队长官设立的一座祭坛

厄尔米尼路卫队之龟甲阵

厄尔米尼路卫队之军团兵

罗马马军战胜罗克索朗人的重装马军（cataphracti）

公元 1 世纪后期一士兵墓碑

厄尔米尼路卫队之辅军士兵

一种弩箭发射装置（catapulta）

投石装置（onager）

图拉真记功柱上一幅为达西亚战争备战的场面

公元 1 世纪前半期手持鹰旗的“军团掌旗官”

提图斯凯旋门上的一块浮雕檐壁

塞普提米乌斯·塞维鲁在公元 203—204 年同帕提亚人和阿拉伯人作战后修建的两座凯旋门之一

营门图例

波利比乌斯营盘和叙吉努斯营盘

图拉真记功柱中表现士兵用泥炭和木材修建堡垒的景象

堡垒的布局

哈德良长墙及一座里程堡

哈德良长墙和安东尼努斯长墙的截面图

威尔士凯尔温特献给帕乌利努斯的雕像基座

君士坦丁一世时期罗马城的局部模型

庞贝城铺砌的街道

位于法国境内的加尔大桥

肩扛雌鹿回家的两名猎人

罗马的阿皮乌斯大道

今德国一条沿罗马古道修建的道路

特里尔摩泽尔河上的罗马桥梁

普罗旺斯维松—拉罗曼尼的单拱砖石桥

刻字里程碑的上半部分

骡拉两轮客车的浮雕

德国伊盖勒纪念碑浮雕

奥斯提亚协会广场的马赛克画

商船剖面图

庞贝城“欧罗巴”号船的草图

帆的形状

复合锚复原图

庞贝城绘有港口景象的壁画

巴伊埃的港口景色

英国多佛的罗马灯塔

船上载货时双耳细颈罐的摆放方法

书写材料，包括草纸卷、存放草纸卷的书匣、书板、墨水盒、笔以及铁笔

三联蜡版

以弗所凯尔苏斯图书馆的复原图

日耳曼诺伊马根一块浮雕（复制品）的局部，表现的是一位教师手持一卷草纸坐在座椅上

在罗马发现的一尊奥古斯都皇帝的巨大头像

位于罗马的马尔库斯·奥里略皇帝的骑马铜像

英国洛哈姆发现的马赛克画

庞贝城一堵墙上的洛里乌斯选举公告

庞贝城的一块墓碑铭文

献给努美里乌斯·维拉西乌斯·格拉图斯的葬礼铭文

提图斯狄纳里币正面的逆向缩写字母

马克西米亚努斯时期富利斯币的正面

马克西米努斯一世狄纳里币的背面

一个用于测量谷物的牟狄乌斯容器

赭色黏土陶器的主要类型

两个海枣树之间的一只双耳细颈罐

双耳细颈罐的主要类型

瓦的图例

印有“LEGILAVG”的瓦

玻璃器皿的样式范例

庞贝城面包店的一个大型压榨机

德国的伊盖勒纪念碑,显示了布料的准备和完成的场景

一葬礼纪念碑的局部,描绘了一张餐桌和金属容器

刻有两名战俘的柱础

一枚狄纳里币的背面图案:头遮托迦的卡拉卡拉在三足器旁献祭

德国诺伊马根一座葬礼纪念碑的部分图像,展现了样式各异的衣着和鞋类

四个妇女服侍其主人美发的情景

一位获胜的战车御者及其战车和两匹马

德国特里尔的一座圆形竞技场

两角斗士之间的格斗

庞贝城广场浴池的温室复原图

在圆形竞技场举行的赛会中音乐表演的间歇场景

庞贝城一座主要墓园中的墓葬

位于罗马城奥斯提亚门外的盖尤斯·科斯提乌斯的金字塔形墓

表格列表

第一章

共和国和帝国

大事年表

罗马古代史可分为三个阶段，即王政时代、共和国时代和帝国时代。通常所说的元首统治是指从奥古斯都(Augustus，公元前27—公元14年在位)到戴克里先(Diocletian，公元284—305年在位)的历史时期，此间皇帝是为元首(princeps，意为“第一公民”)。专制时期则指帝国后期，此时皇帝是为主宰(Dominus)。公元284年以降通常被称为“晚期古代”(Late Antiquity)。公元395年，帝国分裂为东西两部分。西罗马帝国的灭亡时间被认定为公元476年，因为此后西部再无罗马皇帝，而东部的拜占庭帝国(Byzantine Empire)存续至公元1453年，历时近千年。有关拜占庭帝国始于何时，争议颇多。下列年表囊括了大部分历史事件。

罗马人自公元前153年1月开始使用执政官的名字命年，历法年与执政官年同时使用。帝国时期，年份既以每年1月1日上任的执政官的名字命名，也以在位皇帝的名字命名。由于罗马历法自身存在矛盾，执政官年表(Fasti Consulares)亦不完整，所以，要对共和国时期进行精确定年尤为不易。另外，占星者在公元前1年和公元1年之间使用0年，史家有时也如此，这种复杂的现象导致现在对共和国时期的纪年出入颇多。本书第九章将对纪年问题以及罗马的纪年系统作进一步讨论。

古代罗马史大事年表

王政时代

公元前753年　这是古代史家普遍使用的传统纪年，但并无确凿证据。据称，罗穆路斯(Romulus，传说中特洛伊英雄埃涅阿斯[Aeneas]的后裔)

是年4月21日创建罗马城，后在冲突中杀死其孪生兄弟勒慕斯(Remus)。早期罗马可能还有更多的王。

罗马七王

这些王多数盖为虚构或半虚构的人物。

公元前753—前715年　罗穆路斯。

罗穆路斯之后，王位由出身萨宾(Sabine)、拉丁(Latin)和埃特鲁里亚(Etruscan)的人担当。王位并非世袭。

公元前715—前673年　努玛·庞培利乌斯(Numa Pompilius)，萨宾人。

公元前673—前641年　图鲁斯·豪斯提利乌斯(Tullus Hostilius)，拉丁人。

公元前641—前616年　安库斯·马尔西乌斯(Ancus Marcius)，萨宾人。

公元前616—前579年　L. 塔克文·普利斯库斯(L. Tarquinius Priscus)[塔克文一世，Tarquin Ⅰ]，埃特鲁里亚人。

公元前579—前534年　塞尔维乌斯·图利乌斯(Servius Tullius)，罗马人或拉丁人。

公元前534—前509年　L. 塔克文·苏帕尔布斯(L. Tarquinius Superbus)[高傲者塔克文或塔克文二世，Tarquin the Proud or Tarquin Ⅱ]，埃特鲁里亚人。

公元前509年　王被逐出罗马。

确立共和制。

共和国时代

公元前508年　罗马与迦太基(Carthage)签订和约。

豪拉提乌斯·科克莱斯(Horatius Cocles)在罗马城苏布里基乌斯桥(Bridge of Sublicius)阻击埃特鲁里亚军队。

公元前496年　罗马人在莱基卢斯湖(Lake Regillus)战役中击败拉丁人。

公元前494年　设立平民保民官一职。

公元前 493 年　与拉丁同盟(Latin League)签订和约。

公元前 458 年　为解救罗马军队,已退隐山林的金基那图斯(Cincinnatus)被召回出任独裁官。

公元前 451—前 450 年　制定十二表法。

公元前 405—前 396 年　围攻维伊(Veii)。

公元前 396 年　攻陷并摧毁维伊。

公元前 391 年　三万高卢大军越过亚平宁(Appennine)山脉。

公元前 390 年　7 月,罗马军队在阿利亚(Allia)河为高卢人所败。

高卢人围困罗马城,但罗马人在卡皮托尔山(Capitol)坚守七个月。

公元前 378 年　环罗马城建塞尔维乌斯城墙(Servian wall)。

公元前 366 年　平民首次出任执政官。

公元前 348 年　第二次与迦太基签订和约。

公元前 343—前 341 年　第一次萨莫奈战争(Samnite War)。

公元前 340—前 338 年　拉丁战争(Latin War)。

公元前 338 年　罗马解散拉丁同盟。

公元前 327—前 304 年　第二次萨莫奈战争。

公元前 323 年　亚历山大大帝(Alexander the Great)亡于巴比伦(Babylon)。

公元前 321 年　罗马军队在卡乌狄乌姆隘口(Caudine Forks)惨败,被迫向萨莫奈人投降。

公元前 312 年　开始修建阿皮乌斯大道(via Appia)和阿皮乌斯水渠(aqua Appia)[罗马第一条引水渠]。

公元前 298—前 290 年　第三次萨莫奈战争。

公元前 293 年　对医神埃斯库拉皮乌斯(Aesculapius)的崇拜传入罗马。

公元前 290 年　罗马战胜萨莫奈人并迫使他们与罗马结盟,罗马遂称霸中部意大利(Italy)。

公元前 287 年　霍尔腾西乌斯法(lex Hortensia)取消了元老院对平民决议(plebiscita)的否决权。

公元前 280—前 275 年　与皮鲁士(Pyrrhus)的战争。皮鲁士为援助希腊诸城反抗罗马而入侵意大利，殚精竭虑只获得毫无意义的“皮鲁士的胜利”。

公元前275年　皮鲁士在贝奈温图姆(Benevento)战败并离开意大利。

公元前275—前270年　罗马控制了意大利南部。

公元前264—前241年　与迦太基的第一次布匿战争(Punic War)。

公元前260年　罗马在米拉埃(Mylae)取得第一次海战胜利。

公元前241年　在艾伽特斯群岛(Aegates Islands)海战中战胜迦太基并结束第一次布匿战争。

公元前235年　罗马雅努斯(Janus)神庙大门关闭，以示罗马与所有民族实现了和平，此为有史料记载的第一次。

公元前229—前228年　罗马征剿伊里利亚(Illyrian)沿岸的海盗(第一次伊里利亚战争[Illyrian War])。

公元前226年　与迦太基的埃布罗河(Ebro River)和约。

公元前225年　一支高卢大军越过亚平宁山脉，在泰拉蒙(Telamon)战役中被罗马人击败。

公元前219年　征剿海盗的第二次伊里利亚战争。

迦太基的汉尼拔(Hannibal)进攻萨贡图姆(Sagunto)城，随后从西班牙(Spain)出征。

公元前218—前201年　第二次布匿战争。

公元前218年　汉尼拔越过阿尔卑斯山(Alps)进攻意大利。12月，在特雷比亚河(Trebia)战役中击败罗马人。

通过一项法令，内容是限制元老所能拥有货船的体积。

公元前217年　6月21日，汉尼拔在特拉西美涅湖(Lake Trasimene)战役中打败罗马军队，1.5万罗马人丧生。

公元前216年　8月2日，汉尼拔在坎尼(Cannae)战役中击败罗马军队。5万罗马人丧生。

公元前215年　俄比乌斯法令(Lex Oppia)限制妇女所能拥有和佩戴的珠宝及奢侈品的数量。

公元前 214—前 204 年　罗马与马其顿(Macedon)的腓力五世(Philip Ⅴ)进行第一次马其顿战争(Macedonian War)。

公元前 213 年　罗马人围困叙拉古(Syracuse)。

公元前 211 年　攻克叙拉古。

公元前 204 年　马其顿的腓力五世战败。

公元前 203 年　汉尼拔被迫离开意大利。

公元前 202 年　西比阿(Scipio)在扎玛(Zama)战役中战胜汉尼拔,取得罗马在非洲(Africa)的胜利。

公元前 201 年　第二次布匿战争结束。

公元前 200—前 197 年　罗马与马其顿的腓力五世进行第二次马其顿战争。

公元前 197 年　平定西班牙的战争爆发。

公元前 195 年　废除俄比乌斯法。

公元前 194 年　罗马撤出希腊。

公元前 192 年　安条克三世(Antiochus Ⅲ)入侵希腊。

公元前 191 年　罗马在温泉关(Thermopylae)获胜。

与安条克三世的战争爆发,并将之逐出希腊。

公元前 190 年　罗马进攻小亚细亚(Asia Minor)并在马戈奈西亚(Magnesia)打败安条克。

公元前 187 年　安条克三世卒。

公元前 186 年　元老院出台法令在意大利地区限制酒神崇拜。

公元前 184 年　老加图(Cato the Elder)出任监察官。

公元前 179 年　马其顿的腓力五世卒,其子佩尔修斯(Perseus)继位。

公元前 173 年　希腊哲学家被逐出罗马。

公元前 172—前 168 年　第三次马其顿战争。

公元前 168 年　6 月 22 日,佩尔修斯在皮德纳(Pydna)战役中败北,第三次马其顿战争结束。

公元前 167 年　一千名希腊人质被送至罗马,其中包括波利比乌斯(Polybius)。

提洛岛(Delos)被宣布为自由港。

公元前161年 希腊哲学家被逐出罗马。

公元前149年 第三次布匿战争爆发。

马其顿叛乱。

公元前149—前146年 第三次布匿战争。

公元前148年 第四次马其顿战争以及与阿卡亚同盟(Achaean Confederacy)的战争。

公元前146年 迦太基被夷为平地,第三次布匿战争结束。

阿卡亚(Achaea)叛乱后,科林斯(Corinth)被摧毁。阿卡亚同盟解散。

公元前135—前132年 西西里(Sicily)爆发奴隶起义,公元前132年被罗马军队镇压。

公元前134—前133年 围攻并摧毁努曼提亚(Numantia)。

公元前133年 保民官提比略·格拉古(Tiberius Gracchus)提出土地改革方案;后被杀。

阿塔路斯三世(Attalus Ⅲ)将帕加马(Pergamum)王国(后来的亚细亚行省)遗赠给罗马。

公元前123—前122年 保民官盖尤斯·格拉古试图进行土地改革。

公元前121年 盖尤斯·格拉古(Gaius Gracchus)被宣布为公敌,并与其三千名追随者一同被杀。

公元前112—前105年 在非洲北部与努曼提亚国王朱古达(Jugurtha)的战争。

公元前107年 马略(Marius)初次当选执政官(先后七次出任该职),并被派往非洲与朱古达作战。

公元前105年 罗马军队在奥朗日(Orange)被正向意大利行进的日耳曼部落歼灭。

马略在北非打败努米底亚人。

公元前104—前101年 西西里爆发奴隶起义。

公元前102年 马略在塞克斯图斯温泉区(Aquae Sextiae)击败条顿人(Teutones)。

公元前 101 年　马略在维尔克莱(Vercellae)击败基姆布利人(Cimbri)。

公元前 99—前 88 年　同盟战争(Social War,源于“socii”一词,意为“同盟”),也称马尔西战争(源于发动起义的马尔西[Marsi]部族)。这是由罗马的意大利同盟发起的反罗马内战,同盟要求得到公民权及其他一些特权。

公元前 89 年　授予拉丁人及意大利同盟罗马公民权。

本都(Pontus)国王密特里达提(Mithridates)入侵罗马在小亚细亚的领土。

公元前 89—前 85 年　第一次密特里达提战争。

公元前 88 年　苏拉(Sulla)出任执政官,并率六个军团进军罗马。

公元前 88—前 82 年　苏拉与马略的追随者在罗马爆发内战。

公元前 87 年　苏拉获得东方指挥权,并进军希腊、围攻雅典(Athens)。

马略与秦纳(Cinna)占领罗马。

公元前 86 年　马略去世。

苏拉在卡埃罗内亚(Chaeronea)打败密特里达提并攻陷雅典。

公元前 85 年　苏拉在亚细亚征收大量战争赔偿,结束第一次密特里达提战争。

图 1.1　公元前 86 年苏拉围攻雅典后留下的弩炮石弹。

公元前 83 年　苏拉回到意大利,进军罗马。

公元前 83—前 82 年　第二次密特里达提战争。

公元前 82—前 80 年　苏拉独裁。

公元前 79 年　苏拉退隐。

公元前 74—前 63 年　第三次密特里达提战争。

公元前 73—前 71 年　意大利爆发斯巴达克(Spartacus)领导的奴隶起义。
维瑞斯(Verres)统治西西里。

公元前 71 年　庞培(Pompey)和克拉苏(Crassus)镇压斯巴达克起义。

公元前 70 年　庞培和克拉苏出任执政官。
西塞罗(Cicero)检举维瑞斯借职勒索。

公元前 69 年　克里特(Crete)成为执政官行省。

公元前 67 年　庞培被授权清剿东地中海海盗,并在三个月内完成任务。

公元前 66—前 62 年　庞培在东方作战,最远到达耶路撒冷(Jerusalem),为罗马取得大片新领地。

公元前 63 年　西塞罗任执政官。
喀提林阴谋。
密特里达提卒。

公元前 62 年　庞培结束战争,从耶路撒冷回到罗马。

公元前 60 年　庞培、克拉苏和尤利乌斯·恺撒(Julius Caesar)组成非正式同盟(今称"前三头同盟"[First Triumvirate])。

公元前 59 年　尤利乌斯·恺撒出任执政官。
庞培迎娶恺撒之女尤利亚(Julia)为妻。

公元前 58—前 51 年　恺撒征服整个高卢的战争。

公元前 58 年　克罗狄乌斯(Clodius)出任执政官。他提出法案,向公民免费分发谷物,以笼络民心。

公元前 58—前 57 年　西塞罗被流放。

公元前 56 年　"前三头同盟"在卢卡(Lucca)续结盟约。

公元前 55—前 54 年　恺撒进军不列颠(Britain)。

公元前 54 年　庞培之妻尤利亚(恺撒之女)的亡故导致同盟分裂。
克拉苏前往叙利亚(Syria)。

公元前 53 年　帕提亚人在卡莱(Carrhae)战役中击败罗马军队,克拉苏被杀。"前三头同盟"终结。

公元前 52 年　遭围困的阿莱西亚(Alesia)投降。在罗马国内局势日趋动荡的情况下，米罗(Milo)戕杀克罗狄乌斯；庞培被选为唯一执政官并着手恢复秩序。

公元前51—前50年　西塞罗出任西里西亚(Cilicia)总督。

公元前49年　元老院命令恺撒解散军队，但他在1月10日渡过卢比孔河(意大利和山南高卢[Cisalpine Gaul]之间的一条界河)并攻入意大利，内战随即爆发。

庞培及其追随者逃往希腊。

公元前49—前45年　罗马内战。

公元前48年　恺撒在法萨卢(Pharsalus)战役中打败庞培。庞培逃到埃及(Egypt)，被杀。

公元前47—前44年　恺撒独裁。

公元前47年　基拉(Zela)战役。

公元前47—前45年　恺撒在东方、非洲和西班牙同共和派作战。

公元前46年　加图在乌提卡(Utica)自杀。

塔普苏斯(Thapsus)战役。

公元前45年　恺撒在蒙达(Munda)战役中战胜共和派。

恺撒从西班牙返回。1月1日起实行儒略历。

公元前44年　3月15日，恺撒被杀；其侄孙屋大维(Octaivan)被指定为继承人。恺撒的谋杀者与其继承者(马可·安东尼[Mark Antony]和屋大维)之间爆发内战。

公元前44—前30年　罗马内战。

公元前43年　马可·安东尼(与雷必达[Lepidus]同为国家正式首脑)前往山南高卢；元老院宣布其为公敌。屋大维被派去与马可·安东尼作战并在穆提那(Mutina)附近的两次战役中打败后者。庞萨(Pansa)和希尔提乌斯(Hirtius)两位执政官均在此处被杀。屋大维出任执政官之位遭元老院拒绝，遂进军罗马，以武力夺取执政官职。屋大维与安东尼、雷必达和解并组成“后三头同盟”(Second Triumvirate)。

西塞罗及其他人遭迫害。

公元前 42 年　雷必达任执政官。

屋大维与安东尼前往东方与共和派布鲁图斯(Brutus)和卡西乌斯(Cassius)作战,并在腓力比(Philippi)战役中取胜。

公元前 41—前 40 年　佩鲁西亚战争(反屋大维的叛乱)。佩鲁西亚(Perusia)被围。

公元前 40 年　雷必达获得非洲统治权,安东尼获得东方行省统治权,屋大维获得西部行省统治权。

安东尼与屋大维之间的布隆迪西乌姆(Brundisium)协议。

安东尼娶屋大维娅(Octavia,屋大维的姐姐)为妻。

公元前 40—前 31 年　马可·安东尼在东方期间,与屋大维之间的矛盾不断恶化。

公元前 37 年　"后三头同盟"续结盟约。

公元前 36 年　雷必达问鼎最高权力未遂,被迫退出政界。安东尼在亚美尼亚(Armenia)进行战争,并与帕提亚人及其同盟作战,然屡次失利。

公元前 33 年　"后三头同盟"终结。

公元前 31 年　元老院剥夺安东尼的权力。屋大维出兵与克莱奥帕特拉(Cleopatra)作战,并于 9 月 2 日的亚克兴(Actium;希腊西海岸的一处海岬)海战中打败安东尼和克莱奥帕特拉,屋大维随即控制了整个罗马世界。

图 1.2　一枚奥古斯都狄纳里(denarius)币的正面图案。
【由萨默塞特(Somerset)博物馆提供】

公元前 30 年　安东尼与克莱奥帕特拉逃到埃及并在亚历山大城(Alexanderia)自杀。

公元前 29 年　屋大维为自己在伊里利亚、亚克兴和埃及的胜利举行凯旋式。

帝制时代(帝国)

公元前 27 年　1 月,屋大维接受"奥古斯都"称号并声称要恢复共和国,实为独掌罗马世界的统治权。

公元前 27—公元 68 年　尤利亚—克劳狄王朝。

公元前 27—前 24 年　奥古斯都在西班牙西北部指挥作战。

公元前 27—前 19 年　阿格里帕(Agrippa)彻底征服西班牙西北部。

公元前 23 年　奥古斯都接受终身保民官职权。

公元前 19 年　奥古斯都可能被授予终身执政官职权。

公元前 18 年　规范婚姻及通奸的尤利亚法案(*Lex Julia*)通过。

公元前 17 年　罗马举行世纪赛会(Secular Games)。

公元前 11 年　奥古斯都迫使养子提比略与维普萨尼娅·阿格里帕离婚并与奥古斯都之女尤利亚结婚。

公元前 4 年　希律大帝(Herod the Great)卒。

公元后

0　实无此年。

6—9 年　潘诺尼亚(Pannonia)大叛乱。

9 年　瓦鲁斯(Varus)在条顿堡(Teutoberg)森林遭伏击,全军(三个军团及其辅助军队)覆没。

14 年　莱茵河(Rhine)和多瑙河(Danube)地区的军团哗变。

约 30 年　耶稣(Jesus)受难。

31 年　塞亚努斯(Sejanus)被处死。

43 年　进攻不列颠。

59 年　尼禄(Nero)处死其母小阿格里皮娜(Agrippina)。庞贝城(Pompeii)的竞技场发生暴乱。

60 年　波蒂卡(Boudicca)领导的不列颠起义爆发。

61 年　帕乌利努斯(Paulinus)镇压波蒂卡起义。

62 年　尼禄处死其前妻屋大维娅。

波尔图斯(Portus)港的船只因暴风雨受损。

64 年　罗马城发生重大火灾，并归咎于基督徒。

65 年　刺杀尼禄的皮索阴谋(Pisonian Consiracy)败露，导致多人自杀或被杀，包括小塞涅卡(Seneca the Younger)、佩特洛尼乌斯·阿尔比特尔(Petronius Arbiter)、卢坎(Lucan)和皮索(Piso)。

66—73 年　犹太起义。

图 1.3　提图斯凯旋门(Arch of Titus)的一块浮雕。此门系为纪念提图斯在耶路撒冷的胜利而建，浮雕表现的是凯旋队伍携带从耶路撒冷掠获的战利品进入罗马，其中包括耶路撒冷庙宇中使用的烛台。

69 年　四帝(伽尔巴[Galba]、奥托[Otho]、维泰里乌斯[Vitellius]和韦帕芗[Vespasian])之年。

69—70 年　日耳曼的巴塔维部族在尤利乌斯·基维里斯(Julis Civilis)领导下与其莱茵河一线的同盟发动叛乱并建立高卢帝国，后被镇压。

69—96 年　弗拉维王朝。

70 年　韦帕芗命提图斯(Titus)留守犹地亚(Judaea)，自己进入罗马。经五个月围攻，提图斯在是年 5 月攻陷并摧毁耶路撒冷，包括城内的神庙。

71 年　罗马发生饥荒和火灾。

78—85 年　阿古利可拉(Agricola)任不列颠总督。

79 年　8 月 24 日，维苏威火山(Vesuvius)喷发。

80 年　克罗塞乌姆(Colosseum)竞技场建成。

韦帕芗为朱庇特·卡皮托利努斯(Jupiter Capitolinus)新建的神庙被大火烧毁。

83 年　图密善(Domitian)最终征服十区领地(Agri Decumates)。

85 年　罗马在格劳皮乌斯山(Mons Graupius)战役中取胜。

88—89 年　军队指挥官卢基乌斯·安东尼·萨图尔尼努斯(Lucius Antonius Saturninus)在上日耳曼(Upper Germany)发动的叛乱被镇压。

101—102 年　图拉真(Trajan)发动达西亚(Dacia)战争。

105—106 年　图拉真对达西亚的战争。

109—111 年　小普林尼(Pliny the Younger)任比苏尼亚(Bithynia)总督。

115 年　图拉真攻取帕提亚首府泰西封(Ctesiphon)。

116 年　帝国东部发生犹太起义。

美索不达米亚(Mesopotamia)南部发生起义。

117 年　哈德良(Hadrian)放弃帕提亚地区。

图 1.4　罗马图拉真记功柱底部的螺旋浮雕，刻画的是达西亚战争期间的各种活动，最初曾着色。

121—122 年　哈德良巡视不列颠并下令修建哈德良长墙(Hadrian's Wall)。

130—134 年　"星宿之子"西蒙(Simon Bar-Cochba)在巴勒斯坦(Palestine)领导犹太人起义。起义被残酷镇压,并最终导致犹太人被逐出该地区。

135 年　哈德良禁止犹太人进入耶路撒冷。

138—193 年　安东尼王朝。

约 145—150 年　毛里塔尼亚(Mauretania)起义。

162—166 年　卢基乌斯·维鲁斯(Lucius Verus)指挥同帕提亚人的战争。

166 年　大批马尔考曼尼人(Marcomanni;一日耳曼部落)越过多瑙河。

因东部士兵回归导致的饥荒席卷帝国西部并波及罗马,前后共持续 25 年。

167 年　东北及东部边境线遭蛮族部落入侵。

168—175 年　马尔库斯·奥里略(Marcus Aurelius)的日耳曼战争。

170 年　日耳曼部族冲破多瑙河中上游防线,深入帝国内部。

193—197 年　内战。

197 年　塞普提米乌斯·塞维鲁(Septimius Severus)在里昂(Lyon)击败最后一个对手克罗狄乌斯·阿尔比努斯(Clodius Albinus)。

197—198 年　塞维鲁发动战争入侵帕提亚(Parthia),公元 197—198 年冬攻克其首府泰西封。

208—211 年　塞维鲁在不列颠作战。

212 年　卡拉卡拉敕令(constitutio Antoniniana)向帝国所有居民授予公民权。

213 年　卡拉卡拉(Caracalla)在日耳曼与威胁莱茵—多瑙河边境线的阿勒曼尼人(Alamanii)作战。

215 年　卡拉卡拉出兵帕提亚边地以期扩张美索不达米亚边境,但在亚美尼亚受挫。

235—285 年　50 年的无政府状态。

247—270 年　各地驻军共拥立 30 个指挥官为帝。

250 年　德基乌斯(Decius)迫害基督教徒。

251 年　哥特人及其他蛮族入侵多瑙河。

260 年　萨普尔一世(Shapur I)擒获瓦来里安(Valerian)。

260—274 年　不列颠、高卢和西班牙建立独立的高卢帝国。

266—273 年　泽诺比娅(Zenobia)建立独立的巴尔米拉帝国。

270 年　奥莱里安(Aurelian)在罗马城周围修筑城墙以防御入侵。

272 年　奥莱里安攻取巴尔米拉。

274 年　奥莱里安在沙隆(Châlons)附近击败提特里库斯(Tetricus)并收服高卢帝国。

283 年　卡鲁斯(Carus)攻克波斯首府泰西封。

284 年　晚期古代开始。

287 年　卡劳希乌斯(Carausius)在不列颠宣布独立,建立帝国。

293 年　戴克里先创立四帝共治制(Tetrarchy)[四人统治],由两位奥古斯都(Augusti)[共治皇帝]领导,他本人辖东部,马克西米亚努斯(Maximian)辖西部。奥古斯都下设两名恺撒。

296 年　收复不列颠并重设行省。

301 年　戴克里先颁布限制薪金和价格的法令。

303 年　基督教大迫害。

305 年　戴克里先和马克西米亚努斯退位,第一次四帝共治结束。

306 年　马克森提乌斯(Maxentius)叛乱。

308 年　9 月,卡尔努恩图姆(Carnuntum)和会。

312 年　君士坦丁一世(Constantine I)进攻意大利,在米尔维安桥(Milvian Bridge)战役中击败马克森提乌斯并占领罗马。

313 年　2 月,君士坦丁同李基尼乌斯(Licinius)发布“米兰敕令”(同意基督教教堂自由礼拜)。

324 年　君士坦丁打败李基尼乌斯成为罗马帝国的唯一统治者。
建立君士坦丁堡(Constantinople)。

325 年　基督教会议在尼西亚(Nicaea)召开。

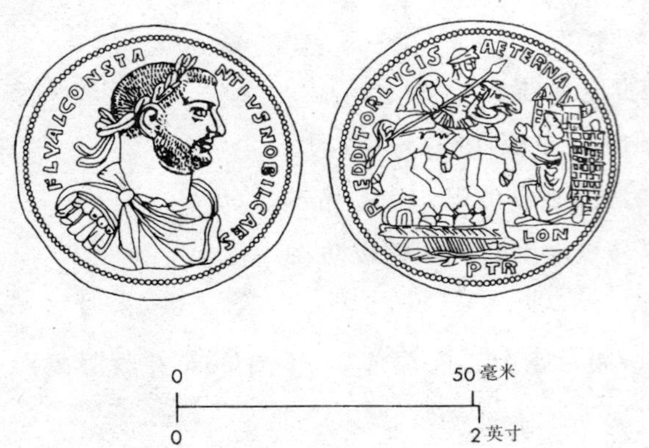

图1.5　特里尔(Trier)造币所为纪念君士坦提乌斯一世在公元296年收复伦敦和不列颠时造的金质阿拉斯(Arras)奖章。在背面图案中，泰晤士河(Thames)上泊有一艘战船，一个代表伦敦(LON)的人物在城门迎接骑马而来的君士坦提乌斯一世。

330年　君士坦丁一世将罗马帝国首都迁到君士坦丁堡。

351年　君士坦丁二世在穆尔萨(Mursa)战役(9月28日)中战胜马格奈恩提乌斯(Magnentius)。

357年　尤利安(Julian)成功将日耳曼部落逐回莱茵河对岸。他在阿根托雷特(Argentorate)战役中以1.3万人击败3.5万阿勒曼尼人。

359年　君士坦丁二世在君士坦丁堡设立元老院。

361—363年　“叛教者”尤利安(Julian the Apostate)试图恢复罗马传统宗教。

367年　瓦伦提尼安(Valentinian)的将领“comes”[译按：“comes”一词原意为随从，最初作为一种头衔用于那些皇帝从身边廷臣中选派在外从事某种事务者，该头衔代表其拥有者与皇帝的亲密关系及受信任程度。随着皇廷机构的不断扩张，“comes”逐渐成为正式职衔。他们的任职广泛分布于帝国各领域，从军中职司到文职机构均有出现，并且由于他们与皇帝的特殊关系，“comes”逐渐成为罗马帝国的高级官员。君士坦丁之后，他们成为帝国统治中永久性的固定成员。]狄奥多西乌斯抵御一次不列颠的入侵(即所谓“蛮族阴谋”)。

376年　为加强边境防御和增加兵源，瓦伦斯(Valens)允许数以千计的西哥特人迁入帝国境内。罗马人的安顿政策失误，致使西哥特人与东哥特人联合。

378年　瓦伦斯出征讨伐弗瑞提根(Fritigern)王统领的西哥特人，但在8月9日的亚德里亚堡(Adrianople)战役中，哥特人以绝对优势击败罗马军队，瓦伦斯被杀。

383 年　马格努斯·马克西姆斯(Magnus Maximus)在不列颠起义,并在特里尔建立政权。

391 年　狄奥多西(Theodosius)禁止任何形式的异教并查封其神庙。

395 年　帝国分裂为东西两部分。

阿拉里克(Alaric)领导的西哥特人侵入色雷斯(Thrace)和马其顿。

401 年　阿拉里克及西哥特人侵入意大利。

402 年　斯提里克(Stilicho)在阿兰人和汪达尔人的帮助下击退西哥特人。

赫诺瑞乌斯(Honorius)将其宫廷由罗马迁到拉文纳(Ravenna),并在此定都。

403 年　阿拉里克再次入侵意大利。

406 年　(自 12 月 31 日起)日耳曼部族的霍尔戴斯(Hordes)在美因兹(Mainz)附近渡过冰封的莱茵河攻入高卢。

407—408 年　君士坦丁三世从不列颠赶往高卢,整顿日益恶化的军事状况。他在阿尔勒(Arles)建立政权,创建新的高卢帝国,并在不列颠、高卢、日耳曼和西班牙恢复了秩序。

408 年　因与阿拉里克串通的谣言,斯提里克被赫诺瑞乌斯处死。

409 年　冬,汪达尔人、苏埃比人(Suebi)和阿兰人入侵西班牙,君士坦丁三世的高卢帝国瓦解。

410 年　高卢帝国瓦解后,罗马再未收复不列颠。因此,一般将公元 410 年作为罗马在不列颠统治的终结。是年 8 月 24 日,西哥特人在阿拉里克的带领下围困并攻陷罗马城,在城内劫掠三天。

411 年　来自拉文纳的皇家军队打败并处死君士坦丁三世。

412 年　西哥特人占领高卢西南部的部分地区。

418 年　西哥特人与罗马政府达成协议,在阿基坦(Aquitaine)地区定居。

429 年　盖塞里克(Gaiseric)率领汪达尔人和阿兰人从西班牙渡过直布罗陀海峡(Straits of Gibraltar)进入非洲。

431 年　以弗所(Ephesus)会议。

438 年　狄奥多西颁布法典。

439 年　汪达尔人攻占迦太基，征服了罗马的非洲行省。

451 年　埃提乌斯(Aëtius)率领的罗马人与西哥特人的联军在高卢的卡塔劳尼平原(Catalaunian Plains)打败阿提拉(Attila)率领的匈奴人(Huns)。卡尔西顿(Chalcedon)会议。

452 年　阿提拉率军入侵意大利，经教皇利奥一世(Pope Leo I)劝说，放弃进攻罗马而撤离。

453 年　匈奴人阿提拉亡故，匈奴帝国瓦解。

454 年　埃提乌斯被谋杀。

455 年　汪达尔人在其国王盖塞里克率领下在罗马城劫掠两周。

468 年　巴西利斯库斯(Basiliscus)在埃及发动反汪达尔人的战争，但以失败告终。

476 年　西部最后一位皇帝罗穆路斯·奥古斯都路斯(Romulus Augustulus)被废黜。意大利由日耳曼国王控制，并在拉文纳建立政权。西罗马帝国灭亡。

489 年　东哥特人在巴尔干半岛的国王狄奥多里克(Theoderic)应芝诺(Zeno)之请为东罗马帝国收复意大利。

493 年　狄奥多里克击败并杀死奥多亚克(Odoacer)，自立为王(直到公元526 年)。

502—532 年　与波斯(Persia)的战争。

532 年　君士坦丁堡发生严重骚乱，大部分城区被烧毁。

533 年　查士丁尼(Justinian)的《法律汇编》(*Digest of Laws*)问世。

533—554 年　查士丁尼着手收复西部帝国，并保住了意大利、非洲、达尔马提亚(Dalmatia)及西班牙的部分地区。

534 年　贝利撒留(Belisarius)打败汪达尔人的最后一位国王盖利迈尔(Gelimer)。

565 年　查士丁尼去世，但拜占庭帝国又存续 900 年之久，至公元 1453 年被奥斯曼一土耳其(Ottoman Turks)征服。

皇帝及主要僭位者在位年表

表中所列时间指大致的统治时间，其中有些皇帝曾有一段时间与其前任共同执政（如卡拉卡拉）。

公元前 27—公元 14 年　奥古斯都

14—37 年　提比略

37—41 年　盖尤斯（Caligula）

41—54 年　克劳狄（Claudius）

54—68 年　尼禄

68—69 年　伽尔巴

69 年　奥托

69 年　维泰里乌斯

69—79 年　韦帕芗

79—81 年　提图斯

81—96 年　图密善

96—98 年　涅尔瓦（Nerva）

98—117 年　图拉真

117—138 年　哈德良

138—161 年　安东尼努斯·皮乌斯（Antoninus Pius）

161—180 年　马尔库斯·奥里略

161—169 年　卢基乌斯·维鲁斯

180—193 年　康茂德（Commodus）

193 年　佩尔提那克斯（Pertinax）

193 年　狄底乌斯·尤利亚努斯（Didius Julianus）

193—194 年　佩斯坎尼乌斯·奈格尔（Pescennius Niger）

193—197 年　克罗狄乌斯·阿尔比努斯

193—211 年　塞普提米乌斯·塞维鲁

211—212 年　盖塔(Geta)

211—217 年　卡拉卡拉

217—218 年　马克利努斯(Macrinus)

218 年　狄亚杜曼尼安(Diadumenian)

218—222 年　埃拉伽巴卢斯(Elagabalus)

222—235 年　塞维鲁·亚历山大

235—238 年　马克西米努斯一世(Maximinus I)

238 年　戈狄亚努斯一世(Gordian I)

238 年　戈狄亚努斯二世

238 年　巴尔比努斯(Balbinus)

238 年　布皮埃努斯(Pupienus)

238—244 年　戈狄亚努斯三世

244—249 年　阿拉伯人腓力(Philip the Arab)

247—249 年　腓力二世

248—254 年　乌拉尼乌斯(Uranius)

248 年　帕卡提安(Pacatian)

248 年　乔塔皮安(Jotapian)

249—251 年　图拉真·德基乌斯

251 年　希莱尼乌斯·埃特鲁斯库斯(Herennius Etruscus)

251—253 年　特莱波尼亚努斯·伽卢斯(Trebonianus Gallus)

251 年　豪斯提利安(Hostilian)

251—253 年　沃鲁希安(Volusian)

253 年　艾弥利安(Aemilian)

253—260 年　瓦来里安

253—268 年　伽利埃努斯(Gallienus)

260 年　萨洛尼努斯(Saloninus)

260—261 年　马克利亚努斯(Macrianus)

260—261 年　奎埃图斯(Quietus)

260 年　雷伽里亚努斯(Regalianus)

260—268 年　珀斯图姆斯(Postumus)

268 年　莱利亚努斯(Laelianus)

268—269 年　马略

268—270 年　克劳狄二世

269 年　维克多里努斯(Victorinus)

270 年　昆提卢斯(Quintillus)

270—275 年　奥莱里安

271—272 年　瓦巴拉图斯(Vaballathus)

271—272 年　季诺碧亚

275—276 年　塔西佗(Tacitus)

276 年　弗罗里安(Florian)

276—282 年　普洛布斯(Probus)

280 年　萨图尔尼努斯

282—283 年　卡鲁斯

283—285 年　卡里努斯(Carinus)

283/4—285 年　尤利安

283—284 年　努美里安(Numerian)

284—305 年　戴克里先

286/7—293 年　卡劳希乌斯

293—296 年　阿莱克图斯

西罗马帝国		东罗马帝国	
286—305 年	马克西米亚努斯	286—305 年	戴克里先
293—305 年	君士坦提乌斯·克罗鲁斯(Constantius Chlorus)[恺撒]	293—305 年	伽莱里乌斯(Galerius)[恺撒]

305—306 年	君士坦丁一世(克罗鲁斯)	305—311 年	伽莱里乌斯
305—306 年	塞维鲁(恺撒)	305—309 年	马克西米努斯·达亚(Daia)[恺撒]
306—307 年	塞维鲁二世	309—313 年	马克西米努斯·达亚二世
306—312 年	马克森提图斯		
306—308 年	马克西米亚努斯	308—324 年	李基尼乌斯
306—324 年	君士坦丁一世	314 年	瓦伦斯
310 年	马克西米亚努斯		
317—337 年	君士坦丁二世(恺撒)	317—324 年	李基尼亚努斯(恺撒)
317—326 年	克里斯普斯(Crispus)[恺撒]	324 年	马尔提尼安(Martinian)

324—337 年　君士坦丁一世

333—337 年	君士坦斯(Constans)[恺撒]		
337—340 年	君士坦丁二世	324—337 年	君士坦提乌斯二世(恺撒)
337—350 年	君士坦斯	337—361 年	君士坦提乌斯二世
350—353 年	马格奈恩提乌斯	335—337 年	达尔玛提乌斯(Dalmatius)[恺撒]
350 年	维特拉尼奥(Vetranio)		
350 年	奈波提安(Nepotian)		
351—353 年	马格努斯·德坎提乌斯(恺撒)		

353—361 年　君士坦提乌斯二世

355 年	希尔瓦努斯(Silvanus)		
355—361 年	尤利安(恺撒)	351—354 年	伽卢斯(恺撒)

361—363 年　尤利安(叛教者)

363—364 年　乔维安(Jovian)

364—375 年	瓦伦提尼安一世	364—378 年	瓦伦斯
375—383 年	格拉提安(Gratian)	365—366 年	普洛柯比乌斯(Procopius)

379—395 年　狄奥多西一世

375—392 年	瓦伦提尼安二世		
383—388 年	马格努斯·马克西姆斯		
387—388 年	弗拉维乌斯·维克多(Flavius Victor)		
392—394 年	欧格尼乌斯(Eugenius)		
395—423 年	赫诺瑞乌斯	395—408 年	阿尔卡狄乌斯(Arcadius)
407—411 年	君士坦丁三世	408—450 年	狄奥多西二世
409—411 年	马克西姆斯		
409—410 年	普里斯库斯·阿塔路斯		
411—413 年	乔维努斯(Jovinus)		
412—413 年	塞巴斯提亚努斯(Sebastianus)		
414—415 年	普里斯库斯·阿塔路斯		
421 年	君士坦提乌斯三世		
423—425 年	乔安奈斯(Johannes)		

425—455 年　瓦伦提尼安三世	450—457 年　马尔西安(Marcian)
455 年　佩特洛尼乌斯·马克西姆斯	
455—456 年　阿维图斯(Avitus)	
457—461 年　梅约里安(Majorian)	457—474 年　利奥一世
461—465 年　利比乌斯·塞维鲁(Libius Severus)	
467—472 年　安提迈乌斯(Anthemius)	
472 年　厄利布里乌斯(Olybrius)	
473 年　格利凯里乌斯(Glycerius)	473—474 年　利奥二世
473—475 年　尤利乌斯·奈波斯	
	474—491 年　芝诺
475—476 年　罗穆路斯·奥古斯都路斯	475—476 年　巴西利斯库斯
	476 年　马尔库斯
	491—518 年　阿纳斯塔西乌斯(Anastasius)
	518—527 年　查士丁(Justin)
	527—565 年　查士丁尼

统治意大利的蛮族国王

476—493 年　奥多亚克(Odo[v]acer)

493—526 年　狄奥多里克

526—534 年　阿塔拉里克(Athalaric)

534—536 年　狄奥达哈德(Theodahad)

主要人物

此处对罗马历史上的一些重要人物作以简要介绍，可另外参考下一专题“皇帝”及第六章中的“著作家及其著述”部分。历史上的罗马人口超过十亿，以下仅选出其中一些加以介绍。

埃提乌斯（Flavius Aëtius） 生于杜罗斯图卢姆（Durostorum），公元 454 年去世。他一生从戎，在公元 430—454 年间一直担任步军长官。瓦伦提尼安三世统治期间，帝国西部实际由他控制。他遏制了蛮族的入侵之势，并在高卢打败了西哥特人和勃艮第人。后来，他又在公元 451 年时邀请西哥特人战胜其前盟友——阿提拉率领的匈奴人。公元 452 年匈奴人入侵意大利，但公元 454 年 9 月 21 日瓦伦提尼安三世下令处死埃提乌斯。

阿古利可拉（Gnaeus Julius Agricola） 公元 40—93 年。生于弗雷尤斯（Fréjus）。其女婿、史家塔西佗留有一部关于阿古利可拉的传记。阿古利可拉一直从军，曾任阿奎塔尼亚（Aquitania）总督，公元 77 年出任执政官，公元 77 年末或公元 78 年到公元 85 年任不列颠总督。公元 85 年，他在苏格兰取得格劳皮乌斯山战役的胜利，之后被召回罗马，再无其他任命。

阿格里帕（Marcus Vipsanius Agrippa） 公元前 64—前 12 年。先后娶阿提卡（Attica）、马尔克拉（Marcella）和尤利亚（奥古斯都之女，公元前 21 年成婚）为妻。子女有：维普萨尼亚·阿格里帕（阿提卡所生；嫁给提比略）、盖尤斯·恺撒和卢基乌斯·恺撒（分别死于公元 2 年和公元 4 年）、老阿格里皮娜（Agrippina the Elder）、尤利亚和马尔库斯·维普萨尼乌斯·阿格里帕·珀斯图姆斯（阿格里帕的遗腹子，公元 14 年去世）[后面未注明者均为尤利亚所生]。阿格里帕终生追随奥古斯都，参加多次战争。公元前 36 年，他战胜塞克斯图斯（Sextus）·

庞培并参加了亚克兴战役。后来,他出任多种公职,并在罗马主持了大量公共建筑工程。

老阿格里皮娜(Agrippina the Elder) 约公元前14—33年。父为阿格里帕,母为尤利亚,丈夫是日耳曼尼库斯(Germanicus;卒于公元19年),子女共9人,包括小阿格里皮娜(Agrippina the Younger)、卡里古拉(皇帝)和德鲁西拉(Drusilla)。公元29年她被流放到潘达特里亚(Pandateria)岛,绝食而亡。

小阿格里皮娜(Julia Agrippina) 公元15—59年。父为日耳曼尼库斯,母为老阿格里皮娜,丈夫有:多米提乌斯·阿黑诺巴尔布斯(Domitius Ahenobarbus;公元28年成婚),撒路斯提乌斯·帕西埃努斯(Sallustius Passienus)·克里斯普斯·克劳狄(皇帝,公元48年成婚)。儿子为尼禄(皇帝,与多米提乌斯·阿黑诺巴尔布斯所生)。公元39年被流放,公元49年被召回。在克劳狄和尼禄统治时期颇有影响,克劳狄很可能是被她毒死的。最终,她在巴伊埃(Baiae)被尼禄下令处死。

安提努斯(Antinous) 来自比苏尼亚的克劳狄城(Claudiopolis),公元130年溺死于尼罗河。他年轻英俊,得宠于哈德良。后者为纪念他在尼罗河上建立安提努斯城(Antinoopolis)并为之立庙造像。

安东尼娅(Antonia) 公元前36—37年。父为马可·安东尼,母为屋大维娅;丈夫是德鲁苏斯(Drusus;卒于公元前9年),子女很多,包括日耳曼尼库斯和克劳狄(皇帝)。她在提比略统治时期颇有影响,并继承其父的大笔财产。

马可·安东尼(Marcus Antonius) 约公元前83—前30年。一直从军,在高卢效力于恺撒帐下,恺撒被杀后,他在罗马与雷必达一同掌权。安东尼的领导地位受到屋大维的威胁,后者支持元老院反对他,由此引发内战。公元前43年安东尼在穆提那战败，但雷必达、屋大维和安东尼组成同盟（“后三头同盟”）。公元前 42 年共和派在腓力比战败，安东尼留在东方。他在政治及个人关系上与克莱奥帕特拉结盟，与屋大维的矛盾加深，公元前 31 年在亚克兴战役中战败，于亚历山大城自杀。

阿尔比提奥(Flavius Arbitio) 公元 4 世纪士兵，后升为马军长官（约公元 351—361 年）。公元 355 年出任执政官。

阿尔波伽斯特(Arbogast) 卒于公元 394 年 9 月。法兰克人(Frankish)，步军长官。他是格拉提安朝中的统帅，在狄奥多西战胜马克西姆斯的战斗中发挥重要作用。他曾是瓦伦提尼安二世的最高指挥官（388 年），后与之不和。瓦伦提尼安死后，他拥立欧格尼乌斯为帝，并与尼科马库斯·弗拉维亚努斯(Nichomachus Flavianus)一起复兴罗马传统宗教。在其军队被狄奥多西一世打败后，阿尔波伽斯特自杀。

巴尔布斯(Lucius Cornelius Balbus) 公元前 1 世纪人，来自加的斯(Cadiz)。公元前 72 年借助庞培的势力获得罗马公民权，使用罗马名字，移居罗马并成为相当重要的人物。内战时期，他先后支持恺撒和屋大维；公元前 40 年，成为罗马首位出身外省的执政官。

贝利撒留 妻安东尼娜(Antonina，曾为优伶)。贝利撒留是皇帝查士丁尼手下的干将。他取得的最大胜利是公元 533 年从汪达尔人手中收复非洲和公元 540 年从东哥特人手中收复意大利。公元 563 年被控密谋，公元 565 年去世。死前似乎曾在君士坦丁堡街头乞讨为生。

布鲁图斯(Marcus Junius Brutus) 约公元前 85—前 42 年。内战时他支持庞培对抗恺撒，但得到恺撒宽宥，公元前 44 年被任命为大法官。他同卡西乌斯策划了共和派谋杀恺撒的行动，且为主谋。其后，被迫离开意大利，公元前 42 年在腓力比战败后自杀。

布鲁斯(Afranius Burrus) 卒于公元62年。出身于维松(Vaison)的骑士家庭。公元51年任近卫军长官。布鲁斯与塞涅卡同为尼禄的谋臣,并助其削弱了小阿格里皮娜的地位。布鲁斯可能死于毒杀。

恺撒(Gaius Julius Caesar) 生于公元前100年7月12日。娶卡尔普尔尼娅(Calpurnia)为妻。他结交平民派(populares);在公元前70年之前进入元老院,之后出任多种公职。初时,在西班牙作为军事统帅赢得较高声誉。公元前60年与克拉苏和庞培组成非正式同盟(即"前三头同盟")。在高卢和伊里利库姆(Illyricum)任总督期间,征服了高卢余下地区。他被元老院宣布为公敌后,率军从其行省渡过卢比孔河进入意大利挑起内战。公元前48年在法萨卢打败庞培,成为罗马独裁官。他与密特里达提之子法尔那西斯(Pharnaces)在小亚细亚的基拉战役后,写下其名言"veni, vidi, vici"(我来了,我见了,我征服了)。恺撒也是著名的修辞家和著作家,公元前44年3月15日(Ides)遇刺身亡。

卡米路斯(Marcus Furius Camillus) 公元前5世纪—前4世纪的政客和将领,但其事迹多带有神话色彩。公元前396年攻克维伊,公元前391年被流放。公元前390年罗马被围后,他被召回出任独裁官,据说击败了高卢人、沃尔西人(Volsci)和埃奎人(Aequi)。公元前390年到公元前367年间,他五次任独裁官。

卡西乌斯(Gaius Cassius Longinus) 公元前53年在叙利亚任克拉苏的财务官,并营救了卡莱的一些兵力。内战期间,卡西乌斯支持庞培,后得到恺撒宽宥。公元前44年,任外事大法官(praetor peregrinus),是谋杀恺撒的主要策划者。他离开意大利后在色雷斯与布鲁图斯会合;公元前42年在腓力比战役中战败自杀。

喀提林(Lucius Sergius Catilina) 出身于一个不知名的贵族家庭，于公元前60年代崛起，成为重要的政治人物。公元前63年竞选执政官一职时败给西塞罗，并引起意大利的骚乱。他卷入反国家的叛乱阴谋中，西塞罗与之倾力斗争。公元前62年喀提林战败被杀。

老加图(或监察官加图)[Marcus Porcius Cato] 公元前234—前149年；出身于图斯库鲁姆(Tusculum)的农民家庭。第二次布匿战争期间任军团长，后又出任多种公职。他是一位出色的修辞学家。他反对西比阿家族，于公元前184年出任监察官，以严厉闻名。老加图因其坚定的品格而著称于世，坚决抵制希腊文化传入罗马。他的理想是回归以农业为基础的社会，过简朴的原始生活。他还进行文学创作。因忧心于迦太基的威胁，每次元老院讨论结束时他都要宣称“迦太基必被摧毁”(Carthago delenda est)。

乌提卡的加图(Marcus Porcius Cato“Uticensis”) 公元前95—前46年。老加图的重孙，遵行斯多亚(Stoic)准则，公元前63年成为“贵族派”(optimates)领袖，支持元老院和共和制。公元前60年末，成为元老院领袖并与三头对抗。公元前58年他被指派治理塞浦路斯(Cyprus)。返回罗马后，继续对抗三头，之后退出政治生活。法萨卢战役后，他在非洲仍坚持共和观点；待恺撒在塔普苏斯获胜后，他在乌提卡自杀。

西塞罗(Marcus Tullius Cicero) 公元前106年1月3日—前43年12月。生于阿尔庇努姆(Arpinum)。妻子有特兰提娅(Terentia；公元前77年成婚，公元前46年离异)和普布里利娅(Publilia；公元前46年成婚，不久离异)。女儿为图利娅(Tullia，约公元前79—前45年)；儿子为马尔库斯·图利乌斯·西塞罗(特兰提亚所生，公元前65年到公元前30年以后)。西塞罗出身于骑士家庭，是一位“新贵”(novus homo)，也是修辞学家，曾出任多种公职。公元前63年担任执政官并挫败喀提林阴谋。他反对恺撒，公元前58年依克罗狄乌斯法令被流放。公元前57年被召回。公元前51年任西里西亚总督，在内战中支持庞培。

他虽与恺撒和解，但仍支持谋杀后者。公元前44年和公元前43年在元老院发表了一系列反安东尼的演说。屋大维与安东尼结盟后开始进行迫害活动，西塞罗被处死。

金基那图斯(Lucius Quinctius Cincinnatus)　一位传说中的英雄。公元前458年，当时的执政官米努基乌斯(Minucius)所率罗马军队遭意大利埃奎人的围困，退隐务农的金基那图斯被召回以解救罗马。退敌16天后，他辞去独裁官职位返回农庄。

克劳狄(Appius Claudius Caecus)　公元前312年的监察官和公元前307年及公元前296年的执政官。任监察官期间，他主持修建了阿皮乌斯大道和阿皮乌斯水渠，并且将元老院入选资格扩大到较低等级的富裕公民和被释奴的子孙中。任执政官期间，他在意大利指挥了多次战争。老年时，虽失明(caecus)，却仍在公元前280/279年成功阻止了罗马与皮鲁士的议和。

克罗狄乌斯(Publius Clodius Pulcher)　约公元前92—前52年。出身于克劳狄氏族(gens)中的贵族家庭。他是一个政治投机者，利用其名字的平民形式(克罗狄乌斯)被一平民家庭收养(可能得到了恺撒和庞培的帮助)，这使他在公元前58年合法地出任保民官职并扩大了群众基础。公元前62年西塞罗欲以渎神罪害之，未遂；公元前58年他促成了西塞罗的放逐。在后来的生涯中，他反对三头统治并以其对敌手的粗暴而臭名昭著。后被米罗一伙人残暴杀害。

克拉苏(Marcus Licinius Crassus)　公元前115—前53年。公元前83年任苏拉的军官，公元前73年任大法官，公元前71年镇压斯巴达克奴隶起义。克拉苏以低价大量购买遭遇火灾的地产并利用其众多奴隶进行重建，从而以这种方式聚敛大批财富。公元前60年他与庞培和恺撒结成同盟(“前三头同盟”)，随后前往叙利亚，欲通过对帕提亚人的胜利来保障其财富和荣誉，但在卡莱战败被杀。

费边(Quintus Fabius Maximus Rullianus 或 Rullus) 公元前 4 世纪—前 3 世纪。他是罗马将领,曾战胜萨莫奈人、埃特鲁里亚人和高卢人。他曾五次或六次任执政官(公元前 322 年、前 310 年、前 308 年、前 297 年和前 295 年),公元前 315 年(公元前 313 年大概也曾)出任独裁官,公元前 304 年任监察官。

费边("拖延者"费边[Fabius Cunctator])[Quintus Fabius Maximus Verrucosus] 约公元前 275—前 203 年;第二次布匿战争中的将领。汉尼拔在特拉西美涅湖战役歼灭罗马军队后,费边于公元前 217 年出任独裁官。他对汉尼拔采用防御战术,避免与之对阵激战。这种战术一直遭到谴责;公元前 216 年罗马人在坎尼战败后,费边的拖延战术才又被启用。他在公元前 209 年第五次也是最后一次出任执政官,并攻克他林敦(Tarento)。

法乌斯提娜一世(老法乌斯提娜)[Annia Galeria Faustina] 卒于公元 140 或 141 年。父为马尔库斯·安尼乌斯·维鲁斯,母为卢比里娅·法乌斯提娜。丈夫是安东尼努斯·皮乌斯(皇帝)。子女有法乌斯提娜二世(嫁给马尔库斯·奥里略),另外三个子女在安东尼努斯·皮乌斯即位前过世。

法乌斯提娜二世(小法乌斯提娜)[Annia Galeria Faustina] 约公元 135—175 年。父为安东尼努斯·皮乌斯,母为法乌斯提娜一世。丈夫是马尔库斯·奥里略(皇帝,公元 145 年成婚)。子女 12、13 个,其中包括康茂德(皇帝)。法乌斯提娜在随奥里略去往东方的途中身故。后来,她临终所在的陶鲁斯山(Taurus Mountains)脚下的一个村镇更名为法乌斯提娜城(Faustinopolis)。

弗拉米尼努斯(Titus Quinctius Flamininus) 公元前 228—前 174 年。公元前 198 年担任执政官,率军抵抗腓力五世,公元前 197 年在基诺斯柯法莱(Cynoscephalae)战胜后者。公元前 2 世纪 90 年代,他控制着罗马的东部政策并使希腊独立。公元前 194 年将军队撤出希腊,但公元前 192 年因该地发生骚乱而再次派兵返回,这也说明他的希腊政策以失败告终。公元前 189 年任监察官，但他在罗马的政治影响已经衰微。

图 1.6 神圣法乌斯提娜（DIVA FAVSTINA）狄纳里币（正面）。【由萨默塞特博物馆提供】

弗拉米尼乌斯（Gaius Flaminius） 卒于公元前 217 年。他是反对元老院的民众领袖。公元前 223 年首次出任执政官并在波河（River Po）北岸打败因苏布利人（Insubres）。公元前 220 年任监察官时，主持修建了弗拉米尼乌斯大路（Via Flaminia）和弗拉米尼乌斯竞技场（Circus Flaminius）。特拉西美涅湖战役中，在与汉尼拔军队作战时丧命。

日耳曼尼库斯（Nero Claudius Germanicus） 后称日耳曼尼库斯·尤利乌斯·恺撒。公元前 15—公元 19 年。父为老德鲁苏斯，母为安东尼娅。娶老阿格里皮娜为妻，共九个子女，包括卡里古拉（皇帝）、小阿格里皮娜和德鲁西拉。公元 4 年，奥古斯都收提比略为养子时，日耳曼尼库斯由提比略收养。公元 14—16 年期间他一直与日耳曼人作战，公元 17 年被派往东部。日耳曼尼库斯死于安条克（Antioch）城，疑为遭毒杀。他死后，罗马举城哀恸。日耳曼尼库斯曾进行文学创作。

盖尤斯·格拉古（Gaius Sempronius Gracchus） 公元前 121 年去世。父为提比略·塞姆普罗尼乌斯·格拉古，母为科尔奈利娅（Cornelia，西比阿·阿非利加努斯之女）。其胞兄提比略·格拉古被杀时，盖尤斯·格拉古身在西班牙。他作为土地委员会成员回到罗马。公元前 126 年担任萨丁尼亚（Sardinia）的财务官，公元前 123 年和公元前 122 年当选保民官。他提出了一系列激进的行政改革和土地改革方案，试图减少贫困，抑制元老的权力并扩大非罗马的意大利人的权利。保民官 M. 李维乌斯(Livius)·德鲁苏斯与之为敌,暗中削弱(在元老院的支持下)他的声望,结果盖尤斯竞选失败。随即发生暴乱,元老院通过一项公众危机宣告(史料记载中首次使用“元老院终极令”[senatus consultum ultimum])。盖尤斯命一奴隶助其自杀。

提比略·格拉古(Tiberius Sempronius Gracchus) 约公元前 164—前 133 年。父为提比略·塞姆普罗尼乌斯·格拉古,母为科尔奈利娅(西比阿·阿非利加努斯之女)。盖尤斯·格拉古的胞兄。娶阿皮乌斯·克劳狄之女为妻。他曾在西班牙任财务官,于公元前 137 年与敌军达成一项和平协议,但元老院拒绝接受该协议。公元前 133 年出任保民官,提出一项土地法案并且很快付诸实施。该法案中重新分配土地的内容损害了大地产所有者。他还向人民大会提议阿塔路斯三世的遗赠应分给小土地所有者,从而削弱了元老院的权威。他试图非法重新举行选举,但遭到西比阿·纳西卡(Nasica)率领的一群暴徒的袭击而被杀。

普布里乌斯·豪拉提乌斯·科克莱斯 传说中的独眼(Cocles)英雄。公元前 508 年拉尔斯·伯尔塞那(Lars Porsenna)率埃特鲁里亚军队入侵,台伯河(Tiber)上的苏布里基乌斯桥被毁,豪拉提乌斯遏止了敌军的进攻,后溺水而亡或如某些史料所说顺水而逃。

尤利亚 公元前 39—公元 14 年。父为奥古斯都(皇帝),母为斯科里波尼娅(Scribonia)。丈夫有:M. 马克卢斯(Marcellus;公元前 25 年成婚,公元前 23 年去世),阿格里帕(公元前 21 年成婚,公元前 12 年去世),提比略(公元前 11 年成婚)。子女(与阿格里帕所生)有:盖尤斯·恺撒和卢基乌斯·恺撒,尤利亚,老阿格里皮娜和阿格里帕·珀斯图姆斯。尤利亚与提比略不和,公元前 2 年因通奸被奥古斯都流放。

雷必达(Marcus Aemilius Lepidus) 公元前 13 年或公元前 12 年去世。妻子是尤尼娅(Junia)。公元前 49 年雷必达出任大法官,公元前 46 年任执政官,公元前46—前44年任马军长官。他是恺撒的支持者，恺撒死后，与安东尼、屋大维结成三头同盟。雷必达试图压制屋大维，但其士兵倒向屋大维，他被迫退隐。

李维娅(Livia Drusilla) 即后来的尤利亚·奥古斯塔(Augusta)。公元前58—公元29年。丈夫：提比略·克劳狄·尼禄(公元前39年离婚)，奥古斯都(公元前38年成婚，皇帝)。育有两子(与尼禄所生)，分别是提比略(皇帝)和克劳狄·德鲁苏斯。

曼利乌斯·卡皮托利努斯(Marcus Manlius Capitolinus) 公元前395年或公元前394年去世。公元前398年任执政官。据说当高卢人围攻罗马城时，他被鹅叫声惊醒从而保住了卡皮托尔山。他支持穷人，但被控为暴君，被人从塔尔培乌斯(Tarpian)岩石掷下摔死。

马克卢斯(Marcus Claudius Marcellus) 公元前208年去世。分别于公元前222、前215、前214、前210和前208年出任执政官。公元前222年他为山南高卢的胜利举行凯旋式，在该战中他以单打独斗斩杀了一个高卢酋长。之后在与汉尼拔进行的第二次布匿战争期间，他表现突出，甚至强于"拖延者"费边。公元前211年，马克卢斯攻占叙拉古，后在一次迦太基人的伏击中被杀。

马略(Gaius Marius) 公元前157—前86年。生于阿尔庇努姆附近的一个骑士家庭。公元前134—前133年围攻努曼提亚时，他在西比阿·艾弥利亚努斯帐下服役，公元前119年任平民保民官。公元前109年马略作为副将随梅特卢斯(Metellus)赶赴努米底亚战争，公元前107年阴谋反叛梅特卢斯，之后被选为执政官。马略结束了努米底亚战役并于公元前104年举行凯旋式；公元前102年和公元前101年打败入侵高卢和意大利的日耳曼部落。马略还改编了军队。公元前104年到公元前100年间，他一直连任执政官，这显然经过元老院的同意。马略与萨图尔尼努斯(平民保民官)建立了密切关系，后者以暴力手段促进立法。元老院颁布应急法令(即“元老院终极令”)镇压萨图尔尼努斯并由马略执行。之后马略隐退至小亚细亚(公元前 99—前 97 年),其影响逐渐减弱。后来,与密特里达提作战的指挥权落入马略之手,这与苏拉的意愿相悖,于是后者进军罗马迫使马略逃往非洲。马略在公元前 87 年回到意大利,公元前 86 年出任执政官,之后大肆屠杀政敌,但不久即去世。

米罗(Titus Annius Milo) 公元前 48 年去世。妻子为法乌斯塔(Fausta,苏拉之女,公元前 54 年成婚)。公元前 57 年在罗马任保民官。米罗受庞培鼓动,在之后的 5 年中一直凭借暴力手段和帮派团伙与克罗狄乌斯抗衡;他还企图出任公元前 52 年的执政官,但引发骚乱,之后庞培得以独自出任执政官恢复秩序。米罗受到指控,西塞罗在为他辩护时似乎受到恐吓而退出,米罗遂被流放。公元前 48 年米罗参加了一次反对恺撒的叛乱,未遂,后在意大利南部被杀。

尼科马库斯(Virius Nicomachus Flavianus) 公元 334—394 年。著名元老和传统宗教者,叙马库斯(Symacchus)的朋友。他用暴力手段对抗基督教(Christianity),并以此促进自己事业的发展。在狄奥多西一世统治期间,他于公元 388 年出任财务官,公元 390 年任意大利的近卫军长官。欧格尼乌斯篡位后,他与阿尔波伽斯特勾结。在军队败给狄奥多西一世后自杀身亡。

皮索(Gaius Calpurnius Piso) 公元 65 年去世。他是一位富有的元老和修辞家,卡里古拉在位时被流放,而后在克劳狄时期出任执政官。皮索是推翻尼禄阴谋的主要谋划者,阴谋败露后,与其同党一同被处死。

皮索(Lucius Calpurnius Piso Caesoninus) 公元前 1 世纪人。女儿是卡尔普尔尼娅(嫁给尤利乌斯·恺撒)。作为公元前 58 年的执政官,皮索拒绝支持西塞罗反对克罗狄乌斯。卸任后,被任命为马其顿总督,但其行政任职遭到西塞罗指责。恺撒遇刺后他试图阻止内战,但不久即去世。他信奉伊壁鸠鲁学说(Epicurean),可能是赫库兰尼姆(Herculaneum)草纸庄园(Villa of the Papyri)的拥有者。

庞培(大帝)[Gnaeus Pompeius Magnus]　公元前 106—前 48 年。父为庞培·斯特拉波(Strabo)。妻子有:艾弥利娅(Aemilia),穆吉娅(Mucia,公元前 80 年成婚),尤利亚(恺撒之女,公元前 59 年成婚,公元前 54 年去世),科尔奈利娅。他是一位出色的军事统帅。公元前 83 年他为苏拉赢得胜利,之后又在非洲和西西里镇压反苏拉势力,为此在公元前 81 或前 80 年被破格批准举行凯旋式,因为他从未出任高级官职。公元前 77 年以代执政官的指挥权被派往西班牙与塞尔多利乌斯(Sertorius)作战,后者于公元前 72 年被杀。公元前 71 年,庞培返回意大利。同克拉苏一起镇压了斯巴达克奴隶起义。他虽未担任过任何低级官职,但公元前 70 年仍被选为执政官。公元前 67 年,他负责剿捕地中海海盗,公元前 66 年到东部与密特里达提作战。公元前 62 年回到罗马,但元老院拒绝批准他在东部行省和诸附庸国的政策以及向其老兵分配土地的做法。于是,他为了达到目的而与恺撒、克拉苏组成“前三头同盟”。公元前 55 年他与克拉苏出任执政官,公元前 53 年独任执政官以整顿米罗和克罗狄乌斯引起的动荡局面。庞培与恺撒的矛盾日益加深,公元前 48 年庞培在法萨卢败给恺撒。他逃到埃及,但在那里遇害。

瑞吉迈尔(Flavius Ricimer)　卒于公元 472 年,是具有日耳曼血统的阿里乌斯教徒。妻子是安提迈乌斯之女(公元 467 年成婚)。公元 456 年到公元 472 年间他一直控制着军队,而且在这 16 年间的历任皇帝统治下,他始终是西部帝国的真正统治者。与日耳曼部族的一系列妥协行为均由他谋划,帝国势力因此更加衰微。公元 456 年他废黜阿维图斯拥立梅约里安(Marjorian),但公元 461 年又将后者处死。之后他又控制了利比乌斯·塞维鲁。后来,瑞吉迈尔又勉强接受安提迈乌斯(来自东部帝国的军官)为帝,但公元 472 年又将其处死,以厄利布里乌斯代之。其后不久瑞吉迈尔亡故。

萨图尔尼努斯(Lucius Appuleius Saturninus)　公元前 2 世纪—前 1 世纪人。公元前 104 年罗马出现粮荒时,他在奥斯提亚(Ostia)出任财务官,负责谷物供给,后被元老院的一位贵族领袖取代。他分别于公元前 103 年和公元前

100 年出任平民保民官，并与马略合作，为后者的老兵分配土地。他经常利用有组织的暴乱通过立法。公元前 99 年他在执政官候选人格劳基亚(Glaucia)的支持下竞选保民官。格劳基亚的对手迈密乌斯(Memmius)被谋杀后，马略与萨图尔尼乌斯划清界限。元老院采取行动，将萨图尔尼努斯和格劳基亚监禁并杀害。

西比阿(Publius Cornelius Scipio Africanus Maior)　公元前 236—前 183 年。父为 P. 科尔奈利乌斯・西比阿。妻为艾弥利娅。子女有科尔奈利娅(格拉古兄弟之母)和 P. 西比阿。他在第二次布匿战争期间担任多种军事指挥职务。公元前 206 年将迦太基人逐出西班牙。公元前 205 年出任执政官。他采用与拖延者费边相反的战术，渡海进军非洲，在公元前 202 年的扎玛战役中战胜汉尼拔。公元前 199 年他当选监察官并成为元老院的领袖人物。公元前 194 年第二次出任执政官。公元前 190 年率军进入亚洲；有人指控他在返回罗马途中行止不端，但并未成功。随着势力的逐渐衰微，他隐退到里泰尔努姆(Liternum)的庄园，并在此终老。

西比阿(Publius Cornelius Scipio Aemilianus)　约公元前 185—前 129 年。父为 L. 艾弥利乌斯・保路斯(Paullus)。妻为塞姆普罗尼娅(Sempronia；格拉古兄弟的姊妹)。无子嗣。公元前 168 年他参加了皮德纳战役，后又在西班牙和非洲作战。公元前 147 年破格出任执政官，并得到第三次布匿战争的指挥权。公元前 146 年摧毁迦太基。公元前 142 年出任监察官。公元前 140 年率使团出使东部，公元前 133 年第二次出任执政官，并在西班牙结束努曼提亚战争，彻底摧毁努曼提亚。回到罗马后，他与提比略・格拉古对抗，对后者遭谋杀一事不予追究。他自己似乎也是被谋杀的。

塞亚努斯(Lucius Aelius Sejanus)　公元 31 年去世。父为 L. 塞尤斯・斯特拉波。公元 14 年至公元 31 年期间，塞亚努斯一直任近卫军长官，在提比略时期其势力不断扩大。有人怀疑是他在公元 23 年将提比略之子德鲁苏斯毒死。公元 26 年提比略隐退卡普里(Capri)期间，塞亚努斯的权势愈重，但后来被指控阴谋推翻提比略，并被处死。

斯巴达克 卒于公元前71年，色雷斯的角斗奴隶。他从卡普阿(Capua)的角斗训练营逃出，于公元前73年领导奴隶大起义。他率起义军战胜罗马军队，席卷意大利南部地区。败给克拉苏和庞培后被杀害。

斯提里克(Flavius Stilicho) 约公元365—408年。有一半汪达尔人血统。妻为塞莱娜(Serena，奥多西一世的侄女，约384年成婚)。其女儿嫁给赫诺瑞乌斯。公元394年到公元408年期间，斯提里克一直任步军长官，是赫诺瑞乌斯当政期间的实际统治者。公元401年和公元403年，分别战胜阿拉里克和西哥特人。后与阿拉里克合作，但被控叛国罪被赫诺瑞乌斯处死。

苏拉(Lucius Cornelius Sulla) 约公元前138—前78年。他曾在非洲同马略一起作战，在高卢抵抗日耳曼部族。在同盟战争期间担任副将。公元前88年出任执政官，受命指挥与入侵亚洲的密特里达提进行的战争。然而，保民官P.苏尔皮基乌斯·鲁福斯将指挥权转交给马略，苏拉在随后的动乱中被迫逃离罗马；其后纠集军队进军罗马，马略闻讯而逃。公元前87年苏拉与密特里达提作战，将后者逐出希腊，随后未经授权又进军亚洲，劫掠大量战利品；之后又准备进攻意大利。内战爆发后，苏拉最终占领罗马。公元前82年，被选为独裁官，开始对政敌进行大肆迫害并将其财产充公。他接受了“Felix”(幸运之意)的称号。苏拉继续进行宪法改革和恢复法制政府。公元前80年出任执政官，公元前79年隐退。

狄奥多西乌斯(Flavius Theodosius) 卒于公元375/6年。狄奥多西一世(皇帝)之父。蛮族入侵后，自公元367年至公元369年他作为“comes”恢复了不列颠的防御安全。他作为步军长官被派往非洲镇压起义。瓦伦提尼安一世死后不久，大概由于他对新任皇帝构成威胁而被处死。

图 1.7 约公元 396 年的一块象牙书板，刻有斯提里克（公元 394—408 年的步军长官）像。

皇帝

“奥古斯都”是所有当政皇帝拥有的名号（维泰里乌斯除外）。“恺撒”是皇帝指定的继承人或权力仅次于他的人的名号。公元 293 年，戴克里先创立四帝共治制，将帝国分给四位统治者管理。他设立了两名在名义上是共治者的皇帝，均享有“奥古斯都”之号，分别管理帝国的西半部与东半部。两名“奥古斯都”之下各设一名次一级的统治者，号“恺撒”，承袭其上一级之位。这一确定继承权方式的体制并未奏效，但这些称号和实际运行机制却得以流传。“奥古斯塔”（Augusta）是皇帝奥古斯都遗赠给妻子李维娅的名号，图密善之后，成为当政皇帝之妻的名号。

在铭文中提及罗马皇帝时，均按照固定顺序书写，即本名（praenomen）、族名（nomen）、姓（cognomen 或 cognomina）及官衔。除“奥古斯都”外，皇帝的其他称号还有“princeps”（元首）、“princeps civitatis”（第一公民）的缩写、“pontifex maximus”（大祭司长，即祭司团领袖）、“pater patriae”（祖国之父）、“consul”（执政官）和“imperator”（译按：该词原义为“被授予最高军事指挥权[imperium]的人”。在共和国末期常用作士兵对取胜将领宣誓效忠或举行大型活动时的称呼，有时也由元老院授予。后来，奥古斯都拥有的指挥权[imperium]的内涵有所扩大，由军事指挥权延伸到政治统治等诸多方面，含最高统治权之意，所以帝国时期各元首所拥有的“imperator”名号一般译为“皇帝”。在此译本中，如该词单作名号出现则不予译出，附原文，其他情况则遵上述译名译出。)。皇帝即位时便拥有“保民官权”(tribunicia potestas；等同于平民保民官的保民官权力)。如附有数字，则“保民官权”可说明一位皇帝的在位时间。

下面的人物生平简介以时间为序。如无特殊说明，皇帝的死亡时间即标志其统治的终结。

图 1.8　卡拉卡拉雕像基座，铭文中包含了皇帝拥有的各种名号(“献给马尔库斯·奥里略·安东尼努斯·恺撒，皇帝恺撒·卢基乌斯·塞普提米乌斯·塞维鲁·皮乌斯·佩尔提那克斯·奥古斯都之子，阿拉伯[Arabia]和阿迪亚贝尼[Adiabene]的征服者，祖国之父，大祭司，在其执掌保民官权第四年，八次被敬为“imperator”，两次任执政官，弗拉维乌斯—奥古斯都—普特奥里[Flavia Augusta Puteoli]殖民城代执政官谨立”)。

尤利亚—克劳狄王朝

奥古斯都(Gaius Octavius)

后来名为盖尤斯·尤利乌斯·恺撒·奥克塔维亚努斯(Octavianus)。公元前 63 年 9 月 23 日生于罗马。尤利乌斯·恺撒的甥孙和养子。公元前 42 年恺撒被敬奉为神以后，屋大维成为“神之子”(divi filius)。妻子有：斯科里波尼娅(公元前

38 年离婚)，李维娅(公元前 38 年成婚，公元 29 年去世)。女儿尤利亚(斯科里波尼娅所生，公元前 39—公元 14 年)。外孙：盖尤斯·恺撒(公元前 20—公元 4 年)，卢基乌斯·恺撒(公元前 17—公元 2 年)和阿格里帕·珀斯图姆斯(公元前 12—公元 14 年)。公元前 31 年安东尼战败后，屋大维成为整个罗马世界的统治者。公元前 27 年，他在形式上恢复共和国，实际上仍握有极大权力，包括执政官职权和大部分军队的指挥权。公元前 27 年 1 月 16 日他被尊为"奥古斯都"(意为"应受尊敬的")，并以此号为名流传后世。公元 14 年 8 月 19 日他在诺拉(Nola)去世。死后，被敬奉为神并得以列入国家诸神之列。

提比略(Tiberius Claudius Nero Caesar) 生于公元前 42 年。奥古斯都的养子(李维娅之子)。妻子有：维普萨尼亚·阿格里帕(公元前 11 年离婚，死于公元 20 年)，尤利亚(奥古斯都之女，公元前 11 年成婚，公元 14 年去世)。儿子是德鲁苏斯(维普萨尼亚所生，公元前 13—公元 23 年)。侄子有：日耳曼尼库斯·恺撒(公元前 15—公元 19 年)，克劳狄(皇帝)。提比略于公元 4 年成为既定继承人，公元 14 年 8 月 19 日即位。公元 26 年隐退到卡普里，公元 37 年 3 月 16 日于米塞努姆(Misenum)去世。

卡里古拉(Gaius Julius Caesar Germanicus) "卡里古拉"是其父的兵士给他起的绰号，意为"小靴子"。公元 12 年 8 月 31 日生于安提乌姆(Antium)。叔祖父是皇帝提比略；妻子是凯索尼娅(Caesonia)。其父是日耳曼尼库斯·恺撒(公元前 15—公元 19 年)。公元 37 年 3 月 16 日即位为帝，之后不久即身染重病，可能还影响了他的精神健康。公元 41 年 1 月 24 日，他在罗马的帕拉丁山(Palatine)竞技时被一名护卫长官杀害。

克劳狄(Tiberius Claudius Drusus) 公元前 10 年 8 月 1 日生于里昂。皇帝卡里古拉是其侄子；叔父是皇帝提比略。妻子有：普劳提娅·乌尔古拉尼拉(Plautia Urgulanilla)，艾里娅·拜提娜(Aelia Paetina)，瓦来里娅·梅萨里娜(Valeria Messallina；约公元 39 年成婚，公元 48 年离婚并被处死)，阿格里皮娜

（公元48年成婚，公元59年去世）。子女有：克劳狄娅·安东尼娅（拜提娜所生，公元27—66年），屋大维娅（梅萨里娜所生，约公元40—62年），布列塔尼库斯·恺撒（梅萨里娜所生，约公元42—55年）。父为尼禄·克劳狄·德鲁苏斯（公元前38—前9年）。即位之前，克劳狄由于某种身体残疾一直过着退隐的生活。公元41年1月25日，他作为最后一位具有尤利亚—克劳狄家族血统的成年男性，被近卫军（Praetorian Guard）拥立为帝。公元54年10月13日亡故；可能死于阿格里皮娜的毒杀。

图1.9　青年时代的奥古斯都铜像：手执权杖对凯旋军团进行演说的情景。其胸甲浮雕描绘的场景突出了他至高无上的权力。

尼禄（Lucius Domitius Ahenobarbus）　后来名为尼禄·克劳狄·恺撒·德鲁苏斯·日耳曼尼库斯。公元37年12月15日生于安提乌姆。养父为克劳狄（皇帝）；叔父为卡里古拉（皇帝）。妻子有：屋大维娅（克劳狄之女，公元53年成婚，公元62年离婚），珀派娅·萨宾娜（Poppaea Sabina）［公元62年成婚，公元65年去世］，斯塔提里娅·梅萨里娜（公元66年成婚）。女儿是克劳狄娅（珀派娅所生，公元63年出生，但夭折）。他从公元50年开始成为既定继承人，公元54年10月13日至公元68年6月9日在位。自杀而亡。

内战时期诸帝

图 1.10　提比略狄纳里币的正面图案。【由萨默塞特博物馆提供】

伽尔巴(Servius Sulpicius Galba)　约公元前 5 年生于贵族家庭。曾经历辉煌的军事生涯，自公元 60 年起任东部西班牙总督。公元 68 年 4 月 2 日，伽尔巴被近卫军拥立为帝，同时又受到卢格杜南西斯—高卢(Gallia Lugdunensis)总督盖尤斯·尤利乌斯·温德克斯的鼓动；后者在公元 68 年 3 月发动过反尼禄的叛乱。伽尔巴与奥托进军罗马，公元 68 年 6 月 9 日即位为帝，公元 69 年 1 月 15 日在罗马广场(Forum)被杀。

图 1.11　克劳狄阿司币的正面图案。【由萨默塞特博物馆提供】

奥托(Marcus Salvius Otho)　生于公元 32 年。妻子是珀派娅(公元 62 年离开奥托改嫁尼禄，公元 65 年去世)。公元 58—68 年，奥托任路西塔尼亚(Lucitania)总督；曾企图成为伽尔巴的继承人(但伽尔巴收养了皮索)。与近卫军密谋杀死伽尔巴和皮索；公元 69 年 1 月 15 日称帝。其军队在贝德里亚库姆(Bedriacum)战役中败给维泰里乌斯的军团，公元 69 年 4 月 17 日在布利克塞鲁姆(Brixellum)自杀。

维泰里乌斯(Aulus Vitellius) 生于公元 15 年,育有一子一女。其父是卢基乌斯·维泰里乌斯(三次出任执政官,与克劳狄同掌监察官职,死于公元 52 年)。维泰里乌斯以贪食闻名。他先是在公元 69 年 1 月 2 日被其在下日耳曼(Lower Germany)的军队拥立为帝以对抗伽尔巴,公元 69 年 4 月 20 日又在罗马被士兵和元老再次宣布为帝。在公元 69 年 10 月的第二次贝德里亚库姆战役中,他的军队败给支持韦帕芗的军队。韦帕芗攻取罗马后,维泰里乌斯在公元 69 年 12 月 20 日被杀。

图 1.12　尼禄阿司币的正面图案。【由萨默塞特博物馆提供】

弗拉维王朝

韦帕芗(Titus Flavius Sabinus Vespasianus)　公元 9 年生于雷亚特(Reate)。妻子是弗拉维娅·多米提拉(Flavia Domitilla;公元 39 年成婚,韦帕芗称帝前即去世)。子女有提图斯(皇帝)、多米提拉(先其父而死)和图密善(皇帝)。韦帕芗是一名出色的军人,在公元 43 年入侵不列颠的战争中平定了不列颠南部地区。公元 67 年受命镇压犹太起义。公元 69 年 1 月 1 日,他被埃及亚历山大城(Alexandria)的军团拥立为帝以对抗维泰里乌斯,并且得到了多瑙河地区各军团的支持。公元 69 年 12 月 20 日,其帝位得到元老院认可。公元 79 年 6 月 24 日去世。

提图斯(Titus Flavius Vespasianus)　公元 39 年 12 月 30 日生于雷亚特。父为韦帕芗(皇帝)。女儿是尤利亚·萨宾娜(约公元 65—约 91 年)。胞弟是图密善(皇帝)。提图斯在公元70年经长期围攻后最终攻陷耶路撒冷,并因此而闻名(以提图斯凯旋门作为纪念)。他与犹太王希律·阿格里帕一世之女贝瑞尼斯(Berenice)的恋情招致诸多非议。不过,提图斯仍然非常受欢迎。公元69年成为恺撒,公元79年6月24日到公元81年9月13日在位。他死于雷亚特,可能是自然死亡,但更可能是被图密善所害。

图密善(Titus Flavius Domitianus) 公元51年10月24日出生。胞兄是提图斯(皇帝)。父为韦帕芗(皇帝)。妻子是多米提亚·隆基娜(Domitia Longina;公元150年去世)。公元69年成为恺撒,公元81年9月13日至公元96年9月18日在位。他在一场宫廷阴谋中被杀,其妻也卷入该阴谋。

涅尔瓦(Marcus Cocceius Nerva) 公元30年11月8日生于纳尔尼(Narnia)。图密善被杀后他被元老院选为皇帝,此前曾出任公职。公元96年9月18日即位,公元98年1月25日去世。

图1.13 韦帕芗狄纳里币的正面图案。【由萨默塞特博物馆提供】

过继诸帝

图拉真(Marcus Ulpius Traianus) 可能在公元53年生于西班牙的意大利城(Italica)。妻子是庞培娅·普洛提娜(Pompeia Plotina,公元129年去世)。父为马尔库斯·乌尔皮乌斯·图拉努斯(公元100年去世)。图拉真出身于一个定居西班牙的翁布里亚人家庭。其军事生涯十分卓越,公元97年被涅尔瓦收养为恺撒,时任上日耳曼总督。公元98年1

月 25 日即位后，他并未前往罗马，而是着手整顿莱茵河和多瑙河边境；后来征服了达西亚人并设立行省，还有帕提亚帝国的大部分地区，远至波斯湾（Persian Gulf）。他结束帕提亚战争返回后，于公元 117 年 8 月 8 日在西里西亚的塞里努斯（Selinus）去世，其骨灰安放在罗马图拉真记功柱的基座内。

图 1.14　提图斯身着胸甲和托伲（tunic）罩衫的大理石雕像。

哈德良（Publius Aelius Hadrianus）　公元 76 年 1 月 24 日可能生于罗马，但其家族来自西班牙的意大利城。他是图拉真姑母的孙子，娶图拉真的侄孙女萨宾娜（公元 100 年成婚，约公元 136 年去世）为妻。养子有埃里乌斯（L. 凯尤尼乌斯·康茂德，公元 136—138 年的恺撒），安东尼努斯·皮乌斯（皇帝）。图拉真临终前收哈德良为养子。公元 117 年 8 月 8 日即位后，哈德良放弃了图拉真在东部的征服地，长年（公元 120—131 年）在行省巡视，以巩固罗马的领土。哈德良还进行了行政改革。公元 138 年 7 月 10 日在巴伊埃去世。

图 1.15　涅尔瓦青铜塑像。

安东尼努斯诸帝

安东尼努斯·皮乌斯(Titus Aurelius Fulvius Boionius Antoninus)　公元 86 年 9 月 19 日生于拉努维乌姆(Lanuvium)。妻子是安妮娅·伽莱里娅·法乌斯提娜(公元 140 或 141 年去世)。育有 4 个子女,包括 M. 伽莱里乌斯·安东尼努斯(夭亡)和安妮娅·伽莱里娅·法乌斯提娜(约公元 135—175 年)。养子有马尔库斯·奥里略(皇帝)和卢基乌斯·维鲁斯(皇帝)。安东尼努斯·皮乌斯曾任亚细亚总督并加入哈德良的谋士团。公元 138 年 2 月 25 日,被哈德良认做养子和继承人。为褒奖他对哈德良遗留政策的责任感,元老院授予他“Pius”(译按:意为“忠笃”)的称号。公元 138 年 7 月 10 日至 161 年 3 月 7 日在位,最终在洛瑞乌姆(Lorium)去世。马尔库斯·奥里略和卢基乌斯·维鲁斯继位。

马尔库斯·奥里略(Marcus Annius Verus)　后来名为马尔库斯·奥里略·安东尼努斯。生于公元 121 年 4 月 26 日。法乌斯提娜(安东尼努斯·皮乌斯之妻)的外甥。岳父是安东尼努斯·皮乌斯(皇帝)。妻子为安妮娅·伽莱里娅·

法乌斯提娜(安东尼努斯·皮乌斯之女,公元145年成婚,卒于公元175年)。有12或13个子女,包括康茂德(皇帝)、安尼乌斯·维鲁斯(公元163—169年)和安妮娅·卢吉拉(Lucilla;公元149—183年)。公元138年,马尔库斯·奥里略被安东尼努斯·皮乌斯收养,公元139年成为恺撒。从公元161年3月7日至公元169年卢基乌斯·维鲁斯去世,他一直与后者共治。在其统治期间,奥里略花费大量精力在各重要边防线进行抵御入侵的战事。公元180年3月17日在维也纳(Vienna)去世。

图1.16 哈德良狄纳里币的正面图案。【由萨默塞特博物馆提供】

卢基乌斯·维鲁斯(Lucius Ceionius Commodus) 后来名为卢基乌斯·奥里略·维鲁斯。生于公元130年12月15日。父为卢基乌斯·埃里乌斯·恺撒。妻子是安妮娅·卢吉拉(马尔库斯·奥里略之女,约公元164年成婚)。公元136年到公元138年间在哈德良手下任恺撒。公元161年3月7日起与马尔库斯·奥里略共治,公元169年在阿尔提努姆(Altinum)去世。

康茂德(Lucius Aelius Aurelius Commodus) 后来名为马尔库斯·奥里略·康茂德·安东尼努斯。公元161年8月31日生于拉努维乌姆。父为马尔库斯·奥里略(皇帝);外祖父是安东尼努斯·皮乌斯(皇帝)。妻子是布鲁提娅·克里斯帕(Brutia Crispa,公元178年成婚,约公元183年去世)。公元166年成为恺撒,从公元177年开始与马尔库斯·奥里略共治。在其统治后期,康茂德出现精神疾患,将罗马看作一新建之城并更名为“康茂德城”(colonia Commodianna)。他又自称为神,但其后不久即被大臣杀害,时值公元193年12月31日。

内战诸帝

图 1.17 皇帝卢基乌斯·维鲁斯的大理石头像。

佩尔提那克斯(Publius Helvius Pertinax) 公元 126 年 8 月 1 日生于利古里亚(Liguria)。妻子是弗拉维娅·提提亚娜(Titiana)。儿子是佩尔提那克斯·恺撒(公元 212 年盖塔被杀后被卡拉卡拉处死)。佩尔提那克斯是城市摄政官,曾担任多种职位,公元 185 到 187 年任不列颠总督。康茂德被杀后,他于公元 193 年 1 月 1 日被近卫军拥立为帝;公元 193 年 3 月 28 日被哗变卫兵杀死。

狄底乌斯·尤利亚努斯(Marcus Didius Julianus) 后来名为马尔库斯·狄底乌斯·塞维鲁·尤利亚努斯。约公元 135 年出生。妻子为曼利娅·斯甘提拉(Manlia Scantilla);女儿是狄底娅·克拉拉(Didia Clara)。狄底乌斯·尤利亚努斯是一名富有的元老;在佩尔提那克斯死后,他为获取王位,可能向近卫军许以重金。公元 193 年 3 月 28 日起为帝。军队拒绝承认他为皇帝,公元 193 年 6 月 1 日或 2 日,元老院下令在罗马处死他。

佩斯坎尼乌斯·奈格尔(Gaius Pescennius Niger) 大概出生于公元 135 到 140 年之间。公元 193 年他被自己的军队拥立为帝以对抗狄底乌斯·尤利亚努斯,时任叙利亚总督。之后塞普提米乌斯·塞维鲁向东部进军,在西奇库斯(Cyzicus)、尼西亚和伊苏斯(Issus)的战役中打败奈格尔。奈格尔在安条克被捕并于 194 年秋被处死。

克罗狄乌斯·阿尔比努斯(Decimus Clodius Septimius Albinus) 可能是公元140到150年间生于哈德鲁迈图姆(Hadrumetum)。公元192年任不列颠总督。因塞维鲁皇帝对他忠诚与否生疑,故于公元193年将他晋升为恺撒以防骚乱,但阿尔比努斯仍被其军队拥立为帝。阿尔比努斯渡海到达高卢,自公元195年起始终盘踞于此;公元197年2月19日阿尔比努斯在里昂战败自杀。

塞维鲁王朝

塞普提米乌斯·塞维鲁(Lucius Septimius Severus) 公元146年生于大莱普提斯(Leptis Magna)。先后娶帕吉娅·马尔吉娅娜(Paccia Marciana;约公元176年成婚,之后几年便去世)和尤利亚·多姆娜(公元187年成婚,217年去世)为妻。育有两子,卡拉卡拉(皇帝)和盖塔(皇帝)。塞维鲁曾出任多种公职,公元193年4月13日在卡尔努恩图姆被其军队拥立为帝,与狄底乌斯·尤利亚努斯对抗。公元211年2月4日在约克(York)去世。盖塔和卡拉卡拉继承帝位。

盖塔(Lucius[后为Publius] Septimius Geta) 公元189年5月27日生于米兰。父塞普提米乌斯·塞维鲁(皇帝)。胞兄卡拉卡拉(皇帝)。公元198年被封为恺撒。公元209年秋起与塞普提米乌斯·塞维鲁和卡拉卡拉共治。公元211年2月4日起与卡拉卡拉共治,212年初被卡拉卡拉谋害。

卡拉卡拉(Septimius Bassianus) 后来名为马尔库斯·奥里略·安东尼努斯(见图1.6和图1.15)。卡拉卡拉是绰号,源于他喜好的一种带风帽的凯尔特长披风。公元188年4月4日生于里昂。其父是塞普提米乌斯·塞维鲁(皇帝);公元202年娶普劳提拉(Plautilla;公元205年被放逐,211年故去)为妻;胞弟盖塔(皇帝)。卡拉卡拉从公元196年为恺撒,198年(盖为年初)与塞普提米乌斯·塞维鲁共治。卡拉卡拉的精神状态似乎反复无常,盖塔即为其所害。他沉迷于成为像亚历山大大帝一样的东方征服者的理想之中。卡拉卡拉最为重要的举动是公元 212 年向罗马帝国内的所有自由居民授予公民权。公元 217 年 4 月 8 日，他在伊德沙(Edessa)和卡莱之间的某地被一军官杀害。

图 1.18　卡拉卡拉(此处被称为“安东尼努斯·皮乌斯·奥古斯都”)狄纳里币的正面图案。【由萨默塞特博物馆提供】

马克利努斯(并非塞维鲁王朝的皇室成员)[Marcus Opellius Macrinus]　后来名为马尔库斯·奥佩里乌斯·塞维鲁·马克利努斯。约公元 164 年生于毛里塔尼亚的恺撒城(Caesarea)。育有一子狄亚杜曼尼安。马克利努斯曾任近卫军长官，并策划谋杀了卡拉卡拉。公元 217 年 4 月 11 日被军队拥立为帝，成为第一位未曾担任元老的皇帝。公元 218 年 6 月，在卡尔西顿与埃拉伽巴卢斯军队战败后被处死。

狄亚杜曼尼安(并非塞维鲁王朝的皇室成员)[Marcus Opelius Diadumenianus]　后来名为马尔库斯·奥佩里乌斯·安东尼努斯·狄亚杜曼尼亚努斯。约公元 208 年出生。父为马克利努斯(皇帝)。公元 217 年起为恺撒，218 年与马克利努斯共治，几个月后，即 218 年 6 月，在卡尔西顿与埃拉伽巴卢斯的军队战败后被军队杀害。

埃拉伽巴卢斯(Varius Avitus Bassianus Marcus Aurelius Antoninus)　埃拉伽巴卢斯(有时误写为赫里奥伽巴卢斯[Heliogabalus])之名源于埃梅萨(Emesa)的叙利亚—腓尼基太阳神埃勒伽巴尔(El Gabal)，因他曾担任这位神的祭司。他是叙利亚人，公元 204 年生于埃梅萨；是卡拉卡拉和盖塔两位皇帝的第二个堂弟。叔祖父是塞普提米乌斯·塞维鲁(皇帝)。妻子有：尤利亚·科尔奈利娅·帕乌拉(Paula;公元219年成婚,220年离婚),尤利亚·阿奎利娅·塞维拉(约公元220年成婚,221年离婚,221年末复婚)和安妮娅·法乌斯提娜(公元221年成婚,复又离婚)。塞维鲁·亚历山大(皇帝)是他的堂弟和养子。因其相貌酷似卡拉卡拉,埃拉伽巴卢斯在公元218年5月16日被拥立为帝以对抗马克利努斯,时年15岁。他可能是卡拉卡拉的私生子。他在罗马全心投身于宗教事务。公元222年3月6日被罗马的近卫军杀害。

塞维鲁·亚历山大(Marcus Julius Gessius Bassianus Alexianus) 后来名为马尔库斯·奥里略·塞维鲁·亚历山大。公元208年10月1日生于腓尼基的阿尔卡—恺撒城(Arca Caesarea)。妻子是撒路斯提娅·巴尔比娅·奥尔比亚娜(Sallustia Barbia Orbiana,公元225年成婚,227年被放逐)。公元221年塞维鲁·亚历山大被埃拉伽巴卢斯收养并封为恺撒。公元222年3月6日即位。在其统治期间,帝国事务大部分由他的母亲尤利亚·玛麦娅及其重要谋臣乌尔皮安(Ulpian,法学家,公元228年被杀)处理。公元235年3月中旬他与其母在摩古恩提亚库姆(Moguntiacum)被哗变军队杀害。

军事无政府时期

马克西米努斯一世(色雷斯人马克西米努斯)[Gaius Julius Verus Maximinus] 约公元172/3年生于一个色雷斯的农民家庭。妻子是帕乌利娜(Paulina,在丈夫即位前去世)。儿子盖尤斯·尤利乌斯·维鲁斯·马克西姆斯(公元235—238年为恺撒)。马克西米努斯身高超过2.4米(8英尺),是一位出色的军事统帅。公元235年3月中旬被军队拥立为帝。他在位期间成功解决了莱茵河和多瑙河地区的问题,却因其从未到过罗马而招致元老院忌恨。公元238年元老院先是宣布戈狄亚努斯父子(译按:即戈狄亚努斯一世和戈狄亚努斯二世)共治,之后又选出巴尔比努斯和布皮埃努斯为共治者。马克西米努斯遂放弃北部边境事务转而进攻意大利,但公元238年6月24日在阿奎雷亚城(Aquileia)被杀。

阿非利加努斯·戈狄亚努斯一世(Marcus Antonius Gordianus) 约公元157年出生。其子为戈狄亚努斯二世(皇帝);孙子是戈狄亚努斯三世(皇帝)。他曾任非洲总督,在元老院支持下,于公元238年3月22日被拥立为共治者以对抗马克西米努斯;是年4月12日,听闻儿子被杀后自杀。

阿非利加努斯·戈狄亚努斯二世(Marcus Antonius) 约公元192年出生。父为戈狄亚努斯一世(皇帝);侄子是戈狄亚努斯三世(皇帝)。公元238年3月22日到4月12日与戈狄亚努斯一世共治,后在与喀贝利亚努斯(Capellianus,努米底亚总督,马克西米努斯的支持者)的战斗中被杀。

巴尔比努斯(Decimus Caelius Calvinus Balbinus) 约公元178年出生。收养戈狄亚努斯三世(皇帝)为继承人。巴尔比努斯是一位年迈的元老,公元238年4月22日与布皮埃努斯一同被元老院选为共治者以接替戈狄亚努斯一世和二世。公元238年7月29日遭近卫军杀害。

布皮埃努斯(Marcus Clodius Pupienus Maximus) 生年不详。收养戈狄亚努斯三世(皇帝)为继承人。布皮埃努斯是一位年迈的元老,公元238年4月22日与巴尔比努斯一同被元老院选为共治者。公元238年7月29日遭近卫军杀害。

戈狄亚努斯三世(Marcus Antonius Gordianus) 约公元225年出生。祖父为戈狄亚努斯一世(皇帝);叔父为戈狄亚努斯二世(皇帝)。公元241年娶弗里娅·萨比尼娅·特兰奎里娜(Furia Sabinia Tranquillina)为妻。约公元238年5月为恺撒;238年7月29日即位。公元241年起,帝国权力掌握在戈狄亚努斯的谋臣和近卫军长官提迈希修斯(Timesitheus)手中,且运作良好,但后者于公元243年去世。公元244年2月25日,提迈希修斯的继承者阿拉伯人腓力鼓动士兵在扎伊塔(Zaitha)附近杀害戈狄亚努斯三世,并自立为帝。

阿拉伯人腓力(腓力一世)[Marcus Julius Philippus] 阿拉伯人,约公元

199 年出生。妻子是马尔吉娅·奥塔吉里娅·塞维拉；儿子是腓力二世（公元 247—249 年为共治者）。腓力一世曾任近卫军长官，并害死戈狄亚努斯三世。公元 244 年 2 月 25 日到 249 年 9 月在位，最终在维罗纳（Verona）附近与其城市摄政官德基乌斯的战斗中被杀。

腓力二世（Marcus Julius Severus Philippus） 约公元 237 年出生。父为阿拉伯人腓力（皇帝）。公元 244 年起为恺撒；约从公元 247 年 5 月起与其父共治，249 年 9 月，在其父败给德基乌斯后被军队杀害。

乌拉尼乌斯（Lucius Julius Aurelius Sulpicius Uranius Antoninus） 生年不详。叙利亚人，公元 248 年被其军队拥立为帝。大概在公元 254 年瓦来里安到达叙利亚后被杀。

帕卡提安（Tiberius Claudius Marinus Pacatianus） 生年不详。公元 248 年夏初被潘诺尼亚和摩埃希亚（Moesia）的军队拥立为帝，但几周后即被其士兵杀害。

乔塔皮安（Marcus Fulvius Rufus Jotapianus） 生年不详。公元 248 年夏在卡帕多西亚（Cappadocia）或叙利亚被军队拥立为帝，但几周后被军队杀害。

图拉真·德基乌斯（Gaius Messius Quintus Decius） 后名盖尤斯·麦西乌斯·昆图斯·图拉努斯·德基乌斯。约公元 201 年生于下潘诺尼亚（Lower Pannonia）的布达里亚（Budalia）。妻子是希兰尼娅·库普莱塞尼娅·埃特鲁斯吉拉。子嗣有希兰尼乌斯·埃特鲁斯库斯（曾与其共治），豪斯提利安（Hostilian；皇帝）。德基乌斯曾任罗马的城市摄政官，腓力一世授之以潘诺尼亚和摩埃希亚的军事统帅权。他被自己的军队拥立为帝，在战斗中打败并杀死腓力一世。元老院授予其“图拉努斯”（随皇帝图拉真之名）的荣誉称号。公元 249 年 9 月到 251 年 6 月在位，最终在阿波里图斯（Abrittus）与哥特人的战斗中被杀。

希莱尼乌斯·埃特鲁斯库斯(Quintus Herennius Etruscus Messius Decius) 生年不详。父为德基乌斯·图拉真(皇帝)。公元250年起为恺撒。公元251年5月至6月与德基乌斯共治,在阿波里图斯与哥特人的战斗中被杀。

特莱波尼亚努斯·伽卢斯(Gaius Vibius Trebonianus Gallus) 生年不详。妻为阿菲尼娅·盖米娜·拜比亚娜;儿子是沃鲁希安(共治者)。公元251年6月至253年夏在位,在北部意大利与艾弥利安的战斗中被杀。

豪斯提利安(Gaius Valens Hostilianus Messius Quintus) 生年不详。父为德基乌斯·图拉真(皇帝)。公元250年12月起为恺撒。公元251年7月起与特莱波尼亚努斯·伽卢斯共治,251年11月死于瘟疫。

沃鲁希安(Gaius Vibius Afinius Gallus Vendumnianus Volusianus) 生年不详。父为特莱波尼亚努斯·伽卢斯(皇帝)。公元251年7月起为恺撒,251年11月豪斯提利安去世之后与其父共治。公元253年夏,在意大利北部与其父一同与艾弥利安作战时被杀。

艾弥利安(Marcus Aemilius Aemilianus) 生年不详。妻子是科尔奈利娅·苏佩拉(Supera)。公元253年夏,被摩埃希亚士兵拥立为帝对抗伽卢斯和沃鲁希安。公元253年秋,他在向瓦来里安进军的途中,在斯波莱提乌姆(Spoletium)附近被手下兵士杀害。

瓦来里安(Publius Licinius Valerianus) 约公元193年出生。妻子是玛里尼亚娜(Mariniana;丈夫即位前去世);儿子是伽利埃努斯(皇帝)。瓦来里安是元老,曾任莱提亚(Raetia)总督。公元253年9月,被莱提亚驻军拥立为帝与艾弥利安对抗,并向罗马进军,任命伽利埃努斯为共治者。他在东部作战,但公元260年6月为波斯的萨普尔所擒,在监禁中度过余生。卒年不详,死因不明。

伽利埃努斯(Publius Licinius Egnatius Gallienus) 约生于公元218年。父为瓦来里安(皇帝);妻子是科尔奈利娅·萨洛尼娜(约公元240年成婚,268年去世)。子嗣有普布里乌斯·科尔奈利乌斯·李基尼乌斯·瓦来里亚努斯(约公元256—258年任恺撒)和普布里乌斯·李基尼乌斯·科尔奈利乌斯·萨洛尼努斯·瓦来里亚努斯(曾与其共治)。公元253年起先为恺撒,后为共治者,公元260年即位为帝。他的大部分统治时间都在与入侵蛮族作战。公元267年马军统帅奥雷奥莱乌斯(Aureoleus)叛乱并在梅狄奥拉努姆(Mediolanum)自立为帝。伽利埃努斯战胜并杀死后者,但在268年8月前后,被其他军官(包括克劳狄二世)杀害。

萨洛尼努斯(Publius Licinius Cornelius Saloninus) 约公元242年生。父为伽利埃努斯(皇帝)。公元258年起为恺撒。公元260年在科隆(Cologne)被珀斯图姆斯围困时与伽利埃努斯共治,为时仅数周。公元260年被自立为帝的珀斯图姆斯处死。

马克利亚努斯(Titus Fulvius Junius Macrianus) 生年不详。兄弟为奎埃图斯。公元260年9月,瓦来里安被波斯人擒获后与奎埃图斯一同被拥立为帝。在位时间到公元261年春,他在战斗中被伽利埃努斯的统帅奥雷奥鲁斯(Aureolus)杀死。

奎埃图斯(Titus Fulvius Junius Quietus) 生年不详。兄弟为马克利亚努斯(皇帝)。公元260年9月前后与马克利亚努斯一同被拥立为帝。公元261年11月前后,在埃梅萨遭到围攻并被杀。

雷伽里亚努斯(Cornelius Publius Regalianus) 生年不详。妻子是苏尔皮基娅·德里昂提拉(Sulpicia Dryantilla)。公元260年秋,上潘诺尼亚(Upper Pannonia)的军队拥立他为帝,但可能在其后不久,他在进攻伽利埃努斯的军队时被麾下兵士杀害。

克劳狄二世(Marcus Aurelius Valerius Claudius) 公元214年5月生于达

尔达尼亚(Dardania)[上摩埃希亚,Moesia Superior]。兄弟是昆提卢斯(皇帝)。克劳狄二世的军事生涯十分辉煌,他击败了进攻意大利的阿勒曼尼人,还赢得了几场对哥特人的战役,并因此赢得"哥特库斯·马克西姆斯"的称号。公元268年8月至270年1月在位,在希尔密乌姆(Sirmium)死于瘟疫。

昆提卢斯(Marcus Aurelius Claudius Quintillus) 生年不详,是克劳狄二世的胞弟。公元270年1月到4月前后在位,可能是自杀而亡。

奥莱里安(Lucius Domitius Aurelianus) 约公元215年在希尔密乌姆或其附近出生。妻子是乌尔皮娅·塞维里娜(Ulpia Severina;在奥莱里安死后和塔西佗被选出之前的6个月空位期间,帝国政府由她操纵)。奥莱里安出身低微,但作战能力出众,曾任克劳狄二世的马军统帅。公元270年4月前后他被其军队拥立为帝对抗昆提卢斯。统治之初,他在北部意大利战胜了入侵的日耳曼人,之后又在西部打败提特里库斯,在东方打败泽诺比娅。考虑到将来,他在罗马城周围修建了巨大的防御城墙。公元275年4月前后,被手下军官阴谋杀害。

塔西佗(Marcus Claudius Tacitus) 约公元200年出生。同父异母(或同母异父)兄弟为弗罗里安(皇帝)。奥莱里安被杀后六个月,即公元275年9月,他被元老院选为皇帝。公元276年4月前后,在卡帕多西亚的提亚那(Tyana)自然死亡。

弗罗里安(Marcus Annius Florianus) 生年不详。同父异母(或同母异父)兄弟为塔西佗(皇帝)。公元276年4月前后至6月末在位,在塔尔苏斯(Tarsus)被部下杀害。

普洛布斯(Marcus Aurelius Probus) 公元232年8月生于希尔密乌姆。公元276年4月末或5月初被其军队拥立为帝对抗弗罗里安。他取得了对日耳曼人和汪达尔人的胜利。公元282年秋在希尔密乌姆被哗变士兵杀害。

萨图尔尼努斯(Sextus Julius Saturninus)　生年不详。在埃及的亚历山大城起兵反叛普洛布斯,其后不久可能被手下兵士杀害。

卡鲁斯(Marcus Aurelius Carus)　约公元230年可能生于伊里利库姆的那罗纳(Narona)。子嗣有卡里努斯(皇帝)和努美里安(皇帝)。公元282年秋,在普洛布斯被杀前不久,他在莱提亚被其军队拥立为帝。公元283年8月前后,亡于泰西封附近的波斯战役——官方宣称他是遭雷击而死,但很有可能是他的近卫军长官阿里乌斯·阿佩尔(Arrius Aper)叛变并将其杀害。

卡里努斯(Marcus Aurelius Carinus)　约生于公元249年。父为卡鲁斯(皇帝);妻子是玛格尼娅·乌尔比卡(Magnia Urbica);儿子是尼戈里尼安(Nigrinian;似乎在其父即位前亡故);兄为努美里安(共治者)。公元282年秋为恺撒,公元283年秋即位,公元285年春,在与戴克里先进行的马尔古斯(Margus)战役中被手下杀害。

尤利安(潘诺尼亚的尤利安)[Marcus Aurelius Julianus]　生年不详。公元283或284年,在潘诺尼亚起兵反叛卡里努斯,公元285年春,在维罗纳附近被后者战胜并被杀。

努美里安(Marcus Aurelius Numerianus)　约生于公元254年。父为卡鲁斯(皇帝);兄弟是卡里努斯(皇帝)。公元282年秋起为恺撒;公元283年9月前后与卡里努斯为共治者,公元284年11月,从东方返回途中被杀,凶手可能是近卫军长官阿里乌斯·阿佩尔。

高卢帝国

珀斯图姆斯(Marcus Cassianius Latinius Postumus)　生年不详。公元259年在高卢起兵反叛伽利埃努斯,公元260年在此称帝,并将自己的领域扩展到不列颠和西班牙北部。他是高卢帝国的第一个僭位者。公元 268 年末被麾下军队杀害。

莱利亚努斯(Ulpius Cornelius Laelianus) 生年不详。公元 268 年夏，起兵反叛珀斯图姆斯，但约四个月后在摩古恩提亚库姆被后者杀害。

马略(Marcus Aurelius Marius) 生年不详。公元 268 年末珀斯图姆斯死后，被拥立为帝，但在公元 269 年初可能被其士兵杀害。

维克多里努斯(Marcus Piavonius Victorinus) 生年不详。公元 269 年初马略死后，他被拥立为帝，公元 270 年在科隆被其军官杀害。

提特里库斯(Gaius Pius Esuvius Tetricus) 生年不详。儿子是盖尤斯·皮乌斯·提特里库斯(公元 270—273 年为恺撒)。公元 270 年维克多里努斯死后，他被高卢军队拥立为帝。公元 273 年末被奥莱里安废黜，但得到宽宥(结束了高卢帝国)。几年后可能自然死亡。

巴尔米拉帝国

瓦巴拉图斯(Wahballat) 生年不详；奥丹那图斯(Odenathus)被杀时，他年纪尚幼。父为奥丹那图斯；母为泽诺比娅。公元 267 年瓦巴拉图斯成为巴尔米拉国王，271 年被立为奥古斯都以对抗奥莱里安，272 年夏被后者废黜。其后事不详。

泽诺比娅(Septimia Zenobia) 生年不详。在其夫奥丹那图斯于公元 267 年死后，她以罗马同盟之名、以其子瓦巴拉图斯为傀儡统治巴尔米拉。公元 271 年自封为奥古斯塔并迁至小亚细亚和叙利亚对抗奥莱里安。后者打败她的军队并围攻巴尔米拉。公元 272 年投降后，得以退隐罗马，并享有养老恤金，在那里生活直至终老。

不列颠帝国

卡劳西乌斯(Marcus Aurelius Mausaeus Carausius) 生年不详。曾任海峡水师统帅。公元 286 年末或 287 年初,被拥立为不列颠和北部高卢的皇帝以对抗马克西米亚努斯。公元 293 年被其同僚阿莱克图斯(Allectus)杀害。

阿莱克图斯 全名及生年不详。公元 293 年,他杀死卡劳西乌斯后成为不列颠和北部高卢的皇帝。公元 296 年在英格兰东南部的一次战役中被君士坦丁一世杀死。现存的一枚金质阿拉斯奖章是专为纪念此役胜利而制的。

四帝共治

戴克里先(Gaius Aurelius Valerius Diocletianus) 原名狄奥克莱斯(Diocles)。约公元 245 年生于达尔马提亚。女儿是伽莱里娅·瓦来里娅(约公元 315 年去世)。戴克里先出身卑微,后升任皇家卫队指挥官。他在公元 284 年 11 月 20 日努美里安死后即位。他的统治十分成功,很多政策措施均延续数个世纪之久。为使行政管理更为有效,他将帝国的统治权一分为四(四人联合统治)。许多行省被划分成较小的行政区,边防有所加强,军队规模急剧扩张。他还制定了一套规范的税收修订体制,但在抑制通货膨胀方面收效甚微。公元 305 年 5 月 1 日,戴克里先和马克西米亚努斯退位,四帝共治体制瓦解,内战随之而起。约公元 316 年戴克里先在斯普里特(Split)自然死亡。

马克西米亚努斯(Marcus Aurelius Valerius Maximianus) 约公元 250 年生于希尔密乌姆附近。儿子是马克森提乌斯(皇帝);养女弗拉维娅·马克西米亚娜·狄奥多拉;女儿弗拉维娅·马克西玛·法乌斯塔(公元 326 年去世)。孙子:君士坦丁二世(皇帝),君士坦提乌斯二世(皇帝),君士坦斯(皇帝),罗穆路斯(公元 309 年去世)。公元 286 年 4 月起与戴克里先共治,掌管莱茵地区(Rhineland),

公元 293 年起统治地中海西部地区(北部由恺撒君士坦提乌斯负责)。公元 305 年 5 月 1 日马克西米亚努斯退位。公元 306 年 11 月其子马克森提乌斯请他复出,但他在公元 308 年的卡尔努恩图姆和会上再次被迫退位。公元 310 年春他再次掌权,在阿尔勒起兵反叛君士坦丁,但几周后即去世,可能是自杀,更为可能的是被君士坦丁下令处死的。

图 1.19　公元 4 世纪早期四帝雕像,四人分别为戴克里先、马克西米亚努斯、君士坦提乌斯和伽莱里乌斯。其中除戴克里先蓄须易于辨认外,其他三人均无法辨认。像高 1.3 米(4 英尺 3 英寸);大概曾放在君士坦丁堡的皇宫中。现立于威尼斯(Venice)的圣马可广场(St. Mark's Square)。

君士坦提乌斯一世(君士坦提乌斯·克罗鲁斯)[Flavius Valerius Constantius]　约公元 250 年生于达尔达尼亚。岳父是马克西米亚努斯(皇帝)。妻子有:弗拉维娅·尤利亚·海伦(约公元 248 年出生,公元 293 年离婚,约公元 328 年去世),弗拉维娅·马克西米亚娜·狄奥多拉(马克西米亚努斯之继女,公元 293 年成婚)。儿子是君士坦丁一世(海伦所生,皇帝);女儿君士坦提娅(Constantia;狄奥多拉所生,约公元 330 年去世)。公元 293 年 5 月 1 日起,他在戴克里先四帝共治制中任恺撒,负责阿尔卑斯山以北、以特里尔为基地的行省,并推翻了阿莱克图斯的政权。公元 305 年 5 月 1 日到公元 306 年 7 月 25 日为西部皇帝,在约克自然死亡。

伽莱里乌斯(还有"Maximinanus"和"Armentarius"两名)[Gaius Galerius

Valerius Maximianus]　生于塞尔狄卡(Serdica),时间不详。岳父为戴克里先(皇帝)。第一位妻子姓名不详,另一位是伽莱里娅·瓦来里娅(公元293年成婚,约公元315年去世)。公元293年3月1日起在戴克里先四帝共治制中任恺撒。公元305年5月1日起为东部皇帝,公元311年5月初去世。

塞维鲁二世(四帝之塞维鲁)[Flavius Valerius Severus]　生于潘诺尼亚,时间不详。公元305年5月1日起为恺撒。公元306年7月25日起为西部皇帝,307年春被马克西米亚努斯和马克森提乌斯废黜并囚禁。公元307年夏,可能被马克森提乌斯下令处死。

图1.20　银币背面图案:戴克里先、马克西米亚努斯、君士坦提乌斯一世和伽莱里乌斯在营门前祭祀,后部的围栏是用透视法表现的。【由萨默塞特博物馆提供】

达亚·马克西米努斯二世(或名 Maximin Daia)[Gaius Galerius Valerius Maximinus]　原名为达亚。生年不详。叔父为伽莱里乌斯(皇帝)。公元305年5月1日起为恺撒。在卡尔努恩图姆和会后不久,309年初成为东部皇帝。公元313年秋,在塔尔苏斯败给李基尼乌斯,被杀。

马克森提乌斯(Marcus Aurelius Valerius Maxentius)　生年不详。父为马克西米亚努斯(皇帝);内兄是君士坦提乌斯·克罗鲁斯和君士坦丁一世(两人均为皇帝);其子为罗穆路斯(两度任执政官,公元309年卒)。公元306年10月28日在罗马被立为西部皇帝,与塞维鲁二世对抗。他请出已退隐的父亲马克西米亚努斯以求支持。公元312年10月28日,在与君士坦丁一世进行的米尔维安桥(罗马北部)战役中,溺死于台伯河。

李基尼乌斯(Valerius Licinianus Licinius) 约公元 263 年出生。妻子是君士坦提娅(君士坦丁一世同父异母之妹,公元 313 年成婚,约 330 年去世);其子为弗拉维乌斯·瓦来里乌斯·李基尼亚努斯·李基尼乌斯(公元 317—324 年为恺撒)。在公元 308 年 11 月的卡尔努恩图姆和会上,李基尼乌斯被任命为奥古斯都,与伽莱里乌斯为同僚,统治多瑙河地区。伽莱里乌斯死后,李基尼乌斯打败马克西米努斯·达亚,他(东部)和君士坦丁一世(西部)将帝国分为两部分。公元 324 年秋,被君士坦丁一世废黜,325 年因图谋造反被处死。

瓦伦斯(Anrelius Valerius Valens) 生年不详。公元 314 年秋,在与君士坦丁一世作战期间,被李基尼乌斯封为共治者。公元 314 年末,根据君士坦丁一世和李基尼乌斯之间的休战协定,瓦伦斯被废黜,随后被李基尼乌斯处死。

马尔提尼安(Marcus Martinianus) 生年不详。公元 324 年夏末,在与君士坦丁一世作战期间,被李基尼乌斯封为共治者。公元 324 年秋,被君士坦丁一世废黜,隐退至卡帕多西亚,325 年被君士坦丁一世处死。

图 1.21 君士坦丁一世狄纳里币的正面图案。【由萨默塞特博物馆提供】

君士坦丁王朝及其对手

君士坦丁一世(君士坦丁大帝)[Flavius Valerius Constantinus Augustus] 约公元 285 年 2 月 17 日生于摩埃希亚的奈苏斯

(Naissus)。父为君士坦提乌斯一世(皇帝);岳父为马克西米亚努斯(皇帝);妻子有米涅尔维娜(Minervina)和弗拉维娅·马克西玛·法乌斯塔(公元 307 年成婚,326 年去世)。儿子有弗拉维乌斯·尤利乌斯·克里斯普斯(米涅尔维娜所生;公元 317—326 年为恺撒;326 年被君士坦丁处死),君士坦丁二世(法乌斯塔所生;皇帝),君士坦提乌斯二世(法乌斯塔所生;皇帝),君士坦斯(法乌斯塔所生;皇帝)。女儿(法乌斯塔所生)有君士坦提娜(Constantina)和海伦(公元 360 年去世)。

公元 306 年,君士坦丁一世在父亲去世后,即在约克被麾下军队拥立为西部皇帝,但东部皇帝伽莱里乌斯只授予他"恺撒"之衔。一场复杂的权力斗争随之而起。公元 306 年 10 月马克森提乌斯篡位时,他表示支持。公元 310 年,马克西米亚努斯(马克森提乌斯之父)反叛君士坦丁,后来大概被后者杀死。公元 311 年,伽莱里乌斯死后,君士坦丁与李基尼乌斯结盟。公元 312 年,君士坦丁入侵意大利并打败马克森提乌斯。李基尼乌斯成为东部皇帝,但公元 313 年和 323 年两次与君士坦丁爆发战争。公元 324 年,经过几次战斗,君士坦丁击败李基尼乌斯成为唯一的皇帝。公元 330 年迁都拜占庭,并更名为君士坦丁堡。临终时,受洗为基督徒。公元 337 年 5 月 22 日,在尼科米底亚(Nicomedia)的安齐罗纳(Ancyrona)去世。公元 326 年,其长子克里斯普斯被他处死,于是其他三子继承皇位,三人均享有"奥古斯都"称号,并划分帝国分而治之。

君士坦丁二世(Flavius Claudius Constantinus) 公元 316 年生于阿尔勒。父为君士坦丁一世(皇帝);兄弟有君士坦提乌斯二世和君士坦斯(均为皇帝)。公元 317 年 3 月 1 日起为恺撒。公元 337 年 9 月 9 日起为西部皇帝(公元 337 年 5 月 22 日君士坦丁一世死后,有超过三个半月的空位期,此间,帝国统治仍在已故皇帝的名义下运作)。君士坦丁二世一直在特里尔进行统治,公元 340 年春,他进军攻打君士坦斯时,在阿奎雷亚城附近遭伏击被杀。

君士坦斯(Flavius Julius Constans) 生于公元 320 年。父为君士坦丁一世(皇帝);兄弟有君士坦提乌斯二世和君士坦丁二世(均为皇帝)。公元333年起为恺撒。337 年 9 月 9 日起为西部皇帝。公元 340 年他打败并杀死君士坦丁二世，控制了整个西部帝国。公元 350 年初，他在比利牛斯山(Pyrenees)脚下的赫勒尼(Helene)堡垒被马格奈恩提乌斯的蛮族使者盖索(Gaiso)杀害。

图 1.22　君士坦丁一世铜币的正面图案。【由萨默塞特博物馆提供】

君士坦提乌斯二世(Flavius Julius Constantius)　公元 317 年 8 月 7 日生于希尔密乌姆。父为君士坦丁一世(皇帝)；兄弟有君士坦丁二世和君士坦斯(均为皇帝)。妻子有：其中一位姓名不详，优西比娅(Eusebia)、法乌斯提娜；遗腹女为君士坦提娅(法乌斯提娜所生)。公元 324 年 11 月 8 日起为恺撒。公元 337 年 9 月 9 日起为东部皇帝，353 年(马格奈恩提乌斯死后)起成为东部唯一的皇帝，361 年 11 月 3 日，在摩珀苏克雷奈(Mopsucrenae)发烧身亡。

马格奈恩提乌斯(Flavius Magnus Magnentius)　约公元 303 年生于亚眠(Amiens)，日耳曼人后裔。兄弟为马格努斯·德坎提乌斯(公元 351—353 年为恺撒)。公元 350 年 1 月 18 日在欧丹(Autun)被拥立为帝以对抗君士坦斯。公元 351 年 9 月 28 日，他在穆尔萨战役中被君士坦提乌斯二世打败，退回意大利和高卢，但遭围困，353 年 8 月 11 日在里昂自杀。

维特拉尼奥　全名及生年不详。公元 350 年 3 月 1 日在伊里利库姆被军队拥立为帝，这可能是君士坦提乌斯二世为阻止马格奈恩提乌斯东进而默许的。公元 350 年末隐退至比苏尼亚。约公元 356 年去世。

奈波提安(Flavius Julius Popilius Nepotianus Constantinus) 生年不详。叔父为君士坦丁一世(皇帝)。公元 350 年初被马格奈恩提乌斯的反对者拥立为帝,但一个月后被马格奈恩提乌斯的军队杀害。

希尔瓦努斯(Claudius Silvanus) 生年不详,法兰克人后裔。希尔瓦努斯是马格奈恩提乌斯的军官,在公元 351 年的穆尔萨战役前夕,背叛后者投奔君士坦提乌斯二世。他被任命为步军统帅,被派往高卢抵御蛮族入侵。由于他卷入一场政治阴谋,为自保,于公元 355 年在科隆自立为帝,但不久即为其士兵所杀。

"叛教者"尤利安(尤利安二世)(Flavius Claudius Julianus) 公元 332 年 4 月生于君士坦丁堡。父为尤利乌斯·君士坦提乌斯;同父异母兄弟是弗拉维乌斯·克劳狄·尤利乌斯·君士坦提乌斯·伽卢斯(公元 351—354 年为恺撒);堂兄有君士坦丁二世,君士坦斯,君士坦提乌斯二世和奈波提安(均为皇帝);叔父为君士坦丁一世(皇帝);妻子是海伦(君士坦丁一世之女,公元 335 年成婚,360 年去世)。公元 355 年 11 月 6 日,尤利安被君士坦提乌斯二世封为恺撒,在其统辖的高卢和不列颠两处战功卓著。公元 360 年初,他在巴黎被军队拥立为帝。君士坦提乌斯在尤利安到达君士坦丁堡之前即已去世,尤利安即成为唯一的皇帝。他是最后一位异教皇帝,因恢复传统的宗教崇拜和神庙而被基督教著作家称为"叛教者"。公元 361 年,尤利安动身前往安条克准备出兵波斯;363 年 6 月 26 日,在波斯的玛朗伽(Maranga)与波斯人作战时被杀。

乔维安(Flavius Jovianus) 约公元 331 年生于贝尔格莱德,将领之子。从公元 363 年 6 月 27 日起独掌皇权,364 年 2 月 16 日,在前往君士坦丁堡的途中死于达达斯塔纳(Dadastana),死因是其卧房中意外地留有一个炭火盆,导致他窒息而亡。

瓦伦提尼安王朝

瓦伦提尼安一世(Flavius Valentinianus) 公元321年生于潘诺尼亚。先后娶瓦来里娅·塞维拉(公元368年离婚)和查士丁娜(Justina;马格奈恩提乌斯之遗孀,公元368年成婚,387年去世)为妻;兄弟是瓦伦斯(皇帝);子嗣有格拉提安(塞维拉所生;公元367—383年在位为帝)和瓦伦提尼安二世(查士丁娜所生;皇帝)。公元364年2月26日起为西部皇帝。他是一位杰出的军事统帅,大部分统治时间都在北部边区度过。公元375年11月17日,在不列盖提奥(Brigetio)自然死亡。

瓦伦斯(Flavius Valens) 公元328年生于潘诺尼亚。兄弟是瓦伦提尼安一世(皇帝);侄子有格拉提安和瓦伦提尼安二世(均为皇帝)。公元364年3月28日起为东部皇帝。瓦伦提尼安一世死后,北部边陲遭大举入侵,公元378年8月9日,瓦伦斯在哈德良堡(Hadrianopolis)附近同西哥特人作战时被杀。

普洛柯比乌斯 约公元326年生于西里西亚,与尤利安二世有姻亲关系。公元365年9月28日,在君士坦丁堡被军队拥立为帝以对抗瓦伦斯,但366年5月27日被瓦伦斯打败。

格拉提安(Flavius Gratianus) 公元359年4月18日生于希尔密乌姆。父为瓦伦提尼安一

图1.23 瓦伦提尼安一世千分币(miliarense)正面图案。【由萨默塞特博物馆提供】

世(皇帝)。叔父瓦伦斯(皇帝)。同父异母兄弟为瓦伦提尼安二世(皇帝)。妻子为君士坦提娅(君士坦提乌斯二世的遗腹女,公元 362—383 年,374 年成婚)。公元 367 年 8 月 24 日与瓦伦提尼安一世共治。公元 375 年瓦伦提尼安一世死后任西部皇帝,公元 383 年 8 月 25 日,在里昂逃避马格努斯·马克西姆斯时被杀。

瓦伦提尼安二世(Flavius Valentinianus) 公元 371 年 7 月 2 日,生于阿奎因库姆(Aquincum,也可能是特里尔)。父为瓦伦提尼安一世(皇帝);叔父为瓦伦斯(皇帝);同父异母兄弟为格拉提安(皇帝)。公元 375 年 11 月 22 日起为西部皇帝。公元 387 年被马格努斯·马克西姆斯放逐,但 388 年又被狄奥多西一世(Theodosius I)重新起用。公元 392 年 5 月 15 日死于维埃纳(Vienne),可能是自杀也可能是被其将领阿尔波伽斯特下令杀害。

马格努斯·马克西姆斯(Magnus Clemens Maximus) 生年不详,来自西班牙。儿子是弗拉维乌斯·维克多(皇帝)。公元 383 年 7 月在不列颠被其军队拥立为西部皇帝以对抗格拉提安。他控制了高卢和西班牙,在入侵意大利前得到狄奥多西一世的承认。公元 388 年 8 月 28 日,他在埃奎雷亚附近败给狄奥多西一世的军队后被处死。

弗拉维乌斯·维克多 生年不详。父为马格努斯·马克西姆斯(皇帝)。公元 387 年年中被其父立为共治者。公元 388 年 8 月在高卢被其将领阿尔波伽斯特处死。

欧格尼库斯 全名及生年不详。瓦伦提尼安二世死后的三个月空位期之后,公元 392 年 8 月 22 日,他被阿尔波伽斯特拥立为西部皇帝。公元 394 年 9 月 6 日,在埃摩纳(Aemona)和埃奎雷亚之间败给狄奥多西一世后被处死。

狄奥多西王朝及其对手

狄奥多西一世(狄奥多西大帝)[Flavius Theodosius] 约公元 346 年生于西

班牙的高迦(Cauca)城。父为老狄奥多西乌斯——公元368年和370年在不列颠恢复秩序的将领。妻子有艾里娅·弗拉吉拉(约376年成婚,约386年去世)和伽拉(Galla;瓦伦提尼安二世之女,公元388年成婚)。子嗣(弗拉吉拉所生)有阿尔卡狄乌斯和赫诺瑞乌斯(均为皇帝)。女儿有伽拉·普拉吉迪娅(Placidia;伽拉所生,约公元388—450年)。公元379年1月19日被格拉提安封为东部皇帝。统治之初,狄奥多西一直致力于驱逐入侵的西哥特人,最终,在色雷斯为西哥特人划分了土地。他是虔诚的基督教徒,对待异教徒十分残酷。公元391年,他在帝国内禁止一切异教形式,从而确立了基督教的正统地位,为此他获得"大帝"之称。公元392年瓦伦提尼安二世死后,他独掌皇权。公元395年1月17日,在米兰自然死亡。狄奥多西一世之后,帝国被彻底分成东西两部,在行政和继承方面完全分离。东部帝国是拜占庭帝国的前身。

阿尔卡狄乌斯(Flavius Arcadius) 生于公元377年。父为狄奥多西一世(皇帝);妻子是艾里娅·欧多克希娅(法兰克人保托之女,公元395年成婚,死于404年);儿子是狄奥多西二世(皇帝);女儿是艾里娅·普尔盖里娅(公元399—453年);兄弟是赫诺瑞乌斯(皇帝)。公元383年1月,被封为狄奥多西一世的共治者。公元395年1月17日起独掌西部皇权,但受制于斯提里克。公元423年8月25日,在拉文纳自然死亡。

赫诺瑞乌斯(Flavius Honorius) 公元384年9月9日生于君士坦丁堡。父为狄奥多西一世(皇帝);兄弟是阿尔卡狄乌斯(皇帝);妻子是斯提里克的女儿。从公元393年1月起与狄奥多西一世成为共治皇帝。从公元395年起成为西部帝国唯一的皇帝,但受制于斯提里克。他的在位时间到公元423年8月25日去世为止(在拉文纳自然死亡)。

君士坦丁三世(Flavius Claudius Constantinus) 他与之前的皇帝无任何姻亲关系,是一名士兵,公元407年在不列颠被军队拥立为帝。公元407年,入侵高卢并在阿尔勒建立自己的政权。公元408年,基本控制了西班牙;公元409

年，得到赫诺瑞乌斯承认，但后来被赫诺瑞乌斯的将领君士坦提乌斯擒获，公元411年被处死。

破损部分

图1.24 约公元388年罗马后期银盘上的部分画面：狄奥多西一世向一名屈膝跪拜官员颁赐宪章的仪式。

马克西姆斯(Maximus) 全名及生年不详。公元409年，在西班牙被拥立为帝，与君士坦丁三世相对峙。公元411年被废黜，但获准退隐。422年，在一次未遂叛乱后，他在拉文纳被赫诺瑞乌斯处死。

阿塔路斯(Priscus Attalus) 生年不详。阿塔路斯曾是元老领袖，公元409年在罗马被哥特人拥立为帝。公元410年5月或6月被阿拉里克废黜。公元414年，在波尔多(Bordeaux)再次被哥特人拥立为帝，但公元415年又被废，并被放逐到利帕里(Lipari)群岛。卒年不详。

乔维努斯 全名及生年不详。兄弟是塞巴斯提亚努斯(皇帝)。公元411年，入侵高卢的勃艮第人立他为帝；公元413年在纳博讷(Narbonne)被处死。

塞巴斯提亚努斯 全名及生年不详。兄弟是乔维努斯(皇帝)；公元412年被乔维努斯封为共治者。公元413年被处死。

君士坦提乌斯三世(Flavius Constantius Ⅲ) 生于摩埃希亚的奈苏斯(时间不详)。公元 417 年娶伽拉·普拉吉迪娅(狄奥多西一世之女,约公元 388—450 年)为妻;儿子是瓦伦提尼安三世(皇帝);女儿是尤斯塔·格拉塔·霍诺里娅(Justa Grata Honoria,公元 417—454 年)。公元 411 年,君士坦提乌斯已是步军长官,并成为斯提里克垮台后最具政治影响力的人物。公元 421 年 2 月 8 日起与赫诺瑞乌斯为西部共治者,9 月 2 日在拉文纳自然死亡。

狄奥多西二世(Flavius Theodosius Ⅱ) 公元 401 年 4 月 10 日生于君士坦丁堡。父为阿尔卡狄乌斯(皇帝);叔父为赫诺瑞乌斯(皇帝);公元 421 年娶艾里娅·欧多吉娅(Eudocia,原名阿提奈斯[Athenais],公元 393—460 年)为妻;女儿是李基尼娅·欧多克希娅(生于公元 422 年)。公元 402 年 1 月 10 日被阿尔卡狄乌斯封为共治者。公元 408 年起独掌东部皇权。在其统治期间,协助西部帝国进行防御,并将女儿许配西部皇帝瓦伦提尼安三世。狄奥多西还主持编修了一部法律汇编,即所谓的《狄奥多西法典》(*Theodosian Code*)。公元 450 年 7 月 28 日,在君士坦丁堡坠马身亡。

乔安奈斯(约翰) 全名不详。约公元 380 年出生。公元 423 年 8 月 25 日成为西部皇帝。狄奥多西二世发兵支持年轻的普拉吉狄乌斯·瓦伦提尼亚努斯(Placidius Valentinianus),乔安奈斯迎战;公元 425 年 10 月,乔安奈斯战败后被处死。

瓦伦提尼安三世(Placidius Valentinianus) 公元 419 年 7 月 2 日生于拉文纳。父为君士坦提乌斯三世(皇帝);叔父为赫诺瑞乌斯(皇帝);堂兄是狄奥多西二世(皇帝);公元 437 年娶李基尼娅·欧多克希娅(狄奥多西二世之女,生于公元 422 年)为妻;女儿是普拉吉迪娅。公元 425 年 10 月 23 日起(僭位者乔安奈斯垮台后)为西部皇帝,由其母伽拉·普拉吉迪娅摄政,但公元 433 年起,埃提乌斯影响日重。公元 454 年,埃提乌斯被杀;瓦伦提尼安三世为之复仇,于公元 455 年 3 月 6 日在罗马遭谋杀。

马尔西安(Flavius Valerius Marcianus) 约公元396年生于色雷斯。一位妻子姓名不详,另一位是艾里娅·普尔盖里娅(狄奥多西二世之姊妹,公元399—453年,公元450年成婚)。马尔西安曾任军团将官;公元450年8月25日(被普尔盖里娅选为继承人)起为东部皇帝,公元457年1月或2月自然死亡。

西部帝国的灭亡

佩特洛尼乌斯·马克西姆斯(Flavius Anicius Petronius Maximus) 约公元396年出生。妻子是李基尼娅·欧多克希娅(瓦伦提尼安三世的遗孀)。佩特洛尼乌斯·马克西姆斯曾出任多种公职。公元455年3月17日为西部皇帝;5月31日在罗马逃避正在逼近的汪达尔军队时,被暴民杀死。

阿维图斯(Marcus Maecilius Flavius Eparchius Avitus) 生于高卢南部,年代不详。公元455年7月9日在图卢兹(Toulouse)被西哥特人立为西部皇帝。公元456年10月17日,被瑞吉迈尔和梅约里安废黜,并被迫出任普拉森舍(Placentia)主教。是年不久即去世,可能是自然死亡。

梅约里安(Julius Maiorianus) 生年不详。公元457年4月1日(阿维图斯故去五个多月后)在瑞吉迈尔支持下被立为西部皇帝。他的船队在西班牙落入汪达尔人之手。他先是被瑞吉迈尔废黜,公元461年8月2日,又在托尔图纳(Tortona)被后者处死。

利比乌斯·塞维鲁(塞维鲁三世)[Libius Severus] 生于卢卡尼亚(Lucania),年代不详。公元461年11月19日(梅约里安死后三个多月)成为西部皇帝,465年11月14日,在罗马去世,可能是自然死亡。

安提迈乌斯(Procopius Anthemius) 生于君士坦丁堡,年代不详。岳父为普洛柯比乌斯(皇帝)之后裔马尔西安(皇帝);妻子是艾里娅·马尔吉娅·欧菲弥娅(马尔西安之女);女儿是阿里皮娅(Alypia,公元 467 年嫁给瑞吉迈尔);儿子是马尔西安。安提迈乌斯是来自东部帝国的军官。公元 467 年 4 月 12 日(利比乌斯·塞维鲁故去近 17 个月后)起为西部皇帝,公元 472 年 7 月 11 日,在罗马被瑞吉迈尔处死。

厄利布里乌斯(Anicius Olybrius) 生年不详。公元 462 年娶普拉吉迪娅(瓦伦提尼安三世之女)为妻。公元 472 年 4 月被瑞吉迈尔立为西部皇帝,与安提迈乌斯对抗。他于公元 472 年 11 月 2 日自然死亡。

格利凯里乌斯(Flavius Glycerius) 生年不详。公元 473 年 5 月 5 日(厄利布里乌斯死后四个多月)在拉文纳被立为西部皇帝。公元 473 年 6 月 24 日,被尤利乌斯·奈波斯废黜,转而被尊为萨洛奈(Salonae)主教。卒年不详。

尤利乌斯·奈波斯(Flavius Julius Nepos) 生于达尔马提亚,时间不详。公元 473 年 6 月 24 日(废黜格利凯里乌斯后)起为西部皇帝;公元 475 年 8 月 28 日,被步军长官奥瑞斯特斯(Orestes)废黜。他从意大利逃到达尔马提亚,并在那里过着流放生活;公元 480 年 5 月 9 日在萨洛奈附近被谋杀。

罗穆路斯·奥古斯都路斯(Romulus Augustus,绰号奥古斯都斯) 生年不详,但即位时年纪尚幼。其父奥瑞斯特斯是尤利乌斯·奈波斯手下的步军长官(公元 476 年 8 月 28 日被奥多亚克处死)。公元 475 年 10 月末,即奈波斯逃亡后两个月,他被奥瑞斯特斯立为西部皇帝。公元 476 年 8 月末,被奥多亚克废黜,但获准在那不勒斯(Naples)附近的庄园过流放生活。卒年及死因不详。他是西部帝国最后一位皇帝。

利奥家族

利奥一世(Flavius Valerius Leo) 约公元 411 年生于色雷斯。娶艾里娅·

维里娜(Verina;公元484年去世)为妻。女儿有艾里娅·阿里亚德妮(Ariadne)和利昂提娅(Leontia);外孙为利奥二世(皇帝)。公元457年2月7日(马尔西安死后)起为东部皇帝,公元474年2月3日自然死亡。

利奥二世 全名不详。约公元467年生。父为芝诺(皇帝)。公元473年11月18日被利奥一世封为共治者,公元474年11月10日自然死亡。

芝诺 原名塔拉西克迪萨(Tarasicodissa),与阿里亚德妮成婚后即改名为芝诺。约公元427年生于伊绍里亚(Isauria)。岳父为利奥一世;约公元467年娶艾里娅·阿里亚德妮(利奥一世之女,死于公元515年)为妻;儿子为利奥二世(皇帝)。公元474年2月9日被利奥二世封为共治者。公元491年4月9日自然死亡。一般将他的继位者阿纳斯塔西乌斯一世(公元491—518年)看作拜占庭帝国的第一位皇帝。

巴西利斯库斯 全名不详。生年不详。内兄是利奥一世(皇帝);妻子是艾里娅·基诺尼斯(477年去世);儿子为马尔库斯(共治者)。公元475年1月芝诺逃往伊绍里亚后,他在君士坦丁堡被立为东部皇帝,但公元476年8月被芝诺废黜。他被放逐到卡帕多西亚,公元477年饥饿而死。

马尔库斯 全名不详。生年不详。父为巴西利斯库斯(皇帝)。公元476年初被封为巴西利斯库斯的共治者,公元476年8月被废。他被放逐到卡帕多西亚,并于公元477年在那里被处死。

阿纳斯塔西乌斯 约公元430年生于第拉奇乌姆(Dyrrachium)。公元491年娶艾里娅·阿里亚德妮(利奥一世之女,公元515年去世)为妻。公元491年4月11日被阿里亚德妮(芝诺的遗孀)立为东部皇帝。公元518年7月1日自然死亡。

查士丁家族

查士丁一世 公元450或452年生于斯科普里(Skopje)附近的贝德里亚纳(Bederiana)。侄子是查士丁尼一世(皇帝)。公元518年7月10日起为东部皇帝,527年8月1日自然死亡。

查士丁尼一世(Flavius Petrus Sabbatius Justinianus) 约公元482年生于色雷斯和伊里利库姆边界附近。查士丁一世(皇帝)的侄子和继子。公元523年娶狄奥多拉(548年去世)为妻。公元527年4月4日与查士丁一世共治。公元527年8月1日起成为东部帝国唯一的皇帝。查士丁尼试图通过收复丧失的西部诸省、改革行政体制和完善法律系统并编纂法典等来恢复罗马帝国。镇压异端和异教信仰也是其统治政策的一部分。他借助其统帅贝利撒留之功,从汪达尔人手中收复非洲,攻占罗马,并且推翻了意大利的东哥特王国,从西哥特人手中解放了西班牙。公元565年11月14日自然死亡。

社会结构

“罗马人民”(populus Romanus)原指有资格成为士兵的公民群体,但后来逐渐指代所有社会公众。它分为两个截然不同的等级或阶层——贵族和平民。此外还有骑士阶层。有关奴隶和被释奴见第九章。帝国后期,主要有两个阶层——上层自由民(honestiores)和下层自由民(humiliores)。

贵族

贵族(patricii,该词可能源于“patres”一词,指元老院成员,字面意思是父辈)是享有特权的家族群体,其中多数为元老。共和国初期的政治皆由他们把持，主要体现在他们对元老院和各类大会的影响力、他们的权位以及通过担任重要的祭司职位(占卜师和大祭司)而控制国家宗教。他们掌管所有的民法和刑法，并负责解释和执行。此外，军队亦由贵族支配。

贵族是富有的土地所有者。公元前 218 年的克劳狄法(lex Claudia)禁止元老参与商业活动(留给那些非元老院成员的平民和外来者，例如希腊人)。土地所得与商业获利便有了区别，因此贵族开始加大土地投资，尤其是通过租用大片公地(ager publicus)的方式获利。

在公元前 445 年之前，贵族与平民禁止通婚。共和国末期，贵族家庭的数量明显减少，其政治影响也随之衰微。

平民

共和国早期和中期，平民(源于“plebs”一词，普通民众)指那些非贵族的罗马公民。共和国早期，他们被排除在元老院和高级祭司职位之外，亦无权出任公职，更不可参与法律事务。最初，平民不得与贵族通婚。不过，他们可以参与商业活动，有些变得十分富有，从而形成罗马社会中的“中产阶级”(骑士[equites])。公元前 5 世纪和公元前 4 世纪，平民通过“等级斗争”实现了他们的政治目标。

共和国后期，来自农村地区的无地农民和无业壮工大量涌入城市。这些急剧增加的城市人口成为“城市群氓”。在罗马，那些处于最低财产等级的公民是为无产者(proletarii)，他们免服兵役，无须缴纳贡赋(tributum)，服务国家的唯一方式是为之养育子女(proles)。

骑士

“equites”(单数“eques”，意为“马兵、武士或骑士”)一词原指在罗马组成马军的人(参见第二章)，但后来逐渐指代富有的经商者或有产阶层(骑士阶层[ordo equester])。自公元前 218 年克劳狄法禁止元老从事商业活动后，骑士在行省获得大量牟利的机会,包括收税、开设银行、贷款、采矿和进出口货物等活动。他们还可以承担包租公共契约,例如道路建设和为军队提供装备。骑士可以进入元老院,但他们一般更倾向于商业活动。

自公元前2世纪后期起,财产在40万塞斯特尔提乌斯以上的骑士由监察官登记在册。骑士的社会地位逐渐可与元老匹敌,亦享有较大的政治威信,他们还可以在军中任职。西塞罗试图以等级和谐(concordia ordinum)的理念将骑士与元老合为一体。自公元前1世纪起,来自行省城市、拥有同等财富和相似背景的人壮大了骑士阶层的队伍。

帝国时期,骑士失去了作为一种政治势力的权威,但仍可以担任军队及行政职位。骑士等级的近卫军长官称为“vir ementissimus”,其他长官和行省代理(procurators)则称为“vir perfectissimus”,其余在帝国文职机构中任职的骑士被称为“viri egregii”(单数为“vir egregrius”)。后一称谓在君士坦丁时期消失,而“vir perfectissimi”之称又扩展到低级官员。从公元3世纪开始,几乎所有职位均由骑士把持,但到公元4世纪时,骑士阶层的地位不再凸显。

统治机构

人民大会(Popular Assemblies)

共和国时期,男性公民可在立法和政府官员的选举中投票表决。投票在人民大会中进行,大会成员是所有公民。在公元前139年采用匿名投票之前,投票表决均是口头和公开的。

共和国时期有四种大会,均在户外举行。其中三种以复数名词“comitia”(包括平民与贵族在内的所有公民的集会)表示,集会地点称为“comitium”。它们分别是库里亚大会(comitia curiata)、森都里亚大会(comitia centuriata)和部落大会(comitia tributa)。平民大会(concilium plebis)仅平民参加。

召集这些大会的目的仅为表决，而非讨论或提案。法案由行政官提出并在元老院讨论，然后交由这些大会中的某一个进行投票。因此，送达至这些大会上的法案类型由元老操控。由“集会”(comitia)通过的法律或决议称为“leges”(单数为“lex”)，由平民大会通过的则称“plebiscita”(单数为“plebiscitum”，平民的法令)。大会召开期间并无讨论之机，但表决前常有非正式的公开讨论——“contiones”(单数“contio”)，男性公民、妇女、奴隶和外邦人均可参加。

共和国末期，许多罗马公民不在罗马城或其附近居住，其表决权便难以实现。直到公元3世纪，集会仍然存在，但其各项职能在公元1世纪末期即已丧失。

库里亚大会

罗马人最初被分成30个库里亚(curiae，选区)，三个原始部落各10个。它们是政治及军事组织的基础，人们在自己的库里亚中投票。我们对这种集会所知甚少，它没有立法权，森都里亚大会是由它发展而来的。共和国后期，召集库里亚大会只是形式，由它向执政官和大法官授以至高统帅权(imperium)。

森都里亚大会

只有拥有至高统帅权的官员才能召集这类大会。由于它曾一度是军事集会，所以地点位于罗马的马尔斯广场(Campus Martius；Field of Mars)。投票者被分成叫做森都里亚(译按：即百人队，共计373个，其中18个为骑士百人队)的表决单元。百人队以人们的年龄和财产值为基准，最初是一种组织军事武装的方法。贫穷者仅有少量票数；大部分权力掌握在富有者手中。该集会决定战与和，并选举高级行政官员。它还在刑事案件中行使死刑上诉法庭的职能。在共和国早期，它是主要的立法和司法机构，但其职能逐渐缩减。

部落大会

部落大会在罗马广场举行，投票者分成35个部落。它可由执政官、大法官或保民官召集。负责选举低级官吏，行使上诉法庭职能，但不包括死刑案件。这个大会也是立法机构，就主持官员提交的法案进行表决。

平民大会

平民大会的召集地在罗马广场，仅限被编入35个部落的平民参加。可能负责选举保民官和平民营造官。公元前287年以后，其决议（plebiscita）对所有公民均有约束力。

元老院

共和国时期的罗马

“senatus populasque Romanus”（SPQR）系指元老院和罗马人民。元老院由非选举产生的所谓的元老组成，共和国早期仅限于贵族，后期扩展到平民。共和国中后期，当某人首次被“集会”或“大会”（concilium）选为行政官时，他即自动被接纳为元老院终身成员；只有被处渎职罪时才会被逐出元老院。元老院最初有100人，后增至300人，公元前80年达600人，在尤利乌斯·恺撒治下达900人。

严格来讲，元老院是向行政官提出建议的机构，但从公元前3世纪起，尤其是经过第二次布匿战争的危机后，它的影响和权力逐渐增强。元老院的职责还包括准备向人民大会提交的法案、管理财政、处理外交事务以及督导国家宗教。在公元前2世纪和公元前1世纪期间，元老院是罗马的实际统治者，有着极大权威并控制着各类大会和行政官职。它虽然无权制定法律，但可以发布政令（decreta或senatus consulta）。“元老院终极法令”是消除政治危机的决定性手段，最后一次使用是在公元前40年。它授权行政官采取任何可行的方式恢复秩序。

元老无薪酬，所以他们需要私人收入。共和国时期，对于那些构成元老阶层的少数几个家族来说，其成员成人后最重要的活动就是为他们自己、他们的家族和朋友寻求政治权力。男性成员在幼年接受修辞教育和青年男子参与法庭活动均是为其政治生涯做准备。他们努力在三十出头时为自己赢得第一份职位。通常，交友、联姻甚至离婚均是为政治便利而行。一位政客要热情地向每个人致意，并以名字相称，所以他们都有一个叫做“记名奴”(nomenclator)的奴隶协助，后者的职责就是记名和识人。

在总人口中，只有一少部分人深陷政坛；其间竞争激烈，政治斗争更为残酷。选举每年都要举行，所以斗争无休无止。庞贝城建筑物的墙上涂有政治标语，其他城市可能也有。这些斗争花销极大，其间的贿选(ambitus)和腐败亦司空见惯。一个人即使不竞选公职，他也要为家族和朋友而参与斗争。

图 1.25 尼禄阿司币的背面图案：持盾的胜利女神(Victory)，并刻有“SPQR”和“SC”(senatus consulto，依元老院之令)的字样。【由萨默塞特博物馆提供】

元老是一个由显贵(nobiles；出名的)组成的排他性群体，其先人(贵族或平民)曾出任高级官职(后来仅指执政官职)。在公元前1世纪之前，获得执政官职的几乎都是这些家族的成员。这些家族范围内常有政治联盟或派系(factiones)，为削弱对立派别常常用尽各种手段。新贵(novus homo)是指在某一家族中首位出任高级职位，尤其是执政官职的人(如西塞罗)。不过，这些新贵通常来自富有家庭。帝国时期，“nobiles”一词用来指代共和国时期执政官的后裔。

格拉古兄弟之后的政客分为两个对立集团。平民派(populares，在民众一边)是那些依靠民众而非元老院行事的改革者。他们的政治对手自称为“精英”(optimates，上等阶层)，是元老院中占多数的保守派。

元老院会议仅由元老、行政官和朱庇特神祭司(flamen didis，参见第七章)参加，但公众可在前庭的入口处聚集。会议多在罗马广场西北角的库里亚(Curia，元老院会堂，也称“豪斯提利乌斯会堂”[Curia Hostilia])举行，但也可在距罗马城1.6公里(1英里)以内任何神圣的公共场所举行。元老们在依建筑物长边一侧而列的长椅上(subselli)随意落座。

帝国时期

元老院授予皇帝奥古斯都的权力不断增加,相应地,在之后诸帝统治下,元老院自己的权力受到极大削弱,但任何一位皇帝均未曾试图摈除元老院。奥古斯都统治时,元老院有千余名成员,他将人数削减至约600人,并规定有资格进入元老院者需拥有一百万塞斯特尔提乌斯的财产。在某些皇帝统治时期,元老的生涯并非一直安适无恙,许多古老的元老家族退出政坛,被处死或自杀。来自行省上层家族的人开始进入元老院。

图1.26　公元283年重修的罗马元老院会堂(Senate House)或称库里亚。

帝国时期,元老院仍拥有一些行省的统治权,掌控国库(aerarium),而且是立法机构,发布的元老院决议(senatus consulta)具有法律效力。然而,其权威逐渐衰落。帝国后期,元老人数有所增加,君士坦丁在君士坦丁堡又设立了一个元老院;公元395年,后者与罗马元老院同级。约公元384年时,两个元老院各有约两千名成员,仍为立法机构。与君士坦丁堡的元老相比,罗马的元老更为富有和保守。罗马元老院最后一次被提及的时间是在公元603年。

行政官

共和国时期

在共和国时期，行政官是指经选举产生的罗马政府官员，拥有行政、司法、立法、外交、军事甚至宗教职能。最早的行政官是两位执政官（最初称“praetors”）。不断的扩张使罗马需要更多的行政官，执政官失去了一些原有职能并转交给其他官员。每一职位均由至少两位官员担任，以防权力落入一人之手。担任同一职位的行政官称“同僚”（collegae）。平民保民官、监察官、独裁官和马军长官并未被视作正式职位。行政官的任期为一年，一名元老在其一生中至少应有两至三次机会当选行政官职。行政官可同时出任一些其他职位，如祭司。

青年男子在开始其政治生涯前至少要有十年的军事任职（军团将官或副将，参见第二章），有时法庭中的法律职位也可。之后便可谋求行政官职，通常按照特定阶序——“仕途”（cursus honorum；职位晋升体系）进行。公元前180年，该阶序经法律固定下来，但并非每个人都遵循固定的升职模式——如马略和庞培。在“仕途”中，第一个行政职位是财务官，之后依次为营造官（并非必须经历的资格职位）、大法官、执政官，最后是监察官。“按年”（suo anno；符合某人的年龄）获得职位是指在允许范围内以最低年龄任职。任职间隔至少需两年。共和国时期，元老基本都在罗马任职，间或有行省的行政任期。

高级行政官（大法官、执政官、监察官和贵族营造官[curule aedile]）有权在象征其职位的特殊坐椅（sella curulis）上落座。这种坐椅（源于埃特鲁里亚）为象牙折叠椅。

帝国时期

帝国初期，仕途范围有所扩充。财务官、营造官、大法官和执政官职位仍保留，不过在这些职位之间又增加许多其他职位。元老的政治地位已然衰微，所担任者多为行政性职司，且在罗马城外，仅间或于罗马城内任职。高级职位由元老和骑士充任，这些人通常来自行省。

帝国时期，一名元老的仕宦生涯常始于二十人团(vigintivirate；由 20 个低级行政官组成的机构)，之后可作为指定而未上任的元老升至高级军团将官(tribunus laticlavius)之位；随后则为财务官、大法官、军团指挥官(legatus legionis)、大法官级(元老院的)行省总督(proconsul provinciae)、元首行省总督(legatus Augusti pro praetore)，最后是执政官级(元老院的)行省总督(proconsul provinciae)。

行政官拥有的职权或为至高统帅权或为统治权(potestas)。至高统帅权是最高权威，包括指挥战争、法律的诠释与执行，甚至死刑宣判。执政官、大法官、独裁官(拥有两名执政官的至高统帅权)和马军长官拥有至高统帅权。统治权是所有行政官为履行其职责规范所拥有权力的最高形式。

侍役(Apparitores)

侍役为低级公职人员，尤指那些随侍行政官员的抄胥、信使和扈从。他们由国家发放工薪，一般是被释奴或被释奴之子。

法西斯(Fasces)

法西斯原是缚在一束棍棒上的双头斧，象征着王施行鞭笞和处死的权力。共和国时期，只有独裁官可以在罗马携双斧，而法西斯通常是置于扈从左肩的一束棍棒。拥有至高统帅权的行政官有扈从随侍，后者在其前方单列行走。执政官各有 12 名扈从，大法官在意大利之外担任军队统帅时拥有 6 名扈从，独裁官拥有 24 名扈从。法西斯是行政官员权威的象征。

财务官

财务官由部落大会选出，最小年龄为 27 岁(公元前 1 世纪时增至 30 岁)，任期一年。财务官是财政和行政官员，负责公共档案、管理国库、随作战将领担任军需官以及出任总督的财务胥吏。财务官的人数随着帝国的扩张而增加，但其职能逐渐缩小。财务官之职是进入元老院的资格职位。

营造官

最初，罗马有两个平民职位，其名称源于由平民管理的凯莱斯（Ceres）神庙或神殿（aedes）。营造官的职能很快扩展到公共建筑和公共档案（记录平民决议和元老院决议的档案）。自公元前 367 年起，从贵族中选出两名贵族营造官。在罗马，平民营造官和贵族营造官的职能类似：他们负责维护和修缮公共建筑（如神庙、道路和水道）、管理集市（尤其是重量与度量）、负责粮运（annona）[到尤利乌斯·恺撒时期]以及公共赛会和节庆（奥古斯都时期之后的赛会转由大法官负责）。营造官由部落大会选出，任期一年。这一职位并非必要的仕途经历，但它为富有者进行宣传和拉选票提供了很多机会，筹备耗资巨大的赛会时尤甚。帝国时期，营造官职位成为地方行政系统的一部分。

大法官

"praetor"一词最初是授予替代王的行政官的头衔。公元前 366 年设立的城市大法官（praetor urbanus）几乎专门负责在罗马城管理法律事务。大法官最初握有军事指挥权，是最高的内政法官。到共和国中期，大法官的权力仅限于法律和司法，军事职责则由执政官接掌。公元前 241 年，又设立一名大法官（即"praetor peregrinus"，"peregrinus"意为有关外邦人的）以处理一方或双方均为外邦人的法律案件。大法官的人数随着罗马在海外的扩张而不断增加，到公元前 80 年已达 80 人。

大法官发布的年度法令是罗马法的重要来源。大法官由森都里亚大会选出，任期一年，年龄通常在 40 岁左右。帝国时期，大法官的职权有所扩大，包括负责赛会和节庆。"propraetor"（字面意思为"代大法官之职"）是指为负责军事指挥选出的一些元老院行省的总督。

执政官

公元前 509 年废除王政后，王职由两名年选行政官代替，他们最初被称为大法官，后称执政官（consules，单数为"consul"）。他们拥有王的大部分职权，但不能单独行使最高权力，因为他们必须分享权力，且任期只有一年。执政官一直由贵族担任，直到公元前367年，平民才得以竞选该职。他们的最低年龄是36岁（公元前1世纪增至42岁）。

起初，执政官是为军队统帅之职而选出的，负责主持元老院会议并执行其决议；他们由森都里亚大会选出（但需元老院提议）。共和国时期，执政官在3月15日上任，公元前153年以后改在1月1日上任。年选执政官（consules ordinarii）在年初上任，并以他们的名字命名该年，而补缺执政官（consules suffecti）一般是为了接任一名无法圆满结束其任期的执政官而在每年稍晚时候任命。

帝国时期，执政官不再负有任何军事作战的职责，执政官一职在很大程度上是一荣誉职位。其任期只有二到四个月，目的是增加可以充任行政职位的卸任执政官人数。皇帝常提名执政官人选或自己亲自担任，年龄亦不受限制。在西罗马帝国，执政官一职延续到公元534年。

平民保民官（人民的保民官）

罗马历史上很早便已设立保民官一职，目的是保护平民不受贵族侵犯，因为当时所有公职均由贵族出任。公元前449年，共有10名保民官（tribuni plebis）。他们直接负责平民大会，并可召集这一大会。保民官与其他官职的区别逐渐消失，但无至高统帅权。到公元前2世纪时，保民官一职成为进入元老院的资格职位。保民官从平民中选出，任期一年。只要他们本人在场，保民官对罗马城范围内的任何行动或行动计划拥有其独享的否决权（intercessio），包括行政官员的选举、元老院的法律政令以及行政官员的行动。帝国时期，保民官失去其重要性，保民官权（tribunica potestas）由皇帝把持，但该官职延续到公元5世纪。

监察官

森都里亚大会每五年选出两名监察官，任期18个月。他们负责清查财产、登记所有公民并将其分配到各自的森都里亚。监察官监督公共道德，并可放逐元老。他们准备元老院成员名单，有权对隐瞒自己财产状况的公民提起诉讼。

监察官还负责出租公共土地、决定新的建筑计划和偿付政府契约。在共和国时代中期和后期，监察官是最高行政官位，握有大权，但后来被苏拉立法所削弱。帝国时期，监察官一职逐渐由皇帝把持。

独裁官

独裁官（也称作“magister populi”，“populus”指那些可做士兵的人）是在紧急状况下经元老院提议并由执政官任命的，任期最多为六个月（一个作战季节的时长），拥有最高的军事和司法权，但其他行政官员仍留在原位。独裁官任命一名马军长官（magister equitum）作为助手。公元前 44 年恺撒被杀后，独裁官一职被取消。

代职官（Promagistrates）

公元前 326 年首次使用任职延期（prorogatio）——执政官或大法官至高统帅权的宽延，其目的是使执政官作为代执政官（proconsul，字面意思为“代执政官之职”）完成一场军事战争。这种代行职位有时也应用于大法官，从而成为代大法官（propraetor）。随着行省数量不断增加，处理相关事务的人员尤显不足，所以这种官职在行政系统中逐渐占有重要地位。

低级官职

低级官职中包括“vingintisexviri”（二十六人委员会或二十六人团）。他们没有特定名称，只是根据行政官员人数及其职能命名——例如“tresviri monetales”（负责造币的三人委员会）。奥古斯都时期，该委员会减至 20 人——二十人团（vigintivirate），成为出任财务官之前须出任的职位。

文职人员

共和国时期的文职人员只有协助财务官的国库抄胥（scribae）。其中有些人每年到行省协助总督，其他人则留在罗马城。

帝国时期，元老院下属的文职人员只有抄胥，而皇帝之下却设立了庞大的文职机构。许多文书职位由被释奴或奴隶，尤其是希腊人充任，其他职位则常由骑士担任。很多文职取代了原有的行政官职。奥古斯都统治时期开始任命骑士担任的督粮官（praefectus annonae）负责粮食供应，该职恰好接管了营造官的职分。奥古斯都还设立一些委员会（curatores）接管许多行政官员的权责。他们包括负责维护意大利道路的"curatores viarum"（道路督办），负责公共建筑的"curatores operum publicorum"（公共建筑督办）以及负责罗马水道的"curatores aquarum"（供水督办）。

从哈德良时代开始，皇帝还在各个行省任用"frumentarii"作为暗探。但戴克里先之后，这些人被负责公差（cursus publicus）的密使（agentes in rebus 或 agentes in rerum）所取代。尤利安以后，其人数达数千人；公元 4 世纪中期，他们隶属于职官总监（magister officiorum）。高级职位一般称为"curiosi"。

帝国后期，皇帝的廷臣（comitatus）由各类官吏和随从组成。近卫军长官为廷臣之首，不过此时他已不再拥有军事职能，而是皇帝的代理人，负责财政以及供养军队和文职人员。地位次之的是职官总监，掌管行政职司（scrinia）和由密使监理的公差。财政官员也是廷臣的一部分："comes sacrarum largitionum"负责金银矿务、铸币和以金银收缴的税收；"comes rei privatae"负责管理皇帝的大量地产和财产。另外还有一名财务官负责秘书事务和起草皇室宪法。

管区主事和行省总督均有诸多职员，包括司法、财政以及各类文书职司，据估计，文职人员的总数至少有三万。有关文职人员，另可参见"行省统治"一节。

行省统治

共和国时期

共和国时期，行省总督由元老院任命，初时每年更换一次。总督负责法律和饬令、防卫、司法管理及税收。随着罗马疆域的扩张，执政官或大法官卸任后可出任行省总督(头衔均为“proconsul”),获得在行省敛财之机。总督的至高统帅权仅限于他所辖的行省。对于已征服的行省,只有当那里的法律和秩序遭到破坏时(如西西里的奴隶起义)或该行省成为远征他处的基地时,才任命执政官(而非代执政官)进行统治。

除一名财政胥吏(领“财务官”衔)外,每个总督还配有少数几名副将(legati,通常是由总督建议、元老院选派的元老)作为咨事。一名执政官级总督通常有三名副将佐事。另外,总督到行省赴任时还会率一队友朋(amici)和谋士。当总督离开其行省或去世时,财务官会以代大法官之财务官(quaestor pro praetore)衔负全责。

帝国时期

帝国时期,总督均有薪俸,妻室可随之到行省赴任。元老院在名义上掌管和平(公共)行省并委派总督,任期一般为一年。总督是为代执政官,一般来说,非洲和亚细亚两省的总督从卸任执政官中选出(即执政官级总督),而其他行省则从卸任大法官中选出(大法官级总督)。总督配有一名财务官和几名副将。公元前 52 年庞培出台法令——后经奥古斯都重新颁布——规定,出任资格职位和被委派为总督须有五年的时间间隔。此举主要是为抑制贿赂和腐败行为。

其余各行省均隶属于一位总督,即皇帝,且任期没有时间限制。这些元首行省的统治者由皇帝选派,是为享有代大法官权力的皇帝副使(legati Augusti pro praetore)。他们不受五年统治期所限,如在拥有一个以上军团的行省中即从卸任执政官中选出,其他行省则从卸任大法官中选出。埃及由骑士等级的长官(praefectus Aegypti)统治,因为任何元老未经皇帝允许均不得进入埃及,以防有野心的元老切断通往罗马的粮运。一些不甚重要的元首行省也由骑士等级的长官或行省代理任统治者。具有军事经历的骑士担任总督的情况不断增多。元首行省并不任用财务官为财政胥吏,而是任用骑士等级的财务代理(fiscal procurator,区别于出任统治者的行省代理[procurators]形成对比)。

帝国后期

从戴克里先开始，总督人数随行省数量的增加翻倍，其中多数拥有大量供职人员。帝国后期，总督的主要职能是司法和税收。亚细亚和非洲由执政官级总督统治；西西里、阿卡亚和意大利由元老级或骑士等级的行省摄政(correctores)统治，其他行省则由骑士等级的行省长官(praesides，单数为“praeses”)统治。后者未设财政胥吏，总领财政和司法事务。

戴克里先在中央与行省之间另设一级行政机构——管区(dioceses)。这三级行政机构在西部一直存续到罗马帝国灭亡，在东部持续到公元7世纪。12个管区大部分由骑士等级的主事(vicarii)统治，在实际运作中，他们是近卫军长官(praetorian prefect)的副手。随着文职机构与军事机构逐步分离，行省统治者不再拥有军事经历。

地方机构

罗马世界内的地方统治差别较大。虽然每个行省均有一名总督，但地方机构仍然在很大程度上控制着它们的内部事务。地方行政官和议事会负责诸如供水、公共浴池、公共建筑和宗教建筑的建设以及食物供给等事宜。地方机构还可以发布地方法令。自公元1世纪开始，由于地方机构负责的财政管理出现问题，罗马开始向每个城市委派督办(curatores)以监管财政。督办从元老和骑士中选出，后在各行省本地人中选出。

城镇和城市通常由行政官和议事会统治，后者系由名为“curiales”或“decurio”的卸任行政官组成。“curiales”和“十人长”(decurio)逐渐成为世袭职位，并且开始负责税收。行政官包括“负责司法的二人团”(duoviri iuredicundo)和营造官(负责公共建筑)，有时也包括财务官(负责财务)。在希腊东部，罗马人仍沿用以前希腊化时期诸王国的行政机构——地方议事会一般称为“元老会”(boule)，高级行政官为执政官(archons)。埃及在很大程度上仍保留着托勒密时期的行政机构，均以村落而非城市为基本单位。东西部的一些村镇(如军屯地[canabae])虽然没有行政地位，但通常也拥有一套管理体系。

自戴克里先统治起，地方机构丧失了原有的大部分权力。

税务与财政

在共和国早期，国家收入均从公地的租金中获得。罗马人唯一需要直接缴纳的税款为“tributum”，是一种在紧急时期征收的土地和财产税。随着国库因海外征服而日渐充盈，该税收中的土地税一项于公元前 167 年在意大利地区被取消。被征服地区的公民与非公民继续缴纳“tributum”，成为主要的税收来源；其中包括“土地和财产税”(tributum soli)和“人头税”(tributum capitis)。

国库(aerarium，或称“aerarium Saturni”)用于存放罗马的国帑和档案，位于卡皮托尔山下的萨图恩神庙(Temple of Saturn)。它在元老院全面监督下由财务官进行管理。国库用于供给帝国支出，但许多税收不断地分流到皇室金库(fiscus)。国库最终成为罗马城的金库。神圣金库(aerarium sanctius)仅用于在紧急时期支出特殊基金。神庙中存有许多作为供奉祭品的贵重金属，不过时常被皇帝侵吞。

在理论上，皇室金库是包括皇帝私人财产在内的基金，后逐渐成为元首行省的金库。

帝国时期新增的间接税包括关税(portoria)；另外还有销售税、释奴税、售地税以及遗产税。遗产税仅针对罗马公民的财产征收，这笔税收与百分之一的拍卖税收入一同存入军需金库(aerarium militare)中。元首行省的税收由行省代理负责，元老院行省则由财务官负责，但也使用税吏或包税商(publicani)。税款征收事宜包租给出价最高者，多数包税商行为腐败。帝国后期，税款征收由城镇议事会成员(decurio 或 curiales)负责，任何亏空均由他们自己补足。

自公元 3 世纪后期起，税金征收制度的疲软状况十分严重。公元 296 年，戴克里先实行新的税收制度。以物代款(如谷物、衣物或酒类)的税收方式渐趋普及，此类收入主要用于供养军队和偿付文职人员。军粮(annona militaris)即属此类税收。以物代款的新型税收制度以土地(iugatio)和人头(capitatio)为基础，区域划分的基本单位是可由一人(caput)耕种且足以维持其生计的可耕种土地(iugum)(参见第八章"货币制度"、"物价和通货膨胀")。

人口普查

王政时代即已出现以税收和军事为目的的人口普查,通常每5年一次。共和国后期,人口普查逐渐失去其规律性,但奥古斯都予以恢复。据我们所知,在意大利进行的最后一次普查发生在公元1世纪韦帕芗和提图斯治下。由于意大利不再征收直接税,故不必再进行人口普查。

为了在行省征税,必须有规律地实行人口普查,且普查的同时即评估税款。土地和人口普查在总督监管下由地方机构执行,初时每5年一次,后来每12年一次。

法律

立法

罗马法(ius)分为万民法和市民法。留存下来的罗马法主要见于古代著作家的著述以及铭文、草纸文献等。罗马的第一部法律典籍是公元前451—前450年前后颁布的《十二表法》(*Twelve Tables*),但它只是一套法律规范而非法典。起草工作由十人团(decemviri legibus scribundis,拟写法令的十个人)负责。十二表法仅有在其他作品中提及和引用的残篇传世,并无全文。市民法最初由祭司阐释,但逐渐由法学家(大部分是元老级别的)所取代,大法官负责执法和颁布律令。

森都里亚大会是最原始的主要立法机构,各种法规或法律(leges)由它通过并以其提出者之名命名。公元前287年以后,平民通过他们的决议(plebiscita)

控制了立法。公元前 218 年以后森都里亚大会几乎不再负责立法。严格来讲，元老院决议(senatus consulta，常写作一个词)仅仅是给予行政官的建议，但具有普遍约束力，有“至高统帅权”的行政官颁布的律令和法学家的解释也具有法律效力。

奥古斯都时期，平民决议(plebiscita)和法律(leges)仍在人民大会中通过，但可能需皇帝提议。到公元 1 世纪末期，这些平民法令不再经由各集会通过。从帝国早期开始，元老院决议虽然可能受到皇帝的影响，但似乎已具有无可争议的法律地位。元老院实际上成为唯一的立法机构，元老院决议的重要地位一直持续到 3 世纪。宪令(constitutiones，单数为“constitutio”)是由皇帝制定的法律典章，它有多种不同形式，如法令(decreta)、敕令(edicta)和批文(rescripta)。皇帝及其大臣(可能通常要咨询法学家)的要务就是发布批文，即对法律问题和诉讼人诉状的回复，这些似乎也具有法律效力。从 4 世纪君士坦丁时代开始，普通法(leges generales)的发布对批文起到了补充作用。

212 年，罗马公民权全面普及以后，应用于罗马公民的法律(ius civile)与应用于非公民的法律(ius gentium)之间理应不再有差别，但在实践中却难以实现。

狄奥多西二世曾下令将自君士坦丁一世以来所有皇帝的宪令或法律按不同的主题纲目编纂成法典，此即《狄奥多西法典》(*Law Code of Theodosius*，即“*Codex Theodosianus*”)，于公元 438 年问世。不过，它并未收录私法。公元 527 年前后，查士丁尼任命十位法学家组成委员会，对当时仍生效的所有皇帝法令进行整理勘订。公元 529 年，他们颁布了《查士丁尼法典》(*Codex Iustinianus*，一部 12 卷的敕令集)，公元 533 年又出版《法律汇编》(*Digesta* 或 *Pandecta*——一部法律和早期法学家注释的结集或百科全书)和《法学阶梯》(*Institutiones*，一部法律课本)。这些出版物合称为《民法大全》(*Corpus Iuris Civilis*)，共同构成了罗马法律的规范，并为现代欧洲所承袭。

法学家属专业律师，具有解释法律的实践知识和阅历，他们的注释有些得以传世。法学家极受尊重，但其观点有时相互冲突。他们经常在实际案例中就法律事务为法官提供建议(responsa)。

法庭

案件审理先是由王再由行政官负责，但各集会有权受理上诉。在某些案件中，元老院可设立专门法庭，公元前 2 世纪中叶起出现常设法庭。在苏拉治下，常设刑事法庭（quaestiones 或 quaestiones perpetuae）的数目不断增加，主要审理诸如叛国罪和上等阶层犯下的贿赂罪等。这些法庭（quaestiones）由大法官执理，在奥古斯都统治时期仍继续履行其职能，但公元 3 世纪后便不复存在。元老院代之成为最高刑事法庭，涉及元老的重大政治和刑事案件均在此审判；其他刑事案件由民事法庭负责。皇帝也审理案件。另外，城市摄政官和近卫军长官之下也设立法庭。罗马的百人团（centumviri）是特殊的民事审判庭，负责涉及继承和财产诉讼的案件。实际上，它在共和国时期有 105 人（35 个部落中各出 3 人），帝国时期增至 180 人，通常分为四个庭。

行省没有常设法庭，所以总督要到各城巡视，在各巡回法庭所在地听取刑事案件。民事案件被送至由地方机构负责的法庭，不过它们对罗马公民无司法权。在元首行省，由总督审判的罗马公民可向皇帝上诉，这一特权又扩大到元老院行省。

许多罪行是死罪（如叛国罪）；即使同为被告，低等级者被处死的情况多于高等级者。很多罪行未被列入成文法，行省总督可随意量刑，故各个行省的司法状况大不相同。在公元 3 世纪的刑事审判中，罗马公民被分为两个等级——上层自由民（honestiores），其中包括元老、骑士、地方官员和士兵，其余公民则为下层自由民（humiliores，更低级的）。对上层自由民的量刑极为宽松。

律师并无薪酬。提供法律服务获得的并非金钱而是政治援助。故此，对怀有抱负的政客来说，向尽可能多的人提供法律援助十分重要。

阅读书目

Dates of events

Bradley 1990：textbook largely on Rome's republican and early imperial history；

Connolly 1981: illustrated account of military history from the early republic, including battles and an extensive account of Hannibal's campaigns; Cornell 1995: early Rome to 264 BC; Faulkner 2002: Jewish Wars; Grant 1974: an account of the military history in the empire; Hornblower and Spawforth 1996 passim; Salway 1981: account of Rome's imperial history, with particular emphasis on Britain; Scullard 1980: 753—146 BC; Scullard 1981: 133 BC—AD 68.

Prominent People

There are vast numbers of biographies of prominent Romans. General sources only are given here: Bowder (ed.) 1980: short biographies on many people of the republic and empire, with further reading; Bradley 1990: contains accounts of some of the major republican figures; Hazel 2001; includes numerous biographies; Hornblower and Spawforth (eds.) 1996 passim.

Emperors

There are vast numbers of biographies of Roman emperors. General sources only are given here: Bowder (ed.) 1980: short biographies of virtually every emperor with further reading; Grant 1974: information on many emperors in relation to military history; Hazel 2001: includes biographies of emperor and other family members; Hornblower and Spawforth (eds.) 1996 passim; Nicol 1991: Byzantine Empire; Salway 1981: contains much information on emperors; Sear 1981: chronological and genealogical tables of Roman and Byzantine emperors up to 1453; Vagi 1999a: highly readable and extensive biographies of emperors and family members.

Social Structure

Cornell 1995: early Rome; Hornblower and Spawforth (ed.) 1996 passim;

Shelton 1988, 6—11.

Government

Austin and Rankov 1995: military and political intelligence gathering; Barnwell 1992: many aspects of provincial government and the imperial court in the late western empire; Braund (ed.) 1988: administration, including that of cities and clint kingdoms; Brennan 2000: praetors; Burton 1987, 434—39: local authorities; Cornell 1995: early Rome; Hornblower and Spawforth (ed.) 1996 passim; Liebeschuetz 1987: government and administration in the late empire; Lintott 1990: electoral bribery in the republic; Poulter 1987: administration of small settlements in east and west; Scullard 1981, 221—29: meetings of the Senate and the people, elections; Shelton 1988, 206—42, 270—89; Wiseman (ed.) 1985: politics of the late republic and early empire.

Taxes and Finance

Burton 1987, 426—29: taxes in the empire; Duncan Jones 1994, 47—63; Hornblower and Spawforth (ed.) 1996, 596—98; Liebeschuetz 1987: taxation in the late empire.

Laws

Berger 1953: explanation of Latin terms used in Roman law, as well as the individual laws; Burton 1987, 430—34: jurisdiction in the provinces; Cornell 1995, 272—92; Crook 1967: law and society; Green 1987; Hornblower and Spawforth (ed.) 1996, 827—34, 848—53: detailed account of law, listing individual laws by name; Howatson (ed.) 1989; Johnston 1999: summary of law (excluding criminal); McGinn 1998: prostitution, adultery and the law; Scullard 1981, 229—32: legislation and jurisdiction; Shelton 1988, 242—48.

第二章

军事

军团沿革

王政时代

罗马早期可能即已有一支军队，但我们只知道它由步军和马军组成。起初，军队可能只是由王率领的一小股贵族武装，由王的侍卫、随从和一些地方人员组成。古代著作家提供了一些有关这支早期军队的信息，他们认为它最初是以古代的三个部落（拉姆奈斯[Ramnes]、提提埃斯[Tities]和鲁克勒斯[Luceres]——三者均为埃特鲁里亚名）为基础的。军队可能本来就源于埃特鲁里亚。部落内各分部提供 100 人（一个百人队。译按：即"森都里亚"），每个部落提供 1 000 人。这 3 000 人组成一个军团（legio，字面意思为"募兵"）。另外还有大约 300 名马军组成的兵力，他们来自"骑士"阶层，有能力负担用以武装自己的马匹和装备。

据古代史家记载，公元前 6 世纪末，塞尔维乌斯·图利乌斯王对罗马人民进行了第一次人口普查，按照财产将他们分类，以便进行投票和衡量服兵役的资格，并为军队设定了最低财产资格。虽然史料记载如此，但塞尔维乌斯·图利乌斯时期似乎不可能建立如此复杂的社会和军事组织，不过晚些时候它确已得到应用。最初，可能只有一个等级（classis，意为招募入伍），由那些有能力装备自己的人组成，后来才逐渐发展为五个等级。

所有人口均分成百人队（100 人），骑士（最富有的人）的 18 个百人队仍然提供马军。在他们之下，其余的财产拥有者被分成五个等级，从中征募步军，有特定的武器和甲胄，且均需自备。在每一等级中，年龄在 47—60 岁的人（seniores，老兵)组成护乡卫队以保卫罗马,而年龄在 17 岁到 46 岁的人(iuniores)组成野战军。在塞尔维乌斯·图利乌斯的体制下,还有一个名为"capite censi"的群体,其字面意为"以人头登记者",因为他们实际上是无产者。他们免服兵役,但为投票之便组成了一个独立的百人队。

据古代史家估算,王政时代的全部兵力(兵团)为 60 个百人队(4 000 人),另外还有一支 6 个百人队(600 人)组成的马军。每个百人队的人数大不相同,原因是划分百人队主要是为组织投票而非军事单位。

共和国早期和中期(公元前 6 世纪—前 2 世纪)

共和国早期和中期的军队是公民兵队伍,由选举产生的行政官率领。作战季一结束,军团即被解散,如有被征服区域需要他们保卫,便只遣散退役士兵。为接替被遣散者,冬末即招募军团,而那些未被遣散者将被正式重组,并另设军官,以备在新的行政官指挥下开始新一轮作战季。

共和国早期,罗马与相邻诸邦的小规模战争均限于某些特定区域,此类战争形式在与维伊的 10 年相持中达到极致,该城于公元前 396 年陷落。此前,罗马军队的规模已从 4 000 人增至 6 000 人,可能还建立了第二和第三等级的步军(先前被认为是塞尔维乌斯·图利乌斯所为)。马军也从 600 人增至 1800 人,马匹供给由公共开支负责。步军和马军也开始享有经济补助,这或许可以说明士兵离家在外时间不断延长。

公元前 390 年,罗马人兵败高卢人后,罗马城遭到洗劫。大概经过多年之后,罗马人开始逐步采取措施以弥补战略缺陷,其中包括将军队分成中队(分支军团[manipular legion],包括两个百人队)以及改良武器和甲胄。到公元前 4 世纪中期,原有的等级系统有了很大改变——第一、第二和第三等级显然依照年龄而非财富划分,"hastati"为最年轻者,"principes"为壮年者,"triarii"为最年长者。"散兵"(rorarii)应是原来的第四等级。百人队(即"森都里亚")仍是构成军团的最小单位,每个百人队的人数取决于军队的规模——名义上是 100 人,但实际上要少。每一军团由 60 个百人队组成,分成 30 支中队(后分为 10 支大队)。

到公元前 311 年，罗马军队共分为 4 个军团，一般认为此即我们较为熟悉的、共和国末期内战军团的前身。这一时期，罗马军队由“alae sociorum”（同盟翼军）辅助。作战时，两支罗马军团通常配有两支同盟翼军和一组辅助精锐军（extraordinarii；选自同盟的精锐部队）。这支由 4 个军团外加同盟武装组成的军队应是为应付突发事件而设。

在之后的 150 多年中发生的一系列战争（包括第一和第二次布匿战争）迫使军队规模不断扩充、组织不断完善。公元前 3 世纪，军团数量有所增加，为戍守罗马城，又从老人、体弱者及未成年人中征召人员组成了若干城市军团（legiones urbanae）。

波利比乌斯笔下的一段记载大概提供了第二次布匿战争期间（公元前 218—前 201 年）的军队情况。据他所述，一个军团的标准兵力是 4 000 步军和 200 马军，在紧急状况下可增至 5 000 人。军团兵从财产在 400 狄纳里以上、17 岁到 46 岁的公民中选出。在这些人中，最年轻、最贫穷者被选为“velites”（意为“着披风者”），即有武器而无甲胄的轻装兵。其次，年龄和财富均高出一筹者为前锋列（hastati），随后是主列（principes），最后一组构成后备列（triarii）。这支 4 200 人的军团分成 30 支中队：10 支前锋列中队，10 支主列中队，每支中队有 120 名重装步兵和 40 名披风轻装兵（velites），10 支后备列中队每支有 60 名重装步兵和 40 名披风轻装兵。一个军团的组成部分似乎是披风轻装兵 1 200 名，前锋列 1 200 名，主列 1 200 名和后备列 600 名。

最初，士兵只需参加几周短暂的作战季，随后即可返回从事农耕。数目不断增加的新行省需要更多的人延长服役时间，作战季也由 3 月延至 10 月。由于新征服的行省必须由驻军控制，所以原来具有兼职特点的军队不可避免地转变成全职的职业军队。约公元前 200 年以后，军队发展为几乎全部由职业士兵组成的基本武装，这些士兵均自愿多年服役，最长者达 16 年，其目的可能多是为了分得战利品。

马略改革（公元前 2 世纪末）

战争历时愈长、路途愈远，募兵的难度亦不断增加。公元前 2 世纪末的马略改革在形式上为不断增强的军队职业化奠定了基础。当时，应召入伍的财产资格限制已不甚严格，在危急时刻还从最贫穷的公民（即“以人头登记者”[capite censi]）中征兵。虽然我们无法确定马略是否取消了财产资格限制，但他确实向“以人头登记者”开放募兵，并用国帑武装他们。此外，军队在征募新兵和组成部分等方面并无太多变化。马略的改革重点在其组织、战略和装备（尤其是用改良的“投枪”[pilum]武装所有军团兵）方面。

马略似乎还取消了中队，改用大队作为战略作战单位，所以，改革后每个军团有 10 个大队而不是原来的 30 个中队。第一大队一直被视为地位最高者。马略可能还取消了披风轻装兵。前锋列、主列和后备列之间已没有太大区别，因为他们均用剑和投枪武装。当时，一个军团的兵力大概有 4 800 人左右（80 人组成一个百人队），但有些古代史家认为马略将兵力增至 6 000 人（100 人组成一个百人队）。一支大队号称有 600 人，但其数目在 300 到 600 之间不等。

共和国后期（公元前 2 世纪—前 1 世纪）

同盟战争之后军队又发生了许多变化。所有在意大利（波河以南）招募的士兵均为公民，故均以军团兵身份服役。同盟翼军便不复存在，罗马人不得不从别处寻求辅助军队，尤其是马军。此后，一个军团即是一支独立武装，不再配有相当数量的同盟兵力。

其时，供养军队的花销全部由国家承担，军团数量仍在不断增加。军团由名为“conquisitores”的官员在整个意大利范围内进行招募，他们要与地方官员联合行事。军队不再由选举产生的行政官在其任期内统率，这再次体现了早期兼职公民兵队伍向更为职业化的组织的转变。

尤利乌斯·恺撒统治时期发生的一些变化最终导致了帝国军队的形成。恺撒为满足他在高卢的战争需要，扩大了募兵范围，将波河以北那些非全权罗马公民但拥有拉丁公民权的人招募入伍。他还征集了一支由高卢当地人组成的民兵组织，后成为第五云雀军团（Legio V Alaudae）。自内战爆发以后，士兵的饷金似乎开始翻倍。

公元前49年，当恺撒渡过卢比孔河——山南高卢和意大利之间的边界，内战遂不可避免；恺撒既已离开自己的行省，其军队指挥权即自动消失，因此他的行动是为非法。元老院授权庞培翦除恺撒，内战随即爆发。在之后的18年中——直到公元前31年亚克兴战役使多年的权力纷争稍显缓和，先后有许多军团组建、被俘获、重组甚或被歼灭。

内战使得非罗马人和非公民者被征募为军团士兵的几率大大增加，促使军队进一步背离最初为戍守家乡而建立公民军队的理念。至此，帝国职业军队的大部分要素均已存在。内战提高了军团的效率，也增加了军团数量——内战结束时已达60个左右；由此产生了服役期延长且更加职业化的士兵。

帝国初期（公元前1世纪末—公元2世纪末）

内战以后，奥古斯都和恺撒的军队很多被安置在殖民城，奥古斯都对其余军团进行了重组。他将军队服役期增至16年，后又增至20年。公元6年，他为偿付退役金而设立了军需金库（aerarium militare）。最初的资金来自奥古斯都的一大笔赠款，后来的收入均来自税收。奥古斯都还规定士兵在服役期内不得成婚，公元2世纪末塞维鲁撤销该禁令。

帝国初期的军团结构仍与恺撒之时相似。1至10大队每支约500人，共有6个80人左右的百人队。公元1世纪后期，第一大队增至约800人，6支百人队重组为5支，每支约160人。此外，军团还附设120名马军作为侦察兵和通信兵，故总兵力约有5 500人。

奥古斯都统治末期，出现了军团副将一职。此时，辅助马军和其他特种士兵的组织更加系统化，同时奥古斯都又重组了水师。此外，奥古斯都还开创了在罗马驻军的先例，主要是近卫军。

奥古斯都留给其后继者的是重组之后建立在永久职业化基础上的军队，相对而言，帝国初期没有太大改变。军团兵的招募主要是自愿应召，不过兵士多来自行省而非意大利。由于军团兵仍在罗马公民中招募，而西部公民较东部多，因此出现了失衡现象。于是，为了在东部征兵而向非公民授予公民权的举措逐渐成为惯例。

在维系边防兵力的同时，还需要经常募兵以补充伤亡和退役兵员，因而在军队驻扎区域征募的新兵便日益增多。一些军队与地方的关联十分密切，所以，为打破这种趋势，罗马人不断尝试通过重新部署和派遣至新的驻地以达到将军队迁离其家乡地区的目的。

到弗拉维王朝末期，皇家军队完全由一支职业化的常备军组成，而且在许多方面都发展到了极致。当帝国疆域最大程度地扩张时，军队的职能便不外乎控制、巩固或防御，就对军队的改进和革新所产生的促进因素而言，这些职能根本无法与共和国末期和帝国早期的征服活动相比。

帝国后期(公元 2 世纪末—5 世纪)

军队的防御功能导致其发展停滞甚至落后，公元 2 世纪后期，静态防御系统的缺陷愈发明显。公元 165 年时，马尔库斯·奥里略为戍守意大利北部匆匆组建两支新军团及一些临时性武装。公元 2 世纪末，塞普提米乌斯·塞维鲁着手进行改革，新组建的三个“帕提亚”(Parthica)军团使军力增强了十分之一；他解散了近卫军，代之以 10 支新型的千人(军力是以前的两倍)大队。千人大队连同一支新建军团(第二帕提亚军团[II Parthica])构成了边防部队的机动后备队，其兵力相当于三个军团。即便这样，也无法满足缓解边防压力的需要，尤其是莱茵河与多瑙河以及东部地区的压力。

公元 3 世纪诸帝与来自帝国外部的入侵者和帝国内部的僭位者之间斗争不断。伽利埃努斯进一步实行军事改革，包括招募额外的马军和进一步将军队从固守防御军队向机动部队转变。机动部队的步军由分遣队(vexillationes)组成，实际上它们独立于其主力军团。伽利埃努斯还停止任命元老级的军团副将，所以军团指挥均由骑士等级的长官担任。这些改革虽然有些作用，但在公元 3 世纪后期戴克里先改革之前，仍无法恢复稳定的局面。

戴克里先加强了边境和军队建设。军团成倍增加至约 66 支(但兵力可能有所减弱)，这些军团两支为一组，驻扎在边境的重要据点，并配有马军分遣队(此处用“vexillationes”一词较之马军通常的称谓“alae”更合适[译按：可参见下文])。戴克里先将他新组建的两个军团(Ioviani 与 Herculiani)交给“廷臣”(comitatus,字面意思是“皇帝的巡行侍臣”),使之成为机动野战军。交给廷臣指挥的还有戴克里先创建的几支精锐马军——宫廷卫队(scholae 或 scholae palatinae)、前锋马军(equites promoti)和扈从马军(equites comites)。据一则公元 6 世纪的史料估算,戴克里先的军队约有 38.9704 万;另一位公元 6 世纪的人则将“原帝国”的军队估算为 64.5 万。

戴克里先强制实行世袭服役制度,所以儿子必须继承父业进入军队。鉴于募兵困难,瓦伦提尼安(公元 364—375 年)被迫降低了身高要求。另外,非罗马人亦得以应召入伍,其中多为日耳曼人,有些是战俘,其他则为自愿应召。

戴克里先之后一直到公元 234 年君士坦丁一世战胜对手成为唯一统治者的一段时间内,帝国机构渐趋瓦解。君士坦丁取消了罗马的驻军,包括近卫军,转而用宫廷卫队(scholae)马军代替。他还进一步利用“旧式的步军军团”(auxilia,并非辅助部队)为后期罗马军队提供突击部队,包括“有角族”(Cornuti)、“佩臂环族”(Bracchiati)、“朱庇特之师”(Iovii)和“凯旋之师”(Victores);这些可能是从莱茵河地区的日耳曼人中(自愿或战俘)或从来自“同盟蛮族”(laeti,自戴克里先起,为加强自卫反击而主要在高卢地区安置的日耳曼部族)的雇佣军中招募而来。

君士坦丁一世还将军队分成机动部队(comitatenses,源自“comitatus”一词)和边防部队(limitanei,源于“limes”一词)。他将许多边防据点的军队撤回,相应的,在边境地带的重要据点集结机动部队(comitatenses)以应对任何地方性袭击,其余军队均在驻地驻扎。机动部队无固定驻地,或举兵作战,或在城镇驻扎,用于野战中袭击敌军。机动步军有 500 到 1 000 人,马军(即“分遣队”)则在 500 人以下,但可能没有计入约 500 人的宫廷卫队。必要时派出“comes”率领的机动小分队。到公元 4 世纪末,机动部队分成许多分遣队或小规模的野战军。

固定的边防部队(limitanei)包括原有的边防军和“岸军”(ripenses,字面意思是“沿河岸[ripae]及其他边界驻扎的军队”)。它们在“城镇或要塞”(burgi,单数为“burgus”)有固定的驻扎基地,这些地点均为长期防御战略构筑工事。公元

4世纪，这些边防部队(limitanei)被划分为多支军队，每支分布在一个或一个以上行省，但使用机动部队的非洲除外。

更加机动化的部队数量仍然呈上升趋势，这使得反侵略的防御效果更为突出，却使军队渐趋瓦解，最终导致军队的全面失控。公元363年尤利安统治结束后，帝国几乎被彻底分成东西两部分。由于边境不稳，较为虚敝的西部不可避免地逐渐衰落，而实际上未遭入侵的东部则继续存在下去。

在公元378年的亚德里亚堡战役后，受训士兵极为短缺，罗马政府不得不征召蛮族分队(foederati或federati；源于“foedus”一词，意为“协约”)，且均由其自己的首领统率指挥。“foederati”是指那些与罗马达成协议的部落或团体。他们一般居于帝国边界以外，公元四五世纪时，才获准在帝国内定居，并有自己的法律。公元5世纪时，罗马人更加依赖于盟军(foederati)，不过，直到公元476年最后一位西部皇帝被废时，多瑙河上游仍有边防部队存在。

军团编号和驻地

共和国时期

似乎在公元前4世纪后期，罗马军队便开始分成所谓的军团。公元前3世纪，为应付各种问题，军团数量有所增加。该世纪末，在编军团约有20个，另外还组建了若干“城市军团”(legiones urbanae)戍卫罗马城。公元前199年，军团数量削减为6个；此后的军团数目主要是随着对罗马利益产生威胁的程度和后果的不同而不断变化。军团数量在同盟战争之后有所增加；有时少于14个，但通常要多于该数目。

对共和国末期以前的军团编号体制，我们知之甚少，而共和国末期的情况我们也无法悉数掌握。军团按照组建的时间顺序编号。直到共和国末期，军团的组建和解散一直以年度为基础，所以，虽不是在任何情况下，但在某些时期，军团编号可能每年都发生改变。第一到第四号留给由执政官(如果在其一年任期内需要组建军团)指挥的军团,至于其他编号以何种标准派发,我们无从知晓。有证据表明,公元前58年恺撒开始在高卢作战之时,第七到第十军团在高卢驻扎,而公元前56—前54年期间第十八军团在西里西亚驻扎。

公元前58年起军团数量开始不断增加,这些军团主要是为满足征服和控制新行省的需要而组建的,其增长趋势在内战时期达到高峰。

内战时期

到公元前31年亚克兴战役为止,有许多军团相继组建、被俘获、重组乃至被歼灭。由于组建军团的每位统帅均有其自己的编号系统(一般从“第一”开始),所以情况非常复杂,常出现号码重复的现象。多数时候,除却某一军团为某一统帅作战外,我们对其他情况几乎一无所知。内战末期的军团数目约为60个。

恺撒的执政官军团

这些军团是恺撒以执政官权组建的军队:第一军团(后来可能成为第一日耳曼军团[Ⅰ Germanica],如果后者并非源于庞萨的执政官军团第一军团),第二军团(公元前44年在马其顿行省[Macedonia];后来参与加洛卢姆原野[Forum Gallorum]战役和穆提那战役),第三军团(后成为第三高卢军团[Ⅲ Gallica])以及第五马其顿军团(V Macedonica,在马其顿服役)。

恺撒的高卢军团

这些军团是恺撒为进行高卢战争而招募的:第五云雀军团(从高卢本地人中招募);第六装甲军团(Ⅵ Ferrata);第七军团(后成为第七克劳狄军团[Ⅶ Claudia]);第八军团(后成为第八奥古斯都军团[Ⅷ Augusta]);第九军团;第十骑士军团(Ⅹ Equestris,后成为第十合组军团[Ⅹ Gemina]);第十一军团;第十二军团(可能成为第十二雷电军团[Ⅻ Fulminata]);第十三军团;第十四军团。

恺撒在公元前 49 年组建的军团

在编号十五到二十三的军团中，我们所知的仅为如下所列：第十五军团和第十六军团——公元前 49 年两者可能均在非洲被歼；第二十一军团，公元前 49 年时在西班牙；第二十五军团公元前 46 年时在非洲；第二十六军团，公元前 46—前 43 年期间在非洲，公元前 43 年调至意大利并支持屋大维；第二十七军团，公元前 48 年在法萨卢，公元前 47 年在亚历山大城，公元前 47 年到大约公元前 42 年期间在埃及；第二十八军团，公元前 49 年时在西班牙，公元前 46 年在塔普苏斯，公元前 45 年可能在蒙达，公元前 42 年在意大利和腓力比；第二十九军团，公元前 46 年时在塔普苏斯，之后留在非洲，直到公元前 43 年被调至罗马并支持屋大维；第三十军团，公元前 49 年在西班牙，公元前 46 年在塔普苏斯，公元前 45 年在蒙达；第三十一军团，不知何时起到公元前 41 年在克里特。

公元前 48 年由庞培战败军组建的军团

编号如下：第三十四军团；第三十五军团，公元前 44 年在马其顿，参加了意大利的加洛卢姆原野战役，公元前 43 年在穆提那；第三十六军团，公元前 47 年在亚历山大城，约公元前 42 年之前一直在埃及活动；第三十七军团，公元前 47 年在基拉，公元前 47 年到大约公元前 42 年期间在埃及。

公元前 47—前 44 年招募的军团

编号如下：第三十八军团、第三十九军团、第四十军团和第四十一军团。另外可能还有几支军团，但并无任何相关资料。

马尔斯军团(Legio Martia)

在几位古代著作家的作品中曾提及马尔斯军团(Martia，意为“献给马尔斯的”，引申义为“尚武的”)。从这些史料来看，这一称号属于公元前 46 年驻扎在非洲的某支军团：当时驻于非洲的军团可能有第二十六军团、第二十八军团、第二十九军团、第三十军团，可能还有第二十五军团。

庞萨的执政官军团

这些军团由盖尤斯·维庞乌斯·庞萨以其执政官权指挥:第一军团(后来可能成为第一日耳曼军团,如果后者不是源于恺撒执政官军团的第一军团);第二萨宾军团(Ⅱ Sabina,可能成为第二奥古斯都军团[Ⅱ Augusta]);第三军团(后来可能成为第三奥古斯都军团[Ⅲ Augusta]);第四索拉军团(Ⅳ Sorana,说明在意大利索拉[Sora]城建立);第五城市军团(Ⅴ Urbana,即"罗马城的";公元前43年为戍守罗马城由庞萨创建)。

公元前41—前31年的屋大维军团

从腓力比带回的有第七军团、第八军团和第四马其顿军团。还有来自庞萨执政官军团的残余兵力,其中包括第二萨宾军团、第四索拉军团和第五城市军团;还有一些公元前42—前41年期间留在西部的军团,如第四十一军团。

新组建军团的编号一直到"十九"。可能还有更多的军团(从"二十"开始),但均无相关记录留存下来。以下是我们所知的由屋大维新组建的军团:第五军团(后可能成为第五马其顿军团,如果后者不是源于第五城市军团);第六军团(后成为第六西班牙军团[Ⅵ Hispaniensis],后来还被称为第六凯旋军团[Ⅵ Victrix]);第九军团(后可能成为第九西班牙军团[Ⅸ Hispaniensis]);第十海峡军团(Ⅹ Fretensis);第十一军团(后可能成为第十一克劳狄军团[Ⅺ Claudia]);第十二凯旋军团(Ⅻ Victrix,公元前41年在佩鲁西亚);第十三军团(后可能成为第十三合组军团[ⅩⅢ Gemina]);第十四军团(后可能成为第十四合组军团[ⅩⅣ Gemina]);第十五军团(后成为第十五阿波罗军团[ⅩⅤ Apollinaris]);第十六军团;第十七军团;第十八军团;第十九军团。

公元前41—前30年的安东尼军团

安东尼为了给自己的队伍发放饷金,发行了一套铸币,刻有所属军团的信息,上面提到的军团编号包括"第一"到"第三十",但据称"第二十四"到"第三十"军团的币已被认定为现代赝品。因此,这套币仅可作为"第一"到"第二十三"军团的证据。对这些军团，还有其他史料可提供更多的认定信息和相关资料：第三高卢军团（可能在高卢服役）；第六装甲军团；第十骑士军团；第五云雀军团（可能从高卢本地人中招募）；第十二古代军团（XII Antiqua）；第十七舟师军团（XVII Classica，可能与水师[classis]一同服役）；第十八利比亚军团（XVIII Libyca，可能在利比亚[Libya]服役）；第八军团（公元前 31—前 30 年随皮那里乌斯·斯卡尔普斯[Pinarius Scarpus]在昔兰尼加[Cyrenaica]服役）；第四昔兰尼加军团（IV Cyrenaica，可能随皮那里乌斯·斯卡尔普斯在昔兰尼加服役）。后来的第四西徐亚军团（IV Scythica）大概亦由安东尼组建。

帝国军团

内战之后，许多奥古斯都和恺撒的军队解散后被安置在殖民城。奥古斯都对其余军队（25 或 26 支，公元前 25 年增至 28 支）进行重组，但仍保留内战时期形成的编号系统。例如，有五个军团的编号同为“第三”。如果某军团被歼，其编号亦不再使用。大部分军团的别号（cognomina）仍然保留，继续用来区分相同编号的军团。这种情况在整个帝国时期一直存在。

第一辅助军团（I Adiutrix，意为“辅助的”） 公元 68 年尼禄从驻扎在米塞努姆的船队中组建，后由伽尔巴接管。还有“Pia Fidelis”（忠诚）的称号。

第一日耳曼军团 内战时组建，可能是公元前 48 年由恺撒组建，也可能是公元前 43 年由庞萨所建。公元前 41 年由屋大维重组，公元前 36 年又用于对付庞培。似乎在与基维里斯串通后于公元 69 年被解散。其称号说明它曾在日耳曼服役。

第一意大利军团（I Italica） 约公元 66 或 67 年尼禄计划远征里海时在意大利组建。

第一马克尔军团(Ⅰ Macriana) 其称号说明它是克罗狄乌斯·马克尔(Macer)在尼禄死后自立为帝时所建;马克尔被处死后即被解散。维泰里乌斯又重新组建,但可能在他死后又被解散。

第一米涅尔瓦军团(Ⅰ Minervia) 公元83年由图密善所建。米涅尔瓦(Minerva)是图密善最喜爱的女神。该军团的称号还有"Flavia Pia Fidelis Domitiana"(说明它在萨图尔尼努斯叛乱时忠于图密善;"Flavia"为图密善的族名)。

第一帕提亚军团(Ⅰ Parthica) 公元197年,塞维鲁为东方战争而组建。

第二辅助军团(Ⅱ Adiutrix,意为"辅助的") 公元69年内战时,在弗拉维家族向意大利进军期间由驻扎在拉文纳的水手组成。韦帕芗将它收为军团。它还有"Pia Fidelis"的称号。

第二奥古斯都军团 如果它与第二萨宾军团为同一军团,则可能是公元前43年由庞萨所建。从公元前30年起在西班牙活动,后转到日耳曼的莱茵边界,公元43年调至不列颠。约公元9年,从西班牙调至日耳曼。它的称号以及用摩羯(奥古斯都的幸运标志)为徽标都说明它是由奥古斯都重组的军团。它还有"Gallica"和"Sabina"的称号,且以飞马(希腊神话中带翼的马)为徽标,原因不详。

第二意大利军团(Ⅱ Italica) 公元168年由马尔库斯·奥里略在意大利组建;另有"Pia"的称号。

第二帕提亚军团 公元197年,塞维鲁为东方战争而组建。

第二图拉真军团(Ⅱ Traiana) 约公元101年,图拉真为达西亚战争而建;另有"Fortis"(强大)的称号。

第三奥古斯都军团　可能是公元前 43 年由庞萨所建，也可能是公元前 41—前 40 年由屋大维所建。它最晚自公元前 30 年起、可能更早些便在非洲活动。其称号说明它由奥古斯都重组。它还有"Pia Fidelis"的称号；可能以飞马为徽标。

第三昔兰尼加军团(Ⅲ Cyrenaica)　在公元前 30 年之前，盖由雷必达或安东尼组建。该军团从公元前 30 年起在埃及活动。在公元前 31—前 30 年可能随皮那里乌斯·斯卡尔普斯在昔兰尼加活动。

第三高卢军团　大概是恺撒在公元前 48 年所建。公元前 45 年参与蒙达战役，公元前 42 年参与腓力比战役。自公元前 40 年到公元前 31 年期间一直随安东尼服役，公元前 36 年参加帕提亚战争。公元前 30 年起在叙利亚活动。"Gallica"的称号表明它曾在高卢活动，大概是公元前 48 年到公元前 42 年期间曾跟随尤利乌斯·恺撒。以公牛为徽标说明它由恺撒所建。

第三意大利军团(Ⅲ Italica)　公元 168 年由马尔库斯·奥里略在意大利创建；另有"Concors"(联合)的称号。

第三帕提亚军团(Ⅲ Parthica)　公元 197 年，塞维鲁为东方战争而组建。

第四马其顿军团(Ⅳ Macedonica)　公元前 48 年由恺撒所建。该军团在公元前 47 年到公元前 44 年期间在马其顿活动，公元前 44 年被调至意大利。它最初支持安东尼，在公元前 43 年的加洛卢姆原野战役中投靠屋大维。公元前 43 年参加穆提那战役，公元前 42 年参与腓力比战役，公元前 41 年参加佩鲁西亚战争，可能也参加了公元前 31 年的亚克兴战役。公元前 30 年到公元 43 年期间在西班牙活动，公元 43 年到 69 年在莱茵河边界活动。该军团以公牛为徽标，说明它由尤利乌斯·恺撒创建，另以摩羯为徽标说明它由奥古斯都重组。它被解散后，又在公元 70 年重组为"幸运者弗拉维乌斯第四军团"(ⅣFlavia Felix)。

幸运者弗拉维乌斯第四军团 公元70年由第四马其顿军团重组而成，后者与基维里斯串通后被解散。

第四西徐亚军团 大概是安东尼在公元前30年之前组建，不过它有可能就是公元前43年庞萨所建的“第四索拉军团”。从公元前30年起在马其顿活动，后来曾在摩埃希亚活动。“Scythica”的称号说明它也许曾战胜西徐亚人（Scythians），有可能是公元前29—前27年在克拉苏指挥下完成的。以摩羯为徽标说明它由奥古斯都重组。

第五云雀军团 公元前52年尤利乌斯·恺撒从高卢本地人中招募组建，公元前52年到公元前49年期间随恺撒在高卢服役。公元前49年在西班牙，可能参与了公元前48年的法萨卢战役。公元前46年参与塔普苏斯战役，公元前45年参加蒙达战役。公元前44年在意大利，可能随后又被解散，因为是年安东尼重组了该军团。公元前43年参与加洛卢姆战役和穆提那战役，公元前42年参加腓力比战役。公元前41年到公元前31年期间随安东尼活动，可能参与了公元前31年亚克兴战役。公元前39年并入屋大维的军队，并在西班牙活动，约公元前19年被调至莱茵边界，直至公元69年一直在该地活动。公元前17年，它在高卢遭遇军团之辱，丧失鹰旗（参见“荣誉”一节）。公元70年，该军团大概因为与基维里斯串通而被解散，但它似乎已被调至巴尔干半岛，公元86年被歼灭。公元前46年，由于它在塔普苏斯战役中成功抵御冲锋战象而被授予大象徽标。

第五马其顿军团 既可能是公元前43年由庞萨组建的第五城市军团，也可能是公元前41年或公元前40年由屋大维组建。公元前31年参加亚克兴战役，公元前30年到公元6年在马其顿活动，之后转至摩埃希亚。它以公牛为徽标，这通常是尤利乌斯·恺撒所建军团的标志。据知，正当该军团随屋大维服役时，安东尼麾下也有一支编号相同、亦由恺撒创建的军团。

第六装甲军团（“Ferrata”意为“护有铁甲的”） 公元前52年由尤利乌斯·恺撒

所建，公元前 52 年到公元前 49 年随恺撒在高卢服役。公元前 49 年在西班牙活动，公元前 48 年参加法萨卢战役，公元前 48—前 47 年在亚历山大城，公元前 47 年在基拉。同年，该军团被遣回意大利，但公元前 45 年参加了蒙达战役。公元前 44 年由雷必达重组，公元前 43 年在安东尼麾下服役。公元前 42 年参加了腓利比战役，之后在公元前 41 年到公元前 31 年期间一直随安东尼在东方活动，并且参加了公元前 36 年的帕提亚战争。公元前 31 年参加亚克兴战役，之后在叙利亚活动。该军团还有“Fidelis Constans”（忠诚和坚定）的称号，以狼和孪生子为徽标。

第六凯旋军团　约公元前 41—前 40 年由屋大维组建。公元前 41 年参加佩鲁西亚战争。公元前 30 年到公元 69 年期间在西班牙活动。其称号“Victrix”说明它可能曾在西班牙取得一场著名的胜利。它之前的称号是“Hispaniensis”，说明它曾在西班牙活动。该军团的徽标可能是公牛，这通常是尤利乌斯·恺撒所建军团的标志，但并无该军团使用这一徽标的确凿证据。

第七“忠诚”克劳狄军团（Ⅶ Claudia Pia Fidelis）　组建时间在公元前 59 年，也可能更早。公元前 58 年到公元前 49 年随恺撒作战。公元前 49 年在西班牙，公元前 48 年参加法萨卢战役。公元前 46 年在非洲，但同年即被解散。公元前 45 年被屋大维重组，公元前 43 年参加加洛卢姆原野战役和穆提那战役。公元前 42 年参加腓利比战役，公元前 41 年参加佩鲁西亚战争。公元前 41 年到公元前 31 年随屋大维服役。公元前 30 年到约公元前 20 年期间在伽拉提亚（Galatia），从公元 9 年的某时起在巴尔干半岛活动。公元 9 年以后在达尔马提亚。它获得的称号“Claudia Pia Fidelis”说明它在公元 42 年卡米路斯·斯科里波尼亚努斯（Scribonianus）的叛乱中忠于克劳狄。此外，它还有两个称号：“Paterna”和“Macedonica”。该军团以公牛为徽标，说明它是尤利乌斯·恺撒创建的。

第七合组军团（Ⅶ Gemina）　公元 70 年，由伽尔巴在第七西班牙军团（Ⅶ Hispana）基础上创建，因后者在克雷莫纳（Cremona）战役中损失惨重。

第七西班牙军团 公元68年伽尔巴被拥立为帝后在西班牙组建。公元70年被重组后代之以“Gemina”之称。它可能还有“Galbiana”的别号。

第八奥古斯都军团 创建时间在公元前59年或更早，公元前58年到公元前49年期间随恺撒在高卢服役。公元前49到前48年在意大利活动，公元前48年参加法萨卢战役。公元前46年参加塔普苏斯战役，但公元前46年或公元前45年即被解散。公元前44年由屋大维重组，公元前43年参加加洛卢姆原野战役和穆提那战役。公元前42年参加腓利比战役，公元前41年到公元前31年期间随屋大维服役。自公元前30年开始在巴尔干半岛活动。其称号说明它由奥古斯都重组，可能也反映了它在公元前27年到公元14年期间的一次胜利。该军团还有“Mutinensis”(源于穆提那)和“Gallica”两个称号。它的公牛徽标通常是尤利乌斯·恺撒所建军团的标志，但也可能由于它曾随恺撒在高卢服役。

第九西班牙军团(Ⅸ Hispana) 可能是公元前41—前40年组建的新军团，也可能是公元前58年在第九军团的基础上组建的，据知当时它在高卢随恺撒服役；前述第九军团在公元前46年或公元前45年被解散，后来由温提狄乌斯(Ventidius)重组，但我们无法确定它即成为第九西班牙军团。第九西班牙军团自公元前41—前40年直到公元前31年的亚克兴战役期间一直随屋大维服役。公元前30年到约公元前19年在西班牙活动。公元9年到公元20年在潘诺尼亚活动，公元20到24年在非洲活动，随后又再次到潘诺尼亚，直至公元43年；之后在不列颠活动。它的称号“Hispana”似乎已取代了其早期名称“Hispaniensis”。此外，它还有“Macedonica”的称号，说明它曾在巴尔干半岛活动。

第十海峡军团 盖于公元前41—前40年由屋大维组建。它可能曾参加米拉埃海战和公元前36年的瑙罗库斯(Naulochus)战役；也可能参加了公元前31年的亚克兴战役。公元前30年起在马其顿活动，到公元前14年(或许更早)时在叙利亚活动。该军团有四个徽标：公牛、海豚、兵船和野猪。

第十合组军团 组建时间在公元前59年或更早，公元前58年到公元前49年期间随尤利乌斯·恺撒在高卢服役。公元前49年在西班牙活动，公元前48年参加法萨卢战役。公元前46年参加塔普苏斯战役，公元前46年或公元前45年被解散，但公元前45年参加蒙达战役。公元前44年由雷必达重组，公元前43年转到安东尼麾下，公元前42年参加腓利比战役。公元前41年到公元前31年期间随安东尼在东方服役，公元前31年参加亚克兴战役。约公元前30年以后在西班牙活动。“Gemina”的称号说明了军团的合并行为，可能发生在亚克兴战役之后。它还有“Equestris”(意为“在马背上，骑士的”)的称号。

第十一“忠诚”克劳狄军团(Ⅺ Claudia Pia Fidelis) 公元前58年尤利乌斯·恺撒曾组建一支编号为“十一”的军团，但公元前46—前45年被解散。这一军团更像是公元前41—前40年由屋大维组建的新军团。公元前41年到公元前31年期间随屋大维服役，公元前31年参加亚克兴战役。公元前30年到公元9年期间在巴尔干半岛活动，公元9年起在达尔马提亚活动。它获得的“Claudia Pia Fidelis”称号说明，公元42年卡米路斯·斯科里波尼亚努斯在达尔马提亚叛乱后，它仍忠于克劳狄。该军团以尼普图努斯神(Neptune)为徽标。

第十二雷电军团(“Fulminata”意为“配有雷电”) 盖为公元前58年尤利乌斯·恺撒创建的第十二军团。公元前58年到公元前49年随恺撒在高卢服役，公元前49年在意大利活动。公元前48年参加法萨卢战役，但公元前46—前45年被解散。公元前44—前43年可能由雷必达重组，公元前41年到公元前31年期间随安东尼在东方服役，大概一直驻于希腊。奥古斯都统治时期，它被派往埃及，自奥古斯都统治后期起在叙利亚活动。公元66年它在犹迪亚失去了一个鹰旗(参见“荣誉”一节)。该军团还有“Paterna”和“Antiqua”(古代的)两个称号，其徽标是雷电。

第十三合组军团 盖于公元前57年尤利乌斯·恺撒组建的第十三军团，但后者在公元前46—前45年时被解散。另一种可能是，公元前41—前40年由屋大维创建。该军团从公元前40年到公元前31年随屋大维服役,公元前36年参加普特奥里战役。可能参与了公元前31年的亚克兴战役。公元前30年起在巴尔干半岛活动,公元9年后一直在莱茵边界活动。"Gemina"的称号可能指军团的合并行为,大概发生在公元前31年亚克兴战役之后。该军团还有"Pia Fidelis"的称号,并以象征朱庇特的狮子为徽标。

第十四合组军团 在一支编号为"十四"的军团被歼灭后,尤利乌斯·恺撒于公元前53年又组建了相同编号的军团,但恺撒的这一军团在公元前46—前45年被解散。另一种可能是,第十四合组军团是公元前41—前40年由屋大维所建,因为它在公元前31年的亚克兴战役以前一直随屋大维服役。公元前30年到公元9年期间在巴尔干半岛活动,公元9年到公元43年在莱茵边界活动。公元67—68年期间不断迁移,公元68年在意大利,但同年又返回不列颠,直到公元70年。公元70年起它在莱茵边界活动。"Gemina"的称号可能指公元前31年亚克兴战役后的军团合并之举。它似乎在公元60—61年平定不列颠的波蒂卡叛乱后获得了"Martia Victrix"的称号。该军团以摩羯为徽标,可能说明它在奥古斯都治下组建或重建。

第十五阿波罗军团 盖于公元前41—前40年由屋大维组建,但也可能更早。公元前40年到公元前31年期间随屋大维服役,公元前31年可能参加了亚克兴战役。公元前30年起在巴尔干半岛活动,公元9年以后在潘诺尼亚活动。公元58年到公元66年期间在叙利亚活动,公元66年到公元70年在犹迪亚活动。公元72年起在卡帕多西亚活动。"Apollinaris"(献给阿波罗[Apollo]的)的称号大概是为了纪念亚克兴战役,因为奥古斯都在战前曾特别向阿波罗立誓。

第十五初创军团(XV Primigenia) 既可能是公元39年由卡里古拉组建,也可能于公元42年由克劳狄为入侵不列颠备战而建。其编号依日耳曼军团次序而定。

第十六“忠实”弗拉维乌斯军团(ⅩⅥ Flavia Firma) 由公元 69 年解散的第十六高卢军团(ⅩⅥ Gallica)重组而成。公元 72 年之前一直在卡帕多西亚活动。该军团拥有“Flaiva”(说明由韦帕芗重建)和“Firma”(忠实)的称号。

第十六高卢军团 盖于公元前 41—前 40 年由屋大维所建。自公元前 30 年或更早起在莱茵边界活动。公元 69 年与基维里斯串通,后被解散。在公元 72 年之前,以“第十六忠实弗拉维乌斯军团”之名重组并转至卡帕多西亚。“Gallica”的称号说明它曾在高卢活动,但时间不详。该军团以狮子(朱庇特的象征)作为徽标。

第十七军团 盖于公元前 41—前 40 年由屋大维组建。公元前 30 年起可能在莱茵边界活动。在公元 9 年的瓦鲁斯之难中,可能与第十八军团和第十九军团一同被歼灭。

第十八军团和第十九军团 盖于公元前 41—前 40 年由屋大维所建。公元前 30 年到公元 9 年期间在莱茵边界活动,在公元 9 年的瓦鲁斯之难中被歼。

第二十“英勇”凯旋军团(ⅩⅩ Valeria Victrix) 盖于公元前 41—前 40 年或公元前 31 年亚克兴战役后由屋大维组建。公元前 30 年起在西班牙活动,之后一直在巴尔干半岛活动。公元 9 年到公元 43 年期间在莱茵边界活动,公元 43 年起在不列颠活动。其称号“Valeria Victrix”(意为“英勇的、胜利的”)说明它在公元 60—61 年镇压不列颠波蒂卡叛乱时取胜。该军团以野猪为徽标。

第二十一“饕餮”军团(ⅩⅪ Rapax) 盖于公元前 41—前 40 年或在公元前 31 年亚克兴战役后由屋大维所建。公元前 30 年起在温德里克(Vindelicia)和莱茵边界活动,公元 70 年起在潘诺尼亚活动。公元 92 年前后可能在多瑙河流域被歼灭。该军团以摩羯作为徽标,可能说明它在奥古斯都治下组建或重组。“Rapax”一词意为“贪婪”或“贪食”,像猎鸟贪食猎物一样。

第二十二德尤塔卢斯军团(XXII Deiotariana) 最迟在公元前25年由来自伽拉提亚王国(其国王德尤塔里乌斯[Deiotarius]于公元前40年去世)的移民组成。盖自公元前25年起即驻扎在埃及。

第二十二初创军团(XXII Primigenia) 盖于公元39年由卡里古拉组建,或于公元42年克劳狄筹备入侵不列颠时所建。该军团编号依日耳曼的军团次序而定;另有"Pia Fidelis"的称号。

第三十乌尔皮乌斯军团(XXX Ulpia) 其称号说明它由图拉真(乌尔皮乌斯是其诸名之一)组建,时间约在公元101年准备达西亚战争之时。它还有"Victrix"(胜利的)之名。

罗马后期军团

帝国后期,罗马组建了许多军团,但大都没有详细资料留存下来。在戴克里先创建的军团中,"Ioviani"(意为"献给朱庇特")和"Herculiani"(意为"献给赫拉克勒斯[Hercules]")分别按照戴克里先和马克西米亚努斯的守护神命名。"Solenses"(意为"献给太阳神[Sol]")由君士坦丁创建,"Martenses"(意为"献给马尔斯")由伽莱里乌斯创建,这些军团分别按照他们的守护神命名。

军团的称号

共和国后期的内战期间,军团开始使用称号或别号(cognomina)。在帝国军队中,几乎每个军团都有称号,有些军团还有多个称号。有些称号停止使用或被新名称取代。例如,第十军团有"Hispaniensis"(驻扎于西班牙的)的称号,但该称号在某个时期为"Hispana"(西班牙的)所取代。有些称号说明了它们在某些战役或某些特定行省中的突出表现——"Fretensis"说明它参与了在意大利和西西里之间的海峡"Fretum"或"Fretum Siculum"的海战。其他称号则可能体现该军团的某些特殊品质,如"Pia Fidelis"(意为"忠诚")、"Felix"(意为"幸运")或"Sabina"(意为"萨宾",说明它是从意大利萨宾地区征募的)。授予称号的原因很多，它们为军团的起源和经历提供了较有价值的信息。“Alaudae”是凯尔特语，意为“有冠毛的云雀”和“伟大”，说明该军团是从高卢本地人中征募的。该称号也可能指代插在头盔顶部的冠状羽毛，属凯尔特习俗。“Flavia”说明它由弗拉维家族的成员创建；“Paterna”说明它与“祖国之父”(pater patriae)尤利乌斯·恺撒有关；“Gemella”和“Gemina”(意为“成对的”)说明它是由一些不完整的军团合并组成的一支军团；“Primigenia”(首创)说明它是一新建军团。以下是我们所知的一些曾用称号：

Adiutrix：辅助的。

Alaudae：说明是从高卢本地人中征募的。“Alaudae”是凯尔特语词，意为“有冠毛的云雀”但也表示“伟大的”。该称号可能还指代凯尔特习俗中插在头盔顶部的冠状羽毛。

Antiqua：古代的。

Apollinaris：献给阿波罗的。

Augusta：说明由奥古斯都重建。

Classica：水师的，说明与水师共同服役。

Claudia Pia Fidelis：说明忠诚于克劳狄。

Concors：联合。

Constans：坚定。

Cyrenaica：表明在昔兰尼加服役。

Deiotariana：源于公元前40年去世的伽拉提亚王德尤塔卢斯之名。之所以如此命名该军团是因为它由来自伽拉提亚王国军队的迁徙移民组成。

Equetris：马上的或勇武的。

Felix：幸运。

Ferrata：有铁甲的。

Fidelis：诚。

Firma：忠实。

Flavia：说明由弗拉维家族的成员组建。

Fortis:强大。

Fretensis:说明曾参加在意大利和西西里之间的海峡"Fretum"或"Fretum Siculum"的海战。

Fulminata:配有雷电。

Galbiana:说明由伽尔巴组建。

Gallica:说明在高卢服役。

Gemella,Gemina:成对的,说明由不完整军团合并组成一支军团。

Germanica:表明在日耳曼服役。

Herculiani:献给赫拉克勒斯。

Hispana:西班牙的。

Hispaniensis:驻扎于西班牙的。

Ioviani:献给朱庇特。

Italica:说明从意大利人中征募。

Libyca:说明在利比亚服役。

Macedonica:说明在马其顿服役。

Macriana:说明由克罗狄乌斯·马克尔组建。

Martia:献给马尔斯,引申为尚武的。

Martenses:献给马尔斯。

Minervia:献给米涅尔瓦。

Mutinensis:表明参加了公元前43年的穆提那战役。

Parthica:说明是为东方战争而建。

Paterna:说明与"祖国之父"(pater patriae)尤利乌斯·恺撒有关。

Pia:忠。

Pia Fidelis Domitiana:忠诚于图密善。

Primigenia:首创,说明是一个新建军团。

Rapax:贪婪或贪食,取意于猎鸟贪食猎物。

Sabina:萨宾的,说明是从意大利萨宾地区征募的。

Scythica:可能说明它战胜了西徐亚人。

Solenses：献给太阳神。

Sorana：索拉的（Soran），说明在意大利的索拉城组建。

Traiana：说明由图拉真组建。

Triumphalis：凯旋的，说明参加过在罗马举行的一次凯旋式。

Ulpia：说明由图拉真所建，因后者姓名之一是乌尔皮乌斯。

Urbana：城市的。如此命名的军团均是庞萨在公元前43年为戍守罗马城而建。

Valeria：英勇的。

Veneria：献给维纳斯（Venus）。

Victrix：胜利的。

帝国早期的军团分布

（根据鲍尔斯登［Balsdon］1970年著作的 *Rome：The Story of an Empire* 和康奈尔［Cornell］与马修斯［Matthews］1982年著作的 *Atlas of the Roman World* 列出）

公元24年：

行省	**军团**
非洲	第三奥古斯都军团
达尔马提亚	第七军团，第十一军团
埃及	第三昔兰尼加军团，第二十二德尤塔卢斯军团
下日耳曼（Germania Inferior）	第一日耳曼军团，第五云雀军团，第二十军团，第二十一"饕餮"军团
上日耳曼（Germania Superior）	第二奥古斯都军团，第十三合组军团，第十四合组军团，第十六高卢军团
塔拉戈—西班牙（Hispania Tarraconensis）	第四马其顿军团，第六凯旋军团，第十合组军团
摩埃希亚	第四西徐亚军团，第五马其顿军团
潘诺尼亚	第八奥古斯都军团，第九西班牙军团，第十五阿波罗军团

叙利亚	第三高卢军团,第六装甲军团,第十海峡军团,第十二雷电军团

公元 74 年:

行省	军团
非洲	第三奥古斯都军团
不列颠	第二奥古斯都军团,第二辅助军团,第九西班牙军团,第二十“英勇”凯旋军团
达尔马提亚	幸运者弗拉维乌斯第四军团
埃及	第三昔兰尼加军团,第二十二德尤塔卢斯军团
下日耳曼	第六凯旋军团,第十合组军团,第二十一“饕餮”军团,第二十二初创军团
上日耳曼	第一辅助军团,第八奥古斯都军团,第十一“忠诚”克劳狄军团,第十四“马尔斯凯旋”合组军团(XIV Gemina Martia Victrix)
塔拉戈—西班牙	第七合组军团
犹迪亚	第十海峡军团
摩埃希亚	第一意大利军团,第五云雀军团,第五马其顿军团,第七“忠诚”克劳狄军团
潘诺尼亚	第十三合组军团,第十五阿波罗军团
叙利亚	第三高卢军团,第四西徐亚军团

公元 150 年:

行省	军团
非洲	第三奥古斯都军团
阿拉伯	第三昔兰尼加军团
不列颠	第二奥古斯都军团,第六凯旋军团,第二十“英勇”凯旋军团

卡帕多西亚	第十二雷电军团,第十五阿波罗军团
达尔马提亚	第十三合组军团
埃及	第二“强大”图拉真军团(Ⅱ Traiana Fortis)
下日耳曼	第一米涅尔瓦军团,第三十乌尔皮乌斯军团
上日耳曼	第八奥古斯都军团,第二十二初创军团
塔拉戈—西班牙	第七合组军团
犹迪亚	第六装甲军团,第十海峡军团
下摩埃希亚	第一意大利军团,第五马其顿军团,第十一“忠诚”克劳狄军团
上摩埃希亚	幸运者弗拉维乌斯第四军团,第七“忠诚”克劳狄军团
下潘诺尼亚	第二辅助军团,第十四“马尔斯凯旋”合组军团
上潘诺尼亚	第一辅助军团,第十合组军团
叙利亚	第三高卢军团,第四西徐亚军团,第十六“忠实”弗拉维乌斯军团

公元 215 年:

行省	**军团**
非洲	第三奥古斯都军团
阿拉伯	第三昔兰尼加军团
不列颠	第二奥古斯都军团,第六凯旋军团,第二十“英勇”凯旋军团
达西亚	第五马其顿军团,第十三合组军团
埃及	第二图拉真强大军团
伽拉提亚—卡帕多西亚	第十二雷电军团,第十五阿波罗军团
下日耳曼	第一米涅尔瓦军团,第三十乌尔皮乌斯—凯旋军团(XXX Ulpia Victrix)
上日耳曼	第八奥古斯都军团,第二十二初创军团

塔拉戈—西班牙	第七合组军团
意大利(Italia)	第二帕提亚军团
美索不达米亚	第一帕提亚军团,第三帕提亚军团
下摩埃希亚	第一意大利军团,第十一“忠诚”克劳狄军团
上摩埃希亚	幸运者弗拉维乌斯第四军团,第七“忠诚”克劳狄军团
诺里库姆(Noricum)	第二意大利军团
下潘诺尼亚	第一辅助军团,第二辅助军团
上潘诺尼亚	第十合组军团,第十四“马尔斯凯旋”合组军团
莱提亚	第三意大利军团
叙利亚谷地(Coele-Syria)	第四西徐亚军团,第十六“忠实”弗拉维乌斯军团
巴勒斯坦(Palaestina)—叙利亚	第六装甲军团,第十海峡军团
腓尼基—叙利亚	第三高卢军团

军团建制

王政时代和共和国早期

罗马军队最初由王直接指挥,军队规模的扩大则使之需要通过官阶制度进行有效的控制。罗马王政初期,来自三个部落的 3000 人组成的军团由军团将官(tribunus,字面意为“部落长官”)指挥,然而,实际上我们对公元前 4 世纪以前的指挥机构几乎一无所知。

公元前 509 年王政终结时,王作为最高统帅的地位由两名执政官(最初称“大法官”)取代。他们每年选举一次(取代前一年的执政官),并握有最高军政大权;直到公元 4 世纪君士坦丁一世统治时才开始由全职的职业军人统率军队。

到公元前311年时，军队分为四个军团，指挥权通常由两名执政官分掌，但有时某一支军团可在一位大法官（职位较低的官员）指挥下自主行动。每支军团分别有6名由森都里亚大会选出的军团将官（共计24名）。

共和国中期

有关军阶的详尽记载最早出自波利比乌斯。我们无法确定他记述的是与他同时代的军队还是较之早50年左右的军队，不过后一种的可能性较大。两名执政官于每年年初选出，名义上他们均享有军队指挥权。每人指挥两个军团——总兵力达1.6万到2万步军和1500到2500名马军。大法官也可指挥军队，而且在危急时刻任命的独裁官会代替执政官指挥所有军队，任期通常为六个月。有时，独裁官会任命一名指挥权仅次于他的助手（即"magister equitum"，意为"马军长官"）。在非常时期还会从罗马同盟中大规模招募军队。

约从公元前190年起，军队虽仍由一位执政官或大法官统一指挥，但部分军队也可由副将（legati）指挥。依照惯例，当一位总督（行政官）统治某一行省时，他会带一名或更多的副将，向这些人分派一些行政事务和兵力；这大概是因为行政官已无权指挥武装部队。副将是元老院依总督建议委派的资深元老。

在执政官或大法官之下，执政官选出24名军团将官（每支军团6名）；其中10名高级长官需随军服役至少10年，其余则至少5年。除四支执政官军团之外的任何军团均由军团将官指挥。军团将官的地位甚高（甚至卸任执政官有时也出任军团将官一职），且必须出身骑士等级。

军团将官从军中选出10名百夫长（高级百夫长），再由后者各选一名同僚（低级百夫长）。一支军团中最高级别的百夫长称为第一先锋百夫长（centurio primi pili；后称"primus pilus"，意为"第一先锋"），他与军团将官一同参加军队议事会。每个中队（由两个百人队组成）有两个百夫长，第一先锋（primus pilus）指挥后备列中最为得力的中队。

每个百夫长委派一名佐将（optio，属后卫军官），并委任两名最出色的人为掌旗官(signiferi)。每个百人队分成10组(contubernia),每组8人,作战时他们共用一顶帐篷和一头骡马,在兵营中分享一套居室。

军团马军分成10支马军中队(turma),每支30名骑兵。每支马军中队有3名十人长(decurio)和3名由十人长委派的代理人(即佐将)。被选为首席的十人长负责指挥整个中队。

共和国后期

罗马的疆域在共和国时期不断扩张,因此副将领受军事指挥权的现象愈发普遍。一般来讲,他们需为元老,且至少出任过财务官一职。共和国末期,当选的行政官(通常为执政官)在其任期内不再指挥军队,公元前52年通过的一项法律规定,在罗马当选公职与出任行省军事指挥之间需有5年间隔。由于当时罗马仍处于共和国时期,军队仍由若干统帅而非一名统帅单独指挥。

此时,每支军团仍由6名军团将官统领。然而,该职位不再由高级行政官,而是由年轻人出任,有些是希望进入元老院的年轻人。指挥权在其之上的是长官,他们可以统率马军(称"praefectus equitum")、水师船队(称"praefectus classis")或在指挥官的私人随从中任副官(称"praefectus fabrum")。这些长官可经指挥官同意获得独立指挥权(并非像军团将官那样需两人一组),但其职位通常不如军团将官一职长久。军团将官和长官的职司有望晋升为副将(legatus)。

控制新行省需要组建更多的军团,于是对指挥官的需求不断增加。权宜之计便是将高级行政官的权力扩充到通常的一年任期以外,因此,代大法官或代执政官的军团指挥权的期限得以延长(如恺撒在高卢)。

帝国早期

由执政官掌握的军队指挥权后来也扩展到代执政官、大法官和代大法官,但帝国时期,在理论上皇帝作为代执政官指挥军队。奥古斯都通过其皇帝副使(legati Augusti pro praetore;有代大法官之权的副使)控制帝国的大部分地区,这一称谓既用于行省总督，也包括那些行省内的军团指挥官。通常，军队由皇帝、其亲近的家庭成员或元老院代表统领出征。

奥古斯都统治后期出现了军团副将一职(legatus Augusti legionis 或 legatus legionis)。这些副将被授予各独立军团的指挥权，通常司掌多年。当时的副将由至少在罗马出任过一次官职的年轻人担任，但后来军团副将之职更为正式，成为元老晋升体系中的一部分。军队和帝国的扩张还为骑士等级的成员成为新征服区域的总督、水师指挥或辅军武装长官提供了更多的机会。另外，百夫长也得以晋升至骑士等级，成为军团将官和长官。

不过军团内部的指挥系统仍大致相同，每位军团副将下设 6 名军团将官。高级军团将官——宽边托迦军团将官(tribunus laticlavius)是指定而未上任的元老，被授予元老特权，即在其托迦上镶有紫色宽边，之前也不必有军事经历。其他 5 名军团将官(tribuni angusticlavii，即窄边托迦军团将官)多来自骑士阶层，之前有军事经历，一般是辅军长官。军团将官负责军团的行政管理。共和国时期他们可指挥军团，但此时的地位远不如前。

奥古斯都新设了一个相当于军需官的职位——军营长官(praefectus castrorum)，此前其职能由军团将官负责。在军阶中，他通常处于宽边托迦军团将官和窄边托迦军团将官之间。奥古斯都统治时期，卸任的军团将官和卸任的第一先锋(primus pilus)均被委派为军营长官，但后来该职成为第一先锋退休前晋升的职位。最初，军营长官为每座营盘而非每一军团设一名。他属于一直在军中服役的最高级别军官。

每支军团有 59 名百夫长，级别低于军团将官。百夫长可按等级次序升任，也可直接任命。他们持有笞杖作为地位象征，用以鞭笞惩罚士兵。各级百夫长仍使用原来在中队中的名称，不过后备列(triarius)的百夫长称为“先锋”(pilus)。第一大队分成 5 支双百人队，由 5 名高级百夫长指挥，他们称作“高职者”(primi ordines，意为“等级最高者”)。级别最高者为第一先锋，其次为“首领”(princeps)——负责总部人事及训练的百夫长。其他百夫长按级别由高到低依次为枪兵长(hastatus)、高级枪兵长(hastatus prior)和低级枪兵长(hastatus posterior)。退役时，第一先锋会得到一大笔退职金(是“高职者”的两倍)，并被授予“primipilaris”（意为“卸任第一先锋”）的荣誉称号。之后他也可以得到升迁，如军营长官或城市护卫军长官。

第二到第十大队的百夫长虽无军阶，但有相应的职位，不过服役时间长的资深者除外。这些大队中的百夫长的名称有高级先锋（pilus prior）、低级先锋（pilus posterior）、高级首领（princeps prior）、低级首领（princeps posterior）、高级枪兵长（hastatus prior）和低级枪兵长（hastatus posterior）。

百夫长之下的士兵主要有三种类型——领军（principales）、免劳役者（immunes）和兵卒（milites）。领军是每个百人队中非正式任命的军官，饷金是军团士兵的两倍（称为“duplicarius”）或1.5倍（称为“sesquiplicarius”）。领军包括掌旗官（signifer）、佐将（optio）和哨长（tesserarius）。在百人队中，掌旗官的地位在百夫长之下，其次是佐将（即副手），百夫长不在或战死时百人队即由他指挥；再其次是哨长，负责每日口令和步哨。每个军团还有一名军团掌旗官（aquilifer）和一名持像者（imaginifer），前者负责掌持鹰旗和管理军团的军饷金库和士兵的储金，后者负责持皇帝的肖像（imago）。

上述军官之下是免劳役者，他们拥有某些特殊技艺，无须参加日常差役。在这类军官中，我们所知的就有100多种，包括土地测量员（agrimensores和mensores）、造弓者（acuarii）、最高书记员的助手（adiutores cornicularum）、铜匠（aerarii）、水利技师（aquilices）、建筑师（architectus）、弩炮手（ballistrarii）、负责弩炮者（ballistae）、马勒带匠（buccularum structores）、吹奏各类号角的号兵（bucinator、cornicen和tubicen）、裹伤员（capsarii）、木匠（carpentarii）、乐器制造者（cornuarii）、军械士（custodes armorum）、工匠（fabri）、铁匠（ferrarii）、制剑者（gladiatores）、占卜祭司（haruspices）、粮草记账员（librarii horreorum）、石匠（lapidarii）、死亡记录员（librarii caducorum）、存款记账员（librarii depositum）、医务兵或医生（medici）、造船者（naupegi）、负责工场的佐将（optio fabricae）、负责护理员的佐将（optio valetudinarii）、铅匠（plumbarii）、碾磨工（polliones）、传令官（praeco）、造簇者（sagittarii）、屋面工（scandularii）、擦拭工（specularii）、马夫（stratores）、造号者（tubarii）、捕猎者（venatores）、兽医（veterinarii）以及负责献祭牺牲的人（victimarii）。有些这种专业人员的饷金高于普通军团兵。

各类文职人员也多是免劳役者。“司书”(beneficarius,字面意思为“受益者”)和“副手”(cornicularius)的级别取决于他们所隶属的军官。总部职员(tabularium legionis)以一名“副手”为首。其他职员包括掌管谷物征收和分发的“frumentarii”和负责调查及治安的司法职员“quaestionarii”,后者以一名高级司法职员“commentariensis”为首。级别较低的职员有会计员(exacti)和文秘(librarii)。其中一些负有专责,例如保管粮仓记录(librarii horreorum)、掌管人民的义务存款(librarii depositorum)和负责亡故士兵的财产(librarii caducorum)。

免劳役者之下是普通士兵(即兵卒)。一名士兵的晋升顺序是从基本薪饷者到免劳役者(immunis;免除日常差役的基本薪饷者),再到 1.5 倍薪饷者(sesquiplicarius)、双倍薪饷者(duplicarius)以至百夫长甚至更高。

帝国后期

帝国早期确立的军阶持续了很长一段时间,但具体时长并不清楚。公元200 年前后,军队重点逐渐从步军转移到马军,并且出现了向机动野战部队转变的趋势。公元 3 世纪后半期又进行了某些改革。伽利埃努斯停止任命元老为军团副将,于是所有军团均由骑士等级的长官统领。自戴克里先统治开始,边防军多由“统帅”(duces,属于职业军人)而非行省总督指挥。

公元 4 世纪时,君士坦丁一世使军职和文职彻底分离,此后所有边防军均由“统帅”指挥。由于后期帝国留传下来的史料很少,我们无从知晓当时的军阶是否有所变化,以及像“统帅”这类的新型指挥官是否只掌管已有的指挥系统。君士坦丁设立了两名负责“机动部队”(comitatenses)的指挥官,即“马军长官”(magister equitum)和“步军长官”(magister peditum),他们接管了原来近卫军长官的大部分职能。

所有机动部队不可能均由皇帝直接统领,所以出现了区域性的野战部队,皇帝不在时由“步军长官”(magister militum)指挥。必需时,机动部队会派出由“comes”统领的小股部队。

同盟翼军

到公元前 4 世纪时，罗马军队由来自拉丁姆（Latium）诸城、拉丁殖民城以及其他意大利同盟的分遣队辅助作战。这些"同盟"（socii）服役是同罗马结盟的条件之一。这种分遣队不断普及，其组织更加系统化。每个城的分遣队大致由 500 名左右的步军（后称大队）和一个以上的马军中队（turma）组成；另外还有弓手和骑手等特种武装。在需要时，沿海城镇须提供船只、水手和水军。

实战中，扈从并不是真正的执政官卫队，故此又组建辅助精锐军（extraordinarii）作卫队使用。他们是从同盟马军和步军的上佳者中选出的精锐部队，还负责事先侦察及特种任务。

这些同盟分遣队被编成组（通常是 10 组，即后来的大队），形成一支"ala sociorum"，其军力与一支罗马军团（约 4 000 到 5 000 人，外加约 900 名马军）大体相当。后来在帝国时期，"ala"（意为"羽翼"）一词专指辅助马军的组织。作战时，两支罗马军团通常配有两支同盟翼军；军团两侧各有一支，形成两个侧翼。

意大利同盟的武装盖由执政官委派的罗马长官（即"praefecti sociorum"，意为"同盟军长官"）指挥。由于"翼军"（ala）在形式上与军团一致，所以每支翼军中的 6 名长官大概相当于军团的 6 名军团将官。同样地，马军组织亦由罗马官员（praefecti equitum，意为"马军指挥官"）指挥。

布匿战争期间，罗马曾尝试通过扩大同盟军和使用雇佣兵来加强特种武装，公元前 1 世纪，马军实力大大增强。同盟战争以后，从意大利征募的士兵均为公民，所以都成为军团兵，同盟翼军不复存在。这迫使罗马人转而在其他地区招募后备军力作为辅军（尤其是马军）。

罗马驻军

罗马的驻军有近卫军、城市护卫军和警备队（vigiles）。其中，近卫军最为重要。近卫军有9支大队，警备队7支，城市护卫军3支，在奥古斯都时期共计约6 000人。这些军队的组织与军团相似。

近卫军

西比阿·艾弥利亚努斯围攻努曼提亚时组建了一支私人卫队，渐以“Praetorian Cohort”（即“cohors praetoria”，源于“praetorium”一词，后者指军营中指挥官的幕帐驻扎之处）而闻名。到共和国末期，所有指挥官都拥有一支“Praetorian Guard”或“Praetorian Cohort”，均为出征时为特定目的而组建。公元前27年奥古斯都统治时期，这支精锐军团兵力成为皇帝的常备卫队，包括9支大队（总兵力达4 500人）和一支小型马兵分队。在公元1世纪提比略统治时期，近卫军兵力由9支大队扩大到12支大队，维泰里乌斯治下又增至16支。韦帕芗治下似乎又减至9支大队。

近卫军士兵主要从意大利和一些邻近行省招募，这与军团形成鲜明对比，后者是从整个罗马世界募兵。近卫军通常随皇帝出征。弗拉维王朝开始出现了一支从辅军中招募的马军——奥古斯都特设马军（equites singulares Augusti），它随皇帝出征。

帝国时期的近卫军组织与军团相似。起初，它没有总指挥官而是直接受命于奥古斯都。公元前2年，奥古斯都将它交给两名骑士等级的“praefecti praetorio”（意为“近卫军长官”）共同指挥。近卫军没有第一先锋（primus pilus），因为它无论在名义上还是组织上都不是军团，但有些军官可能位列高职者（primi ordines）一级。在奥古斯都治下，近卫军有三支大队驻于罗马，余者屯扎于邻近城镇；提比略治下，9支大队与3支城市护卫军均驻于罗马东北侧的一座营中（castra praetoria），由一名长官统辖。

帝国早期，近卫军的规模常有变化。它的势力一直非常强大，常常左右皇帝的废立。公元2世纪末期，塞普提米乌斯·塞维鲁解散了原有的近卫军，代之以10支新的军事纵队，后者均来自他的多瑙河军团。此后，近卫军均从军团招募。公元2、3世纪期间，纵队的数量不定，但通常是10支，每支有500、1 000甚或

1 500 人。公元 312 年，君士坦丁解散了罗马驻军，其中包括近卫军(曾支持马克森提乌斯)，代之以宫廷卫队(scholae)——500 人的精锐马军队伍。公元 4 世纪末，宫廷卫队的数量约有 12 支。

日耳曼卫队

日耳曼卫队(Germanni corporis custodes)也驻扎在罗马，但不属于正式驻军，这支兵力最早出现于尤利乌斯·恺撒统治时期，后来在奥古斯都治下开始从莱茵河地区的部落中招募并作为私人卫队使用。之后的皇帝把它作为皇室卫队，但被伽尔巴解散。

城市护卫军

3 支城市护卫军(cohortes urbanae)构成了罗马城警卫兵力，驻扎于近卫营中。它们是公元前 13 年前后奥古斯都所建，从意大利人中招募。他们可晋升为近卫军。有时，城市护卫军的附属支队会被派往意大利的其他城镇、城市甚至更远，比如迦太基(护卫粮食运输)和里昂(戍守造币坊)。它最初有 10 到 12 支大队，但后来各时期的数目均无法确定。奥古斯都治下，一支大队有 500 人，但在维泰里乌斯治下增至 1 000 人，塞维鲁治下达 1 500 人。每支大队由一名军团将官指挥，并由一名被任命为城市长官(praefectus urbi)的元老统一指挥。

警备队

在公元 6 年的一场火灾后，奥古斯都随即在罗马组建常备消防队(vigiles)，而此前只是临时任命。警备队的 7 支大队属半军事化武装，每支中队均由一名军团将官(即“primipilaris”)指挥，后者又隶属于一名骑士等级的长官(praefectus vigilum)。每支大队有 500 人(后为 1 000 人)。由于其职责是灭火，所以警备队拥有多种特种武装，如水工(sifonarii，负责抽水)和抓钩工(uncinarii，配有抓升钩者）。此外，他们还充任守夜之职并配以提灯。他们在奥斯提亚还有分遣队。

辅 军

历史沿革

自罗马早期开始，罗马军队一直依靠步军，它是军中最具战斗力的部分。罗马人不甚擅长其他作战类型，故从共和国早期开始便使用同盟军作特种部队，如弓手和骑手。布匿战争时期，罗马更加需要一支有战斗力的马军，于是尝试通过扩充同盟军和使用雇佣兵来加强特种武装。公元前1世纪，步军的强大趋势十分明显。

自公元前1世纪起，罗马军队在作战期间经常由战事发生地的同盟部落武装协助。这些外籍军队被称为辅军（auxilia）。尤利乌斯·恺撒在其作战以及内战期间即大量征用这类军队。内战后，这些辅军有的被解散，余者仍继续服役。此后，有几支辅军成为常备军的固定组成部分，而其他几支则在需要时征募。

帝国时期，辅军在罗马军队中逐渐占有至关重要的地位，他们带来了各自家乡地区的多种传统作战技术，包括轻装步军、弓手、投石手以及大部分马军。马军在军团中的地位相应降低；反之，罗马人开始依靠辅军。随着帝国的扩张，罗马人得以接触到使用不同作战方法的不同民族，从而获得了更为广泛的辅军兵源。例如，弓手来自克里特和东部，投石手来自巴利阿里群岛，马军则从高卢、日耳曼和帝国其他地区招募。

到公元1世纪末期，辅军和军团的募兵集结地都更具地方性。公元2世纪时，应征加入辅军的公民数量不断增加——通常是子入父团。军团与辅军之间的很多差异逐渐消失，不仅非公民可加入军团，有些公民也在辅军中服役。

组织机构

辅军与军团一样由步军大队(cohortes)构成。最初,这些组织称为五百人队(quingenaria),因为每支大队的兵力号称有 500 人,分成 6 个百人队,但从弗拉维王朝(公元 1 世纪后期)开始,出现了号称有 1 000 兵力的千人纵队(cohortes milliariae),分为 10 个百人队。此外,还有步军与马军组成的马军纵队(cohortes equitatae)。马军组织称为"翼"(alae)。辅军通常以其来源地命名,如不列颠部(alae Britannorum)和不列颠纵队(cohorts Britannorum,二者均指来自不列颠的军事组织)。

依照协约所定,从某一部族征募的辅军组织通常由该部族的头目或首领指挥,这些指挥者可因此获得罗马公民权。其他部队——包括构成永久性常备军的部队——通常由卸任百夫长或卸任军团将官指挥。

到弗拉维王朝时期,辅军武装的指挥系统更加规范。辅军部队由骑士等级的长官指挥,而规模大些的千人纵队则由军团将官指挥。千人纵队长官的地位相当于军团中骑士等级的军团将官。在这些指挥官之下是百夫长,从那些终生在同一部队中服役的人选出。百夫长之下的一系列官职可能与军团相似。

图 2.1 一名辅军骑士(色雷斯第四中队)的墓碑。图中骑手上着头盔、腰悬长剑,正举矛刺杀一名土著战士,另有一名随从手持两支备用长矛。【摄影:拉尔夫·杰克逊(Ralph Jackson)】

马 军

罗马早期即有一支由显贵(骑士等级)组成、约300名骑手的武装。公元前6世纪时,马军仍由骑士的18个百人队(最富有的社会阶层)提供。古代著作家认为,当时的马军有600人。共和国初期,马军由600人增至1800人,他们的马匹由公共开支供给。公元前2世纪时,在马军中服役的仍是最富有的人,期限为10年。

到公元前1世纪时,军团马军所剩无几,转而雇用外族辅助马军,后者或由其首领或由罗马指挥官(即马军长官)统率。帝国时期,马军武装专门由罗马的马军长官统率。马军被分为叫做"翼"(alae,它与"同盟翼军"不同,后者是包括一些马军的步军)的单位,号称500人,但从弗拉维王朝开始出现了号称1 000人的千人翼(alae milliariae)。"翼"分为16或24支马军中队(turma),每支中队由一名十人长(decurio)指挥。在每支马军中队的十人长之下还有两名军官——与军团佐将相当的"duplicarius"(双倍薪俸之人)和与军团哨长相当的"sesquiplicarius"(1.5倍薪俸之人)。还有一名督办(curator),大概负责马匹。每支马军中队有一面由掌旗官携带的军旗,还有一名持像者(imaginifer)和一名持旗的高级掌旗者(vexillarius)。

"cataphracti"是从萨尔马泰(Sarmatian)部族招募的重装马军,在哈德良时期已为罗马所用。他们使用重矛(contus)。罗马还雇用努米底亚人——全无护甲的骑手和马上射手。

非正规武装

公元2世纪时,罗马从一些边疆行省的好战部族招募了合众军(numeri,非正规军,字面意为"若干")和楔军(cunei,非正规马军,字面意为"楔"),用以对抗帝国之外的类似敌军。此时,辅军已成为军中的固定组成部分,不再被看作非正规军,但与之不同的是,合众军与楔军的兵众仍保留原有的武器和特性,大概仍由其本族首领指挥。同样与辅军不同的是,他们从军中退役时似乎不能获得公民权。他们随同军团和辅军作战，并负责边区警务。公元 4 世纪时，“gentiles”（土著或外籍军队）提供了来自帝国内外的各民族军队。

水　师

历史沿革

罗马人并非海上民族，在共和国初期没有真正的水师。公元前 311 年，有一支小规模的三层桨战船水师建成，但之后不久即被摧毁。随后在公元前 260 年第一次布匿战争期间又组建了一支大型船队，主要由五层桨战船及一些三层桨战船组成。公元前 256 年罗马共有 330 艘船只，均由来自意大利南部沿海的希腊城市和叙拉古的舟师设计者和造船工匠所造。这支水师在之后几年遭受一系列重创，随后不断重建，据波利比乌斯推测，罗马在第一次布匿战争期间损失了大约 700 艘战船，而迦太基人损失 500 艘。

公元前 200 年之后水师开始衰败，罗马便仰赖于来自东地中海的船只，主要是罗德斯（Rhodes）和帕加马两地，并用条约约束它们提供水师武装。公元前 1 世纪发生的诸多事件——尤其是密特里达提入侵和愈演愈烈的西里西亚海盗侵袭——加速了大型常备水师的组建，并以征用同盟船只为开端。公元前 1 世纪后期，在安东尼的东方战争（战船是币上常见的图案）以及随后与屋大维的内战中，海上力量尤为重要。

以公元前 31 年屋大维与安东尼之间的亚克兴海战为高潮的内战诸事尤其体现了海上力量对罗马的重要性以及为保护船运而维系一支水师武装的必要性。内战后，奥古斯都对水师进行了合理化改革，维系了一支拥有大型船队的永久性常备水师，最初以尤利乌斯市集（Forum Iulii）为基地，后迁至意大利。到公元 1 世纪初，以米塞努姆和拉文纳为基地的意大利船队无疑是帝国最为重要的水师武装，但远在叙利亚、埃及、毛里塔尼亚、黑海、英吉利海峡、莱茵河和多瑙河地区也组建了船队以适应帝国扩张带来的一些局部的特殊需要。每支船队均分给某一特定行省,它在该省内有一个或更多基地,而且一般以该行省命名,例如潘诺尼亚船队(Classis Pannonica)。

公元2世纪以后水师逐渐衰落。罗马遂开始重新使用共和国时期为应付某危机而匆忙集结一支水师的方法。公元3世纪初,船队规模逐渐缩小,原有的组织逐渐消失或发生变化。海盗活动和暴徒行径逐渐泛滥。在公元230年仍存在的10支船队中,戴克里先于公元284年称帝时仅余两支意大利船队。地中海周围的行省船队已不复存在,在北部边境精心构建的船队也被小规模的新型船队所取代,后者仅以一个港口为基地,在小范围内巡哨。

在公元324年君士坦丁和李基尼乌斯之间进行的战役中,海上力量十分重要,但实际上当时并无水师。君士坦丁迅速集结了一支庞大的船队,其中大部分来自希腊,李基尼乌斯则在东部招募了一支船队。这场战役标志着著名的奥古斯都水师的终结,不过两支意大利船队仍在形式上存续到公元4世纪末。它们见于《要职录》(*Notitia Dignitatum*),但都城迁离罗马时便丧失了"praetoria"的称号。实际上,公元4世纪末并无水师,而公元5世纪时入侵的汪达尔人在西地中海区域获得了制海权并摧毁了西部船队。在有关军队注册的正规条目中再未出现过拉文纳和米塞努姆的船队信息。

公元500年后不久,皇帝们开始着手在君士坦丁堡组建一支强大的水师以维系他们对东部海域的控制权并为他们重新征服西部提供辅助力量。到公元6世纪中期,他们控制了地中海的大部分地区和黑海。拜占庭水师的强大军力一直保持到公元11世纪。一种新型的战船"dromon"开始投入使用,但原有西部水师的一些传统仍然存在。

船队及其基地

尤利乌斯港(Portus Iulius)

该水师基地位于那不勒斯海湾的卢科黎奈湖(Lucrine Lake)畔。该湖直通大海，并且与内地一处安全的内港亚维努斯湖（Lake Avernus）有一条水道相连。该基地由阿格里帕于公元前37年兴建，拥有宽阔的泊船区和造船所。显然由于它难于维护且淤泥充塞，很快即被废弃。

尤利乌斯市集（Forum Iulii）

公元前37年前后在尤利乌斯市集修建的一处水师基地和港口被用作与塞克斯图斯·庞培（Pompeius）船队对决的备战基地，屋大维的一部分船队大概即在此组建。通过构筑防波堤和码头，阿尔甘特乌斯（Argenteus）河口的潟湖成为一座港口。这里的船队负责保卫高卢沿岸地区，并能溯罗纳河（Rhône River）而上。平定高卢以后，这一偏远港口的重要性逐渐减小。约公元前22年之前，大部分水手和船只转至米塞努姆，但直到公元69年时，尤利乌斯市集仍是主力船队的分遣地，之后该港口废于淤塞。

米塞努姆船队（Classis Misenensis）

米塞努姆的天然港口位于那不勒斯海湾北缘。内港的主港区（现为一处周围环以陆地的潟湖，名为“死海［Mare Morto］”）与外港之间有一条狭窄的水道相连，外港用两道平行的拱形堤岸加固。在连续4个世纪中，此处始终是水师船队的总部，且专供水师使用。公元69年，此地大概拥有万余水手和50余艘船只，其中多为三层桨船，另有一些四层桨船（quadriremes）和五层桨船（quinqueremes），另外还有一艘“六层桨船”作为旗舰。米塞努姆船队的分遣队以奥斯提亚、波佐利（Pozzuoli）、百屋城（Centumcellae，图拉真在埃特鲁里亚南海岸兴建的一处港口）为基地，在其他地区的港口可能亦有驻扎，例如萨丁尼亚和科西嘉（Corsica）。米塞努姆船队最大的一支分遣队驻扎在罗马近卫营。

拉文纳船队（Classis Ravennas）

拉文纳位于意大利亚得里亚海（Adriatic）沿岸，以它为基地的船队在规模上不及米塞努姆船队，公元69年时盖有5000人左右。该船队于公元前25年兴建，主要由三层桨船组成。该基地的港口在拉文纳南部两英里处，由一座位于波河三角洲上的潟湖扩建而成,专为水师使用而设计。它建有防波堤、一座灯塔和一座兵营。这座港口与波河之间有一条人工河道(奥古斯都水道[fossa Augusta])相连。拉文纳船队的辅助分遣队为数不多,如位于达尔马提亚海岸的萨洛奈分遣队。布隆迪西乌姆(Brindisi)的分遣队可能也来自拉文纳。它在罗马的分遣队规模不及来自米塞努姆的船队。它可能还使用过其他一些港口,但均非常驻基地。每当西地中海地区发生重大事件时,拉文纳船队都会参与。在中世纪,该港口充满淤泥,现已成为内陆。

亚历山大城船队(Classis Alexandrina)

亚历山大城船队或埃及船队以亚历山大城为基地,可能源于奥古斯都时期。由于该船队在内战期间为韦帕芗效力,在后者统治时期被授予"奥古斯都—亚历山大城船队"(Classis Augusta Alexandrina)的称号。公元1世纪时,该船队在尼罗河上并无正规任务,原因是尼罗河使用"巡河"(potamophylacia)船只巡逻,这是一种独立性勤务,负责监管埃及水路的财政及警备事务,并负责摆渡军事武装分遣队。公元2世纪时,亚历山大城船队承担了这些职能。该船队可能一直存在到公元250年。

叙利亚船队(Classis Syriaca)

叙利亚船队驻扎于叙利亚海岸的主要港口塞琉古城(Seleucia),同时负责巡视爱琴海。该船队可能始建于奥古斯都时期,但现在最早的相关记录来自哈德良统治时期。

毛里塔尼亚船队(Mauretanian Fleet)

公元1世纪毛里塔尼亚成为行省时,亚历山大城船队和叙利亚船队的一支分遣队便沿非洲海岸向西远至恺撒城驻扎。

摩埃希亚船队(Classis Moesica)

多瑙河在喀山峡谷(Kazan Gorge)的铁门(Iron Gates)隘口分成两支,在低水位状态下船只似乎很难安全通过这段河道。因此，多瑙河沿岸需驻扎两只船队。摩埃希亚船队即沿多瑙河下游（东部）驻扎，并负责巡视黑海北岸地区。该船队可能源于奥古斯都时期。

潘诺尼亚船队（Classis Pannonica）

潘诺尼亚船队可能源于奥古斯都时期，但其最早的相关记录是在公元50年。它驻扎于多瑙河的中上（西部）游，并负责巡视上潘诺尼亚（Pannonia Superior）的萨维河（Save）与德拉瓦河（Drave）沿岸的附属国。它的主基地位于萨维河与多瑙河交汇处附近的陶鲁努姆（Taurunum），该船队在不列盖提奥、阿奎因库姆、卡尔努恩图姆可能也有分遣队。在冬季的12月到2月末河水封冻期间，这些多瑙河船队便无大用。多瑙河中游的罗马船队以某种形式一直存续到罗马统治末期。

劳里亚库姆船队（Classis Lauriacensis）

在现存著作中，公元4世纪的《要职录》首次提到了该船队。它活动在多瑙河上游，可能驻扎在多瑙河与恩斯河（Enns River）交汇处的港口，距离诺里库姆的劳里亚库姆（Lauriacum）军团要塞较近。

本都船队（Classis Pontica）

罗马在公元46年兼并色雷斯的同时，也控制了好客海（Pontus Euxinus，即黑海）的部分地区，那里似乎已有一支色雷斯的本地船队（即佩里恩图斯船队[Classis Perinthia]）。公元64年兼并本都（之前是一保护国）后，罗马控制了整个小亚细亚和从黑海南岸到高加索（Caucasus）的地区。本都船队即是公元64年由前保护国国王的王室船队改建而成，大部分是快速战船。基地设在特拉佩祖斯（Trapezus），负责黑海南部和东部区域。该船队在公元250年哥特人进攻后即消失，直到公元4世纪时赫勒斯滂（Hellespont）海峡才又出现罗马战船。

日耳曼船队(Classis Germanica)

除意大利船队外,日耳曼船队(见图 2.2)是最为著名的一支。它驻扎于莱茵河(River Rhine)沿岸,总部设在科隆的阿尔特堡(Alteburg)。另外还设有辅助驻地,例如诺伊斯(Neuss)、克桑腾(Xanten)、奈梅亨(Nijmegen)、费尔森(Velsen)和阿兰兹堡(Artensburg)。该船队在抵抗日耳曼部落的战争中发挥了重要作用,一些文字资料中曾有该船队遭遇海难的记载。公元前 1 世纪老德鲁苏斯(Drusus the Elder)为缩短从莱茵河到北海(North Sea)的路程修建了一条运河(即"德鲁苏斯水道"[Fossa Drusiana])。该船队源于奥古斯都时期。在萨图尔尼努斯(Saturninus)叛乱期间,一直忠诚图密善并获得"Pia Fidelis Domitiana"的称号。

不列颠船队(Classis Britannica)

不列颠船队建于克劳狄统治期间,因为公元 43 年入侵不列颠时需要大规模的水师行动。主要基地设在布洛涅(Boulogne),另外在英吉利南海岸还有一些基地,包括黎齐伯如(Richborough)、吕姆比尼(Lympne)和多佛(Dover)。该船队从克劳狄时期开始活动,最晚的相关记录是在公元 3 世纪中叶。

其他船队

在希腊,皮拉埃乌斯(Piraeus)用于驻扎水师武装,据我们所知,来自米塞努姆船队和拉文纳船队的水手均曾在此服役,但该处并无任何船队的常备分遣队。在法国南部,尽管商路具有很大的重要性,但罗纳河在公元 4 世纪才出现独立的水师船只。

称 号

约公元 1 世纪图密善统治时期,两支意大利船队获得"praetoria"的荣誉称号。这使它们与近卫军一起处于中心防御系统内。行省船队也被赋予类似称号。韦帕芗向亚历山大城船队、日耳曼船队,可能还有叙利亚船队授予"奥古斯都”(Augusta)的称号，潘诺尼亚船队和摩埃希亚船队则获得“弗拉维乌斯”(Flavia)的称号。公元3世纪时，戈狄亚努斯三世授予这些船队“戈狄亚努斯”(Gordiana)的称号。

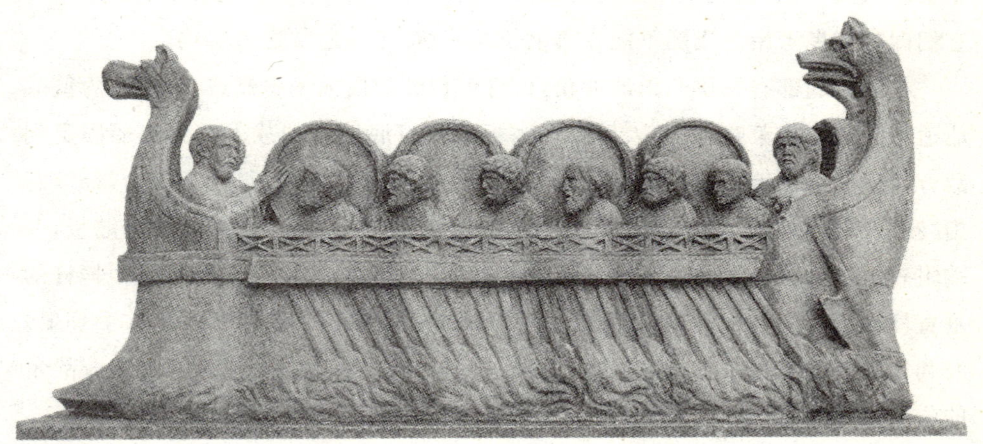

图2.2 一座公元3世纪初诺伊马根(Neumagen)的运酒船形墓碑(复制品)。这是一艘日耳曼船队战船，带有一冲角、22只桨和1只舵桨，外加一船酒桶。相对于船只的比例，其中的人物显得过大。

战船

罗马战船是狭长的桨船，其设计均以原有的——主要是希腊——造船传统为基础，其名称也使用拉丁化形式的希腊词汇，不过我们并未发现任何真正的罗马时代的战船。战船的三种主要类型是三层桨、四层桨和五层桨。五层桨船是共和国时期船队的标准战船，但在公元前31年亚克兴战役后便失去优势。四层桨船随即出现，但意大利船队仍以三层桨船为主力。偶尔有使用六层桨(sixes，可能是大型的五层桨船)作旗舰的情况，安东尼的战舰在规模上甚至达到了十层。不过，奥古斯都未曾使用过任何大于六层旗舰的战船。

这些船队可能由多种船型混合组成；船体狭长(比例一般为1∶7)。由于它们以桨驱动，不再仰赖地中海海风，所以较帆船优越。从当时的画像中我们可以知道那些船的桨层有一层、两层或三层。它们的修造方法可能与商船相同。船只空间非常有限，而且不能超出一定的规格以防在恶劣天气破损。

据我们所知，当时的战船长度均不超过 60 米（200 英尺），通常比之更短。它们高出水面部分不是很多，也不十分适于航行或者说不甚稳固，但比之早期的希腊船只更加宽大、更坚固。并无证据表明当时的战船有铅皮包护，泊于港口时它们即被拖曳上岸。战船不能在海上长期停留，冬季通常送入船坞。

在船首底部有一块凸出的冲角，由青铜包覆的巨大木材制成。然而，为使战船适于陆地作战策略，罗马人用搭设木板取代打底撞击的战术。为将船固定到敌方船只的甲板上，专门设计了一个可移动的木板桥或踏板（别名"corvus"，意为"鸦"或"乌鸦"）。它是一张长 11 米（36 英尺）、宽 1.2 米（4 英尺）的登陆板，一端附有沉重的铁钉。它用滑轮装置控制升降；升起时，靠在船头一根类似桅杆的垂直杆柱上；降落时，则越过船头远射出去，铁钉嵌入敌船甲板以便水手登船。波利比乌斯曾有过对鸦吊（corvus）的描述，但该装置可能仅在第一次布匿战争的前后几年使用，因不利于船只航行而被废弃。

后来又出现多种类型的钩锚（铁手[manus ferrea]、抓钩[harpago]或鸦钩[harpago-corvus]），它们连在杆柱或锁链上，士兵可能通过轻便阶梯登船。在内战期间，阿格里帕（指挥奥古斯都的船队）设计了一种新型武器——弹射钩锚（harpax），可从机弩装置射出钩锚。

船只常以神名或河流名命名，但并不像现在那样刻在船身。在冲角上方，船头通常放置一尊雕像（例如鬼怪、动物或神）以示船名，或者船头顶部呈饰以塑像的螺旋形。在冲角之上和船头之下的侧边也有雕刻的画像或神秘之眼。桅杆位于船中央，可在海上升降并支撑一大块方形帆篷；船头还有一支向前倾斜、稍小的桅杆，支撑一块小型帆篷。船尾一侧悬有一支舵桨。

我们无法确知船桨的分布情况。较早的希腊三层桨船每侧有 25 组三人桨勇，共计 150 名，每人划一支桨。每只船共三层桨，为节省空间，每组桨勇的座位排列复杂交错。罗马五层桨船的船桨分布更不清楚，稍大的船只可能只是增加桨勇，未曾另加桨列。它的船员规模较三层桨船庞大，每只大型船桨盖由五人划行，共计 400 名桨勇。四层桨船可能有两层桨，每只桨两人。桨勇的体力有限且消耗较快，所以在长途航行中他们可能轮班工作。每当海风顺畅之时，便可使用帆篷。

“liburna”(复数形式为“liburnae”)或黎布尔尼战船并非划桨方法而是一种船体结构,最早由居于伊里利亚(Illyria)西岸的海盗部落黎布尔尼人(Liburni)使用。它是一种轻便且快速的船只,有一层或两层桨和一面极大的三角帆。公元前2世纪后期,它的形式类似三层桨船,有两层桨,每组两名桨勇;自公元前1世纪起得到广泛应用,取代了五层桨船。在意大利船队中,其数量虽不多,却是行省船队的标准船只。

在适于航行的河流和水道中,水师船队也使用较为适于河流运输的船只。

“dromon”(意为“奔跑者”)从公元5世纪出现到公元11世纪一直是拜占庭帝国的主要战船。它在外形上与较早的罗马战船相似,是一种轻便、快速的狭长战船,有一或两层桨。“dromon”有前甲板和艉甲板,船身仍是露天的,不过桨勇有舷侧通道和悬有盾牌的轻体架保护。“dromon”的名称用来形容有100到120支桨的巨型划桨战船,但有时也指那些船桨较少的小型船只。这种船有两根桅杆,一根主桅杆和一根前桅杆,在后来的几个世纪中,它们还配有三角帆。它们主要靠撞击和肉搏作战,公元7世纪起装有火弹炮。

船　员

公元前2世纪中期,被遣往水师服役的是最贫穷的公民,而且因水师起源于外族,所以只作为辅助部队而非军团。在其存在的大部分时间里,两支意大利船队的兵力相当强大,米塞努姆船队有一万人,拉文纳船队有5000人;与八支主要行省船队的总兵力相当。

船员包括不同级别的军官和普通水手。船员有军事和海事双重职能。其军事和管理体制均从军队借鉴而来,但也吸收了一些希腊船员的组织方式,甚至船上军官也使用希腊名衔。我们无法确知船上海务机构与军事机构之间的关系。军事事务几乎全部交给百夫长(不是三层桨战船指挥官)。据估计,三层桨船的船员有200人(包括150名桨勇);五层桨战船有300人,而且还可另行运载100人。黎布尔尼战船的船员少于五层桨战船。

军 官

高级官员有三种级别：船长(即三层桨战船长[trierarchi])、水师中队指挥官(navarchi)和水师指挥官或长官(praefecti classis)，后者负责管理水师基地。

共和国时期，各船队由元老指挥，帝国时期则由皇帝选出的长官作为指挥官。奥古斯都和提比略治下，这些长官是骑士等级，且来自军队。克劳狄治下，这些长官是文官身份，级别同于行省代理，号为“奥古斯都代理与水师长官”(procurator Augusti et praefectus classis)。

图 2.3 米塞努姆船队长官设立的一座祭坛。铭文下半部分为希腊文。

自奥古斯都时期开始普遍使用被释奴做行省代理，所以，没有任何军事经历的被释奴也能成为水师长官。这种局面在实践当中反响并不好，于是韦帕芗对此进行改革。他不再使用“奥古斯都代理”(procurator Augusti)以防被释奴出任该职，长官的地位也有所改变。这使米塞努姆船队的长官一职(praefectus classis praetoriae Misenensis)成为骑士生涯中最为重要的职位之一。拉文纳船队长官(praefectus classis praetoriae Ravennatis)的级别稍低。老普林尼(Pliny the Elder)就是在漫长而又多样的任职生涯后成为米塞努姆船队长官的。该职位的任限不定,但在公元2世纪时一般为四到五年。公元1世纪和公元2世纪时的长官多出身意大利。从尼禄统治时期开始,出现了一名次级长官,该职位不甚重要,有一个三等荣誉称号——名人(vir egregius)。

行省船队通常在其特定的行省统治体系内与其他部队联合行动。行省船队的指挥官或长官是在行省副将治下的低级骑士,地位与辅军指挥官相当。

"navarch"(源于希腊语"navarchos"一词)为水师中队指挥官。在共和国后期和拜占庭时期,水师船队均分成中队,帝国初期可能也是这样。我们无法确知组成一个水师中队的船只数量,但可能是10艘。"navarch"通常由"trierach"之职提升,奥古斯都治下,该职一般由经验丰富的希腊水手担当;级别与百夫长相当。

三层桨战船长(trierarchi,源于希腊语"trierarchos"一词)是一艘船的船长,可能从低级别者当中擢升,在奥古斯都治下该职位通常由经验丰富的希腊水手担当。三层桨战船长(trierarchi)与百夫长之间的对应关系无法确知。

船长手下职员的首领(beneficarius)是相当于军团中骑士级别的军团将官。他是一小队行政人员的负责人,其中包括负责向中心管理机构寄送日常事务报告的船只职员(secutor)和一名或多名其他职员。"auditor"是级别较高的职员,而"librarius"主要负责财政记录,"exceptor"是速记员;其中有些职位可能只在较大型的船只上才会设置。

另外,还有从水手中提拔的职员,负责管理桨勇和军需。掌舵者(gubernator)在船尾监管舵手并管理船只尾部的水手。船首的巡视员(proreta)是掌舵者(gubernator)的高级助手,负责在浅滩或暗礁处向舵手传递信息。

要控制船只的行动路线,就必须监管桨勇并且设置一种有韵律的节拍以使划桨动作达到同步。这些任务多由"celeusta"负责,他们也被称为"pausarius"。桨勇监工并无特定的头衔加以区分,但据我们所知,很多双倍薪水(duplicarii)的水手出任该职。每艘船均设有一些负责装备及航引的人员(velarii)操纵航行,他们因拥有专门技术而获得双倍薪俸。

我们对船上的饮食情况无从知晓,不过每个船员均有其自己的"医师"(medicus duplicarius)。船上的护理及身体保健大概由“nauphlax”负责。他之下是“工匠”(fabri),即训练有素的劳工和木工,他们在船上很重要,所以通常能获得双倍薪金。另外还有负责宗教职能的官员。

除了由桨勇、水手和军官构成船组的希腊水师组织以外,意大利船队和行省船队都实行罗马的军事体制。无论规模大小,每艘战船的船员都组成一个森都里亚(百人队)。由于每艘船都是一个独立团体,这些百人队并未组成大队。百夫长(centurio)统领水师百人队并负责对水手进行军事训练。

较之军团百人队的繁复等级,水师更为简单。百夫长有一支小型军官队伍协助;其中佐将(optio)级别最高,通常会升任为百夫长;他的职责之一便是监护伤员。另一名助手是低级佐将(suboptio),他在其他武装军队中并未出现过。“custos armorum”是船上唯一一位纯军事性质的官员,负责看管和修复船员的武器。此外再无其他职员的记载;偶尔有所提及的是船上的军乐师。

水 手

由于水师被视为低级武装,水手的级别远远低于军团士兵甚至辅军士兵。水手将自己看作士兵(miles 或 manipularis)而非水手(nauta),因为后者意味着没有地位。共和国时期,桨勇和水兵之间有所区别,但帝国时期即已消失。桨勇及其他船员必须都是士兵,尤其是在登陆行动中。没有证据能说明军团在亚克兴战役之后仍定期提供水兵,大概是因为重装部队不再需要长期驻于船上。

我们无法证实奴隶或囚犯被充作桨勇的情况。自奥古斯都时代开始,水手逐渐从社会上低等自由民,尤其是非公民自由人中招募。虽然被释奴获释时通常太过年迈,但偶尔也招募他们做水手。有证据表明,大约从韦帕芗时代开始,水手普遍使用拉丁名字,其中许多人都在应征时放弃了本族名字。水手们来自帝国各个地区,但主要是地中海东部区域。

着 装

船上制服可能是一种无袖短罩衫。公元3世纪时雅典的水师墓碑上表现有水手手持轻型备用矛或长矛(hasta)、配有圆盾、通常还有一柄剑的形象。

水师的职能

现在并无有关水手生活情况的详细记载，但在航海季节意大利船队可能通常在海上练习划桨技术，并负责将官员送至行省上任。水师还负责载送皇帝及其扈从，输送和提供军队，图拉真进行东部战争期间运输规模较大。长途运送5000人以上的军团约需60艘战船。

在罗马及其他各沿海地区长期驻扎水师分队以作保卫军、信使和护卫队使用。他们可能还在繁荣的商业港口担任警卫武装，因为那些地区没有任何其他兵力行使该职。护卫通往罗马城的粮食供应是水师的一个重要职责：米塞努姆船队的分遣队监守意大利海岸的商贸活动，其中包括谷物供应，而亚历山大城船队的基本职能是保卫来自埃及的谷物供应。水师偶尔也追击海盗，但帝国时期很少有海盗活动。有时在土木工程中也使用一些水手。驻于罗马的分遣队的职责包括组织水师表演、协助守卫事务以及搭建剧院和竞技场的遮篷（需要精通缆绳和帆篷的人）。

冬季，多数战船泊于船坞，水手自然有更多空闲时间。他们可能会利用个人活动增加自己的收入，似乎大部分人有足够的财富购买奴隶。不在海上时，他们即驻扎在兵营，如米塞努姆和拉文纳。

在帝国最初的两个世纪中，罗马水师并无重要战事，但北部边境的行省船队负有战略上的军事职责。

服役情况

服役期限

初时，士兵只需应付短时战事，之后便可返乡务农。只有年龄在17到46岁之间的人有义务这样间断服役。随着行省数量的增加，作战季也从3月份延至10月份，在新征服区域还需要常备驻军。大约自公元前200年起，罗马逐渐发展出一支核心队伍，他们自愿超期服役，甚至多达16年，其目的大概多是为了战利品，不过在正常情况下，军团在每个作战季结束时仍会被遣散。

在第二次布匿战争（公元前218—前201年）前后，步军服役的最高期限达到16年，马军则为10年。一名军团士兵连续服役的时间通常可达6年左右，之后他们很可能会作为"志愿者"（evocatus）被召回，并一直服役至最高年限。马略改革时，服役年限似乎并无改变。

奥古斯都将军队服役期从传统的6年增至16年，之后还有4年要作为老兵留在麾下（sub vexillo，意为"在旗下"，而不是"sub aquila"，意为"在鹰旗下"），此种役使有固定的现金作为酬劳。这些老兵需在军营附近生活5年。公元5年，服役期增至20年，之后充作后备军的时限不详（可能是5年），不过退役时间经常被推迟。奥古斯都死后，军团兵的服役期变成25或26年（退役每隔一年进行一次），服役20年以上的老兵需连续服役。

与普通的军团兵相比，近卫军服役期较短。公元前13年，其服役期限固定为12年，但公元5年时增至16年。结果，近卫军退役时相对较为年轻，还可继续做"志愿者"（evocati），其目的通常被认为是想提升为军团的百夫长级别或是警备队（vigiles）或近卫军本身的军团将官级别。城市护卫军服役20年，且无志愿者（evocatio）。警备队服役6年。

辅军最多服役30年，但在弗拉维王朝时减至25年。水手一般在18到23岁之间进入水师并服役26年，较辅军多一年。公元3世纪时，募兵难度渐增，故增加两年期限，水手也从15岁起应征入伍。

士兵均有一块铅制身份识别板，但后来为文身所取代。

士兵薪饷

早期罗马士兵并无薪饷，因为其收入主要源自农事活动。军团兵必须达到一定的财产资格才能应征入伍，且必须自己偿付装备、衣着和食物。在与维伊

（公元前 396 年攻克）战争之后的改革中，士兵可得到一笔日常现金款（stipendium）以帮助他们支付生活消费开支，作战时，他们还可得到一种为养护马军马匹而支付的款项。

波利比乌斯记载了公元前 2 世纪以希腊货币支付的薪饷数额。虽然这组数字仍有争议，但一个军团士兵每天可能获得半狄纳里，一个百夫长获得 1 狄纳里，而一名马军可获得 1.5 狄纳里。他们还可得到定量的谷物，但从薪饷中扣除。

到公元前 1 世纪中期，定赋（stipendium）被看作是薪饷而非津贴。按照当时的规定，军团兵的薪饷在 50 多年内一直是每年 112.5 狄纳里，并且要扣除食物和武器之用。恺撒将军团兵薪饷增加一倍，达到每年 225 狄纳里，其目的可能是为了维系军团的忠诚，不过他仍重新使用了扣除衣物款的方法。恺撒的对手似乎也被迫采取同样的措施以增加饷金。奥古斯都将军团兵薪饷继续维持在该水准，却大大提高了百夫长的薪俸，根据级别不同，其薪金范围在每年 3750 到 15000 狄纳里之间浮动。由于这种大幅增加薪俸的做法，最低级别的百夫长所得的薪俸是一名普通军团兵薪饷的近 17 倍之多。一些特种武装的薪饷也比普通的军团兵多。像佐将（optio）和掌旗官（signifer）一类的官员可拿双倍薪俸，而哨长（tesserarius）可得 1.5 倍薪俸。

在公元 83 或 84 年，图密善将军团兵薪饷增至每年 300 狄纳里，近卫军增至 1 000 狄纳里，而百夫长增至约五千狄纳里到两万狄纳里。后来，塞普提米乌斯·塞维鲁将军团兵薪饷增至 459 狄纳里，而百夫长的薪俸增至 8 333 到 3 3333 狄纳里。卡拉卡拉将军团兵薪饷增至 657 狄纳里。

帝国早期，辅助步军的薪饷一般是军团兵薪饷的三分之一，而辅助马军的薪饷是军团兵的三分之二或者更多，但另一种观点认为辅军士兵和军团兵的薪饷大致相同——稍高于他们的生活消费额度。

近卫军的薪饷大大高于军团兵，且经常收到赠礼。奥古斯都统治之初，他们的薪饷是每年 375 狄纳里，但到他统治末期，近卫军薪饷已增至 750 狄纳里，图密善时增至 1 000 狄纳里。城市护卫队的薪饷可能是每年约 375 狄纳里。

戴克里先治下，军队饷金均按配额发放，另外还有一些作为薪俸偿付的现金和一些赠礼。后期的罗马士兵不必再为武器、装备和制服付款。公元4世纪，他们的正常薪俸以大量小额青铜货币支付，但到公元4世纪后期，定赋逐渐被淘汰，士兵的薪饷以实物支付，而皇帝则会在即位和五周年纪念时发放赠礼。公元360年时，即位赏金为一磅银币和五枚金币(solidi)。皇帝还会向军官赠礼，包括带题名的银盘和各类金银腰带饰件。

赠礼和退役礼

士兵在得到薪饷的同时，还期望在作战时分得战利品；自共和国后期开始，这通常是军队酬劳的主要来源。约从公元前200年起，士兵自愿增加几年的服役期限，其部分原因就是希冀得到战利品，这可能比服兵役期间以及退役时得到任何赏金更加现实。指挥官可以将战利品全部或部分地分给士兵，这是在共和国时期广泛使用的方法。有时，获胜将军会向军队分发赠礼，通常是在凯旋式上进行，有时士兵在退役时会分得土地，但这种机会远远少于获得战利品的机会。"spolia opima"是指由罗马指挥官从敌军指挥官处获得的战利品。

尤利乌斯·恺撒及其后诸帝通常认为，向军队分发奖励金(赠礼)能保证他们在服役期间的忠诚，发放赏金和退役金能确保士兵从军中退役后仍忠诚于自己。在共和国后期和帝国初期，士兵退役时被授予土地，用以代替退役赏金，有时也可二者兼得，那些土地通常是殖民城(colonia)——或者是士兵或士兵与公民共同组成的定居地——的一部分。屋大维(即奥古斯都)在内战中取胜后，他和恺撒的许多军队被授予意大利和行省殖民城的土地，一般是在已有居民被遣散后授予。公元2世纪时土地授予的情况逐渐减少，但公元4世纪时仍鼓励老兵退役后开发荒地，为此他们会获得一小份赠礼。奥古斯都将军团兵的遣散金(praemia)定为12000塞斯特尔提乌斯。

最初，辅助军队在服役结束时似乎没有酬劳，但从克劳狄开始，服役25年的辅军士兵被授予公民权和通婚权(conubium；承认现存或将来的婚姻以使子女获得公民权)。有证据表明，在克劳狄统治之前即有一些辅军士兵获得公民权，可能是对特殊役使的酬答。辅军士兵退役时会被授予"honesta missio"(意为"荣誉退伍")。后来在公元1世纪时，服役超过25年者均被授予荣誉退伍和公

民权。授予公民权和通婚权的有效性以铜质文书为证。（见第六章）

从一些墓志内容可知，多数水手均未得见他们应征期满之日。船队长官向那些完成 26 年期限之人授予光荣退伍（honesta missio）。他们与辅军士兵一样会得到授予他们公民权和通婚权的文书。

很明显，辅军士兵和水兵在退役时没有现金奖励或其他任何形式的金钱上的报酬。水师老兵在殖民城定居的情况十分鲜见，不过，奥古斯都曾在尤利乌斯市集，可能在尼姆（Nîmes）也曾安顿过他的老兵。韦帕芗也奖励了两支协助他登上帝位的意大利船队的老兵，将他们安置在帕埃斯图姆（Paestum）和潘诺尼亚的殖民城。有些老兵在退役日期以后仍留下服役。

婚　姻

罗马的士兵和水兵在服役期间不得在法律上缔结婚姻关系。然而，许多人均有同居妻室和子女，退役时便在他们服役的省份定居。塞普提米乌斯·塞维鲁在公元 197 年解除了这一婚姻禁令。

食　物

在非常时期，军团兵配有可支撑 15 天的定量食品。作战时，最基本的食物是用小麦烘焙成的全麦饼干，并附有熏肉、干酪和酸葡萄酒（均为可长期贮存的食品）。在兵营时，食物种类较多，有证据证明的有牛肉、羊肉、猪肉及其他肉类和禽类、蛋类、鱼类、贝类、水果、蔬菜，还有盐以及大量配给的小麦。

我们无法确知当时为士兵及其牲畜征粮的情况，不过可能是由各地区负责征收，通过鼓励农户增产以供应军需。军粮（annona militaris）是为了向士兵提供食品而摊派给意大利和各行省的、以实物征收的正规税赋；最初只在战争时期征收，但逐渐演变为常规税项。军粮不能与“annona”混淆使用。这一税项可能是由塞普提米乌斯·塞维鲁开始推行的，但更为可能的是，它经过逐步被接受的过程后在公元 3 世纪时得到普及。军粮促进了栈房（horrea；谷仓和栈房）的建立和公差发展成为征收和配给该项赋税的有机体系。

实　战

训　练

罗马很早就有某种士兵训练。据波利比乌斯记载,西比阿在公元前 209 年攻克新迦太基(New Carthage)后对经验丰富的士兵进行再训练。该训练采用七天进度表的形式,包括全副武装跑步、清洗武器盔甲以及武器操练(用木剑和一端有钝头的投枪进行演练以防意外)。该进程表不断重复进行,直到士兵被认定符合要求。

帝国时期,新兵训练的内容似乎更加丰富。新兵被教授如何行进,每天进行两次行进操练(训练过的军团兵每天练习一次)。他们学习如何搭建营房、游泳和骑马。武器训练集中在剑和投枪上。训练剑术时,新兵使用木剑和柳条盾,二者均比一般的重一倍,他们被教授如何用剑以刺而非砍的方式攻击一根木柱。较为高级的训练包括全副武装作战、基本的作战部署和模拟作战,但剑尖和投枪尖均包住以免严重伤亡。训练营地均相同,其中一些可能是为演练弩炮而建。多数训练在每个堡垒外的大型阅兵场地进行;它们是带有围栏而且平坦的大片空地,这些地方也举行正式阅兵。竞技场大概也曾用作训练场地。

作战部署

我们对罗马军队在公元前 6 世纪末——据说塞尔维乌斯·图利乌斯在军队改革中引进希腊"重装步军"的作战方式之时——以前的作战队形和部署所知甚少。这种作战方法于公元前 675 年前后在希腊首创。重装步军是使用重兵器武装的步兵,他们在密集队形中训练作战,将盾交叠而将矛指向前方。这种队形

(即方阵[phalanx],字面意为“滚筒”)的长度任意,纵深一般为8、12或16排。首排如有伤亡,则由后一排的人向前移步替补,以保证前排完整。

似乎在相当长一段时间内,方阵一直是主要的作战队形;但公元前4世纪初用它来抵抗高卢人时,面对后者的开放式战术,这种队形显得机动性不足。在其后的50余年中,方阵被分成叫做中队(manipuli,意为“一把”)的部分,这样,士兵队伍不再只是一支独立密集的组织,而是几支拥有有限独立行动能力的小型队伍。这种队形的变化与重点从防御性武器和盔甲向更具攻击性的武器的转变相结合,由是产生了不同的战略部署。取代密集方阵队形中小范围作战的是,军团兵在远距离用投枪开战以扰乱敌方阵线,随后向前冲锋,用剑和盾与敌军近距离交战。这种重组带来的战斗灵活性是日后罗马军事胜利的主要因素。

在近四百年之后写作的李维(Livy)记载了公元前340年军队的组织方式,但其可信度有待商榷:经过公元前4世纪的进一步发展,方阵被彻底淘汰,军队被分成独立的作战阵线(acies)。重装步军有三排阵线:前排由最年轻的新兵(hastati,意为“枪兵”)组成,第二排是主列(主要部分)。老兵后备列(triarii,字面意义为“第三等级的人”)中队构成阵线的第三排,不过除却紧急状况很少使用。轻装步军(leves)在前方构成一道屏障,后方则由两支分别名为散兵(rorarii)和补充兵员(accensi)的轻装队伍构成后备队。

轻装步军(leves)是轻装散兵,开战时用轻体投枪尽力攻破敌军队列。当敌军前进时,轻装步军即通过罗马阵线的缺口撤退,而前锋列向前冲锋掷出重型投枪。如果这些仍不能攻破敌军阵线,他们也撤退,由主列向敌军冲锋。如果这些仍未奏效,主列会通过后备列阵线的缺口撤退,缺口合拢后,罗马军队撤退。

公元前2世纪中期写作的波利比乌斯所描述的可能是该世纪初前后的军队。作战部署与公元前4世纪时期的相似,只是披风轻装兵(velites)代替了轻装步军(leves)。

在马略改革之前,战略上的作战单位一直是中队,但从第二次布匿战争开始,它们似乎被排列成三组,形成一支大队。约公元前2世纪末期的马略改革采取将中队整体分组构成大队的措施。到尤利乌斯·恺撒时,大队已彻底取代中队成为战略作战单位,军团马军亦被取缔。马略可能还撤销了披风轻装兵的独立单位，将其人员分配到现有的军团百人队当中。原有的前锋列、主列和后备列三者之间的差别已经消失，它们各提供一支中队构成大队。十支大队组成一支军团，其战斗队形是四支大队构成首排，之后两排由三支大队构成，他们均使用剑和“投枪”。实际的作战部署可能基本未变，只是新的作战单位提供了更大的灵活性。

大队的应用使军队可以多种队形排列，例如为攻破敌军阵线而设计的楔形队列。然而，一般来讲，共和国后期和帝国初期的军队使用的队列似乎很简单，多数仍依赖于传统的战略部署而没有创造性的革新，继续依靠训练有素、纪律严明的步军为进攻主力。

公元3世纪和公元4世纪时，重点由步军转向马军、军队更加机动化的趋势愈加明显。之前的马军仅作为轻装散兵行动，多停留在战场外围袭扰敌军；相反地，它开始转变为轻装与重装结合的马军，在战斗中的作用不断增强。然而，从公元4世纪后半期开始，军队训练和军事纪律逐渐废弛。随着供养一支常备军的能力不断下降，军队效力也开始衰减，直至边防最终崩溃。

围　攻

实际上，我们对罗马在公元前3世纪以前的围攻战所知甚少。这一战术源于希腊，从高卢山间要塞到耶路撒冷城等各类地点均可使用。据说，维伊城被围10年，最终是在公元前396年罗马人从城墙下挖通隧道后被攻陷。在公元前262年第一次布匿战争伊始，罗马人在西西里的阿格里甘图(Agrigento)使用了以墙围城的战术，此即成为标准的罗马方式：在被攻击地周围设立几座兵营或堡垒，再用几排壕沟和防御墙(围攻工事)将它们连接起来，彻底切断该地与外界的联系。此外，为防止援军驰援被困城池，还可在外围另设一排防御墙和陷阱，比如带有尖头木桩(即所谓的“lilies”)并覆以树枝的深坑。首先突袭该城，如不成则断其粮草。公元前52年恺撒在高卢的阿莱西亚使用了这一战术，当时该城由维尔辛格托里克斯(Vercingetorix)约八万人的军队占领。阿莱西亚和玛沙达

(Masada)两地仍有围城工事的遗迹,保存相当完好。

尽管希腊人使用复杂且非常庞大的围城工具,但罗马人对这些工具并未大批采用;相反,他们通过修建坡道、围攻塔、地下隧道和使用攻城槌等方式到达城池。用木材和泥土修筑的大型坡道可直达城墙。围攻塔建在敌军攻击范围以外,搭建在滚轮上,可能用覆以兽皮的柳条屏障作掩护,便于士兵从隐蔽处发起攻击。这些围攻塔和坡道需要大量木材,据称,在耶路撒冷之围以后,方圆 18 公里(11 英里)内再无树木。另一个到达城墙的方法是使用军帐(musculus),恺撒曾在马赛(Marseille)使用此法;它是一个起保护作用的带轮的长廊,用倾斜的顶棚掩护士兵。士兵还可紧贴城墙利用龟甲阵(testudo)向上爬升。组成该阵形的人数不限,他们将连环盾置于自己的上方和四周作为保护层。

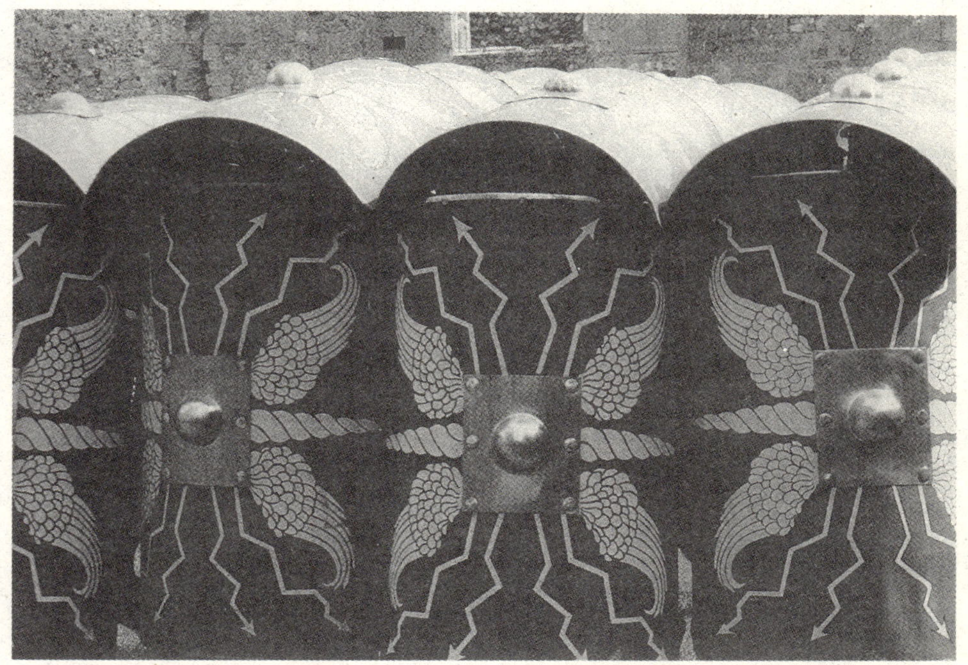

图 2.4　由盾组成的龟甲阵。厄尔米尼路卫队(Ermine Street Guard;该组织致力于罗马军事装备研究并再现其军事演练)提供。

攻城槌(aries)是一根沉重的木梁,尖端以铁包覆,有时悬于绳索之上,抑或,在更为先进的样式中,置于一个带轮的框架中。罗马人在围攻时使用过某种投射机械。

罗马人攻破城池后会掠走所有可见之物,行为粗鲁、暴行累累,对那些迟迟不降的城池尤甚。他们处死所有居民,或者将其中一些充为奴隶,劫掠行为也是有组织地进行,之后城池本身也被摧毁,例如公元前 146 年的迦太基,公元前 133 年的努曼提亚以及公元 70 年的耶路撒冷。公元前 1 世纪以后,多数围攻对象不再是城镇,而是欧洲北部和中部的山丘堡垒。公元 4 世纪时,西部行省唯一真正的围攻发生在内战期间。此时期的围攻战主要出现在他们在美索不达米亚与波斯人的战争中;其间使用的技术与之前几个世纪相似,包括应用攻城槌、围攻堤、围攻塔和地下隧道。

武器和装备

随着军队不断与新的民族产生军事关系,那些文明——其中包括意大利人、埃特鲁里亚人和希腊人的文明——的各式武器和盔甲也被他们所吸收,并使之适应罗马军队的需要。公元前 7 世纪末,希腊重装步军的武器和盔甲传入罗马。尤其是公元前 4 世纪以后,与凯尔特人(Celts)的接触对军事装备产生了多方面的影响,例如武器、幡旗(vexilla)、盔甲、鞍具及其他马军装备。凯尔特人(包括高卢人)对罗马军队的影响似乎最为显著。

古代史家称,公元前 6 世纪时拥有财产较少的人被分成五个等级并充当步军。第一等级者是重装步军,配头盔、胸甲、矛、剑、圆盾和胫甲武装;第二等级者是中等枪兵,配矛、剑、盾(scutum)和胫甲武装;第三等级者是轻装枪兵,配矛、剑和盾;第四等级者是散兵,配矛和盾;第五等级是投石兵,配投石器和石弹。

据李维称,公元前 4 世纪中期,轻装步军(leves)用矛和投枪武装,而后备列用矛武装。主列和前锋列可能用重型投枪(pila)和剑武装。

在波利比乌斯笔下,当时的披风轻装兵配有剑、投枪和小型圆盾(parma);

前锋列和主列配西班牙短剑(gladius hispaniensis)、两只投枪(pila)和一面椭圆盾(scutum);后备列配西班牙短剑(gladius hispaniensis)、重盾(scutum)和戳刺矛(hasta)。马军用一面圆盾和一支长矛武装。

马略对军队装备进行了一些革新。短矛(hasta)大概已被废弃,后备列改用投枪(pilum),披风轻装兵被分配到其他组织后所有军团兵武装趋同。可以确定的是,马略对投枪做了改革。当时,前锋列、主列和后备列之间的差别已经消失,所有军团兵皆用剑和投枪武装且身着锁子甲。帝国时期,辅军步兵也持剑和短矛,辅军与军团之间武器和盔甲的差别可能已经非常微小。从公元2世纪中期开始,标准的武器和盔甲逐渐被废弃,公元3世纪以后军事装备的考古资料极为匮乏。

制 造

最初,士兵需自己准备装备。当马略使国家负责武装新兵时(尤其是当他们均需武装成重装步军时),政府开始大批量生产盔甲。帝国初期,全国各地均设有专门的工场生产盔甲,现存一些当时大批量生产的头盔质量较为低劣。帝国早期,大部分军队装备由各要塞中的工场(fabricae)生产,其规模相当大。免劳役者(immunes)提供劳动力,许多废料被重复使用。东地中海地区的装备似乎不由军队生产。

马军装备

雕刻证据表明帝国初期已有鞍具,但早在公元前1世纪中期高卢人已开始使用鞍具。鞍具两端各有一个鞍桥或突角,可增加骑手的稳定性,因为马镫在公元6世纪才出现。前鞍可能用角状青铜板来保护。马鞍由一个木架支撑,并用衬料填充、覆以皮革。马鞍下还有一张鞍垫。帝国时期一直使用马刺(青铜制或铁制)。

罗马时期共有两种马勒,衔铁和衔索,二者均为铁制。马衔铁源于凯尔特,用于拖拽和骑乘马匹。它由一个整体或接合的扣栓组成,并放入马匹口中。最为普遍的类型是有两个链环的扣栓。每根马勒的两端均有可随意活动的环,用以固定缰绳和挽具。较为复杂的意大利马衔索是为让马做出快速反应而设计的,故此用于骑乘马匹,尤其是马军的马匹。它有一个整体或接合的扣栓放入马匹口中,马匹下颚之下还拴有一个直栓。金属笼头与马勒结合使用,它由穿过马鼻并绕过颚下的扣栓组成,可防止马匹张口。

盔甲

军团兵

在罗马早期(公元前 8 世纪—前 7 世纪),只有最富有的士兵披戴盔甲,而且只有一顶头盔和青铜锻制的胸甲。希腊式青铜胸甲是最普通的躯体盔甲,它包括前胸和后背两块甲板,用皮绳穿过甲板背面的环孔并使之固定在适当位置。它们可追溯到公元前 7 世纪,而最晚到公元前 6 世纪末仍在使用。现存有一些希腊式胫甲,其时间在公元前 6 世纪到公元前 4 世纪或公元前 3 世纪期间,这种样式没有为膝盖塑形。

公元前 2 世纪中期,披风轻装兵只佩戴一顶普通头盔,此外不配备任何甲胄,其头盔有时用狼皮包覆。当时,主列和前锋列的甲胄中有一小块见方的胸甲,边长约 200 毫米(8 英寸),称为护胸板(pectorale)。它由公元前 4 世纪的方形胸甲演变而来。他们还配有一块胫甲(在左腿),但到公元前 1 世纪中期便不再佩戴。

共和国末期和帝国初期的军官均穿戴希腊式制服,包括一副胸肌状胸甲,内罩一件似乎为皮制的托伲,并带有“pteryges”(皮质或布料的条状物,用以保护大腿和双肩),穿在束衣之外。帝国时期,百夫长的甲胄镀银,而且佩有已基本不再使用的胫甲。掌旗官身着兽皮——军团掌旗官着狮皮而其他人着熊皮。一些甲胄有装饰,仅在阅兵时穿着。

公元前 300 年前后,凯尔特人发明了金属锁子甲(lorica hamata),但造价昂贵，仅限于贵族使用。军团兵采用此种甲胄，用铁环或铜环制造。公元前2世纪时，较为富有的军团兵身着极为沉重的锁子甲，重约十五公斤(33磅)。帝国早期军团兵使用锁子甲的现象逐渐减少。

公元前1世纪中期又发明出一种新型的军团兵甲胄——连接板铠甲。现在的名称为补缀铠甲(lorica segmentata，并非罗马名字)，重约九公斤(20磅)。各金属甲片在内侧用皮带连在一起，在外侧则由绑带和搭扣或搭钩连接。随着盾的缩小，铰接护肩也发展起来。

图2.5 厄尔米尼路卫队之军团兵：着披风(sagum)、一顶帝国高卢式(Imperial-Gallic)头盔和补缀铠甲；其腰带佩有护裙和用来悬剑的饰带。

公元一、二世纪主要使用鳞甲(lorica squamata)。它由一排排相互重叠的铁制或青铜制薄片组成。这些薄片长10到50毫米(1/2到2英寸)，其固定方法是用金属丝先穿过薄片顶部的孔再缝制到亚麻或皮革的衬背上。

考古证据中，公元3世纪以后使用的甲胄较为少见。补缀铠甲可能已经被淘汰，但锁子甲(lorica hamata)和鳞甲仍在使用，而重装马军在甲胄下面穿有衬里，可能为羊毛、毛毡或亚麻制成。

近卫军

近卫军佩戴传统的躯体甲胄，但在和平时期他们有一套制服，其形制与共和国时代的穿着类似。在宫殿当值的大队身着托迦。

辅 军

辅军有很多种类，既有轻装兵士，也有全副武装兵士，前者如投石手，他们不穿任何甲胄，而且可能不穿鞋子，后者配备的甲胄与军团兵相同。弓手身着锁子甲，其样式与马军相同，只是较长。

马 军

在公元前2世纪中期，马军配胸甲或锁子甲。帝国初期，军团马军穿着锁子甲或鳞片甲胄。锁子甲包括一件单衫、一件披风，总重约十六公斤(35磅)。单衫在臀部处有一开叉，便于骑手坐在马上。当时的马匹并无甲胄，但用源于凯尔特的一种镀锡的铜质下垂圆盘(phalerae)做装饰。

公元1世纪后期，罗马接触到一个萨尔马提亚部族——罗克索朗人(Roxolani)，他们使用"cataphracti"，即人与马匹均需武装的重装马军。罗马开始使用这种马军，据现在所知，最早的一支正规"cataphracti"队伍出现在哈德良统治时期(公元117—138年)。

公元3世纪时，仅重装马军(cataphracti)使用甲胄，他们仍穿着锁子甲和鳞片甲。公元5世纪时，据一些刻画所示，他们有些人身着长及膝盖且带有头罩的鳞片甲或锁子甲，重量应在25到30公斤(55到66磅)，其风格类似于后来诺曼(Norman)马军的装束。公元4世纪时，"cataphracti"指轻装马车，重装马车称为"clibanarii"。后者的单数形式为"clibanarius"，意为"被火烤的人"，形容在盔甲里的感受)的武装更为沉重，从头到脚均被甲板和鳞片甲相连的甲胄包覆。重装马军在公元312年反对君士坦丁时首次使用(并不成功)。他们主要用于阅兵队伍。在二者的阵中，马匹的身体、头部以及颈部一定还有类似的甲胄。

头 盔

据我们现在所知，从很早时候起，罗马的各个时期不同部落使用的头盔有许多不同种类。多数早期头盔和后来的罗马头盔都相当大，可能都有填充得较为厚实的衬帽或衬里，多为毛布质地。公元前8世纪和公元前7世纪时，维兰诺瓦(Villanovan)型头盔最为普遍，由两片青铜在顶部边缘接合而成。另外一种常见的类型是"钟"盔，它们大部分都有铸铜的羽饰支架，该支架通过中心的钻孔与一根顶饰针相连。尼戈(Negau)型头盔在公元前6世纪到公元前4世纪，甚至可能在公元前3世纪都很常见。它在边缘内侧有一青铜扁环，并带有一些缝缀用的孔洞以固定衬帽，通常为纵向高耸，也有横向的。

蒙特弗尔提诺(Montefortino)型头盔在凯尔特人中应用广泛，公元前4世纪时被罗马军队采用。它逐渐成为意大利最普遍的头盔样式，而且在之后的四个世纪中几乎没有任何改变。公元1世纪以后，它仍继续由近卫军与其具有共和国传统的武装一同佩戴。据估计，这种头盔曾产出约三四百万件。这是一种青铜头盔，有扇贝形(有些是三角形)护颊。一些头盔还有顶座，用来放置一件长马毛顶饰或羽饰。在尖形的护颈掩盖下是一对固定环，用以系缚绳带使之固定。

图2.6 罗马马军战胜罗克索朗人的重装马军(cataphracti，全身武装的骑手和马匹)。出自图拉真记功柱。

另外一种头盔类似于蒙特弗尔提诺型,但没有顶髻,被称作库庐斯(Coolus)盔或马师帽。虽然它从未像蒙特弗尔提诺型头盔一样普及,但在公元前1世纪也较为普遍。这是一种圆顶青铜头盔,有一个小型护颈,公元1世纪初军团兵头盔的样式即源于此。库庐斯(Coolus)青铜盔在公元1世纪已不复存在;此后的头盔均为铁制。

公元1世纪时出现了"港"盔(源自瑞士的尼道港[Port bei Nidau]),它从库庐斯盔发展而来,铁制,有顶髻,而且顶髻处有一裂口以固定顶饰。由"港"盔发展出的类型称为帝国高卢式头盔。

帝国高卢式(或威森瑙[Weisenau])盔通常为铁制,与"港"盔相似,但护颈和护颊较大。头盔前部还有一条横贯的加固带以保护面部免遭剑伤,盔碗上有固定样式的盔"眉"。公元1世纪中期时又增加了护耳,可以说,此时的军团兵头盔已具备了其后两个世纪内的所有特征。头盔顶部添加了强力支架。大部分帝国高卢式盔有"Y"形的顶饰架,前后各有一个钩吊以固定顶饰。帝国意大利式(Imperial-Italic)盔与之相似但无盔"眉"。

帝国初期,百夫长头盔的顶饰是翻转过来的,所以横贯于盔顶(横向顶饰盔)。头盔依旧在颚下用两条带子系紧,并与护颊相连。在我们所知的军团兵头盔中,其时间最晚的是在公元2世纪后期或公元3世纪初期,它们的护颈更深。在考古证据中,几乎没有公元3世纪的步军头盔,公元4世纪的则有所发现。

马军的头盔将整个头部罩住,只留眼、鼻和口可见,双耳被完全遮盖。公元1世纪末,前额也增加了一条加固带。公元2世纪的马军头盔像军团兵头盔一样用十字带加固。

公元4世纪的因特基萨(Intercisa)头盔与早期的军团兵头盔没有任何联系,可能是经多瑙河地区的雇佣兵传入的。它们用铁粗制而成,两片盔碗沿顶峰处接合。护颈与之分离,通常与衬里相连,护颊与之相同。我们曾发现几件精致的因特基萨头盔,盖属马军所用(步军头盔从中发展而来);其中包括几件青铜盔,其护颈用带子和扣钩与盔碗相连。通常,步军和马军的头盔在盔碗顶峰线均有裂口以固定顶饰。到公元5世纪初,盔碗由四个部分构成,它们用钉铆到支架上,这是中世纪早期头盔的发端。

盾

公元前 8 世纪到公元前 7 世纪，盾的形制多种多样，既有遮盖身体的庞大类型，也有较小的圆形盾——clipeus。它们均在中心部位设有一个手柄。考古发现的一些非常薄的青铜盾仅供仪式使用。实际使用的盾可能为木制，外面用皮革包覆，并用金属饰扣装饰。

共和国初期(公元前 396 年围困并攻陷维伊之前)，新组建的步军队伍似乎使用较长的椭圆形且有弧度的护体盾牌(scutum)，它比圆盾的保护能力强，尤其当士兵蹲伏其后时更为明显。它大约有 75 厘米(2 英尺 6 英寸)宽，1.2 米(4 英尺)长，由木条黏合而成，并覆以帆布和皮革。它有一个纺锤形凸起和长隆脊(spina)。到公元前 340 年，重盾(scutum)已成为军团兵的标准盾牌，他们大多使用投掷矛而非戳刺矛。此时，重盾已用铁边加固。到此时为止，较小的圆盾(clipeus)已遭淘汰，原因可能是方阵已被废弃。公元前 1 世纪时，所有军团兵均持重盾。

公元前 2 世纪中期，"披风轻装兵"持直径约 0.9 米(3 英尺)的圆形盾(parma)。同时期的马军也持圆形盾(parma equestris)。帝国初期，马军使用椭圆平盾，有时也使用源于凯尔特的六边盾。不使用时，盾置于马侧，有时也悬于马鞍或鞍垫上。

公元 1 世纪初，椭圆重盾(scutum)由更短的矩形盾代替，但仍使用重盾之名。最初，它只是将旧式椭圆重盾的顶部和底部削去，但后来侧边亦被削为方形。此盾以同样方法制作，用厚约两毫米(1/8 英寸)的薄木条粘在一起形成一块弯曲的层压木板，再用皮革包覆。盾面用绘制的图案装饰。矩形重盾的边缘用青铜或铁制的滚边加固。这种滚边的遗存说明这种盾厚约六毫米(1/4 英寸)，中心点可能更厚一些，因为需要掏空以安装直柄。手柄用铁或青铜的凸饰保护，此时的凸饰形如半球。这种盾有单独的皮套，而且皮套带有一根束带，前部还为凸饰开一圆孔。这些皮套可能还连有背带。

帝国时期，许多军团兵和辅军士兵之间的唯一区别是，后者使用平盾，而不是形状为椭圆、六边形或有时为矩形的弯曲重盾。帝国初期，掌旗官持圆盾。公元2世纪时，重盾逐渐消亡，到公元3世纪中期时已被废弃，并代之以椭圆形的辅助盾，后者是后期罗马时代最常见的盾牌类型。六边盾可能曾是“cataphractus”(“cataphracti”的单数形式)的装备。

图2.7　公元1世纪后期一士兵墓碑。属第八奥古斯都军团，服役21年，享年40岁。其装备有一面矩形重盾、一支投枪、一柄剑、头盔以及护裙。(摄影：拉尔夫·杰克逊)

矛与投枪

公元前8世纪到公元前7世纪，矛头由青铜制成，有时可能为铁制。矛头的大小在约0.1到0.5米(4到20英寸)之间不等。一些在墓穴中发现的矛总长有1.5到1.8米(5到6英尺)。公元前4世纪时，大概源于埃特鲁里亚的投枪(投掷武器)取代了矛(戳刺武器)，逐渐成为罗马军团最基本的进攻武器，并以投枪(pilum)为名，可能在公元前4世纪时由前锋列使用。

公元前2世纪中期，前锋列和主列持两只长投枪。到此时为止，将投枪头与木柄相连的方法共有两种——插槽或扁平的柄脚。细型投枪的头为铁制、插槽型，长逾0.9米(3英尺)。粗型投枪带有既宽且平的柄脚，用两枚铆钉固定。矛和投枪还有很多其他种类。

到公元前2世纪中期，后备列持长矛(hastae)。当时，披风轻装兵使用长枪

(hastae velitares)，这是细型投枪的较小形制，头长 0.25 到 0.3 米(10 到 12 英寸)，木柄长约 0.9 米(3 英尺)。公元前 2 世纪中期，马兵所用之矛坚固耐用，带有尖利的矛尾，以备矛有折损时使用。

可以确定的是，马略对投枪进行了改造，他把用来将投枪头固定到木柄的两枚铆钉中的一枚换成木钉。这种投枪每遭撞击，木钉即破碎，武器随即无用，敌人便不能重新掷回。马略还较早地发现了铁投枪头遭到撞击时并不总是弯曲，投枪还会被敌人重新使用。恺撒只将投枪头的顶点而非整段淬火，从而解决了该问题。只有重型投枪依此法改造；轻型者仍使用插槽型铁头和木质杆适用的柄身。

图 2.8　厄尔米尼路卫队之辅军士兵：着头盔、披风(sagum)、托伲、平底便鞋和锁子甲；他还配有用以悬剑的腰带和护裙，手持一矛一椭圆平盾。

在公元 1 世纪和公元 2 世纪时，两种投枪仍继续使用，头长约 0.65 到 0.75 米(26 到 30 英寸)。帝国初期，平柄脚的投枪更轻，稍重一些的投枪开始在木与铁的连接处插入一个圆形铅砣。考古证据表明，公元 3 世纪时出现了倒钩。

公元三四世纪时已出现带有倒钩并用铅加重的矛，可能叫做铅矛(plumbata)。矛头有一分杈的插槽，但有些是锥形柄脚。公元 4 世纪的军团兵使用加重的投枪(martiobarbulus)武装。公元 4 世纪后期，步军仍使用投掷武器——“spiculum”、“verutum”和“plumbata”，它们可能均源于投枪。“spiculum”的铁头截面为三角形，长0.2米(8英寸)，木柄长约1.6米(5英尺6英寸)。它的木柄和短铁头间有一卵形砣，大概为铅制。“verutum”最初称为“vericulum”，头长120毫米($4\frac{3}{4}$英寸)，木柄长1米多(3英尺3英寸)。

重型长矛(contus)长约3.5米(12英尺)，由马军在不持盾时双手使用。长矛一般可由马军使用，或冲锋或投掷。长矛的头为铁制，长约1.8米(6英尺)。

匕 首

匕首(pugiones，单数形式为“pugio”)在公元前8世纪开始出现，当时的匕首按照刀刃形状可分为三种类型(叶状，三角形，或在三分之二处向下变窄形成锥形尖的直边刃)。刀刃处为铁制或青铜制，长0.25到0.4米(10到16英寸)。手柄的材料有木、骨甚或石，底部为“T”形头。我们对公元1世纪之前的匕首所知甚少，而公元1世纪时的匕首与其原形西班牙匕首相似，刀刃长0.2到0.25米(8到10英寸)。它们有一道突出的腰刃和一道中心刀脊。公元2世纪时，匕首似乎已从军团兵装备中消失，公元3世纪初期又以十分粗糙的形式出现在辅军装备中。帝国初期，军团兵士的匕首佩于左侧，而百夫长的匕首佩于右侧。

公元前8世纪到公元前7世纪，匕首的套或鞘通常由锤锻青铜制成，并带有铸青铜鞘尖。后来的鞘主要有两种类型，一种为两块铁片在两侧接合，通常正面装饰有银质镶嵌，内胆为木质或皮质。第二种类型为原始材料(木和皮革)制成，正面是带有装饰的铁片。这两种类型在公元1世纪时可能同时存在。

剑

公元前8世纪到公元前7世纪，剑从砍削长武器向戳刺短武器转变。较长的称为触角剑，因为其铸铜手柄带有螺旋形角状物。刀刃通常为青铜制，有时为铁制，长约0.3到0.55米(12到22英寸)。公元前3世纪后期，随汉尼拔服役的西班牙辅军将西班牙短剑传入罗马。公元前2世纪中期，前锋列使用这种可削可刺的短剑(gladius hipaniensis，意为“西班牙剑”)。它的双刃长约0.5米(20

英寸)，尖端逐渐变细。

公元 1 世纪的剑仍状似匕首，并带有类似早期西班牙剑的长而渐细的尖；刀刃长 0.5 到 0.55 米(20 到 22 英寸)。该世纪后期出现了一种新型剑，双刃笔直且平行，尖端更短。它与西班牙剑并无关联，但仍称为“西班牙剑”。刀刃长0.45到 0.55 米(18 到 22 英寸)。公元 2 世纪后期到公元 3 世纪初期，“spatha”——长约 0.7 米(2 英尺 4 英寸)的剑——逐渐取代“短剑”；公元 3 世纪末，在军团兵中得到广泛应用。

帝国初期，马军多为凯尔特人，他们使用源自凯尔特长剑的“spatha”长剑，刃长约 0.6 到 0.85 米(2 英尺到 2 英尺 9 英寸)。当时，军团兵和骑手右侧佩剑，百夫长左侧佩剑，而军团掌旗官双侧皆可。自公元 200 年前后，军团兵和骑手开始在左侧佩剑，原因可能是重盾(scutum)被废弃而采用了较长的“spatha”，后者自公元 2 世纪后期起成为主要的佩剑类型。

鞘

公元前 8 世纪到公元前 7 世纪，与较短的剑相配的鞘为锤锻青铜所制，带有铸青铜鞘尖。触角剑使用木鞘，可能用皮革包覆。共和国后期和帝国时期，鞘通常为木和皮革所制，并用铜皮加固。

腰带

公元 1 世纪初期，剑与匕首分别悬在两条均前后围系的腰带上。这些腰带上还悬有“护裙”，由铆在皮绳上的金属圆片组成。后来，用于束缚匕首和护裙的一个单独的军用束腰带(cingulum militare 或 balteus)被取代，但剑悬佩在右侧(后来在左侧)的肩带上。腰带用矩形板裹覆，矩形板的质地通常为镀锡青铜，自公元 2 世纪起，多带有彩饰。护裙仍用多达八条的绑带穿起。

公元 3 世纪期间，皮革腰带取代了束腰带(cingulum)，通常系在臀部而非腰部。剑则悬于带有装饰的宽肩带上。公元 4 世纪时，雇佣兵的影响导致腰带和肩带被日耳曼腰带所取代。

衣着

辅军士兵和军团士兵的披风有两种——“sagum”（在肩周成褶皱状下垂并用领针扣紧）和“paenula”（一种在中间有一开口的大斗篷）。鞋类包括“caliga”，一种带有平头钉的沉重凉鞋，但帝国后期，民用鞋开始取而代之。

弓

弓手使用复合弓，比之英格兰长弓小很多。弓为木制，在弯曲部分，内侧用角加固，外侧用腱加固。弓的两端用一对角质凹口加固，弦即缚于凹口处。箭杆为木或芦苇所制，箭头为铁制，有时亦为骨制；此外还有火箭。闲置时，弓弩去弦以保持腱的弹性，并存放在皮质箭匣或箭囊内。箭也保存在匣囊内，主要原因是将箭羽粘于箭杆的胶易遭雨水侵蚀。

铁蒺藜

铁蒺藜（triboli，单数形式为“tribolus”）是通常由四个铁钉在其钝端以一定角度结合的装置。铁蒺藜落下以后，总有一个钉朝上。它们可散落地面以防御马军。由木桩组成的十分巨大的木制铁蒺藜也可用作防护壕沟和栅栏的顶篷。

投射器

炮可用于作战和围攻。罗马人从共和国末期开始使用弩箭发射器和投石器，采用扭力绞绳，以弩的原理工作。弩炮（ballistae，单数形式为“ballista”）是双臂蓄能投石器具，最远可将石块掷出 0.5 公里（三分之一英里），能击破砖木制的墙，但对以石造面的墙很难奏效。这种装置可能在公元 3 世纪初期仍在使用，但到公元4世纪时已被废弃。

“catapultae”（单数形式为“catapulta”）是发射铁制弩箭或箭的双臂蓄能装置。有些相当轻便，较小的称为“scorpiones”（单数形式为“scorpio”）；射程为300米（990英尺）或更远。标准的弩箭头包括一个带方截面的锥形尖端、一个长度不定的狭颈和一个凹槽，多为60到80毫米（2到3英寸）长。公元4世纪时，弩炮（ballista）一词用于指代弩箭或箭的发射装置，而投石用的弩炮已不再使用。“车载弩炮”（carro-ballista）可能装在骡车上。

图2.9 一种复原的弩箭发射装置“catapulta”。（由厄尔米尼路卫队提供）

公元4世纪时出现了一种新型投石装置，即“onager”（复数形式为“onagri”），它是一种相当原始的单臂蓄能扭转机械，或是像迫击炮一样投掷大型球状石弹的投石器。由于会产生震动，它必须在坚固的平台上发射。古代著作家有时将该装置误称为“scorpio”。

图2.10 复原的投石装置（onager）；其右侧为机弩（catapulta）。（厄尔米尼路卫队提供）

乐器

罗马军队有许多不同类型的乐器，用以发出不同信号，均为无活瓣乐器。“cornu”是一种大型弯转乐器，演奏者被称为“cornicen”，与法兰西号角相似。“tuba”是一种一米(3.3英尺)多长的长号，演奏者被称为“tubicen”。这两种乐器用以发出命令，而“bucina”和“lituus”可能用于各种仪式。“bucina”(演奏者可能被称为“bucinator”)可能是一种喇叭或号角，而“lituus”是一种加长的“J”形乐器。

运 输

据我们所知，公元前7世纪时已有战车，但罗马人从未在作战中使用，只在凯旋式的队列中使用。然而，凯尔特等民族在作战时使用战车抵抗罗马军队。

图2.11 图拉真记功柱上一幅为达西亚战争备战的场面。底部浮雕：[左]多瑙河畔泊有船只的港口城和海港；[中]河神鞑努维乌斯(Danuvius)；[右]军团兵带着装备从一座堡垒或城镇的大门出发踏上浮桥。上部浮雕：[左]图拉真向军团士兵和辅军士兵发表演说；[中及右] 军团兵在原木通道上用泥炭修建堡垒，而两名辅军士兵在放哨。

行军过程中，许多装备在长长的辎重队中由骡子驮运。自马略开始，大部分装备由军团兵背负，这样影响行军速度的辎重队规模得以缩小。士兵因此有了“马略骡”的绰号。当时，帐篷和多余的辎重由骡子驮负，而军团兵携带他们的武器和一些其他装备。他们将盾悬于左肩，手持矛和栅栏木桩以备夜间宿营；他们一般光头行军，将头盔系于右肩，但有时也全副武装。每个军团兵都在左肩搭一根顶端有横木的杆，将行李缚于杆上。行李中主要包括一个青铜饭盒(patera)、蒸煮罐或桶，以及一只带有拎手的皮包用以放置衣物和个人物品。可能最上面有一个袋子用来盛放可供三天食用的应急配粮。公元 4 世纪时，机动部队(comitatenses)须背负 20 天的配粮；另外还须背负工具，包括锯、篮子、镐(dolabra)、镰刀、皮绳和锁链，有时还有挖掘工具或割草机，以及约两米(6 英尺)长的双头木桩(误称为“塔桩”[pila muralia])，后者可能用做便携的城墙前障碍物。可能不是每个军团兵均背负所有的工具。

一般来讲，士兵每天行军约 30 公里(18 英里)，但急行军最多走 50 公里(30 英里)也是普遍情况。为了渡河，还会使用船或木桩搭建的桥(参见第五章)。

军 旗

军旗是分辨不同部队的标志，还可在作战中标明集合点。因此，罗马军队可能采用某种源自早期的军旗。据老普林尼记载，当马略在公元前 104 年改革军团旗帜时，使用的军旗种类非常多，包括鹰、狼、半人半牛(minotaur)、马和野猪等多种图标。马略废弃了其他图标，只保留鹰作为军团旗帜，但军团内的各级下属单位仍用军旗来分辨。到尤利乌斯·恺撒时，每个军团的鹰旗(aquila)均为银质和金质，且专由第一先锋(primus pilus)负责，除非整个军团进行转移时，否则从不离开军营。

帝国期间，鹰完全为金质，每个军团还有一尊皇帝肖像(imago)。另外还有起源于凯尔特的旗帜(即“幡旗”)，其中一面属于军团而其余由远离军团服役的分遣队(vexillationes)使用。军团还可有特殊的徽标，通常为星座标志，它一般与军团的起源或其历史上的某一事件相联系。在军团内部，每支百人队都有一面旗帜，称为“signum”（复数形式为“signa”）。近卫军军旗绘有皇帝及其家人的肖像、王冠以及胜利女神。

在辅助马军中，每支“翼”（ala）有其自己的旗帜（vexillum），每支马军中队（turma）有一面军旗。

军旗对军队来说非常重要。它们是宗教仪式的象征，在每年的各种时刻都受到尊崇。在一个要塞中，军旗置于总部（principia）的神龛中；如果军旗在一场战役中丧失，则损失军旗的部队可能被遣散。

荣　誉

勋　饰

对军队的奖励机制是逐渐发展起来的（与惩戒机制的发展同步）。最初的奖励就是分享战利品，这是在共和国时期较为普遍的一种方法。

据记载，从公元前 5 世纪中期到公元 3 世纪初期有军事勋章（dona militaria），但之后我们所知的证据不多。它们可能奖赏给身为公民的士兵。共和国时期，勋章根据获得者所为有所变化。帝国时期，除“市民冠”（corona civica）外，其他奖赏均按等衔规定标准。到公元前 1 世纪时已有多种类型的花冠。围攻冠（corona obsidionalis）是为最高荣誉，系为结束一场围攻而授予。它由围攻区域的草或其他植物制成。重要性次之的是市民冠，是为拯救一位公民的生命而设的嘉奖。它由橄榄叶制成，有时也被称为橄榄冠（corona querca）。它还被用做皇帝的徽标，常出现于货币上。

壁冠（corona muralis）是用雉堞装饰的金冠，奖给第一个进入被围城池之人。第一个进入敌营的人被授予壁垒冠（corona vallaris），用以壁垒装饰的黄金制成。金质水师冠（corona navalis，也叫做“corona classica”或“corona rostrata”）在帝国时期颁给执政官级别的人，但与海洋毫无关联；另外还有一种金冠

(corona aurea)。

其他奖赏包括多副金颈环(项圈)、臂环(armillae)和金属圆盘(phalerae),后者是金、银或铜质的圆盘,用神话动物的高浮雕作装饰。金属圆盘一般成套奖赏,通常为九个,用皮带系在胸前。“幡旗”也作为一种勋饰颁给高级官员。它可能是军团和辅军“幡旗”的精致复制品,但有些是银质复制品。“礼矛”(hasta pura)赏给在单打独斗中伤及一名敌军的人;其形制类似小头矛,但具体特点无法确知。

辅军中的个人很少赢得军事勋饰,但部队整体可能会获得集体荣誉,奖励方式甚至可能是被立即授予公民权。

图 2.12 公元 1 世纪前半期军团掌旗官:右手持鹰旗,左手扶一面椭圆盾(scutum);身着托伲和锁子甲,还配有一套金属圆盘、两个颈环和两个臂环,腰带下悬有护裙。(摄影:拉尔夫·杰克逊)

凯旋式

凯旋式是获胜统帅的庆祝游行,是一名统帅的最高军事荣誉。凯旋式源于埃特鲁里亚,需严格按照宗教规则行事。统帅必须出任拥有至高统帅权(imperium)的职位(后来不再是先决条件),须赢得一场与外敌进行的且至少杀敌 5000 的决定性胜利,还须带回至少一队象征性人马。虽难称普遍,但在公元前 220 年到公元前 70 年间共举行了 100 场凯旋式。元老院必须允许凯旋统帅(triumphator)在罗马城内将其至高统帅权(imperium)保留一天,进城时他乘驷马镀金战车,跟随的游行队伍由各类行政官、元老、士兵、战利品、俘虏和牺牲构成。壮观的游行从城外的马尔斯广场开始，向卡皮托尔行进，在那里的朱庇特·卡皮托利努斯神庙举行祭祀，并且处死一名以上的俘虏。

一般说来，若无法举行凯旋式，则可授以小凯旋式(ovatio)代之。其壮观程度不及凯旋式，统帅步行或骑马(而非乘战车)进入罗马城，身着镶边托迦(toga praetexta)和香桃木花环。小凯旋式只偶尔使用，有史记载的最后一次是在公元47年。

由于凯旋式将注意力全部集中于一个特殊的军事人物身上，奥古斯都及其之后诸帝禁止非皇室成员的统帅举行凯旋式。

另外，还可以竖立凯旋门纪念胜利。(参见第四章)

营盘、堡垒和要塞

共和国期间，军事战役均在夏季进行，每逢夏末军团即被解散，人们返回家乡。因此，当时只需夜间宿营(行军营)——防止突袭的临时防御工事。随着罗

图2.13　提图斯凯旋门上的一块浮雕檐壁。该凯旋门是公元81—82年为纪念耶路撒冷胜利而建。浮雕画面是提图斯乘驷马战车进入罗马城的凯旋游行，其战车前有扈从随侍。

马疆域的扩大，作战季逐渐延长，军团不再只有夏季需在异乡停留。因此，冬营（hiberna）与临时夏营（castra aestiva）均得到应用。冬营建在同盟地区或新征服区域，膳宿更加丰富，防御也更为坚固。随着共和国后期罗马疆域的持续扩大，一些营盘作为暂时的基地使用，直到公元1世纪初期才开始设立边防，兴建固定的兵营（castra stativa）。

图2.14　塞普提米乌斯·塞维鲁在公元203—204年同帕提亚人和阿拉伯人作战后修建了两座凯旋门，此为其中一座，位于罗马广场，高20.6米（67英尺6英寸）。

营　盘

“营盘”通常指一个夜间或临时的驻地，每个士兵均知道自己在那里的位置。其地点要靠近水源，且处于不会为敌军提供任何掩护的开阔地带（最好是高地）。首先选出视线最好的位置作为帅帐（praetorium，源自“praetor”一词，最初为最高行政官），之后由一位军事观测员用“groma”布置营盘。据现在所知，不列颠主要有三种营门类型，即扣锁型(clavicular)、阿古利可拉型(或称“Stracathro”)和标签型(titular，常误称为“tutular”)。住处是帐篷而非建筑物。军团兵帐篷(papiliones，字面意为“蝴蝶”)占地 3 米(10 英尺)见方，包括支索在内。帐篷用皮革制成，可容八人及其装备。军官帐篷的样式很多，图拉真记功柱上有一些相关画面。帐篷桩为铁和木制。

波利比乌斯营盘

现存最早的有关行军营的描述出自公元前 2 世纪中期波利比乌斯的作品。他描述的营盘被设计成可容纳两个军团以及相应数量的同盟军队，总计约 16800 名步军和 1800 名马军。营盘为方形，边长约 2000 罗马足(600 米；1950 英尺)，四边的营墙(agger)外有壕沟(fossa)防御，营墙上布有木桩栅栏(cervoli 或 valli)；共四个营门。

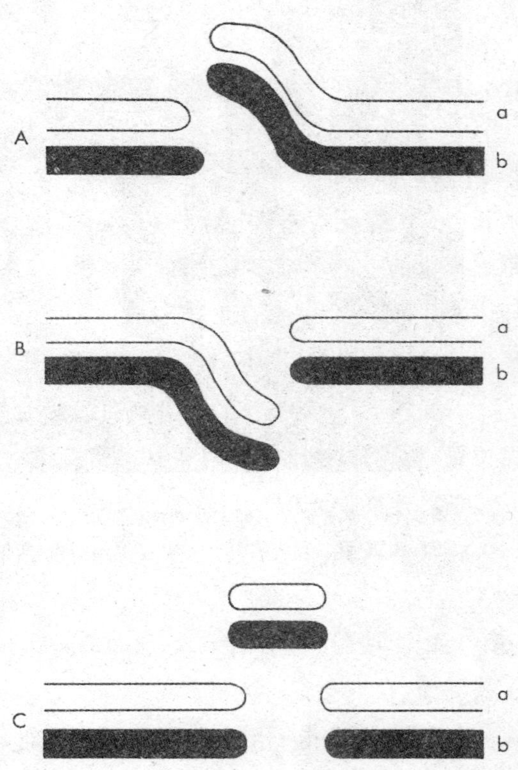

图 2.15 营门图例。a. 外侧壕沟；b. 内侧营墙。A. 外扣锁型；B. 内扣锁型；C. 标签型营门。

观测员以执政官帐幕(praetorium)所在地为基点划定堡垒的其余部分。“帅帐”(praetorium)面对主路(via principalis)，后者在军团将官的帐幕之间形成一道间隔，且左翼设有一座广场(开放的集市地点)。帅帐右侧是财务官(负责财务的低级行政官)的营帐(quaestorium)。广场和财务官营帐的两侧依次是马军营帐(extraordinarii equites)。沿主路两侧是军团将官的营帐。

在帅帐、财务官营帐和广场的区域之后是挑选出的同盟马军和步军(即“辅助马军”[extraordinarii equites]和“辅助步军”[extraordinarii pedites])以及地方辅军的营帐所在。军团兵营帐两侧以同盟军营帐为侧翼,占据主路以外的剩余空间。这些营帐被垂直的街路和第五街(via quintana)——位于第五大队处并与主路平行——分成街区。

在营帐和营墙之间有一块称作“缓冲区”(intervallum)的开阔空间,宽200罗马足(61米;198英尺),它使营帐处于强力发射物的射程之外,另外还有安置牲畜和战利品的空间,营帐和营墙之间设有良好的通道。

叙吉努斯(Hyginus)营盘

另一个有关行军营的详细记载来源于公元3世纪记述帝国历史的叙吉努斯(或伪叙吉努斯[Pseudo-Hyginus])(参见第六章)。他描述的营盘可容纳三个军团以及相应数量的辅军,总计约有四万人。营盘为圆角矩形,约490米宽,705米长(1620英尺宽,2320英尺长)。所以说,较之波利比乌斯所描述的营盘,它给每人提供的空间小很多。这种营盘的营墙由泥土、草皮或石块堆砌,其外有壕沟环绕,另外还有保护营门的附加壕沟。壕沟至少宽1.5米(5英尺),深1米(3英尺3英寸),而营墙宽约2.4米(8英尺),高1.8米(6英尺)。

营盘内的区域同样被主路和第五街分成三部分,但帅帐位于中心部分的中央位置,被称作“帅帐边”(latera praetorii)。这一区域内还有祭坛(auguratorium,即宗教祭祀之所)、讲坛(tribunal,即指挥官向军队发表演说之所)、指挥官私人仆从的营帐和近卫军营帐。两侧是第一大队和来自某军团的分遣部队营帐。

从主路到前门为营盘的前部,称作前区(praetentura)。这一区域包括军团副将和军团将官的营帐、医务所(veletudinarium)、兽医所(veterinarium,即患疾马匹诊治处)、作坊(fabrica)以及特种部队如工程师和细作的营区。此区域内还有辅军马军的翼军(alae)和第一大队的“scholae”(集会场所)。

营盘的后部成为保护区(retentura),包括用以安置俘虏和战利品的军营长官的财务官营帐(quaestorium)和其余辅军部队。营盘每部分的周边地区,即距

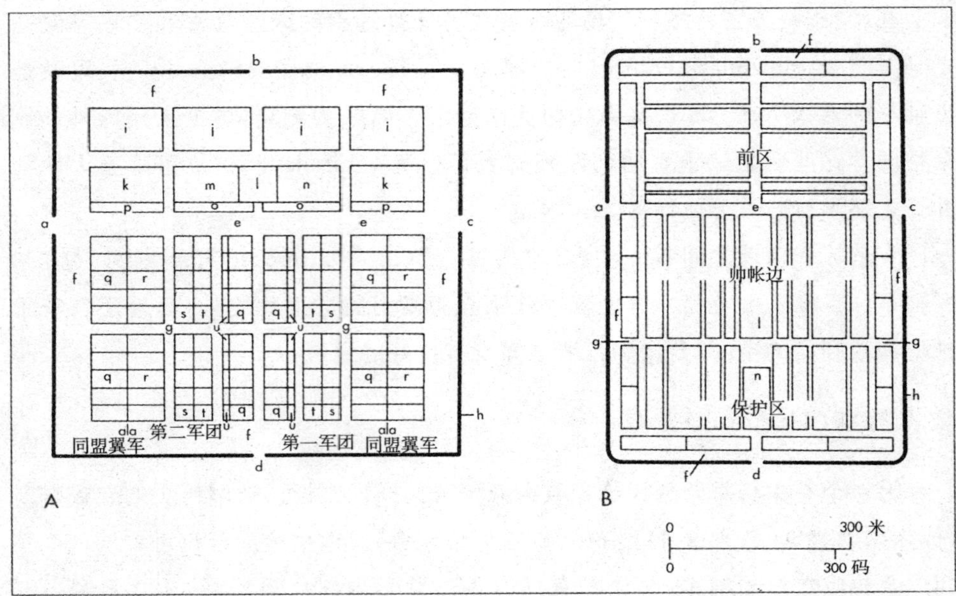

图 2.16　A. 波利比乌斯营盘；B. 叙吉努斯营盘：a. 左侧主营门(porta principalis sinistra)；b. 前门(porta praetoria)；c. 右侧主营门(prota principalis dextra)；d. 后门(porta decumana)；e. 主路；f. 缓冲区；g. 第五街；h. 营墙和壕沟；i. 辅军；j. 辅助马军和辅助步军(extraordinarii equites and pedites)；k. 辅助精锐军(extraordinarii)；l. 帅帐；m. 广场；n. 财务官营帐；o. 军团将官；p. 长官；q. 马军；r. 步军(pedites)；s. 前锋列；t. 主列；u. 后备列。

离营墙最近处，是各军团大队的营帐，因为一般认为这些军队比辅军更值得信任。缓冲区仅宽约 18 米(60 英尺)，还有一条周界路(via sagularis)。

这两种行军营类型在时间上虽相隔 250 年，但普遍认为它们仍然相似，只体现出发展的渐进过程，而没有根本改变。这可能要归功于一个行军营拥有标准规划的重要性，它使得一大群人和牲畜能够被快速安顿下来。公元 4 世纪时机动部队(comitatenses)仍使用带栅栏的行军营。

堡垒和要塞

随着公元 1 世纪边防线的确立，边境地区出现了越来越多的常驻兵营(堡垒和要塞)以安置部队。营盘仍使用“纸牌”布局(圆角矩形)。要塞之间通常有所区别,它们是为驻扎一个军团而设计(不过一些早期的要塞容纳的兵力似乎更多)的常驻兵营,而堡垒是为辅军、小股军团兵或二者的集合体准备的常驻兵营。内部区域视驻军规模而定。要塞占地约 20 公顷(50 英亩)。堡垒根据部队的规模与类型占地 1 到 5.5 公顷(2.5 到 13.5 英亩)不等。

公元一、二世纪,堡垒和要塞主要是按照行军营的基本布局而设计,只是为更加适合常备驻军做了一些改动;其中包括加强防御,主要是通过改进营墙和壕沟,并使用各种陷阱和障碍,如深坑、削尖的木桩、带刺的树篱和绞缠带刺的树枝。公元一、二世纪常驻兵营的防御体系类似城池,通常有一道墙或壁垒,在其前部设一道“V”形窄壕沟。墙上有用塔楼防御的门,塔楼一般为矩形,但不会探出墙体界限。有时还有角塔和间隔塔,它们也建在墙体之内。共和国后期或帝国初期出现了吊闸,它可能已应用于堡垒和城池的大门中。

堡垒和要塞由各自向中心延伸的前路(via praetoria)和后路(via decumana,因为它最初与第十中队相邻)分开。主路将堡垒和要塞横向分开。最初,常驻兵营中的建筑物为木制,但日耳曼自公元 1 世纪中期起、不列颠自公元 1 世纪末起使用石料重新修建。安置军队使用的是兵舍区而非帐幕,它们通常分布于堡垒或要塞的周界附近,距营墙约 30 米(100 英尺),位于发射物射程之外。百人队均成对安置(按旧有的中队体制),每个兵舍区有 10 或 11 套两室房。每个两室房包括一间约 4.5 米(15 英尺)见方、可容八名军团兵的大型寝室和一个存放装备的小房间。兵舍区的后部是百夫长的起居所和办公地。

自公元 1 世纪中期起,军团要塞出现了浴房,并且逐渐在辅军堡垒内外普及。要塞的护墙外还有竞技场(ludi),但我们无法确知它们是为娱乐之用还是训练演习之用。另外还有存放食物的谷仓和栈房(horrea)。常备驻军需加强管理,所以指挥官的办公地与住所分离。当时,军团总部(principia)位于要塞的中心位置,指挥官的居所(帅帐)与之相邻。军旗存放在军团总部的神龛(sacellum)中。军团总部、帅帐和谷仓一同位于建筑物的中心范围内。

戴克里先时期,许多战略边境地带修建了坚固的矩形堡垒;其石墙至少有三米(10 英尺)厚,还有凸出的塔楼和重兵把守的大门。公元 3 世纪后期开始,罗马防御工事为延长坚固防御而设计，城镇和堡垒的防御相类似。后来，由于罗马的墙体不再有砖石铺砌的墙基，而改用碎石混凝土堆砌再以石造面建成宽厚的幕墙，所以为稳固起见，墙体需要更宽的护堤。当时的建筑技术种类繁多，包括以砖造面、带砖块砌合层的料石建筑，甚至不规则的砖瓦和再生砖瓦也很普遍。为观测之便，塔楼或棱堡凸出于墙体之上，为调度弩炮还伸出幕墙之外。塔楼可为圆形、半圆形、“D”形、扇形、多边形或矩形。据考古发现，拜占庭时期曾有双层墙。宽阔的护堤前方即为宽大的平底壕沟。

图 2.17　图拉真记功柱中表现士兵用泥炭和木材修建堡垒的景象。

在许多现存的帝国后期的堡垒和要塞中，其防御工事均有所改进，戴克里先之后兴建的大量新型堡垒均建在加高的地面上，这使防御工事的形状变得不规则。自公元 3 世纪后期起，在不列颠东南沿海兴建或加固的堡垒中，以撒克逊海岸(《要职录》中使用的词汇，可能是指遭撒克逊人袭击的海岸)要塞群而著称。罗马后期边境防御中最为特殊的一点是不需支撑物的塔楼“burgus”。这些塔楼是较小的方形建筑，构造坚固而且高度均在一层以上；有些在外部有一道临时护墙保护。它们自公元2世纪起在边境防御中使用。

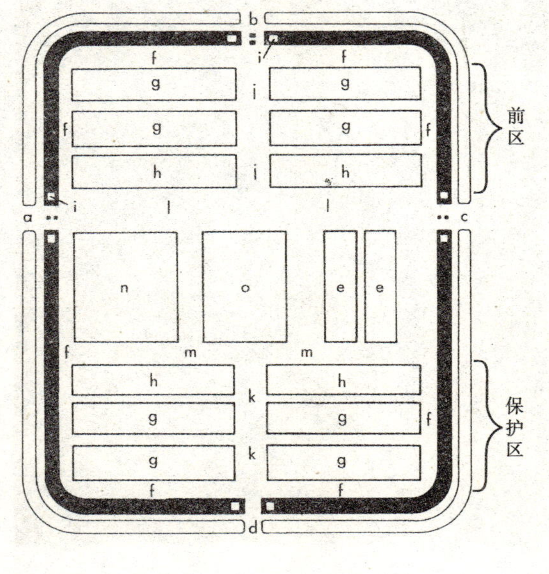

图2.18 堡垒的布局。a. 左侧主营门；b. 前门；c. 右侧主营门；d. 后门；e. 谷仓；f. 缓冲区；g. 兵舍（百人队）；h. 仓储室/马厩；i. 瞭望塔；j. 前路；k. 后路；l. 主路；m. 第五街；n. 帅帐；o. 军团总部。因堡垒规模相差极大，所以此图比例乃随意取用。

边境

"limes"一词意为古道，逐渐指代沿线有边防堡垒的军事道路，逐渐形成后来的边境。随着罗马疆域的不断扩张，保卫边境的问题持续不断，随后又产生了重新扩张的问题。公元2世纪初哈德良即位时，他采用完全不同于其前任帝王图拉真的政策，即加固边防并放弃不易把守的行省。其后诸帝的政策均遵循这种改变；公元3世纪起，入侵部落对边境的压力不断增大。戴克里先及其同僚恢复了原来的边界，但不包括莱茵河和多瑙河以外的区域、埃及南部和毛里塔尼亚西部地区。从戴克里先（公元284—305年）到瓦伦提尼安一世（公元364—375年）期间，6400公里的边界和交通线均构筑了防御工事，为驻扎新军队设立了许多据点。

哈德良长墙

哈德良在不列颠北部修建了一道防御墙（哈德良长墙）。公元122年始建，从纽卡斯尔(Newcastle)到索尔湾的鲍内桑(Bowness-on-Solway),后来又向东延伸至沃尔森德(Wallsend)。最初,这一边界防御工事由一道墙及墙后已存在的一线堡垒组成。这些堡垒原为边界的一部分,现称为斯坦尼门(Stanegate)。

图 2.19 一段哈德良长墙及一座里程堡。

哈德良长墙总长 117 公里(73 英里),宽 3.1 米(10 英尺),高约 4.65 到 6.2 米(15 到 20 英尺),还有胸墙和城垛。墙体为石造,按百分制分成较短的段落,并用刻石作为标记(百米石)。西段墙体用泥炭建成(泥炭墙),可能是因为当地很难找到用于灰浆的石灰石。

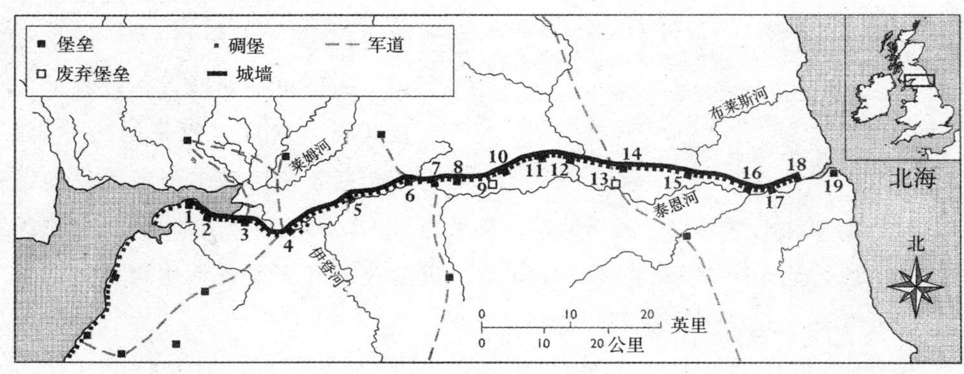

地图 1 哈德良长墙:1. 鲍内斯;2. 德兰伯格;3. 傍沙区;4. 斯坦维克斯;5. 卡斯尔斯泰兹;6. 伯多斯瓦尔德;7. 卡沃兰;8. 大切斯特斯;9. 切斯特霍尔姆;10. 豪斯戴德;11. 卡若布尔;12. 切斯特斯;13. 柯布里治;14. 哈顿切斯特斯;15. 拉德切斯特;16. 班韦尔;17. 纽卡斯尔;18. 沃尔森德;19. 南希尔兹。

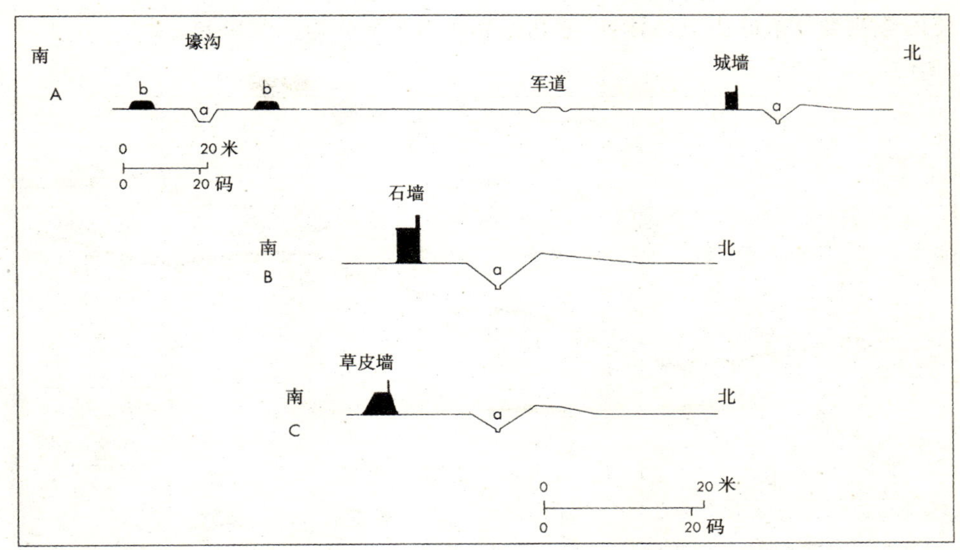

图 2.20　截面图：A. 哈德良长墙；B. 哈德良长墙；C. 安东尼努斯长墙[Antonine Wall]（包括复原的胸墙）：a. 壕沟；b. 筑堤。

每一罗马里（约 1480 米或 4856 英尺）就建有一座小型堡垒（里程堡），共计 80 座，它们中间有两座相隔约 490 米（1618 英尺）远的塔楼或瞭望塔，盖为传送信号之用。沿泥炭墙建的里程堡也用泥炭修建，其他地方则用石料修建。它们可容纳巡逻部队，内部有石制或木制的建筑，有南北两门。塔楼均为石制，约 5 米（16 英尺 6 英寸）见方，带有顶层。长墙前方是一道宽阔的护堤和一条"V"型壕沟，壕沟约 8 米（26 英尺）宽、3 米（10 英尺）深。

修建长墙的第一阶段在竣工前有所变更：堡垒转作城墙，而宽阔的城墙收工时仅为一道宽 2.25 米（7 英尺 6 英寸）的窄墙。堡垒通常跨墙而建，间距约 10 公里（6 英里）。城墙南侧约 35 米（115 英尺）处是一道壕沟（古物学家称之为"vallum"，不过"vallum"的实际意义是墙）（见图 2.17）。"vallum"深 3 米（10 英尺），顶部宽 6 米（20 英尺），两侧各有一 6 米（20 英尺）宽的护堤。它可能作为界标使用，以使公民远离。坎布里亚（Cumbria）沿岸修建了一系列小型堡垒和塔楼，中间用木篱和壕沟相连；另外还有前哨堡垒。该城墙历经变更、废弃和重新使用等相当复杂的历史过程，可能在公元 4 世纪末才被完全废弃。

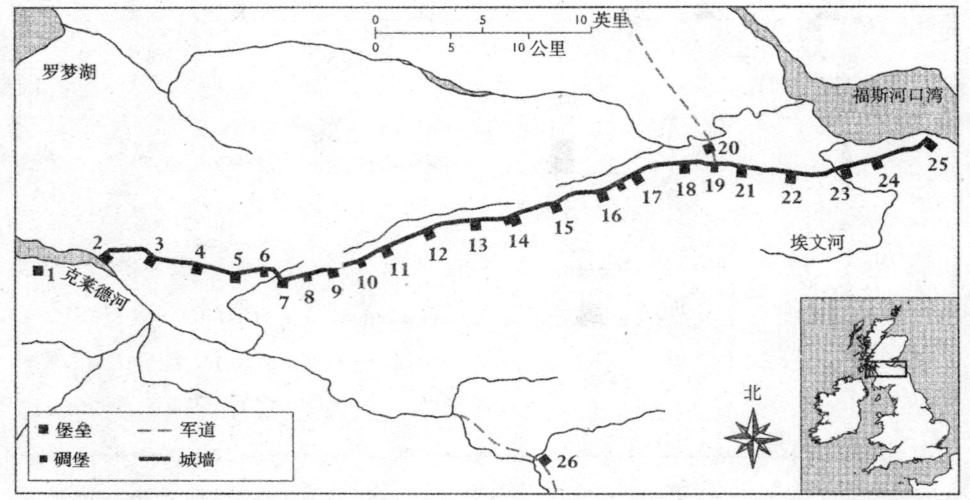

地图 2　安东尼努斯长墙沿线的堡垒和碉堡：1. 比塞普敦；2. 原基尔帕特里克；3. 杜托塞尔（堡垒和碉堡）；4. 卡斯希尔；5. 贝尔斯登；6. 萨默斯顿（碉堡）；7. 巴尔穆伊迪；8. 韦尔德尼斯农场；9. 喀德尔；10. 格拉斯哥桥（碉堡）；11. 柯金蒂洛赫；12. 奥成塔维（Auchendavy）；13. 巴山；14. 克罗伊山（堡垒和碉堡）；15. 韦斯特伍德（Westerwood）；16. 卡斯喀里；17. 锡贝格兹堡垒和锡贝格兹伍德碉堡；18. 卢卡索；19. 华特灵洛奇堡（碉堡）；20. 卡梅隆；21. 福尔柯克；22. 穆瑞尔斯；23. 因弗拉翁；24. 基奈尔（堡垒和碉堡）；25. 卡里登；26. 博什韦尔霍。

安东尼努斯长墙

公元 138 年，安东尼努斯·皮乌斯继承哈德良之位；他将不列颠边界扩张到苏格兰，并在那里修建了安东尼努斯长墙。工程约始于公元 140 年，初时代替哈德良长墙成为跨越福斯克莱德（Forth-Clyde）地峡更为深入的北部边界。它的墙体建在宽 4.5 米（15 英尺）的石基上，材料为泥炭和黏土；其壁垒可能至少3 米（10 英尺）高，北侧有一道木制胸墙和一条壕沟（见图 2.18）。该城墙分段而建，用里程板做标记。城墙沿线的堡垒较小，其间隔比哈德良长墙的短——约 13 公里（8 英里）。堡垒的防御墙通常为泥炭所建，主要建筑物为石制，其他则为木制。它也有小型堡垒，但没有塔楼，不过从城墙南侧可看到凸出的泥炭烽火台，这大概形成了远距离发送信号的系统，方法可能是点燃烽火。安东尼努斯长墙与哈德良长墙一样，历经了一系列变化。它可能在公元2世纪50年代后期或公元163年被废弃，军队随之撤到哈德良长墙。

莱茵—多瑙河边境

在帝国相当长一段时间内，莱茵河和多瑙河构成了欧洲诸行省的边界，长逾4000公里(2500英里)。自克劳狄统治时期(公元41—54年)起，莱茵河上游西岸和多瑙河南岸用堡垒进行防御，它们之间有道路相通。在图密善治下约公元90年起建上日耳曼"边界"(limes)，从莱茵河到多瑙河，包括道路、瞭望塔和小型堡垒。后来这一线有所变更，更为坚固。在图密善治下，还在美因河(Main)和内卡河(Neckar)之间修建了奥登山(Odenwald)"边界"，并将它作为一条带瞭望塔、堡垒和小型堡垒的道路。公元2世纪初，莱提亚北部边界沿线又修建了一条类似的防御线(莱提亚"边界")。

哈德良加固了这条日耳曼—莱提亚"边界"，在莱茵河和多瑙河之间用牢固的木篱或栅栏(除去莱茵河、美因河和内卡河构成部分边界之处)以及堡垒、小型堡垒和木制瞭望塔作为边界标志。这一人工边界恰好从波恩(Bonn)延至雷根斯堡(Regensburg)附近，长约450公里(280英里)。瞭望塔逐渐被方形石塔取代。

公元2世纪初，多瑙河两岸已有多条由木制或石制的堡垒和瞭望塔构成的防御线。边界扩至达西亚，其中一部分是"limes Transalutanus"——作为该行省东部边界的线形土木工事。当达西亚被放弃后，边界又回到多瑙河。这一地区有许多扩充的边界土木工事。

安东尼努斯·皮乌斯放弃了奥登山"边界"，转到外围"边界"，新增栅栏、石制瞭望塔(没有任何木材)、堡垒和小型堡垒。这是最后一次将日耳曼—莱提亚"边界"向外推进，共持续了100年。大概在公元2世纪后期，作为外围"边界"的栅栏之后又修建了一堵防御墙和壕沟(Pfahlgraben)。大约与此同时，一堵1.2米(4英尺)宽的石墙(Teufelsmauer——鬼墙[Devil's Wall])取代了莱提亚的栅栏。

公元259—260年之后不久，十区领地废弃，此处边界再次以莱茵河和多瑙河为基础，两条河流沿岸及后方均用防御工事再次加固。在堡垒之间，又在两条河支流的沿岸修建了一道“burgi”（独立瞭望塔）防线。边界内侧的城池用城墙设防。到公元5世纪初时，边界已失去控制。

东部边界

东部边界问题在几个世纪中一直十分严重，它们大部分是由堡垒构成的军事地带而没有自然屏障。它从黑海延至红海（Red Sea），共1400公里（870英里）长，途经多种不同的地形区域。帝国早期的防御依赖于各附属王国及其军队构成的缓冲区，但后来这些都消失了。尤其在帝国初期，罗马在已有的城镇驻扎大量军队，但自公元1世纪末期起修建了更多的堡垒和要塞。戴克里先（公元284—305年）进行了一次重要的重组：新建的军事道路戴克里先直道（Strata Diocletiana）从幼发拉底河上的苏哈（Sura）延伸到阿拉伯的图拉真新路（Via Nova Traiana），兴建或重建了许多堡垒和小型堡垒。

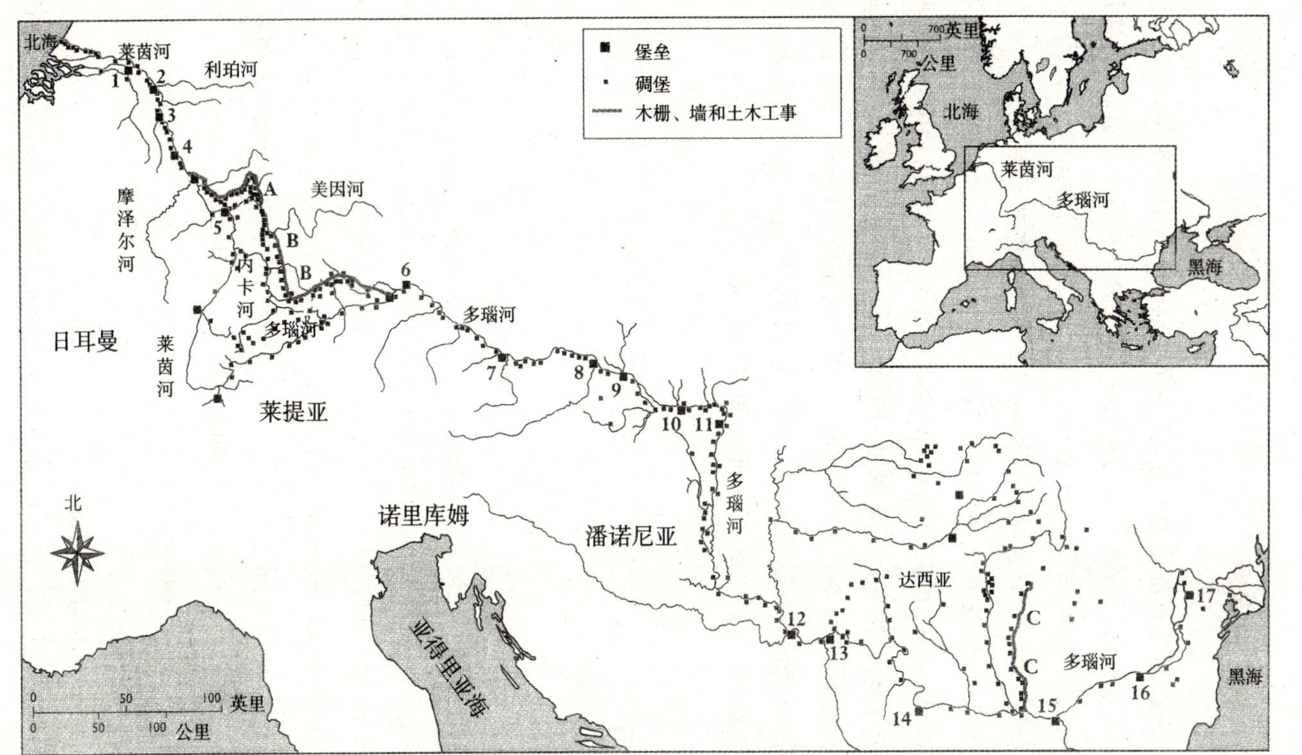

地图 3 莱茵—多瑙河边界：A. 奥登山“边界”；B. 外层“边界”；C. Transalutanus limes。1. 奈梅亨；2. 克桑腾；3. 诺伊斯；4. 波恩；5. 美因兹；6. 雷根斯堡；7. 洛赫；8. 维也纳；9. 卡尔努恩图姆；10. 斯佐尼；11. 布达佩斯；12. 贝尔格莱德；13. 柯斯托拉克；14. 阿卡尔(Archar)；15. 斯都克伦；16. 斯韦斯耶托；17. 伊格利塔。

非　洲

非洲的沙漠边界与东部边界一样，多为军事地带而无自然屏障，它们主要是为控制水源而设计。帝国最南端的边界长约 4000 公里（2500 英里）。到哈德良统治时期，埃及的东部沙漠（Eastern Desert）和南尼罗河沿岸出现一系列道路和堡垒。非洲北部沿岸地区有大量堡垒和小型堡垒。小堡垒基本为方形，由通常为 80 人的百人队驻扎，这些堡垒便称为“百人堡”（centenaria）。哈德良可能还在阿尔及利亚（Algeria）和突尼斯（Tunisia）修建了非洲壕沟（fossatum Africae），它由多条深 2.4 米（8 英尺 2 英寸）的壕沟（fossatum）的延长段构成，带有仅 2.5 米（8 英尺 2 英寸）高的砖泥墙和区间塔。三城边界（limes Tripolitanus）主要是由一系列小堡垒构成，中间用道路和称为“锁”（clausurae）的土方工程的延长线相连。这些只起到屏障作用，不足以进行防御。

阅读书目

History of the Legions

Anderson 1987：army of the early empire；Connolly 1981：development of the army；Grant 1974；Holder 1982：legions of 1st-4th century in Britain；Keppie 1984：army of the republic and early empire；Mann 1983：recruitment in various legions to Diocletian；Southern and Dixon 1996：late Roman army；Tomlin 1981 and 1987：late Roman army；Watson 1987：republican army；Webster 1985：army of the early empire；Welsby 1982：late Roman forces in Britain, including *laeti* and *foederati*.

Numbering and Stations of Legions

Balsdon 1970；Cornell and Matthews 1982；Holder 1982：legions of 1st-4th century in Britain; Keppie 1984: legions of the republic and early empire; Mann 1983, table 33: legionary movements and stations to 230; Webster 1985, 102—9: legions of the early empire.

Organization of Legions

Anderson 1987: army in the early empire; Connolly 1981: earlier republican army; Dobson 1981: army of the republic and empire; Gilliver 1999: summary of how legions were organized; Grant 1974: the imperial army; Holder 1982: legions in Britain; Keppie 1984: army up to the early empire; Le Bohec 1994: readable account of the army, including its organization; Mann 1977: 4th-century army; Maxfield 1981, 21—32, 40—41: career structure and officers; Shelton 1988: army in the republic and empire; Southern and Dixon 1996: late Roman army; Tomlin 1981a & 1987: late Roman army; Watson 1987: republican army; Webster 1985: army in the early empire.

Alae Sociorum

Hornblower and Spawforth (ed.) 1996, 49; Keppie 1984.

Garrison at Rome

Dobson 1981, 224—27; Keppie 1984; Le Bohec 1994; Maxfield 1984, 36—38; Speidel 1994: cavalry bodyguard of the emperor; Webster 1985, 96—102.

Auxiliaries

Coulston 1985: auxiliary archers and their equipment; Dixon and Southern 1992: cavalry forces; Dobson 1981: organization of auxiliaries; Holder 1982: auxiliaries in Britain; Hyland 1990: study of the cavalry horse; Hyland 1993: detailed examination of cavalry forces; Keppie 1984: auxiliaries of the late republic and early empire; Maxfield 1981: organization of auxiliaries; speidel

1984, 117—69: *numeri* and other irregular troops; Webster 1985: auxiliaries of the early empire.

The Navy

Casson 1991, 143—56, 177—91, 213—16: detailed description of the history of the navy and the ships, mainly of the republic and early empire; Meijer 1986: includes a history of the navy in the republic and empire; Redde 1986: detailed source on the navy; Starr 1960: navy from 31BC to AD 324 (little changed from the 1941 edition); Thiel 1946: history of navy and events involving naval sea power in the republic to 167 BC, with a discussion of the *corvus* pp. 432—47; Webster 1985, 157—66: fleets in the 1st and 2nd centuries.

Conditions of Service

Alston 1994: soldiers'pay; Davies 1985, 187—236: diet, medical service; Dobson 1981: auxiliary and legionary pay; Duncan-Jones 1994, 33—41: army costs; Grant 1974: pay; Mann 1983: settlement of discharged legionary soldiers in the late republic; Maxfield 1981, 57—61: spoils booty and donatives; Rickman 1971: organization of military food supply and *annona militaris*; Speidel 1984: includes the pay of auxiliaries; Watson 1969: many aspects of a soldier's life; Watson 1987: pay in the republic.

Active Service

Connolly 1981: includes an illustrated description of siege techniques of Greek and Roman armies; Davies 1985, 93—139: cavalry training grounds, practice camps; Gilliver 1999: siege and battle tactics; Holder 1982, 86—90: training in Britain; Keppie 1984: tactics in the republic and early empire; Le Bohec 1994: readable account of training the army; Marsden 1969: siege warfare and equipment; Oleson 1986: includes bibliography on siege equipment; Tomlin

1981c: siege warfare in the 4th century; Watson 1987: training of soldiers; Webster 1985: battle and siege tactics of the early empire.

Weapons and Equipment

Bishop 1985: production of weapons by the army; Bishop and Coulston 1989 and 1993: weapons, armor and equipment from the middle republic to the late empire; Connolly 1981: detailed illustrated account of weapons, armor and standards, including a discussion of early cultures; Connolly 1987: saddles; Coulston 1985: archery equipment; Dixon and Southern 1992: cavalry equipment; Hyland 1990 and 1993: cavalry equipment; Keppie 1984, 69, 139—40: standards; Manning 1985: various weapons, armor and cavalry equipment; Marsden 1969: artillery; Pad-dock 1985: manufacture and supply of helmets; Scott 1985: illustrated account of daggers and scabbards with a gazetteer of finds; Sim and Ridge 2002: manufacture of iron weapons and equipment for the army; Southern and Dixon 1996: late Roman equipment; Stephenson 1999: clear explanation of infantry equipment of the later empire; Tomlin 1981c: artillery of the 4th century; Webster 1985: equipment of various kinds of the early empire.

Honors

Connolly 1981, 247—48: illustrated description of triumphs; Maxfield 1981: decorations and triumphs; Scullard 1981,213—18: triumphs.

Camps, Forts and Fortresses

Bidwell et al. 1988: timber and stone fort gates across the empire; Connolly 1981: illustrated description of marching camps; Davison 1989: army barracks; Johnson 1983: late Roman fortifications; Lander 1984: detailed description of the design and defenses of stone forts and fortresses throughout the empire; Maxfield (ed.) 1989: Saxon Shore forts (including a gazetteer); Rickman 1971, 213—90: military granaries; Shirley 2001: practicalities of building a fortress; Tomlin 1981b: late Roman fortifications; Webster 1985: early imperial fortifications; Welsby 1982: late Roman garrisons and forts in Britain.

Frontiers

Breeze 1982 and 1987: northern frontiers of Britain; Breeze and Dobson 2000: Hadrian's Wall; Daniels 1987: African frontier; Elton 1996: changing frontiers of the empire; Isaac 1988: discusses meaning of *limes*; Isaac 1992: frontier in the east; Johnson 1983: frontiers of the Rhine, Danube and North Sea, with a gazetteer of *burgi*; Johnson 1989: Hadrian's Wall; Johnston (ed.) 1977: Saxon Shore forts; Kennedy 1987: eastern frontier; Kennedy 1992: frontier in Arabia (review article, with discussion and references); Kennedy and Riley 1990: the eastern frontier, illustrated by numerous aerial photographs and plans; Lander 1984: includes forts and fortresses relating to frontier defenses; Mattingly 1995: includes *limes Tripolitanus*; Maxfield 1987: Rhine Danube frontier; Maxfield and Dobson 1991: latest congress report on frontier studies covering many topics; Southern and Dixson 1996: late Roman frontiers; Webster 1985: sunnary of the development of frontier policy throughout the empire in the 1st and 2nd centuries; Wilkes 1989: review article on the Danube frontier in Noricum; Woolliscoft 2001: military signaling.

第三章

罗马世界的地理

罗马世界的版图变迁

罗马城

罗马城的起源一直是模糊不清且争议颇多的问题，甚至在罗马时期，试图对它的起源和发展进行解释的神话和传说就有很多种。早在公元前两千纪后期的青铜时代(Bronze Age)，该地区即已出现了某种形式的聚落。传统观点认为，第一个聚落出现在帕拉丁山上，有证据表明这里的聚落在公元前8世纪中期的铁器时代开始扩张。其后不久，在奎里纳尔山(Quirinal Hill)上又出现一个聚落，盖为萨宾人。

此时，罗马周围有许多居民群落，其中包括埃特鲁里亚人、萨宾人、法利斯克人(Faliscans)和拉丁人。所有这些居民对罗马的早期发展均产生过影响，但罗马的多数人口可能为拉丁人。这些早期聚落与村庄无异，但那些在相邻山丘发展起来的聚落逐渐合并成一个大型聚落，到公元前6世纪，它们已具备显著的城市特征。罗马在7座低矮山丘上建成：阿芬丁山(Aventine)、凯利乌斯山(Caelian)、卡皮托尔山、埃斯奎林山(Esquiline)、帕拉丁山、奎里纳尔山和维米纳尔山(Viminal)。罗马城建在台伯河浅滩的最低处，地势低洼区域常被河水淹没。随着城市的发展，居民栖居地扩展到这些山丘及其间的山谷之外，在公元前4世纪时，又被所谓的塞尔维乌斯城墙围起。帝国时期，罗马城占据的区域更大，其周围又修建了奥莱里安城墙(Aurelian wall)。

王政时代及共和国早期和中期

王政时期，罗马的影响和区域均开始扩大；它征服了周围聚落，并与较远处的城市建立了商业关系，例如迦太基和马西里亚(Massilia)的希腊殖民城。到公元前509年共和国伊始时，罗马已在政治和军事上控制了拉丁姆地区的许多城市。然而，罗马人与拉丁人之间爆发战争，公元前493年以罗马占据优势并与拉丁同盟签订条约而告终。该盟约使罗马在公元前5世纪上半期遏制了来自周边聚落的进攻，之后又得以继续采取攻势，经长期战争后在公元前396年攻陷维伊城。公元前390年，罗马经受了来自北部高卢人的入侵，并很快从挫败中恢复。罗马开始在拉丁姆的一些主要城市建立殖民城，并对周边地区发动战争。拉丁同盟为独立进行的战斗失败后，公元前338年同盟被解散，罗马疆域大大扩展，之后罗马又控制了坎帕尼亚(Campania)北部地区，最终于公元前3世纪初击败萨莫奈人。

公元前3世纪，罗马扩张到意大利南部，开始与"大希腊"(Magna Graecia，对意大利南部作为殖民城建立的希腊诸城的统称)发生冲突。最终，罗马征服了意大利南部；在北部一系列战争取胜后，到公元前3世纪中期，罗马已经控制了整个意大利半岛。到那时止，罗马直接统治着意大利五分之一以上的区域，各战略地点由罗马人或罗马人与拉丁人的殖民城据守。

在意大利被完全征服前，罗马及其意大利同盟卷入了第一次布匿战争(公元前264—前241年)。这只是其后百余年中一系列主要战争的发端，其间，罗马征服了迦太基和希腊东部的各主要势力，到公元前167年成为地中海上的主导力量。然而这些敌对势力并未被完全歼灭，迦太基的再次反叛最终导致了它自己的覆灭，公元前146年马其顿被兼并为罗马的一个行省。

共和国后期

公元前133年在努曼提亚被攻陷的同时，一系列长期的西班牙战争宣告结束，行省已扩展到西班牙的大部分地区。公元前133年，帕加马的阿塔路斯将其王国遗赠给罗马，后成为亚细亚行省。迄至此时，比苏尼亚、伽拉提亚和罗德斯的希腊化诸王国均以各种方式被收服。罗马还干预埃及和叙利亚的政事，成为地中海地区极具影响力的统治者。经过与高卢南部诸部落的战争，罗马人于公元前121年设立山北高卢(Gallia Transalpina，即后来的那尔旁[Narbonensis])。

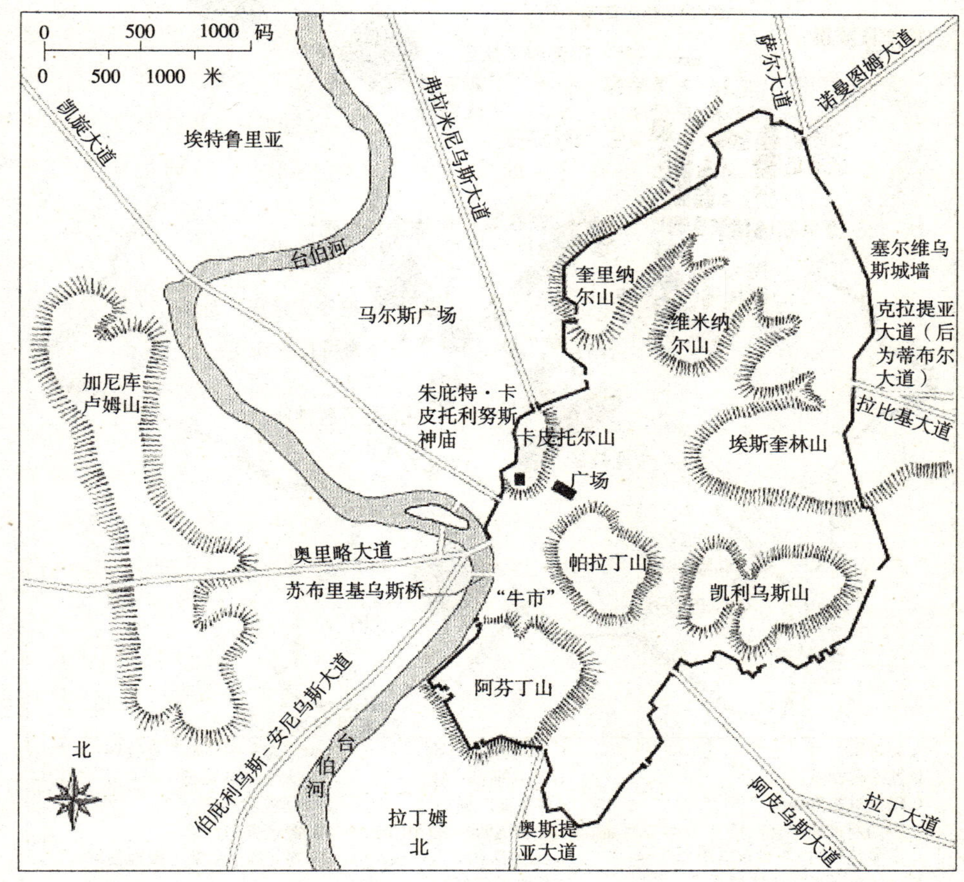

地图4 早期罗马，包括七丘(Seven Hills)和塞尔维乌斯城墙。

在公元前3世纪和公元前2世纪期间，罗马在地中海地区建立起庞大的海外帝国。不过，从公元前133年到共和国末期，罗马为捍御这一帝国做了许多努力，不仅要应付外部对边境的威胁和内部的叛乱，同时还要为新征服区域确立统治秩序。

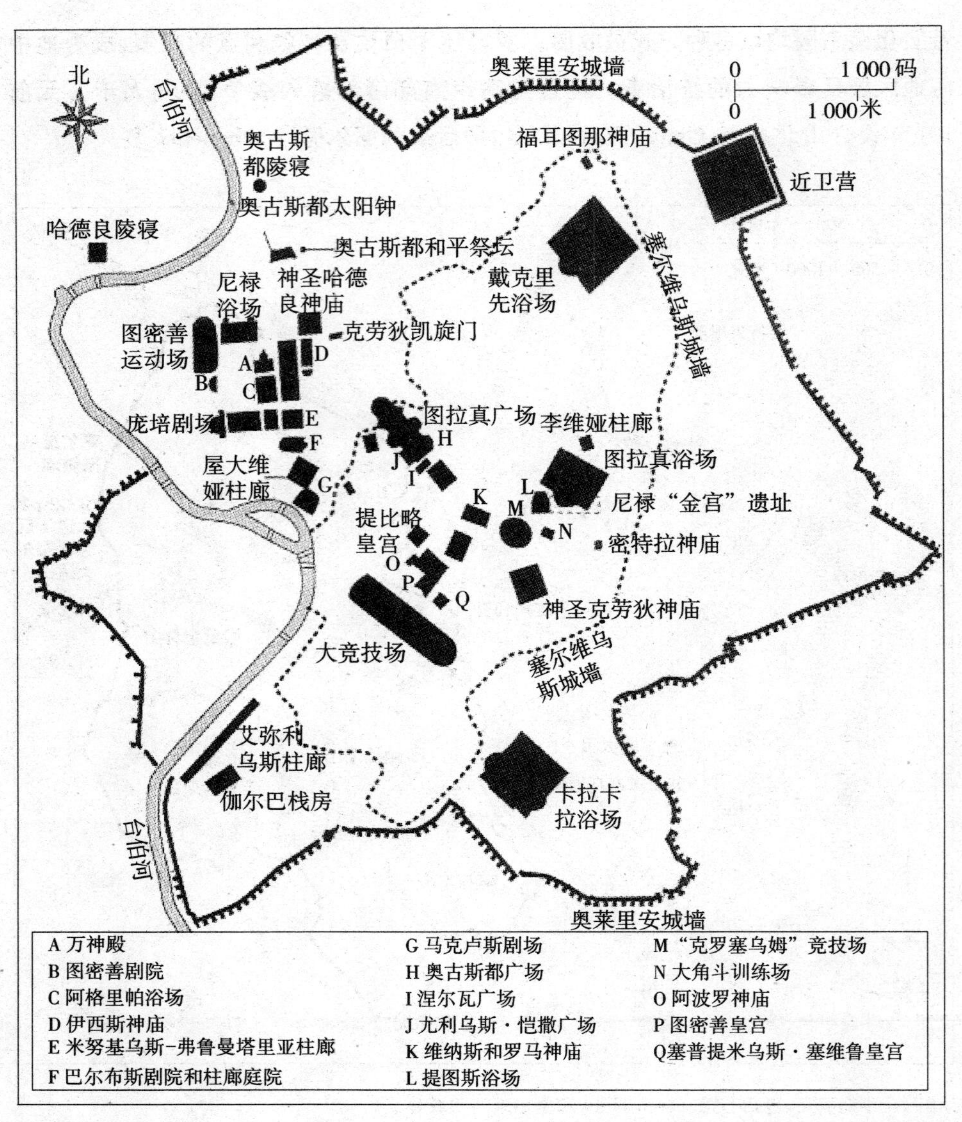

地图5　帝国时期的罗马城及一些重要地点。有些建筑物(如“和平祭坛”[Ara Pacis])后来迁至新址。

在共和国后期的几十年间，随着庞培和尤利乌斯·恺撒的崛起，帝国开始大肆扩张。庞培通过公元前64年到公元前62年的东部战争将叙利亚建成罗马行省，并扩大了西里西亚的疆域。本都被并入比苏尼亚，新征服地区以一系列毗邻的附属国作为屏障。在西部，恺撒于公元前59年开始征服高卢，到公元前50年时，他将罗马控制的边境推进至英吉利海峡和莱茵河。内战期间，恺撒在公元前46年与庞培党羽作战时，通过兼并努米底亚朱巴二世王（King Juba II）的部分王国扩大了非洲行省的范围。然而，在当时的内战或公元前44年恺撒被刺后的内战中，帝国几乎没有扩张的机会。

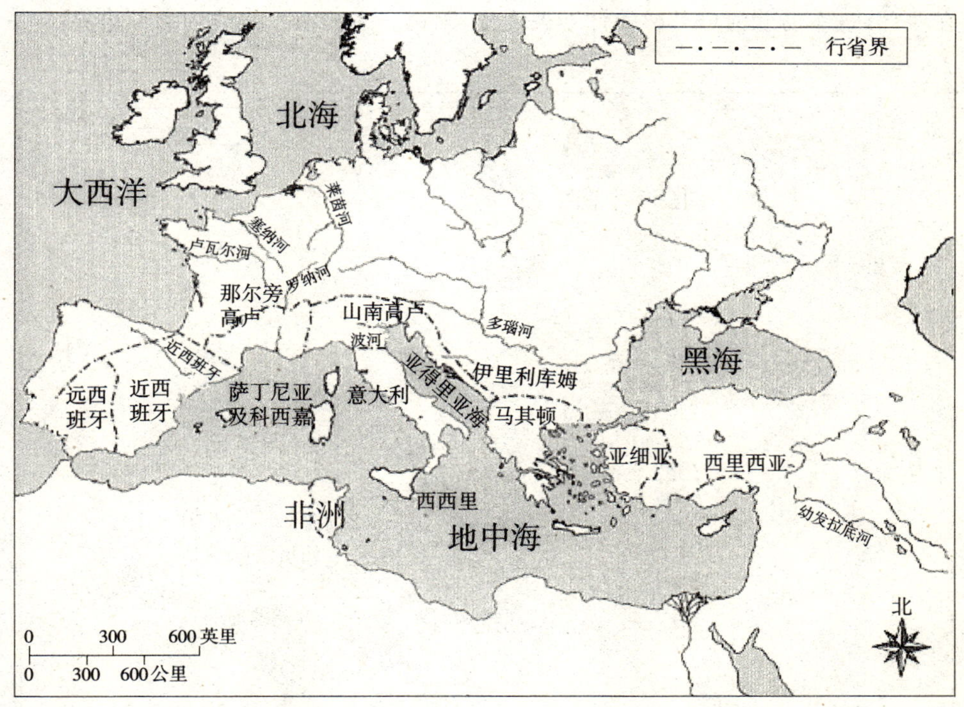

地图6　公元前100年的罗马世界。

帝国早期

公元前31年内战结束时，屋大维（后来的“奥古斯都”）完全控制着整个帝国。虽然他的地位无可争辩，其法律地位却较难解决。公元前27年，他将国家交给元老院，但元老院却通过了他对行省应拥有10年特殊指挥权的决定，其中包括拥有大批军队的西班牙、高卢、叙利亚和西里西亚诸省。

在随后的几十年中，屋大维（已成为“奥古斯都”）的特权是巩固已有诸行省，巩固措施会演变成边界扩张或放弃疆域的情况。他放弃了东部的扩张计划，并同帕提亚签订了协约。伽拉提亚在公元前25年被设为行省，犹地亚在公元6年成为行省。西班牙被最终平定，而且西班牙和高卢均被重新组织划分。罗马将北部边界扩至多瑙河，并建立了莱提亚、诺里库姆、潘诺尼亚和摩埃希亚诸行省。在西部，进军易北河（Elbe）的计划被废弃，莱茵—多瑙河一线成为北部边界。

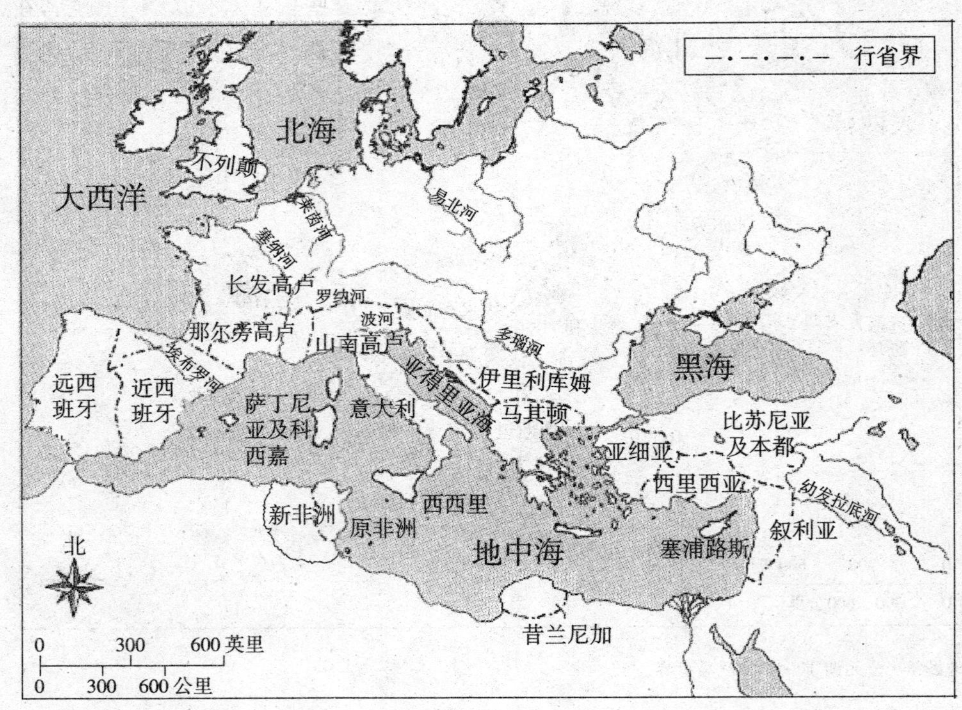

地图7 公元前44年的罗马世界。

除建立卡帕多西亚行省外，提比略基本遵循了奥古斯都不再扩张帝国的建议。克劳狄统治时期并入了毛里塔尼亚两省、不列颠、吕西亚（Lycia）和色雷斯诸省。尼禄统治期间，各行省动乱和反叛不断，在其统治结束后的公元69年内战导致了整个帝国的分崩。

帝国全盛时期

韦帕芗从动乱中崛起并于公元 69 年称帝，他确立了巩固已有边境的政策。这一政策为后来的皇帝所普遍接受，帝国几乎未有扩张。图密善治下，日耳曼分成两个行省（上、下日耳曼）。图拉真吞并了达西亚和阿拉伯，并从帕提亚处获得了亚美尼亚、美索不达米亚和亚述（Assyria）等省。不列颠和莱茵—多瑙河的北部边境不断出现问题，随后的统治者一直努力巩固这些边境。公元 2 世纪初，在图拉真治下，潘诺尼亚被分成两个行省（上、下潘诺尼亚），而在哈德良治下，达西亚分成两个行省，之后又分成三个。帝国在图拉真治下达到全盛，但其继任者哈

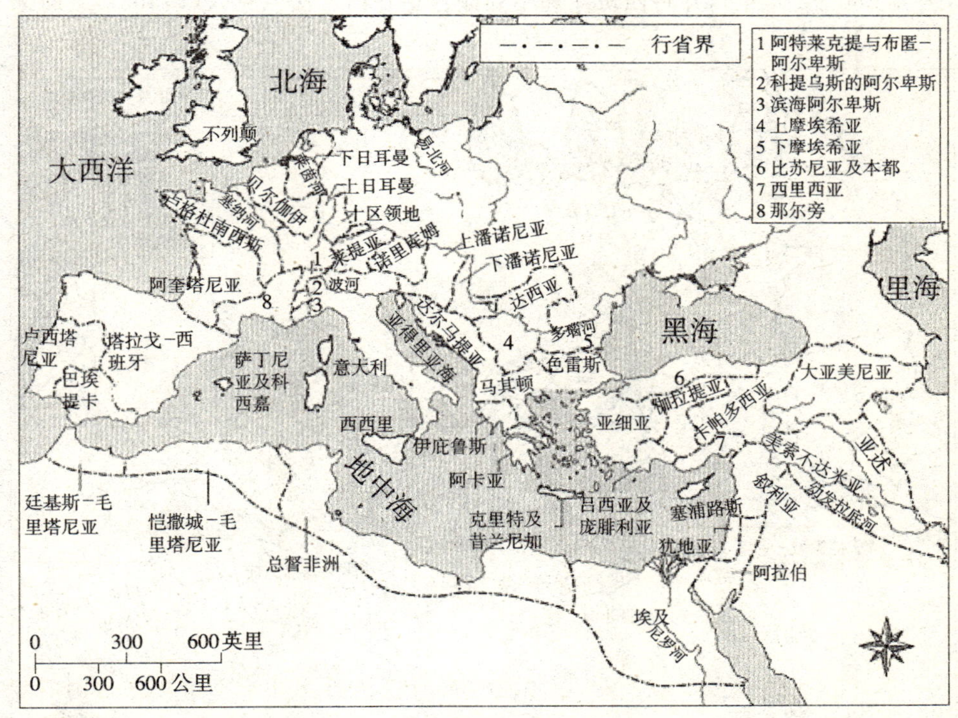

地图 8　约公元 117 年图拉真皇帝治下的罗马帝国所及的最大范围。

德良只注重保卫边境而放弃了一些图拉真征服的区域。自哈德良时期开始，帝

国停止扩张，保持相对稳定的状态。

帝国末期

帝国这种相对稳定、和平的状态保持到公元 193 年，康茂德死后发生内战，塞普提米乌斯·塞维鲁从中崛起成为胜利者。塞维鲁不断巩固边境，并加强行省管理，将一些行省一分为二。他之后的诸帝统治期间，帝国重归相对稳定、和平的状态，直到公元 235 年塞维鲁·亚历山大死后，代之而起的是 50 年的军事混乱，皇帝频繁即位，平均每人在位时间不超过三年。帝国的安全被忽视，一些边界出现缺口。叙利亚被占，小亚细亚遭袭，珀斯图姆斯在西部建立高卢帝国（公元 260—274 年），并将西班牙和不列颠包括在内。法兰克人（Franks）威胁莱

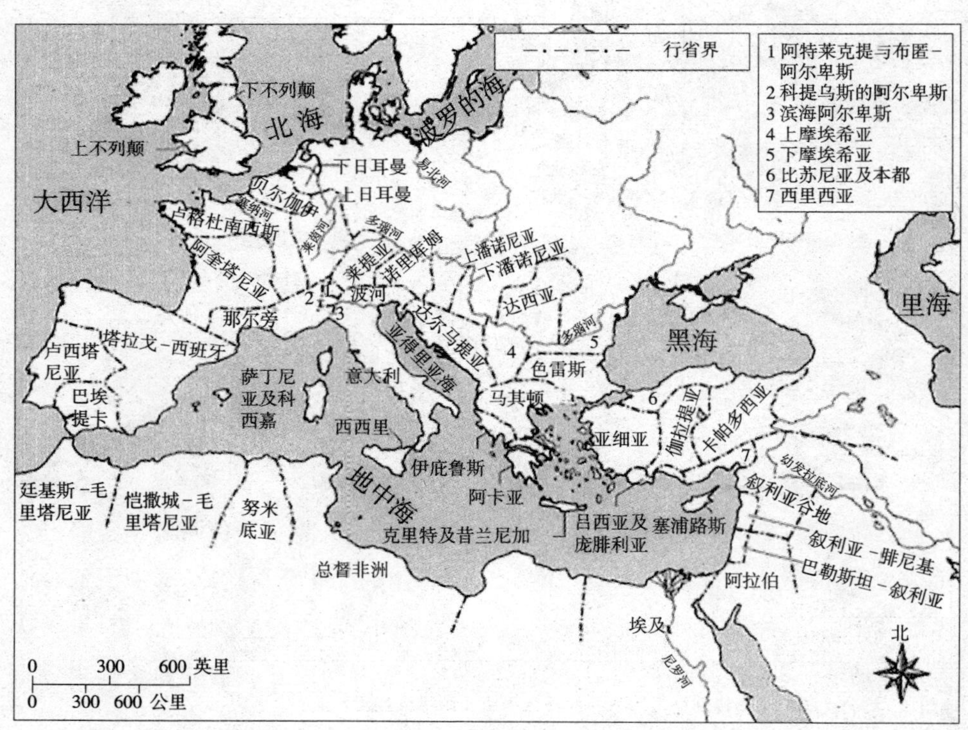

地图 9　约公元 211 年塞普提米乌斯·塞维鲁皇帝治下的罗马帝国。

茵河下游地区(Lower Rhine),阿勒曼尼人越过莱茵河践踏意大利北部。撒克逊海盗侵入英吉利海峡沿岸,哥特人入侵巴尔干和爱琴海地区。

克劳狄·哥特库斯和奥莱里安试图恢复秩序。相对来讲,除达西亚和十区领地,帝国并没有完全失去任何区域。然而,帝位短暂且频繁更替的现象一直持续,直到戴克里先在公元 284 年掌权才告停止。为了稳固皇位继承,戴克里先将帝国及皇权分离。他与马克西米亚努斯为联合奥古斯都,并设立两个低级别的恺撒(伽莱里乌斯和君士坦提乌斯·克罗鲁斯),后两人被指定继承联合奥古斯都。实际上,帝国已经分成西部和东部,马克西米亚努斯和君士坦提乌斯·克罗鲁斯控制西部,而戴克里先和伽莱里乌斯控制东部,其下分成更小的单位,实际的行省数目增加了一倍。为管理之便,这些较小的行省分别编入 12 个管区。

戴克里先保障皇位继承的方式以失败告终,他去职后内战随即爆发,公元 324 年君士坦丁一世崛起,成为东西两部唯一的皇帝。然而,东西分裂的趋势进一步发展,他于公元 337 年死后,帝国再次在两位奥古斯都之间分裂。君士坦丁一世建立的王朝持续到尤利安公元 363 年去世之时。此时,边境压力进一步增加,皇帝不得不接连应付各种入侵和袭击。公元 4 世纪末,这种压力继续增强,日耳曼诸民族的大举迁徙威胁到莱茵—多瑙河边界,如西哥特人、东哥特人、阿兰人、阿勒曼尼人、法兰克人、勃艮第人、汪达尔人和苏埃比人。

公元 5 世纪初,帝国开始瓦解。公元 407 年,莱茵河边界被许多部族攻占;公元 409 年,汪达尔人、苏埃比人和阿兰人越过比利牛斯山进入西班牙;公元 410 年罗马放弃不列颠。另外,公元 410 年西哥特人在阿拉里克率领下侵入希腊和意大利,并洗劫罗马城,但阿拉里克死后即向北撤退。公元 412 年,西哥特人占领高卢西南部的部分地区,但被迫进入西班牙,最终获准在阿基坦定居。公元 429 年,汪达尔人和阿兰人越过直布罗陀海峡进入非洲。随后,非洲大部分地区落入汪达尔人之手,到公元 439 年他们向东扩展至迦太基。公元 455 年汪达尔人洗劫罗马并占领西西里,同时,西哥特人已吞并西班牙大部分地区。到公元 476 年,帝国西部几乎被瓜分殆尽。

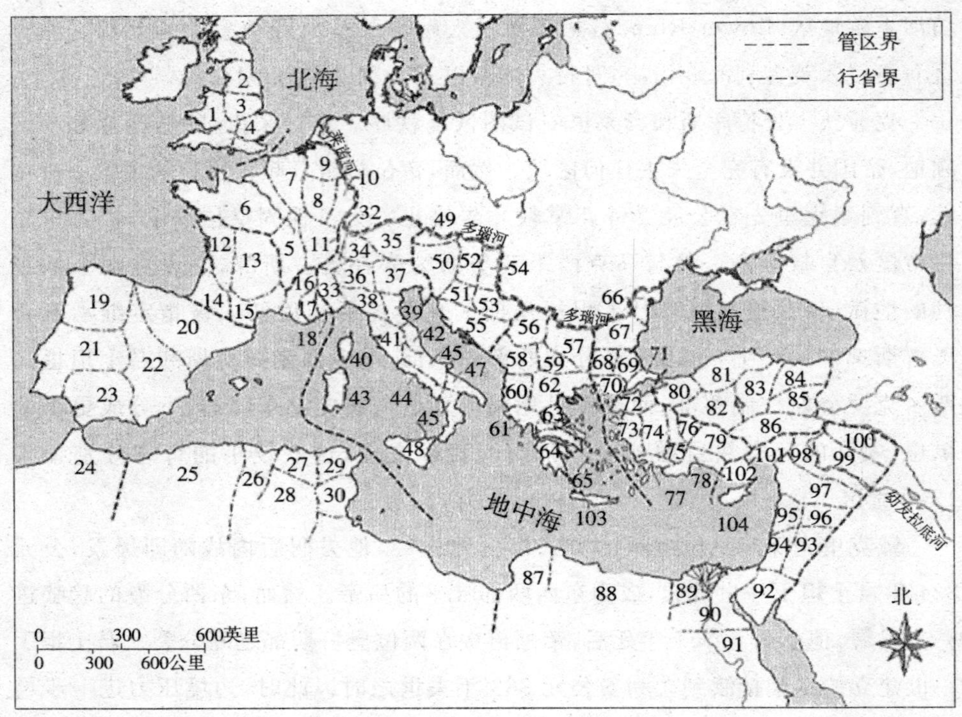

地图10　公元314年戴克里先重组后罗马帝国的管区和行省。行省编号为1到104,管区则以黑体标识:**不列颠(Britanniae)**:1. 第一不列颠(Britannia Prima (I)),2. 第二不列颠(Britannia Secunda (II)),3. 弗拉维一恺撒省(Flavia Caesariensis),4. 大恺撒(Maxima Caesariensis);**高卢(Galliae)**:5. 第一卢格杜南西斯(Lugdunensis Prima (I)),6. 第二卢格杜南西斯(Lugdunensis Secunda (II)),7. 第二贝尔伽伊(Belgica Secunda (II)),8. 第一贝尔伽伊(Belgica Prima (I)),9. 第二日耳曼(Germania Secunda (II)),10. 第一日耳曼(Germania Prima (I)),11. 塞夸尼亚[Sequania](或塞夸尼大区[Maxima Sequanorum]);**维埃南锡斯(Viennensis)**:12. 第二阿奎塔尼亚(Aquitanica Secunda (II)),13. 第一阿奎塔尼亚(Aquitanica Prima (I)),14. 诺姆波普里(Novem Populi),15. 第一那尔旁(Narbonensis Prima (I)),16. 维埃南锡斯,17. 第二那尔旁(Narbonensis Secunda (II)),18. 滨海阿尔卑斯(Alpes Maritimae);**西班牙(Hispaniae)**:19. 伽莱吉亚(Gallaecia),20. 塔拉戈一西班牙,21. 卢西塔尼亚(Lusitania),22. 迦太基(Carthaginiensis),23. 巴埃提卡(Baetica),24. 廷基斯一毛里塔尼亚(Mauretania Tingitana);**非洲**:25. 恺撒城一毛里塔尼亚(Mauretania Caesariensis),26. 希提菲斯一毛里塔尼亚(Mauretania Sitifensis),27. 基尔塔一努米底亚(Numidia Cirtensis),28. 米利塔一努米底亚(Numidia Militana),29. 总督非洲(Proconsularis),30. 拜扎凯纳(Byzacena),31. 的黎波里塔尼亚(Tripolitania);**意大利**:32. 格拉亚斯的阿尔卑斯(Alpes Graiae),33. 科提乌斯一阿尔卑斯(Alpes Cottiae),34. 第一莱提亚(Raetia Prima (I)),35. 第二莱提亚(Raetia Secunda (II)),36. 埃米利亚(Aemilia),37. 温奈提亚一伊斯特利亚(Venetia et Histria),38. 利古里亚,39. 弗拉米尼亚(Flaminia),40. 科西嘉,41. 托斯卡一翁布里亚(Tuscia et Umbria),42. 皮塞努姆(Picenum),43. 萨丁尼亚,44. 坎帕尼亚,45. 萨莫尼乌姆(Samnium),46. 卢卡尼亚,47. 阿普利亚及卡拉布里亚(Apulia et Calabria),48. 西

西里(Sicilia);**潘诺尼亚(Pannoniae)**:49. 滨河诺里库姆(Noricum Ripense),50. 地中海诺里库姆(Noricum Mediterraneum),51. 萨维亚(Savia),52. 第一潘诺尼亚(Pannonia Prima (I)),53. 第二潘诺尼亚(Pannonia Secunda (II)),54. 瓦莱里亚(Valeria),55. 达尔马提亚;**摩埃希亚(Moesiae)**:56. 第一摩埃希亚(Moesia Prima (I)),57. 达西亚,58. 普莱瓦里塔纳(Praevalitana),59. 达尔达尼亚,60. 新伊庇鲁斯(Epirus Nova),61. 原伊庇鲁斯(Epirus Vetus),62. 马其顿,63. 色萨利(Thessalia),64. 阿卡亚,65. 群岛(Insulae);**色雷斯(Thracie)**:66. 西徐亚(Scythia),67. 第二摩埃希亚(Moesia Secunda (II)),68. 色雷斯,69. 哈埃密蒙图斯(Haemimontus),70. 罗多彼(Rhodope),71. 欧罗巴(Europa);亚细亚(Asiana):72. 赫勒斯滂(Hellespontus),73. 亚细亚,74. 吕底亚(Lydia),75. 第一弗里吉亚(Phrygia Prima (I)),76. 第二弗里吉亚(Phrygia Secunda (II)),77. 卡里亚,78. 吕西亚及庞腓利亚(Pamphylia),79. 皮西迪亚(Pisidia);**本都(Pontica)**:80. 比苏尼亚,81. 帕夫拉戈尼亚(Paphlagonia),82. 伽拉提亚,83. 圣海(Diospontus),84. 伯莱摩—本都(Pontus Polemoniacus),85. 小亚美尼亚(Armenia Minor),86. 卡帕多西亚,**东方(Oriens)**:87. 上利比亚(Libya Superior),88. 下利比亚(Libya Inferior),89. 朱庇特埃及(Aegyptus Iovia),90. 赫拉克勒斯埃及(Aegyptus Herculia),91. 底比斯(Thebais),92. 第二阿拉伯(Arabia Secunda (II)),93. 第一阿拉伯(Arabia Prima (I)),94. 巴勒斯坦,95. 腓尼基,96. 黎巴嫩奥古斯都省(Augusta Libanensis),97. 叙利亚谷地(Syria Coela),98. 幼发拉底流域奥古斯都省(Augusta Euphratensis),99. 奥斯罗埃尼(Osrhoene),100. 美索不达米亚,101. 西里西亚,102. 伊绍里亚,103. 克里特(Creta),104. 塞浦路斯。

相对来讲,帝国东部并未受到触动。君士坦丁一世将其首府迁至君士坦丁堡,东部帝国或称拜占庭帝国即在此进行统治,该城也得以进一步发展。东部帝国也曾尝试收复西部地区,但在查士丁尼掌权之前,收效甚微。西班牙只有部分地区被收复,公元 533 年非洲被收复,公元 553 年,经过长期斗争意大利终于被收复。查士丁尼于公元 565 年去世,但拜占庭帝国又继续存在了 900 年。然而,公元 568 年意大利大部分地区落入伦巴底人(Lombards)之手,公元七、八世纪,帝国东部大部分地区和非洲北部地区再次沦陷。拜占庭帝国的其余部分于公元 1453 年落入奥斯曼—土耳其人手中。

行　省

罗马取得更大区域后,其首要关注点之一即为保障帝国边境。常用的方法有在边界外立即建立缓冲区,通过附属国王控制帝国内诸王国,建立同盟,有时甚至将毗邻区域作为罗马的保护国。一旦无法用政治手段控制毗邻国家而且后者威胁到边境时,这些国家就会被兼并,成为帝国内的行省。

主要行省的设立时间

时间(公元前)	
公元前 241 年	西西里
公元前 227 年	萨丁尼亚及科西嘉
公元前 197 年	远西班牙(Hispania Ulterior)
公元前 197 年	近西班牙(Hispania Citerior)
公元前 146 年	非洲,马其顿
公元前 129—前 128 年	亚细亚
公元前 121 年	那尔旁高卢(Gallia Narbonensis)
公元前 74 年	比苏尼亚,昔兰尼加
公元前 67 年	克里特,后来形成克里特及昔兰尼加(Cyrene)行省
公元前 65 年	西本都(Western Pontus),形成比苏尼亚及本都行省
公元前 64 年	叙利亚
公元前 58 年	塞浦路斯
公元前 58—前 50 年	长发高卢(Gallia Comata)
公元前 30 年	埃及(Aegyptus)
公元前 25 年	伽拉提亚
公元前 15 年	莱提亚
约公元前 15 年	诺里库姆

时间(公元)	
公元 6 年前	摩埃希亚
公元 9 年后	达尔马提亚,潘诺尼亚
公元 17 年	卡帕多西亚
约公元 42 年	毛里塔尼亚
公元 43 年	不列颠(Britannia)、吕西亚及庞腓利亚

公元 46 年	色雷斯(Thracia)
公元 106 年	阿拉伯
公元 107	达西亚
公元 197 年	美索不达米亚

罗马统治时期,几乎所有疆界和边境都发生过某些变化,然而说明某边境线被重新划过的证据通常不甚明确。故此,地图上仅显示出行省和管区近似的边界线,而非精确地点。在下面的行省介绍中,"戴克里先改革"指的是建立管区和公元 4 世纪初的行省分割。

最初,行省(provincia)一词意为行政官在其任期内担负的军事或民政职责,所以,举例来说,大法官在罗马的"provincia"指司法权。后来,"行省"逐渐指代所管辖的地理区域,而且通常是共和国时期由代执政官管辖的区域。帝国时期,行省分成元老院行省和元首行省。元老院行省由元老院任命的统治者管理,而元首行省(需驻扎军队的行省)由皇帝管辖,由他再派出行省统治者。任何新建行省均自动成为元首行省。

诸行省

阿卡亚 公元前 27 年从马其顿(自公元前 146 年起是该行省的一部分)分离出来,形成一个新的元老院行省。新的阿卡亚行省纳入了埃托利亚(Aetolia)、色萨利(Thessaly)、伊庇鲁斯的一部分以及阿尔卡尔纳尼亚(Arcarnania)。后来提比略又将阿卡亚并入马其顿,但被克劳狄取消。戴克里先改革后,阿卡亚成为摩埃希亚管区中的一个行省。

埃及 公元前 30 年成为元首行省。有别于其他任何行省,因为它几乎被当作一个庞大的元首地产来管理,而且保留了许多托勒密(Ptolemies)时代的行政机构。在戴克里先改革中,它被分割成东方管区中的几个小行省。

赫拉克勒斯埃及 东方管区中的行省，戴克里先改革期间创建。

朱庇特埃及 东方管区中的行省，戴克里先改革期间创建。

埃米利亚 意大利管区中的行省，戴克里先改革期间创建。

非洲 该行省在公元前146年迦太基战败后从部分被征服区域中初建，与东北部的突尼斯略有相连。公元前46年塔普苏斯战役后，尤利乌斯·恺撒将一处较远的区域(Africa Nova，新非洲)并入原来的行省中，原有行省随即称作“原非洲”(Africa Vetus)。奥古斯都治下，又获得一处更远的区域，并重新组成一个新行省——总督非洲(Africa Proconsularis)，其疆域西起努米底亚，东至昔兰尼加。似乎之后不久，努米底亚和毛里塔尼亚的沿海地区也被纳入了总督非洲，从而形成一个庞大的元老院行省。毛里塔尼亚在公元40年落入罗马人之手，但直到几年后才被完全征服。约公元42年，毛里塔尼亚分成两个元首行省：恺撒城—毛里塔尼亚和廷基斯—毛里塔尼亚。塞维鲁治下，努米底亚被设为一个独立的元首行省。戴克里先改革时，非洲行省被分成非洲管区中的7个新行省(的黎波里塔尼亚、拜扎凯纳、总督非洲、基尔塔—努米底亚、米利塔—努米底亚、希提非斯—毛里塔尼亚和恺撒城—毛里塔尼亚)，而廷基斯—毛里塔尼亚成为西班牙管区的一部分。

新非洲、总督非洲以及原非洲 参见非洲。

十区领地 参见日耳曼。

阿特莱克提乌斯与佩尼乌斯的阿尔卑斯(Alpes Atrectianae et Poeninae) 第三个设立的阿尔卑斯行省，建于公元2世纪。戴克里先改革后仍为意大利管区的行省，但更名为格拉亚斯的阿尔卑斯。

科提乌斯的阿尔卑斯 尼禄统治时期被兼并，成为元首行省。戴克里先改革后仍为意大利管区内的行省，但范围限定在阿尔卑斯山东部，不过其区域在其他方向有所扩展。

格拉亚斯的阿尔卑斯 参见阿特莱克提乌斯与佩尼乌斯的阿尔卑斯。

滨海阿尔卑斯 公元前14年成为行省，后为元首行省。戴克里先改革后仍为维埃南锡斯管区内的行省，但范围限定在阿尔卑斯山西部，不过其区域在其他方向有所扩展。

阿普利亚及卡拉布里亚 意大利管区中的一个行省，戴克里先改革期间建立。

阿奎塔尼亚 参见长发高卢。

第一阿奎塔尼亚 维埃南锡斯管区中的一个行省，戴克里先改革期间建立。

第二阿奎塔尼亚 维埃南锡斯管区中的一个行省，戴克里先改革期间建立。

阿拉伯 参见叙利亚。

第一阿拉伯 东方管区中的一个行省，戴克里先改革期间建立。

第二阿拉伯 东方管区中的一个行省，戴克里先改革期间建立。

亚美尼亚 参见大亚美尼亚(Armenia Major)和小亚美尼亚。

大亚美尼亚 亚美尼亚是罗马与帕提亚之间长期权力斗争的焦点。在庞培战争后，亚美尼亚成为罗马的保护国，但仍是争夺的焦点。公元114年图拉真吞并亚美尼亚并设立大亚美尼亚行省。公元117年，哈德良将其还原为早期独立王国的状态，但其君王由罗马任命。

小亚美尼亚 自庞培开始，这一小王国便被授予毗邻国王继承。它可能被提比略吞并，但公元38年卡里古拉将它授给克图斯王(King Cotys)，之后由卡尔基斯(Chalcis)的希律王(King Herod)的一个儿子统治。韦帕芗将之并入卡帕多西亚行省。戴克里先改革后，本都管区中的一个行省重新使用小亚美尼亚之名。

亚细亚 该地区是公元前133年由帕加马的阿塔路斯三世王遗赠给罗马的，公元前129年成为一个行省。在奥古斯都治下，它成为一个元老院行省，韦帕芗治下，它又将罗德斯纳入疆域。戴克里先改革期间，该地区被分成亚细亚管区内一些更小的行省，其中之一仍称为亚细亚。

亚述 此地区在公元116年图拉真治下成为行省，但被哈德良放弃。

幼发拉底流域奥古斯都省 东方管区中的一个行省，戴克里先改革期间建立。

黎巴嫩奥古斯都省 东方管区中的一个行省，戴克里先改革期间建立。

巴埃提卡(Baetica) 参见近西班牙。

贝尔伽伊(贝尔伽伊—高卢[Gallia Belgica]) 见长发高卢。

第一贝尔伽伊 高卢管区中的一个行省，戴克里先改革期间建立。

第二贝尔伽伊 高卢管区中的一个行省，戴克里先改革期间建立。

比苏尼亚 本都管区中的一个行省，戴克里先改革期间建立。

比苏尼亚及本都(Bithynia et Pontus) 公元前74年，尼科美德斯四世王(**King Nicomedes IV**)将比苏尼亚遗赠给罗马，公元前65年比苏尼亚被纳入本都西部地区，组成比苏尼亚及本都行省。帝国时期，它最初为元老院行省，在马尔库斯·奥里略治下成为元首行省。戴克里先改革时，该地区被分成本都管区内的一些新行省。

不列颠 恺撒结束公元前55年和公元前54年的战争后，罗马便取得了对不列颠的主权，但直到公元43年入侵后它才成为一个元首行省。该行省的主要区域在公元1世纪末才得以征服。公元3世纪初，不列颠被分成两个行省，上不列颠(**Britannia Superior**)和下不列颠(**Britannia Inferior**)。戴克里先改革期间，不列颠成为不列颠管区，分为四个行省：第一不列颠、第二不列颠、弗拉维—恺撒省和大恺撒。

拜扎凯纳(Byzacena) 非洲管区中的一个行省，戴克里先改革期间建立。

坎帕尼亚(Campania) 意大利管区中的一个行省，戴克里先改革期间建立。

卡帕多西亚(Cappadocia) 该行省之前是一个保护国，公元17年被吞并。韦帕芗将它并入伽拉提亚，由同一统治者管理，但图拉真将卡帕多西亚与本都一起定为独立行省。戴克里先改革期间，该地区被分成本都管区中的几个小行省，其中之一一直使用卡帕多西亚之名。

卡里亚(Caria) 亚细亚管区中的一个行省,戴克里先改革期间建立。

迦太基 西班牙管区中的一个行省,戴克里先改革期间建立。

西里西亚 该地区在公元72年正式成为一个元首行省,但早在公元前102年对付海盗的行动中,它就已被罗马占领,而海盗最终在公元前67年被庞培镇压。有一段时间,西里西亚行省包括弗里吉亚和皮西迪亚两处,后来二者又归还给亚细亚行省,西里西亚最初是阿塔路斯三世王国的一部分。奥古斯都治下,西里西亚的疆域被削减,仅余东部地区,可能一部分归入伽拉提亚,一部分由保护国王统治。公元72年,韦帕芗重新组建该行省。戴克里先改革期间,它被分成东方管区中新的西里西亚和伊绍里亚行省。

科西嘉 参见萨丁尼亚及科西嘉行省。

克里特 东方管区中的一个行省,戴克里先改革期间建立。之前,它与昔兰尼加均为一个大行省的一部分。

克里特及昔兰尼加或克里特及昔兰尼 参见昔兰尼加。

塞浦路斯 公元前58年被罗马兼并,该岛屿在奥古斯都治下成为元老院行省。戴克里先改革后成为东部管区的一个行省。

昔兰尼加 有时该行省按其首府之名亦称为"昔兰尼"。公元前96年,该地区被遗赠给罗马,但获准可以继续作为自由城邦区域。动乱后,昔兰尼加于公元前74年被设为行省。公元前67年克里特被纳入该行省;在奥古斯都治下,最终被设为元老院行省——克里特及昔兰尼加。公元3世纪上半期,昔兰尼加可能与克里特分离。戴克里先改革期间,昔兰尼加成为东方管区的一部分。

达西亚　在公元101—102年和公元105—106年图拉真进行一系列战役之后，该地区于107年被设为元首行省。约公元119年，该行省被分为上达西亚(**Dacia Superior**)和下达西亚(**Dacia Inferior**)，124年，上达西亚的一部分可能分离出来形成博罗里森锡斯—达西亚(**Dacia Porolissensis**)。公元2世纪中期，三行省(即"**Tres Daciae**"，三达西亚)再次重组，且均由一个统治者管理。奥莱里安治下，达西亚被放弃，但戴克里先改革后，摩埃希亚管区中多瑙河南部的一个行省使用该名称。

达尔马提亚　参见伊里利库姆。

达尔达尼亚　摩埃希亚管区中的一个行省，戴克里先改革期间建立。

圣海　本都管区中的一个行省，戴克里先改革期间建立。

埃及　参见埃及。

伊庇鲁斯　参见马其顿。

新伊庇鲁斯　摩埃希亚管区中的一个行省，戴克里先改革期间建立。

原伊庇鲁斯　摩埃希亚管区中的一个行省，戴克里先改革期间建立。

欧罗巴　色雷斯管区中的一个行省，戴克里先改革期间建立。

弗拉米尼亚　意大利管区中的一个行省，戴克里先改革期间建立。

弗拉维恺撒省　不列颠管区中的一个行省，戴克里先改革期间建立。

伽拉提亚　成立于公元前 25 年，包括弗里吉亚的部分地区、吕卡奥尼亚(**Lycaonia**)、皮西迪亚以及被称为伽拉提亚的地区。帝国时期，它是一个元首行省且发生了许多变化，韦帕芗治下其疆域有所扩展，图拉真和哈德良治下，其他地区分离出去；主要影响就是行省规模缩小。戴克里先改革之后，伽拉提亚行省处于本都管区中，与罗马统治前的伽拉提亚地区大致相同。

伽莱吉亚　西班牙管区中的一个行省，戴克里先改革期间建立。

贝尔伽伊—高卢　参见长发高卢。

山南高卢　意大利北部地区，位于阿尔卑斯山脉和亚平宁山脉之间。公元前 224—前 222 年被罗马吞并，又在后来的战役中失而复得。由于该地区不断有罗马人到来定居，到公元前 150 年，那里几乎没有未被罗马化的高卢人，该地区有时也被称为“托迦高卢”(**Gallia Togata**，意为“着托迦者的高卢”)。公元前 82 年，苏拉将它建成行省，公元前 42 年被纳入意大利。当奥古斯都征服亚平宁山脚下诸部落时，该处最终成为意大利行省的一部分。

长发高卢　公元前 58—前 51 年尤利乌斯·恺撒征服该地区，并将它分成两个区域，分别由一名副将统治。奥古斯都将该地区重组为三个元首行省，分别称为阿奎塔尼亚、卢格杜南西斯和贝尔伽伊(贝尔伽伊—高卢)——三高卢(**Tres Galliae**)。该地区包括后来成为下日耳曼和上日耳曼的两行省，后两者于公元 90 年前后从高卢诸省中分离出去。戴克里先将该地区彻底重组，分成几个较小的行省，而且将它们划入高卢和维埃南锡斯两个管区。

那尔旁高卢　参见山北高卢。

托迦高卢　参见山南高卢。

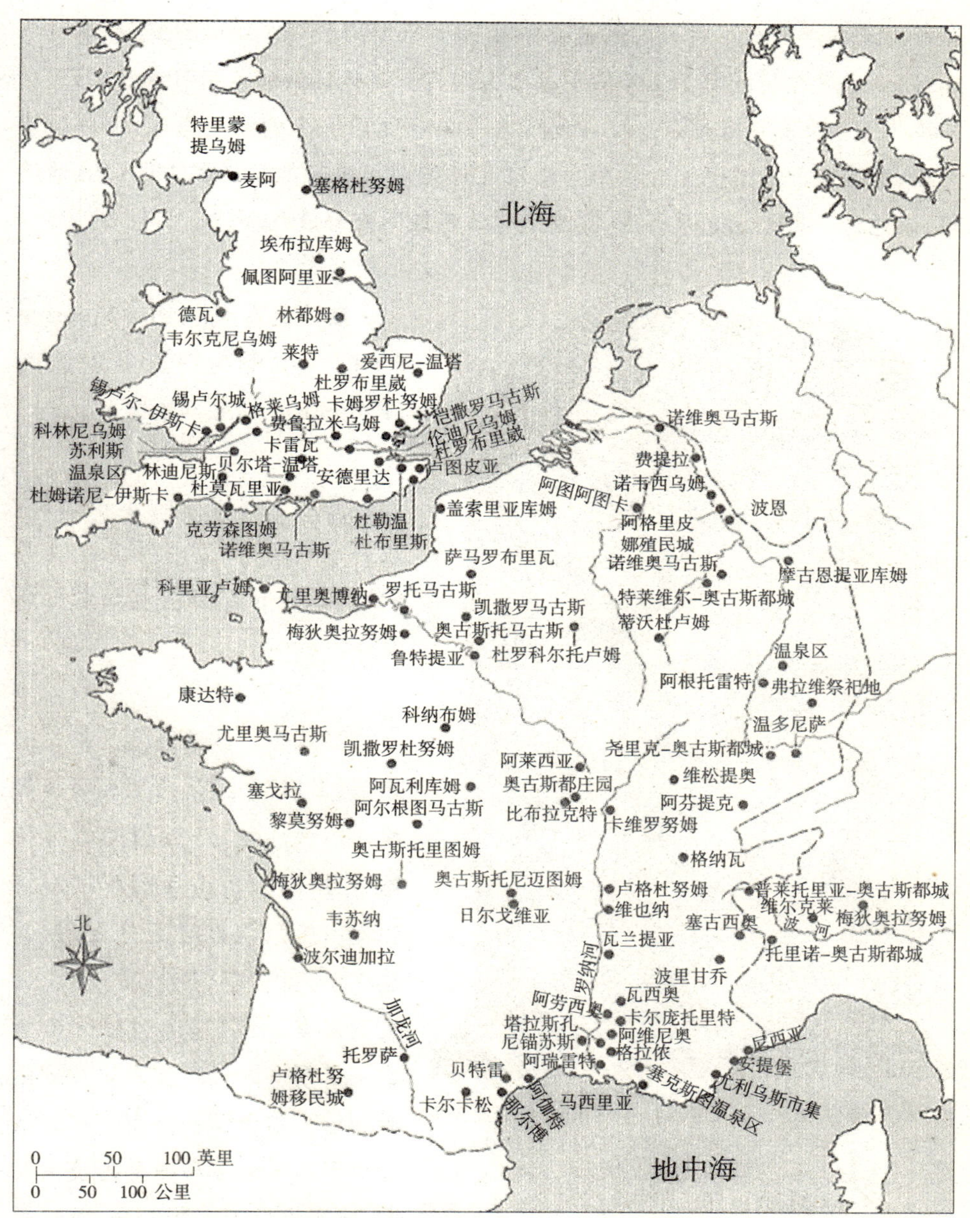

地图 11　不列颠和高卢及一些主要地名。

山北高卢　有时用于指代通常称为“高卢”的地区。此名称还用于高卢南部地区，而后者在公元前121年似乎已成为行省。该地区最初名为“**Provincia**”，后来称为那尔旁高卢或那尔旁。该地区有一条通往西班牙的陆上通道，地理位置重要，恺撒以北方的动荡和威胁为借口在长发高卢进行战争。奥古斯都统治期间，该地区一直是元老院行省，戴克里先改革期间被分成几个较小的行省。

图3.1　威尔士(**Wales**)凯尔温特(**Caerwent**)的雕像基座。遵议事会之令所建，由锡卢尔［部族］(**Silures**)邦国献给第二奥古斯都军团副将——提比略·克劳狄·帕乌利努斯。铭文还记载了他曾任那尔旁行省的元老院总督和卢格杜南西斯行省的元首总督。

波河北高卢(Gallia Transpadana)　山南高卢行省中波河(Padus River)北部地区。

高卢　周围以阿尔卑斯山、比利牛斯山、莱茵河及海洋为界的地区，分成若干行省。参见长发高卢和山北高卢。

日耳曼　该地区位于莱茵河东部、多瑙河北部，长期无明确界线。恺撒战争后，莱茵河成为帝国边界，后来奥古斯都曾试图将边界由莱茵河推进至易北河，并建立预定的日耳曼行省，但均以失败告终，所以莱茵河地区被建成一个军事区域。其内政管理由毗邻的贝尔伽伊—高卢行省统治者负责。韦帕芗和图密善统治时期，该军事地带有所扩充，囊括了陶努斯(Taunus)山脉和十区领地。公元90年前后，该地区正式组建成独立的上日耳曼行省和下日耳曼行省。

公元260年之前，罗马丧失十区领地，边境又回到莱茵—多瑙河一线。戴克里先改革时，下日耳曼成为第二日耳曼，而上日耳曼被分成第一日耳曼和塞夸尼大区（塞夸尼亚），三个行省均属高卢管区。

哈埃密蒙图斯　色雷斯管区中的一个行省，戴克里先改革期间建立。

赫勒斯滂　亚细亚管区中的一个行省，戴克里先改革期间建立。

近西班牙　近西班牙和远西班牙两行省于公元前197年在伊比利亚（Iberian）半岛建立。罗马与土著部落进行了近2个世纪的斗争。其间，两个行省的区域均得到扩展，在公元前1世纪20年代奥古斯都治下才最终征服整个半岛。之后，半岛被分成三个新行省——巴埃提卡、卢西塔尼亚和塔拉戈—西班牙。巴埃提卡在公元前27年成为元老院行省，但其他两个行省仍由元首控制。直到公元4世纪，这3个行省似乎一直保持相对稳定的状态，后来戴克里先将半岛重组为西班牙管区中的5个新行省，分别称为巴埃提卡、迦太基、伽莱吉亚、卢西塔尼亚和塔拉戈—西班牙。该管区还有第6个行省，即非洲的廷基斯—毛里塔尼亚。

远西班牙　参见近西班牙。

伊里利库姆　最初，达尔马提亚海岸和群岛是威胁罗马航运的海盗基地。因此，该地区时常有断断续续的战争发生，而且殖民逐渐增多，在奥古斯都治下最终成为元老院行省。当时，该行省的区域大致相当于今天的前南斯拉夫。由于不断发生战争和叛乱，公元前11年前后被设为元首行省。又经过一系列的战事之后，该行省于公元9年被分成两个元首行省，在弗拉维王朝时称为达尔马提亚和潘诺尼亚。图拉真治下，潘诺尼亚被分成上潘诺尼亚和下潘诺尼亚，二者均为元首行省。卡拉卡拉对两个行省间的边界进行调整，扩大了下潘诺尼亚的区域。戴克里先改革时，达尔马提亚的主要区域、上潘诺尼亚和下潘诺尼亚被代之以5个新行省——达尔马提亚（大部分与之前的区域相同）、萨维亚、瓦莱里亚、第一潘诺尼亚和第二潘诺尼亚，这些均属潘诺尼亚管区。

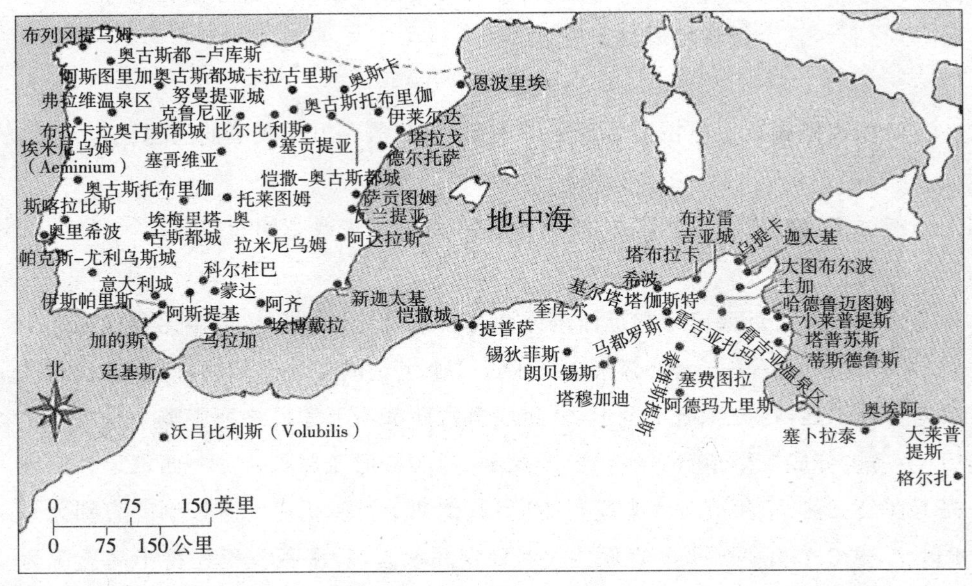

地图 12 伊比利亚半岛和北非(North Africa)及一些主要地名。

群岛 摩埃希亚管区中的一个行省，戴克里先改革期间建立。

伊绍里亚 东方管区中的一个行省，戴克里先改革时建立。

意大利 现代的意大利最初系由一些城邦汇集而成，相互之间战争不断。公元前 5 世纪以后，意大利南部出现大量希腊殖民城，统称为“大希腊”。到公元前 450 年，意大利之名一直用于指代该半岛的西南部，到公元前 3 世纪时，指代利古里亚和山南高卢以南的整个半岛。直到奥古斯都统治期间，意大利才得以完全统一，同时奥古斯都还正式将山南高卢并入该行省。帝国时期，意大利的地位较为特殊，戴克里先统治时期，该行省失去了免税权。戴克里先改革后，意大利成为一个管区，包括萨丁尼亚、科西嘉和西西里诸岛，共分成 16 个新行省。

犹地亚 参见叙利亚。

下利比亚 东方管区中的一个行省，戴克里先改革时建立。

上利比亚 东方管区中的一个行省，戴克里先改革时建立。

利古里亚 意大利管区中的一个行省，戴克里先改革期间建立。

卢卡尼亚及布鲁提(Brutii) 意大利管区中的一个行省，戴克里先改革期间建立。

卢格杜南西斯 参见长发高卢。

第一卢格杜南西斯 高卢管区中的一个行省，戴克里先改革期间建立。

第二卢格杜南西斯 高卢管区中的一个行省，戴克里先改革期间建立。

卢西塔尼亚 参见近西班牙。

吕西亚或吕西亚及庞腓利亚 参见庞腓利亚。

吕底亚 亚细亚管区中的一个行省，戴克里先改革期间建立。

马其顿 公元前167年，该王国被分成四个自治共和国，公元前146年前后被设为独立行省。公元前27年，奥古斯都将该地区分为三个行省——阿卡亚、伊庇鲁斯和马其顿，马其顿为元老院行省。公元15年，提比略合并了马其顿、阿卡亚和摩埃希亚行省，派一名副将统治，但公元44年克劳狄取消该举措，将马其顿和阿卡亚恢复为元老院行省。公元67年尼禄宣布希腊“自由”，其中包括免税，

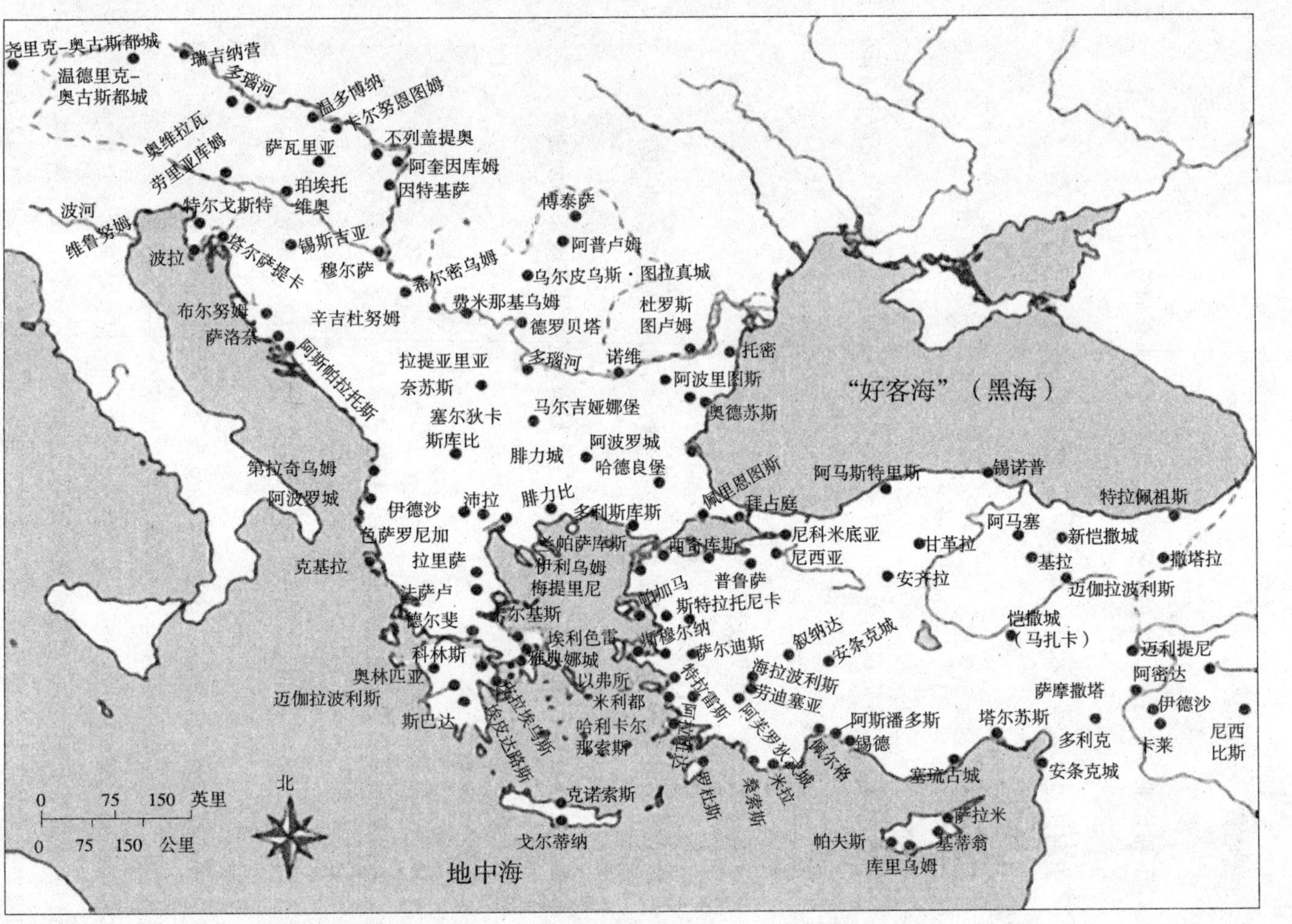

地图 13　欧洲东部和小亚细亚及一些主要地名。

地图 14. 意大利、科西嘉、萨丁尼亚和西西里及一些主要地名。

但韦帕芗取消了这一决定。最晚到安东尼努斯·皮乌斯统治时,伊庇鲁斯从马其顿分离出来,成为一个独立行省。戴克里先改革时,该地区被分成摩埃希亚管区中的五个行省。

毛里塔尼亚(恺撒城—毛里塔尼亚) 参见非洲。

希提菲斯—毛里塔尼亚 非洲管区的一个行省,戴克里先改革期间建立。

廷基斯—毛里塔尼亚 西班牙管区的一个行省,戴克里先改革期间建立。参见非洲和近西班牙。

大恺撒 不列颠管区中的一个行省,戴克里先改革期间建立。

塞夸尼大区(塞夸尼亚) 高卢管区中的一个行省,戴克里先改革期间建立。

美索不达米亚 该区域位于底格里斯河(Tigris)和幼发拉底河之间,图拉真将之设为行省,后被哈德良废除。公元162到166年卢基乌斯·维鲁斯又在此再现了他与帕提亚人作战的场景,公元197年塞普提米乌斯·塞维鲁在该地区的西北部组成了一个较小的行省。公元3世纪,该地区落入波斯之手,但之后又收复,仍作为帝国边陲的缓冲地带,有时由保护国的王统治。戴克里先改革期间,美索不达米亚的部分地区被分成东方管区中几个较小的行省,其中之一仍保留美索不达米亚之名。

摩埃希亚 最初由色雷斯—摩埃希亚部族占领,公元前29年被克拉苏收服。初时,该地区属于马其顿或伊里利库姆,但在公元6年之前似乎已成为一个行省,且被提比略设为元首行省。图密善统治期间,它被分成两个行省——上摩埃希亚和下摩埃希亚(Moesia Inferior)。图拉真的达西亚战争后,两行省区域均有所扩展。戴克里先改革期间,摩埃希亚地区被分成一些较小的行省。

第一摩埃希亚　色雷斯管区中的一个行省，戴克里先改革期间建立。

第二摩埃希亚　色雷斯管区中的一个行省，戴克里先改革期间建立。

那尔旁　见山北高卢。

第一那尔旁　维埃南锡斯管区的一个行省，戴克里先改革期间建立。

第二那尔旁　维埃南锡斯管区的一个行省，戴克里先改革期间建立。

诺里库姆　最初是一独立王国，内战中支持恺撒。公元前15年前后以和平方式并入帝国，最终成为元首行省。戴克里先改革期间，它被分成潘诺尼亚管区中的滨河诺里库姆和地中海诺里库姆。

诺姆波普里　维埃南锡斯管区的一个行省，戴克里先改革期间建立。

努米底亚　参见非洲。

基尔塔—努米底亚　非洲管区中的一个行省，戴克里先改革期间建立。

米利塔—努米底亚　非洲管区中的一个行省，戴克里先改革期间建立。

奥斯罗埃尼　东方管区中的一个行省，戴克里先改革期间建立。

巴勒斯坦　东方管区中的一个行省，戴克里先改革期间建立。

庞腓利亚　公元前189年安条克三世王将该地区让与罗马。曾先后是西里西亚、亚细亚和伽拉提亚诸省的一部分，公元43年成为吕西亚及庞腓利亚元首行省的一部分。哈德良统治期间成为元老院行省，戴克里先改革之后归入亚细亚管区。

第一潘诺尼亚，第二潘诺尼亚，下潘诺尼亚，上潘诺尼亚 参见伊里利库姆。

帕夫拉戈尼亚 本都管区中的一个行省，戴克里先改革期间建立。

腓尼基 东方管区中的一个行省，戴克里先改革期间建立。

第一弗里吉亚 亚细亚管区中的一个行省，戴克里先改革期间建立。

第二弗里吉亚 亚细亚管区中的一个行省，戴克里先改革期间建立。

皮塞努姆 意大利管区中的一个行省，戴克里先改革期间建立。

皮西迪亚 亚细亚管区中的一个行省，戴克里先改革期间建立。

伯莱摩—本都 本都管区中的一个行省，戴克里先改革期间建立。

普莱瓦里塔纳 摩埃希亚管区中的一个行省，戴克里先改革期间建立。

总督非洲 参见非洲。

普罗温基亚 参见山北高卢。

莱提亚 公元前15年被征服；后来成为元首行省。戴克里先改革时，被分为意大利管区中的两个行省——第一莱提亚和第二莱提亚。

罗多彼 色雷斯管区中的一个行省，戴克里先改革期间建立。

萨莫尼乌姆 意大利管区中的一个行省，戴克里先改革期间建立。

萨丁尼亚及科西嘉 公元前227年成为行省。该行省曾在元老院行省与元首行省之间多次转换。帝国的某一段时期中(日期不详),萨丁尼亚与科西嘉被分成两个独立行省。戴克里先改革之后二者均属意大利管区。

萨维亚 潘诺尼亚管区中的一个行省,戴克里先改革期间建立。

西徐亚 色雷斯管区中的一个行省,戴克里先改革期间建立。

塞夸尼亚(塞夸尼大区) 高卢管区中的一个行省,戴克里先改革期间建立。

西西里 公元前241年,西西里成为罗马在意大利以外取得的第一片疆土。公元前211年攻陷叙拉古后,成为一个行省,戴克里先改革时被纳入意大利管区。

叙利亚 公元前64年庞培迫使该地区屈服,随后设为行省。帝国时期,该行省是一个非常重要的元首行省。公元70年的犹太起义后,犹地亚被设为独立的元首行省。其他区域逐渐被纳入叙利亚的主行省中,但公元106年最南端从中分离,形成阿拉伯行省。哈德良在犹地亚驻扎一支附属军团,并把它重新命名为巴勒斯坦—叙利亚。塞普提米乌斯·塞维鲁将行省所遗部分分成叙利亚谷地和腓尼基—叙利亚。戴克里先改革将该地区分为东方管区中的一些行省,其中四个沿用了叙利亚谷地、阿拉伯(第一和第二)和巴勒斯坦的名称。

塔拉戈—西班牙 参见近西班牙。

底比斯 东方管区中的一个行省,戴克里先改革期间建立。

色萨利 摩埃希亚管区中的一个行省,戴克里先改革期间建立。

色雷斯 初时为保护国,公元46年被设立为元首行省。戴克里先改革期间,被分成色雷斯管区中的许多较小行省,其中之一沿用色雷斯之名。

高卢　参见山北高卢。

三达西亚　参见达西亚。

三高卢　参见长发高卢。

的黎波里塔尼亚　非洲管区中的一个行省，戴克里先改革期间建立，之前是总督非洲的一部分。

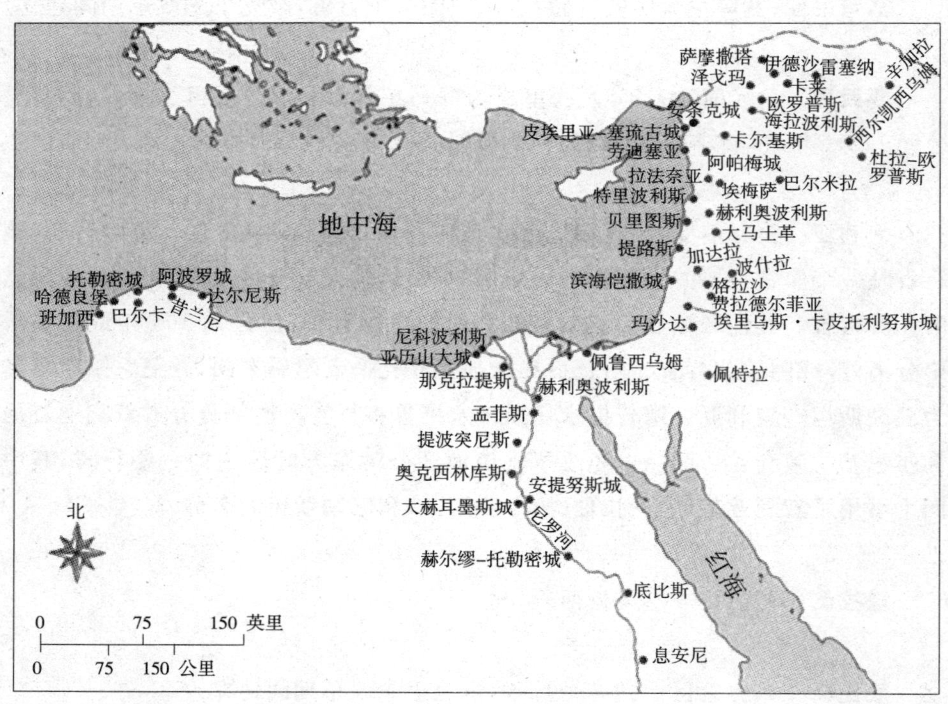

地图 15　昔兰尼加、埃及和叙利亚及一些主要地名。

图斯基亚—翁布里亚　意大利管区中的一个行省，戴克里先改革期间建立。

瓦莱里亚　潘诺尼亚管区中的一个行省，戴克里先改革期间建立。

温奈提亚—希斯特里亚　意大利管区中的一个行省，戴克里先改革期间建立。

维埃南锡斯　维埃南锡斯管区中的一个行省，戴克里先改革期间建立。

地名

下面是地名一览表，列出了一些主要地点（如城镇和要塞）的罗马原名、对应的英文名称（如有）以及所在的现代国家。另外，在文字和碑铭资料中还出现过数以千计的地名，其中一些已无法确认其现存地点，而许多其他可知的罗马地点（尤其是别墅和农庄）的原始名称亦无从考证。罗马范围内的一些地点使用相同的名字（如阿波罗城[Apollonia]）。有些地点在其发展中名称有过变更——比如，拜占庭（Byzantium）改称君士坦丁堡（Constantinopolis）。括号中列出的是一些其他名称。有些地名的后缀标示了在罗马统治之前的土著部族名，例如帕黎斯—鲁特提亚（Lutetia Parisiorum，即帕黎斯部族的鲁特提亚）。在现代用法中，后缀常被省略，但现代的巴黎一词显然源于这一全称。

城市、要塞、河流及海洋名称一览表

城市和要塞		
罗马名称	现代名称	国家和地区
Adera	Adra	Spain
Abrittus	Razgrad	Bulgaria
Acci	Guadix	Spain
Ad Maiores		Tunisia
Aelia Capitolina (Hierosolyma)	Jerusalem	Israel

续表

Agathe	Agde	France
Agrigentum	Agrigento	Sicily
Alabanda	Araphisar	Turkey
Alba Fucens		Italy
Aleria	Alelia	Corsica
Alesia	Alise-St. Reine	France
Alexandria	Alexandria	Egypt
Altinum	Altino	Italy
Amasea	Amasya	Turkey
Amastris		Turkey
Amida	Diyarbakir	Turkey
Amiternum	Amiternum	Italy
Ancona	Ancona	Italy
Ancyra	Ankara	Turkey
Anderita	Pevensey	Britain
Antiochia		Turkey
Antiochia (Antioch)	Antakya	Turkey
Antinoopolis		Egypt
Antipolis	Antibes	France
Antium	Anzio	Italy
Apamea		Syria
Aphrodisias	Geyre	Turkey
Apollonia	Near Pojan	Albania
Apollonia	Marsa Susah	Libya
Apollonia	Sozopol	Bulgaria
Apulum	Alba Iulia	Romania
Aquae	Baden Baden	Germany
Aquae Flaviae	Chaves	Portugal
Aquae Regiae		Tunisia
Aquae Sextiae	Aix-en-Provence	France
Aquae Sulis	Bath	Britain

续表

Aquileia	Aquileia	Italy
Aquincum	Budapest	Hungary
Aquinum	Aquino	Italy
Arae Flaviae	Rottweil	Germany
Arausio	Orange	France
Arelate	Arles	France
Argentomagus	Argenton-sur-Creuse	France
Argentorate	Sttasbourg	France
Aricia	Ariccia	Italy
Ariminum	Rimini	Italy
Arpinum	Arpino	Italy
Arretium	Arezzo	Italy
Asisium	Assisi	Italy
Aspalathos	Split	Croatia
Aspendus	Belkis	Turkey
Astigi	Ecija	Spain
Asturica Augusta	Astorga	Spain
Attila		Italy
Aternum		Italy
Athenae	Athens	Greece
Atuatuca Tungrorum	Tongeren	Belgium
Augusta Praetoria	Aosta	Italy
Augusta Rauricorum	Augst	Switzerland
Augusta Taurinorum	Turin	Italy
Augusta Treverorum	Trier	Germany
Augusta Vindelicorum	Augusburg	Germany
Augustobriga		Spain
Augustobriga	Talavera la Vieja	Spain
Augustodunum Aedorum	Autun	France
Augustomagus Silvanectum	Senlis	France
Augustonemetum	Clermont-Ferrand	France

续表

Augustonemetum Aventicum	Avenches	Switzerland
Augustoritum Lemovicum	Limoges	France
Avaricum Biturgum	Bourges	France
Avennio	Avignon	France
Baeterrae	Béziers	France
Baiae	Baia	Italy
Barca		Libya
Barium	Bari	Italy
Beneventum	Benevento	Italy
Berenice(Euhespesides)	Benghazi	Libya
Beryrus	Beirut	Lebanon
Bibracte	Mont Beuvray	France
Bilbilis	Calatayud	Spain
Bonna	Bonn	Germany
Bononia	Bologna	Italy
Bostra	Busra	Syria
Bracara Augusta	Braga	Portugal
Brigetio	Szöny	Hungary
Brundisium	Brundisi	Italy
Bulla Regia		Tunisia
Burdigala Biturigum Viviscorum	Bordeaux	France
Burnum		Croatia
Byzantium(Constantinoplis)	Istanbul	Turkey
Cabira(Neocaesarea)	Niksar	Turkey
Caesaraugusta	Zaragoza	Spain
Caesarea (Iol)	Cherchell	Algeria
Caesarea Maritima	Kibbutz Sdot Yam	Israel
Caesarodunum Turonum	Tours	France
Caesaromagus	Beauvais	France
Caesaromagus	Chelmsford	Britain
Calagurris	Calahorra	Spain

续表

Calleva Atrebatum	Silchester	Britain
Cannae	Canne	Italy
Canopus	Abukir	Egypt
Capua	S. Maria di Capua Vetere	Italy
Carales	Cagliari	Sardinia
Carcaso	Carcasonne	France
Carnuntum	Deutsch-Altenburg	Austria
Carpentorate Meminorum	Carpentras	France
Carrhae	Harran	Turkey
Carthago	Carthage	Tunisia
Carthago Nova	Cartagena	Spain
Castra Regina	Regensburg	Germany
Catana	Catania	Sicily
Cavillonum	Châlon-sur-Saône	France
Cenabum	Orleans	France
Chalcis	Khalkis	Greece
Chalcis	Qinnesrin	Syria
Circesium	Buseire	Syria
Cirta	Constantine	Algeria
Citium	Larnaca	Cyprus
Clausentum	Bitterne	Britain
Clunia	Coruña del Conde	Spain
Cnossus	Knossus	Crete
Colonia Claudia Ara Agrippinensium	Cologne	Germany
Colonia Claudia Victrix Camulodunum	Colchester	Britain
Colonia Ulpia Traiana(Vetera)	Xanten	Germany
Comum	Como	Italy
Condate Redonum	Rennes	France
Constantinoplis(Byzantium)	Istanbul	Turkey
Corcyra	Corfo	Greece
Cordoba	Corduba	Spain

续表

Corfinium		Italy
Coriallum	Cherbourg	France
Corinium Dubonnorum	Cirencester	Britain
Corinthus	Corinth	Greece
Cortona	Cortona	Italy
Cosa	Cosa	Italy
Cremona	Cremona	Italy
Cuicul	Djemila	Algeria
Cumae	Cuma	Italy
Curium		Cyprus
Cyrene	Shahhat	Libya
Cyzicus		Turkey
Damascus	Damascus	Syria
Darnis	Derna	Libya
Delphi	Delphi	Greece
Dertona	Tortona	Italy
Dertosa	Tortosa	Italy
Deva	Chester	Britain
Diospolis Magna	Karnak/ Luxor	Egypt
Divodurum Mediomatricorium	Metz	France
Doliche		Turkey
Doriscus(Traianopolis)		Greece
Drobeta	Turnu-Severin	Romania
Dubris	Dover	Britain
Dura-Europos		Syria
Durnovaria Durotrigum	Dorchester	Britain
Durobrivae	Rochester	Britain
Durobrivae	Water Newton	Britain
Durocortorum Remorum	Reims	France
Durostorum	Silistra	Bulgaria
Durovernum Cantiacorum	Canterbury	Britain

续表

Dyrrachium(Epidarmus)	Durrës	Albania
Eburacum	York	Britain
Edessa	Edhessa	Greece
Edessa	Urfa	Turkey
Emerita Augusta	Merida	Spain
Emesa	Homs	Syria
Emporiae	Ampurias	Spain
Ephesus	near Selçuk	Turkey
Epidarmus(Dyrrachium)	Durrës	Albania
Epidaurus	Spidauros	Greece
Erythrae		Turkey
Euhespesides(Berenice)	Benghazi	Libya
Europus		Syria
Fanum Fortunae	Fano	Italy
Florentia	Florence	Italy
Forum Iulii	Fréjus	France
Gadara	Um Qeis	Jordan
Gades/Gadeira	Cadiz	Spain
Gangra(Germanicopolis)		Turkey
Genava	Genava	Switzerland
Genua	Genoa	Italy
Gerasa	Jerash	Jordan
Gesoriacum(Bononia)	Boulogne	France
Ghirza	Qirzah	Libya
Glanum	St. Remy	France
Glevum (Colonia Glevum)	Gloucester	Britain
Gortyna	Gortyn	Crete
Gratianopolis	Grenoble	France
Hadrianopolis	Bederiana	Libya
Hadrianopolis	Edirne	Turkey
Hadrumetum	Sousse	Tunisia

续表

Halicarnassus	Bodrum	Turkey
Heliopolis		Egypt
Heliopolis	Baalbek	Lebanon
Heraclea(Perinthus)		Turkey
Herculaneum	Resina	Italy
Hermonthis	Armant	Egypt
Hermopolis Magna	Al Ashmunein	Egypt
Hierapolis	Membij	Syria
Hierapolis	Pamukkale	Turkey
Hippo Regius	Annaba	Algeria
Hispalis	Seville	Spain
Ilerda	Lerida	Spain
Ilium	Troy	Turkey
Intercisa		Hungary
Iol Caesarea	Cherchell	Algeria
Isca Silurum	Caerleon	Britain
Isca Dumnoniorum	Exeter	Britain
Italica	Santiponce	Spain
Iuliomagus	Angers	France
Iuliobona Caletorum	Lillebonne	France
Lactodorum	Towchester	Britain
Lambaesis	Lambese	Algeria
Laminium		Spain
Lampsacus	Lapseki	Turkey
Lanuvium	Lanuvio	Italy
Laodicea		Turkey
Laodicea	Latakia	Syria
Larissa	Larisa	Greece
Lauriacum	Lorch	Austria
Leptis (or Lepcis) Magna		Libya
Leptis (or Lepcis) Minor		Tunisia

续表

Lilybaeum	Marsala	Sicily
Limonum Pictonum	Poitiers	France
Lindinis	Ilchester	Britain
Lindum(Colonia Lindum)	Lincoln	Britain
Londinium	London	Britain
Luca	Lucca	Italy
Lucus Augusti	Lugo	Spain
Lugdunum(Condate)	Lyon	France
Lugdunum Convenarum	St. Bertrand de Comminges	France
Luna	Luni	Italy
Lutetia Parisiorum	Paris	France
Madauros	M'Daourouch	Algeria
Maia	Bowness	Britain
Malaca	Malaga	Spain
Mantua	Mantova	Italy
Marcianopolis	Devnya	Bulgaria
Mariana		Corsica
Masada	Mexada	Israel
Massilia (Massalia)	Marseille	France
Mazaca	Kayseri	Turkey
Mediolanum	Milan	Italy
Mediolanum	Evreux	France
Mediolanum Santonum	Saintes	France
Megalopolis		Greece
Megalopolis(Sebastea)	Sivas	Turkey
Melitene	Malatya	Turkey
Memphis	Memphis	Egypt
Messana	Messina	Sicily
Miletus	Milet	Turkey
Misenum	Capo di Miseno	Italy
Mogontiacum	Mainz	Germany

续表

Munda		Spain
Mutina	Modena	Italy
Mursa	Osijek	Croatia
Mylae		Sicily
Myra	near Demre	Turkey
Mylitene		Turkey
Naissus	Nis	Serbia
Narbo Martius	Narbonne	France
Naucratis		Egypt
Nemausus	Nîmes	France
Neocaesarea(Cabira)	Niksar	Turkey
Nicaea	Iznik	Turkey
Nicaea	Nice	France
Nicomedia	Izmit	Turkey
Nicopolis		Egypt
Nicopolis		Greece
Nisibis	Nusaybin	Turkey
Nola	Nola	Italy
Nora		Sardinia
Novae	Swisjtow	Bulgaria
Novaesium	Neuss	Germany
Noviomagus Regnorum	Chichester	Britain
Noviomagus Batavorum	Nijmegen	Netherlands
Noviomagus Treverorum	Neumagen	Germany
Nuceria	Nocera	Italy
Numantia	Soria	Spain
Odessus	Varna	Bulgaria
Oea	Tripoli	Libya
Olisipo	Lisbon	Portugal
Olympia	Olympia	Greece
Osca	Huesca	Spain

续表

Ostia	Ostia Antica	Italy
Ovilava	Wels	Austria
Oxyrhynchus		Egypt
Paestum	Paestum	Italy
Palmyra		Syria
Patavium	Padua	Italy
Pax Iulia	Beja	Portugal
Pella		Greece
Pelusium		Egypt
Pergamum	Bergama	Turkey
Perge	Aksu	Turkey
Perinthus(Heraclea)	Eregli	Turkey
Perusia	Perugia	Italy
Petra		Jordan
Petuaria	Brough	Britain
Pharsalus	Pharsala	Greece
Philadelphia	Amman	Jordan
Philippi		Greece
Pisae	Pisa	Italy
Placentia	Piacenza	Italy
Poetovio	Ptuj	Slovenia
Pola	Pula	Croatia
Pompeii	Pompei Scavi	Italy
Potaissa	Turda	Romania
Praeneste	Palestrina	Italy
Praetorium Agrippinae	Valkenburg	Netherlands
Prusa	Bursa	Turkey
Ptolemais	Tulmaythah	Libya
Ptolemais Hermiou	El Manshah	Egypt
Puteoli	Pozzuoli	Italy
Raphanaea		Syria

续表

Ratae Coritanorum	Leicester	Britain
Ratiaria	Arar	Bulgaria
Ravenna(Classis)	Ravenna	Italy
Reate	Rieti	Italy
Resaina(Theodosiopolis)		Turkey
Rhegium	Reggio	Italy
Roma	Rome	Italy
Rotomagus	Rheims	France
Rutupiae	Richborough	Britain
Sabratha	Zouagha	Libya
Saguntum	Sagunto	Spain
Salamis		Cyprus
Salinae	Droitwich	Britain
Salinae	Middlewich	Britain
Salonae	Solin	Croatia
Samarobriva Ambianorum	Amiens	France
Samosata	Samsat	Turkey
Sardis		Turkey
Satala	Kelkit	Turkey
Savaria	Szombathely	Hungary
Scallabis	Santarem	Hungary
Scupi	Skopje	Macedonia
Sebastea(Megalopolis)	Sivas	Turkey
Segedunum	Wallsend	Britain
Segontia	Siguenza	Spain
Segora	Bressuire	France
Segovia	Segovia	Spain
Segusio	Susa	Italy
Seleucia	Silifke	Turkey
Seleucia Pieria	Samandag	Turkey
Serdica	Sofia	Bulgaria

续表

Side	Selimiye	Turkey
Singara		Iraq
Singidunum	Belgrade	Serbia
Sinope	Sinop	Turkey
Sirmium	Mitrovica	Serbia
Siscia	Sisak	Croatia
Sitifis	Setif	Algeria
Smyrna	Izmir	Turkey
Sparta	Sparti	Greece
Stratonicea(Hadrianopolis)	Eskihisar	Turkey
Sufetula	Sbeitla	Tunisia
Syene	Aswan	Egypt
Synnada		Turkey
Syracusae	Syracuse	Sicily
Tarasco	Tarascon	France
Tarentum	Tarento	Italy
Tarraco	Tarragona	Spain
Tarsatica		Croatia
Tarsus	Tarsus	Turkey
Tauromenium	Taormina	Sicily
Tebtunis		Egypt
Tergeste	Trieste	Italy
Thabraca	Tabarka	Tunisia
Thagaste	Souk Ahras	Algeria
Thamugadi	Timgad	Algeria
Thapsus	Rass Dimas	Tunisia
Thebae	Luxor	Egypt
Thessalonica	Thessaloniki	Greece
Thevestis	Tébessa	Algeria
Thuburbo Maius		Tunisia
Thugga	Dougga	Tunisia

续表

Thysdrus	El Djem	Tunisia
Tibur	Tivoli	Italy
Ticinum	Pavia	Italy
Tingi	Tangiers	Morocco
Tipasa	Tefessad	Algeria
Toletum	Toledo	Spain
Tolosa	Toulouse	France
Tomi (Constantiana)	Constanta	Romania
Traianopolis(Doriscus)		Greece
Tralles	Aydin	Turkey
Trapezus	Trabzon	Turkey
Tridentum	Trento	Italy
Trimontium	Newstead	Britain
Tripolis	Tripoli	Lebanon
Turris Libisonis	Porto Terres	Sardinia
Tyrus	Tyre	Lebanon
Ulpia Traiana Sarmizegetusa		Romania
Uselis	Usellus	Sardinia
Utica		Tunisia
Valentia	Valence	France
Valentia	Valencia	Spain
Vasio Vocontiorum	Vaison-la-Romaine	France
Veii	Veio	Italy
Venta Belgarum	Winchester	Britain
Venta Icenorum	Caister	Britain
Venta Silurum	Caerwent	Britain
Venusia	Venosa	Italy
Vercellae	Vercelli	Italy
Verona	Verona	Italy
Verulamium	St. Albans	Britain
Vesontio Sequanorum	Besançon	France

续表

Vesunna Petrucoriorum	Périgueux	France
Vetera(Colonia Ulpia Traiana)	Xanten	Germany
Vienna	Vienne	France
Viminacium	Kostolac	Serbia
Vindobona	Vienna	Austria
Vindonissa	Windisch	Switzerland
Viroconium Cornoviorum	Wroxeter	Britain
Virunum	Zollfield	Austria
Volubilis		Morocco
Xanthus	Kinik	Turkey
Zama Regia	Zama	Tunisia
Zela	Zile	Turkey
Zeugma		Turkey

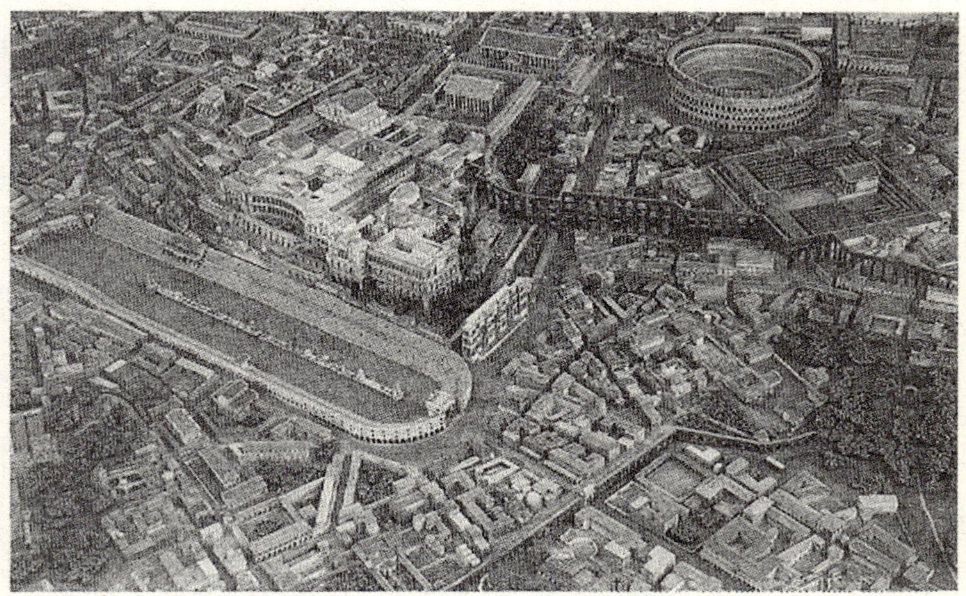

图 3.2　君士坦丁一世时期罗马城的局部模型，其中包括大竞技场(左)和“克罗塞乌姆”(右上)。

河流		
罗马名称	现代名称	国家和地区
Addua	Adda	Italy
Anas	Guadiana	Portugal/Spain
Arnus	Arno	Italy
Baetis (Certis)	Guadalquivir	Spain
Bodotria	Forth	Britain
Danuvius	Danube	Central Europe
Dravus	Drava	Austria/Hungary/Croatia
Duranius	Dordogne	France
Durius	Douro/Duero	Portugal/Spain
Garumna	Garonne	France
Iberus	Ebro	Spain
Liger	Loire	France
Mosa	Meuse	France/Belgium/Netherlands
Moselle	Moselle	France/Germany/Luxembourg
Nilus	Nile	Egypt/Sudan/Uganda
Padus	Po	Italy
Rhenus	Rhine	Switzerland/Germany/France/Netherlands
Rhodanus	Rhône	France
Sabrina	Severn	Britain
Savus	Sava	Croatia
Sequana	Seine	France
Tagus	Tajo	Portugal/Spain
Tamesis	Thames	Britain
Tiberis	Tiber, Tevere	Italy

海洋	
罗马名称	现代名称
Fretum Gallicum	Straits of Dover
Mare Adriaticum (Mare Adria)	Adriatic Sea

续表

Mare Aegaeum	Aegean Sea
Mare Britannicum	English Channel
Mare Caspium	Caspian Sea
Mare Erythraeum	Red Sea
Mare Germanicum	North Sea
Mare Ionium	Ionian Sea
Mare Mediterraneum (Mare Internum)	Mediterranean Sea
Mare Tyrrhenum	Tyrrhenian Sea
Oceanus Atlanticus	Atlantic Sea
Pontus Euxinus	Black Sea
Propontis	Sea of Marmara

阅读书目

Expansion and Contraction of the Roman World

Cornell and Matthews 1982: illustrated with many maps; Coulston and Dodge (ed.) 2000: City of Rome; Hornblower and Spawforth (ed.) 1996; Richardson 1992: city of Rome; Talbert (ed.) 1985: illustrated by many maps; Wacher 1987.

The Provinces

Alcock 1993: Roman Greece; Alfoldy 1974: Noricum; Baatz and Herrmann (ed.) 1982: Germany (Hessen); Bedon 2001: gazetteer, with descriptions, plans and further reading, of Roman France; Bowman 1986: Egypt; Buck and Mattingley (ed.) 1985: Tripolitania, with extensive bibliography; Cuppers (ed.) 1990: Rhineland; Cornell and Matthews 1982: descriptions of various provinces; Curchin 1991: Spain; Dalby 2000: luxury goods from the individual provinces;De Alarcao 1988: Portugal;Drack and Fellmann 1988: Switzerland; Filtzinger et al. (ed.) 1986: southern Germany;Frere 1967: Britain;Harrison 1993: Crete;Hornblower and Spawforth (eds.) 1996: descriptions of several provinces;Heinen 1985: Germany (Trier Region);Horn (ed.) 1987: Germany (north Rhineland, Westphalia);Jones and Mattingly 1990: Britain, with many maps;Keay 1988: Spain;King 1990: Gaul and Germany;Lengyel and Radan (eds.) 1980: Pannonia; Magie 1950: Asia Minor; Mattingly 1995: Tripolitania;Mattingly and Hitchener 1995: review of research in the north African provinces;Millar 1993: the Near and Middle East;Mocsy 1974: Pannonia and Upper Moesia;Potter 1987: Italy;Richardson 1996: Spain;Rivet 1988: Gallia Narbonensis and Alpes Maritimae; Salway 1981: Britannia; Sanders 1982: Crete;Talbert (ed.) 1985;Talbert (ed.) 2000a, 2000b: essential maps and directories;Wacher 1987: description of various provinces;with bibliography related to individual provinces;Warmington 1954: north African provinces in the late empire; Wightman 1985: Gallia Belgica; Wilkes 1969: Dalmatia; Wilson 1990: Sicily.

Place-Names

Cornell and Matthews 1982: color maps throughout; pp. 231—36 gazetteer of places with latitude and longitude;Rivet and Smith 1979: places names of Britain;Talbert (ed.) 1985: several maps of provinces with place names; Talbert 1992: detailed record of atlases and maps of the Greek and Roman world, with extensive references;Talbert 2000a, 2000b: esstential maps and massive directory of plane names.

Many of the references under provinces above have maps with place names.

第四章

城镇和村庄

城镇规划

在意大利，最早的埃特鲁里亚城镇在少有或毫无规划的环境下产生，许多意大利城镇和包括罗马在内的城市也无规划、无限制地发展。特别是在地面不平的地方，街道没有清晰的格局，往往十分狭窄，两旁的高大建筑排列成行，斜坡处设有台阶(scalae)。意大利的许多希腊殖民城约从公元前6世纪起便精心规划。意大利南部的希腊殖民城波塞冬城(Poseidonia，即现在的“帕埃斯图姆”)建于公元前6世纪，代表着当时颇为发达的希腊城镇规划的一流水平。该城拥有一个中央区，用于修建公共建筑，如庙宇和集市(agora)；宽阔的大街呈规则的方形，稍窄的街道交叉其间，将该城的其余地区分割开来。这一类型的城镇规划影响到埃特鲁里亚城镇规划的发展，后者的街道也采用相似的方形格局，但有两条主要街道垂直相交构成交叉路，成为城镇中心的焦点。

希腊和埃特鲁里亚的城镇规划影响到罗马城镇规划的发展。随着罗马领土的扩张，新市镇也经过精心规划建立起来。这些规划有助于新征服地区的军事安全、管理和经济开发，也有助于加快罗马化的进程。古典时代城镇规划的基本原则引入到新城镇。罗马新城镇的建城仪式起源于埃特鲁里亚时代。需由一位占卜师画出该城的轴线，即经线。按惯例，用犁划出一道壕(sulcus primigenius，意为“初始沟”)来标记城墙或垒障的界线。城墙(pomerium)以外的地带旋即成为该城的正式边界，也是宗教意义上的边界，禁止居住和耕耘。

在其发达的布局中，罗马城镇由一个方形或长方形的周界构成，两条垂直相交的轴线(通常是主要街道，“纬路”[decumanus maximus]和“经路”[cardo maximus])位于城中心；与这两条轴线平行的街道共同构成一幅格状图案，将此地分成建筑街区(insulae，单数形式“insula”)。“街区”的形状在很大程度上由城镇周界的形状所决定，通常为方形或长方形，大小相等。然而，一个城镇的规划往往须因地制宜，因此周界并不规则，街道间隔不均或道路并不始终平行，街区的大小和形状各不相同。即便如此，街道和街区尽量分布成规则的格状。

除了规则的街道格局，规划的城镇通常还有一处广场(forum)和会堂(basilica)构成的综合性建筑群落，后来出现了公共建筑，如剧院、竞技场、浴场和各类神庙。很多公共建筑和广场常常坐落于城镇中心，不过竞技场和剧院通常位于周界附近。

城镇与军营和要塞二者之间的规划具有明显的相似之处，这不足为奇，因为许多经过规划的城镇是在被征服地区建立的殖民城，从一开始便按照防御性的要塞来设计。因为这些城镇初定布局大概多由军事勘察员和技师负责，因此，即便在防御并非重要因素的地方，城镇与要塞的规划也具有相似性。

未规划的城镇

未精心规划成一种模式的城镇(例如在要塞、宗教圣地和驿站[mansiones]周围发展起来的聚居区)是自由发展的产物，因此它们有着迥然不同的规划，但仍可以区分出许多类别。有些城镇兴起于两条或多条主干道的交叉点或河流的交汇处，在实际交叉点的周围或附近地区，沿着这些道路中的一条或多条延伸而形成中心地带。有些城镇沿着主干道呈现出带状发展的格局，产生了富有特色的狭长的城镇布局。从主干道向外延伸出不规则形状的街道，这些类型的聚居区可发展成为更大规模的城镇。有些城镇出于不同原因最初建在远离交通要道的地方，如那些与矿场和采石场相连的城镇；有些则全无规划；另一些城镇的部分街道规划得井然有序，显示出某些规划过的痕迹。这些城镇通常是在罗马统治下发展起来的本地聚落。

百分田划分

城镇和乡村之间一般没有明确的界限，因为许多住在城里的人在附近的乡下拥有田产或耕种农田，或者他们本身就是每天从城里赶到农田去劳作的农夫。这种现象在殖民城尤为普遍，因为建立殖民城的居民常常在聚居区附近获赠一块土地。

公元前4世纪起在小范围内进行了百分田划分。它是一种通过在地面上绘出方格向殖民城居民分配土地的方法。这种土地通常为公地(ager publicus)——征服获得的国有土地。据勘测簿记载，整个百分田划分地区(pertica)应先从城镇中心开始分成四等份，但这只是偶尔为之。一般在地面上绘出两条轴线(纬线和经线)构成主界。有时，现有道路充当纬线或者并入分配计划当中。每份土地之间的分野称作“界”(limites，单数形式“limes”)，原为界线，但常变成人行道、小径或道路。这些份地称为“百分田”(centuriae，最初一块百分田[centuria]分给100人)，这种划分土地的方式称为“百分田划分”(centuriatio)或“边界划分”(limitatio，以交错的“界”划分土地)。百分田进而又被延伸至个人份地的道路或小径细分。

一块百分田通常为20×20阿克图斯(actus)。1阿克图斯长35.48米(120罗马足)，一块百分田为2400罗马足(731米)见方，即200犹格(iugera)——约5公顷(125英亩)——的区域。因此，一块百分田包括100个2犹格的单位，该单位是早期一块农田的面积(参见第八章)。勘测员还负责把份地分给定居者，通常经抽签决定。一旦土地分配出去，即被登记在册并绘成地图。

地籍册(cadaster)是一份以税收为目的的测绘详录，三本有关法国奥朗日的地籍登记册被部分保存下来。百分田以石碑为界，上面刻有诸如地形细貌、份地相对于轴线的位置、附属或殖民城的区域、土地税和官方裁定人的名字等信息。

罗马世界的大部分地区都有百分田划分的痕迹，从航拍照片中观察尤为明显——几乎覆盖了整个意大利、北非、前南斯拉夫、多瑙河谷地(Danube Valley)和普罗旺斯(Provence)，在其他地区像法国、希腊、近东地区、比利时(Belgium)、德国等地均发现了一些蛛丝马迹，英国似乎也有。

归城镇所有的城外土地称作属地(territorium)，所有殖民城和多数自治市(municipia)都有属地。它通常以溪流等自然地貌或城墙等人造特征为界限。此外也使用界碑(termini)，后者与特耳米努斯(Terminus)神有关，具有宗教和法律双重意义。

据估计，在划分百分田的土地上，所有的十字路均用百分田界石标记，但鲜有留存，所以通常使用的可能是木质界标。百分田界石与界碑不同，没有宗教意义。

城镇类型

目前，类型各异的罗马聚居区被视为城镇和城市，但当时并非都是如此区分，这在许多小聚居区较为明显。小聚居区是不受罗马法约束的行政中心，有时被称为“小城”，以区别于某一区域的大型市镇。城市（city）一词通常用来指代有规划的城市聚居区，设有自己的市政管理机构。然而，有些未规划过的村庄可以获得特许地位，所以无论其在罗马时代的地位如何，城镇（town）一词更为适用。有些聚居区由乡村发展为城镇，成为自治市甚至殖民城，如法国的维埃那、英国的约克和匈牙利的布达佩斯即属于此种情况。拉丁语中表示城市的通用词汇为“urbs”（复数为“urbes”），而城镇为“oppidum”（复数为“oppida”）。

殖民城

殖民城（coloniae，单数为“colonia”）是国家为组建一个自治共同体所建立的新聚居区或殖民地，通常具有战略防御功能。殖民城大多建在国有土地上，有时也建在属于自治市（municipium）的土地上，后者是并入罗马国家的业已存在的城镇，其居民可能是抑或不是罗马公民。

罗马自建立初期便开始建立殖民城，王政时代似乎建立了三座意大利殖民城，到公元前 338 年为止又建起 11 座。这些早期的殖民城由罗马人居住，以保卫罗马免遭敌对的意大利部落袭击。公元前 338 年拉丁同盟失利后，拉丁殖民城（多由没有罗马公民权的罗马人组成）属独立国家，只在涉外事务上受控于罗马，且有义务向罗马军队提供分遣队。到公元前 2 世纪末，意大利各重要据点均建起殖民城。

在共和国末期和帝国早期，随着罗马领土的扩张，意大利之外建起越来越多的殖民城，这是一种在新征服地区建立忠实共同体的手段。多数居民为退伍军人，在公元前1世纪，建立殖民城的主要目的是为军团老兵提供土地。在意大利范围内，土地或被购买或被没收，而没收土地引起了强烈的不满。尤利乌斯·恺撒广建殖民城，这些殖民城大多位于意大利以外。殖民活动在奥古斯都统治时期达到顶峰，不过后来的皇帝，如克劳狄，也热衷于在最新设立的行省建立殖民城。

殖民城这一名称也用来指代一些已存在的行省城镇。哈德良当政后这种情况较为普遍，在无人居住的地方建立殖民城反而变得十分罕见。甚至小聚居区(如那些附属于堡垒和要塞的聚居区)在发展起来后也可升级，最终得到殖民城的地位。

自治市

共和国时期，自治市(municipium，复数为“municipia”)一词指的是业已存在的意大利城镇，其居民被授予无选举权的罗马公民权。这些城镇有一定的独立性，但外交事务交由罗马官员掌控。得到这一地位的城镇有时是同盟城镇，或是被征服地区的城镇。公元前1世纪初，所有意大利共同体被授予选举权之后，自治市公民成为罗马全权公民。随着帝国的扩张，意大利以外、居民并非罗马公民的城镇也被授予自治市的地位。在这些情况下，罗马公民权只授予地方官员，有时授予所有城镇议事会成员。因此，在帝国初期，自治市包括罗马公民或是由罗马公民管理的非公民。自治市的地位较殖民城低。

城邦(Poleis)

在罗马帝国东部的希腊化世界中，先于罗马统治之时已有城市(希腊语称为城邦[poleis]，单数为“polis”)。通常，这些城市仍作为其所在区域的行政管理单位，另以殖民城和自治市作为补充。

邦国（civitates）

与意大利和东部相比，帝国西部没有真正传统意义上的市镇。尤利乌斯·恺撒和其他著作家使用“城镇”（oppidum）一词时十分随意，指代高卢和不列颠的各种设防的土著聚居地。帝国时期，当地的共同体仍如从前以部落为基础进行管理，称为“邦国”（civitates，单数为“civitas”）。该词主要用于非公民共同体，但逐渐泛指那些被指定为“邦国”行政首府的村庄和城镇，现在常称为“邦国”首府。

小型城镇和村庄

帝国各地分布着无官方地位或级别的城镇和村庄。在西部，它们大多被称为区（vici，单数为“vicus”），该词可以表示城镇的一个区、一个土著（非公民）城镇或村庄，或是附属于辅军要塞的聚居区。在帝国东部，这样的聚居区称作“comes”（单数为“come”）。有些区成为农村地区（pagi）的管理中心。为便于向军团提供物资和服务，在军团要塞外建有大量聚居区。这种聚居区称作“军屯地”（canabae 或 cannabae，单数为“canaba”或“cannaba”，字面意思为“棚屋”或“茅屋”）。公元 3 世纪以降，西部的许多村庄被破坏或被废弃，然而东部的许多地方一直存续到公元五、六世纪。

城镇设施

街　道

所有城镇都以网格状街路为基础，规划过的城镇街路呈规则的格状，未规划过的城镇街路则呈混乱的不规则形状。街路质量参差不齐。在较为繁华的城镇，街路用石头铺砌，有史可查的铺砌街路最早可追溯到公元前 238 年；后来增建加高的人行石路（crepidines），以免行人接触街内的垃圾污物，行人无须踏入街道，便可通过踏石从一侧加高的人行道横穿到另一侧。踏石之间留有空隙，供轮车通行，许多罗马街路表面的轮槽证实了这一点。

在较贫困的城镇以及大城镇、大城市的贫困地区，街路质量较差，没有加高的人行道和踏石，行人必须在街路里行走。小镇里的街路几乎与鹅卵石或砾石铺砌且路面粗糙的车道无异。城镇街路的宽度也大相径庭。在最宽阔的街路，轮车可轻松会车，而最狭窄的街路只能步行通过，对于负重的牲畜和舆轿而言太窄。道路和街路也可参见第五章。

图 4.1　庞贝城铺砌的街道，建有加高的人行道、踏石和轮槽。

广　场

“forum”（复数为“fora”）是城镇中一大块开阔地带，但该词专指主要的广场——集会场所、市场和政治中心，与希腊城镇中的集市（agora）作用相似。广场（forum）的形状一般为矩形，周围是公共建筑，往往还建有一排设有商铺和办事处的柱廊，提供带顶篷的通道和购物场所。在多数城镇里，广场为中心标志，但大城镇可能还有其他用于专门用途的广场，如菜市（forum olitorium）、牛市（forum boarium）、鱼市（forum piscarium）或美食区（forum cuppedinis）。这些类型的广场的确更像市场（macella），与后者具有某些共同之处。

在早期广场中，周围建筑物的布局通常是随意的，但从公元 1 世纪中叶起，统一规划的广场综合区变得更为普遍。在高卢、日耳曼和达尔马提亚的部分地区，所谓的“高卢广场”(Gallic forum)兴起，它是一种矩形的露天广场，至少有两侧建有商铺和办事处的柱廊，一端为会堂。

带顶的走廊(cryptoporticus)由拱形走廊构成，走廊被带拱券的巨大石柱分隔。有些建在地下(如法国的阿尔勒)，在高卢发现的居多。它们似乎就是将常见于广场的柱廊建在地下，阿尔勒带顶的走廊位于广场柱廊的下方。在罗马后期，地下柱廊似乎用于储藏。

供水和排水

大多数城镇的供水主要来源于水井，只是偶尔从附近的泉水和河流取水。像伦敦这样的城镇从来没有渡槽，而是依赖水井。水井通道常为圆形或方形，均向下挖掘以截取附近的地下水。水井内壁用石头或木头修建，有时也用拆掉底面的木桶作井壁。在城镇，特别是帝国东部的城镇，也用石砌的蓄水池蓄水，有些蓄水池极大。

有些城镇通过渡槽从附近的水源取水。即便不是在所有情况下，也是在多数情况下，架设渡槽的本意是为了向公共浴池大量供水。这种供水线一经建立，便开始供应饮用水和私人浴室用水。

只要可行，渡槽均铺设在地平面或埋藏在地表以下的位置，水顺着水道或在涵管内流动。在地上部分，许多水道可能为木质，几乎无一保存下来。在砖石渡槽中，供水流动的水道内壁通常涂有防水水泥，并附有遮盖物。水道往往只装半满；余下空间用于冲走水道内部所形成的碳酸钙沉积，以免水道变窄。在地平面的位置有可出入的观测室。渡槽需穿越山谷时，开凿钻山隧洞或建造以券同柱式构建的重叠联排券柱桥(见图 4.2)。从水源地到城镇的渡槽有向下倾斜的坡度，水在重力作用下流向城镇。在地势低洼地区，为保证倾斜度，渡槽架设在绵长的砖石拱廊上。我们可通过这些横跨山谷的桥梁和穿越低地的拱券长廊的废墟，轻而易举地辨认出它们是渡槽的遗迹。

罗马时代已使用水泵，但很少用于引水设施。在无法利用桥梁架设水道穿越山谷的地方，把水引入一系列密闭涵管（通常是铅或瓷制）。这些管道沿山谷的一侧斜坡向下延伸，再向上到达另一侧稍低的位置，从而使渡槽再次合为一个通道。利用倒虹原理，水会流经涵管，直到再次回到原来的水位线为止。另外还可建造穿越谷底的桥梁（venter）来铺设管道，这样的桥梁类似于一般的导水桥或拱廊。清理管道自然是个难题，设有水道的导水桥的安装费用可能比建造费用更高。

由于水在重力作用下流动，所以渡槽铺设到城镇的最高处。水流经一个或多个沉淀池后注入一个分水池（castellum 或 castellum divisorum），供水即从这里用水道或管道分配到其他地区。法国尼姆的一个分水池通过 13 个大型铅管分配供水，以供应该城的各个区域。据我们所知，在地方范围内的分流中，铅、瓷、皮革以及木质的管道均有使用。房主按照水管的直径大小付水费，标准的计量单位是“杯”（calix，复数为“calices”）或管口。弗朗提努斯（Frontinus）于公元1世

图 4.2　位于法国境内的加尔大桥[Pont du Gard]。它架起封闭的渡槽水道，横穿加尔登河（Gardon River）通往尼姆，高 49.38 米（162 英尺）。

纪末撰写的《论罗马的水供应》(*On the Water Supply of Rome*)一书提供了罗马渡槽供水的详细资料,他在当时负责罗马的水输送。据估计,每天输送到罗马的水量约为50万至100万立方米(1750万至3500万立方英尺)。

渡槽源源不断地输送水源,它只可转向,不能停止,因此这样的水利供应也需要准备排水系统。排水道一般建在街道下面,可以带走从厕所和浴室排出的溢流和垃圾。排水道常用石头建造,有时为木制,城镇的主排水道尺寸相当大。排水道每隔一定距离便设有一个出入孔,以便从事市政工程的奴隶进入,进行清理和维修。稍小的排水道由石或木质内壁的封闭管道构成,或用灰泥粘在一起并排成弧形的瓦片建成。

图4.3 赫库兰尼姆街角处的公共饮水喷泉和水槽。

有些城镇中,饮用水被输送到街上的公共喷泉,并注入石槽里,从中溢出的水再流入排水道。街路上的水道或沟槽可疏泄路面积水,有时还可作露天的排水道。排水沟和下水道的污水泄入低洼地和渗水坑或附近的河流。

公共建筑

会 堂

会堂是一座大型的矩形大厅,通常设有中殿和侧廊、一个或多个后殿和木制的、有时为拱状的屋顶。中殿一般高于侧廊,设有天窗用于采光,入口常有带顶的门廊(narthex)。会堂常建在广场的一侧。在较小的城镇里,会堂可能占广场整个一侧,其他三面均为柱廊。

会堂用作公共会议厅、法庭和城镇管理机关。它们与希腊化城镇中的"柱廊"(stoas)相似,发挥着多重功用,但并不直接源于后者。我们所知最早的会堂可追溯到公元前3世纪末，并很快成为罗马城镇的标准特征。在罗马时代末期，会堂成为基督教堂的蓝本，数座罗马会堂转变为教堂。

图4.4　特里尔的会堂(帕拉丁会堂[Aula Palatina])，建于约公元310年。当特里尔为首府时，君士坦丁一世将其作为皇室会客厅(aula)，使之成为皇宫的一部分。它全部用砖建成。

库里亚(Curiae)

每个库里亚(curia，复数为“curiae”)均有自己的会场，后来该词指代元老院会堂。在罗马，“豪斯提利乌斯会堂”被认为是图鲁斯·豪斯提利乌斯王于公元前7世纪中期所建。公元前52年的一场暴动将之焚毁，公元前44年尤利乌斯·恺撒又在附近重建。它是元老院的聚会场所。毗邻库里亚的是“comitium”，后者是召开公民大会的神圣露天场地。库里亚和“comitium”成为罗马广场综合区的一部分，这一模式应用于整个罗马世界的城镇，这些地方的库里亚是城镇议事会(也称为库里亚)的会场。库里亚多设计成矩形，墙边设有长凳，行政官的讲台位于窄边一端，面向门处。

图 4.5　公元 4 世纪初特里尔浴场“高温浴室”(caldarium)的环形殿。这座宏大的浴场是皇宫的南界，但因君士坦丁一世迁都君士坦丁堡而未竣工。

神　庙

一座城镇中较为重要的神庙通常位于广场综合区中或与之毗邻，但城中的其他位置也有神庙。关于神庙参见第七章。

市　场

“macellum”(复数为“macella”)指肉类市场，但该词逐渐用来指代销售包括其他商品在内的店铺和货摊的市场，功能上与广场有相同之处。其布局一般类似于广场，中央设有摆放货摊的露天广场，周围由店铺组成的柱廊。市场一般坐落在靠近广场的位置。这类市场中最为壮观的一例当属罗马的图拉真市场(Trajan's Market)，可容纳 150 余家私人店铺。据我们所知，北部行省没有真正的市场。

公共浴场

据我们所知，早在公元前5世纪希腊世界便出现了干热浴或蒸汽浴，意大利似乎在公元前3世纪也已出现。最初，公共和私人浴场称作“bal[i]neae”（名词复数）或“bal[i]nea”（单数为“bal[i]neum”）。这些小型浴场设有独立浴池，手动加水或放水。公元前1世纪，地热供暖的发明促进了设有热气间和冷气间的浴场以及大型浴场的发展，洗浴成为一种公共活动。这些公共与私人的大型洗浴场所称作“温泉浴场”（thermae），该词最早用于公元前1世纪末建在罗马的阿格里帕浴场（Agrippa's Baths）。它是皇帝为罗马人民修建的一系列规模愈来愈大的浴场建筑的开山之作。“温泉浴场”成为一种有特色的罗马生活方式，并迅速传播到帝国各地。

图4.6　特里尔皇室浴场内大型服务通道系统（局部），排水道设于下方。

浴场建筑的设计与布局不尽相同，但较为典型的是由一套热室、温室和冷室组成。它们包括变温室（apodyterium）、温室（tepidarium，通常无浴池）、高温室（caldarium，有热水浴池）和冷水室（frigidarium，有冷水浴池）。另外可能还有一些其他类型，包括干热室（laconicum）或桑拿室（sudatorium）。浴室外可能有游泳池（natatio）和运动健身的围廊（palaestra）。有的综合性浴场内也包括体育馆（gymnasia，单数为“gymnasium”）。事实上，“gymnasium”和“palaestra”两个词逐渐变成同义词，二者均源于希腊风俗。体育馆用于运动员的训练和练习，配有室内外器材，也是教师和哲人遵循锤炼身心的原则聚会的场所，而健身围廊（palaestra）从理论上讲是培养摔跤手和拳击手的学校。

厕 所

城镇中可能有一个或几个公共厕所（foricae），通常与公共浴场相连，其结构是在一条下水道上方安装一排木头或石头的座位。座位为公用，没有隔断。排水道用污水冲洗，一般是浴场排出的污水，座位前方是一条排水沟，有源源不断的流水冲走污物。要塞和堡垒的厕所也采用同样的设施。私人住宅几乎没有连通下水道的厕所，多数使用马桶或尿壶；污物存于街道或公共排水道，抑或收集起来用作肥料，这些均无从考证。

驿站（mansiones）

城镇中有一些鱼酱一类的客栈和驿站，不过它们不全是专门为鱼酱所建（关于鱼酱参见第五章）。

纪念建筑

罗马各地的城镇均有为纪念杰出公民而建的纪念性建筑，通常位于广场中。它们包括人物塑像、骑马雕像、记功柱和铭刻。庄严的纪念性拱门最晚出现在公元前2世纪早期，均刻有人像和其他雕刻。它们被称为“fornices”（单数为“fornix”），该词在帝国初期被“arcus”（复数为“arcus”）一词取代。还有为纪念胜利而建的凯旋门(参见第二章)。"凯旋拱门"(triumphal arch)一词常用于各种类型的荣誉拱门,无论其是否与凯旋有关。拱门为独立式建筑,帝国时期的拱门通常都献给皇帝或其家族成员的,但也可能题献给城镇或神灵。拱门一般坐落在桥梁以及行省或城市的边界上。早期拱门有一条拱状通道,但后来有些拱门在主通道两侧建有两个小一些的通道。四塔门有两条垂直交叉的通道。这种类型在罗马出现过(如雅努斯门[Arch of Janus]),但在非洲尤为普遍。拱门上方有飞檐,通常用浮雕和题献铭文作装饰。

图 4.7　庞贝城的公共厕所,公用座位下是下水道,前面是排水沟。

剧场

从公元前 3 世纪后期起,罗马在广场或大竞技场(Circus Maximus)临时搭建的木质建筑中上演戏剧。罗马城第一座固定剧场由庞培于公元前 55 年建造,但罗马其他地方的固定剧场要早于这个年代,也许在公元前 1 世纪早期即已出现。

罗马剧场的设计均以希腊剧场为蓝本,后者常依山而建,有圆形的乐池和面向观众席的低矮舞台。不过,罗马剧场多为独立式建筑,有坚固的石工或拱顶支撑有弧度弯曲的阶梯式观众席(cavea),乐池为半圆形。拱顶结构便于观众进入各排座位,最高一排座位的四周通常环有柱廊。舞台(scaenae frons)后面是与观众席等高的石工建筑。所以,与希腊剧场不同，观众的视线无法直接越过舞台看到剧场以外。“舞台”一般有三个、偶尔或有8个出入口，出口两侧通常有凸出的支柱，舞台前方均用支柱和陈放雕像的壁龛装饰。

舞台前方有放置帷幕(aulaeum)的凹槽或深沟，表演开始时帷幕降下落入沟槽，结束时再升起。根据需要也会用小一些的帘幕(siparia)遮蔽舞台的某些部分。元老坐席(orchestra)位于舞台和观众席之间的一块平地上，专供元老、祭司和官员就座。舞台上方为木质的屋顶，也用作传声结构板。从观众席顶端的竿子系下的绳索上有固定遮篷(velum 或 velarium)，可使观众免受日晒雨淋。有些剧场的观众席或舞台后面建有带顶的柱廊，成为观众在演出间歇休息的遮蔽所。

图4.8 罗马的弗拉维竞技场(Flavian amphitheater，又称“Colosseum”)，长188米(616英尺)，宽156米(511英尺)。拱形和穹隆结构在椭圆场地周围承托起多排逐层升高的坐席。竞技场的沙地已不复存在，下面的通道和隔间露出。

剧院(odea)

剧院(odeum，复数为“odea”)是一种规模稍小的专业性剧场，比剧场更适合进行较为高雅的音乐演奏和表演。剧院主要存在于希腊化的东部，分为两种类型。无屋顶的剧院是一种微缩版的剧场，而带屋顶的剧院（theatrum tectum）被围在有顶的方形建筑内。有时无屋顶的一类被归为剧场，剧院一词专指有屋顶的剧场。

竞技场

与剧场不同，竞技场（amphitheatrum，意为“从各角度观看”）起源于罗马而非希腊。竞技场多出现在西部，希腊影响最大的东部寥寥无几。在罗马，角斗和野兽表演最初在开阔地上举行，如广场或赛马场。现在所知最早的竞技场可追溯到公元前 120 年前后的坎帕尼亚，但用木材搭建的竞技场可能早已在罗马城出现。罗马城第一个固定的竞技场建于公元前 29 年。

竞技场为椭圆形或卵形建筑，环绕着一块椭圆形或卵形的场地（arena），表演即在空地进行。场地周围的阶梯式看台建在稳固的土堆之上，土堆用设有外部楼梯的挡土墙支撑。另外，坐席还可建在类似剧场建筑的拱形砖石结构之上。它同剧场一样建有遮篷（velum 或 velarium）保护观众，但遮篷未保存下来。规模稍大的竞技场设有地下室（hypogeum），“场地”下面是隔间和服务通道，用于存放表演的动物以及布景和其他装备，另有人工操纵的升降梯通过活板门将它们送到竞技场地。

人们曾一度认为模拟海战（naumachiae）在专门注水的竞技场里举行。然而，没有证据表明竞技场可注水，所以水上表演也许在别处举行，如人工湖（stagnum）。在有些城镇，竞技场是唯一的娱乐场所。由于规模所限，竞技场通常坐落在城镇的边缘地带，有时甚至建在城垣以外。堡垒和要塞附近还建有军事竞技场（ludi），也用于军事训练。

赛马场和运动场（Stadia）

赛马场最初是用于马车比赛的建筑，同希腊的跑马场相似，不过我们还不能确知罗马的赛马场是否直接源于希腊的跑马场。赛马场为观众准备了建在马蹄形场地周围的阶梯式看台，比赛就在里面举行。沿马蹄形的内环是一道栅栏

(spina),每一端均有一个转向点(meta,复数为“metae”)。起跑栅门(carceres)设在马蹄形开放的一端,最多可容 12 乘驷驾(quadrigae)从此处驶向右侧栅栏(spina),并沿逆时针方向绕栅栏连续行驶七圈。在栅栏两端附近均有七个标志,驶过一圈便撤掉一个。栅栏处装饰有雕塑、方尖碑、水池和喷泉。赛马场也用于两匹马牵引的马车(bigae)进行竞技,在共和国时期和帝国初期,赛马场还举行其他各种活动,如赛马、竞走、田径乃至角斗表演和模拟海战。罗马城最早的赛马场是大竞技场,传说是王政时代所建。罗马时代,东部的跑马场用于举行类似活动。

图 4.9　庞贝城壁画,系公元 59 年发生暴动时竞技场的鸟瞰图,遮篷仍在原位。

运动场(stadium,复数为“stadia”)是一种为在宗教节日进行的运动所设计的希腊建筑。罗马人使用运动场的时间稍晚;罗马城第一座固定的运动场建于公元 1 世纪(图 3.2),不过之前已有一些临时性的运动场。运动场与赛马场类似,二者时常混淆,因为都是狭长建筑,至少有一段为半圆形。然而,运动场的大小不及赛马场的一半，长约 180 至 200 米（594 至 660 英尺），较窄的场地宽约 30 米（96 英尺）。这些通过测量跑道和看台的长度计算出来，一个看台约为 600 英尺（178 米）长。运动场也只有两个转向点，却无赛马场精美的中央栅栏。赛马场和运动场的功用有重复之处，在没有运动场的城镇使用赛马场举行体育赛事。一般来讲，赛马场主要见于西部，运动场却主要见于东部，因为这里仍保留着传统的希腊竞技。

城镇住宅

城镇住宅通常称为“domus”——单户住宅。和现代住宅一样，罗马的城镇住宅风格各异，但最常见的可能要数带有中庭（atrium）的住宅。有关埃特鲁里亚住宅的证据多源于墓室（基于住宅布局而建）。最早的埃特鲁里亚住宅可能有一间主室，正对入口处有一间稍小的房间，要么可能在小庭院周围分布着一系列房间，罗马的中庭住宅即由此发展而来。早期的城镇住宅，如庞贝城的住宅，通常围绕中庭而建，中庭无顶或部分区域有顶。它们后来均搭建了屋顶，只在屋顶上留出一个天井（compluvium）以获取空气和光源。从公元前 2 世纪起，中庭的天井（compluvium）下方设一水池（impluvium）采集雨水。从公元前 2 世纪后期起，这类住宅有了更多的房间以及列柱庭院和（或）花园（四周是柱廊的庭院或花园），有时还有浴池。这种住宅可能只有一个门道和一两扇临街的窗户，这样可以提高安全性、降低噪音并减少其他麻烦。

中庭是接待厅和客厅，通向家史存档室（tablinum）——一间小屋或凹室，陈放着家史（tabulae）和祖先的塑像（imagines）。另外可能还有卧室（cubiculi）、餐厅（triclinia）、会客室（oeci）、用于休闲的室外房间（diaetae）、厨房和厕所。住宅大小和房间数量反映了主人的富裕程度。富丽堂皇的住宅可能拥有浴室和书阁等豪华设施。

城镇住宅的另一种常见类型是线形布局，常由一排房间组成。在西北部行省中这种住宅颇具特色，房屋的一条长边可能是临街修建，在其后面有一个或多个房间呈羽翼状向外伸展。在空间有限或临街地价昂贵的城镇，这种住宅可能是一条窄边（通常是店铺）临街。这类住宅有时称作带状住宅。

城镇住宅的布局还存在其他许多小差别，建筑方法也不尽相同，这主要反映出各地可利用的材料不同，在某种意义上也反映出主人的富有程度。住宅通常为石质建筑，但在行省中，石质地基或矮墙之上为木架结构，墙壁用板条或涂料填充。在有些地区，房屋由泥砖建成。装饰材料更能体现财富的多寡，因为许多是从远方进口，且价格昂贵。例如在庞贝城等地存留的证据说明，多数房屋的内部经过装修，建筑物临街的墙壁下方涂成红色，上方涂成白色。

图 4.10　庞贝城一城镇住宅（悲剧诗人之家[House of the Tragic Poet]）的中庭局部复原图，带有一处蓄水池(impluvium)。【出自 W. Gell [1832]*Pompeiana*】

由于现存证据极少，所以无法确知高层住宅的普及程度。有些保存下来的高层明显为后来所加。与城镇住宅的其他特征一样，楼层数目可能也多有不同。虽然有关高层的证据——特别是在带状住宅里——越来越多，但学界普遍认为城镇住宅多为单层。某些城镇住宅有地下室。

公 寓

到公元1世纪末，有些人口稠密城镇的土地压力日益严重，公寓楼或多户分租住宅逐渐取代单户型的宅院（domus）。楼区（insulae，城镇里矩形的小块建筑用地）一词用来指代长方形的公寓楼。这并不意味着它们大到占据整个一块楼区：一个楼区里可能有六到八幢公寓楼。它们环绕一个露天庭院建造，有一条共用的楼梯，一楼临街处通常为商铺。公寓楼常为三层以上，使庭院更像是建筑中央的采光孔。一楼的公寓更受欢迎，因为楼上几乎没有水和炊具。

图 4.11　罗马附近奥斯提亚的公寓楼。

到共和国末期，罗马城的大部分人口均住在归房东所有的公寓楼租间里。尽管公寓楼的质量不尽相同，但由于过度拥挤且不甚安全，故其声名较差。它们由木材和泥砖建成，特别容易失火和倒塌。楼上缺少供暖和自来水设施，只有极少的公寓建有厕所。后期的公寓楼（insulae）更为坚固，由混凝土和烧制砖块建造，如公元 1 世纪以后奥斯提亚的建筑。它们在设计和功能上与早期的公寓楼非常相似，对住户来说可能没有太大的改进。奥古斯都规定公寓楼（inlsulae）的高度不得超过 60 罗马足(17.75 米或 58 英尺：最高五层)，尼禄制定了防火守则。

公元 4 世纪时，罗马的公寓楼（inlsula）与宅院（domus）式住宅的比例超过 25 比 1。直到帝国末期，公寓楼（inlsula）一直是一些大城市（如罗马）多数人口的主要居住类型。

宫 殿

宫殿是皇帝的居所，但该词也用于指代豪华庄园，如英格兰的菲什伯恩宫(Fishbourne)。罗马陆续修建了许多皇宫，如宏伟的尼禄“金宫”(domus aurea, Golden House；时隔不久即被拆毁)。有些皇宫建在郊区，如蒂沃利(Tivoli)的哈德良离宫。罗马帝国后期的宫殿多建在城市，如特里尔和君士坦丁堡。

商 铺

自成一体的商铺是城镇的一个普遍特征，通常占据一幢民宅或公寓楼临街的一块地方。线形布局和正面狭窄的房屋常在临街处开设店铺(tabernae)或作

图 4.12　赫库兰尼姆的一排两层楼商铺。

坊，这些房屋可能均经过精心设计来实现这一功能。公寓楼和各种样式的城镇

住宅也设有店铺和作坊。有些商铺显然是由原来的住宅设计改造而成，然而我们无法确知其他商铺是否即为其原始设计。有些商铺只有一个房间，而有些商铺则在后侧有用来储藏和生产的房间，以及用来储藏或居住的夹层楼面。

许多商铺用坚固的砖石柜台摆放和出售商品。有些柜台内建有大型陶罐，用于盛放酒和食品。罐口与柜台表面持平。有些商铺经销别处生产的商品，有些商铺则在店铺后方生产待售的商品。例如，一家面包房的店铺后面可能有磨坊、烤箱和谷物储藏室。

帝国时期出现一种趋势，即有些商铺有目的地合伙建成市场（macella），使之成为周围地区鳞次栉比的店铺中心。广场是吸引商铺和货摊的另一中心。客栈和妓院在城镇中并不罕见，但是只有专为此目的而建的建筑才可识别。

图 4.13　赫库兰尼姆一家店铺里的柜台，有大型内置陶罐。

栈房和粮仓

罗马帝国各地的城镇均有粮仓和栈房（horrea），用于储藏货物——从建材到食品,通常是谷物。栈房由石头或木材建造,屋顶为瓦片或石板搭建,但帝国各地的样式千差万别。它们均铺设木质地板,以防止滋生寄生虫并调节储存粮食的温度和湿度,安装在墙壁内的通风设备可使下面的空气形成很好的对流。

大批人口聚居在小区域的状况要求建立储存食物的大型建筑。自共和国后期开始,罗马城建起了许多栈房,随着帝国时期行省城镇的扩展,建立栈房的需求也相应增长。在罗马以及奥斯提亚和波尔图斯的港口有许多大型栈房。罗马的伽尔巴栈房(Horrea Galbana)占地 21 000 平方米(25 200 平方码)。许多栈房由环绕中央庭院的一排排坚固狭小的房间组成。有时由于空间所限不设庭院,栈房一排排的狭长房间紧密相连。在地中海地区,栈房常由带围墙的院子构成,用置于地下的巨大陶器(dolia defossa)储存食物。

图 4.14 贯穿特里尔黑门(Porta Nigra)的通道。最近的拱门里有一道装有吊门的沟槽,上面的机械装置可控制吊门的升降。

城镇布防

共和国时期和帝国初期

与早期罗马同时代的大多数城镇均筑有防御工事一样,罗马人从其他民族,特别是希腊人那里学到了许多方法。罗马人自己认为,罗马最早的防御工事是公元前 6 世纪后期罗马王塞尔维乌斯·图利乌斯所建的界墙。然而,考古发掘出最早的防御工事是公元前 5 世纪上半叶开始建造的土墙,塞尔维乌斯墙或许建于公元前4世纪。其他无规划的城镇在初始阶段也建有工事。在东部，许多希腊世界的城邦(poleis)专门选择利于防御的地点建造——通常是崎岖的山坡或海岬。奥古斯都统治时期是建立殖民城的高峰时期。多数新建的殖民城有防御工事，常由一道设防御性大门的城墙构成。建立这些殖民城的目的之一是控制其周边地区并传播罗马的生活方式，但并非所有地区均与罗马为敌，所以城墙可能不总是防卫之必需。然而，非比寻常的砖石城墙提高了殖民城的地位，代表了罗马的实力。

图4.15　黑门是特里尔的北城门，大概建于公元2世纪后期。它由黑砂岩建成，用壁柱装饰。它设有两条通道，两侧有两座巨型塔楼。环形殿(最右边)为中世纪所建。高30米(98英尺)。

各个城镇的城墙在设计和建造方面各有不同，但通常建成独立式的砖石墙，表面小砌块的做工十分精良。城门数目尽量保持在最小范围内(如果城镇布局为矩形，则通常为每边一道门），城门两侧常为高出城墙的塔楼。界墙上也有区间塔。城门通常设有一条或两条车道，两侧是稍窄的人行道。除了这些共同点之外，帝国各地的城门差别较大。以两侧的塔楼为例，可设计成圆形、长方形、马蹄形甚至八角形。大多数城门似乎都有建筑装饰，进一步烘托了城镇的气势。在共和国后期和帝国初期，最晚在第二次布匿战争时即出现了吊门，用于加固城门。

奥古斯都死后，殖民城的建立和城墙建设日益衰落。到公元 2 世纪早期，由原来小型聚居区发展出许多新城镇，无城墙防卫，但在这一世纪里，一些城镇建起零散的防御工事。其中最稳妥的做法出现在不列颠，公元 2 世纪后期和公元 3 世纪早期，那里的重要城市大多有土墙防御，其后不久，多数在外围筑起砖石城墙。没有证据能够说明这是一项加固城镇的核心规划方案，其原因也不得而知。有些色雷斯城市为抵御来自北方部落的入侵威胁，于公元 2 世纪后期也建立了防御工事。

帝国后期

直到罗马时代后期，城镇防卫没有进一步发展。公元 3 世纪中叶的城墙设计与奥古斯都时代的设计十分相似。城墙为一至三米（3 至 10 英尺）厚，塔楼通常设计成圆形或矩形，横跨在城墙上，不过城门塔楼可能更大且高耸于城墙之上。一般来说，公元 1 到 3 世纪似乎没有任何必要去大刀阔斧地改造城镇防御工事的设计。

从公元 3 世纪后期起，城镇和要塞的防御工事出现了许多革新，其防御工事采用相似的办法。城门设计仍有许多样式，更侧重于防卫而非气势。多数在两侧塔楼之间仅辟一条通道。两侧塔楼的设计也多有不同，不过多数为马蹄形。然而后期的罗马城门鲜有遗存，因此人们对其外形的了解相对较少。有些地区，特别是高卢的部分地区，地域性的建筑风格较为明显，由此说明与那些城镇同时期的防御工事具有类似的风格。这也表明帝国出于战略考虑，挑选特定城镇协助布防。

公元 3 世纪后期，地处西部边境线或与之相邻的城镇已经建起防御工事。

大批处于战略要地、规模各异的城镇深入西部行省的中心地带，由于面临日益频繁的入侵和某些高卢城镇的破坏，它们在这一时期也建起防御工事。这些城镇中许多都有环行墙，要比城镇本身小得多，甚至不包括重要的公共建筑，不过仍占据墙外地区。许多城墙取材于被毁建筑的砖石。公元 3 世纪后期，罗马也新建了一道防御性城墙（奥莱里安城墙），这是塞尔维乌斯城墙之后的第一座城墙。

罗马时代后期，在高卢要道沿线的许多小聚居区或区（vici）由建有堡垒的环行墙防御（如比特堡[Bitburg]和诺伊马根），通常被称为“burgus”（复数为“burgi”），该词多用于边境的小型瞭望塔（参见第二章）。这些防御性聚居区可能有军事分遣队驻扎。

庄　园

除以下文字外，有关庄园的文字可另见“农业”和“宫殿”。

定　义

在共和国中期和后期，乡村住宅（villa rustica）是附属于田产的农庄，包括农场建筑和为农场主人到来准备的住所。从公元前 2 世纪起，庄园（villa）一词也指代富有的罗马人从城市到乡间度假的大型乡村住宅。这两种功能之间的区别很模糊，实际上现在不可能准确定义归类为“庄园”的罗马遗址的功能。随着这种建筑在不同主人间的易手，其功能大概也随时间流转而有所不同。这些功能包括由业主居住者自己经营的农场和为在外的土地所有者或者只偶尔来视察的主人效力的管家所经营的农场，其庄园成为乡村度假地，甚或可算是当今所称的豪华家宅。同一所庄园在一段时期内可能发挥了所有这些功能。

庄园所具有的奢华富贵使其区别于其他乡间住所。罗马人没有一直沿用庄园一词，其定义仍存有争议。从广义上说，庄园就是拥有罗马化建筑的农庄，它有别于纯本土的农庄，其规模从最简朴的农舍到大型宅地。甚至这一定义也疏略了大量边缘性实例，其主要原因是，我们从考古遗存中发现，罗马化的程度依赖于农场主和占有者的财富和品味。

庄园在帝国时期繁荣发展，遍及非洲、西班牙、普罗旺斯、高卢、不列颠、日耳曼和多瑙河诸省。东部行省也有一些庄园，但几乎没有体现出自己的作用和地位。

在绝大多数情况下，庄园系由运行良好的农场发展而来。尽管庄园可能由别处获得的资金建成，但它们一般靠成功的农业经营所获得的收入来维持。农业经营基本依赖于本地市场，通常是一座城镇或城市，城镇居民有时也耕种土地。庄园集中分布于有着繁荣的市场的城镇周围。与农业经营相关联的庄园连同其土地(ager)一起构成一处地产(fundus)。然而，并非所有的农场都是庄园，并非所有的农场，特别是行省的本地农场都发展成为庄园。有些庄园似乎成为各级罗马官员的宅邸，有时可能附属于手工业生产或皇帝的农业地产。

图 4.16　德国梅林(Mehring)翼式游廊庄园的复原建筑。

庄园类型

罗马各地分布着从颇为简单到极为复杂的众多庄园类型与设计。郊区庄园(villa suburbana)是为耕种附近的田地而在城郊建起的农庄,在意大利较为常见。这些庄园主要用于居住,一般与城镇住宅相差无几。

在共和国时期的意大利,乡村住宅(villa rustica)从简单建筑发展成为带有列柱的庄园,后者是围绕庭院或花园建造的、四周均有柱廊的农庄。有些带有列柱的庄园规模宏大、结构复杂。豪华的海边庄园(villae maritimae)成为时尚,是有钱人和皇帝的度假胜地。它们包括列柱式和柱廊式,后者由一排或几排带柱廊的房间组成。

图 4.17 在德国发现的一幅壁画,其中庄园的两侧为双层建筑。

公元1世纪，带列柱的庄园这一基本类型从意大利传播开来，但由于扩张和随之而来的罗马化进程并非一蹴而就，因此带有列柱的庄园在首批征服的行省中更为普遍，如西班牙。在较为偏远的行省，如不列颠，庄园直到公元2世纪才得以普及。庄园的形式和发展也有众多的地区差异，反映出主人的财富和品味。

最简单的庄园是厅房，即连接着一个或几个小房间的大屋子；另一种简单的庄园有时称为棚舍型（或排型），由一幢长方形住宅组成，通常被分为一排小房间。这些庄园与本地的农庄有很多相同之处，不能统归为庄园。这类庄园常通过增设一条走廊或游廊（游廊庄园），并在两端各增设一个侧厅（翼式游廊庄园）发展而来。在这样的庄园中，走廊可能是封闭式的，也可能是一条露天游廊或柱廊；两种类型在考古遗存中均有发现，但通常很难分清。

在偏远的行省，庭院庄园可能从诸如翼式游廊庄园的样式发展而来，而非直接仿照带有列柱的庄园。庭院很可能是农家庭院而非见于带有列柱的庄园里的柱廊花园，其四周有建筑物。在更为富裕的庄园里，另建有一处周围是农场建筑的庭院，以区分庄园的农用和居住功能。这种功能上的区分是循序渐进的，常能在行省庄园的发展中找到蛛丝马迹，其中有些成为庞大的乡村住宅，后者的居住功能使其农用职能相形见绌。

在北部地区如不列颠、荷兰和日耳曼西北部发现的庄园后来发展为有狭长走廊的建筑（有时称为廊式农舍、廊式房屋或会堂）。最简单的类型是一种长方形建筑，两排支柱将内部分成一间中殿和两条走廊。更复杂的类型也有内部分区，形成带有马赛克、石膏画、地热供暖和浴室的独立房间。有些廊式建筑虽然附属于更加宏伟辉煌的庄园，有些却具有专门的农业或手工业用途，而非家务用途。

庄园中的主要房间大多与城镇住宅中的房间类似。根据主人的富裕程度，可能有马赛克、石膏画、地热供暖和浴室。大型庄园里通常有许多其他房间，其用途还无从知晓，但也许包括客房、仆人和奴隶的住处以及储藏室。最豪华的庄园拥有渡槽输送的水源。庄园很少有双层建筑。参见本章的“家具”和“附属建筑”。

花　园

花园(hortus,复数为“horti”)可能附属于一幢住宅,也可能是向大众开放的公园或花园。我们从绘画、文献以及考古发掘中得到大量相关信息。小农场和村舍有花园,然而城镇中的花园常位于房屋后部。带有列柱的花园十分流行,矩形的花圃周围是带顶的通道。许多花园吸收了建筑特征、雕塑、观赏池、喷泉、栅栏、桌子、夏季餐椅和小神龛。在规模更大的花园里流行叠水花圃。观赏景观出自被称作“topiarius”的园艺师之手。

图 4.18　庞贝城一所住宅里的小花园和柱廊的复原图,其壁画属第三种风格。【出自 W. Gell [1832] *Pompeiana*】

建筑师和测绘员

测绘员

公元前1世纪到公元1世纪，尤利乌斯·恺撒和奥古斯都将领手下的军事测绘员勘测了欧洲的大部分地区。测绘员可能负责划分百分田，建设军营、要塞和城镇（特别是退伍老兵分得土地的殖民城）以及道路建设。尽管现存有测绘簿，但其他文献资料较为匮乏。《罗马土地测绘员集成》（*Corpus Agrimensorum Romanorum*）是由不同著作家撰写的测绘簿合集，辑录时间大概为公元5世纪，后来又有所增补。

在后期拉丁语中，测绘员被称为“gromaticus”（起源于测绘工具“groma”），但是更常用的名称是“agrimensores”（单数为“agrimensor”，意为“土地测绘者”）。“mensor”（复数为“mensores”）指测绘员或测量员，他们可能是土地测绘员、军事测绘员、建筑测绘员甚至是平准员。测绘员主要是为满足日益增多的建筑项目而设的，到帝国后期，他们形成了等级分明的官员机构，最高官职是总测绘师（primicerius，意为“蜡版上的第一位”）。

测绘仪器

有几位著作家曾撰写关于测绘的论著（包括弗朗提努斯和叙吉努斯），提供了有关“groma”和“dioptra”等仪器的信息。“groma”（或“铁具”[ferramentum]）是一种非常简单的仪器，测绘者可从中心点观测并绘出直线和直角。庞贝城出土过“groma”金属零部件，其他地方也散见一些碎片，从中可知，“groma”是由包在铁片里的两根木条组成，木条垂直相交构成一个四臂等长的十字，在中点附近用青铜角撑架固定，四臂各垂下一条铅锤线构成直角。一个支架把十字的中心连接到支撑杆上，以使支杆不至阻挡视线。该仪器的用法是，通过两条铅锤线观测远处的标志物，移动标志物直到它们位于同一直线上为止。因为铅锤线能够观测 45 度和 90 度的夹角，所以可将这些角的两边在地上作出标记，这样人们可以在勘测道路、城镇和要塞的工作中测绘出所要使用的直线、方形和矩形。铅锤线在风天会受到很大干扰而无法使用。

“dioptra”是一种更精密的测绘仪器。它由一根能绕圆台中心自由旋转的测杆构成，圆台上有标线将圆分成四份、八份等以此类推。通过旋转测杆，能够绘制出不同角度的边线。圆台固定在一根柱子上，并利用铅锤线使之垂直。圆台可从水平位置翘起倾斜以测量坡地。这一倾斜动作可由齿轮和螺钉组成的简单机械装置完成。只有少数几位古代著作家曾提及“dioptra”，它显然为青铜制，普及程度似乎不及“groma”，可能是后者更为价廉耐用的缘故。

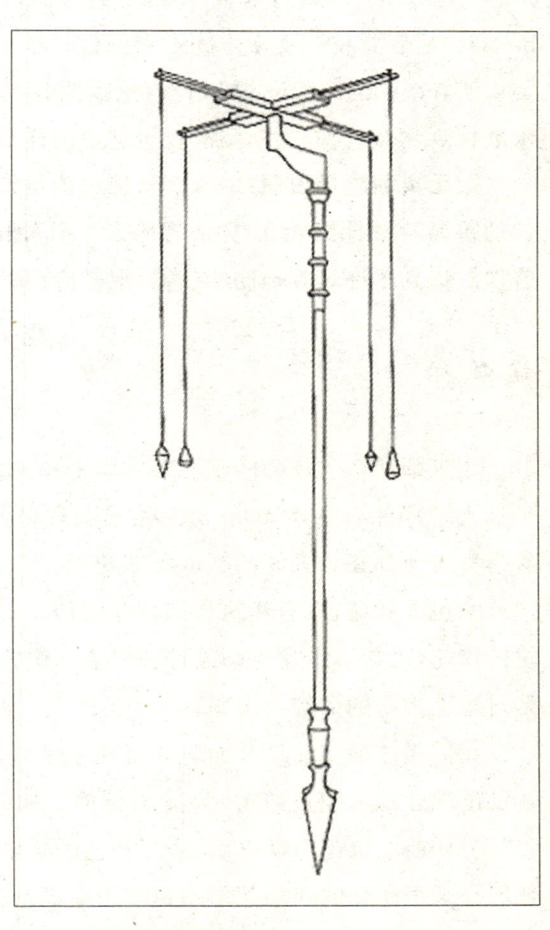
图 4.19 “groma”的复原图。

在测绘过程中需要通过观测太阳进行精确定位，因此常常用到一种便携式太阳钟，现有几件存世。最普遍的定位方法似乎是使用太阳钟计算正午太阳（正南）的位置。这种方法要比观测日升日落以确定正东和正西的方法更为精确。

水平测量主要用于引水渠的测量，使用“chorobates”。它是一把长约 6 米

(20 英尺)的直尺,两端由等长的尺腿支撑。尺腿和尺子之间有压杆,铅锤线沿压杆而设。压杆上刻有与尺子垂直的线,所以当铅锤线与这些线重合时尺子即呈水平状态。当强风造成铅锤线不稳时,用到另外一种改良方法,即在尺子顶部嵌入一条长 1.5 米(5 英尺)的凹槽,可在其中注满水。当水在两端均达到凹槽上沿时,尺子即为水平。

"chorobates"太过笨重,不适合野外测绘,故代之以铅锤线测准(libra 或 libella)。后者是将一支横木固定在一根杆子上,杆子用一条铅锤线测准,其原理类似于"chorobates"上的铅锤线,然后沿这支横木的上表面向标有高度单位的水准杆观测,现代的光学测准仪也利用同样的原理。

短距离的测量由测量杆、测量绳和测量带完成,同时利用初级几何学计算较长的距离,特别用于地形复杂的地方。书写和绘图工具也较为普及。尽管古代著作家提到了许多其他测绘仪器,但其应用可能并不广泛。

建筑师

建筑师和市政技师的职业常常紧密相关。有关建筑和工程的主要文献资料来自于维特鲁威(Vitruvius),他是尤利乌斯·恺撒手下的建筑师和技师,后来参与奥古斯都在意大利的新殖民城建设。与今天常见的情况相同,许多建筑由建筑承包人修建,没有建筑师和技师的协助;然而大规模的项目,特别是公共建筑的修建,可能多由建筑师设计并督造。维特鲁威记载,一名建筑师的工作主要是对施工本身的监管和组织。

我们无法确知建筑师的职业出现于何时,但有证据表明最晚在共和国中期就已出现建筑师职业,技艺为父子相传。他们受雇于军队、市政工程或私人工程。公元前 2 世纪中期以后,身怀技艺的希腊人的到来似乎给罗马造成了冲击,他们带来了崭新的理念并影响到该职业的地位,因为这些希腊人中有许多身为奴隶。我们对罗马时期建筑师个人的了解不多。从维特鲁威的记载来看,建筑师的训练似乎极其严格。他必须接受良好的综合教育以及在制图、测绘和建筑工程的成本核算和监督管理方面的训练。这种训练可能采用学徒的形式。建筑师必须能够绘制平面图、正面图和效果图，并且像印象派艺术家一样为设计完成的建筑着色。现存的一些建筑师的绘图刻在大理石或嵌于马赛克上，但没有绘于草纸或皮纸上的图。

建筑师绘制平面图会用到圆规、测径器、折尺和铅锤，它们均与现今的样式相同。庞贝城出土了一套建筑师仪器。我们不清楚建筑师到底在多大程度上依赖于按比例绘制的平面图和正面图，但他们可能使用了按比例制成的木质模型，因为曾有少数石制建筑模型出土。多数建筑师有助手和学徒。为完成大型项目，建筑师甚至会组织一支较大的工作团队，其中许多人负责某方面工作，比如绘出建筑模型的细部。

建筑技术

最初，罗马人像希腊人那样用木材和石头做建材，但从公元前 3 世纪后期起，混凝土开始投入使用，并逐渐代替砖石。混凝土较为便宜轻巧，更能防火防潮。混凝土建筑的最大优点是能与拱券结构结合，搭建空间更大的屋顶构架并建造更坚固的独立式建筑。另外还有其他各种建筑技术，如草泥砖和泥砖，这些在行省应用较多。

吊楔孔使铁吊楔（起重滑车）的尖头能够抓起重石。提吊砖石块和柱子等重型材料时也使用起重机，它取代了原来用斜面抬起材料的办法。最普遍的类型是剪形起重机，由两条腿架、滑轮和绞盘组成，常配有由几名奴隶操纵的踏车。

埃特鲁里亚和希腊的影响

埃特鲁里亚人建造了罗马最早的纪念性建筑。罗马的神庙和住宅均以埃特鲁里亚的模式为基础。埃特鲁里亚因素对罗马神庙的影响主要体现在墩座和侧重于正面而不顾及其余三面。大型的埃特鲁里亚住宅围绕着一个中央大厅排列，与后来的罗马城镇住宅围绕中庭建造的手法近乎一致。

共和国时期，面对来自其他地方的影响(尤以希腊为甚)，埃特鲁里亚建筑的影响逐渐衰微。埃特鲁里亚建筑本身也受到希腊人的影响，因此当罗马人采用希腊风格时，并不能说它完全是一种外来文化。共和国时期，罗马似乎在稳步吸收建筑方面的影响，特别是来自希腊世界的影响，但在公元前221年叙拉古陷落后，希腊艺术品涌入罗马。公元前2世纪，这些作品，更重要的是希腊工匠不断涌入，给罗马建筑的发展带来了决定性影响。到共和国末期，当维特鲁威撰写建筑论著时，希腊建筑理论和范例已占据了主导地位。

随着帝国的扩张，罗马建筑传播到广阔的地区，影响到公共建筑物和大型私人建筑领域。在许多地区，风格的基本原则受到地方品味，特别是装饰的影响，但仍蕴涵着明显的罗马风格。地方建筑风格在不同程度上受到罗马建筑的影响，在许多地区，同一建筑集中体现了罗马和本土因素。

建筑式样

罗马人采用希腊建筑的三种式样，其风格主要根据柱式来界定，分为多利亚式、伊奥尼亚式和科林斯式。多利亚式源于公元前7世纪，成为希腊本土、西西里和"大希腊"的标准类型。希腊的多利亚柱没有柱础，从地面直接拔起，直径最大约为柱高的1/5或1/6。柱身有既宽且浅的凹槽，从离地面约1/4处开始逐渐收分。柱子的顶端为柱头，由一圈盆状壁带和平方板组成。多利亚柱之上撑起檐部，檐部最下端是一个称为额枋的长方形石梁，在柱与柱之间延伸。上面是檐壁，由三垅板(表面被竖直的凹槽分为三部分的矩形石)及其间的垅间壁(三垅板后侧的方形雕刻石板)构成。檐壁之上是凸出的檐口，两道屋脊末端是倾斜的檐口，由三个檐口围住一块三角形石板(tympanum)从而构成三角楣饰。

希腊的伊奥尼亚柱式源于公元前6世纪后期。伊奥尼亚柱的最大直径为柱高的1/8或1/9，看上去较多利亚柱更纤细。它也有稍深的凹槽，有柱础，柱头用涡卷装饰。在此之上撑起檐部，檐部的多利亚式三垅板檐壁被一排小凸块(齿状装饰)取代，有时代之以刻纹装饰的连续檐壁。

科林斯柱式是公元前5世纪后期从伊奥尼亚柱式发展而来，主要是柱头有所改变，呈倒置的铃状，有叶形装饰。

罗马人除了仿造这些建筑式样，还对它们进行改进，并发展出新的风格。罗马的多利亚柱像所有的罗马柱子一样，均建在柱础上，与宽度相比显得更高，柱头线条更为复杂。图斯卡纳式(Tuscan order)建筑似乎结合了多利亚式和伊奥尼亚式发展而来，柱身和檐部简单流畅。帝国初期，科林斯式成为最流行的风格，另外发展出结合了伊奥尼亚式和科林斯式的复合柱式。罗马柱多为单块巨石，而希腊柱则将多个鼓形石块垒叠在一起。

地 基

建筑的第一阶段是准备场地，这可能包括拆除原有建筑或夷平该处。奠基可以是将原有建筑填入碎石或是将原有地基并入新建筑地基。有时旧建筑的遗迹用混凝土封盖或在上面修建拱门。在一块准备停当的地点，基槽挖到石床或足够深的地方(大型神庙的基槽深达五六米[16至20英尺])。尽管承重的地方使用石料，但大型建筑的基槽通常填入混凝土。小型建筑可能仅有几层填充石作为地基。

墙

墙建在已经完工的地基上。在罗马，最普遍的本地石材是相对松软的火山石，它可能在应用灰泥黏合的碎石结构和有砖石墙面的混凝土墙时发挥一些作用，因为这些材料比松软的火山石坚固。

灰泥黏合的碎石和混凝土

最晚在共和国中期，墙垣由一个框架结构、石块墙面和固定在黏土里的碎石内芯组成。到公元前3世纪后期，有些罗马墙面由灰泥黏合的砖砌成。它们的内芯填入直径约为100毫米(4英寸)的小石块，从上面倒入灰浆构成一面坚固的混凝土墙。

混凝土墙通常根据它们的墙面进行分类。墙面主要有三种:不规则墙(opus incertum)、网式墙(opus reticulatum)和砖瓦墙(opus testaceum)。公元前2世纪和公元前1世纪初主要使用“不规则墙”,混凝土内芯外面用大小不等的小石块按不规则样式造面。公元前1世纪到公元2世纪,主要使用网式墙(源于“reticulum”一词,意为“网”)。混凝土内芯外面砌有按对角摆放的大小相似的小方边石,构成一个规则的网式墙面。“半网式墙”(opus quasi reticulatum)一词有时用来指用不规则形状的石头构建的斜纹网式墙。

砖瓦墙主要从公元1世纪中期起开始使用,由表面的砖或瓦与混凝土内芯两部分组成。从公元前2世纪起建筑中偶尔用到砖瓦,但直到公元1世纪尼禄统治时期,砖瓦墙才占据主流地位。砖瓦常被切割成三角形,其中一边构成墙体的表面。墙的修建通常从铺砌几层墙面砖开始,之后再填入混凝土。大约每隔25个砖层便有1层用大块砖(bipedales)砌合而成,且横贯墙体的宽面。这个砌合层的用途我们无从知晓,实际上,它将混凝土内芯分成上下两截,从而形成一条不牢固的水平线。砌合层可能用木质脚手架连接在一起,因为砌合层上面常有脚手架(脚手架跳板横木)的孔。在意大利以外很少用砖作墙面材料。

图4.20 半网式墙。

砖石结构

即使混凝土在罗马建筑中已占据主流地位，砖石结构仍被广泛使用。石料的运费高昂，所以只有极为上乘的石料如大理石才被运往无论多远的地方，而且只用于最恢弘的工程项目。公元前1世纪以前的罗马建筑中不使用大理石，但当它流行之后，开始进口五颜六色的大理石（希腊人只用白色大理石），以及其他石料，如花岗岩和玄武岩。

一般说来，任何适用的本地石材均用于施工建设，所以帝国各地使用截然不同的石材。罗马最流行的石材是石灰华，它是石灰石的一种。罗马也使用凝灰岩，它是一种类似于浮石的火山石，但因为“凝灰岩”一词有时也用来指石灰华的一种，所以二者常常混淆。

与希腊方石堆相当的是罗马的“方石墙”（opus quadratum），即将大块方石水平叠放。其墙体通常由巨大的石块建造，由于它们极重或用金属丝缠绕在一起，所以无需灰泥黏合却严丝合缝。“opus quadratum”一词有时也指代矩形石块造面的混凝土墙。

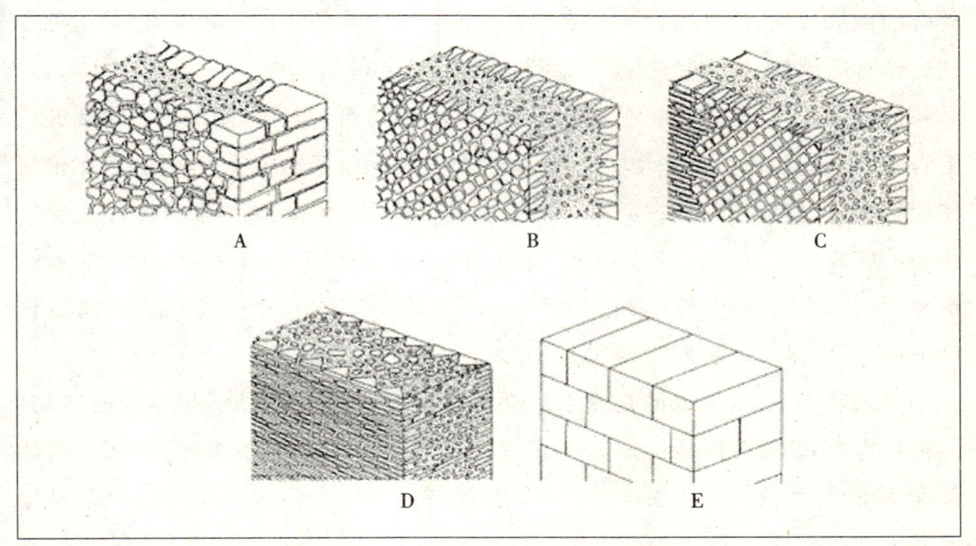

图 4.21　建墙方法：A. 不规则墙；B. 半网式墙；C. 网式墙；D. 砖瓦墙；E. 方石墙。

“非洲墙”(opus africanum)使用水平和垂直排列的巨型砖石块，包含由小型砖石块、泥砖或混凝土贴面制成的嵌板。它在北非特别普遍。带状墙(opus vittatum)使用长短不同的砖石块。

砖、土和木材

除了这些建筑方法，在行省还有许多其他方法，特别是在家庭和农场的建筑中。在某些地区有着悠久的建筑传统，如东部的泥砖建筑或希腊人的石建筑，罗马的风格和方法对其影响相对较小。在地中海地区和东部，普遍使用未烧制过的泥砖，在北部行省也发现了泥墙或土墙建筑的实例。

建造黏土或草泥建筑时也有不同类型的土墙。将黏土、泥土、碎烧土或黏土、石和白垩掺在一起，放在用木梁固定的两块平行木板之间并夯实。在压制成型的黏土墙或草泥墙上涂抹白灰用来防雨，并形成一层类似石制的平坦墙面。

罗马世界的各个地区用砖砌墙，砖有两种截然不同的类型——烧制的和未烧制的。未烧制、晒干的砖(泥砖)在东部行省非常普遍。它们是将麦秆和谷壳掺进黏砂土或黏土，然后压实制成，通常用赤脚踩踏的办法压实。随后用模子将混合物做成砖块，让其慢慢——维特鲁威推荐至少需两年——晒干，但是这种方法好像有些烦琐，特别是砖通常仅 38 毫米(1.5 英寸)厚。

烧制的砖也很普遍，在东部一些地区的大型建筑工程中，烧制的砖得到人们的青睐。烧制的砖具有非常悠久的历史，早在公元前第四个千年期间，巴比伦便使用烧制砖，但罗马在奥古斯都时代以前未曾使用。烧制砖的准备工作要比未烧制的砖复杂。罗马的砖主要有三种尺寸:2/3 步长(bessales)，即 197 毫米(8 英寸)见方；一个半步长(sesquipedales)，即 444 毫米(1.6 英尺)见方；两步长(bipedales)，即 592 毫米(2 英尺)见方。

复式墙(opus mixtum)是将水平摆放的烧制砖与“网式墙”相结合的产物。一种称为“小装置”(petit appareil)的类似技术是分层摆放小块砖石，每一米(3 英尺 4 英寸)摆放两或三层砖。全部用砖砌成的建筑十分稀少；其中一例就是位于特里尔的会堂。

不列颠等北部行省主要使用形式多样的木质框架建墙，在木框内填入板条和涂料，然后涂抹灰泥或着色。木材的使用很大程度上借助于它们采用了在罗马统治下流传甚广的铁钉。另外还有全木建筑。木材被广泛用于各种建筑用途，如屋顶、地面、墙架甚至墙的覆层。种类众多的树木提供了不同功用的木料，维特鲁威曾连篇累牍地讨论这个问题。各个品种的橡树均可用于建筑用途，杨木、椴木和柳木特别适合雕刻。桤木适于打桩和奠基，还有其他种类的木材选作专门用途。木材在建筑过程中也很重要，用于起重、为拱券结构固定中心、封闭混凝土等许多其他用途。

灰泥和混凝土

罗马世界各地广泛使用简单的石灰砂浆，它由石灰石和沙子制成。石灰石烧制成生石灰，生石灰再加入适量的水熟化，产生氢氧化钙；然后掺入沙子(维特鲁威建议一份熟石灰配三份沙子)。在晒干过程中，熟石灰中分离出碳酸钙结晶，在石灰砂浆内产生一种聚合力。在一些有石膏的地方，灰泥中还掺入石膏。

奥古斯都时期已经出现了一种使用“火山灰”(pozzolana)的优质水泥。“火山灰”(pozzolana)是一种大量发现于波佐利港附近和阿尔巴丘陵(Alban Hills)的红色火山土。这种水泥以石灰和“火山灰”的反应为基础，其化学反应要比石灰砂浆复杂得多，最后产生一种优质坚硬的灰泥。它是一种事先不经过干燥处理的水硬水泥，可应用于潮湿环境甚至水下。当它与碎石等集料混合使用时，形成一种更为坚硬的材料，即混凝土(opus caementicium)。小型石块的集料称作“碎石”(caementa)。在帝国的其他地区，人们试图利用本地材料如碎火山石再生出这种水硬水泥。“瓷片灰泥”(opus signinum)是一种广泛应用于罗马世界的防水水泥。它是石灰砂浆和碎瓦、砖或

图 4.22　赫库兰尼姆的一面“网式墙”，其中安装了铁格条窗子。

图 4.23　梅林庄园铁格条窗子的复原状。

陶土的混合物，其化学结构使其具有防水性；它广泛应用于地基、地面、浴池以及在需要防水灰泥或混凝土的地方用作密封剂。

门和窗

门通常为木质，不过可能用铁制品加固，一些公共建筑物使用铜门。尽管门体本身几乎无一存留，但可从考古发掘出的建筑中确定它们的宽度甚至高度。有些壁画中也绘有门。

窗子的直接证据很少，许多房屋可能只在墙上开口。我们可知的是窗子使用铁格条。多数建筑的窗户也许用木质窗板保护，不过这一证据很少。

玻璃窗可追溯到公元 1 世纪，随着新型制造工艺的使用，它们可能变得更便宜、更普及（参见第八章）。我们很难估计玻璃窗在普通房屋和其他建筑中的普及程度。

屋顶和穹顶

许多建筑建有半球形或拱形的屋顶。这些建构以拱券为基础；穹顶是一种拉伸的拱券，圆屋顶由一组在最高点合为一处的拱券组成。这些技术并非罗马人发明，但他们对其加以改进，第一次使用混凝土建构。这些因素结合在一起使罗马建筑殊异于希腊建筑。例如，穹顶和拱券的使用使罗马人能够建造独立式剧场，希腊剧场则往往依山而建。

真正由拱石(楔形券石,对合在一起形成拱形并借助侧面的压力固定在适当位置)建造的拱券结构在西部建筑中出现较晚。据我们所知埃及在公元前6世纪即已出现拱券,但罗马人从公元前3世纪起才开始使用。

图4.24 庞贝城“神秘仪式庄园”(Villa of Mysteries)的一扇木质窗板。

一个拱券或筒状穹顶横跨的宽度没有限制,但拱券或穹顶越宽,形制越高(参见第五章的“桥梁”)。为了以较低的高度获得更大的跨度,在被拱券分隔的侧墙上又并排建起筒状穹隆。更为常用的是棱拱,它由两个垂直交叉的筒状穹隆构成。只要在交叉的四点上有支柱,这些穹顶可以横跨很大的矩形空间。通过增加交叉穹顶的数量,可以形成一个圆顶,所以综合各种穹顶和拱券后产生了一种新建筑风格。公元1世纪后期在罗马修建的“Colosseum”(大角斗场)便是这种风格的突出典范之一。尽管它的外部装饰有多利亚柱式、伊奥尼亚柱式和科林斯柱式,但它基本上是一座罗马的拱券和穹顶建筑。

用混凝土建筑拱券和穹顶时需要娴熟而精湛的工艺。修建一座混凝土拱门时,需要用中心模板(立在木质平台上的木质承梁板,上部为拱门)封闭所浇灌的混凝土。通常在两周以后,可以确保安全无虞时拆卸下来。中心模板不仅要精确地制成适当的形状,而且要十分坚固,使之足以支撑混凝土的重量直到后者定形为止。在穹顶和圆屋顶的建筑过程中,另一个困难便是用同样的精度和力度建造形状复杂的中心模板。从公元2世纪起,筒状穹隆建筑中非常流行中空的赤土陶拱道(tubi fittili),北非尤为明显。

图 4.25 罗马的屋顶瓦(tegulae)[左]和波形瓦(imbrices)[右]的仿制品。

多数普通建筑在木质房梁上铺设屋瓦。屋顶瓦有两种类型,屋顶瓦(tegula,复数“tegulae”)和波形瓦(imbrex,复数“imbrices”),二者结合使用便构成遮风避雨的屋顶。屋顶瓦为平的、略呈锥形的类长方形瓦片,在两条长边上有凸起的边缘。波形瓦类似于中间被劈开的略呈锥形的管子。屋顶瓦并排摆放,波形瓦放置在屋顶瓦之间的缝隙之上。因为瓦片略呈锥形,因此每排瓦皆可盖住下一排,弥挡缝隙(参见第八章“手工业”之“砖和瓦”)。

帝国各地屋顶的铺设方法千差万别。尽管用屋顶瓦和波形瓦铺设的屋顶相对较为普及,但在有合适石料的地区也使用各种石制顶板,有时顶板的选用也考虑到装饰用途。在许多行省地区,大部分建筑用茅草铺盖屋顶,也有使用木瓦的痕迹。在东部行省气候干燥的地区,许多民居在木梁或拱顶上用泥砖铺成平顶。所有地区均不使用烟囱;炉膛和烤炉冒出的烟从屋顶的洞排出。

地　面

除了设有地热供暖、悬架起来的混凝土地面，还有多种铺设地面的方法。最简陋的住宅只是将地面夯实，但也可能使用石块、瓦片（有时铺成人字形——即“人字地面”[opus spicatum]）或木头铺设。

由瓷片灰泥制成的混凝土也较为常见，可用于防潮。在混凝土中掺入小方石、瓦片或其他材料可构成一块镶嵌地面，或者用各种材料的小方块构成一幅马赛克画。混合有碎瓦或碎石的灰泥（signina）地面较为实用。灰泥地面也可用大些的彩石（crustae）碎片装饰。

图 4.26　地热系统的石制通气管，火炉和地板下方的热气即由此经过。上方的地板用瓦柱（pilae）支撑。

供　暖

罗马的一个独特之处是称作地热的地下供暖系统，可能发明于公元前 1 世纪。取暖房间的地面铺在砖或石的支柱(pilae)上,偶尔也使用在稳固的地基内铺设内壁为石或砖的管道(管道式地热),形成热气通道。地面本身用厚实的混凝土铺就,上热虽慢却保温。从炉膛里冒出的热气流通于地面下方,形成主供暖系统,再通过墙内的瓦壁管道或通气道,最后从屋檐下排出(参见第八章“手工业”之“砖和瓦”)。

由于劳力和燃料问题,地热系统造价高昂,且不易控温,可能温差较大,这由某一地热的设计方式而定。也许由于价格原因,这一系统通常只对民宅中的几间屋子供暖,但在公共和私人浴池的使用却收效甚大。没有地热的房间里使用炭火盆取暖。

在浴池中,地热供暖的设计尽量将热量散失降到最低,所以,热气首先经过最热的房间(干热室、桑拿室和高温室),然后随着它的冷却进到下一个较热的房间,以此类推。火炉上的锅炉可提供热水。

照　明

蜡烛、火把和油灯是照明的主要形式。火把多用于室外,不种植橄榄的行省使用蜂蜡和油脂制成的蜡烛以及烛台。公元前1世纪起普遍使用以橄榄油为燃料的油灯照明。它们通常置于三足器上。我们所知的物品中有豪华的青铜灯架和枝状大烛台。油灯的制作材料种类繁多,主要是黏土,也有青铜、铅、铁、金、银、玻璃和石头(参见第八章“手工业”之“灯”)。

装饰和艺术

据我们现在所知,最晚从王政时代后期起罗马便有了公共艺术形式,如矗立在公共场所的神像和杰出公民的雕像。共和国末期,这种艺术品通常是上层人士炫耀的资本,一种宣传的载体。似乎直到公元前1世纪后期,出于个人鉴赏的目的,资助艺术才发展起来。当时,有钱人的公开善行与其住宅和财富一样是为了炫耀。这可能是征服希腊之后艺术家和掠夺来的艺术珍品流入罗马的一个直接后果。尽管艺术品为数众多,但与希腊艺术家不同的是,罗马艺术家大多不为人知。

雕　塑

在王政时代和共和国早期,罗马最早的雕塑似乎是埃特鲁里亚雕塑,它们自身从公元前 6 世纪起就深受希腊雕塑的影响。希腊雕塑从公元前 4 世纪起传入罗马。公元前 2 世纪和公元前 1 世纪是希腊雕塑和雕塑家涌入的高峰时期。许多雕塑是希腊原型的仿制品,但罗马风格的雕塑也发展起来,在公元一、二世纪达到登峰造极的程度。

雕塑作品常为大理石和青铜制,且具立体感,形制从小雕像到全身像,题材包括神灵、皇帝和动物。罗马雕塑最突出的优点在于刻画性格,特别是在半身像中。另外还有公共建筑的浮雕,通常是为纪念历史事件所造,如凯旋门和图拉真记功柱上的浮雕。殡葬雕塑包括墓碑、亡者半身像和石棺。罗马雕塑与希腊雕塑一样,栩栩如生,色彩艳丽(参见第八章“手工业”之“石”)。

刻石用作室内和室外的装饰,尤其是在公共建筑中。富丽的家居建筑也有刻石装饰物,如支柱和额枋,公共建筑却常用刻有浮雕的镶嵌板和檐壁以及壁龛里的雕像来装饰。罗马的图拉真记功柱是一根带有连续螺旋浮雕装饰的柱子,描绘了图拉真所进行的达西亚战争,高 30 余米(100 英尺),内设螺旋楼梯。

肖　像

从公元前 3 世纪起,肖像在包括雕塑、全身塑像和半身塑像的罗马艺术中成为一个高度发达的方面。对面部特征不过分夸张的逼真描绘可能与保留祖先相貌(imagines)的传统密切相关。一些场景中也有现实主义风格的人像,比如在“和平祭坛”的浮雕中,走在葬礼队伍中的奥古斯都一家均为真人大小。肖像从公元 3 世纪起开始衰落,更多地因袭了雕塑和钱币的风格。墙面也绘有肖像,在埃及发现的陪葬品中曾有绘在木头、有时是亚麻上的肖像。因为发型时有变化，常可从人像的发型来断定肖像的年代。

图 4.27　庞贝城的一幅壁画，展现了有庄园建筑的田园景色。

绘　画

罗马的绘画源自希腊，大多绘于墙壁、天花板或木头上。建筑物的墙壁和天花板通常涂有灰泥，但在简陋的房屋里灰泥可能没有装饰或只被刷白而已。在豪华建筑里墙壁和天花板都绘有图案和图画，外墙也是如此。罗马的壁画从希腊传统发展而来，据我们现在所知，意大利最晚在公元前 1 世纪就有了带图案的壁画。因为绘在灰泥上的图画流传较少，所以很难估计它的普及程度，但内墙装饰可能非常普遍。外墙绘画也可能比存留下来的证据所显示的更普遍。

壁画采用湿壁画法（灰泥未干时）、蛋彩画技法（绘在干灰泥上）或者将两种技法结合使用。湿壁画法似乎是最常见的技法。在一幅湿壁画中,正在变干的灰泥所渗出的石灰水锁住颜料,但对蛋彩画来说需要某些东西——如胶料——把颜料粘到墙面上。

与其他艺术形式相比,保存下来的罗马壁画极为罕见,实际上,现有的遗存均晚于公元前 1 世纪。到公元前 1 世纪中叶,内部装潢大量使用绘画。这些绘画通常浓烈、明快且艳丽。有些画纯粹是装饰性的,如仿大理石的壁画,还有些描绘风景、建筑物、日常生活、人物以及希腊神话的场景。有些场面巧夺天工,给人一种三维空间的错觉。

颜 料

维特鲁威和普林尼均曾描述过颜料,它们大多取自矿石、蔬菜和动物。白色颜料取自经研磨和熟化煅烧过的大理石、白垩和牡蛎壳,黑色颜料取自燃烧物,如树脂、松树的木屑或酒糟残留的炭。红色颜料取自朱砂矿,通过加热和清洗去除杂质,然后沉淀。另外也使用主要由氢氧化铁组成的赤铁矿(红赭石)。蓝色则通过加热铜、硅石和钙的混合物取得,这些混合物形成一种像玻璃的浅蓝色物质(埃及蓝、蓝釉料或庞贝蓝),然后沉淀。蓝颜料也可通过研磨天青石、蓝铜矿或用靛青等蔬菜染料着色的白垩取得。黄色取自赭土,它是一种由黏土、硅石及褐铁矿等氢氧化铁的混合物构成的天然土壤颜料。其他颜色可从其他原料获得,或用颜料调和而成。

庞贝城风格

许多流传下来的绘画来自于庞贝城。庞贝城绘画分为四种互相交叉的风格,这些风格有时也用于划分其他罗马壁画。风格 I(Style I)可能始于公元前 2 世纪初,源自希腊。其装饰非常简单,主要仿造彩色大理石块,有时使用灰泥铸模构成建筑外观。风格 II(Style II)始于公元前 90 年前后,是风格 I 的发展。其装饰仍时常仿绘大理石嵌板,但呈现出三维的建筑外观,如柱子不再使用灰泥铸模,而是逼真地绘于光滑的墙壁上,给人一种三维表面的错觉。后来它发展成用人物或风景描绘代替建筑外观,墙壁好似可以凭窗眺望其他景致的窗子。

风格 III(Style III)始于奥古斯都统治时期(公元前 27—公元 14 年)。风格 II 精巧的现实主义风格被平滑墙壁上有限的装饰处理所取代。它通常由建筑的细枝末节和抽象图案构成,与带有小型中心装饰图案的单色背景形成对比。风格 IV(Style IV)始于公元 1 世纪中期。它融合了风格 II 和风格 III,把写实的建筑要素和人物场景与非写实的图案要素结合在一起。

庞贝城于公元 79 年被毁,所以此后不再有庞贝城风格。公元 2 世纪之后的壁画鲜有留存。公元 3 世纪末,工艺水准明显滑坡,但在约公元 700 年东部出现拜占庭风格以前,其风格均未明显改变。西部的剧变严重破坏了罗马的绘画传统。

灰 泥

墙壁和天花板上的三维装饰由灰泥和刻石构成,它们一般被涂以各种颜色。灰泥是装饰用的石膏制品——通常是在浅浮雕中图案和图画从平滑的石膏背景

图 4.28　赫库兰尼姆带有尼普图努斯马赛克的住宅(House of the Neptune Mosaic)夏餐厅壁画。

上凸起。灰泥种类众多，最上乘的一种由大理石粉末制成，灰泥的图案用模子浇铸或手工制作。

马赛克

有些希腊的马赛克制品出现在公元前4世纪前后。罗马的马赛克制品在公元前2世纪从早期的希腊马赛克发展而来。有图案的马赛克（opus vermiculatum）是把不同颜色的小方块（tesserae）材料嵌入混凝土制成，材料包括石头、瓦片、陶片和玻璃。作为一种装饰私人或公共建筑地面的方法，马赛克逐渐在帝国各地使用，从公元1世纪起用于墙壁，有时也用于天花板。在拜占庭时期，马赛克成为教堂装饰墙壁、穹顶和天花板的一种流行样式，常使用易碎且昂贵的材料，如玻璃和金子。地面的马赛克称“opus tessellatum”，墙壁或穹顶的马赛克称“opus museum”或“opus musivum”。镶嵌地面的马赛克工匠叫做“tessellarius”（或“tesserarius”），镶嵌墙壁或拱顶的马赛克工匠叫做“musearius”或“musivarius”。

图4.29 赫库兰尼姆珍宝大厅（House of Gem）中的一幅黑白马赛克几何图案画（局部）。

有些马赛克由黑白两色构成，在白色背景上组成几何图案或拼出华丽场景的轮廓，流行于公元1到3世纪的意大利。另外还有镶嵌人物和风景的彩绘马赛克，有些运用了几何图案。公元3世纪，彩绘马赛克逐渐取代双色马赛克。镶嵌马赛克的工作多数可当场完成，有时先用刻绘的线条勾勒出图案，有些装饰性的嵌板（emblemata，嵌入物）可预先制作。

已知的罗马马赛克作品就有数千幅，但除了通过设计风格几乎无法对之进行准确定年，所以不可能按年代顺序准确无误地追溯马赛克风格的发展史。复制马赛克作品、用单色马赛克复制彩绘马赛克以及从公元2世纪中期起各行省不同地区的马赛克工匠学校的发展，均使这一状况变得尤为复杂。除几个已知的签名作品以外，几乎没有马赛克工匠个人的相关信息。

图4.30 发现于英国塞伦塞斯特(Cirencester)的彩绘马赛克“四季”(Four Seasons)之春天的化身——花儿插入发髻，鸟儿停在肩膀。【出自 Buckman and C. H. Newmarch [1850] Illustrations of the Remains of Roman Art, in Cirencester, the Site of Antient Corinium】

切割制品(Opus Sectile)

切割制品也用作地板和墙壁的表面或饰面，却从不用于天花板。不同的条石，如各种类型的大理石，被切割成抽象的形状后拼贴在一起构成图案。

便携艺术品

许多类型的便携物品均带有装饰，有时，装饰比物品本身更重要。例如，有些玻璃笼杯大概是艺术品而非实用性的饮具。其他首饰等物品则为纯粹的装饰品。陶碗或金银盘等实用性的餐具常用工艺精美的图案和华丽的场景装饰。有大量罗马后期的金银盘保存下来，因为当时为了妥善保管而把它们埋于地下，却再未取出。(参见第八章)

家 具

据人们所知，城镇住宅和庄园所陈列的家具样式相似，按现代标准而言，房间里的家具很少。主房间通常是餐厅，备有矮小的桌椅。在罗马化程度较低的地区，使用按半圆形摆放的坐椅而不是躺椅，不使用大的餐桌和坐椅。卧室放有躺椅或坐椅，还有一张床以及床头柜或存放衣物的柜子。

厨房会摆放一个烤炉，也许在燃起的明火上方有一个平底锅。烘烤用的铁叉也被使用，在北部行省，大锅吊在明火上方的链条上。还有桌子、用来碾碎谷物的小磨盘，以及橱柜、架子、大坛子和用来存放东西的双耳细颈罐。

客厅备有坐椅、桌子和板凳，也许还摆放着架子和碗柜。房间里的小物品、多个架子、橱柜以及存放和陈列用的壁龛构成民居的一部分。轻便的折叠凳可随时随地使用。

帝国时期，新型家具丰富了原有的类别，如用来陈列贵重物品的柜子和带抽屉且有时用来存放草纸卷的橱柜。家具的质量和数量因屋主的财富而有不同，富人用许多装饰品点缀他们的家居，如雕像、花瓶和产自东部的地毯。

农 业

土地占有

在共和国早期，大多数农场由土地所有者以家庭为单位经营。农场自给自足，主要依靠谷物生产，在大地产吞没大批小农户确立之后的很长一段时间里，追求自给自足的农耕公民的理想仍然存续很久。

随着罗马对意大利的征服，各部族土地（通常是 1/3）被没收，这引起了强烈的抵制，甚至引发后来反抗罗马的起义。这样的土地成为属于罗马的公地。有些土地分给个人，大量土地划归殖民城。土地成为平民(plebs)和贵族间斗争的根源之一，平民常为土地上的佃农或工人，贵族则从土地上获得丰厚利润。

公元前2世纪初，意大利的一些公地被包租出去(大片租给贵族)，其中大部分形成了大规模的农业地产，称作"大地产"(latifundia)。这种地产以营利为目的使用大批奴隶进行经营，拥有培育新谷物和养殖牲畜的资本。农夫在小块土地上进行混合经营，没有竞争力，被迫变卖小农田，因此大地产规模扩大。行省也有大地产，但显然不可与意大利的大地产等量齐观。

许多土地纠纷最终由公元前111年的一项土地法解决，该法使大多数国有土地(道路等除外)变成土地占有者的私有财产。此后当苏拉和尤利乌斯·恺撒等统帅打算将土地分配给退伍士兵时，公地问题再次出现，意大利和行省的一些土地成为公地。

随着罗马疆土的拓展，土地使用的类型也变得更加复杂。在帝国时期，最大的土地所有者是皇帝，他在帝国的许多地区都拥有皇室地产，包括用来采矿和产盐的工业用地。除了皇帝，还有其他许多土地所有者和大小各异的农业用地。这样的地产可能由土地所有者、承租人或者在地主或承租人不在时替代他们打理业务的管家来经营。大型地产可能在许多管家中分配经营。其他土地由自治市、部族所有，或由小农以个人或联合的形式自由保有。在土地的买卖、承租、遗弃、恢复以及偶尔被国家没收的过程中，土地的使用权和所有权经常改变。

农业从公元3世纪起开始衰退，有些农场弃耕不用，土地荒芜。

农场

农业经营是整个罗马时代的重要产业，从城镇、乡村到个人的农舍，规模不等的聚居区都与农业有关。在许多行省，本地部族沿用传统的方法从事一定量的农业生产，因此郊区常呈现出罗马化城镇和庄园的模式，它们同当地有特色的村庄、村落和农庄掺杂在一起。

许多庄园是与农业生产相关的农舍，有许多小农舍不能归为庄园。在北非，当地的聚居区包括大批小型防御建筑和城镇。它们叫做"防城"，也许是罗马后期设防的农场。

附属建筑

庄园和农舍的主要居住建筑比较易于识别，然而用于各种不同用途的外部建筑很少能够准确识别。我们知道用于贮存的建筑，如畜棚和谷仓，还有马厩和牛棚，但从考古证据中难以分辨出牛棚、马厩、猪圈或羊圈的区别。

在地中海地区，磨盘和压榨机用来生产橄榄油。在生产葡萄酒的地区发现了用于制造葡萄酒的建筑和设备。另外也曾发现用于盛放葡萄酒和橄榄油的大缸。在北部和西北部的一些行省，谷物干燥机（有时称作谷物烘干炉）用于烘干没有完全成熟便被收割的谷物。这些设备由一条一端是炉膛口的“T”形或“Y”形通气管组成，通气管嵌入建筑内部。从炉膛口冒出的暖空气流经通道，以加热可能铺在木板上的谷物。在庄园地产中也会经常发现用来脱粒的地面。

土地的使用

在早期罗马，谷物生产最为重要，但当罗马的实力在意大利扩展时，饲养牛羊变得更为有利可图。在公元前 3 世纪到公元前 2 世纪，罗马同农业更加科学的迦太基和希腊建立了联系。希腊农业著作鲜有留存，但许多希腊理念似乎已经融入拉丁农业著作中。在共和国后期和帝国初期，罗马的农业生产效率在意大利达到顶峰，但随着大型的农业地产和饲养家畜的大牧场的发展，小型家庭农场衰落了。

随着罗马领土的扩张，新征服的地区被迫从自给自足的农业生产转变为剩余产品的农业生产，以便向罗马纳贡和缴税。剩余产品的生产为城镇和城市以及军队提供食物，并且促使农业社区生产出更多的剩余产品以售出赢利。在一些更偏远的行省，剩余产品的生产是一种较新的概念，可能在土地使用上带来了深远的变化。

总而言之，尽管实行混合农业经营，但牲畜和农作物之间的平衡以及饲养的牲畜和种植的谷物类型都依赖于本地条件，如土壤、地形和降雨量。在有些地区，灌溉或排水装置的使用使贫瘠的土地变为生产性用地。

农作物

在共和国时期，意大利波河谷地(Po Valley)和沿海地区用于种植草场、谷物、水果和蔬菜，但在帝国时期谷物生产逐渐下滑。亚平宁山脉的低坡用于种植橄榄树和葡萄树，而山顶的森林出产供人们食用和制成猪饲料的坚果。开垦过的高地用作放牛的夏季草场。

地中海周边行省的土地使用模式同意大利极为相似。尽管在奥古斯都时代以前禁止在意大利以外种植葡萄树，但在西班牙，橄榄树和规模较小的葡萄树种植变得十分重要，高卢南部种植葡萄树和某些橄榄树也同样重要。在希腊和亚细亚行省，葡萄树、橄榄树和无花果树占据主导地位。在非洲，迦太基所控制的地区在罗马统治以前已经出现精耕细作，主要生产粮食。的黎波里塔尼亚和昔兰尼加的沿海地区生产橄榄，在罗马统治之下非洲行省的橄榄生产大幅扩展。埃及的谷物生产变得至关重要。

在东部行省，谷物生长在沿海地带，山冈的低坡种植葡萄树和橄榄树。有些地区经过特别灌溉种植水稻，也种植椰枣、无花果、亚麻、大麻和棉花。有些地区生产专门的作物，如黎巴嫩的雪松，东部沼泽地生长的灯芯草用于制造草纸。

高卢、日耳曼、不列颠和多瑙河行省侧重于谷类栽培，偶尔建有葡萄园，但没有橄榄树。

罗马各地也种植许多不同种类的蔬菜。其中最重要的是供人们食用和用作动物饲料的多种多样的豆类，以及用于烹调和医疗的大量草药。另外也种植葡萄、桃、梨、李子、苹果和樱桃等树种，种植的坚果包括杏仁、花生、榛子和栗子。在庄园和城镇住宅的院子和花园里，蔬菜和水果也以家用规模来种植，有证据显示存在小规模的花市。

榛树和柳树用来编制篮筐，山毛榉和栗树等其他树木被截去枝梢，为烧制木炭提供可再生能源。橡树、榆树和松树等树木用作木材。

田地

饲养动物的一个重要副产品是土地的肥料，不过在季节性迁徙的地方，如遇较为干燥的天气，这种肥料供应则会短缺。酿葡萄酒和榨橄榄的残渣也用来施肥。在有些地区，通过在土地撒石灰和灰土以中和酸性土壤，农作物的轮作和休耕也不断发展。根据土壤和农作物的类型以及所使用的农耕方法等因素，田地大小迥异。田地的边界是沟、篱、干垒墙和树篱，修缮所有的边界是承租人及其所有者的一项重要责任，有些边界具有宗教意义。

犁耕

常见的耕地工具是没有犁刀或犁板的简易犁，由一两头牲畜牵引。使用这种犁可挖出一道垄沟，但不能翻土，需用十字耕（从垂直的方向再耕第二遍）才能提供良好的种床。这种犁只对松土有效，在重黏土上无法有效地开垦适宜耕种的土地，帝国时期才发明了重犁。重犁有一把可以辟开土地的犁刀和可翻土并撒种的犁板。

在许多地方用铲子和锄头人工耕作土地。铲子除了有木柄和刀刃以外，其边缘装上铁片形成锋利的刀刃，这些工具都与现代的类似。锄头用于清除杂草，铲子对收获块根作物和挖沟等一般性维护工作十分重要。

收割

收割要用到一个短的收割钩，可平稳操作的镰刀和长镰刀的发明大大提高了收割效率。所有这些工具均有铁刀刃，通常为木柄。欧洲北部使用一种收割工具为“vallus”，是由一个容器或漏斗组成，一端开口，宽阔而锋利的刀刃从漏斗的底座前边突出来。它安装在轮子上，轮子上有伸向后方的辕，可由一头套上挽具的驴或骡子推而不是拉。当推过作物时，其刀刃从茎部剥去谷穗，谷穗落入漏斗。还有一种由一头牛助推的类似机器，叫做“carpentum”。

脱粒就是把谷物撒在专门准备的脱粒板上，用连枷击打或让牲畜在上面踩踏，使谷粒从谷壳中分离出来。一种希腊发明的“tribulum”可能也用来脱粒。这是一种由重压板构成的脱粒锤，下方嵌有燧石，它被牵引经过谷物。这种机械的改进版(布匿车)使用锯齿形的滚筒而不是燧石。脱粒之后，谷粒从谷壳中分离的过程由扬谷完成——用扬谷铲和篮筐把脱粒后的谷物扬起，当谷物落下时谷壳随风吹走。扬谷筐很浅，一边开口，谷物可以扬起再落回。

其他工具

农业生产的工具多种多样，如锯、刀和长钩，但像今天一样，农用工具同一般用途的工具通常很难区分。

畜牧业

同农作物一样，在混合经营的农场里饲养的家畜因地区不同而不同。牛是最重要的家畜，在意大利、西西里、小亚细亚、高卢、不列颠、多瑙河上游地区、北非、埃及和叙利亚的部分地区均有大牧场饲养大量的牛。牛用来生产牛奶、牛油、奶酪、肉和皮。牛骨和牛角用来加工手工艺品、胶水和胶料。

绵羊在帝国各地也非常重要。它们主要用来生产羊毛，地中海地区用绵羊而不是奶牛来产奶和制造奶酪。最负盛名的羊毛是产自小亚细亚米利都(Miletus)的绵羊毛，意大利进口这些羊毛。努米底亚也以羊毛制品著称。山羊价格高，没有绵羊普及，但用来提供类似的产品。绵羊和山羊的皮也为羊皮纸提供了原料，山羊毛用来生产绳子和毡子等产品。

猪的饲养较为广泛，它提供猪肉、猪油、猪皮和猪鬃。在高卢、不列颠和西班牙，猪肉和火腿的口碑很好。家畜、鸭、鹅、家鸽、孔雀和野鸽用来食用，还用来产蛋，生产羽毛、绒毛和翎毛。

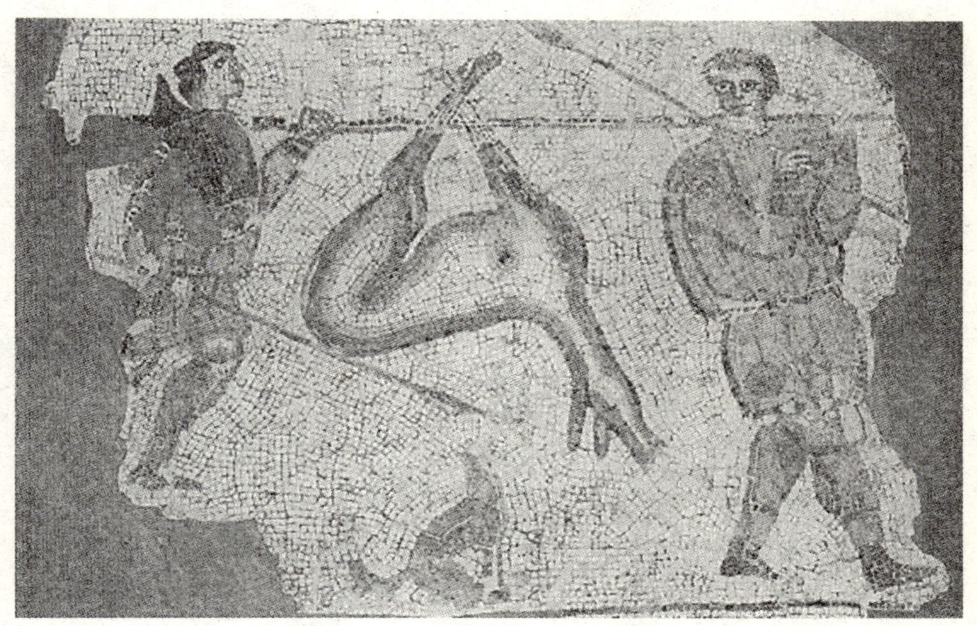

图 4.31　两名持矛猎人用木棍扛着一只雌鹿回家，另有一条狗尾随。萨默塞特东科克庄园马赛克图的一部分。【由萨默塞特博物馆提供】

其他动物用于役力，骡子的饲养成为一个非常庞大的农业生产行业。牛是农场上主要的役畜。驴用来拉车，偶尔用来拉犁，也用在磨坊里。马在农场上很少使用。在非洲和东部行省，骆驼主要用来骑坐，在欧洲大部，军队把它作为驮物的牲畜；也可以拉犁。狗用来看管牧群、狩猎和看家护院，但也像猴子等外来动物那样被当作宠物。甚至还有宠物狗的墓碑，但是没有为猫立的碑。把家猫当作宠物在帝国早期变得更为流行。

狩　猎

罗马饮食中的肉以狩猎来补充。拉丁著作家列出了野猪、鹅、鸭、野兔、鹿和各种小鸟作为猎物，在欧洲西北部可能还狩猎野鸡。海水鱼和淡水鱼以及贝类被广泛地食用。牡蛎买卖尤其广泛，活牡蛎被放在盛有海水的缸里，鱼酱（garum；一种味道浓郁的鱼酱）十分流行。牡蛎在人工的牡蛎床上养殖，同样各种鱼在鱼塘里养殖。蜂蜜采集自野生和养殖的蜂窝，它是一种非常重要的甜味作料。

阅读书目

Town Planning

Chevallier 1976；Grimal 1983；Owens 1989 and 1991.

Centuriation

Chevallier 1976；Dike 1971 and 1985.

Types of Town

Burnham and Wacher 1990：small towns in Britain；Dilke 1971：colonies；Drinkwater 1987：cities in western provinces；Hanley 1987：villages in Britain；Hingley 1989：villages and rural settlements in Britain；Levick 1987：towns in eastern provinces；Owens 1989：town plans；Poulter 1987：townships and villages；Salmon 1969：colonies；Wacher 1995：town plans and types of towns，with particular reference to Britain.

Town Amenities

Adam 1994，8—19：water supply，domestic architecture；Aicher 1995：aqueducts in Rome；Bateman 1985：warehouses，with particular reference to London；Bedon (ed.) 1997：extensive conference proceedings，in French and Italian，on aqueducts in Gaul and the neighborhood；Bennett 1980：summary of towns in Britain；Blagg 1983：public buildings；Boethius 1970：early Roman public and private buildings；Bomgardner 2000：illustrated overview of amphitheaters; Brothers 1989: buildings for entertainment; Carter 1989: public buildings; Clarke 1991: town houses in Italy; Coleman 1993: *stagna*; Connolly 1981, 296—97: portcullises; DeLaine 1988: discusses the origins and development of baths as well as previous publications; DeLaine and Johnston (eds.) 1999: baths and bathing; de Ruyt 1983: discussion of *macella* throughout the Roman world, including goods sold, a gazetteer and detailed bibliography; Ellis 2000: hosing, including town-houses; Fabre et al. 1991: detailed analysis of the Nîmes aqueduct and Pont du Gard; Golvin 1988: amphitheaters; Grimal 1983: cities and their buildings; Heinz 1983: public baths; Hodge 1989 and 1992: aqueducts and water supply; Humphrey 1986: circuses and *stadia*; Johnson 1983: imperial town defenses; Kleiner 1989: review article on triumphal and honorary arches; McKay 1975: town houses, apartments and palaces; Oleson 1986: includes bibliography on hydraulic engineering; Perring 2002: houses in Britain; Rickman 1971: granaries and storage buildings; Sear 1982: types of buildings; Sear 1992: review article on architecture with numerous references; Smith 1993: palaces; Thébert 1987: urban homes in various African cities, with numerous illustrations; Todd 1978: the walls of Rome; Tomlin 1981b: late Roman town fortifications; Ward-Perkins 1970: architecture of the empire; Welch 1994: early amphitheaters; Welch 1998: stadia; Wilson 1996: aqueducts.

Villas

Black 1987: villas in southeast England; Ellis 2000: housing, including villas; McKay 1975; Percival 1976; Percival 1987: villas, especially of the western empire; Rossiter 1989: villas in the eastern empire; Smith 1997: detailed survey of villa types; Todd (ed.) 1978: villas in Britain; Wacher 1987: types of villas; White 1978: translated extracts from ancient authors on villas and estates.

Gardens

Farrar 1998.

Architects and Surveyors

Adam 1994, 8—19; Andreae 1973: well-illustrated large-format book on art and architecture; Blagg 1983; Boethius 1970: early Roman architectural styles; Campbell 1996: surveyors; Campbell (ed.) 2000: Roman writers on surveying; Dilke 1971: detailed description of surveyors; Dilke 1985; Lewis 2001: surveying instruments; Macdonald 1982 and 1986; Robertson 1945; Sear 1982; Sear 1992: review article on architecture with numerous references; Taylor 2003: readable explanation of the architect; White 1984; Wilson Jones 2000: architects.

Building Techniques

Adam 1994: detailed well-illustrated account of numerous building techniques, materials, surveying, and domestic architecture; Bailey 1991: major publication on metal and clay lamps since 1980; Blagg 1983; Boethius 1970: early Roman building methods; Brodribb 1987: brick and tile; Dodge 1990: influence of Roman building techniques and architecture in the eastern empire; Dunbabin 1999: floors, especially mosaics; Hill 1984: construction methods and materials; Landels 1978, 84—98: cranes; Macready and Thompson (eds.) 1987: architecture and building techniques in the eastern empire; MacDonald 1982: architectural styles, building methods and materials; Macdonald 1986: architectural styles; McWhirr (ed.) 1979: uses of brick and tile; Meiggs 1982: timber as a building material; Oleson 1986: includes bibliography on civil engineering and construction methods; Perring 2002: useful discussion of building methods in Britain; Ramage and Ramage 1991: chronological account of architecture; Robertson 1945: architecture; Sear 1982: building techniques and materials; Taylor 2003: readable account of construction methods; Ward-Perkins 1970: architecture of the empire; White 1984: building materials and methods; Wilson 1992: use of terracotta vaulting tubes, with a gazetteer of locations; Wilson

Jones 2000: principles of architecture.

Decoration and Art

Adam 1994, 216—34; Bandinelli 1969 and 1970: sculpture, paintings, mosaics, portable art; Barbet (ed.) 1983: paintings; Beard and Henderson 2001: accessible introduction to art; Beckwith 1979: early Christian and Byzantine art; Bonanno 1976: portraiture; Brilliant 1974; Blagg 1987; Claridge 1993: Trajan's Column; Clarke 1991: paintings and mosaics in town houses; Dorigo 1966: paintings and mosaics; Dunbabin 1978: mosaics from north Africa; Dunbabin 1999: mosaics, opus sectile; Ellis 2000: includes decoration in houses; Henig (ed.) 1983: includes articles on numerous aspects of art; Henig 1995: art in Roman Britain; Huskinson 1993: many aspects of late Roman art; Ling 1976: stucco; Ling 1998: mosaics; Liversidge (ed.) 1982: paintings; Liversidge 1983: wall and ceiling paintings and stucco; McKay 1975: furnishings; Pollitt 1993: many aspects of art of the republic and early empire; Pratt 1976: wall paintings and paint; Ramage and Ramage 1991; Ridgeway 1991: useful list of references on Etruscan art; Sear 1976: wall and vault mosaics; Smith 1983: mosaics; Wilson 1986: various types of art, with numerous references; Wilson Jones 1993: Trajan's Column.

Agriculture

Anderson 1985: hunting; Applebaum 1987: animal husbandry; Engels 1999: detailed account of the role of cats; Greene 1986: agriculture, including a consideration of the sources of information and regional surveys, with bibliography; Hingley 1989: farms in Britain; Manning 1985, 43—60: agricultural implements; Mattingly and Hayes 1992: fortified farms in north Africa; Meiggs 1982: farming of trees; Morris 1979: agricultural buildings in Britain; Oleson 1986: includes bibliography on agriculture, tools and hunting; Rees 1979: agricultural implements; Rees 1981: summary of agricultural implements; Rees 1987: arable farming, horticulture and implements; Rickman 1980: corn-growing areas; Rossiter 1978: farm buildings in Italy; Thompson 1987: imperial estates; Wacher 1987: crops, animal husbandry and farming methods; White 1967: detailed description of agricultural implements; White 1970: all aspects of farming; White 1975: farm equipment other than implements of tillage and husbandry; White 1978: translated extracts from ancient authors on farming and hunting; White 1984: agricultural implements.

第五章

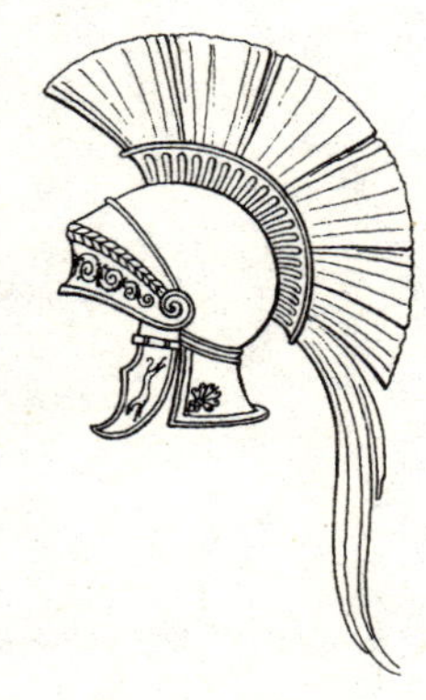

旅行和贸易

便利的交通是罗马世界扩张以及随后巩固与统治的要素之一，它方便了行省的有效治理，并促进了帝国各地的贸易。需要出行的人包括军人、皇帝及其随从、公务员、信使，以及从行省及境外来的特使。旅行者也包括公民个人，如商人、农夫、朝圣者、寻医问药者甚至游客。当海盗和匪徒出没、狼群构成威胁时，旅程更是艰险。祭坛并不少见，人们常到祭坛乞求神灵保佑他们一路平安，沿途的神殿提供食宿。人们大多在气候适宜的季节旅行，不在冬天旅行，因为那时路况险峻，海路也停止航行。

地图和路线图

制　图

有关共和国时期的地图记录十分稀少，但它们一定存在，可能多与土地勘测联系在一起。帝国时期，地图和规划图非常普遍。到奥古斯都时期，地理知识十分广泛。

一般的地图、土地测量员的地图和城镇规划图都按比例尺绘出，通常刻在青铜上，有时绘于木头、兽皮纸或草纸上。地图一词拉丁语为“forma”（地图、规划或形状），世界地图为“descriptio”（字面意思是“一幅画”）。另外还有“itinerarium pictum”（路线图）一词，可能指博廷格图（Peutinger Table）一类的地图或着色的路线图。在后期拉丁语中用“mappa”指代地图，字面意思是“布料”。

很多著作家提到过地图，还有许多撰写过有关地理和制图方面的书籍，包括斯特拉波、波利比乌斯、蓬波尼乌斯·麦拉（Pomponius Mela）、老普林尼和托勒密（Ptolemy）。从公元 50 至 150 年，特别是亚历山大城的希腊科学家和数学家加入后，制图术取得了显著的进展。马里努斯是一位用希腊语写作的制图师，在公元100或110年前后写作。他出版了《世界地图勘正》(*Correction of the World Map*)一书，托勒密却批评他的著作存在严重错误。托勒密的《地理志》(*Geography*)共六卷，地名附有坐标系，但不完全正确——例如爱尔兰的位置向北偏移了6度左右。托勒密可能也绘制了地图；在某个时期，显然出现了根据他的信息绘制出来的地图，现存有它的世纪抄本，包括北至图勒(Thule，可能是设得兰群岛[Shetland])南抵非洲赤道以南的区域。其中还有地形信息，但托勒密却将道路排除在外，因为其地理信息不是为旅行者设计使用的。在罗马帝国末期，制图水平下降。

墙壁地图

墙壁世界地图真实存在过，但没有保存下来。尤利乌斯·恺撒曾下令绘制，但没有亲眼看到就去世了。在奥古斯都统治时期，阿格里帕着手创制帝国的官方世界地图。老普林尼有所提及，但我们无法确知它是绘在墙上还是刻在墙上。阿格里帕死后，地图由奥古斯都完成，并公开展示在维普萨尼乌斯柱廊(Porticus Vipsania，以阿格里帕之名命名)上面，帝国全貌尽收眼底。尽管它收录了大量细节，但仍不清楚它是否绘有主要道路。老普林尼在其《自然史》(*Natural History*)一书中指出阿格里帕地图中的某些距离不准确。阿格里帕地图附有可供旅行者参考的注解或注释。公元435年前后，根据提奥多西一世的命令，一幅世界地图汇编问世，它是西部最流行的官方地图；此前仅有两份官方地图即恺撒和阿格里帕的地图。

另外还有刻在石墙上的城镇地图，其中有断片保存至今，包括一块刻有罗马城规划的巨型大理石，其中一部分已由一千余块残片重组。它被称作"罗马城图"(Forma Urbis Romae)，完成于公元203至208年间。最初有18.3米(60英尺)高，13.03米(43英尺)宽，固定在属于韦帕芗和平神庙(Vespasian's temple of Peace)的一个图书馆外墙上。弗拉维王朝时期，可能还有比之更早的版本。尽管比例尺各不相同，但平均为1比300。渡槽等建筑也出现在立视图中，但在平面图中没有体现。其他的罗马城镇规划图仅有几块断片存世，如奥斯提亚发现的一块断片。刻在一块石板上的乌尔比诺(Urbino)平面图无法定年;上面包括花园、墓碑、沟渠和道路。公元1872年在罗马发现了一份浴场平面图,其年代不可考。阿劳西奥(Arausio)刻在石头上的三份土地簿记载了殖民城界的勘测。(参见第四章)

马赛克地图

许多地面上的马赛克有风景名胜图,以类似地图的形式给出地理信息。最著名的是发现于北非的马赛克地图,展现了建筑物的正视图。在约旦马达巴(Madeba或Madaba)的一座拜占庭教堂里发现的马赛克地图,始建于公元542至565年间,原来的尺寸可能为24米×6米(79英尺×20英尺)。其目的是描绘圣土(Bible lands),地名使用希腊语。其中耶路撒冷的比例大于周边地区。

道路图

博廷格图(tabula Peutingeriana)是罗马后期(大概公元4或5世纪)的一幅罗马世界道路图副本,绘于公元12世纪或公元13世纪早期,公元15世纪末在沃尔姆斯(Worms)发现。公元1508年起便以拥有它的学者康拉德·博廷格(Konrad Peutinger)得名。它是一张窄幅的兽皮卷,长6.75米(22英尺),宽0.34米(13.5英寸),描绘了从不列颠到印度(India)的世界。该图最西部处受损。地图由五种颜色绘制,包括罗马的道路线。因为它是为旅行者绘制的示意性图解,未按比例尺绘制,所以完全失去了地理量度的意义。它使用各种记号给出实用信息,如城间距、道路驿站、浴场和某地到另一地的最佳旅行路线。它显示出帝国的主要道路以及通往东部的波斯国土的道路。它的前身可能早在公元1世纪就已出现,因为包括了公元79年维苏威火山喷发后被摧毁的那不勒斯湾(Bay of Naples)上的城镇。很明显它是一张民用而非军用地图。

另一个现存道路图是杜拉—欧罗普斯(Dura-Europos)盾的残片,由一块覆在步兵盾牌上的草纸组成,大小为0.48米×0.18米(1.7英尺×7英寸)。绘有黑海及沿海部分地区的地图,上面用希腊语标出城镇、里程数和主要河流。其时间应该在公元 260 年以前，因为此后杜拉—欧罗普斯盾便废弃不用。

路线图

“itineraria”(路线图)是道路沿线驿站的地图或列表，给出驿站之间的距离和其他一些有用信息。它们涵盖了帝国的主要交通线，但在一张路线图上并非每一处驿站均要提及。路线图可能在很早以前已有，但公元 1 世纪以前的路线图无一流传下来。这种路线图在帝国很普遍，也许绘在草纸、皮纸、石头或青铜器上，副本可能存放于图书馆。流传下来最重要的当属《安东尼努斯路线图》(*Itinerarium Antoninianum*)或称《安东尼努斯·奥古斯都行省路线图》(*Itinerarium Provincianum Antonini Augusti*)。这是一部旅程汇编，可能在公元 3 世纪后期编订，历时 75 年或更久，在后来的抄写中出现一些讹误；它描述了沿帝国主干道的 225 条路线或行程，给出了所提到地点之间的距离。这本汇编原本可能用于皇帝出巡和军队行军，但很少采用两地之间的最短路线，在公差路线之后附有多幅路线图。最长的路线(罗马到埃及)可能是卡拉卡拉从公元 214 年至公元 215 年的旅行计划。路线图也包括一小部分海路图，称作《皇帝安敦尼·奥古斯都海路图》(*Imperatoris Antonini Augusti itinerarium maritimum*)。

《拉文纳宇宙志》(*Ravenna Cosmography*)是一位公元 11 世纪教士对上至公元 5 世纪的文件所作的汇编，曾在公元 700 年前后由一位无名的拉文纳教士进行校对。它列出了驿站、河流名称和一些详尽的地形资料，不过有大量抄写错误。

《要职录》是一部罗马后期行政管理的信息汇编，包括市政官员、军官、军事单位和要塞的名单。中世纪的地图几乎完全源自罗马后期的原本，即约公元 395 年的东罗马和公元 395 年至公元 408 年的西罗马；制图水平很差，但可能本来仅为示意图而已。

从罗马后期到中世纪时期，一直使用路线图为基督教朝圣者指明去往圣地的路线。它们包括公元 4 世纪的《耶路撒冷(或波尔多)路线图》(*Itinerarium Burdigalense sive Hierosolymitanum*)，它是一份从波尔多到耶路撒冷的路线图，绘出了途经阿尔勒、都灵、米兰、君士坦丁堡和安条克城的各条路线，另外还有返回路线。《艾特里娅朝圣》(*Peregrinatio Aetheriae*)是约公元400年一位朝圣者前往圣地的记录。中世纪的路线图和导游手册给出了有关罗马道路、沿路建筑和当时尚存的纪念物的有价值信息。

航海日志(periploi)

环航(periplus)一词被用来命名沿海航行的记录(periploi)，它的使用可能相当广泛。阿里安(Arrian)的《好客海环航日志》(*Periplus of the Euxine*，即《黑海环航日志》)使用了向哈德良禀告的书信形式。《大海记》(*Stadiasmus Maris Magni*)有大量断片保存下来，它是约公元250年至公元300年用希腊语撰写的地中海航海记录，其中条目描述了大部分路程。《红海航海志》(*Periplus Maris Erythraei*)为一位无名商人在公元1世纪用希腊语编辑，是现今保存的罗马帝国唯一一部该类型的手册。它描述了沿红海而下的两次航行，第一次抵达远东，最远行至印度，第二次不够详尽，行至东非，最南到达达累斯萨拉姆(Dar es Salaam)。它侧重于贸易，主要供船长使用，也是商人的导游手册。

《外海航海志》(*Periplus of the Outer Sea*)由本都—赫拉克勒斯城(Heraclea Pontica)的马尔西安于约公元400年用希腊语撰写而成。其作品描述了地中海以外的海岸，西达不列颠(卷二)，东至斯里兰卡(卷一)。拜占庭的原版地图没有保存下来，但有拜占庭的航海日志见诸于世。另外还有希腊语的世界指南(periegeses)，如"旅行者"狄奥尼修斯(Dionysius Periegetes)所写的一本《环游指南》(*The Guide*)描述了世界的海洋和大陆；阿维埃尼乌斯(Avienius)和普里西安(Priscian)将它译成拉丁文。公元4世纪的诗人阿维埃尼乌斯还著有一部《海岸》(*Maritime Shore*)，描述了从马赛至加的斯的海岸线，记录了从加的斯开始的海上历险。

铭　文

路线图和道路系统的信息源自里程碑、桥梁、岩石护坡和各种小型器物的铭刻获得。罗马附近的阿波罗温泉区(Aquae Apollinares,今维卡莱罗[Vicarello])曾发现过4尊维卡莱罗银酒杯,有时称为阿波罗瓶(Vases Apollinaires)。它们呈圆柱形,纵向刻有驿站的名字及其间距,两列内容由立柱分开。每尊酒杯上从加的斯到罗马的路线图都一模一样,与斯特拉波所描绘的路线相符。酒杯高度从95毫米至153毫米(3.5英寸至6英寸)不等,年代上可能产自公元前7年至公元47年间。这些酒杯盖由一名从加的斯到罗马旅行的人献给康复之神阿波罗的,它们也许是根据立于加的斯某内容详尽的里程碑的复制而成的。

不列颠和法国北部曾发现一些半球形、有五颜六色彩饰的小青铜碗或杯(paterae),偶尔几处带有文字;它们可能是纪念品。例如在佛罗克斯菲尔德(Froxfield)附近发现的罗杰杯(Rudge Cup),直径102毫米(4英寸),高76毫米(3英寸);杯沿下有一串连写的文字"A. MAISABALLAVAVXELODVMCAMBOGLANSBANNA",这是一串地名,至少部分见于哈德良长墙。《拉文纳宇宙志》中也有与这些名字相似的形式存在,但是罗杰杯上没有给出路程。杯身有锯齿形围墙的示意图,其他碗体也有这种设计。它可能像维卡莱罗酒杯一样是一副套件中的一个。在亚眠发现的一个与之类似的青铜容器上面刻着"MAISABALLAVAVXELODVNVMCAMBOG ... SBANNAAESICA"。

罗杰杯上的地名

古地名	今地名
Maia(Maium)	Bowness-on-Solway
Aballava	Burgh-by-Sands
Uxelodunum	Stanwix
Camboglanna	Castlesteads
Banna	Birdoswald
Aesica(不在罗杰杯上)	Great Chesters

博斯科维什(Boscovich;或佩扎罗[Pesaro])风速仪藏于佩扎罗博物馆,以最早释读它的R. G. 博斯科维什的名字命名。其年代约为公元200年,公元

1759 年发现于罗马城外的阿皮乌斯大道。它是一块平滑的圆形大理石，直径 0.55米(21.6 英寸)，厚 68 毫米(2.7 英寸)，中间有插孔，可以插入绑有三角旗的杆子。上表面有代表地球表面的五条平行线分割，外缘标有 12 种风的名称。靠近边缘的洞孔用来插入显示风向的木栓。它为来自罗马的旅行者设计使用，是风向频率图的一种形式。

道　路

最早的罗马道路或许只能算是车道，主要沿意大利的河流山谷分布，有些沿史前交通线延伸。埃特鲁里亚人曾建有筑造良好的网络式道路将其聚居地连在一起，他们的一些城镇有铺砌的街道。罗马人发展了埃特鲁里亚和希腊的道路建造技术，从公元前 4 世纪后期开始从事道路建设，从公元前 2 世纪后期起形成一股更加强劲的建设浪潮。这些道路相对笔直，有优质地基和路面，在需要的地方建有隧道、路基和桥梁。

道路主要是出于军事动机而非经济动机修建的；最初的作用是便于部队行动，并将罗马和殖民城连接起来，有助于它们之间更好地交流和管理。它们主要是为步军在各种天气里行军而非轮车提供坚实的立足之地，所以无需绕开陡峭的坡地。这些战略地位重要的军事道路(viae militares)逐渐被普通百姓所使用，由此带来了贸易的扩展和罗马观念及生活方式的快速传播(罗马化)。

修建者

共和国时期，道路建设由官员——监察官、执政官或行省总督——负责，他们把工程承包出去，而重新铺设路面、铺筑和清洁由营造官负责。国家的主要道路称作“国道”(viae publicae)、“大法官道”(viae praetoriae)或“执政官道”(viae consulares)。公元前 20 年设立了一班官员——道路督办(curatores viarum)——管理国家公路。据我们所知，行省没有负责道路的督办(curatores)，但由总督负责，通过地方机构进行管理。承包商从国库、皇帝、地方机构和土地所有者那里得到报酬。主干道的维护一直以来都是一项难题，许多道路专门任命一名督办进行维护。

战略要道的实际建造者是军队的技师（和后来的市政技师），并由军队和市政劳力协助。我们无从知晓工程是如何组织的，但有时铭文可提供一些信息。罗马的道路在帝国各地建立起来，据记载，戴克里先统治时期，有372条主干道（85 000余公里；53 000英里）。

建 设

罗马道路通常给人以宽阔笔直的印象，但只在地形适宜的地方情况才如此，如不列颠。第一条修建良好的道路是阿皮乌斯大道，由阿皮乌斯·克劳狄在公元前312年建造。尽管有多位著作家提及了道路，但在同时代的文献资料中关于道路建设的资料保存下来的相对较少。许多罗马道路保存至今，从已挖掘出的道路来看没有标准设计。

技师熟悉形态各异的地形，可以因地制宜地建设道路，通常使用当地的材料，甚至是铁矿渣。用来筑路的带状土地先用壕作出标记，道路的堑壕挖到石床或挖到有坚实基础的地方，通常相当深（最深达1.4米或4英尺7英寸）。道路按步骤修建，第一阶段是用夯实、堆积或垫灌木的办法加固地基。接下来，将几层地基材料累加上去，所有这些都有助于排除道路的积水。穿越沼泽地的地基通常由加高的路基组成，路基由木材纵横交叉堆起的一个木质框架建成。有些主干道建在加高的堤道（agger）上。

地基上面的材料各有不同，从沙砾到鹅卵石再到切割的石板，它们被道路每一侧的路缘石（umbo）固定在原位。道路大多呈拱形，两侧有水槽或壕沟排水。有些壕沟原是为获取筑路材料挖掘的采石沟，有些壕沟是为边界。道路一旦建成便需要经常性的修缮和维护。

道路的宽度通常为4.57米至5.48米（15至18英尺），但在1.14米（3英尺9英寸）至9.14米（30英尺）间变动。根据《十二表法》，道路应为4.8米（15英尺9英寸)宽,容两辆车通行。奥古斯都制定的法律规定,纬路须为12.2米(40英尺)宽,经路为6米(20英尺)宽,其他道路为2.43米(8英尺)宽,但在现实中,道路的宽度因各自地位不同而各不相同。在城镇中,现存大门的出口大小表明了道路的宽度。

次级道路的建筑工艺没有主干道精湛。它们主要是商旅所使用的越野道以及从农村的聚居区延伸到主要公路的地方道路和私人道路。它们当中极少建有坚固路面,且难以定位和记录。沙漠商道鲜有证据留存,因为它们的线路仅用路上拾来的石块排列成线来标记。这样的沙漠道路上还设有驿站、瞭望塔和供水(井和蓄水池)处。

名 称

除意大利道路外,罗马道路的原名鲜为人知。共和国时期,道路常以负责修建的官员(通常是监察官)命名。例如,阿皮乌斯大道以监察官阿皮乌斯·克劳狄·凯库斯命名;意大利北部的弗拉米尼乌斯大道以监察官C.弗拉米尼乌斯命名;从罗纳河到西班牙的多米提乌斯大道(Via Domitia)以Cn.多米提乌斯命名。不列颠道路的原名——如果有——均无从知晓,不过现在有些道路明显采用拉丁文名字(如德瓦那路[Via Devana]),但它源于现代。在不列颠,现仍使用的华特灵路(Watling Street)、阿克曼路(Akeman Street)和斯坦尼路(Stane Street)等名字源于撒克逊时代。

道路往往从城镇中心辐射到邻近的城镇,可能根据通向的城镇而得名(如奥斯提亚大道[Via Ostiensis])。城镇的城门常与通过它们的道路采用同一个名字(如阿皮乌斯门[Porta Appia]、奥斯提亚门[Porta Ostiensis]、奥里略门[Porta Aurelia])。

道路和街道的拉丁名字变化较多,它们源于农村但也应用于城市。以下为一些例词:

actus 地方性道路或供动物和车辆通行的道路,似乎构成了交通网的大部分。原意为赶牛的权利(源自“agere”一词,赶牛)。

agger 构成道路的堤道。

angiportus 狭窄的街道或小路。

callis 小径,特别用于季节性的迁徙放牧。

clivus 斜坡上的街道。

crepido 人行道。

iter 路线;公用道路;供徒步旅行者、骑马者或舆轿通行的小道。

limes 小路或小径,常常作为边界;设防的边境线。

pervium 干道,通道。

platea 街道。

semita 窄道,巷弄。

strata 建在堤道上的道路。从公元 3 世纪起取代“via”一词。

trames 交叉路,步行道,小径。

via 供车辆通行的道路;街道。

vicus 城市街道、小巷或区的通用词。

位 置

道路伴随着领土的扩张和殖民城的建立而不断发展。帝国时期,道路系统大大扩展,甚至延伸至亚细亚,到达幼发拉底河和红海。约公元 200 年开始,道路建设的步伐趋缓,到公元 4 世纪,国家面临着日益严重的道路维护问题。

区域内的道路网仍用各种技术来记录,包括对地形平面图和地名的研究、航拍照片、地面勘测和铭文证据。要阐明罗马道路的模式还需大量工作,且任重道远,但在许多地方均有从主干道到小径的综合道路系统。

意大利

在罗马人之前,意大利的道路由希腊人和埃特鲁里亚人修建,有些涉及工程技术工作。在沿海平原和山地之间也存在许多季节性迁徙放牧的道路。在罗马人的统治下，罗马城向外辐射出许多道路，其中有些建在已有的小道上。第一条建设良好的道路（公元前 312 年）是阿皮乌斯大道，始自罗马、远至南方的卡普阿。公元前 288 年前后，它又延伸至贝奈温图姆，公元前 244 年前后延至布隆迪西乌姆（驶往希腊的船只货运码头）。

大概建于公元前 3 世纪的道路包括拉丁大道（Via Latina），它在卡普阿附近的卡西利努姆（Casilinum）与阿皮乌斯大道衔接到一起。阿美利亚大道（Via Amerina）最初是从罗马到奈丕（Nepi），后来延伸至新法雷利（Falerii Novi）及更远的地方。瓦来里乌斯大道（Via Valeria）最初是从罗马到阿尔巴弗肯斯（Alba Fucens）。从罗马到蒂沃利的首段叫做蒂布尔大道（Via Tiburtina）。克劳狄将瓦来里乌斯大道延伸至阿特尔努姆（Aternum），也称作克劳狄亚—瓦来里乌斯大道（Via Claudia Valeria）。从罗马到雷亚特的萨尔大道（Via Salaria，盐道）建在古老的商贸线上。公元前 16 年以后，它向亚得里亚海延伸，到达特鲁安图姆堡（Castrum Truentum）。

图 5.1　罗马的阿皮乌斯大道，块石路面保存至今。

奥里略大道（Via Aurelia）在公元前 241 年前后修筑，公元前 109 年又从沃拉提莱（Vada Volaterrana）延伸出艾弥利乌斯—司卡乌鲁斯大道（Via Aemilia Scauri），远至热那亚（Genoa），接着又经尤利乌斯—奥古斯都大道（Via Julia Augusta）与高卢的多米提乌斯大道相连。

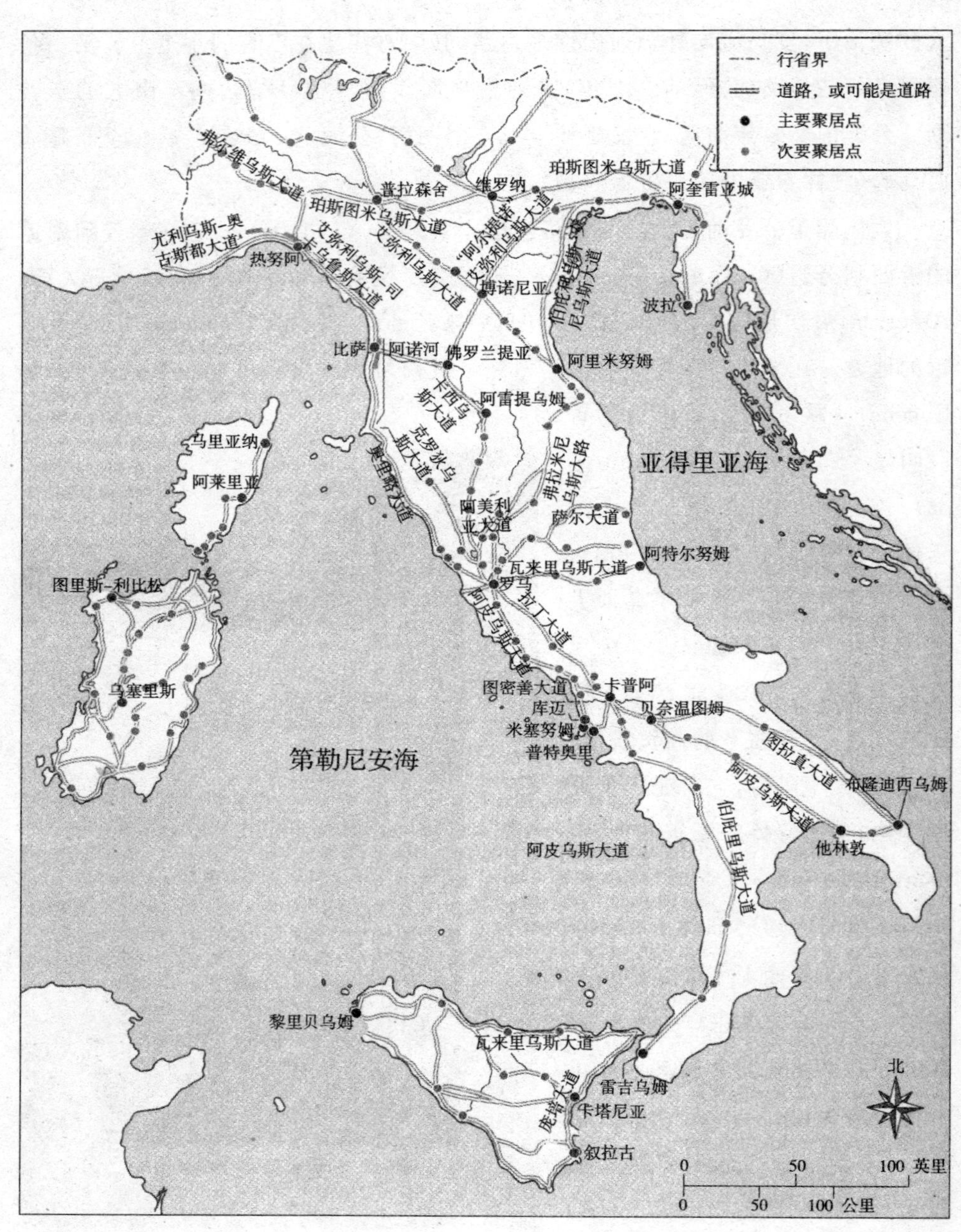

地图 16　意大利、西西里、萨丁尼亚和科西嘉的道路网。意大利还有复杂的次要道路网。

道路建设的第二个主要阶段从弗拉米尼乌斯大道的修建开始，它从罗马修建到法努姆福尔图奈(Fanum Fortunae)，公元前220年又延至里米尼(Rimini)。在纳尔尼(Narni)一分为二，在福利尼奥(Foligno)又合二为一。弗拉米尼乌斯大道多次重建，尤其在奥古斯都时期，它是意大利最繁忙的道路之一。公元前187年在里米尼至普拉森舍延伸出艾弥利乌斯大道(Via Aemilia)。

艾弥利乌斯大道(或称“阿尔提诺”艾弥利乌斯大道[Via Aemilia “Altinate”])建于公元前175年，从博洛尼亚(Bologna)至阿奎雷亚。卡西乌斯大道(Via Cassia)大约建于公元前154年，从罗马至佛罗伦萨(Florence)和比萨(Pisa)。在奥古斯都时期铺砌了路面，此前一直是砾石路面。珀斯图米乌斯大道(Via Postumia)于公元前148年竣工，从热那亚至阿奎雷亚。伯庇利乌斯—安尼乌斯大道(Via Popillia Annia)或伯庇利乌斯大道(Via Popillia)建于公元前132年至公元前131年，从里米尼至阿奎雷亚，以其两位建设者命名。弗尔维乌斯大道[Via Fulvia](公元前125年)从德尔托纳(Dertona)至哈斯塔(Hasta)，后来延至都灵。

伯庇里乌斯大道(Via Popilia)将阿皮乌斯大道从卡普阿延伸至雷吉乌姆(Rhegium)。它常被错误地归功于修建伯庇利乌斯大道的伯庇利乌斯(Popillius)，这一混淆造成此路常称为安尼乌斯大道(Via Annia)。克罗狄乌斯大道(Via Clodia)大概沿卡西乌斯大道的同一条线路直至维伊附近，之后向西北折向萨图尔尼亚(Saturnia)。

图密善大道(Via Domitiana)在锡努埃萨(Sinuessa)从阿皮乌斯大道分出，穿过沼泽地到达库迈(Cumae)、普特奥里和那不勒斯。它是公元95年图密善为了不走路途较远的卡普阿大道(Via Capua)而建，长79公里(49英里)。图拉真大道(Via Traiana)从贝奈温图姆修至布隆迪西乌姆，是图拉真从公元112至117年建造的另一条比阿皮乌斯大道稍短的道路。

西西里、萨丁尼亚和科西嘉

西西里的瓦来里乌斯大道建于公元前210年；另外还有一些二级道路。科西嘉只有一条道路为人所知,萨丁尼亚也仅有一个次级道路系统。

高卢、日耳曼和不列颠

恺撒入侵高卢以前,在重要的地理路线上已有优良的道路系统。罗马人对此进一步加以扩展,筑起多条穿越阿尔卑斯山的道路。多米提乌斯大道(Via Domitia)建于公元前121年,将意大利和西班牙连接在一起。许多主干道都是马尔库斯·维普萨尼乌斯·阿格里帕(公元前64—前12年)的功劳,尤其是从里昂向外辐射的道路网。在沿莱茵河和十区领地建立一些"边界"(limes)后,又在日耳曼的边境沿线发展起一些道路。沿莱茵河左岸有一条主要干道。

图5.2 今德国一条沿罗马古道路线修建的道路,从特里尔延伸至莱茵河畔的科隆,途经比特堡的"布尔古斯"。

在不列颠,从伦敦和部落首府向外辐射出许多道路。华特灵路从多佛延伸至伦敦和弗罗克塞特(Wroxeter),在海克罗斯(High Cross;韦诺奈[Venonae])与福斯路(Fosse [or Foss] Way)相交。从切斯特(Chester)到卡利恩(Caerleon)的道路也用华特灵路命名。福斯路从多佛的阿克斯河(Axe River)河口开始延伸至林肯(Lincoln)。从伦敦至约克为厄尔米尼路(Ermine Street),之后从约克延至安东尼努斯长墙的迪尔路(Dere Street)。阿克曼路从费鲁拉米乌姆(Verulamium)延至奇切斯特(Chichester),斯坦尼路从伦敦至奇切斯特。总而言之,罗马不列颠拥有超过9 656公里(6 000英里)长的道路。

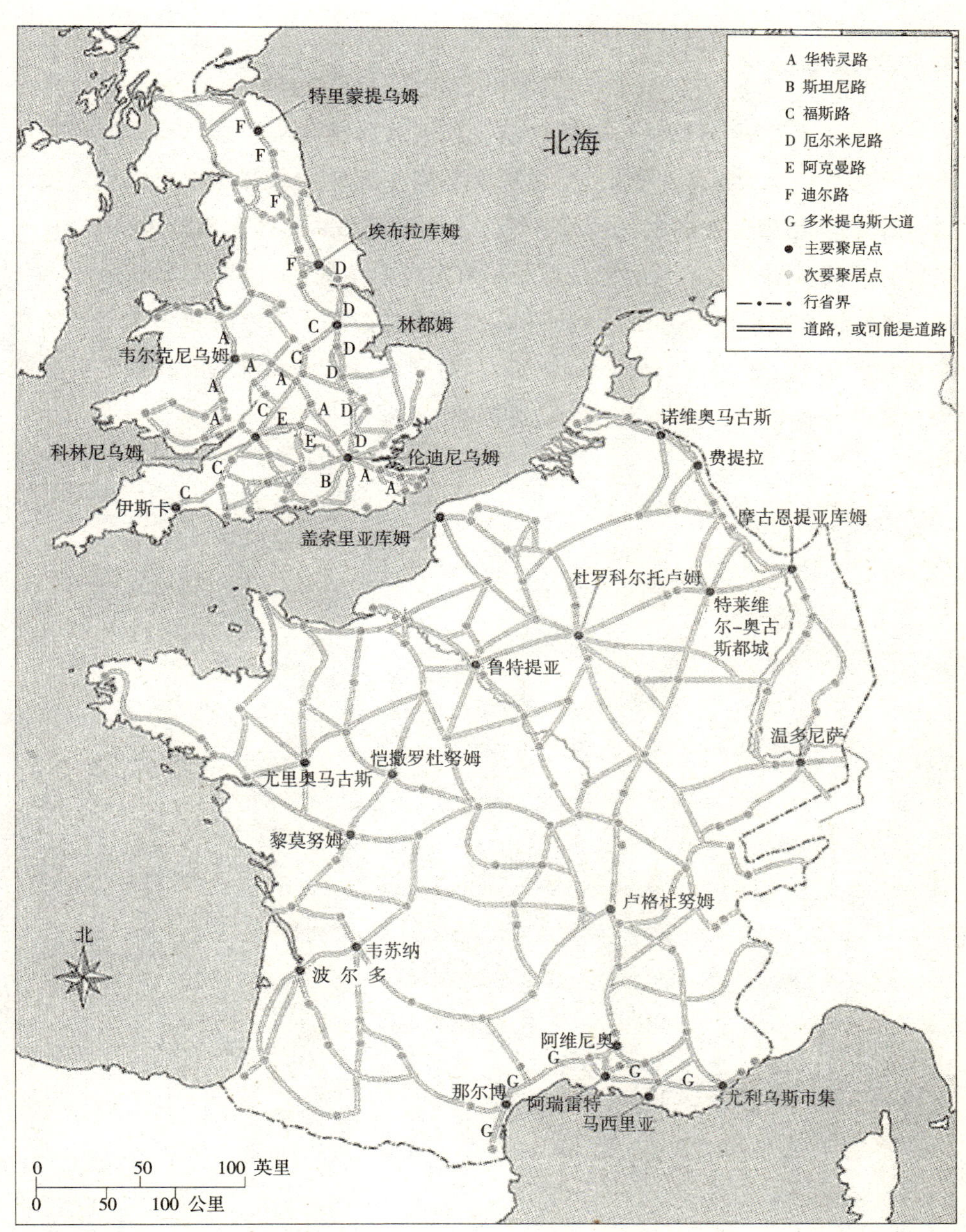

地图 17　高卢、日耳曼和不列颠的道路网。

希腊和东部

由于地形所限，希腊的道路难以建设。埃格那提乌斯大道(Via Egnatia)是意大利阿皮乌斯大道的延长段，成为从罗马到东部的交通要道。它建于公元前130年前后，是第一条建在意大利以外的主干道。在共和国末期的内战中，其战略位置至关重要。这条路始于亚得里亚海东岸的两地(第拉奇乌姆[Dyrrhachium]和阿波罗城)，在不远处会合并一直向东延伸。这条道路沿着一条古老的商路穿过巴尔干山脉(Balkan Mountains)最后到达拜占庭。希腊的其他重要城镇均有道路相连，存在大量二级道路，其中许多都是通往圣地的圣路。

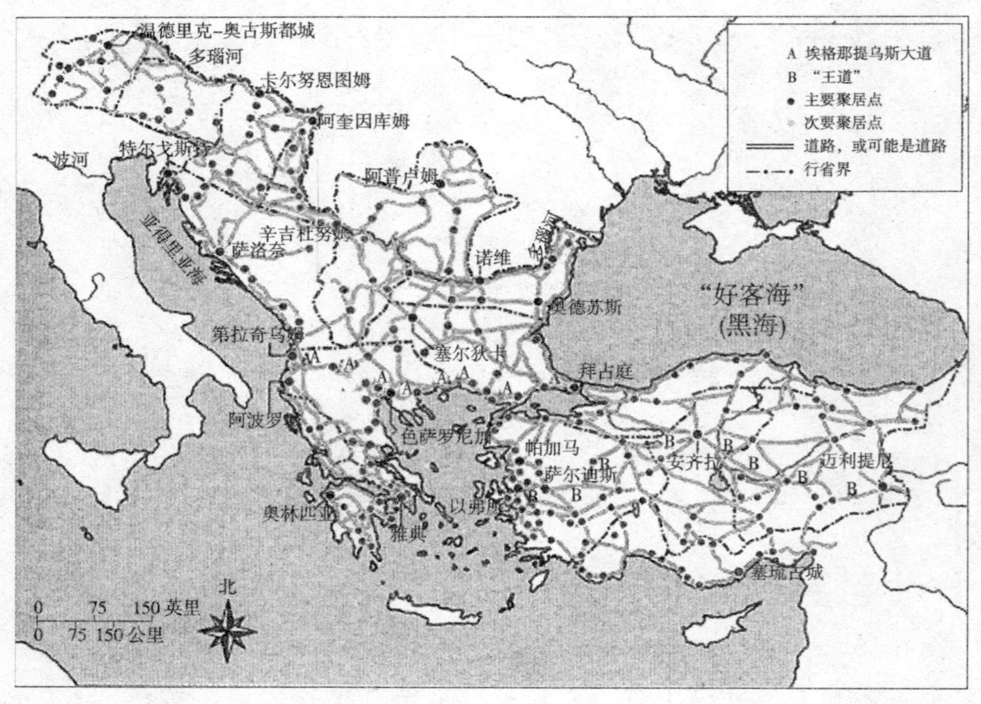

地图18 欧洲东部和小亚细亚的道路网。

早在罗马人到来之前，远东就有一条非常发达的交通系统，许多道路可追溯到波斯帝国时期。罗马人除对原有道路进行修缮，还铺筑了一些新路。这些道路包括沙漠中的商道和小路。波斯的“王道”(Royal Road；希罗多德[Herodotus]如此称呼)从底格里斯河—幼发拉底河三角洲的苏萨(Susa)至萨尔迪斯(Sardis)，后又延至土耳其西部的以弗所，全长 2 600 公里(1 615 英里)。

安条克城(Antiochia)是罗马帝国和帕提亚人之间一个重要的交流中心，连接着幼发拉底河与巴尔米拉(Palmyra)地区的小路；另外，沿底格里斯河和幼发拉底河向东至泰西封和下美索不达米亚(Lower Mesopotamia)。

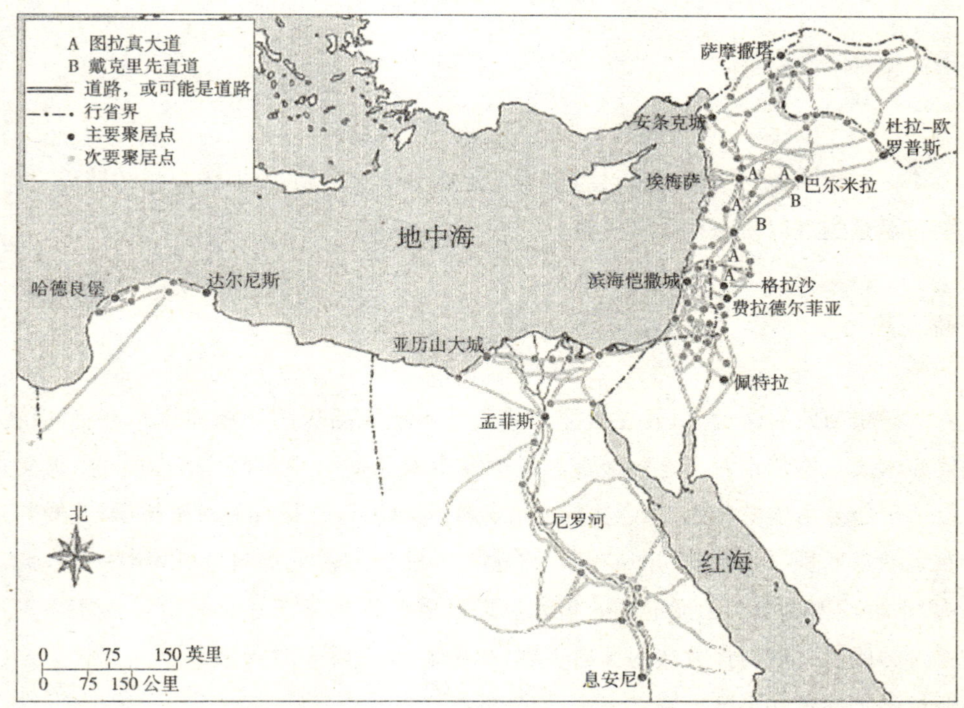

地图 19　昔兰尼加、埃及和叙利亚的道路网。

在图拉真统治时期，为方便与帕提亚的战争，于公元 115 年修建道路。这条图拉真大道从埃梅萨(Emesa)修至费拉德尔菲亚(Philadelphia)，从埃梅萨修至帕尔米拉。后来帕尔米拉与大马士革(Damascus)之间有穿越沙漠的戴克里先大道(Strata Diocletiana)。

伊比利亚半岛和北非

在西班牙和葡萄牙筑有大批道路,全长近 11 265 公里(7 000 英里),其中许多都与矿区相连。奥古斯都大道(Via Augusta;原名马克西姆斯大道[Via Maxima])是从高卢到加的斯的干道,维卡莱罗酒杯上有相关信息。

北非的道路网由漫长的沿海道路连接在一起,几乎没有穿过内陆进入山地的道路。

桥梁和隧道

在崎岖的地形条件下不可能修建远距离的笔直道路,有时需要修建路堤、桥梁甚至是隧道以使路线尽量笔直。

桥　梁

桥梁横跨河流而建,并在横穿地势太低不能筑路堤的洼地建设。最早的桥梁为木质。据传说罗马这种最古老的桥梁由安库斯·马尔西乌斯王建造,但实际上可能是由埃特鲁里亚人建造,它在几个世纪中一直是唯一一座桥梁;此即苏布里基乌斯桥(Pons Sublicius;意为“建在木桩上的桥”,源自“sublica”一词,意为“木桩或木材”)。公元前 508 年豪拉提乌斯·科克莱斯在该桥抗击埃特鲁里亚人。此后又以同样方法用木料重建,以便在兵临桥下时可轻易拆除。它会定期被洪水冲走并再度重建。

木桥通过打桩扎入河床而建;桥桩的根部有时用铁皮保护。横梁水平固定在桥桩上,形成一个支架支撑纵梁和路面。尽管罗马的木桥未完好地保存下来,但在考古挖掘中已发现相关的证据。它们时常建在偏远行省,用于军事用途,石桥在中央行省更为普遍。

浮桥是把船只并排连接在一起建成的。它们可以快速组装在一起,在军事行动中颇有用武之地。船只用锚和缆绳固定在水流湍急的河面上。这一类型的桥梁需要经常维护，很容易被漂流过的残骸毁坏，还会阻碍河上的交通运输。

到公元前 3 世纪中期，承重的拱券成为罗马建筑技术的一个重要方面，不久便应用于矗立桥墩之上的石桥。在地中海地区，夏季可将桥墩直接建在河床上。在北欧河流不会干涸的地方，首先要造潜水箱。它可能是用厚板制成的双层箱子，内外两层厚板之间填入黏土。先将箱子漂浮至适当位置，然后沉入水底；再用一种设备把水抽干，如阿基米得螺旋泵或螺旋筒。

为了防止桥梁下沉，先将河床挖至坚固的地基处，填进水硬混凝土作为桥墩地基。在没有坚固地基的地方，可能使用起重机将木桩打入河床。木桩的上部可用作上层建筑，作为木质路面的支架，或者被截短并覆以砖石和混凝土，作为桥墩的地基。

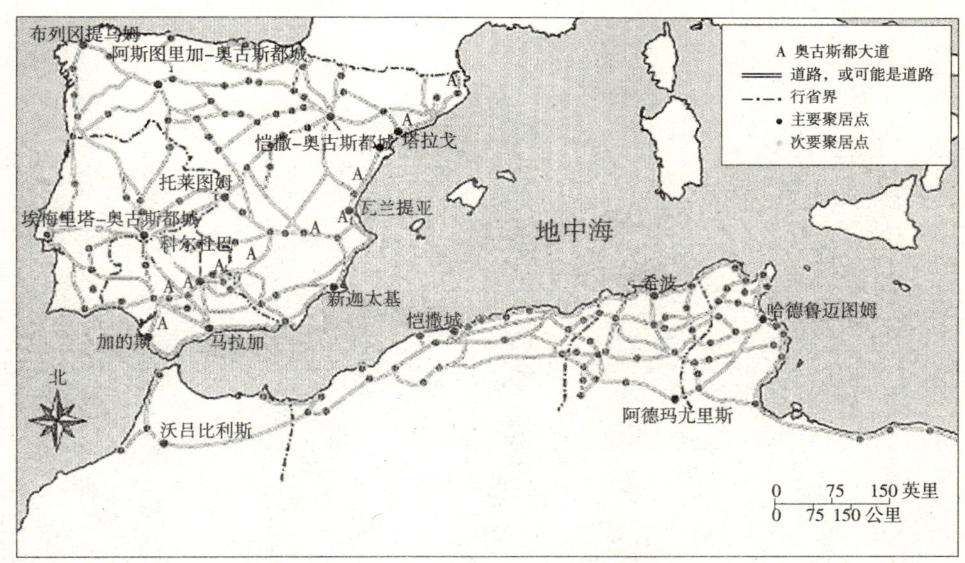

地图 20 伊比利亚半岛和北非的道路网。

渡槽与建在河流上的桥梁建筑技术相似。最初使用砖石块，但公元 1 世纪起混凝土更加普及，桥墩为混凝土内芯和砖石表面。桥墩一般会阻断水流，技师试图通过在逆流一侧建立三角形分水角来克服这一难题。这一构造可以通过分流侧面的水流保护桥墩基石。在受潮汐影响的河流上方,桥梁可能在桥墩基石逆流和顺流两侧均有分水角。

桥梁的路面架在拱券上,拱券横跨桥墩,为木质或砖石结构。拱券的形状几乎均为半圆形,因为罗马的技师无法建造大跨度的扁平(劣弧)拱券。为减少桥墩的数量,需要加高中央的拱券,其跨度也随之加宽。中央拱券两侧的拱券逐渐降低,形成一个驼峰形的路面。许多桥梁为单拱,也有多拱。航运水道上的桥梁,其净空高度必须足以使船只从下面驶过。

比之在拱券中使用普通拱石,顶梁和撑架的使用才是一种结构上的进步。许多现存的桥梁均在两座拱券之间的砖石上开有出水孔,使得桥梁在洪水涨过起拱点时不致被冲毁。

图 5.3　位于特里尔摩泽尔河(Moselle River)上的罗马桥梁。桥墩的基石有三角形分水角,上部是现代所建。

罗马、伦敦和波尔多等城市通常位于河流的最低通过点上。罗马至少有 12 座桥梁,据我们所知,罗马世界其他地方的桥梁有数百座,其中包括在军事行动中建造的桥梁。桥梁设计须能承受住建筑本身的重量;特别是桥墩和拱座,须承受住拱券的垂直和水平的推力。由于罗马桥梁建筑精良,它们往往可以承受住现代交通压力。其中许多仍在使用,有些到公元 18 世纪才被取代,因为当时加强河流的控制导致河流改道。

除了跨河的桥梁,还有渡口建筑,浅滩专为二级道路所使用。

图 5.4　位于普罗旺斯维松—拉罗曼尼(Vaison-la-Romaine)的单拱砖石桥。

隧　道

现存有一些隧道的证据,但它们的使用极为罕见,只在主干道需长距离改道时使用。其中一例为弗尔罗(Furlo)隧道,它位于佩扎罗附近弗拉米尼乌斯大道上的弗尔罗峡谷(Furlo Gorge),在一处坚固的石灰岩出露层开凿。公元 76 至 77 年由韦帕芗主持开凿,宽 5.48 米(18 英尺),高 5.95 米(19 英尺 6 英寸),长 38.3 米(125 英尺 7 英寸),现仍在使用。它取代了由翁布里亚人挖掘的另一条比较古老且较短的隧道。图密善大道上有一条位于波佐利与那不勒斯(内亚波利塔穴[Crypta Neapolitana])之间的公路隧道,高 5 米(16 英尺 5 英寸),有照明灯。它似乎总是布满灰尘,直到近年仍在使用。修建渡槽和排水系统时也需开凿隧道。

里程碑

图 5.5 其里程碑上半部,刻有 22 里(M P XXII)的字样。

里程碑只标出起始地(在意大利常为罗马城,在行省常为行省的首府)到竖立里程碑之地的单向距离。共和国时代的里程碑刻有与道路建设或修缮有关的执政官或其他官员的姓名以及距离。在元首统治期间,上面常出现皇帝的全名和头衔。在不断修缮的地方,可能并排矗立几块里程碑,或同一块里程碑上出现几段铭文。

一般每隔 1 罗马里即立起一块里程碑,上面的距离以罗马里(MP)为单位表示。1 罗马里是 1000 步(millia passuum)。里程碑一词为"miliarum"或"milliarum"(复数为"miliaria"),该词即源于"mille"(千)。里程碑上的"PER M P"意为"per millia passuum"(一段……的距离)。

里程碑上的距离也可用里格(缩写为"L")表示。1 里格(leuga 或 leuca)为 1 500步(passus),等于 1.5 罗马里(2 222 米或 7 285 英尺)。从图拉真时代起用于高卢和上日耳曼。各地也存在不同的度量单位。

里程碑通常是圆柱形或椭圆形的石柱，立于方形基座上，有些是四边形的方柱，高度从 2 米至 4 米(6 英尺 6 英寸至 13 英尺)不等，直径从 0.5 米至 0.8 米(1 英尺 7 英寸至 2 英尺 7 英寸)不等。有些背面经过切割，可以倚靠在岩石面或建筑物上。现已发现 4000 余块刻有拉丁铭文的里程碑，另外还有相当数量的用希腊语镌刻的里程碑。意大利发现有约 600 块里程碑。铭文直接刻于柱子的圆面或刻在一块削平的地方。有些不是镌刻而是画上去的，据我们所知，有些里程碑是重新建立或重新雕刻的。现在所知最早的里程碑可追溯到公元前 252 年，但多数是帝国时代的产物。

有些里程碑依然立在原地或附近，大多数存于博物馆。中世纪文献中提到大量里程碑，它们是地产边界的标志物，其中有些在罗马时代也发挥着同样的作用。有些在上面加建一个十字架后即转归基督徒使用，有些重新用于建筑物或打碎用作道砟。对里程碑位置的记录可以提供有关路线和道路修缮的信息。如果没有记录的里程碑从原来的位置移走，那么很难确定它原来的所在。

界石(cippi 或 cippi terminals)是部族之间的边界，有些土地所有者也竖立刻有标志的厚板或柱子以标明私人修筑的道路。视距石(lapides tabularii)是标明 100 米(330 英尺)长距离的石头。

除了里程碑，大概还有在毗邻城镇或十字路口位置竖立的涂有题字的木质路标，但无一保存。金里程碑(Golden Milestone；milliarum aureum)实际上是一根大理石柱，上面镶有镀铜的金属板。奥古斯都在公元前 20 年将其竖立于罗马广场上，上面记录了罗马至帝国所有主要城镇的距离。其他地方也有类似的里程碑，仅有部分留存。

陆路交通

公 差

共和国时期，国家和富裕的公民个人雇用一些自由人和奴隶充当信使(tabellarii)，递送和收集书信。奥古斯都创立了公差(国家运输或帝国邮政)，即一种当政官员使用的驿递系统；它是使用军用道路传递信息的一种手段，被用来递送军事和政府公文以及法律方面的重要信息，也用于士兵和官员本人通行，还用来运送国有的辎重和军事给养；满足军粮(annona militaris)供给也是公差的职责。从君士坦丁一世开始，公差被神职人员广为利用。

最初，公差的信使为赛跑者，但很快便被沿途驻扎的牲畜和车辆所取代，由它们把信使从起点运送到行程终点。主干道沿线每隔一段距离修建驿站(mansions)，有些以城镇为基地。信使每天平均行程 75 公里(46 英里)，但最快速度可达 200 公里(124 英里)。出公差的旅行者(主要是军队人员)持有一份特许文书(diploma)，他们可在驿站休息并更换牲畜。“mansiones”、“mutationes”和“stationes”等词原有特殊含义。“mansions”(单数为“mansion”)是整晚开放的驿站，平均间隔 32 至 48 公里(20 至 30 英里)；提供新牲畜(马匹、牛和骡子)，有过夜的房间和洗浴设施。“mutations”(单数为“mutatio”)是可以更换马匹和骡子的中转站。“stationes”(单数为“statio”)表示警戒岗，有士兵或路警保护行人免遭匪徒的抢劫；该词后来指驿舍。

除了属于公差(cursus)的驿站以外，还有一系列私人经营的客栈为市民提供食宿。

徒 步

市民和士兵常常携带包裹，徒步进行长途旅行。军团士兵需要把重物扛在背上(参见第二章)。人们还使用担在颈部、两端都悬挂篮筐的轭状物(iugum)来携带重物。人力搬运工价格低廉，可能被广泛使用。旅行者也可乘坐由奴隶或骡子承载的舆轿(lecticae 和 sellae)。

马 匹

最初，马匹用来骑行、比赛和战斗，并非驮物的牲畜。帝国各地饲养着各种马匹，我们有一些有关利比亚马匹的资料。有些马匹适合战斗，有些适合赛跑。骡子也用来骑行，东部行省广泛使用骆驼。有关马鞍等马具的证据多来自马军。（参见第二章）

驮畜

骡子和驴用作驮物的役力，它们比马更有耐力、更稳健。驴不像骡子那样强壮，大概可以驮 100 公斤（220 磅）的重物，而骡子可以载重 90 至 200 公斤（198 至 441 磅）。三头骡子和一辆货车的载重量相等，却比轮车运输便宜得多。重物可以直接绑在牲畜的背上，或放在牲畜的鞍上或驮篮里，鞍由覆有皮革或布的木架组成，而驮篮通常是质地较软的篮筐。

与轮车相比，驴队或骡队的使用更为广泛。在东部行省则用骆驼载物，最大载重量可达 200 公斤（441 磅）。在更北的地区用本地的矮种马驮物，用曳马牵引，这两种马比骡、驴更耐严寒潮湿的天气。

驮物的牲畜可以穿过不适合车辆通行的路况最差的小路。它们在城镇中用于运输建筑材料以及从河流和运河运来的货物。它们成为拖运军事辎重的重要运输手段，每个军团都需要 1 000 匹骡或矮种马。

轮车

从现存遗迹和文献资料中所知的有关轮车的信息不甚丰富。它们常以艺术形式展现，在墓碑上居多，但通常描绘得不准确或不全面，特别是挽具的细节部分。

大多数马科动物没有马蹄铁，但对此难以获得精确的信息。道路两旁的小道会比坚硬的路面更适合动物行走。有关马蹄铁的证据多源于凯尔特人和不列颠地区（因为马蹄在潮湿的天气里变得非常软，会很快破裂）。有考古发现证明凯尔特人在罗马时代之前已有马蹄铁，罗马境内也曾发现一些马蹄铁，但公元 5 世纪才普及开来。马蹄铁有波浪形或平滑的边缘，上面打孔。

马匹也可以穿上轻便的鞋子：草鞋（solea spartea）用坚韧的织草或其他合适的材料制成，铁头鞋（solea ferrae）是带铁底的铁（偶尔也有皮革的）掌，用绳线或皮绳固定在马蹄上。这些鞋子是兽医用来保护因没有钉掌而疼痛的马蹄或固定敷料而准备的用具，但拉车的牛等牲畜也用它在坚硬的路面上行走。它们行动笨拙，在高卢、日耳曼和不列颠最常见。

图 5.6　一辆骡拉两轮客车的浮雕，车轮带有辐条。

将载物牲畜套在货车上有几种方法，基本上使用轭或马轭。套在颈项上的轭更适合牛，马轭更适合马科动物（马、骡子、驴）。因为没有合适的马具，所以很少使用马，而且饲养费用更高。尽管它们有速度上的优势，但不像牛和骡子能适应多变的环境。骡马没有合适的挽具从而妨碍了它们有效地拉车。尽管牛很慢，但常被用来拉车。现存的大量纪念物上都展现了两头牛拉着装载货物的货车的场景。

轮车的设计从凯尔特人那里引进，几乎所有车辆的拉丁名称都源于凯尔特语（主要有高卢语或古不列颠语）。拉丁著作家不一定正确使用术语，所以识别车辆类型存在许多问题。在艺术形式中出现的客车比商用车更常见。上层结构轻巧灵活，有时用柳条制品制成。由于不使用悬架装置，旅行一定很不舒服。至于四轮车，我们无法确知罗马人是否使用枢轴或固定的车轴，但各种枢轴看起来大同小异。马拉的货车通常有车盘或底盘，而牛车则类似于每一角都装有轮子的匣子。

图 5.7　德国伊盖勒(Igel)纪念碑浮雕，展示了一辆满载大包布料的骡拉四轮货车。

轮子的类型各异。原始的实心轮继续使用，特别是在农场上，但有辐条的轮子却更普遍，我们已经发现大量完整的轮子，有一圈或多圈外轮（由一圈或几圈木头制成），安装一圈外轮的技术要求更高。这些轮子通常有一圈缩合到上面而不是钉上去的铁轮箍。铁箍（中央的轮箍）保护轮毂，减少轮毂开裂的可能性，铁车辖可以固定车轮。载重越大越需要坚固的车轮和结实的轮毂。

关于刹车装置的证据不多，但在一些下坡路上需要制动货车的方法。当时可能使用与道路产生摩擦的刹车杆。

许多道路十分狭窄，两辆车无法并行，除非在桥上或城镇里，否则车辆可能无法找到坚实的路面行驶。恰恰相反，事实表明它们使用铺路两旁的土道或杂草重生的路，这样在没有悬架结构的车辆上大概可以减少一些颠簸之苦。这可能也解释了为何运输用的牲畜一般不钉掌的原因。《狄奥多西法典》及其后的法律严格规定了各种车辆的载重量，这可能是为了保护帝国驿递系统的牲畜和路面。双轮马车限定载重 90.8 公斤(200 磅)，驿递马车为 454 公斤(1000 磅)，牛拉的大货车为 680 公斤(15000 磅)。另外对车辆的大小也有规定。

"尤利乌斯自治城法"(lex Iulia municipalis)禁止白天在城镇的街道上行车，有些车辆如垃圾车和处理公务的车辆除外，不过这些例外不适用于假日。公元 1 至 2 世纪一直实行这些规定，后来还有各种各样的交通管制。

商　船

在公元前 4 世纪至公元前 3 世纪罗马领土扩张以前，罗马没有航海传统，与迦太基人之间旷日持久的战争促进了海军力量的发展。公元 1 世纪时罗马已控制了整个地中海。文献资料中曾提到 30 余种希腊和拉丁船只类型，但我们很难从失事船只的残骸中分类。据我们所知，地中海有 800 余艘船只残骸，它们都是 1500 年以前建造的，主要来自罗马时代。其中多数经鉴定为公元前 2 世纪至公元前 1 世纪所造，它们的定年可能是根据双耳罐里所发现的货物和对其鉴别来实现的。木质的龙骨和锚是现存最常见的部分。实际上，我们在地中海以外海域几乎没有发现任何残骸，却曾在北方的河流中发现一些河船。关于战船，参见第二章。

建造

地中海的商船为圆壳或平底，船头和船尾向上弯曲(构成一个对称图形)，无龙骨或有龙骨的均有，船的边缘用木板加固。横梁与长度的比例通常是1比4或1比3。有关造船方法的证据部分来自艺术再现，但主要来自船只残骸。在西部世界，造船技术多用龙骨做基干，用横梁固定船体和甲板。罗马人的建造顺序是先造船体（船壳），而且在放入支撑用的内置木料前先在里面建造或部分地建造防水船壳（船首、龙骨和底板）。从地中海发现的几艘罗马船只均为混合了船壳和基干的建造技术建成的。

建造船壳时，纵向的木板（船底板）用榫眼—榫舌接合法并排固定，构成一具完整的船体或船壳。底板常为双层。在底板背面凿出榫眼，用榫舌固定在一起，木栓（销子或大木栓）把它们牢牢固定在适当位置；为进一步加固还会在大木栓里敲入长铜钉。榫眼—榫舌的接合通常紧密相连。罗马后期船只的做工不甚精准：榫眼—榫舌的接合点更小，缝隙变大，而且没有木栓，有迹象表明它们使用了先造基干的方法。罗马后期的船只一般只使用铁钉来加固。在北欧，船壳用互相重叠，而非并排的木板建造，用铁钉加固。

然后，船架（肋材）被定形并嵌入船体。半根肋材与一根肋材常复合使用。船架通常用橡木制成，船体大多为松木、冷杉、柏木或雪松，有时在吃水线以下的部分使用榆木。在更北的地区，还使用橡木建造船体。木栓常用沼泽橡木或硬木制造。

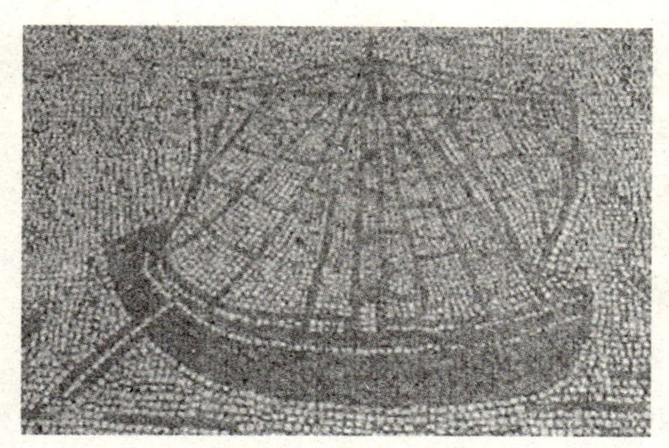

图5.8　一条商船的马赛克画，位于罗马附近奥斯提亚的协会广场(Square of Guilds)。

为加固船体以抵御大浪的袭击，当时多使用巨大沉重的木材作为磨平的船底板或外腰板与船体外部连接在一起，有时用铁制长螺钉将它们固定在船架上。船的两侧均有两个很重的凸起物，用来支撑巨大的转向桨或舵。船首像冲角一样突出，但这只是完成建造龙骨的一种手段，没有进攻性目的。艏柱常常嵌有一块浮雕，显示船名，船首两侧的图案也会描述出船名。还有一些证据说明当时的船只绘有蜡画（把颜料加入熔化的蜡里）。

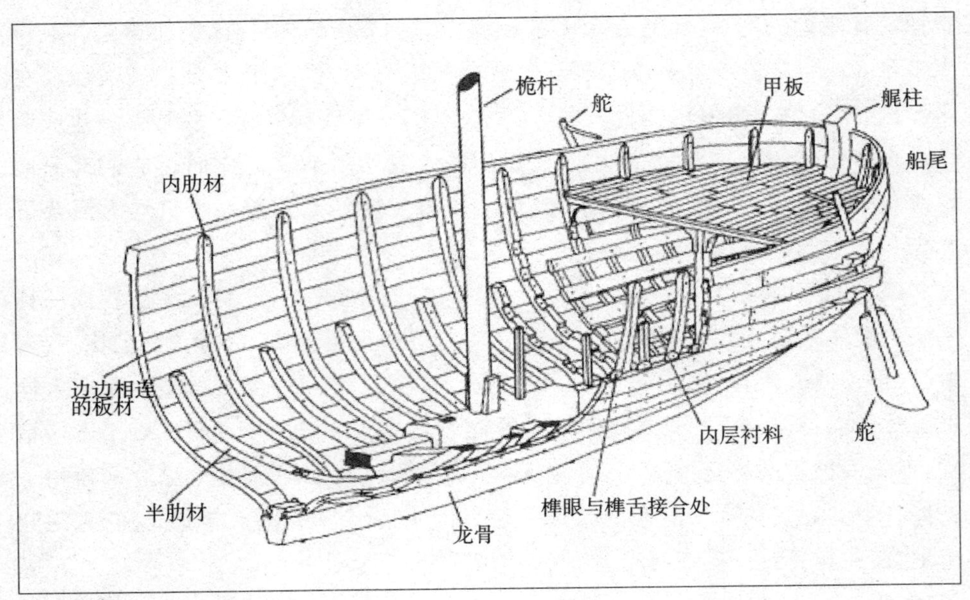

图 5.9　一条商船的剖面图，附建造方法。

最后一步是堵缝——弥合接缝，有时要用树脂或沥青与蜂蜡的混合物弥合船体的整个外部和内部。一般来说，榫眼—榫舌接合很紧密，几乎不必堵缝。水下部分的船体表面覆上一层铅，作为防止海虫的保护层。用蘸过铅的铜钉把薄铅板钉在一层油布上。货船通常漂浮在水上，而不牵引上岸，如果没有铅覆层，特别容易受虫子啃噬。尽管如此，铅覆层到公元 2 世纪末便停止使用。

到罗马时代末期，东部帝国使用的商船比早期船只小，呈圆形，外形上与早期商船类似。大三角帆可能已经开始代替方形帆占据主导地位。

规　模

多数船只长 15 至 37 米(50 至 120 英尺)，排水量 150 至 350 吨，但也有体积大得多的船。公元 20 世纪 30 年代，内米湖(Lake Nemi)的湖水被排干后，两艘皇家游船见诸于世。尽管它们不是用于航海的船只，但均以同样的标准建造；一艘船体长 73 米(239 英尺),宽 24 米(70 英尺),另一艘长 71 米(233 英尺),宽 20 米(66 英尺),有榫接,用铜钉加固,还有铅制覆层。帝国早期建有一些非常庞大

图 5.10 庞贝城一所住宅的灰泥墙上绘制的“欧罗巴”(Europa)号船的草图。它是一艘中等大小的商船,非常准确地显示了索绳装置以及当船浮于水上时平常见不到的龙骨和转向桨的形状。

的船只,以便运送特殊货物,如从埃及向意大利运送谷物或方尖碑。最大的皇粮运输船至少可以承载 1 200 吨的谷物,从亚历山大城运至奥斯提亚。公元 2 世纪的一艘大型运粮船(“伊西斯”号[Isis])由于天气恶劣,不得不在皮拉埃乌斯港停靠。据琉善(Lucian)称,它有 55 米(182 英尺)长,13 米(42 英尺)深,横梁超过 13.7 米(45 英尺),可以承载 1300 长吨的谷物。

乘客和船员

有些船只除了装载谷物还有旅客乘坐。在第拉奇乌姆和布隆迪西乌姆之间

有几艘船只用于运送乘客，因为这条路线使用频繁。大多数船只专门载货，仅为船长一人准备住处。乘客（像大多数船员一样）睡在甲板上或像帐篷一样的遮蔽物下面。他们随身携带食物，可以在船上的厨房做饭。水储存在一个大木桶里。古代世界不存在客轮；旅行者使用商船。运粮船的服务最好，它们从亚历山大城直达罗马城，房间充裕，可以容纳几百名乘客。

与战船相比，商船上的船员较少，而与水师船只不同的是，商人通常有一批完全由奴隶组成的船员，包括船长在内，因此船主不仅拥有船只，也可能拥有这些船员。

帆

商船有帆，很少使用桨，因为需要许多船员来划桨。帆有两种类型，方形帆和首尾帆。一般使用方形帆；主帆是一张挂在一根单桅杆上的大方帆，偶尔在上方挂一张三角形的上桅帆。公元1世纪开始出现其他帆种，包括叫做“artemon”的巨大船头帆，其桅杆高过船头。

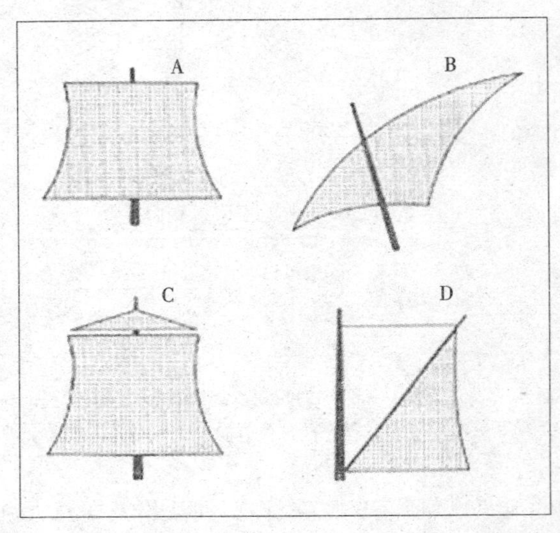

图5.11　帆的形状：A. 方形帆；B. 三角帆；C. 方形帆和上桅帆；D. 斜撑帆。

另外还有几种首尾帆的证据——斜撑帆和两种不同的三角帆。斜撑帆从公元前2世纪起开始使用，“阿拉伯”三角帆从公元2世纪起使用，公元4世纪开始使用一种三角形的样式。三角帆使船更直接地迎风航行，斜撑帆由一根帆桁（或斜杆）撑起的一张略呈方形的帆组成，帆桁从接近桅杆底部的一点沿对角线伸向帆的顶部。它主要用于小船和渔船。挂起的帆与船身垂直，使船得以抢风行驶，因此可以迎风航行。首尾帆直到中世纪才普遍使用。

帆通常用方形和长方形的亚麻布缝合，边缘用一条帆边绳保护，帆角用皮革片加固。绳子用亚麻、大麻、莎草或针草制成。

商船不以速度见长，可能速度极慢，但一般要比陆上运输更廉价和快捷。没有风它们便无法行驶，逆风会使旅行的时间延长三至四倍。如遇逆风，帆船会调整帆的角度，让其尽可能迎风，沿锯齿形航线行驶。与用桨驱动的战船不同，货船需要小船的牵引进出港口。

航 海

夜间航海观察星斗，白天航海观察陆标和风向。尽管关于航海的文献资料得以存世，但海图没有保存下来。它们或许与“航海日志”并存，后者包括如河流、港口、港口与内河之间距离等信息。当时没有罗盘，路线可能依据海图来确定。深度可用测水深的重物或测深锤测定。挂有铅锤（有时是石头）等重物的绳索被抛向船外，绳索上面有涂油脂的凹槽，可以附着在海底的沉积物上。消息可以通过信号旗传达到其他船只或岸上。冬天大多停航：从 11 月 12 日至 3 月 10 日为封海期（mare clausum），也有两个不确定的时段，3 月 10 日至 5 月 27 日和 9 月 14 日至 11 月 11 日。其间有风暴，能见度低，航海危险重重。

锚

最早的锚是石锚，上面有一个洞用来拴绳索。从公元前 7 世纪起被钩（agkura）锚取代。这些锚与现今的某些锚一样，有锚杆、锚柄和两个锚臂（锚爪）。锚杆落入水底，一个锚臂扎进去，同时在合适的角度固定锚索。大船携带多个锚。现已发现数千个铅制的锚杆和其他部件，还发现有千余个古代木锚和铁锚的零件，大多出自西西里地区。它们多由复合材料制成，如铅、铁和木头。

锚杆常为铅制，有时为铁造，大小不等，有些重达吨余。铅锚杆通常用铅直接浇铸到木芯上。拜占庭时期已经开始使用优质的铁锚杆和可拆卸的锚杆。锚杆有一个长方形的横截面，但有证据表明在罗马后期和拜占庭早期有圆形的横截面。它们时常刻有用希腊语写的神名，但有时用拉丁文书写，反映出水手的国籍。

随着时间的推移,锚臂的形状和与锚杆的角度发生变化。到罗马后期或拜占庭早期,锚臂和锚柄之间有固定的角度。有时用组装条或套环把锚臂固定在锚柄上,可能是为了增加这部分的重量。套环为铅制,浇铸成形,因此可以看出锚臂和锚柄的真实形状。锚臂的金属尖可能为青铜或铁制。

河流和运河

许多河流可供航行,有些可为海船所用。河流和运河为水师和公民利用。运河用于内陆运输,或用于排水和治理洪水。据我们所知,罗马时期曾开凿几条运河,不过有些并未竣工。它们需要大量的维护工作;我们无法确知控制水位的方法,但可能包括船闸、河堰、闸门和拦河坝。

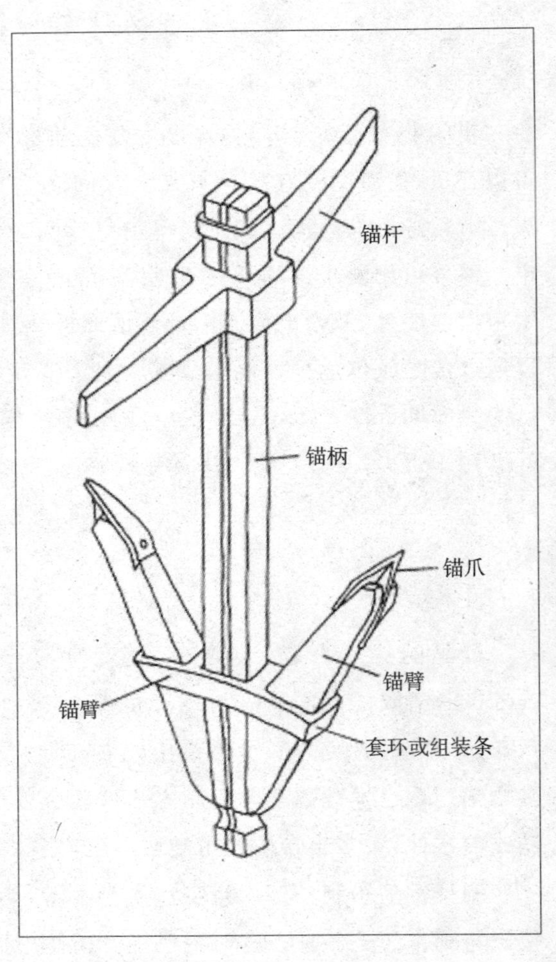

图 5.12　复合锚复原图。

河　船

河船有几种类型,货物常被搬到这些稍小的船上再运往上游。尽管主要方法是由人,有时是骡子拉纤逆流而上,但它们也可用桨驱动。我们还不清楚用于拉纤的河流和运河堤岸的状况,但在某些地方一定存在纤道。将货物从奥斯提亚和波尔图斯沿台伯河而上运往罗马的小船叫做“naves codicariae”。它们是驳船，有圆形外壳，一根桅杆向前倾斜拴住纤绳，纤绳两头分别是河水和河岸；它们借助人力沿纤道逆流而上。另外还有“scaphae”、“lintres”和“lenunculi”等，均属单人小艇。

平底船用在水浅、海船无法通行的运河和河流。在北欧，主要是莱茵河地区，发现了几艘可追溯至公元1到3世纪的驳船形状的船。它们遵循西欧当地或称凯尔特的造船传统。有些是独木舟，由一根挖空的原木制成，有些用取材于原木的弯曲底板制成。它们与驳船类似，平底的底板用几根横梁连接在一起。它们没有遵照真正的基干或船壳的建造技术，船底板不用榫眼—榫舌接合来加固。相反，缝隙用诸如芦苇和苔藓的材料填塞，木头用钉子加固。这些驳船最长可达34米（11英尺7英寸）。有些在北欧发现的船只按照罗马的传统建造。

行会

当时有船夫行会，实力最强的当属“水手行会”（nautae），他们是驾驶驳船的船夫，通常在一条特定的河流上工作，如“德鲁安提亚水手行会”（nautae Druentici）是迪朗斯河（Durance River）上的船夫。实力最强的行会以里昂为基地，控制罗纳河和索恩河（Saône）。“Codicarii”行会控制着沿台伯河的“naves codicariae”。驾皮船者（utricularii）驾驶的可能是用充气或充入液体的皮船。

海盗

海盗行为在某些国家是一种合法的商业形式。海盗追击并洗劫商船，但他们的主要活动是贩奴，即劫掠沿海地区的人口。某些地区特别危险；达尔马提亚海岸的伊里利亚人一直是严峻的威胁，罗马在公元前3世纪后期第一次布匿战争后对之采取行动，但不久后他们又重操旧业，最鼎盛时拥有一支220艘船的船队。克里特岛是另一个海盗巢穴，最猖獗的海盗却是小亚细亚南岸的西里西亚海盗。公元前89年密特里达提六世（Mithridates VI）反抗罗马的起义中，他们有充足的船员和船只组成水师编队，其船队听从密特里达提调遣。袭扰航运只是他们的副业，其主业是贩奴，即不断劫掠沿海地区，掠夺人口并将其卖为奴隶。到公元前1世纪早期，西里西亚海盗控制了这片海域，指挥着千余艘船只。罗马几乎没有船只，当富裕的罗马人需要奴隶时，可能会对海盗采取一些抵制行动。

公元前70年之前的一段时间，海盗开始侵扰意大利沿岸，掠走地位显赫的罗马人以索要赎金，劫掠并焚毁奥斯提亚港等聚居区，在沿岸的阿皮乌斯大道旅行不再安全。海盗还在意大利海岸摧毁了罗马的一支小船队。公元前69年，一支海盗船队再次洗劫提洛岛，结束了该岛的商业生活，实际上这片海域已停止航运。罗马的粮食供给受到了威胁，这促使罗马采取行动。公元前67年庞培被委以重任，他从罗德斯、腓尼基诸城和马赛等同盟者处调集船只。在一场称作“海战”的周密行动中，他剿灭了西地中海的海盗，然后出征东部，那里的许多海盗屈服投降。帝国初期，海盗不再是严重问题。

公元230年，海盗再度猖獗，公元250至270年间，一伙来自帝国境外的哥特蛮族经水路深入到罗马内陆进行劫掠。帝国后期，日耳曼部族的入侵最终使海上旅行比西里西亚海盗猖獗的年代更危险。“撒克逊海岸要塞群”大概即为驱逐海盗所建。

港　口

在罗马世界里，河流沿岸存在许多有掩护和无掩护的港口及码头，船只可以在此停靠和装卸货物。各种类型的港口均包括近海的开敞泊位、有海湾和海岬的天然港口(常拓展至更大范围的水域)和有巨大防波堤的人造港口(两侧向海内或人工开凿的大型内湾延伸)。有些港口仅供水师使用，但多数港口用于商业用途。

由于海岸线和河道的变更或港口的持续使用，有关罗马港口的证据已遭破坏。整个海岸线的下沉也破坏了许多罗马港口的遗迹，有些被淤塞而面目全非。罗马港口本身的建设也破坏了之前港口的遗迹；公元前100年至公元100年间，罗马人重新整修和扩建了近乎每一座地中海港口，并且在以前无法到达的海岸建造了新港。意大利海岸鲜有天然港口，因此必须人工建造。它们多建在罗马北面和南面的海岸线上。在罗马时代，地中海和黑海约有1000个港口。北方行省与河流沿线还有许多其他码头和港口。

希腊人在建造港口方面成绩斐然，地中海的第一座人工港湾大概由迦太基人建设，是向内掘土而非向外填海。大型战船和商船不可能被拉上岸来存放、装载和卸载，所以出现了更为复杂的码头和港口。港口建设是交通网一个十分重要的因素，对于帝国的稳定和成功发挥着重要作用。港口是知名建筑，在罗马世界各地通行统一的标准。

图5.13 庞贝城“小喷泉屋”的壁画，图中港口有带拱券的防波堤和“海上别墅”(villa maritima)。【出自W. Gell [1832] *Pompeiana*】

罗马人在更大规模上发展了先前的港口建造技术，他们承揽一些大型工程，包括使用大批木料和开垦土地来建设码头。另外也有技术上的革新，包括使用浇铸在水下的水硬水泥。影响港口的两个重要问题之一是对河口淤塞的处理，淤塞会导致河港无法使用(如奥斯提亚港)；还有对泥沙的处理，这原是由建造伸入海里的防波堤和海堤引起的，会导致港口淤塞(如大莱普提斯的港口)。解决这些问题至关重要的一点是疏通，使从外海驶入的通道和码头内水道的深度维持在有效范围内。人造的防波堤和海堤也建有拱券，水可以循环流动，减少淤积的形成。为建设人工港，有些建在海里的人工防波堤分布很广。

图 5.14　一只玻璃杯的平铺图。它展现了巴伊埃的港口景色，有宫殿、牡蛎培育场(ostriaria)、湖以及带有四个拱门和柱子的防波堤。

灯　塔

灯塔在罗马时代以前即已出现，第一座灯塔建在亚历山大城港口前方的法罗斯岛(Pharos)。这座灯塔是为希腊和罗马世界灯塔的原型。它似乎始建于公元前 3 世纪后期托勒密一世(Ptolemy I)统治时期，是一个三层的多边形建筑，总高度约为 100 米(328 英尺)。据说，在塔基上燃起的大火所发出的亮光通过该建筑顶部的镜子折射，镜子大概是打磨的青铜镜，可增强火光的亮度。在罗马时期，多数港口均建有一座石灯塔，并模仿亚历山大城港口灯塔的样式建造，但要小些。所知的一些实例包括位于西班牙西北部的科尔那(Coruna)保存最完好的一座灯塔，还有多佛、布洛涅、奥斯提亚(由克劳狄建造)等地的灯塔，另外提洛岛、拉文纳、普特奥里、大莱普提斯甚至滨海恺撒城(Caesarea Maritima)都有可能存在灯塔。

图 5.15　位于英国多佛的罗马灯塔。

用火取光的方法大概十分普及，白天则用镜子折射阳光。燃火需要大量木柴或炭，这些燃料在埃及等地成为紧缺的日用品。所以人们可能使用别的材料代替，如晒干的动物粪便。钱币上的灯塔被描绘成建筑顶部熊熊喷出的火焰。据推测，这种描绘只是因袭了某种风格，实际上光亮是从灯塔顶部的几个火盆发出的，燃料通过楼梯或外部坡道搬运上去。

商　贸

罗马从早期开始就有贸易活动，商人从一地购买商品到另一地出售。共和国后期，“negotiator”（复数为“negotiators”）一词似乎意为金融业者或银行家，但其含义逐渐变为一般从事商品贸易者。运营商（negotiatores）从事运输业，充当中间人，有时专门经营特种商品。有些运营商是富有的投资者所拥有的大型贸易公司的代理商，来自众多国家。“经销商”（mercatores）是经营特种商品的商人，可能与海员和河上的船夫一同受雇于运营商。

地中海世界的大部分城市临海而建，彼此间可轻而易举地进行大批量的材料贸易。许多来自西班牙、北非和意大利的商品沿罗纳河、索恩河和莱茵河运输，这成为地中海、莱茵地区和不列颠之间的一条重要纽带。早期的许多贸易都服务于军事需要，但随着帝国的扩张，商品行销到最遥远的行省及以外地区，来自那里的商品也有买卖。商路从中国和斯堪的纳维亚延伸至大西洋，其中包括以洛阳为终点的丝绸之路的各条路线。

两条著名的路线是罗马在印度洋贸易的路线和亚历山大城至罗马的谷物供给线。《红海航海志》提供了东非与印度（远至恒河）来往贸易的大量信息，作者还留意到远东地区；另外还包括何种商品可在商路上买卖的资料。据中国的文献记载说明有些罗马商人曾到达马来亚（Malaya）、爪哇、越南和中国边境。

罗马人大多用金银支付进口商品，在东非地区、阿富汗、印度和印度支那地区曾发现许多罗马金币和银币（没有铜币）。在印度地区发现了约6000枚金币和银币，大部分可以追溯至公元一、二世纪，且一直延续到公元5世纪，甚至有晚至公元6世纪的东罗马帝国钱币。罗马人出口成品，如珠宝、切割的宝石、玻璃制品、衣料以及琥珀、珊瑚和紫色染料。有些出口商品用原本从东部进口的原材料制成，包括凸雕和其他切割宝石。继黄金之后，产自地中海的珊瑚成为罗马出口到印度最昂贵的商品。

罗马人进口大量各式各样的商品来维持他们的生活方式，包括制品、食品、易腐烂的商品、原材料和建筑材料。罗马自身也从东部进口商品，特别是原材料和半成品。印度和罗马之间的贸易规模很大，包括各种香料、香水、丝绸、棉花、钢铁、药物和奇石。有些来自印度的商品甚至源于更遥远的地方，如中国、阿富汗和伊朗。主要的进口产品始终是丝绸和香料。在公元3世纪奥莱里安统治时期，丝绸按照自身的重量用金子估价。

公元3世纪后期，由于当地政局不稳，不列颠、西班牙、莱茵地区和高卢之间的贸易似乎急剧衰落。

有些商路为陆路，有些为海陆并存，还有一些为河运。许多商品要经过海上的长途运输，载有货物的沉船可以反映出贸易的年代和类型。船只从红海西北岸驶往印度并返航，在沙漠中则通过骆驼或驴到达尼罗河。海运货物包括谷物、油、葡萄酒、建筑用石和金属。在旅行中，货物常被转运到较小的船上，甚至是需要许多人力的河流驳船上。一些马赛克画和浮雕反映出卸货和转船的场景。

食物和饮品

奶制品、肉、禽、新鲜水果和蔬菜等食物大概为本地生产，但不易腐烂的日用品包括橄榄油、葡萄酒、谷物、盐、鱼干和果品则远道运来。它们装在不同容器内，如双耳细颈罐、布袋、桶、篮子和皮囊。

谷 物

到公元前2世纪，罗马一直从一些行省得到以税收形式上缴的大批谷物。起初多来自西西里和萨丁尼亚，后来自埃及和北非。为了避免饥馑，政治领袖开始发放谷物津贴，后来“平民派”和他们的对手都通过免费放粮以寻求政治支持。在公元后的前3个世纪中，尤利乌斯·恺撒大幅削减获得者人数后，约有20万居民能够得到此类救济。供给城市的谷物称作“annona”，到公元3世纪时该词的词义里又增加了葡萄酒和猪肉。克劳狄统治时期，任命一名督粮官(praefectus annonae)总管供应，在其他意大利城市也设置了类似的职务。军粮(annona militaris)不同于“annona”，直到公元3世纪后期才开始征收。

对罗马来说大多数日用品是免税的，因为它们以物代税，但也产生了一个很大的运输问题。散装或袋装的谷物用船运输，在公元1世纪尼禄统治时期，每年从埃及运出两千万摩氏乌斯(modii，约为135 000长吨)的谷物。这满足了罗马三分之一人口的需要。其余的来自埃及和北非，共有30万余长吨的谷物，达一千余万袋。埃及和非洲的海上运输要比经由意大利南部的陆上运输更省钱。夏季的几个月多刮西北风，所以从亚历山大城满载货物返航的船只逆风行驶。航程至少要一个月，且由大型运粮船运载。船只需在波佐利或波尔图斯停靠，将货物转到驳船或小货船上；然后由搬运工将谷物卸到货栈，再用“naves codicariae”沿台伯河而上运往罗马。在回程途中，这些船常装有废料(如公元64年罗马火灾留下的断瓦残垣)。

公元 330 年君士坦丁一世将都城迁至拜占庭，此后从埃及启程驶往罗马的运粮船转而驶往拜占庭。此后罗马只由从北非始发的往返船来供应。在达达尼尔海峡(Dardanelles)航行困难重重，公元 6 世纪初，查士丁尼在海峡口附近的特尼多斯(Tenedos)岛上建造了一座 85 米(280 英尺)长、27 米(90 英尺)宽的大型粮仓。当海峡天气恶劣时，船舶即在那里卸货。

葡萄酒

公元前 6 世纪即出现了与埃特鲁里亚人、希腊人和迦太基人之间的葡萄酒贸易。从公元前 3 世纪起葡萄酒又从意大利贩卖到高卢。最早刻有拉丁铭文的葡萄酒罐可追溯到公元前 3 世纪上半叶，罗马葡萄酒的出口却在公元前 2 世纪下半叶大幅扩展，从埃特鲁里亚(Etruria)、拉丁姆和坎帕尼亚到罗马征服的新领土。公元前 2 世纪后期葡萄酒在山南高卢销路极好，因为那里还未引进葡萄栽培。从德雷塞尔 1(Dressel 1)的双耳细颈罐可知，到公元前 150 年葡萄酒已出口到法国南部(参见第八章)，并且通过罗纳河谷地出口到帝国以外的地区，如不列颠和布列塔尼(Britanny)。意大利的葡萄酒贸易在公元前 1 世纪中叶达到高峰，据狄奥多罗斯(Diodorus)记载，与高卢人进行贸易时，一个奴隶只能交换一罐葡萄酒。

由于面临西班牙和高卢的新葡萄园以及罗德斯和科尼多斯(Cnidos)等传统葡萄种植区的竞争，意大利的葡萄酒贸易从公元前 1 世纪末开始瓦解。法国南部不仅是意大利葡萄酒的主要市场，而且从公元 1 世纪起发展成为重要的葡萄酒产区，到奥古斯都统治时期，葡萄酒大批从西班牙出口到意大利。然而，意大利的葡萄酒生产至少持续到公元 4 世纪，戴克里先限价法令中有关葡萄酒的规定即可说明。

另外也有“defrutum”的买卖，它是一种由体积减半的浓缩果汁制成的甜酒或葡萄汁。

橄榄油

从公元前 1 世纪末起至公元 3 世纪中叶止，橄榄油主要从西班牙出口到意大利其他地方，后来北非进口的橄榄油占据主导地位。大量产自西班牙巴埃提卡的橄榄油盖由海路运抵罗马。许多沉船装有货物，包括产自巴埃提卡的鱼酱和橄榄油。德雷塞尔 20(Dressel 20)的橄榄油罐占陶片山(Monte Testaccio)碎片的三分之二(见下文)，说明从公元 140 至 165 年间贸易的繁盛。

鱼 酱

从公元前 1 世纪末起，味道浓郁的鱼酱从巴埃提卡大批出口到意大利及其他地区，包括用发酵的鱼做成的卤酱(muria)、鱼酱(garum)和稀酱(liquamen)。

香 料

香料(spice)一词源于拉丁语“species”，是性质独特或价值特殊的日用品。东部市场的打开使罗马人引进了许多新的香料，并用于葡萄酒、食品、药品、香水和化妆品中。香料区(Spice Quarter)成为罗马众所周知的地方。香料产自中国和东南亚的其他地区，包括樟脑、桂皮、丁香、生姜、肉豆蔻、檀香木和姜黄。产自印度的香料包括小豆蔻、桂皮、檀香木、芝麻、姜黄和大料，后者是罗马帝国同印度贸易的主要日用品。其他香料产自罗马帝国境外的波斯、阿拉伯和东非，这些地区遍布沙漠或没有茂密雨林的丛林，其香料包括香液、乳香、没药和生姜。有些香料在罗马帝国境内贩运，在同时期的文献中有很多相关信息。

容 器

双耳细颈罐

在地中海地区，葡萄酒、油和鱼酱等液体通常装在大陶罐里运输，一般称为双耳细颈罐。它们是运输液态商品的重要方式，特别是海路，偶尔也用于橄榄、椰枣、牡蛎、无花果和坚果等固体食物的运输。

直到奥古斯都统治时期才有通往山南高卢安全的陆上通道，所以葡萄酒贸易大多走海路。船只残骸里发现有大量摞放在一起的双耳罐，有些用石楠和灯芯草包裹。这些双耳罐竖直并排摞放，最多摞五层。据估计，马德拉哥德日安(Madrague de Giens)[土伦东南20公里]沉船载有4500个双耳罐，也可能是7800个，把其他货物计算在内总重225至390长吨。公元前1世纪中叶在阿尔本伽(Albenga;意大利)的沉船有五层双耳罐，约为11 000至13 500个，货物重500至600长吨。

罗马沉船上的许多货物均部分或全部盛放在双耳罐里，有些双耳罐的类型各异。在今罗马郊区、靠近台伯河的地方，古时坐落着码头及大型栈房(horrea)，有一座由陶片(testae)堆成，称为“陶片山”(Monte Testaccio; Mount Potsherd)的山丘，高40余米(130英尺)。这座山完全由双耳罐碎片组成，没有泥土堆积，其中包括装有几百万加仑产自西班牙和北非的橄榄油容器，主要是德雷塞尔20的双耳罐，大概是两千四百余万个

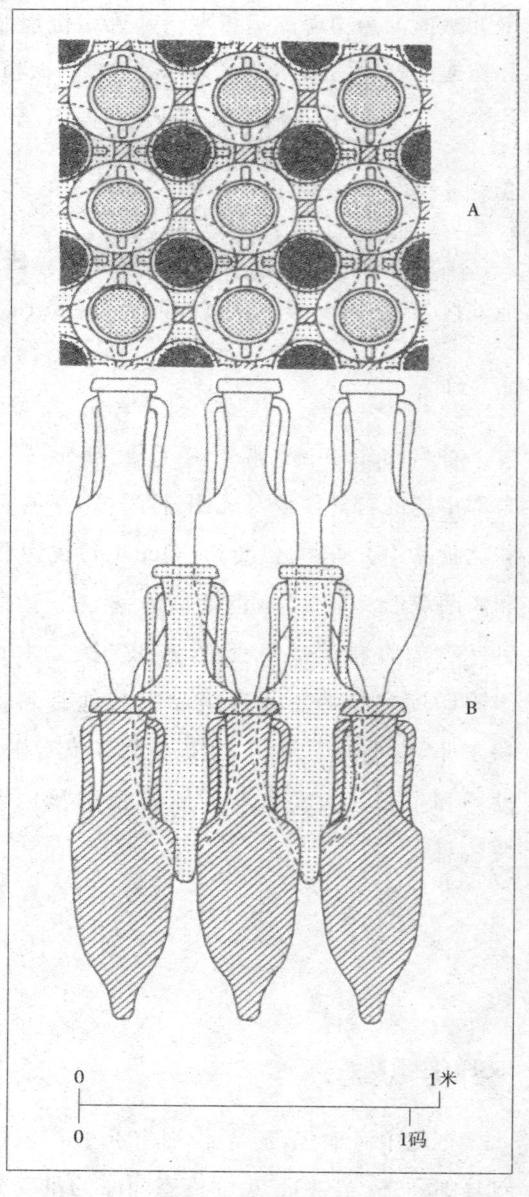

图5.16 船上载货时双耳细颈罐的摞放方法。A. 双耳细颈罐的平面图；B. 三层摞加的双耳细颈罐。

器皿残片。此地可能是从海船或河船上卸运双耳罐的地点，货物转而盛放在小一些的容器里，便于在城内配货。

桶

在波河谷地和阿尔卑斯山北部也用大木桶运输葡萄酒，偶尔发现有些被重新利用作为水井的内壁。它们一般有雕刻。在伦敦发现的桶，容积为400至1000升(105至265美加仑)。除了葡萄酒，桶可能也用于运输其他产品，如鱼酱和盐。罗马时代后期，它们可能比双耳罐用途更广，因为西欧几乎没有当时的双耳罐制品遗存。

陶 器

双耳细颈罐等器皿被当作容器出口，其他陶器也用来运盐，但陶制的炊具和餐具却是主要的贸易商品。许多炊具为本地制造并经短途运输，但具内在价值的陶器交易更广，通常经由海路进行贸易。这样的陶器包括产自意大利的臼，还有意大利、西班牙和北非的优质餐具和饮水用具。萨摩斯陶器(Samian ware)也大批量出口，它最初产自意大利，之后产自高卢南部，后来则为高卢中部和东部。公元3世纪中期高卢的制陶业瓦解，这一贸易随即停止。关于陶器，参见第八章。

油灯和小雕像

红陶或青铜小油灯是照明的主要工具，出口到许多地区。公元前1世纪和公元1世纪，红陶油灯主要产自意大利且大批量出口。油灯制造业转至高卢和日耳曼，但该行业在公元3世纪中叶瓦解，主要原因是燃油供应中断。高卢中部和莱茵地区还向不列颠、法兰西和日耳曼出口陶制小雕像。

玻 璃

玻璃从公元1世纪起大规模生产和出口。制造中心一般难以辨别，但有些产自西班牙,多数则产自高卢和莱茵地区。它们主要靠海路运输。有些玻璃器皿是盛放液体和半液体的容器,包括方瓶和香水瓶(unguentaria)。这些器皿原来盛放何物大多鲜为人知。关于玻璃,参见第八章。

金 属

在罗马的沉船上没有发现银锭,但有铅锭。产自西班牙的铅锭可以追溯至公元前1世纪到公元1世纪,并刻有该矿山的罗马承包人的名字。在公元1世纪下半叶,西班牙的铅出口似乎在与不列颠矿山和其他矿山的竞争中衰落。铅锭呈标准形状。

伊比利亚(Iberia)出口铜,这在帝国初期是一个繁荣的产业。铜锭形状各异,上面镌刻的铭文包含较多信息。金子产自威尔士或西班牙,锡锭产自西班牙,形状迥异。多数用带有装饰或雕刻的模具浇铸而成,带有印花或铭文。

石

似乎多数采石场供应本地区的用石,不过非装饰性建筑用石可能也被运往较远的地区。例如,几千吨的石材被运往伦敦,因为当地没有合适的石材。石材通常由水路运输,是一种容易导致沉船的货物。建筑用石和瓦片可能只在回程途中运送,而去程只运送更为有利可图的货物。有些载运的石头被用作压舱物。

优质的国外建筑石材有着广阔的贸易空间,特别是大理石,它是一种价格昂贵且享有盛誉的装饰材料。公元2世纪后期,意大利的卡拉拉(Carrara)白色大理石的使用率迅速下滑,被产自爱琴海和小亚细亚的大理石所取代。另外还有白色和彩色(多彩)大理石以及其他有色石的贸易,有些产自埃及东部的沙漠,那里的采石场是帝国的财产。大理石在罗马应用较广,在行省的城乡也有发现;用于建筑、饰面、镶嵌墙和石棺。

巨大的大理石块由皇帝下令采集并运往罗马,还有大批半成品大理石和其他石材也被运往罗马,如柱子、柱头、基石、雕塑和大石块。有些只需要修整细部和打磨，有些是半成品，有些则只是粗加工产品。几乎所有重要的采石场均位于濒临大海或河流的地方。古老的埃及方尖碑也被运往罗马装饰赛马场，偶尔也运往行省的城镇。西西里海上发现的一艘沉船（教堂沉船[Church Wreck]）载有为一座教堂内部建筑预制的建筑部件，其年代为公元6世纪早期，即早期拜占庭时期，当时查士丁尼一世在帝国范围内广建教堂。该教堂上的建材可能是从拜占庭运往北非的。

纺织品

当时对纺织类制品的需求一定非常大。纺织品贸易包括进口诸如丝绸和质地上乘的亚麻等奢侈品。关于纺织品，参见第八章。

动　物

用于竞技场的动物贸易规模相当大，也有用于宠物和农用畜力的动物贸易。另外还有从东部进口国外动物供食用的贸易，包括鹦鹉、鸵鸟和水牛（也用作畜力）。用于竞技场和作为宠物的动物包括产自亚细亚的鹦鹉、猴、狮、豹、山猫、老虎、大象和独角犀牛，以及产自北非的狮子、豹、长颈鹿和双角犀牛。另外为了军事、公差（cursus publicus）和农场之用，也会饲养一些牲畜（如马、骡子、骆驼和牛）。参见第四章。

奴隶制

共和国后期，元老需要越来越多的奴隶经营其庞大的地产。罗马连续不断的战争，例如与迦太基的战争及随后与东部的战争，将几千名奴隶投入奴隶市场，有些奴隶也来自西部。据我们所知，大批的自杀现象比卖为奴隶更常见。最终奴隶来源减少，而海盗的加入又补充了奴隶供应。他们劫掠沿海聚居区，抓捕儿童和青年以获得奴隶。西里西亚海盗极为残忍，主要掠夺色雷斯、叙利亚和小亚细亚海岸。他们提供大批奴隶，奴隶在提洛岛的大市场被罗马商人售出，每天交易达几千人，满足罗马土地所有者日益增长的需要。海盗最后在锡德(Side)开辟了自己的市场，且仅次于提洛岛。庞培在公元前1世纪后期剿灭海盗后，这一贸易才偃旗息鼓。奴隶一旦被买下，便难免再次在市场上被卖出。

关税

关税(portorium，复数为"portoria")是一种进出口税，由奥古斯都设立。它可作为关税(在边界缴纳的税)征收，像有些大城镇入口处征收的过路费和在重要的道路汇合点、关隘、桥梁和浅滩收取的通行税。通常按商品价值的2%至2.5%征收，最高却可达25%。关税(portorium)不是一种规范贸易的手段，而是国家收入的来源之一，它同交通网紧密相连。国家收入主要源自于与东部的贸易；包括个人财产在内的所有商品必须缴税，但根据法律规定有些商品可以免税，如动物和车辆、属于国库或皇帝的财产以及士兵的辎重。

公元前167年罗马宣布提洛岛为自由港，开放贸易，不征收港口税或关税，将它交由雅典管理。该岛成为一个大型交易中心，主要交易奢侈品和奴隶，从而使罗德斯逊色不少，后者的贸易急转直下。该港水深3至4米(10至13英尺)，部分由两个防波堤包围。栈房沿码头排列，但因进出提洛港的商旅均为过客，故该港并未与本城连在一起。公元前88年在罗马同密特里达提六世的战争中提洛岛被洗劫一空，公元前69年被海盗摧毁，再未复兴。

税收方法多种多样，帝国初期的关税哨卡(stationes)被租赁出去，而且为安全起见设有军事岗哨。后来，税收由文职人员负责。提比略统治时期，帝国分成5大税区，国家税收入缴皇室金库(fiscus)，而非国库(aerarium)。关税哨卡的地点一般由地理因素决定，有时衍生出新地名，如阿德波尔图姆(Ad Portum)和阿德普布里卡诺斯(Ad Publicanos)。有大量商品进出的地方变得富甲一方，如巴尔米拉。由征税者或税吏征收关税(portoria)为欺诈行为敞开了方便之门。关于其他赋税，参见第一章。

阅读书目

Chevallier 1988: gives details on many aspects of travel and travelers including abundant literary sources and journeys of many civilian and military people as well as emperors.

Maps and Itineraries

Adams and Lawrence (eds.) 2001: includes information on maps and itineraries; Casson 1991: *Periplus Maris Erythraei*; Chevallier 1976, 28—39, 47—64; Dilke 1985: the most detailed source of information for mapmaking, maps and itineraries of all kinds, with many references; Miller 1969: discussion of the *Periplus* and early geographers; Oleson 1986: includes bibliography on maps.

Roads

Chevallier1976: many details on roads, including their construction, and specific routes in Italy and the provinces; Davies 2002: engineering aspects of roads in Britain; Fischer et al. 1996: roads in Judaea; Johnston 1979: roads in Britain; McWhirr 1987: summary of land and water transport; O'Connor 1993: roads throughout the empire; Oleson 1986: includes bibliography on roads; Talbert (ed.) 2000a, 2000b: essential maps and directory; White 1984, 93—100, 209, 215—16.

Bridges and Tunnels

Chevallier 1976, 93—106, 200: includes details on many of the empire's bridges; Grant 1990, 126—28: bridge at Trier; Hill 1984, 61—75: construction of bridges, 127—54: water-raising machines; Lewis 2001, 197—216: surveying tunnels; Milne 1985, 44—54: illustrated description of bridges, with particular reference to London; O'Connor 1993: bridges empire-wide; Oleson 1986: includes bibliography on bridges; White 1984, 86—87, 97—100.

Milestones

Chevallier 1976, 39—47, 71—72; Sandys 1927, 133—42.

Land Transport

Adams and Lawrence (eds.) 2001: discuses methods of transport including the *cursus publicus*. Chevallier 1976, passim; Chevallier 1988: various aspects of carts, draft and pack animals, travelers and the *cursus publicus*, with many examples from Latin authors; Hyland 1990: contains much information on various aspects of horses and mules, in particular military uses; Manning 1985 63—66: hipposandals, 70—75: vehicle fittings; Oleson 1986: includes bibliography on transport and vehicles; Piggott 1983, 229—35: literary evidence for wheeled vehicles in classical writing; Rickman 1971: the organization of granaries as part of the *cursus publicus*; White 1984, 127—40, 208—9.

Merchant Ships

Casson 1991, 191—212: various details of merchant ships and crews; Chevallier 1988, 83—122: includes details on various nautical matters, such as ships, harbors and literary sources; Käpitan 1973: discussion of anchors, largely of stocks; Marsden 1972, 114—23: boats in Britain; Meijer 1986, 220—31: merchant ships and shipping; Oleson 1986: includes bibliography on ships; Oleson 2000: sounding weights; Parker 1980: examples of wrecks and their cargoes; Rival 1991: construction materials and methods; Starr 1960: discussion of types of naval ships and crews as well as the various fleets, with much information relevant to merchant ships; Throckmorton 1972: ships, shipbuilding, shipwrecks and cargoes; Tusa 1973: includes an illustrated discussion of lead anchor stocks; van Doorninck 1972, 134—39: ships of the early Byzantine Empire; White 1984, 141—56, 210—13: most aspects of ships, shipbuilding, anchors, cargoes, navigation.

Rivers and Canals

Chevallier 1988, 123—32: interior waterways including canals; du Plat Taylor and Cleere (eds.) 1978: contains papers on river craft from the northern provinces; Johnstone 1988, 156—68: river craft.

Pirates

Casson 1991, 177—83: history of piracy in the republic; de Souza 1999: piracy from the republic to late antiquity.

Harbors

Clayton 1988: lighthouse at Alexandria; Flemming 1980: early harbors in the Mediterranean, including Roman ones; and sea-level changes; Grant 1990, 100—4: Caesarea Maritima port, 182—84: port of Puteoli; Hague 1973: includes a discussion of some Roman lighthouses; Jones and Mattingly 1990, 198—200: harbors and canals in Britain; Miller et al. 1986: details of trade and an excavated quay at London, with numerous illustrations; Milne 1985: excavation of the harbor along the Thames River at London and the changing levels of the river; Oleson 1986: includes bibliography on harbors and lighthouses; Shaw 1972: Greeks and Roman harbors and lighthouses; Starr 1960: discussions of naval ports throughout the empire, White 1984, 104—12, table 6.

Trade of Goods

Aldrete and Mattingly 1999: trade in foodstuffs, river craft, merchant shipping；Casson 1991：includes underwater finds，especially amphorae，transport of goods by ship，trade with the east and the grain supply from Egypt；Chevallier 1976，195—97：customs；Chevallier 1988，272—98：business travel，especially trade，including many literary sources；Dalby 2000：luxury goods from the empire；Dodge 1991：review article on marble industry；du Plat Taylor and Cleere（eds.）1978：papers on trade between Britain and the Rhine provinces；Fant 1993：marble trade；Greene 1986；Grew et al. 1985：evidence for trade in London；King 1990：trade in Gaul and Germany，with bibliography；Miller 1969：spice trade，including countries of origin，trade routes and traders，the import and export of other goods beyond the Roman Empire and customs；Milne 1985，98—102：handling cargoes in the port of London，especially amphorae；Parker 1980：cargoes of shipwrecks and seaborne trade；Peacock and Williams 1986：amphorae；Rickman 1980：corn supply.

第六章

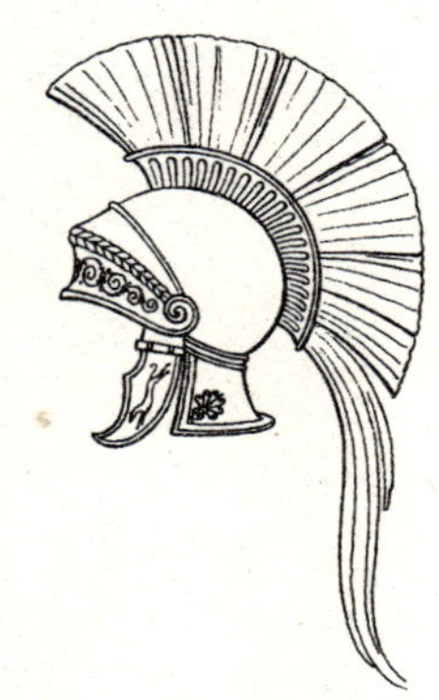

文献史料

拉丁语

历史

在罗马早期的发展中，意大利地区有许多种语言，其中一些属印欧语系，但我们对除拉丁语以外的其他语种知之甚少。埃特鲁里亚语属于非印欧语系语言，见于铭文者多为简短的铭刻和献词。埃特鲁里亚曾有自己的文献，但无一留传，只有少数一些埃特鲁里亚词汇得到释读。此种语言对拉丁语影响甚微，但在罗马早期曾被使用，埃特鲁里亚的习俗（尤其是宗教）也颇有影响。埃特鲁里亚文明在公元前 8 世纪到公元前 5 世纪期间分布在今图斯卡纳（Tuscany）地区。

拉丁语是印欧语系意大利语族中的主要语言，最初由罗马和拉丁姆地区的多数人口所使用。我们主要通过公元前 6 世纪以后的铭文以及公元前 3 世纪以后的文献作品来了解它。

随着帝国的扩张，尤其是建置殖民城之举，一些由操拉丁语的人口构成的城市中心逐渐形成，拉丁语开始广泛流传，最终成为多数西欧国家的官方语言。虽然并无强制推行拉丁语的情况，但推行拉丁语成为罗马化进程的一部分，在那些富庶的行省中尤其如此，所以拉丁语的普及得到进一步推动，而且在某些地区它的确取代了当地语言。尽管如此，在帝国范围内，其他地区的地方语言仍同时使用，如凯尔特语（高卢语）、古埃及世俗体、古迦太基语以及古叙利亚语。在讲希腊语的地区，拉丁语影响甚微，希腊语仍是占主导地位的语言，但公元 3 世纪时戴克里先曾在东部行省鼓励使用拉丁语。当时的许多著作用希腊语写成，受教育的罗马人通常自孩童时代起就学习希腊语。讲两种语言者远远多于只讲单语种者，不过他们大概并不能同时精通两种语言，如拉丁语和希腊语。

“早期拉丁语”或“古拉丁语”指公元前 100 年之前的语言，“古典拉丁语”或“黄金时代拉丁语”指公元前 100 年到公元 14 年的语言，而“白银时代拉丁语”指到公元 150 年的语言。西塞罗等人的书信中使用的是那些受教育者使用的日常用语（sermo cotidianus）。那些未受教育者的日常用语（通俗拉丁语，源自“vulgus”[民众]一词）没有那么正式，主要在铭文，尤其是各类涂鸦中有所体现。即便在公元 5 世纪蛮族入侵时，拉丁语仍是西部书面交流的重要媒介，但在东部，希腊语仍占主导地位。在东部，最后一位将拉丁语作为官方语言的皇帝是公元 6 世纪时期的查士丁尼。约从公元 700 年开始，通俗（口语）拉丁语发展成罗曼语族语言（Romance），例如法语和意大利语。中世纪末期，书面拉丁语逐渐让位于各国本地语言。希腊语亦经历了类似的发展。

基本规则

在英语以及其他罗曼语言中，“我”、“你”、“我们”和“他们”等代词后接动词，定冠词和不定冠词（“the”、“a”或“an”）后接名词。拉丁语中并无冠词，代词也不是必需的。其意义取决于词尾和词序的组合。例如，“amicum puer videt”和“puer amicum videt”均意为“男孩看到他的朋友”，而“amicus puerum videt”和“puerum amicus videt”均意为“朋友看到男孩”。“Ille amicum videt”和“amicum videt”均意为“他看到朋友”（“ille”是代词“他”）。

动 词

英语需要诸如“我们”或“他们”这样的代词以表明意义。在拉丁文中，代词并不是必须使用的，因为动词有人称词尾表达此种意义。动词可分为 4 组（称为变位）；其类别由现在时态的词干的尾字母决定：“a”属第一组变位，“e”属第二组变位，辅音字母属第三组变位，“i”属第四组变位。

第一组变位　amo（我爱），amare（爱）。“amo”是“amao”的缩写形式。

第二组变位　moneo(我警告),monere(警告)。

第三组变位　rego(我统治),regere(统治)。

第四组变位　audio(我听),audire(听)。

所有变位中最为常见的词尾有:

	单数	复数
第一人称	-o 或-m(我)	-mus(我们)
第二人称	-s(你)	-tis(你们)
第三人称	-t(他/她/它)	-nt(他们)

举例来说,这些词尾使用时如下所示:

第一组动词

amo	我爱
amas	你爱
amat	他/她/它爱
amamus	我们爱
amatis	你们爱
amant	他们爱

第二组动词

moneo	我警告
mones	你警告
monet	他/她/它警告
monemus	我们警告
monetis	你们警告
monent	他们警告

不同形式的动词表达不同的时态，例如：

amabis	你将爱
amabamus	我们曾一直爱
amaverant	他们已爱过

不同的动词词尾还可用来表达其他语态，如被动语态：

amantur	他们在被爱
amabimur	我们将被爱

另外，还有不符合一般规则的不规则动词。

在词典中，一般给出动词的第一人称现在时态和不定式形式，以便区别其变位类别，例如："scribo, scribere"（写）；另外还会给出第一人称单数完成时态和动名词形式，这四个基本形式（即 scribo，scribere，scripsi 和 scriptum）足以确定该动词的其他所有形式。

名 词

拉丁语的名词也有许多不同词尾（称为格），用以标明它们在句中的成分。一些词尾拥有一种以上的作用。以下为格的种类：

主格： 动词的主语。

呼格： 召唤或称呼某人、某物，如"哦，命运啊！"

宾格： 动词的直接宾语。

属格： 表示拥有、属于，如"神的圣坛"中"神的"为属格。当一个名词依赖于另一个名词或形容词时使用。

与格： 动词的间接宾语，译成"向"或"为"。例如，"祭司向神奉献祭品"中"向神"是与格。

夺格： 这一变格的作用很多，在拉丁语中常与介词连用，如"通过"、"连同"和

“来自”。比如“用金钱”。

名词分为 5 种类型，称为变格。属格以“-ae”结尾的名词属第一种变格，一般为阴性名词，某些像“agricola”（农夫）一类的阳性名词除外。

单数

主格	puella	一个/这个女孩
呼格	puella	哦，女孩！
宾格	puellam	一个/这个女孩
属格	puellae	一个/这个女孩的
与格	puellae	向/为一个/这个女孩
夺格	puella	通过/连同/从一个/这个女孩（与介词连用）

复数

主格	puellae	（这些）女孩们
呼格	puellae	哦，女孩们！
宾格	paellas	（这些）女孩们
属格	puellarum	（这些）女孩们的
与格	puellis	向/为（这些）女孩们
夺格	puellis	通过/连同/从（这些）女孩们（与介词连用）

属格以“-i”结尾的名词属于第二种变格；主格以“-us”、“-er”或“-ir”结尾的为阳性；以“-um”结尾的则为中性。第三种变格的名词远远多于其他几种，它们可以是阳性、阴性或中性；主格单数形式的拼写种类繁多，但属格均以“-is”结尾。例如，“pax，pacis”（和平）以及“miles，militis”（士兵）。属格单数以“-us”结尾的名词属第四种变格，大多为阳性名词。属格单数以“-ei”结尾的名词属第五种变格，多为阴性。词典中通常给出一个名词的主格和属格形式，并注明词性，例如“stella，stellae，f.”（或“stella，-ae，f.”）。

性：　在英语中，名词的性取决于其含义，故“父亲”为阳性，“母亲”为阴性，而“房子”是中性。在拉丁语中，名词的性未必能够体现其所指事物。例如，

“culpa”（谬误或过失）为阴性，“iter”（旅行）为中性，而“liber”（书）为阳性。形容词也随相关名词的数、性和格使用不同的词尾。

词序

拉丁语词序的自由度比之英语要大许多，尤其是名词、形容词、代词和副词。句子的含义取决于单词词尾，而不是像英语中取决于词序。语势最强的位置是句首和句尾。与英语一样的是，主语通常在句首或接近句首处出现，但动词一般置于句子或从句的结尾处。

字　母

现在所知最早的字母是北闪米特语，它于公元前 1700 年前后在巴勒斯坦和叙利亚地区逐渐发展起来，包括 22 个辅音字母。希伯来语、阿拉伯语和腓尼基语的字母均以之为基础。公元前 1000 年前后，希腊人在腓尼基字母的基础上增添元音字母创造了希腊字母。自公元前 7 世纪起，希腊语转而成为埃特鲁里亚语的范本，而拉丁字母乃至最终所有的西欧字母即从后者发展而来。希腊语在罗马世界中仍广泛使用。

标准希腊语字母			
小写形式	大写形式	希腊名字	对应的英语字母
♋	✌	alpha	a
♌	👌	beta	b
♑	☝	gamma	g
♎	👎	delta	d
♏	☜	epsilon	ĕ
⌘	☪	zeta	z(读作“sd”)
♒	☟	eta	ē
❑	✈	theta	th
♓	✋	iota	i
&	😐	kappa	k
●	☹	lam(b)da	l
❍	💣	mu	m
■	☠	nu	n
⌧	✠	xi	x(读作“ks”)
□	⚐	omicron	ö
◻	🏱	pi	p
❒	☼	rho	r(或 rh)
•📭 ✂ 或 ❖c	💧📭 C	sigma	s
⧫	T	tau	t
◆	🕆	upsioon	u(通常用“y”表示)
♐	☞	phi	ph
♍	👍	chi	kh(有时用“ch”表示)
⍓	✡	psi	ps
⬥	🕈	omega	ō

拉丁字母部分源于埃特鲁里亚语,部分源于希腊语。在早期字母中,“C”用于表示“C”和“G”。“C”是希腊字母“gamma”的变形,但也用于表示“kappa”的发音。例如,“virco”发成“virgo”的音。为防混淆,“C”在发“gamma”音时有轻微变化,成为字母“G”。这从公元前 3 世纪起出现,但像盖尤斯和格奈乌斯这样的名字仍用古体形式缩写为“C.”和“Cn.”。“K”起初排在字母“A”之前,但后来被

"C"取代,遂不再需要。

"Q"源于"koppa",后者在一些希腊字母表中出现在"pi"之后。最初,它用来代替在字母"O"和"U"之前的"C",后来如英语一样只用在"U"之前。"I"用做"J"。"J"从手写体发展而来,自公元2世纪起偶尔出现,不过它在公元15世纪才被作为首字母使用。直到公元3世纪,"V"一直发成"W"的音,但也作字母"U"使用。现在,它的书写形式似乎只有一个"U"或一个"V"发音,例如"iuventas"(意为青年),不过一些学者坚持认为将它写作"iuuventas"更合适。希腊字母"X"表示"ks"的发音(不是希腊字母中的"kh"),"H"不同于希腊语的地方是它表示送气。在共和国末期,为音译希腊字词又借用了"Y"和"Z","Z"用于"ds"而"Y"用于含有"upsilon"的希腊词汇。到此时止,拉丁语有23个字母:A B C D E F G H I K L M N O P Q R S T V X Y Z。

该字母表与现代英语基本相同,只是缺少字母J、U和W。

发 音

关于拉丁语的发音我们主要是通过希腊语等其他语言拼写拉丁单词的方法以及从诗体散文中使用词汇的方式中寻找线索。一些字母的发音在字母表中(以上)已给出。字母"I"用作辅音时发"y"的音,如朱庇特(Iuppiter)神,发音时就像它是以"Y"开头的一样。字母"G"的发音很难,如"game"中的"g"而非"general"中的"g"。单词中的所有音节都要发音,所以"miles"(士兵)不是像英语中度量单位那个词那样发音,而是两个音节——"meel-aise"。西塞罗的名字不读作"Siss-er-oh",而是读作"Kick-er-oh";而"in vino veritas"可能读作"in weeno where-itas"。在双音节词中,重音一般在第一个音节。据我们所知,来自帝国不同地区的人们所讲的拉丁语均带有地方口音。

书 体

公元前750年起,书写在希腊地区逐渐传播开来,最终经埃特鲁里亚传至罗马。古拉丁语中的字母与希腊字母极为相似，自公元前300年前后开始发生较大变化，书写更为正规。字母的书体取决于它们是否被用在纪念性行文中，是作为文献记录之用还是草写体。常见的标准字母有许多变体。在正规书写中使用正方形大写字母（大写字体），因为有棱角的大写字母较易于刻在诸如石头和金属等材料上。另外还有两种书写类型：普及到每个人的一般草书体和经专门训练的写工使用的、需认真书写的手书体。

草书体

在草书体中，字符的笔画圆滑、流畅，书写自然、迅速。它大体上自公元前4世纪起用作日常书写体，既在民间使用，也有抄胥为书写官方书信和公文而使用。这种书体多发现于今已发现的各种涂鸦、书板和草纸，有多种变体。我们所知的早期形式旧式罗马草书体（ORC）自公元3世纪后期逐渐被新式罗马草书体（NRC）或小字草书所取代，后者发展成今天的书写体并影响了后来称为草写小字的手书。大写字体有时用在书板和草纸的大题和题献称谓中，但在其他情况下草书体为小写字体。草纸和书板中常使用缩写形式。整个帝国时期的书写在风格上似乎基本一致。

庞贝城（公元79年之前）的墙体涂鸦已被归类为不规则类型，或旧式罗马草书体的变体，或（更像是）为熟悉同期优雅手书书体的人所使用的字体。它使用大写字体，而且粗细笔画有严格区别。

字母的发展					
纪念性行文	古代:公元前3世纪之前	古代:公元前3—2世纪	旧式罗马草书体	新式罗马草书体	备注
A	A Λ Λ	A Λ	λ	u	纪念性行文中“A”的横画高度并不确定。也可以写成“Λ”。
B	B	B	a	b	两个半圆的大小不定。有时也有带棱角的“B”。上部的半圆可省略,竖画的上部弯曲。
C	‹ C C	C	c	c	最好的纪念行文风格是浑圆的“C”,有时“C”比其下一个字母要大,甚或将后一个字母包在里面,如“CO”写成“©”。
D	D D D	D	d	d	
E	E E II E E	E II	ϵ	t	在奥古斯都时代,三条平行线水平且长度相等,后来中间一横变短。草书体中也使用“II”
F	F F I' F	F I'	f	I'	自公元2世纪起,“F”通常比其他字母高,尤其是在行首处。
G		G	G	G	
H	日 H	H	h	h	“H”的变化很少,但逐渐变窄。
I	I	I	I	I	在共和国时代和帝国初期,“I”很简单,没有横画。“I”在表示长音、两个元音中间或作为单词词首字母时较高。

续表

K					“K”几乎没有或很少发生变化。帝国时期，两个相交的笔画非常小。
L					横画逐渐变短，有时与“I”相似。在词首时，“L”通常较高。
M					λλ是一种草书体，出现在一些纪念性行文中。IIII也是草书体。M最为常见。
N					草书体中有时使用II。
O					在早期，“O”比其他字母小。这种情况一直延续到帝国时期，尤其当它前后为“C”时，如Ⓒ。
P					在公元 3 世纪之前，很少有封闭形式的“P”。作为词首字母时，它比其他字母要高。
Q					帝国初期，尾部较长且弯曲程度更大。
R					
S					仅在共和国时期使用带棱角的“S”。
T					位于词首时，“T”通常较高。
V					
XYZ					从希腊语中借用而来。

来源：Bowman and Thomas (1983)，*Vindolanda*：*The Latin Writing Tablets*；Sandys (ed.，1921)，*A Companion to Latin Studies*。

安色尔字体

安色尔书写方式是一种细致的“手书”，最晚自公元 3 世纪起为文学写作目的而由写工使用，在公元 4 世纪到公元 8 世纪的手稿中使用较多。其字母为大写（大号字母），大且圆，单独成形，类似大写字母但无棱角。其名称可能源于“uncia”（寸）一词。安色尔字体用苇秆及其他笔类在类似草纸的柔软材料上更易于书写，但书写速度很慢且占用空间。公元 9 世纪时，安色尔字体为小写草体（小号字母）取代，后者是一种新型的“手书”，书写迅速且只占一半的空间。

标点符号

词与词之间几乎没有标点和空格，亦无大写词首字母。词汇分界处用分离点（句号或中间点）标示，但在公元 2 世纪以后便见不到了，词语之间通常根本没有空格。

书写材料

草纸和皮纸

草纸自公元前 3 世纪从埃及传入后，即成为整个古代世界最为普及的书写材料。草纸是由一种在尼罗河大量生长的水生植物的茎制成。首先，将茎垂直切成薄片，再将纤维垂直走向的一层叠放在纤维水平走向的一层上，然后将两层槌在一起，使之通过植物自身的胶浆粘连在一起。待这样一张纸干燥后，再将表面磨光。通常在纤维水平的一面（正面）书写，有时也用背面（反面）。这种纸张宽约 0.4 米（16 英寸），高约 0.23 米（9 英寸），并排粘在一起形成连续的卷。在高质量的草纸卷中，接合处几乎看不出来。草纸并非以张而是以卷出售，长约 10 米（33 英尺）。

写工在55到100毫米(2到4英寸)宽的垂直纵向栏中书写,栏与栏之间留有空白,在天头、地脚处留有更宽的边白。写工使用的纵向栏的行数或每行的字母数并不固定。标题书于草纸卷的末尾处(最不易损坏的部分)。使用一卷草纸(volumen)时,右手展开同时左手卷起,这样草纸卷在用后又重新卷起。有时,卷的尾部附有一个带凸纽的木辊(umbilicus)(图6.2)。在图书馆中,卷以鸽笼式存放,通过悬挂的标签辨别。

图6.1 书写材料,包括草纸卷、盛放草纸卷的容器、书板、墨水盒、笔以及铁笔。[出自W. Gell[1832] *Pompeiana*]

兽皮纸(vellus,意为"皮革、兽皮")由牛、绵羊和山羊的皮制成,是另一种书写材料。皮革经浮石刮摩、揉搓后再用明矾抛光。后来兽皮纸被称作皮纸(源于帕加马,该城以其制造业闻名于世)。现今,皮纸由绵羊和山羊皮制成,而羊皮纸由小牛、羔羊和小山羊的皮制成。

公元1世纪以后出现的成套书板促进了现代书本形式的发展,其中包括八张折叠平整的草纸,而更为普遍的是在书脊处缝合并用封皮纸板装订起来的皮纸(有16页)。这种书被称为"本"(codex),比草纸卷更易于使用,尤其是在基督教初期就开始为基督教徒所使用。到公元4世纪时,皮纸"本"取代了草纸卷,但直到现代,公共档案保留了卷的形式。有证据表明,在这些皮纸"本"的文本中包括图解。

亚麻书(Libri Lintei)

"libri lintei"(在亚麻上书写的书)是自公元前509年以降罗马的行政官列表,盖于公元前2世纪中叶前后汇编而成。它们保存在"提醒者"朱诺(Juno Mcneta)神庙中,常被李维等史家所查阅;但并无任何遗存留传至今。

书 板

拉丁语中书籍一词为"liber"(树皮),说明早期罗马使用树皮书写。当时也使用非常薄的木片(叶),又称作叶书板。近期的发现(如在温都兰达[Vindolanda]表明,草纸在北部行省不易获得,叶书板便是那里最为普及的书写材料(比之前我们认为盛行的蜡版更为普及)。它们用于信函以及一些即时性文件,用笔和墨水书写。由于质地柔软,可沿着与纹理垂直的方向折叠,以隐蔽所书内容。有时会用孔将单片的书板呈风琴状连接在一起。另外,一些凹痕表明某些叶书板可用线绳订在一起。

蜡版或铁笔书板用于书写需保存的、更为重要的文件,如法律事务。蜡版系为厚实的木板,带有填满蜂蜡的凹槽;用铁笔(stylus)在蜡上划写。成套的书板用皮革带或环穿过外沿的枢纽孔绑在一起。双联书板(diptych)有两个板。三联书板有三个板(六页):第一页(外面的)是平板,第二、三页涂蜡,第四页或涂蜡或平板,常有一个横贯中部的凹槽。见证人的签名即用墨水或蜡写在此页。之后将这些书页装订在一起,较为流行的做法是在封皮上留下见证人的封印。第五页涂蜡并包含第二、三页记录的摘要,第六页(外面的)是平板,无须破坏封印即可看到第五页。如果蜡版被重复使用,铁笔可刺入涂蜡层下部的木板,从而保留原本的一处或多处痕迹。一些铁笔书板不涂蜡,仍用笔墨书写。

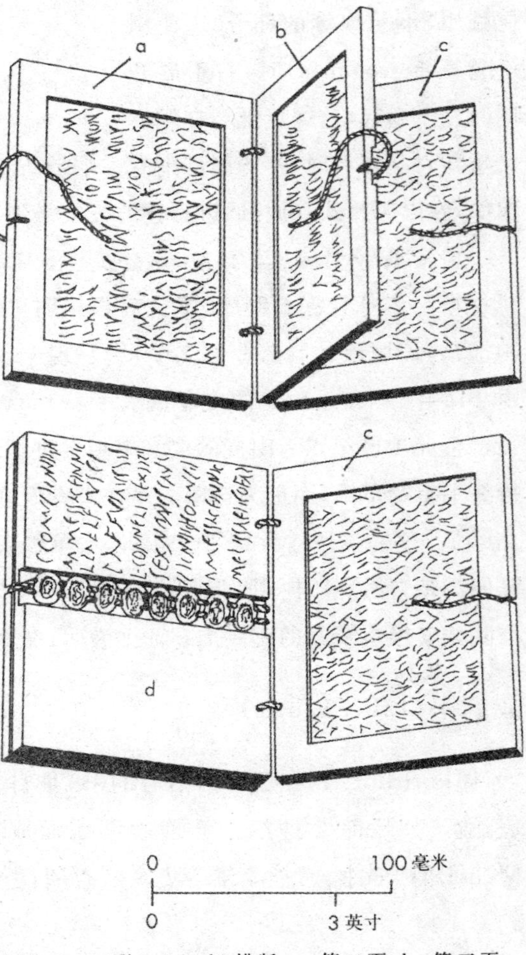

图 6.2　三联(triptych)蜡版:a. 第二页;b. 第三页;c. 第五页;d. 第四页。

笔与墨

墨由浓黑的碳制成，需要时还可加入树胶和水。墨与芦苇或青铜笔配合使用，另外还有一只裂开的笔尖。墨水壶有青铜制也有陶制(萨摩斯陶[Ritterling 13]及其他类型)。它们都有一个用以插笔的小洞，还有一个隐形边缘作为防溢出设计。

在蜡版上书写用铁笔。铁笔乃由铁、青铜或骨制成，有时加以装饰。削尖的一端用来书写，扁平的一端可用来磨平蜡层。

印 盒

密封盒用来保存草纸卷上和蜡版上各种文件的印章。印盒的形状多种多样，通常为青铜制；其铰接盖通常上釉，另有一条绳线穿过印盒侧面的孔洞。盒内有蜡并用印压印(印石通常置于指环内，被称作印章环)；最后封盖以保护印章。

现存的抄本

留存至今的拉丁文作品的草纸残片极少，因为适宜保存草纸——例如埃及——的地区多讲希腊语，故已发现的希腊文草纸较多，有些是文学作品，但多是文档性质的(私人书信、账目以及法律和行政档案)，记录了许多罗马治下的埃及的相关情况。多数现存的拉丁草纸定年始自公元 3 世纪后期，主要是法律和军事档案，偶有一些私人书信。一些文献作品残片也有所发现，多为散文作品和基督教文本。现存最早的古典著作家的手稿源自公元 4 世纪。

古代著作家在草纸或蜡版上书写，现存最早写于皮纸上的抄本的出现时间较其写作时间晚一千年。这些著作家的作品经过数世纪的复制与传抄，直至今天，保存下来的主要是中世纪时期出现的抄本。古代书信以各种不同的方式留传下来。例如，西塞罗的书记官泰若(Tiro)似乎保存了西塞罗发出的所有书信，并在西塞罗去世后刊发，而其他一些信函则由收信者保管。文本的翻译与传抄较易出错，由中世纪抄胥翻译的技术性论文尤甚。这导致原有文本的损坏，所以并非现存的所有文本均是正确的。

重写本(源自希腊语“palimpsestos”，意为“重新刮摩”)是指在先前被抹去的文本之上书写的手稿。中世纪时期的僧侣经常重新使用旧有的皮纸手稿，但之前的文本无法完全抹去，因此原有文本仍有保留。

图书馆

第一批图书馆是由希腊人建立的，最为著名的一座位于亚历山大城，建于公元前 4 世纪。这是古代最伟大的图书馆，藏书约 10 万到 70 万册。据普鲁塔克(Plutarch)记载，公元前 47 年尤利乌斯·恺撒在亚历山大城时，该图书馆的主要部分被烧毁。雅典的学园(Academy)与其图书馆在公元前 86 年苏拉围攻该城时被一起摧毁。

在罗马世界中，尤其是在希腊成为罗马世界的一部分之后，图书馆非常普及。罗马人用公元前 1 世纪在东部战争中掠夺的希腊图书建立了一些私人图书馆。第三次马其顿战争之后，卢基乌斯·艾弥利乌斯·保路斯保留了许多原属马其顿国王佩尔修斯(Perseus)的图书，并在罗马建立了第一个私人图书馆。公元前 1 世纪卢库鲁斯(Lucullus)在战争中作为战利品得到了本都国王的图书，并以此建立了私人图书馆；卢库鲁斯总是乐于从自己的图书馆借出书籍，他的图书馆遂成为罗马城希腊文学者的中心。那些家境富有者积聚藏书开设一座或几座图书馆渐成风尚之举，在赫库兰尼姆草纸庄园曾挖掘出一个小型私人图书馆，其中包括 1800 多卷已碳化的草纸卷，均摆放在沿墙而置的木制书架上。书卷中包括有关伊壁鸠鲁哲学的著作，主要是由加达拉(Gadara)的菲洛德姆斯(Philodemus)所著，还有卢克莱修(Lucretius)的《物性论》(*De Rerum Natura*)中的部分章节。

奥古斯都统治时期，C. 阿西尼乌斯·伯里奥(C. Asinius Pollio)建立罗马的第一个公立图书馆，藏有希腊文和拉丁文书籍。它位于"自由会堂"(Atrium Libertatis)中，但后者的位置无法确知。奥古斯都又建立了两个图书馆，一个在马尔斯广场(屋大维所建)，另一个在帕拉丁山上。图拉真在罗马修建了乌尔皮乌斯图书馆(Bibliotheca Ulpia)，此后罗马城中又建立了许多图书馆，主要建在公共浴场中。图书馆常作为礼物赠给行省城镇，例如以弗所和雅典。在以弗所，捐赠人葬在图书馆地下室的石棺中。

拉丁文学作品中有些关于书籍及其交易的信息。自公元前1世纪起，罗马就已开始有书商进行交易。实际上，书商经营的是以销售为目的反复手工抄写书籍的工场，无须准确无误。西塞罗通过阿提库斯(Atticus)发行自己的书籍，贺拉斯(Horace)曾提及罗马的书商索西乌斯家族(Sosii)。据马提亚尔(Martial)自己记载，他的第一部讽刺诗作的抄本价格为每本5狄纳里。当时并无版权法，作者亦不能从出售作品中直接获利。

图6.3　以弗所的凯尔苏斯图书馆(Library of Celsus)复原图。它是公元110年作为献给盖尤斯·凯尔苏斯·珀莱麦努斯(Polemenus)的葬礼纪念馆而修建的，其藏书曾达12000卷。

教　育

共和国早期，男孩由父亲教授读、写以及使用武器，并由他们陪同参加宗教仪式和各种公共场合，如果他们的父亲是元老院成员，则公共场合还包括元老院。16 岁时，贵族子弟会得到一个政治学徒身份，追随一名显要人物，从 17 岁开始，他们便随军参加作战季活动。帝国时期，一些家庭仍保留着这种教育方式。

图 6.4 日耳曼诺伊马根一块浮雕（复制品）的局部，表现的是一位教师手持一卷草纸坐在座椅上。

公元前 3 世纪出现了一种不同于希腊传统的罗马教育体制，它常以一名希腊奴隶或被释奴担任教师（litterator 或 ludi magister）。教育主要以学习拉丁和希腊文学为基础，目的是培养优秀的演讲者。从 7 岁到 11 岁的早期教育包括教授男孩和女孩读、写以及算术，有时由“paidagogus”教授希腊语。12 岁到 15 岁的男孩接受第二阶段教育，包括由“grammaticus”教授的拉丁和希腊文学科目，这既是一般性教育，也是为修辞学习做准备。自公元前 1 世纪起，如维吉尔（Virgil）等当时的诗人都是学习的对象。

公元前 2 世纪起，在第二阶段的教育中便有希腊教师向 16 岁以上的学生教授修辞学，但拉丁风格的修辞逐渐占据主导地位。帝国时期，包括元老院辩论在内的政治演讲练习已经衰落，因为当时的政治决定由皇帝而不是通过公共辩论定夺。然而，修辞学仍是教育中的基本组成部分，为男孩成为法庭中的辩护者做准备。修辞学对文学的影响极为深远。帝国的各大城市均设有修辞学教职。罗马帝国后期的著名教师有圣奥古斯丁(St. Augustine)、圣安布罗斯(St. Ambrose)和奥索尼乌斯(Ausonius)。

古代文献及著作家

“classics”一词源于“classicus”,意为最高级的,最初指罗马公民的政治等级。西塞罗用“classis”一词指代哲学家阶层,公元2世纪时,阿乌鲁斯·盖里乌斯(Gellius)用“classicus”一词指代著作家。文艺复兴时期的学者使用这一形容词泛指希腊、拉丁著作家,该词的现代用法即源于此。这一术语还常常用于指代希腊罗马文明的文化高峰时期(公元前5世纪到公元前4世纪的希腊文化和公元前1世纪到公元14年奥古斯都去世止的罗马文化;后者亦称为黄金时代)。

文献类型

文献资料包括史书、演讲、诗作、剧本、应用手册、法律书籍、传记、和约以及个人书信。著作家均受过良好教育,多数非常富有,故其观点常常反映上等阶层的观念。著作家大多难谋生计,因此需要自己本身富有或拥有资助人。

戏 剧

公元前3世纪起罗马便有以笑剧、舞蹈和滑稽剧等形式表演的戏剧。阿提拉滑稽剧(fabulae Atellanae)以意大利卡普阿附近的阿提拉(Atella)城命名,它从公元前3世纪开始到希腊戏剧传入之前一直在罗马盛行。笑剧(mimus,意为“模仿者”)在公元前3世纪末之前已传入罗马,其戏剧表演表现的主题多来自日常生活,逐渐取代阿提拉滑稽剧。笑剧基本上是滑稽剧,但已发展成放荡的滑稽剧,并导致喜剧的衰落。它们并不等同于现代意义上的哑剧,因为有演员讲话或唱词;通常没有合唱伴奏。手势哑剧(pantomimes,意为“所有事物的模仿者”)通常以希腊神话为主题,多为悲剧(但最初的主题是喜剧的),一位演员随着合唱和音乐的伴奏而独自表演和跳舞。参见第九章“娱乐”一节。

希腊新喜剧(Greek New Comedy)先由李维乌斯·安德罗尼库斯(Andronicus)在公元前240年、之后由奈维乌斯(Naevius)以翻译的方式介绍到罗马。随后,普劳图斯(Plautus)、卡埃基利乌斯·斯塔提乌斯(Caecilius Statius)和泰伦斯(Terence)均开始改编希腊戏剧,这些喜剧被称为"着希腊披肩的戏剧"(fabulae palliatae)。到公元前2世纪,喜剧的内容已开始涉及意大利的生活和人物,它们被称为"着托迦的喜剧"(fabulae togatae),但并无作品留传。公元前1世纪已不再编写罗马喜剧,而由笑剧取代,后者是毫无文学价值、粗俗且平民化的娱乐形式。

厚底鞋剧(fabula crepidata)是希腊主题的罗马悲剧。这种戏剧类型与希腊新喜剧相似,由李维乌斯·安德罗尼库斯介绍到罗马,随后又有其他改编本,例如阿基乌斯(Accius)和巴库维乌斯(Pacuvius)的改编本。"crepida"是拉丁语中对希腊悲剧演员所穿着的高筒靴的称呼。历史剧(fabula praetexta)是以罗马历史或神话为主题的戏剧,它的出现归功于奈维乌斯,但该戏剧类型并未流行。共和国末期,罗马悲剧开始衰落,在奥古斯都时期又得到复兴,但并无作品传世。尼禄统治时期,小塞涅卡编写的悲剧带有浓重的修辞色彩,但似乎并非为舞台表演而作。罗马悲剧为帝国时期衰败的政治生活所扼杀,因为当时的环境使之很难选择一个"安全"的主题。

诗 歌

拉丁诗歌的格律取自希腊,但萨图恩诗体(Saturnian)的格律可能除外,它是拉丁诗歌最为古老的一种形式,被后世诗人以农神萨图恩(Saturn)之名命名,以示此种诗歌类型的古老。英文诗歌的韵律靠重读与非重读音节来区分,拉丁诗歌则不同,它凭借的不是重音而是数量,即一行诗中长音节与短音节的数量。格律不同,其长短音节的模式亦不同,而长短音分别用符号"¯"和"˘"表示(Rōme, sĕnate)。最为著名的六音步(hexameter)格律经维吉尔之手得到完善。

费斯坎尼亚诗歌(Fescennine verses)是拉丁诗歌最古老的一种形式,通常以粗俗的歌曲或对话为表现形式,在节日期间为消遣娱乐而演出;它们大概是意大利戏剧的发端。葬礼诗或歌曲("naeniae"或"neniae"),在罗马由亡故者的女性亲属或雇佣歌者表演，这种诗歌形式后为葬礼演说取代。罗马人不常编写用来吟唱的抒情诗，不过，公元前207年李维乌斯·安德罗尼库斯为朱诺创作了一曲诗歌，公元前17年贺拉斯为“世纪赛会”创作了用来吟唱的“世纪颂歌”(Carmen Saeculare)。尽管还有些诗人使用这种格式，但目的并非为传唱诗作，因此其他的抒情诗作品仅有少量断片留传下来。

挽歌是指任何用挽歌体（或挽歌对句体）写成的诗作，它是六音步诗行与五音步诗行相交替的体裁格律。这种格律是一种表达个人感情的媒介，常用于殡葬铭文中。公元前1世纪，罗马的挽歌因受希腊影响而有所发展，最初用在爱情诗歌中。其代表诗人有伽卢斯、卡图卢斯(Catullus)、提布鲁斯(Tibullus)、普洛派尔提乌斯(Propertius)以及奥维德(Ovid)。奥维德之后，挽歌多用在即兴短诗和讽刺短诗中，著名著作家有马提亚尔。

讽刺短诗（源自希腊语“epigramma”一词，意为“铭文”）是用诗歌写成的殡葬铭文。公元前2世纪末期以降，文学性讽刺短诗开始使用挽歌体写作爱情主题，卡图卢斯即著有有关爱与恨的讽刺短诗。文学性讽刺短诗在马提亚尔时达到高峰，他写作了大量结尾诙谐、荒诞的讽刺短诗。一些名人似乎曾撰写许多讽刺短诗，但几乎均未留传后世。

田园诗歌是乡村牧人风格的作品，其中包括维吉尔的《牧歌》(*Eclogues*)。说教诗歌的目的是进行教诲，包括卢克莱修的《物性论》和维吉尔的《农事诗》(*Georgics*)。

史诗是规模庞大的叙述性诗作，讲述一个甚至多个英雄的作为与功绩。它是在公元前3世纪经李维乌斯·安德罗尼库斯所译之荷马(Homer)《奥德赛》(*Odyssey*)介绍到罗马的。后来，公元前2世纪时奈维乌斯撰写的有关布匿战争的史诗以及恩尼乌斯(Ennius)的《编年史》(*Annales*)都使之得到进一步发展。最优秀的罗马史诗当属维吉尔的《埃涅阿斯纪》(*Aeneid*)，但其他史诗作家也有部分作品传世，如卢坎、西利乌斯·伊塔利库斯(Silius Italicus)、瓦来里乌斯·弗拉库斯(Flaccus)、斯塔提乌斯和克劳狄安(Claudian)。

散 文

拉丁散文从公开演说发展而来，同时也部分地源于大祭司的“编年纪事”(annales;档案)。与诗歌和戏剧不同的是，它所受到的希腊影响极少，西塞罗的著作和演讲辞使拉丁散文达到了发展高峰。法庭辩论(controversiae)是法庭演说中的拉丁语修辞练习。辩论(declamationes)是修辞学校中修习演讲术的学生进行的练习。建议演讲(suasoriae)是商讨性(政治性)演讲中的练习。

最早的罗马史家用希腊文写作，因为当时的拉丁文还未形成一种写作载体，而且那些史家希望向希腊化世界颂扬和证明罗马的建立与事迹。第一部用拉丁文写作的历史著作出自加图之手(即《罗马历史源流》[*Origines*])，它又促成了一部对官方记录进行整理研究的《大祭司大事记》(“annales maximi”，最重要的历史记载)的面世，后者于公元前 130 年以后刊发，凡 80 卷，按年代顺序记载了自传说时代起，迄至公元前 130 年前后的罗马历史。这种方法为之后的史家所继承，如撒路斯特(Sallust)、塔西佗和阿米阿努斯·马塞利努斯(Ammianus Marcellinus)。

传记最早是以殡葬演说和墓志的形式出现的，随后继之以共和国时期的将领和政要写作自传为自己的行为辩护。帝国时期，皇帝及其家庭成员亦曾写作自传，但无一传世。有些名人传记留传下来，如塔西佗所著的《阿古利可拉传》，苏埃托尼乌斯(Suetonius)的《十二恺撒传》。传记通常以“Vitae”(生平)命名。圣奥古斯丁的《忏悔录》(*Confessions*，约著于公元 397—400 年)是一部揭示其内心世界和思想活动的自传。

其他散文作品还包括书信，其中一些为刊发而作(如小普林尼之书信)，其他一些则并非为公开刊布而写，但却以各种方式保留下来。还有一些证据表明当时已出现小说。现存最早的一部小说是佩特洛尼乌斯的《萨蒂利卡》(*Satyrica*)，它在一定程度上是模仿其他传奇小说而作。阿普莱利乌斯(Apuleius)的《变形记》(*Metamorphoses*)写作于公元 2 世纪中期，是现存唯一一部保存完好的拉丁文小说。

对话体是源于希腊的文学体裁，通常采用追问某一主题而进行对话的形式，问话者占据主导地位。这种体裁主要由西塞罗在其政治、修辞和哲学著述中使用。

讽刺文学

讽刺文学以多种形式发展成一种独立的文学类型，例如对话、诗歌以及诗歌与散文的结合。它由个人的评论组成，形式从出色的幽默到恶意的谩骂，主题以日常生活为基础，多种多样。恩尼乌斯显然是第一个以诗歌形式写作讽刺文学的人，卢基里乌斯(Lucilius)则是首位专门写作这种体裁的人。

文献历表

公元前 3 世纪

传统上将拉丁文学的开端定在公元前 240 年李维乌斯·安德罗尼库斯在罗马进行戏剧表演之时，但现存最早的作品是普劳图斯的喜剧。此时其的代表著作家有阿皮乌斯·克劳狄·凯库斯、恩尼乌斯、卡埃基利乌斯·斯塔提乌斯、李维乌斯·安德罗尼库斯、奈维乌斯、巴库维乌斯和普劳图斯。

公元前 2 世纪

代表著作家有阿基乌斯、阿弗拉尼乌斯、加图、恩尼乌斯、泰伦斯和卢基里乌斯，另外还有用希腊语写作的波利比乌斯。

公元前 1 世纪

"拉丁文学的黄金时代"用来描述西塞罗和奥古斯都时代文学。有时，西塞罗时代指约公元前 70 年到公元前 30 年的时期，其间的著作家有西塞罗、卢克莱修、卡图卢斯、秦纳、奈波斯、撒路斯特和瓦罗。奥古斯都时代指西塞罗时代之后直到公元 17 年奥维德过世的时期(大体上涵盖了奥古斯都的统治时期)。代表著作家有维吉尔、贺拉斯、提布鲁斯、普洛派尔提乌斯、奥维德和李维。这一时期，奥古斯都及其他资助人——像麦凯纳斯(Maecenas)和梅萨拉(Messalla)——对诗人和史家均给予支持，后世统治者继承了这种资助行为。这种资助极易导致对皇帝及其政策的歌颂。

公元1世纪

这一时期被称作文学的白银时代或后奥古斯都时期。代表著作家有阿里安、科鲁迈拉(Columella)、库尔提乌斯(Curtius)·鲁福斯、弗朗提努斯、卢坎、马提亚尔、佩特洛尼乌斯、老普林尼、小普林尼、昆体良(Quintilian)、法埃德鲁斯(Phaedrus)、老塞涅卡(Seneca the Elder)、小塞涅卡、斯塔提乌斯和塔西佗。

公元2世纪

代表著作家有阿庇安(Appian)、阿里斯提德(Aristides)、阿普莱利乌斯、弗朗托(Fronto)、弗罗鲁斯(Florus)、伽兰(Galen)、盖里乌斯、尤文纳尔(Juvenal)、萨尔维乌斯和苏埃托尼乌斯。

公元3世纪

代表著作家有塞浦里安(Cyprian)、保路斯(Paulus)、帕皮尼亚努斯(Papinianus)、德尔图良(Tertullian)和乌尔皮安，以及用希腊语写作的卡西乌斯·狄奥(Dio)。

公元4世纪

代表著作家有奥索尼乌斯、安布罗斯、阿米阿努斯·马塞利努斯、克劳狄安、多纳图斯(Donatus)、奥古斯丁、希拉利(Hilary)、哲罗姆(Jerome)、拉克坦提乌斯(Lactantius)、诺尼乌斯(Nonius)·马克卢斯和叙马库斯(Symmachus)。

公元5世纪

代表著作家有奥古斯丁、诺拉的帕乌利努斯、奥若希乌斯(Orosius)、马克罗比乌斯(Macrobius)、塞尔维乌斯和希多尼乌斯(Sidonius)·阿波黎纳里斯

(Apollinaris)。

公元6世纪

代表著作家有贝奈迪克特(Benedict)、贝提乌斯(Boethius)、卡西奥多罗斯(Cassiodorus)、普洛柯比乌斯和普里西安。

著作家及其著述

如无特殊说明,以下著作家均用拉丁文写作。许多在东部帝国用希腊文写作的其他著作家可参见三部书:"Grant 1980, *Greek and Latin Authors 800 B.C.-A.D. 1000*.","Hornblower and Spawforth (eds., 1996), *The Oxford Classical Dictionary*, 3rd ed."以及"Howatson (ed., 1989), *The Oxford Companion to Classical Literature*, 2nd ed."以下著作家的姓名采用他们现在为人所熟知的名字,并以字母为序排列。

阿基乌斯或阿提乌斯(Lucius Accius) 公元前170—约前86年,来自皮萨乌鲁姆(Pisaurum),戏剧家和诗人。他的作品仅有约700行流传下来,其中包括主要以希腊悲剧作品为基础的46行悲剧残篇以及两部"历史剧"(《埃涅阿斯的后人》(*Aeneadae*)或称《德基乌斯》和《布鲁图斯》)。其他作品有《编年史》(*Annales*)——有关历法和节日的六音步诗作、九卷本的《教诲》(*Didascalica*)——有关希腊罗马剧院历史和自荷马到阿基乌斯自己生活时期的一些文学素材。阿基乌斯大部分时间居于罗马,资助人是德基姆斯·尤尼乌斯·布鲁图斯·卡莱库斯(Callaicus)。他在拉丁文学的发展过程中较有影响,其作品常被西塞罗引用,维吉尔亦曾效仿之。

埃里亚努斯(Claudius Aelianus) 约公元170—约235年。生于普莱奈斯特(Praeneste)。他是在罗马教书的希腊修辞学家和斯多亚学说信奉者。现存著作(用希腊语撰写)包括《论动物的特性》(*De Natura Animalium*)、17卷道德说教性质的《杂闻轶事》(*Varia Historia*)以及《乡村书信集》(简明文体练习)。他的作品曾被后世伦理学者大量引用。

阿弗拉尼乌斯(Lucius Afranius) 在约公元前160年到约公元前120年较为活跃。他可能是一名演说家,并因此成为罗马公民。曾写作托迦喜剧(fabulae togatae),但仅有残篇及42个大题留传下来,不过,据今所知,这些作品在帝国时期曾较为普及。尼禄曾真实演绎了他的喜剧《火》(*The Fire*),而且居然真正烧毁了一座房屋。

阿尔比诺瓦努斯·佩多(Albinovanus Pedo) 公元1世纪初期的诗人、挽歌和讽刺短诗作家,著有一部有关提秀斯(Theseus)的史诗,但均已失传。他还写作了一首关于日耳曼尼库斯远征北海的诗作,老塞涅卡曾引用其中的20行六音步诗,使之得以留传。

安布罗斯(圣安布罗斯,Aurelius Ambrosius) 约公元340—397年。生于特里尔,在罗马接受教育并从事法律职业。后成为执政官和埃米利亚行省长官,公元374年成为米兰主教,但他并未接受洗礼,也未被授予神职。他在剪除异端、异教和犹太教(Judaism)的行动中影响巨大,其皈依者中最著名的当属奥古斯丁。安布罗斯著有大量论述、布道、书信、颂词和赞美诗,其中包括《神职人员的职责》(*De Officiis Ministrorum*),即牧师的行动指南。

阿米阿努斯·马塞利努斯(Ammianus Marcellinus) 约公元325或330—395年。他是生于安条克的希腊人,罗马最后一位用拉丁文写作的伟大史家。在其早期生涯中,曾任近卫军中的一名长官,参加多次战役。公元378年前后,他在罗马定居并开始写作31卷本史书《行述录》(*Rerum Gestarum Libri*),该书接续塔西佗的史作而写,涵盖了公元96年到378年的历史时期。该书仅后18卷存世,从君士坦丁二世统治后半期(公元353年)开始,其中包括阿米阿努斯自己生活的年代。

安提姆斯(Anthimus) 公元 6 世纪初期的希腊医生。著有《营养学》(*De Observatione Ciborum*),以公元 511 年之后不久写给狄奥多西大帝(Theodoric the Great)的一封书信形式而作。这是一部拉丁短文,内容一半有关医学,一半有关烹饪,描述了日耳曼民族的饮食习惯,安提姆斯的拉丁文即通过这一民族学习。

阿皮基乌斯(Marcus Gavius Apicius) 提比略统治时期一位公认的美食者,著有与烹饪相关的作品。我们还知道至少两位与烹饪相关的阿皮基乌斯,但以凯利乌斯·阿皮基乌斯之名写作的食谱(《论烹饪》[*De Re Coquinaria*])被认为是后期作品,盖成书于公元 4 世纪或公元 5 世纪;该书载有 500 种食谱。

阿庇安(Appianos) 生于图密善治下的亚历山大城,至少到公元 160 年仍然在世。自公元 116 年起,他主要居于罗马,且在皇室部门出任官职。他是一位史家,著有(用希腊语撰写)24 卷的史书《罗马史》(*Romaica*),记载了从很早时候开始到韦帕芗时期的罗马征服史。有九卷和其他一些残篇留传下来,其中 13 到 17 卷(《内战记》[*Bella Civilia*])记载了公元前 146 年到公元前 70 年的内战。

阿普莱利乌斯(Lucius Apuleius) 约公元 123 年或公元 125 年生于马都罗斯(Madauros),卒年不详;著名的哲学家和修辞学家,在迦太基和雅典学习,周游东部,受到神秘宗教的影响。阿普莱利乌斯回到北非即身染疾恙,但得到一位富有孀妇的照料,并与之成婚。《辩解书》(*Apologia*)是阿普莱利乌斯在公元 155 年前后被控以施用魔法而娶妻时的自我辩护演说,被宣告无罪后返回迦太基,之后又从那里出发,作为演说家和哲学家周游各地。阿普莱利乌斯的作品甚多,但多已失传,最著名者是 11 卷的小说《变形记》(*Metamorphoses*),或称《金驴记》(*Golden Ass*),是基于希腊童话《驴》(*The Ass*)创作的,约著于公元 180—公元 190 年间,是现存唯一一部完整的拉丁文小说。

阿奎里乌斯(Aquilius) 公元前 2 世纪的喜剧作家。其作品仅有残篇存世,集成《罗马优伶残篇》(*Scaenicorum Romanorum Fragmenta*)。

阿莱泰乌斯(Aretaeus) 公元2世纪卡帕多西亚的医学著作家,用希腊语著有《医书》(*Medici Libri*)。

阿里斯提德(Publius Aelius Aristides Theodorus) 公元118年1月27日至约180年。生于穆细亚(Mysia),在帕加马和雅典接受教育;希腊修辞学家,花费大量时间在希腊世界各大城市示范演说。阿里斯提德曾到过罗马,26岁时在那里罹患顽疾,反复发作,致使他无法公开露面,待在帕加马和斯穆尔纳(Smyrna)的阿斯克莱皮乌斯(Asclepius)神庙中度过余生。后期,他撰有(用希腊语)许多演说稿,其中有55篇留传下来,最为著名者是《颂罗马》(*Romes Encomium*)。他还著有《梦书》(*Hieroi Lgoi*,或称《圣迹》[*Sacred Tales*]),共6卷,记载了疗养期间他在阿斯克莱皮乌斯神庙中经历的梦境和想象。

阿诺比乌斯(Arnobius) 约公元235年生于北非。在努米底亚教授修辞学,约公元295年皈依基督教。作为一名基督教的拉丁神学家,阿诺比乌斯著有7卷本的辩论作品《反异教书》(*Adversus Nationes*)。

阿里安(Flavius Arrianus) 约公元85—90或95年之间出生,来自尼科米底亚的希腊人,是罗马军中较有成就的军官。哈德良时期出任执政官,约公元130—137年任卡帕多西亚总督。卸任后回到雅典,出任公元145—146年的雅典城执政官(archon)。他现存的作品种类繁多(用希腊语撰写),其中包括《演说辞》(*Diatribes*),记述了斯多亚哲学家埃皮克泰图斯(Epictetus)的演说,还有一部《黑海"环航日志"》(一种水手航行指南)。他最著名的作品《亚历山大远征记》(*Anabasis of Alexander*;亚历山大大帝的内陆远征)共7卷,记载了亚历山大战争的相关内容。

阿斯库尼乌斯·佩狄亚努斯(Quintus Asconius Pedianus) 公元前9—公元

76 年。著有西塞罗五篇演讲的注释，仅一份残篇存世，见于公元 1416 年在圣加仑修道院（St. Gall）发现的一部公元 9 世纪手稿。

阿塔（Titus Quinctius Atta） 卒于公元前 77 年。写作托迦喜剧的诗人，仅有少量残篇传世。

阿提库斯（Titus Pomponius Atticus） 公元前 110—前 32 年。出生于罗马骑士家庭，是西塞罗的密友和通信者。阿提库斯在雅典居住多年（故得绰号"阿提卡"）且家境殷实。他的文学鉴赏力极高，供养许多奴隶并使之受训抄录和装订手稿。他对传播西塞罗的作品起到很大的促进作用。阿提库斯的作品均得以传世，其中包括《编年史》（*Liber Annalis*，一卷本的罗马历史）和一部关于一些罗马家族谱系及其执掌官职的著述。奈波斯著有《阿提库斯传》（*Life of Atticus*）。

奥菲狄乌斯·巴苏斯（Aufidius Bassus） 生活于公元 1 世纪中期。可能是位重要的罗马史家，但几乎无作品传世。他著有《日耳曼战记》（*De Bella Germanico*；*On the German War*），记载了公元 4 年以降提比略进行的战争，还著有一部罗马史，仅有残篇传世。

奥古斯丁（希波[Hippo]的圣奥古斯丁，Aurelius Augustinus） 公元 354—430 年。生于塔伽斯特（Thagaste），是一位哲学家和修辞学家，在迦太基接受教育（未曾精通希腊语），之后便在那里教授修辞学，又到塔伽斯特和罗马（公元 383 年）教书。公元 384 年，奥古斯丁成为米兰的修辞学教师，在那里遇到安布罗斯主教并皈依基督教。公元 387 年，接受洗礼；公元 388 年返回非洲。公元 395 年成为希波主教，公元 430 年汪达尔人围攻该城时，在城中辞世。奥古斯丁是一位多产的基督教作家，著有 93 部作品及大量书信和布道演说，对向中世纪转变的西方神学影响深远。其传世作品较多，其中包括 13 卷的《忏悔录》（约公元 397—400 年），他在该书中记载了自己的生平并分析了自己的感受。《论基督教教义》(*De Doctrina Christiana*,公元 397—426 年)共四卷,阐述了教育方法。《上帝之城》(*De Civitate Dei*)共 22 卷,在公元 410 年罗马陷入阿拉里克之手后、公元 413 年至公元 426 年写成,该书表达了奥古斯丁的历史哲学思想,目的是保卫基督教、攻击异教。《回忆录》(*Retractiones*)共两卷,在他辞世前(公元 426 或 427 年)写成,该书按时间顺序列出了他的作品目录及写作原因。

图 6.5 在罗马发现的一尊奥古斯都皇帝的巨大头像。

图 6.6 位于罗马的马尔库斯·奥里略皇帝的骑马铜像(复制品)。

奥古斯都 公元前 27 年—公元 14 年的皇帝,著有《功德录》(*Index rerum a se gestarum*),一般称为《行述》(*Res Gestae*)。奥古斯都还著有一些文学作品,但并未传世,其中包括一部自传,一首关于西西里的诗作,讽刺短诗和一部悲剧(《埃阿斯》[*Ajax*])的部分内容,后者被他毁掉。提比略即位时,许多行省将《行述》的抄本摹刻于石上,其中大部分内容得以留传,即所知的"安齐拉铭文"(Monumentum Ancyranum)。

奥里略 公元161—180年的皇帝，信奉斯多亚哲学，是该学派最后一位伟大的支持者。其拉丁文和希腊文均由出色的教师教授，如弗朗托，奥里略曾与之有许多书信（多用拉丁文写成）往来。奥里略还用希腊文撰写了一部哲学著作《沉思录》（*Meditations*）或称《写给他自己的》，共12卷，系为奥里略在其生命的最后10年进行征战的过程中写成，在其死后根据他的笔记整理刊发而成。

奥索尼乌斯(Decimus Magnus Ausonius) 约公元310—393或395年。诗人，在图卢兹和波尔多接受教育，在波尔多教授近三十年的修辞学。公元364年被召至特里尔，被任命为瓦伦提尼安一世之子格拉提安的老师。在公元368年到公元369年瓦伦提尼安远征日耳曼人时，他一直跟随格拉提安，后获得官职任命；格拉提安被杀后他便隐退特里尔，之后又回到波尔多度过余生。奥索尼乌斯著有大量诗歌，格律多样，题材广泛。《日记》（*Ephemeris*）描述了他从早到晚的日常生活，《摩塞拉》（*Mosella*）是一部六音步长篇诗歌，详细描写了摩泽尔河的美丽风景以及其周边的生活状况。他还写有一百多首讽刺短诗。

阿维阿努斯(Avianus)或阿维埃努斯(Avienus) 生活于公元400年前后，生年约为公元380年，对其生平我们一无所知。他是诗人，著有42篇寓言，均以巴布里乌斯(Babrius)神话为基础。这些寓言均用挽歌体对句写成，在中世纪的学校中非常普及。

阿维埃尼乌斯或阿维埃努斯(Postumius Rufus Festus Avienus) 生活于公元4世纪。来自沃勒锡尼(Volsinii)，两次出任执政官。他将希腊诗人阿拉图斯(Aratus)的诗作《天文学》（*Phaenomena*）部分译成拉丁文。其作品还有《世界各地》（*Description of the World*；译自希腊诗人"旅行者"狄奥尼修斯的诗作）和《海岸》（*Ora Maritima*），后者是一部关于地中海及其他沿海地区的航海日志。

巴尔布斯(Lucius Cornelius Balbus) 生活于公元前1世纪，来自加的斯。他刊发的日记并未留传下来，但他写给西塞罗的一些书信留存下来。

巴维乌斯(Bavius) 我们只知道巴维乌斯和麦维乌斯(Maevius)是维吉尔在其第三部《牧歌》中曾带讽刺意味地提到过的两位拉丁诗人。

圣贝奈迪克特 约公元480—543年;出生于努尔西亚(Nursia)一般实之家。他在蒙特卡西诺(Monte Cassino)创建并管理一座修道院,其作品《僧侣准则》(*Regula Monachorum*)反映出他对僧侣生活的看法,该书一般称为"圣贝奈迪克特准则"(Rule of Saint Benedict),后成为本笃会(Benedictine)的根本准则。

贝提乌斯(Anicius Manlius Severinus Boethius) 约公元480—524年,哲学家和基督教神学著作家。贝提乌斯出生于一个公元四、五世纪出任过许多国家高级官职的家族。他本人深受狄奥多西大帝宠信,公元510年出任执政官,10年后任职官总监(行政机构的头目)。公元523年,被疑为叛逆,公元524年被处死,葬于帕维亚(Pavia)。他被看作天主教的殉道者,并被奉为圣塞维里努斯。贝提乌斯是古代世界最后一位讲拉丁语又精通希腊语的学者,是一位较为重要的人物。在他之后,直到公元12世纪亚里士多德(Aristotle)的著作被重新发现之前,帝国西部无人拥有直接从希腊哲学获得的第一手知识。贝提乌斯在其早期生涯即开始着手将亚里士多德和柏拉图的所有作品译成拉丁文,并编写注释,但他并未完成这些工作,不过亚里士多德某些作品的译文及注释都留存下来。他自己的一些作品也有传世,其中包括七部基督教主题的论文和"科学"(quadrivum)的一部分,后者是一部关于算术、音乐、几何和天文学的简明手册。这些在中世纪学校中均得到广泛应用,有关算术和音乐的部分至今仍保存完好。他最为著名的作品是《哲学的安慰》(*De Consolatione Philosophiae*),共五卷,作于狱中,是他自己与被拟人化的哲学之间的对话。该书在中世纪影响较大,抄本达数百之多。较之其他书籍,该书还被译成多种欧洲语言,种类仅次于《圣经》(*Bible*),译者有阿尔弗雷德大帝(Alfred the Great)、乔叟(Chaucer)和伊丽莎白一世女王。

卡埃基利乌斯·斯塔提乌斯　意大利北部(大概是米兰)的高卢人,公元前223年或公元前222年在战争中被俘,被作为奴隶带回罗马,获释后成为当时出色的喜剧作家。他的写作时间处在普劳图斯和泰伦斯之间;起码在公元前166年时仍在世。他没有完整作品传世,有些被引用的片断留传下来,已知有42个题目,其中16个来自米南德(Menander)的作品。

恺撒(Gaius Julius Caesar)　公元前100—前44年。他的《备忘录》(*Commentaries*)是关于高卢战争(Gallic War)和内战(Civil War)的回忆录。关于内战的一部(*De Bello Civili*)是未完成的三卷史作,记载了他与庞培之间前两年的战争,始于公元前49年。他的备忘录《高卢战记》(*De Bello Gallico*)共七卷,涵盖了公元前58年到公元前52年的战事:公元前51年或公元前50年刊发一至七卷,后来希尔提乌斯续写第八卷,记载公元前51年到公元前50年的事件。这些备忘录是恺撒仅存至今的著作。恺撒还著有许多作品,包括一部趣事和谚语集、一部题献给西塞罗有关变格和变位的语法书(*De Analogia*)以及大量诗歌作品(一首献给泰伦斯的讽刺短诗留传下来)。现存的《非洲战记》(*Bellum Africum*)、《亚历山大城战记》(*Bellum Alexandrinum*)和《西班牙战记》(*Bellum Hispaniense*)可能是恺撒军中的士兵所写。参见第一章。

卡尔普尔尼乌斯(Titus Calpurnius Siculus)　在公元50年到公元60年之间写作,著有7首诗歌,多为以自然为主题的田园诗。

卡尔乌斯(Gaius Licinius Calvus)　公元前82—约前47年。盖尤斯·李基尼乌斯·马克尔之子。他是当时著名的爱情诗人,也是一位颇有成就的律师,他反对瓦提尼乌斯(Vatinius)的演说辞在一个世纪后仍被作为演说的范例使用。他的诗作仅有残篇传世。

卡皮托(Gaius Ateius Capito)　公元5年的执政官,著名的罗马法律作家。

卡西奥多罗斯(Flavius Magnus Aurelius Cassiodorus)　约公元 490—583 年。生于意大利南部,其父是狄奥多西的近卫军长官。卡西奥多罗斯是元老院成员,出任过多种公职,接替贝提乌斯任职官总监(行政机构头目)。公元 6 世纪 30 年代后期隐退,全身心投入学术和基督教生活。公元 540 年被拜占庭帝国的军队抓捕入狱,并被送至君士坦丁堡。公元 6 世纪 50 年代返回,并建立两个修道院基地,包括布鲁提乌姆(Bruttium)的维瓦里乌姆(Vivarium)。公元 537 年前后刊发了《信札》(*Variae Epistulae*;*Various Letters*),共 12 卷,包括他为哥特国王们写给当时显要人物的最为重要的书信和法令。他还著有 12 卷的《哥特人的历史》(*History of the Goths*),但只有一部缩编本留传至今;另外,他还撰写了到公元 519 年为止的简明世界史《编年史》(*Chronica*)。他在维瓦里乌姆隐居期间,写作了《制度》(*Institutiones*),这是一本针对僧侣进行宗教和世俗教育的指南,包括传抄手稿的说明。

卡西乌斯·狄奥(亦称狄奥·卡西乌斯,Cassius Dio Cocceianus)　公元 150—235 年,生于比苏尼亚的尼西亚。希腊史家,曾为罗马官员。他在图密善统治初期前往罗马成为元老,开始官宦生涯,约公元 229 年返回尼西亚。著有(用希腊语撰写)80 卷的《罗马史》(*Historiae Romanae*),从埃涅阿斯登陆意大利记载到公元 229 年。36 到 54 卷(公元前 68—前 10 年)保存完整,55 到 60 卷(公元前 9—公元 46 年)存有缩编形式,17 卷和 79 到 80 卷(公元 217—220 年)有部分传世。根据公元 11 和 12 世纪的拜占庭史家所做的摘要,其史作的其余部分得以连在一起。卡西乌斯·狄奥还著有一部阿里安传记和一部有关塞普提米乌斯·塞维鲁的梦境和征兆的记载。

加图(老加图或监察官加图,Marcus Porcius Cato)　公元前 234—前 149 年。其军事和政治生涯均十分出众。他为其子撰写了一些主题各异的论述,包括七卷本的《罗马历史源流》,该书涵盖了罗马及意大利诸城的建立和近代(译按:较加图写作时而言)战争的历史。由于其早期作品以希腊语写成,他的这部著作是此类史作中第一部拉丁文作品,成为后来史家写作的范例,但仅有残篇传世。现在仅存的加图作品是《农业志》(*De Agri Cultura* 或 *De Re Rustica*)，这是现存最早的一部完整的拉丁散文著作。加图还是一位颇有成就的演说家，西塞罗通晓他的150篇演说，其中只有一些残篇和约80个标题留传至今。《加图名言录》(*Dicta Catonis*)是公元3世纪诗歌和散文形式的拉丁文道德箴言集萃，在中世纪的教科书中非常普及，并被译成多种语言；公元16世纪到公元19世纪，该书的版本被误称为"狄奥尼修斯·加图"的作品。

卡图卢斯(Gaius Valerius Catullus)　约公元前84—约前54年。生于维罗纳一殷实之家，公元前62年来到罗马加入当时流行的文学领域。卡图卢斯的诗作(Carmina)有113首存世，长篇和短篇均有，主题和格律种类不一，其中包括很多爱情诗歌。有关其生平，我们只能从其诗作中了解一些信息，尤其是他与被他称为"蕾丝比亚"(Lesbia)的一位已婚女性之间的风流韵事，卡图卢斯向她题献了25首诗歌。

卡图鲁斯(Quintus Lutatius Catulus)　公元前2世纪—前1世纪人。在公元前87年的大迫害中自杀。卡图鲁斯是一位演说家，著有一些讽刺短诗，其中有两首传世。

凯尔苏斯(Aulus[或 Aurelius]Cornelius Celsus)　生活于提比略统治期间(公元14—37年)。凯尔苏斯著有一部涵盖多种主题的百科全书，其中前5卷与农业相关，但只有关于医学的八卷传世，被称为《医术》(*Artes*)。

西塞罗(Quintus Tullius Cicero)　公元前106—前43年。在罗马、雅典和罗德斯等地修习修辞学和哲学，返回罗马后自公元前75年起开始政治生涯。西塞罗是罗马最伟大的演说家、政治家，也是法庭诉讼中颇有成就的抗辩者；他也是一位多产的著作家和拉丁语言大师，被誉为最伟大的拉丁散文作家。现存作品包括58篇演说及其他一些残篇、大量关于修辞学和哲学的论著，还有八百余封写给各类人物的私人信函(其中一些包括回信)，均为非常宝贵的史料来源。这些书信的写作时间在公元前 67 年到公元前 43 年之间，最初并非以刊行目的而作。西塞罗还写作诗歌，并有少量作品传世。他最早的一篇演说是公元前 81 年的一篇抗辩文章《昆克提乌斯辩护辞》(*Pro Quinctio*)，但其结果却不得而知。西塞罗最著名的作品是四篇《反喀提林》(*In Catilinam*)演说。公元前 63 年他将这些提交给元老院，喀提林及其同党被诛。《论共和国》(*De Republica*)写于公元前 54 年到公元前 51 年，共六卷，现已残缺。这是一组由作者虚构的小西比阿·阿非利加努斯与他的一些朋友之间的对话；尾声称为"西比阿之梦"(Somnium Scipionis)，是死后的幻象。《论法律》(*De Legibus*)写于公元前 52 年和公元前 46 年到公元前 45 年，是一部有关政治哲学的论著，总计约五卷，仅有三卷传世。该书阐述了西塞罗理想中的国家所采用的法律制度。西塞罗的另一篇著名演说是《布鲁图斯》(*Brutus* 或 *De Claris Oratoribus*)，写于公元前 46 年前后，是一篇有关罗马演说术的论著，目的是捍卫他自己的演说风格。在该演说中，西塞罗对罗马演说术从兴起到他所处时代的历史进行了批判性阐述。在接下来的几个月中，他又写作了大量哲学和修辞学著作。西塞罗关于道德哲学的最后一部作品是《论职守》(*De Officiis*)，完成于公元前 44 年 11 月；该书共三卷，题献给他的儿子。公元前 44 年，恺撒被谋杀后几个月，西塞罗(极力主张恢复共和国)发表了 14 篇言辞激烈的反安东尼演说，它们被称为《腓力克斯》(*Philippics*)，得名于德谟斯提尼(Demosthenes)反马其顿王腓力二世的演说。该演说称颂了安东尼的溃败，也是现存西塞罗的最后一篇演说。在其死后的两个世纪内，西塞罗几乎未被提及。自中世纪早期到公元 19 世纪，他对思想和文学的影响巨大，诗人彼特拉克(Petrarch;1304—1374 年)重新发现了西塞罗的手稿。

西塞罗(Marcus Tullius Cicero)　公元前 102 年生于阿尔庇诺(Arpino)，公元前 43 年被处死。他是昆图斯·图利乌斯·西塞罗之弟，文学爱好广泛，但他的作品除去写给其兄的四封书信外，无一传世。他可能著有竞选执政官之职的论著《论竞选》(*Commentariolum Petitionis*; *Some Thoughts about Political Campaigns*)。

西塞罗(Marcus Tullius Cicero)　公元前65年到至少公元前30年。演说家西塞罗之子。仅有他写给泰若的一封书信存世(Ad familiares，XVI. 21)。

秦纳(Gaius Helvius Cinna)　公元前1世纪的诗人。生于布利克塞鲁姆，可能卒于公元前44年。很明显，他是以“新诗人”(New Poets 或 Neoterics)著称的文学运动的领袖。他用九年时间写作了短篇史诗《泽弥尔纳》(*Zmyrna*)，但仅有三行传世，另外还著有一篇色情诗，也仅有少量残篇传世。秦纳还著有《赠伯里奥》(*Propempticon*)，这是一篇送给阿西尼乌斯·伯里奥的送别诗歌，后者大概在公元前56年起程去希腊。秦纳显然是在公元前44年被尤利乌斯·恺撒的支持者以私刑处死的，因为后者错将他认作赞成谋杀独裁者的卢基乌斯·科尔奈利乌斯·秦纳(或者按照莎士比亚所说“由于他拙劣的诗歌”)。

克劳狄安(Claudius Claudianus)　约公元370—约404年。生于亚历山大城，公元395年之前去往意大利。他的母语是希腊语，却用拉丁文写作，他是最后一位以古典传统写作的拉丁诗人。虽然身为异教徒，他仍是西罗马皇帝赫诺瑞乌斯(他统治时期皇室成员均为基督教徒)及其摄政斯提里克的宫廷诗人。克劳狄安著有大量诗歌，多为政治主题，且粗鲁地攻击皇帝的政敌，尤其是东罗马的政敌。他的政治诗歌为研究当时的相关情况提供了较有价值的历史资料。一组诗歌“颂词”(Panegyrics)大部分是为纪念被任命为执政官之人而撰写，其中包括斯提里克。《普罗塞尔皮那之奸》(*De Raptu Proserpinae*；*Rape of Proserpina*)共四卷，仅有1100行传世。

克劳狄(Appius Claudius Caecus)　生活于公元前4世纪—前3世纪。著名演说家，在西塞罗时期，他的一些葬礼演说仍被诵读。他还用萨图恩诗体编辑格言，其中一些得以留存至今。

克劳狄　公元41—54年的皇帝。老普林尼将他描述成当时最为博学的著作家之一。他著有大量作品，其中包括41卷的罗马史、8卷的自传(Commentarii)以及许多用希腊语写作的作品,无一传世。

亚历山大城的克莱曼特(Clement) 约公元150年生于雅典,公元211年到公元216年间过世。他皈依基督教,自公元190年到公元202年担任亚历山大城问答式教学学校(Catechetial School)的负责人,公元202年因迫害被迫流亡。他用希腊语写作了许多基督教性质的作品。

克鲁维乌斯·鲁福斯 生活于公元1世纪时期,至少在公元69年仍在世。他曾担任公职,著有罗马史,但并未传世。

科鲁迈拉(Lucius Junius Moderatus Columella) 生活于公元1世纪,来自加的斯。著有12卷的《论农业》(*De Re Rustica*),约著于公元60到65年,主要以散文体写成,只有卷十以六音步格律写成。他还有一部篇幅较为短小的有关农业的小册子,其中有关树木的一卷(《论树木》[*De Arboribus*])仍存世。

科尔奈利乌斯·塞维鲁 公元前1世纪后期的史诗作家。

克莱穆提乌斯·科尔都斯(Aulus Cremutius Cordus) 公元1世纪人。他是一名元老和史家,因其史作内容遭提比略控诉而自杀。其作品可能名为《编年史》(*Annales*),是一部有关内战的历史,但已失传。

科里纳高拉斯(Crinagoras) 约公元前70—公元15年。来自米蒂里尼(Mitylene)的希腊挽歌体诗人,后前往罗马。《帕拉丁诗选》(*Palatine Anthology*)中留有15行他的讽刺短诗。

库尔提乌斯·鲁福斯(Quintus Curtius Rufus) 公元1世纪的史家和传记作家。实际上有关其生平我们一无所知。他著有10卷本的亚历山大大帝的历史,但前两卷佚失。这是现存最早的一部不直接关乎罗马主题的拉丁散文作品。

他的作品有许多手稿存世；其作品在中世纪时期极为流行，文艺复兴时期尤甚，被译成多种语言。

圣塞浦里安(Thascius Caecilius Cyprianus) 约公元200—258年。生于迦太基一个富庶的异教家庭，受到修辞学教育，约公元246年皈依基督教。他是一名基督教传教士，也是神学作家，公元248年被任命为迦太基主教。他遭到皇帝德基乌斯和瓦来里安的迫害，于公元258年被处死。圣塞浦里安是一位多产的著作家，作品主要有短篇的宗教论述和书信，均为有关教会历史的重要史料。他的《生平》出自其执事蓬提乌斯(Pontius)之手，是现存最早的一部基督教徒传记。

狄奥·卡西乌斯 见卡西乌斯·狄奥。

西西里的狄奥多罗斯 公元前1世纪(至少到公元前21年)人，是来自西西里阿基里乌姆(Agyrium)的史家。约公元前60年到公元前30年期间，狄奥多罗斯用希腊语写作了一部以罗马为中心的世界史，名为《史学书库》(*Bibliotheka Historike*)。时间断限始自神话时代迄至恺撒进行高卢战争时期。前40卷中，仅有15卷存世。他只是抄袭其资料来源，没有任何创造性。公元19世纪的麦考利(Macaulay)称他为"一头愚蠢、轻信又乏味的老驴"。

狄奥尼修斯 约卒于公元前8年；来自哈利卡尔那索斯(Halicarnassus)的希腊修辞学家、文学评论家和历史学家，自公元前30年起直到去世一直在罗马生活和教书。他用希腊语写作了有关修辞学和文学批评方面的论述，其中包括《论古代演说家》(*On the Ancient Oratory*)。他还著有20卷的自神话时代起到第一次布匿战争爆发期间的罗马史《罗马古代》(*Antiquitares Romanae*)，仅前半部分存世(到公元前441年)。他为写作该书而学习拉丁语，并花费22年为之做准备。

狄奥斯库里德斯(Dioskourides 或 Pedanius Dioscorides) 公元1世纪时似

乎以医者身份在罗马军中服役的希腊郎中。他用希腊语著有五卷本的《药草》(*Materia medica*),书中描写了几百种植物和药品的药性。该书成为标准的教科书,1526 年被译成拉丁文,之后又被译成其他几种语言。

多纳图斯(Aelius Donatus) 公元 4 世纪中期的修辞学家和文法学家,也是哲罗姆的老师。公元 353 年前后居于罗马。他所著的两本语法书在中世纪仍在使用,并成为后来及至现代的语法基础。他还著有至今尚存的泰伦斯和维吉尔的注释本,后者仅存前言——诗人的《生平》(*Life*)和《牧歌》的简介。

多纳图斯(Tiberius Claudius Donatus) 公元 4 世纪后期著作家,著有 12 卷关于维吉尔《埃涅阿斯纪》的修辞和风格的注释本(Interpretationes Virgilianae)。

恩尼乌斯(Quintus Ennius) 公元前 239—前 169 年。生于卢迪埃(Rudiae)。他受希腊语教育,却用拉丁文写作。在第二次布匿战争中参军服役;余下的大部分时间都在罗马做教师和诗人。他是位多才多艺的著作家,著有悲剧、喜剧、讽刺文学以及大量二流作品。恩尼乌斯主要是以悲剧和《编年史》(*Annales*)而闻名,后者是 18 卷的史诗作品,记载了自埃涅阿斯从特洛伊(Troy)逃亡到恩尼乌斯自己所生活的时代的罗马史。他的作品仅有少量存世,即 600 行的《编年史》(共计两万余行)残篇。

埃皮克泰图斯 约公元 55—135 年。来自海拉波利斯(Hierapolis),作为奴隶被带到罗马,后被释放,教授斯多亚哲学。图密善在公元 89 年前后放逐哲学家之后,埃皮克泰图斯移居伊庇鲁斯,并在那里度过余生。他的学生之一、希腊史家阿里安收集并出版了埃皮克泰图斯的演说,即 80 卷的《演说辞》(*Diatribes*),其中只有四卷和埃皮克泰图斯哲学概要存世。这些作品对马尔库斯·奥里略的影响极大。

恺撒城的优西比乌(Eusebius) 约公元260—340年。生于巴勒斯坦,约公元314年被任命为恺撒城主教。他是一位基督教著作家,用希腊语写作了46卷的神学作品,其中15卷及其他一些残篇和译作存世。其现存作品包括《教会史》(*Histoira Ecclesiastica*),记述了基督教教堂自出现到公元4世纪初的崛起历程,为此他赢得了"教会历史之父"(Father of Church History)的称号。该书共10卷,是东部教会从早期到公元324年期间发展的重要史料。优西比乌的其他一些作品有《巴勒斯坦殉教者》(*Martyrs of Palestine*,戴克里先迫害的目击实录)和两卷的通史《编年史》(*Chronikon*)。后者的原始希腊文文本仅存有残篇,但有哲罗姆的拉丁文改编本和一部亚美尼亚文译本;它是一部对希腊和罗马历史年代及事件均极为重要的史料。君士坦丁死后,优西比乌写作了他的《生平》。

尤特洛皮乌斯(Eutropius) 公元4世纪人,公元387年出任执政官,可能来自波尔多。他是一位史家,在瓦伦斯统治期间刊发了一部10卷的《罗马史概览》(*Breviarium ab Urbe Condita*),记述自罗穆路斯时代到皇帝乔维安去世的历史。

法比乌斯·皮克托尔(Quintus Fabius Pictor,画家) 公元前3世纪末人。他参与了第二次布匿战争,在战争行将结束时刊布《罗马史》(*History of Rome*),这是他曾写过的第一部此类史书。他的作品(用希腊语撰写)仅有其他著作家的引用部分存世。

法比乌斯·鲁斯提库斯(Rusticus) 公元1世纪史家。实际上我们对他的生平一无所知,且其作品仅有残篇存世。

法沃里努斯(Favorinus) 约公元81或82年到约公元150年。生于阿尔勒,在马赛学习希腊语,较之拉丁语,他在写作和讲话时似乎多用希腊语。法沃里努斯是一位杰出的演说家,在希腊和罗马任希腊修辞学教师,深受哈德良的宠信;公元130年前后失宠并遭流放。他的作品几乎没有传世,仅一部论著《流放》

有残篇传世。其他作品有《文集》(*Memoirs*,有关哲学家的逸事)和《杂史》(*Miscellaneous History*,一部 24 卷本的百科全书式作品)。

费尔米库斯·马特尔努斯(Julius Firmicus Maternus) 公元 4 世纪人,来自叙拉古。他是一位天文学和神学著作家,作品有 8 卷本的天文学论著《科学》(*Mathesis*;*Learning*),写于约公元 334 到 337 年。后来他皈依基督教并写作《论亵渎宗教的错误》(*De Errore Profanorum Religionum*),写于约公元 343—350 年,现存文本并不完整。

弗罗鲁斯(Lucius Annaeus Florus) 公元 2 世纪人。著有《七百年间的所有战争史纲》(*Epitome Bellorum Omnium Annorum DCC*),记述直到奥古斯都时期的罗马历史。他可能即为哈德良之友、诗人安尼乌斯·弗罗鲁斯,或为著有对话《维吉尔:演说家抑或诗人?》(*Vergilius Orator an Poeta?*)的普布里乌斯·安尼乌斯·弗罗鲁斯。他是文艺复兴时期颇具声名的史家。

弗朗提努斯(Sextus Julius Frontinus) 约公元 30—104 年。公元 73 或 74 年的执政官,之后出任不列颠总督(在塔西佗的岳父阿古利可拉之前)。此后,他继续出任公职,其中包括公元 97 年出任罗马供水督办。弗朗提努斯现存的作品有约发表于公元 84 年有关军事科学的四卷本手册《战略》(*Strategemata*),还有其名著《论水运》(*De aquae ductu*),现在一般称为《论罗马的供水》(*De Aquis Urbis Romae*),共计两卷,他在书中阐述了水道的历史以及技术细节和建造规则。其作品《论土地测绘》(*On Land-Surveying*)仅有残篇存世。

弗朗托(Marcus Cornelius Fronto) 约公元 100—166 年,生于基尔塔(Cirta)。曾在迦太基、可能也曾在亚历山大城接受教育。后前往罗马,在那里成为一流演说家和文学界有影响的人物。在一段时期内,他曾担任马尔库斯·奥里略和卢基乌斯·维鲁斯的私人教师。弗朗托亦曾出任公职,公元 143 年任执政官。著有《弗朗托致马尔库斯·奥里略的书信》(*M. Cornelius Fronto: Epistu-*

lae ad M. Aurelium)。在公元1823年他的书信集(有些用希腊语写成)公布之前,我们对其作品几乎一无所知,这部书信集包括当时的一些重要人物与他的通信。他的演说几乎无一传世。

盖尤斯 公元2世纪著名的法学家,但与其相关的信息甚至其全名我们都一无所知。公元130年到公元180年间,他写作了与法律相关的一些论著,其中包括《制度》(*Institutiones*)——四卷本的初学者手册。该书成为公元533年查士丁尼《法学阶梯》的基础,对之后的法律思想影响甚大。该书一直仅存有缩编版本,公元1816年在维罗纳发现了它的一部手稿(为哲罗姆的书信所覆盖),后又发现一些公元4世纪的草纸残片。因此,这是现存唯一一部仍保留原样的古典法律文本。

伽兰(Galenos) 公元129—199年。来自帕加马,公元157年在那里成为医生,并加入角斗士行列。约公元162年来到罗马,成为马尔库斯·奥里略、康茂德和塞普提米乌斯·塞维鲁的医师,余生的大部分时间均在此度过。伽兰是一位博学的科学家,也是一位伟大的著作家(用希腊语撰写),其著作涉猎医学、哲学、语法、修辞学及文学等领域。现存的所有作品几乎均与医学相关,这些作品是他之后直至中世纪时期所有医学作品的基础。现存者有150多部医学著作,其中包括一些拉丁文和阿拉伯文译本。他还著有自传《著作目次》(*On the Order of His Works*),共计504卷,其中提到了153部作品,但该列表并不全面。

伽卢斯(Gaius Cornelius Gallus) 约公元前69—前26年,生于尤利乌斯市集。很早即来到罗马。作为士兵和诗人,他在内战期间支持屋大维,公元前30年被任命为埃及第一任总督。四年后,他被蒙羞召回,后自杀。其诗作被广泛传诵,包括名为《爱》(*Amores*)的四卷挽歌诗,但只有一行和少量草纸残片存世。他还著有《艾比里亚》(*Epyllia*,小型史诗),但实际上并未传世。

盖里乌斯(Aulus Gellius) 约公元130—180年或更早。他在罗马和雅典接受教育。著有20卷的《阿提卡之夜》(*Noctes Atticae*),几乎全部留传至今。该书是一部记载他所识之人的逸事集锦,包括多种主题,如语法、语言、历史、评论、法律及哲学等。盖里乌斯使用大量希腊、罗马著作家的作品片段作为解释说明,曾提及275名著作家,从而保留了许多现已不复存在的作品摘录。该书之所以如此取名是因为他的资料搜集始于阿提卡的冬夜。

日耳曼尼库斯(Nero Claudius Germanicus) 公元前15—公元19年。公元4年他被提比略收养,后在安条克城神秘死亡。据说他用希腊语写作喜剧,现已全部佚失。日耳曼尼库斯还用挽歌体对句写作讽刺短诗,有的用希腊文,有的用拉丁文,其中有些得以存世,包括他对阿拉图斯的希腊诗作《天文学》(*Phaenomena*)的拉丁译文残篇。

格拉提乌斯(Grattius,"Gratius"是错误写法) 奥古斯都时期的诗人,曾被奥维德提及,著有关于狩猎的诗作《畋狩》(*Cynegetica*),其中有536行六音步诗存世。

哈德良 公元117—138年的皇帝。他热心于文学活动,著有几部著作,包括一部语法书和几种诗作,其中有些存世。

赫罗狄斯·阿提库斯(Lucius Vibullius Hipparchus Tiberius Claudius Atticus Herodes) 公元101—177年。希腊人,生于马拉松(Marathon),公元143年在罗马任执政官,也是演说家、教师和公益捐助者。他在阿提卡塞菲希亚(Cephissia)的别墅是一个文学中心,但其作品(用希腊语撰写)仅有一篇演说和一篇阿乌鲁斯·盖里乌斯演说的拉丁译文,而前者无法确定即出自他之手。

赫罗狄安(Aelius Herodianus) 公元2世纪人。居于罗马,著有(用希腊语撰写)关于多种文法主题的作品。主要作品是一部有关希腊语音的论述,凡21

卷，仅有摘录存世。

赫罗狄安 约公元230年较为活跃，公元238年之后去世（约公元180—250年）。来自叙利亚，大概是安条克城，曾出任行政职务。著有（用希腊语撰写）一部自马尔库斯·奥里略到戈狄亚努斯三世即位止的罗马皇帝史。

圣希拉利（Hilarius） 约公元315—367年，来自普瓦捷（Poitiers）。皈依基督教后在约公元353年成为波瓦第尔的主教。圣希拉利反对阿里乌斯教（Arianism），在小亚细亚流放了几年。著有大量神学著作，包括12卷的《三位一体论》（*On the Trinity*）、一部有关马修斯的《注释》（*Commentary*）、一部《赞美诗》（*Psalms*）的《注释》和《论宗教会议或东方人的忠信》（*De Synodis seu de Fide Orientalium*），后者是有关教会历史的重要资料。他被视为当时西部最伟大的神学家。

希尔提乌斯（Aulus Hirtius） 公元前1世纪人，是尤利乌斯·恺撒在高卢的副将。著有恺撒《高卢战记》的第八卷，他可能还写作了《亚历山大城战记》（*Bellum Alexandrinum*）。

贺拉斯（Quintus Horatius Flaccus） 公元前65—前8年，生于维诺萨（Venosa）。他是一位重要的罗马抒情诗人和讽刺作家。他刊布的所有作品均得以存世。贺拉斯先在罗马后在雅典接受教育。内战中站在失败一方，但得到赦免，不过财产被剥夺。似乎是穷困迫使他写作诗歌，约公元前33年他的资助人麦凯纳斯送给他萨宾群山（Sabine Hills）中的一处农田，为此贺拉斯作诗庆祝。其诗作包括《长短句集》（*Epodi*；17首短诗，始创于约公元前40年，约公元前30年发表），还有《讽刺诗集》（*Sermones*；Satires——论述）——两卷的六音步格律诗，主题多样，第二卷以对话形式写成；第一卷约公元前35年刊行，第二卷约公元前30年刊行。《歌集》（*Carmina*；Odes）是由103首诗组成的四卷著作，以多种格律写成，主题多样；前三卷约于公元前23年刊布，第四卷约公元前13

年刊布。《书札》(*Epistulae*)是由六音步诗组成的两卷本作品，表面上是写给友人的诗体书信。第一卷包括20封书信，在公元前20或前19年出版，第二卷仅包括两封书信，在公元前18年和公元前15年刊布。另外还有一部写给皮索斯(Pisos)的书信，自昆体良时代开始被称为《诗艺》(*Ars Poetica*)，约刊布于公元前19或前18年。该书以书信的形式对文学研究提出了建议，对后来的欧洲文学影响较大。公元1640年本·琼森(Ben Jonson)将该书译成英文。"世纪颂歌"是公元前17年贺拉斯受奥古斯都委托为世纪赛会写作的长篇颂诗。该诗简要叙述了奥古斯都的功绩，并欢歌古代美德的恢复。苏埃托尼乌斯著有贺拉斯的传记。

叙吉努斯(Gaius Julius Hyginus)　约公元前64—约公元17年，可能来自西班牙。曾在罗马为奴，后被奥古斯都释放，是当时伟大的学者之一和教师。其著作主题宽泛，包括维吉尔的注释、有关农业的论述、史学和考古著作以及宗教作品，但无一传世。神话手册《神谱》("*Genealogiae*"或"*Fabulae*")虽托其名但并非由他所著，盖于公元2世纪时编著。图拉真治下也有一位叙吉努斯，常称为叙吉努斯·戈罗马提库斯(Gromaticus)[勘测员]，著有关于边疆、土地使用和土地纠纷的论著，《论营寨的驻设》(*De Munitionibus Castrorum*)是有关土地勘测和安布营寨的作品，有关其写作年份说法不一，大致被界定在公元1到4世纪。后一位叙吉努斯通常被称为"伪叙吉努斯"。

雅姆布里库斯(Iamblichus)　约公元250—330年，生于卡尔基斯。在罗马或西西里跟随博尔菲利(Porphyry)学习。他是一位新柏拉图主义(Neoplatonist)哲学家，对巫术感兴趣，其现存作品(用希腊语撰写)包括《与哲学对话》(*Protreptikos logos*；*Exhortation to Philosophy*)，该书是有关毕达哥拉斯主义(Pythagoreanism)的著作，还有一部为仪式性巫术辩护的《论神迹》(*De Mysteriis*；*On Mysteries*)，该书对公元4世纪偶像崇拜的研究较有价值。

圣哲罗姆(Hieronymus；哲罗姆是"Hieronymus"的英译名，Eusebius Hierony-

mus) 约公元 347—420 年。生于斯特黎敦(Stridon)的一个基督教家庭,在罗马接受教育,约公元 366 年在此接受洗礼,之后在多处游历。公元 374 年前后,他前往安条克城,开始在那里进行神学研究并学习希腊语,不过他仍致力于拉丁文学。公元 375 年到公元 378 年间,他在叙利亚边境的卡尔基斯沙漠中生活,学习希伯来语。之后返回安条克城,随后又相继前往君士坦丁堡(约公元 379 年)和罗马(公元 382—385 年),在罗马任达玛苏斯主教(Pope Damasus)的助手。由于引起主教不满而离开罗马,最终在伯利恒(Bethlehem)定居,负责管理修道院,余生皆致力于学术和辩论。哲罗姆堪称一位登峰造极的学者,并用古典拉丁语写作。他最为重要的一部作品是将《圣经》的大部分内容从其原始语言译成拉丁文,以纠正当时极为流行的较早的古拉丁(Old Latin)文本中的一些严重谬误,他花费 20 年时间才完成此项工作。拉丁文圣经(Vulgate)[即"editio vulgata"或"lectio vulgata"——意为"通行版本"]是在西部使用最为广泛的拉丁文《圣经》版本,其中大部分出自圣哲罗姆对各种文本的翻译。拉丁文《圣经》现存最为古老的手稿是阿密亚提努斯手卷(Codex Amiatinus),约公元 690 年到 700 年写于韦尔茅斯(Wearmouth)或迦罗(Jarrow)。圣哲罗姆的另外一些重要著作包括《编年史》(*Chronicle*)——优西比乌著作的译本并附有公元 324 年到 378 年期间的补遗。他还著有记载了 135 位著名基督教著作家的《论名人》(*De Viris Illustribus*),以及至少 63 种圣经注释。此外,还有他在公元 370 年到 419 年间书写的 154 封信函(一些是伪造的)集,其中包括 10 封来自圣奥古斯丁的书信。

约瑟夫(Flavius Josephus) 公元 37 或 38 年到公元 94 年之后,生于耶路撒冷,卒于罗马。约瑟夫是一位僧侣出身的犹太史家,也是一位法利塞教徒(Pharisee)。约公元 64 年游历罗马,在公元 66 年犹太起义前夕返回耶路撒冷。被俘后,他预言韦帕芗将取得帝位,随即得到赦免。公元 70 年耶路撒冷陷落后,他在罗马定居并获得罗马公民权、一座房舍和养老金。约瑟夫著有七卷本的《犹太战争史》(*Bellum Iudaicum*),最初以阿拉米语(Aramaic)写成,其他作品均以希腊语写成,其中包括《古代犹太》(*Antiquitates Iudaicae*)——从创世到公元 66 年的犹太历史，约公元93/94年以20卷本刊布。他的《自传》(*Vita*)是对犹太起义由他发起和组织的说法的回复。约瑟夫最后一部作品是两卷本的《关于犹太人的古代》(*Concerning the Antiquity of the Jews*)，但现在广泛流传的是哲罗姆为之命名的《反阿比昂》(*Contra* [*or In*] *Apionem*)一名，这是一部捍卫犹太人、反对排犹的作品，主要针对亚历山大城的希腊学者阿比昂(Apion)而作。

查士丁(Marcus Junianus Justinus)　公元2世纪或3世纪时期的史家，著有特洛古斯(Trogus)《腓力比史》(*Historiae Philippicae*)的缩编本，该书在中世纪流传甚广。

尤文纳尔(Decimus Junius Juvenalis)　生于公元50年到公元70年之间，公元127年之后去世。来自阿奎努姆(Aquinum)，生平不详。他是罗马最伟大的讽刺诗人，著有16首六音步讽刺诗(Saturae)，对罗马社会的丑恶、荒唐和不公正进行了深刻揭露。这些诗作盖于公元110到127年间刊布，其中充满反语、悲观和责骂。尤文纳尔的讽刺诗作共分五卷，但最后一首的后半部分佚失。他的作品在公元4世纪已闻名于世，经中世纪和文艺复兴之后，其作品对公元17世纪之后的许多讽刺作品影响巨大。

拉贝奥(Marcus Antistius Labeo)　约公元前50—公元10或11年，来自意大利中部地区。著名法学家，每年用六个月时间在罗马授课，其他时间在乡村写作。他学识广博，据说著有约四百多部作品，现已全部佚失，但有些引文可见于后世法学家的著作，另外在公元1世纪法学家亚沃勒努斯(Javolenus)·普利斯库斯所著的摘要和查士丁尼的《法律汇编》中也有引用。

拉贝奥(Attius Labeo)　公元1世纪人，将荷马《伊利亚特》和《奥德赛》译成拉丁文六音步诗，但并未传世。

拉贝里乌斯(Decimus Laberius)　约公元前105—前43年，骑士，著名的笑剧作家。

拉克坦提乌斯(Lucius Caecilius［或 Caelius］Firmianus Lactantius) 约公元 245—约 325 年,来自非洲北部。他学习修辞学,皈依基督教,成为著作家和基督教的辩护者,并赢得极大声誉;亦曾在特里尔担任君士坦丁一世的长子克里斯普斯的教师。现仅有其基督教作品存世,最为著名的有《论神的工作》(*De Opificio Dei*)、《论神怒》(*De Ira Dei*)和《神制》(*Institutiones Divinae*),后者是公元 305 年到公元 313 年间写作的 7 卷本作品。拉克坦提乌斯因其写作风格在文艺复兴时期被称为基督教世界的西塞罗(Christian Cicero)。

莱维乌斯(可能是 Laevius Melissu) 盖于公元前 100 年前后非常活跃,生平不详知。莱维乌斯是一位诗人,作品《爱的娱乐》(*Erotopaegnia*)是一首包括多种格律的爱情诗歌,仅有残篇存世。在公元 2 世纪之前他的作品似乎一直不甚流行。

李维乌斯·安德罗尼库斯(Lucius Livius Andronicus) 约公元前 284—约前 204 年,大概来自他林敦。公元前 272 年罗马人攻陷他林敦后,被带到罗马为奴。他可能是教师,被释放后向罗马听众介绍希腊文学。由他译出的荷马《奥德赛》拉丁文本(*Odusia*)在两个多世纪中一直是学校教科书,仅有 46 行存世。他可能还以希腊版本为基础写作戏剧,最早的作品是一部喜剧和一部悲剧,于公元前 240 年在罗马竞技场(Roman Games)上演。我们仅知其 40 行悲剧残篇和 11 个悲剧剧名。公元前 207 年,为遵西比拉神谕(Sibylline Oracles),他被委派写作颂歌。

李维(Titus Livius) 约公元前 59—公元 12 或 17 年,生于帕多瓦(Padua)。关于其生平,我们所知甚少,但他似乎曾长期在罗马生活。他是位史家,一生致力于文学和历史研究。著有 142 卷的《建城以来史》(*Ab Urbe Condita*),记载自罗马建立到公元前 9 年的历史。该书系分期发表,为他带来了极大荣誉。在之后的几个世纪中出现的摘录和概要保存了该作品的大部分卷章(由于该书篇幅过大,故此出现了摘要本)。最原始的卷帙只有35卷存世,其中有29卷是彼特拉克在公元14世纪发现的。

隆基努斯(Cassius Longinus) 约公元213—273年。著名希腊修辞学家和哲学家,曾为泽诺比娅女王的顾问。奥莱里安攻克巴尔米拉后,他因为支持泽诺比娅而被处死。其作品有残篇存世。

卢坎(Marcus Annaeus Lucanus) 公元39—65年,生于科尔多瓦(Cordoba),是老塞涅卡之孙。早年居于罗马,并接受修辞学和哲学的教育。他是一位诗人,著有一些作品,现在仅存的是他并未完成的10卷本六音步史诗——有关恺撒与庞培间内战的《论内战》(*De Bello Civili*),有时被误称为《法萨卢战争》(*Pharsalia*)。卢坎卷入谋杀尼禄的皮索阴谋,败露后,尼禄迫其自杀而亡。中世纪以后,他的《论内战》非常知名。

琉善(Lucianus) 约公元115年到180年之后,生于萨摩撒塔(Samosata)。他的母语可能是阿拉米语,但接受的是希腊语教育,并成为律师,后在帝国内游历演说。其现存作品(用希腊语撰写)有80部散文,种类繁多,包括对话、书信、随笔、演说和传说,多以讽刺语气写成。

卢基里乌斯(Gaius Lucilius) 约公元前180—前102年,生于苏埃萨—奥仑卡(Suessa Aurunca)富庶的罗马公民家庭,受到良好的教育。他是一位讽刺诗人,促进了以六音步作为标准格律的讽刺诗体作品的发展。著有30卷散文,主题广泛,直言不讳地批评了公共生活中的一些著作家和人物。他成为后世讽刺作家的楷模,直到帝国末期,其作品一直被广泛传诵,现仅有1300行存世。

卢克莱修(Titus Lucretius Carus) 公元前98—约前55年。诗人和哲学家,生平不详,仅存一部作品《物性论》。该书为六卷本的六音步诗,属哲学说教诗作，对伊壁鸠鲁(Epicurus)哲学进行了阐释，但在其生前并未完成。卢克莱修大受其他诗人的敬仰，但在中世纪时期几乎完全被人遗忘，仅有两种早期写本传世。其一些作品残篇见于赫库兰尼姆草纸。

卢克莱修(Quintus Lucretius Vespilio) 公元前1世纪人。可能著有《图丽亚颂歌》(*Laudatio Turiae*)。

卢库鲁斯(Lucius Licinius Lucullus) 约公元前114—前57年。曾出任军事、政治职位，在亚细亚取得大量财富，并成为热心的泛希腊者以及文学与艺术的爱好者。卢库鲁斯得到一座大型图书馆，著有(用希腊语撰写)关于马尔西战争(公元前90—前89年)的作品。

鲁斯基乌斯·拉努维努斯(Luscius Lanuvinus) 公元前2世纪初的拉丁喜剧作家，也是泰伦斯的评论家。其作品并未传世。

马克尔(Gaius Licinius Macer) 生于公元前2世纪末，卒于公元前65年。罗马政治家、马略的支持者，也是一位演说家，是诗人卡尔乌斯之父。其作品有至少16卷的罗马史(李维用作资料来源)，但仅有残篇存世。公元前66年，马克尔被控敲诈罪，次年暴卒，盖为自杀。

马克尔(Aemilius Macer) 来自维罗纳，卒于公元前16年。著有说教诗作《鸟》(*Ornithogonia*)和《蛇》(*Theriaca*)，现已佚失。

马克罗比乌斯(Ambrosius Theodosius Macrobius) 生活于公元400年前后，可能来自非洲北部，生平不详；散文作家、哲学家和文法学家，现存作品包括七卷本的《萨图恩节》(*Saturnalia*)，这是一部有关历史、哲学、科学和评论信息的杂文集，以公元384年萨图恩节(Saturnalia)期间的一次筵席上许多罗马著名人物进行交谈的形式而作，其中心思想是评论维吉尔，保存完好。他还著有西塞罗《论共和》中有关“西比阿之梦”部分的注释，还有一些仅存残篇的文法类作品。

麦凯纳斯(Gaius Maecenas) 卒于公元前8年。以维吉尔、贺拉斯、普洛派尔提乌斯和瓦里乌斯的文学资助人而闻名。其诗作及散文作品仅有残篇传世。

麦维乌斯 巴维乌斯和麦维乌斯均为维吉尔在其第三部《牧歌》中以讽刺语气提及的著作家。麦维乌斯可能是贺拉斯在其第十部《抒情诗》中抨击的梅维乌斯(Mevius)。

曼尼里乌斯(Marcus Manilius) 生活于公元1世纪初期，生平不详。著有五卷本的说教诗作《天文》(*Astronomica*)，以六音步格律写成。该书试图对占星术进行阐述，似乎并未完成。

马提亚尔(Marcus Valerius Martialis) 约公元40—103/104年，生于比尔比利斯(Bilbilis)。在西班牙接受教育，公元64年到罗马，34年后又回到西班牙。马提亚尔极其贫困，靠廉价出卖诗作为生，后来声名渐起。我们所知他的第一部作品是《奇观》(*Liber Spectaculorum*)，这是为庆祝公元80年克罗塞乌姆竞技场开幕而作，其中有33首诗歌存世。公元84—85年，他刊发了挽歌对句集，后成为《隽语》(*Epigrammata*)的第13和14卷。其内容多是轻松短小的箴言，在萨图恩节(Saturnalian Festival)附在送出或收到的赠品上。自公元86年到公元101年，《隽语》的第一到十二卷出版，其中包括1500多首短诗，与坟墓或艺术品上的铭文相似，大部分以挽歌对句写成。他在这些作品中现实地描述了当时罗马社会的复杂景象，多带有讽刺性，通常为短篇，在结尾处带有一诙谐的点睛之笔或讽刺点。

马尔提亚努斯·卡佩拉(Martianus Minneus Felix Capella) 约公元410—439年期间写作。曾在马都罗斯任律师，又在迦太基任执政官，著有九卷本的《论墨丘利与哲学的婚姻》(*De Nuptiis Mercurii et Philologiae*)，这是一部阐述详尽的寓言，以散文体写成，间有一些诗歌。他的作品被认为是二流之作，但在中世纪成为流传最广的书籍之一。

迈密乌斯(Gaius Memmius) 公元前1世纪人，公元前46年之前去世。他是位二流诗人和演说家，也是诗人的资助人，卢克莱修的《物性论》即以他为题献者。其作品无一传世。

米努基乌斯·费里克斯(Marcus Minucius Felix) 约公元200—240年间写作。可能来自非洲，但一生大部分时间居于罗马。生平不详。他是早期拉丁基督教著作家，现存作品是《奥克塔维乌斯》(*Octavius*)，是为基督教所做的辩解或辩护。

奈维乌斯(Gnaeus Naevius) 约公元前270—约前190年，来自卡普阿。他是罗马公民，悲剧和喜剧作家，也是史诗诗人。奈维乌斯是第一位以罗马事件为写作主题的罗马人，即"历史剧"(fabula praetexta)，但几乎并未传世。其悲剧均以希腊戏剧为基础，仅有60行和七种剧名传世，他的"披衫剧"(fabulae palliatae)均以希腊新喜剧为基础，有30种名称传世。他可能还著有"托迦喜剧"——以意大利为背景的喜剧。他在晚年所写的史诗《布匿战争》(*Bellum Punicum*)是他最为重要的一部作品，以萨图恩格律(意大利的本土格律)写成，后分成七卷，仅存约60行。

纳马提亚努斯(Rutilius Claudius Namatianus) 公元4—5世纪人。生于高卢南部，可能是图卢兹，家境殷实。他在罗马出任公职，于公元416年返回曾被日耳曼入侵者占领的高卢地产。由于陆路受入侵影响变得非常危险，故只能走水路，他曾作诗描述返乡之旅。《归途或高卢旅途》(*De Reditu Suo sive Iter Gallicum*)共二卷，卷一644行，卷二只有几十行。

奈梅西亚努斯(Marcus Aurelius Olympius Nemesianus) 公元3世纪后期

人，来自迦太基。著有四首短诗《牧歌》(*Eclogues*)，或称田园诗，共319行，以六音步格律写成。该诗曾被认为是诗人卡尔普尔尼乌斯·西库鲁斯之作。他撰写的《畋狩》(*Cynegetica*)是一部诗歌体狩猎手册，写作时间被定在公元283年，仅前325行存世。

奈波斯(Cornelius Nepos，首名不详) 约公元前100—约前25年，来自山南高卢一富庶家庭；传记作家和史家，著有爱情诗。他的散文作品包括一部罗马历史上的逸事集锦(Exempla)，至少有五卷，但全部佚失；还有一部《名人传》(*De Viris Illustribus*)，至少16卷，是一系列生平传记。现存有一部关于外族名将的作品，还有老加图和阿提库斯的短篇传记各一。

诺尼乌斯·马克卢斯(可能是 Nonius Marcellus Herculius) 来自努米底亚，生活于公元4世纪上半期。他是拉丁文辞典编纂者和文法学家，在君士坦丁统治期间写作的《学问概略》(*De Compendiosa Doctrina*)系为20卷的百科全书，其中16卷已佚失。许多著作家在作品中引用时对它们的进行了解释。

奥若希乌斯(Paulus Orosius) 约公元380—约420年。可能来自布拉卡拉—奥古斯都城(Bracara Augusta)，历史学家。大约在公元414年蛮族入侵其家乡后，曾在北非向圣奥古斯丁求助。公元417年他编著了《反异教史》(*Historiae adversum Paganos*)，该书以基督教徒的世界观记述了他生活时代的历史，共七卷。中世纪时期，该书成为标准的古代世界历史。

奥维德(Publius Ovidius Naso) 公元前43—公元17年，生于苏尔莫(Sulmo)。在罗马接受修辞学教育，但为作诗放弃了律师职业，成为罗马文学及社会圈子内的领导人物。公元8年，被奥古斯都流放到黑海的托密(Tomi)。奥维德是位多产且不甚虔诚的诗人，现存作品有《情诗》(*Amores*)——约公元前20年写作的50首诗歌，公元前1年之后出版的《爱经》(*Ars Amatoria*)是一部有关诱奸方法的仿说教式诗歌，这可能是他被流放的原因。《情书》(*Heroides* 或 *He-*

roidum Epistulae)是大约从公元 2 年开始编著的 20 首挽歌体情诗，假托为神话英雄写给其丈夫或妻子的书信。15 卷的史诗风格作品（篇幅较《埃涅阿斯纪》长）《变形记》(*Metamorphoses*)是一部源于古典和近东神话的故事集，特别之处在于其中人物均转换成另外一种形态。奥维德还著有《哀怨集》(*Tristia*)，写于公元 8 年到公元 12 年，是五卷本挽歌体诗作，另外还有《黑海书简》(Epistulae ex Ponto——他的流放地)。他还著有六卷本挽歌体诗作《岁时纪》(*Fasti*)，记述了罗马历法和节日，可能在作者死后才发表，仅存前六卷(1 月到 6 月)。他的大部分作品是挽歌对句。奥维德对罗马的后世著作家影响极大，在中世纪被广泛传诵，成为文艺复兴时期最受欢迎的拉丁诗人之一。

巴库维乌斯(Marcus Pacuvius)　公元前 220—约前 130 年，生于布隆迪西乌姆。年轻时跟随叔父恩尼乌斯来到罗马，成为悲剧诗人，且以绘画闻名。他的悲剧(以希腊原作为基础)仅存 12 种剧名和残篇，还有一部“历史剧”存世。他被认做当时的一流诗人之一。

帕莱蒙(Quintus Remmius Palaemon)　公元 1 世纪人。曾在罗马为奴，后成为著名的文法学家和教师。曾被尤文纳尔提及，马提亚尔亦曾提及他的诗作。他还著有一部拉丁语法书，成为后来语法书的基础，现已佚失。

帕拉狄乌斯(Rusilius Taurus Aemilianus Palladius)　公元 4 世纪人。著有有关农业的论述《论农业》(*De Re Rustica*)，共 14 卷，附有嫁接树木的名录。最后一部作品是有关兽医医药的著作，公元 1926 年首次刊布。

帕皮尼亚努斯(Aemilius Papinianus)　约公元 140—212 年。可能来自叙利亚或非洲，后移居罗马，成为著名法学家和近卫军长官；曾随塞维鲁出征不列颠，后被卡拉处死。其主要作品有 37 卷的《问题辩论集》(*Quaestiones*；对假想或真实的案件的辩论)，在公元 198 年之前完成，还有 19 卷的《裁决》(*Responsa*；判决集锦)，公元 204 年之后完成；查士丁尼的《法律汇编》中收录了许多其作品的摘选。他还著有论文集《论通奸罪》(*De Adulteriis*)和一部《定义集解》(*Definitiones*)。

诺拉的圣帕乌利努斯(Meropius Pontius Anicius Paulinus) 公元353—431年,生于波尔多一个富庶的基督教家庭。他曾出任官职,之后成为神甫,约公元409年成为诺拉主教,并在那里度过余生。他是位诗人和书信作者。存世作品有33首基督教主题的诗歌,还有自公元393年开始写作的51封书信,包括与奥古斯丁和哲罗姆的通信。

沛拉(Pella)的帕乌利努斯 公元5世纪人;可能生于沛拉,奥索尼乌斯之孙。在其46岁时皈依基督教,著有诗歌《感恩》(*Eucharisticus*),描述了西罗马帝国及其统治阶层的衰落景象。

保路斯(Julius Paulus) 公元3世纪早期较为活跃。他是最伟大的法学家之一,也是教师和一位多产的著作家(作品多于其他任何罗马律师)。他出版了有关法律、宪法和法学的作品约320部,其中包括有部分传世的《判决》(*Sententiae*)、26卷的案例(Quaestiones)以及23卷的裁决(Responsa)。查士丁尼《法律汇编》六分之一的内容均为其作品的摘选。

珀尔西乌斯(Aulus Persius Flaccus) 公元34—62年,生于沃拉提莱(Volaterrae)。在罗马接受教育,斯多亚哲学对其影响极大。他是位讽刺诗人,仅有六首讽刺作品(650行)和一篇简短的序言存世。

佩特洛尼乌斯(可能是 Titus Petronius Niger) 以阿尔比特尔之名出名。公元61年任比苏尼亚总督,后进入尼禄私密友人的核心集团,公元66年被控叛逆而自杀。他是位讽刺作家,著有喜剧故事《萨蒂利卡》(有时称为《萨蒂利孔》[*Satyricon*]——《萨蒂尔的故事》[*Tales of Satyrs*]),仅有残篇(第14、15和16卷的部分内容)传世。该书以散文体写成,穿插有诗歌,记述了两个年轻人和一个男孩声名狼藉的冒险经历。该作品现存部分的主要情节一般称为《特里马尔奇奥的晚宴》(*Cena Trimalchionis*)。特里马尔奇奥(Trimalchio)是一位富裕的被释奴,宴会则是富人生活的通俗写照。这部小说在古代似乎并无名气,但公元17世纪中期在斯普里特发现的"特拉古利乌姆手稿"(Codex Traguriensis)中包括这部作品的大部分内容。佩特洛尼乌斯还有一些诗作存世。

法埃德鲁斯(Gaius Julius Phaedrus) 约公元前15—约公元15年。曾为色雷斯奴隶,到罗马后成为奥古斯都家内的被释奴。很明显,他在提比略统治期间因冒犯塞亚努斯遭到惩罚,但具体惩罚不详。著有(用拉丁语撰写)一部五卷本作品集(主要是寓言,包括诗歌和附录),以伊索(Aesop)寓言为基础,多带有严肃或讽刺性,偶尔也有轻松明快的风格;其中许多内容历经中世纪流传下来,现在仍很出名。

斐罗[Philo Judaeus](犹太人斐罗[Philo the Jew]) 约公元前30—45年,生于亚历山大城。他是亚历山大城中犹太社团的一名杰出成员,公元39到公元40年间到罗马游历,并劝说卡里古拉(盖尤斯)豁免犹太人礼拜皇帝。他著有大量哲学作品,现存作品(用希腊语撰写)包括《盖尤斯特使》(*Legatio ad Gaium*)。

普劳图斯(Titus Maccuius[或 Maccus] Plautus) 约公元前250或前254年到约公元前184年,生于萨尔西纳(Sarsina)。他可能著有130部喜剧。现存20部"披衫剧",均根据公元前3世纪—前4世纪时期的希腊新喜剧改编而成。普劳图斯的戏剧像希腊喜剧一样用诗歌形式写成,包括《金罐》(*Aulularia*)、《安菲特鲁》(*Amphitruo*;有关安菲特律翁[*Amphitryon*]与他人妻子通奸的神话主题)、《商人》(*Mercator*)、《巴吉德》(*Bacchides*;有关两个名为巴吉斯[*Bacchis*]的妓女姐妹之作)、《绳》(*Rudens*)和《驴的喜剧》(*Asinaria*)。另外还有一些戏剧的残篇存世。其作品包括大量歌曲,故类似于音乐喜剧。由于语言难懂,它们在帝国后期并不受欢迎,但在文艺复兴时期又有所恢复并被大量翻译。

老普林尼(Gaius Plinius Secundus)　公元 23/24—79 年,生于新科穆姆(Novum Comum),可能在罗马接受教育。他出任过许多公职,长时间在日耳曼服役。公元 79 年,他被任命为米塞努姆船队指挥官,公元 79 年 8 月 24 日维苏威火山爆发时他从那里起航赶往喷发现场,终因烟雾窒息而死。他著有历史、传记和有关演说、文法及军事战略的论著,但全部佚失。只有他的《自然史》(*Naturalis Historia*)一书传世,共 37 卷,是一部关于万物知识的百科全书,公元 77 年刊发,全部存世。

小普林尼(Gaius Plinius Caecilius Secundus)　公元 61/62—111 或 113 年,老普林尼之侄。生于新科穆姆,在罗马学习。他是一位著名的抗辩人和演说家,但其刊布的演说辞无一传世。他曾出任各种公职。现存的一例演说《颂词》(*Panegyricus*)是公元 100 年为图拉真而作。其 10 卷《信札》(*Epistulae*)较为著名,最后一卷写于他出任比苏尼亚总督期间。该书包括他与图拉真的通信以及后者复信的选集,在其死后出版。他还著有诗歌,其中一些保存在书信中。

普鲁塔克(Lucius Mestrius Plutarchus)　公元 50 年之前生于卡埃罗内亚,卒于公元 120 年之后,一生大部分时间生活在卡埃罗内亚。希腊传记作家、史家和哲学家,著有(用希腊语撰写)许多哲学著作,其中大部分佚失,不过《论道德》(*Moralia*)仍存世,包括各色作品 78 种。他还著有(用希腊语撰写)50 种历史名人的传记(Vitae),多以对应人物的形式写成,即一位希腊名人对应一位罗马共和国时期的名人,此为修辞学校的一般练习。该《名人传》在公元 15 世纪之前不甚知名,到公元 15 世纪初期重又发现了其作品的多种手稿。

伯里奥(Gaius Asinius Pollio)　公元前 76—公元 4 或 5 年。初时支持恺撒,后相继投奔安东尼和奥古斯都,约公元前 31 年退出公共生活,成为一名律师。他还是一位史家、文学资助人和尖刻的评论家,创建罗马的第一座公共图书馆。他的《历史》(*Histories*)记述了公元前 60 年到前 42 年的内战,曾被其他著作家所用,但仅有残篇传世。他还写作诗歌(包括情色诗歌)和悲剧。他也因演说而享有盛誉，据说曾发起由作者向听众朗诵其作品的做法。

伯利埃努斯(Polyaenus) 公元2世纪人，来自马其顿，用希腊语撰写的八卷《战略》(*Strategemata*)是一部“作战方略”集成。该书题献给马尔库斯·奥里略和卢基乌斯·维鲁斯，以帮助他们进行帕提亚战争。

波利比乌斯 约公元前200年到前118年之后，生于迈伽拉波利斯(Megalopolis)。公元前168年罗马人在皮德纳打败佩尔修斯时，波利比乌斯是被遣往罗马的一千名阿卡亚人(Achaeans)之一；后成为艾弥利乌斯·保路斯(皮德纳的罗马军队指挥官)诸子的教师。公元前150年返回阿卡亚，公元前146年随同保路斯较小的儿子西比阿·艾弥利亚努斯围攻迦太基。公元前146年围困科林斯后，成为调解人。波利比乌斯著有(用希腊语撰写)40卷的《通史》(*Historiae*)，是公元前220年到公元前146年的历史，记载了罗马一步步向地中海霸主之位迅速崛起的过程。仅前五卷和其他部分的残篇存世，其中第24卷载有地理状况，但已失传。有关其生平的最后20年我们不得而知，但大部分时间应是在写作《通史》。除他对罗马霸权的钦羡，波利比乌斯的著作基本达到公正客观的程度。

蓬波尼乌斯·麦拉 公元1世纪人。生于廷艮提拉(Tingentera)，可能接受了修辞学教育。盖于公元43年时著有《地理》(“*De Chorographia*”或“*De Situ Orbis*”)，该书共三卷，是一部涵盖了自不列颠到波斯湾地区的地理概览，记载了一千五百多处地理名称。这是现存最早的一部拉丁文地理著作；但没有证据表明其中包含地图。

蓬波尼乌斯·塞昆杜斯(Publius Pomponius Secundus) 公元1世纪中期人。曾任执政官和日耳曼的军事指挥官。他是位悲剧作家，仅有一部名为《埃涅阿斯》(历史剧)的剧作传世。

普里西安(Priscianus Caesariensis)　公元5—6世纪人,来自毛里塔尼亚的恺撒城。曾在君士坦丁堡任教师。他所著的18卷《语法初阶》(*Institutiones Grammaticae*)是最为广博的一部拉丁语法著作,其中引用了许多古代和共和国初期著作家的作品。该书在中世纪时享有盛名,有千余种手稿存世。他还著有几部二流作品。

普洛布斯(Marcus Valerius Probus)　公元1世纪后期人,来自贝鲁特(Beirut)。他是一位出色的拉丁文法家和学者,对许多古代拉丁著作家的文本皆有研究,他的一些笔记仍存世。

普洛柯比乌斯　约公元500年到562年(可能是公元565年)之后。来自巴勒斯坦的恺撒城,是一位拜占庭时期的希腊史家,也是查士丁尼的将军贝里撒留的秘书。公元562年被任命为君士坦丁堡摄政官。他有三部作品存世。八卷本的《查士丁尼战争史》(*The History of the Wars of Justinian*)是查士丁尼统治的前三分之二时间的通史,是有关该时期的重要史料。《论建筑》(*On Buildings*)载有君士坦丁堡的建筑物及艺术品和公元560年之前的帝国历史,提供了较有价值的资料。他的《秘史》(*Historia Arcana*,也称作"*Anecdota*")是对其《历史》(*History*)一书的补充,他在书中对查士丁尼的全部政策予以猛烈抨击。此书在他生前不能发表,可能直到公元10世纪时才为人所知。

普洛派尔提乌斯(Sextus Propertius)　约公元前50年到前16年之后人,生于阿西息(Assisi)。他在罗马接受法律方面的训练,但转向诗歌。著有四卷本的挽歌,卷一发表于公元前25年或前28年,几乎包括了他写给情人金提娅(Cynthia)所有优美、睿智的诗歌(据阿普莱利乌斯称,她的真名是豪斯提娅[Hostia])。卷二篇幅较长,可能将两卷合而为一,约发表于公元前25年,风格与卷一相似;卷三发表于公元前23年之后不久,主题更为广泛;卷四最早在公元前16年问世,大部分是有关古文物研究和神话主题的诗作。

普鲁登修斯·克莱曼斯(Aurelius Prudentius Clemens) 生活于公元 348 年到 405 年以后,来自萨拉戈萨(Zaragoza)。曾学习修辞学,后成为律师并担任公职,约公元 392 年转而写作基督教主题的诗歌。他的诗作《十二时咏》(*Cathemerinon*)是一部较有价值的抒情诗,某些摘录至今仍被吟唱。《殉教者颂》(*Peristephanon*)是一部纪念西班牙、非洲和罗马殉教者的诗集。《神格》(*Apotheosis*)阐述了基督(Christ)和三位一体的本质,篇幅长达一千行。《心灵的冲突》(*Psychomachia*)是一部寓言性史诗,记载了中世纪盛行的道德与邪恶之间的争斗。他的另一部作品是二卷本的《反叙马库斯》(*Against Symmachus*),是他与异教元老昆图斯·奥里略·叙马库斯之间的辩论。

托勒密(Claudius Ptolemaeus) 约公元 90 或 100 年到约 168 或 178 年人。居于亚历山大城,公元 127 年到公元 141 年间一直在此进行天文观测。著有(用希腊语撰写)数学及天文著作以及八卷本的《地理指南》(*Geographike Hyphegesis*;一般称为《地理志》),后者包括关于地图和制图的论述。第二到第七卷构成了一部整个罗马帝国及其以外地区的地名辞典,并按经度和纬度列出,初有地图,现编为第八卷。

普布里利乌斯·叙鲁斯(Publilius Syrus) 公元前 1 世纪人。他从叙利亚(可能是安条克城)被带到罗马为奴,约公元前 46 年获释。著有拉丁笑剧,所知的有两个名称:《修枝剪刀》(*Putatores*)和《密尔弥冬》(*Myrmidon*)。他是位极受欢迎的演员。因一部以字母顺序排列的讽刺短诗选而闻名,该诗选大概是为了向学童提供谚语名言而从其戏剧作品中选出的。

昆体良(Marcus Fabius Quintilianus) 约公元 33/35 年到公元 100 年以前人,生于卡拉奥拉(Calahorra),早年即来到罗马,可能在那里接受教育。他是一位律师,后成为著名且富裕的修辞学和演说术教师。他是罗马第一位从公共基金中获得薪金的修辞学家(韦帕芗治下),约公元 88 年为了写作而退休。现存的 12 卷《演说术原理》(*Institutio Oratoria*)盖于公元 96 年之前发表,描述了一名学生自幼年到初成年时的教育和训练。公元1416年在瑞士的圣加仑修道院发现了该书的完整手稿，它在文艺复兴时期成为正规教材。昆体良更早期的作品《论罗马雄辩术衰落的原因》(*De Causis Corruptae Eloquentiae*)现已佚失。他还著有二卷本的修辞练习(Declamationes)，可能是其演说教程的转录。

撒路斯特(Gaius Sallustius Crispus)　约公元前86—前35年人，生于阿密特尔努姆(Amiternum)。公元前52年的平民保民官，反对西塞罗和米罗，公元前50年被逐出元老院。内战期间支持尤利乌斯·恺撒。公元前46年任努米底亚第一任总督，随后在一次因勒索而遭到控诉的威胁后退出公共生活，转而写作史著。作品《喀提林阴谋》(*Bellum Catilinae*；《喀提林战争》或《阴谋》，通常称为《喀提林》)记载了公元前63年喀提林的反政府阴谋。《朱古达战争》(*Bellum Iugurthinum*)约写于公元前41/40年，记载了公元前111年到公元前105年罗马对努米底亚国王朱古达的战争。其主要作品《历史》(*Historiae*)盖始于公元前39年，去世时似乎并未完成。该书记载了公元前78年到公元前67年的后期共和国历史，仅有残篇存世。

萨尔维乌斯(Lucius Octavius Cornelius Publius Salvius Julianus Aemilianus)　约公元100—169年人，生于哈德鲁迈图姆附近。他是位公职官员，出任多种职位，也是一位法学家。著有90卷的《学说汇纂》(*Digesta*)，其中大部分保存在查士丁尼的《法律汇编》和后世著作家的作品中。萨尔维乌斯的观点和裁决(responsa)由其学生塞克斯图斯·卡埃基利乌斯·阿非利加努斯收集整理。

斯喀埃沃拉(Quintus Mucius Scaevola)　约公元前140—前82年。著名演说家，刊布了第一部有关罗马民法的系统论述。

塞涅卡(Lucius［或 Marcus］Annaeus Seneca)　老塞涅卡或修辞学家塞涅卡，约公元前55年到约公元40年。生于科尔多巴，双亲为意大利人，在罗马接受教育。他是位富裕的修辞学家,晚年时写作有关修辞学和历史的作品。塞涅卡通过他听过的希腊和罗马公共演讲者的演说辑成修辞学练习集,并题献给他的儿子,取名为《修辞学家辩论术》(*Oratorum Sententiae Divisiones Colores*),包括"辩论"(Controversiae)和"建议演说"(Suasoriae)。该书与其历史著作均在他死后发表。最初有 10 卷"辩论",但仅有五卷和一卷"建议演说"存世。他还著有一部自内战开始到几乎他去世时的罗马史,但并未传世。

塞涅卡(Lucius Annaeus Seneca) 小塞涅卡或哲学家塞涅卡,约公元前 4—公元 65 年。老塞涅卡的儿子,生于科尔多巴。在罗马学习修辞学和哲学,是一位元老,作为演说家和著作家而享有盛誉。尼禄即位后,他被任命为帝师,与近卫军长官布鲁斯一同掌权。公元 62 年退出公共生活,被控图谋行刺尼禄后自杀。塞涅卡信奉斯多亚哲学,是位多产的著作家。其现存作品多以伦理学和哲学为主题,包括一部 20 卷的中篇作品——124 封伦理书信《道德书简》(*Epistulae Morales*),它们并非真正的通信,而是有关生活和道德各方面的论文。在公元 37 年和公元 43 年,他写作了 10 篇伦理论述,即 12 卷的《谈话录》(*Dialogi*)。他还著有科学著作《自然问题》(*Naturales Quaestiones*),共七卷,写于公元 12/13年之后,是一部有关自然的故事集,其立场观点是斯多亚派和伦理学而非科学的。此外,他还著有 9 部诗体悲剧,均从希腊悲剧改编而来。中世纪时,塞涅卡被视为基督徒,其作品为早期基督教著作家所使用。

塞尔维乌斯(可能是 Marius 或 Maurus Servius Honoratus) 可能生于约公元 360 年到 365 年之间,卒年不详。文法学家和注释者,以其对维吉尔诗作的注释而闻名,即"In Vergilii Carmina Commentarii",该书在中世纪被广泛用作教科书;另外还有一些论著存世。

圣希多尼乌斯·阿波黎纳里斯(Gaius Sollius Apollinaris Sidonius) 公元 430/431 年到 5 世纪 80 年代,生于里昂一个显要的基督教家庭。著名高卢—罗马(Gallo-Roman)诗人和书信作家,公元 469 年成为克莱蒙费朗(Clermont-Ferrand)主教。曾抗击西哥特人的入侵，但公元475年被捕，公元476年获释直到去世，一直致力于自己的教区事务及文学创作。他是古代文化最后一位重要人物，著有三部写给不同统治者的诗体颂词。现仍有一部由21首其他诗歌组成的作品，名为《歌集》(*Carmina*)，另外还有九卷写给友人和家人的书信，为我们提供了有关公元5世纪时高卢地区生活和环境的较有价值的信息。

西利乌斯·伊塔利库斯(Tiberius Catius Asconius Silius Italicus) 约公元26—101年，可能生于帕多瓦。知名律师，公元68年出任执政官，约公元77年任亚细亚总督。他是一位富裕的书籍和艺术品的收藏家和诗人。著有现存最长的一篇拉丁文诗歌《布匿》，系为有关第二次布匿战争的史诗，共17卷，12 200行六步格诗，一般认为其风格相当枯燥、无生气。

西塞那(Lucius Cornelius Sisenna) 公元前67年去世。曾出任公职，著有他生活时期的当代史，至少有12卷，但并未传世。他还将阿里斯提德的《米利都神话》(*Milesian Tales*)译成拉丁文(约公元前100年)，在罗马较为普及。

索利努斯(Julius Solinus) 公元2—3世纪人。公元200年左右写作的《要事集》(*Collectanae Rerum Memorabilium*)是普林尼《自然史》和麦拉的地理著作概要。“地中海”一名即由他开始使用。

索拉努斯(Soranus) 生于以弗所的希腊医生，在公元2世纪上半期行医并著有医学著作。现存的几部医学作品(用希腊语撰写)中包括四卷有关妇科的《论妇女病》(*Gynaecia*)。

斯巴提亚努斯(Aelius Spartianus) 相传，他同其他五人共同撰写了从哈德良到努美里亚努斯的30位罗马皇帝的传记——现名为《诸帝本纪》(*Historia Augusta*)。该作品可能出自公元4世纪后期的一位作者之手。

斯塔提乌斯(Publius Papinius Statius) 约公元45—96年,在那不勒斯出生并逝世,其父是一位学校教员和诗人。移居罗马后,因其诗作赢得盛誉。他的作品《底比斯战纪》(*Thebaid*)现仍存世,共12卷,是记载七雄远征底比斯的史诗,于公元90或91年刊布。他还著有五卷本的32首短诗集《希尔瓦》(*Silvae*)。"Silvae"一词最初指代文学作品的原始素材,但斯塔提乌斯以之为名后,开始指代一些即兴诗作的合集。前四卷在公元91年到公元95年间出版,第五卷在公元96年他去世后出版。《希尔瓦》在公元5世纪仍有流传,但之后即销声匿迹,公元1417年才发现一部手稿。《阿喀琉斯纪》(*Achilleid*)是斯塔提乌斯的另一部史诗,是有关阿喀流斯(Achilleis)的故事,他去世时仍未完成。其他一些作品现已佚失。他因其史诗作品而在中世纪受到尊崇。

斯特拉波 公元前64或前63—公元24年。在阿马塞(Amasea)出生并逝世。公元前44年斯特拉波来到罗马完成学业,之后又多次到此游历。他成为斯多亚信徒,对罗马人产生了极深的敬意。他是位希腊地理学家和史学家,四处旅行。著有(用希腊语撰写)17卷的《地理志》(*Geographica*),他在书中描述了罗马世界主要地区的自然地理状况。他认为世界是个球体。从拜占庭时期开始之后的几个世纪中,该书的摘要形式一直作为正规教科书使用。他还著有47卷的《历史》,续波利比乌斯的作品而作,起自公元前146年,至少迄至尤利乌斯·恺撒之死;除一些残篇外均已告失。

苏埃托尼乌斯(Gaius Suetonius Tranquillus) 约公元70—约140年。在罗马从事法律工作,担任多种宫廷职务。著有尤利乌斯·恺撒以及从奥古斯都到图密善前11位罗马皇帝的传记(《十二恺撒传》[*De Vita Caesarum*]),是为现存最早的拉丁文传记。公元122年,哈德良免去其皇宫秘书之职,此后生平不详。卸任时,他可能只完成了尤利乌斯·恺撒和奥古斯都的传记。苏埃托尼乌斯还著有著名文学人物的传记性简介(《名人传》[*De Viris Illustribus*]),包括大约21位文法家、16位修辞学家(De Grammaticis et Rhetoribus)、33位诗人(De Poetis)和六位史家,均仅存残篇。他还著有关于罗马古代、自然科学以及文法方面的作品，多数告失。

苏尔皮基娅　约公元前 1 世纪后期人，诗人。法学家和演说家塞尔维乌斯·苏尔皮基乌斯·鲁福斯之女。生活于奥古斯都时期。现存的六首短诗(计 40 行)保存在提布鲁斯编著的诗集中。

苏尔皮基乌斯·塞维鲁　公元 353—360 年间到约公元 420 年。来自阿基坦，曾在波尔多学习法律。约公元 389 年与诺拉的帕乌利努斯一同皈依基督教，他写给后者的书信有 13 封存世。塞维鲁是位史家，有许多作品，包括《圣马丁传》(*Vita Sancti Martini*)，还有一部 2 卷本的世界《编年史》(*Chronica*)，记载了从创世到公元 400 年的历史。

叙马库斯(Quintus Aurelius Symmachus)　约公元 340—402 年。他是位富裕的罗马贵族，杰出的演说家，也是国家传统宗教的积极支持者，反基督教的领导者。现存作品有 10 卷册 900 多封书信，均为刊发而作；前九卷是写给友人的，第十卷是由 49 封急件(relationes)组成的官方通信，其中包括他向瓦伦提尼安二世请求修缮元老院胜利之神的祭坛，但并未成功。

塔西佗(Gaius [或 Publius] Cornelius Tacitus)　约公元 56 或 57 年到约公元 117 年，可能是那尔旁高卢或山南高卢人。塔西佗在罗马学习修辞学，并进入元老院，生平不详。在世时即以其著作家身份博得盛名。他是位史家，其主要作品有一半仍存世，其中包括《演说家对话录》(*Dialogus de Oratoribus*)，该作品的写作时间曾被定在 70 年代，形式是四位当时的名人讨论修辞学及其衰落的原因。它过去一直被认为是塔西佗的早期作品，但现在其刊布时间却被认定在公元 102 年或其后不久，其风格与他的其他作品相去甚远。《阿古利可拉传》(*De Vita Julii Agricolae* 或 *Agricola*)是其岳父阿古利可拉的传记，其中特别提到了他在不列颠的功绩，于公元 98 年刊布。塔西佗还著有《历史》(*Historiae*)，记述自尼禄之死到大约图密善之死这一时期的历史。仅有前四卷和第五卷的部分存世，但该书最初可能有14卷，写于公元106—107年。《编年史》(*Annales*)是一部至少由16卷组成的历史著作，囊括了自奥古斯都去世到尼禄去世一段时期的历史，约发表于公元116年：现存部分有卷一到卷四、卷五的一小部分、卷六、卷十一的一小部分、卷十二到卷十五以及卷十六的一部分。塔西佗还著有《日耳曼尼亚志》(*Germania*)，这是一部集历史、地理和远至莱茵—多瑙河北岸地区的日耳曼人部落的专论，发表于公元98年。在之后的一段时期内，他的作品并未受到注意，其文本在中世纪几乎佚失，手稿仅存一部孤本。

泰伦斯(Publius Terentius Afer)　约公元前195或前185年到前159年，生于迦太基。先是被带到罗马为奴，后获释。他是位喜剧作家，其戏剧作品均效仿希腊新喜剧(披衫剧)并以诗歌形式写成。其戏剧现存六种：《岳母》(*Hecyra*)、《安德罗斯妇人》(*Andria*)、《宦官》(*Eunuchus*)、《兄弟》(*Adelphi*)、《自虐者》(*Heautontimorumenus*)和《福耳米欧》(*Phormio*)。其作品所遭非议颇多，但从他死后的一个世纪内开始直到公元19世纪，被作为学校教科书而得到传诵。约公元100年时，苏埃托尼乌斯著有泰伦斯的传记。

德尔图良(Quintus Septimius Florens Tertullianus)　约公元160或170年到约公元230年，生于迦太基一个异教家庭。接受了文学和修辞学教育，在公元197年之前皈依基督教，并且可能成为一名牧师。他著有许多有关教堂历史和特性的作品。其现存作品包括《护教》(*Apologeticus*)，约著于公元197年，他在作品中反驳了对基督教的控告。德尔图良是拉丁神学之父(Father of Latin Theology)，也是第一位捍卫教堂的重要拉丁著作家，对西部基督教帝国的思想和走向影响巨大。

特拉塞亚·帕埃图斯(Publius Clodius Thrasea Paetus)　公元1世纪人，公元66年自杀。他是一位元老，效法乌提卡的加图，并著有后者的《传记》。

提贝里亚努斯(可能是 Gaius Annius Tiberianus)　公元4世纪人。著有哲学对话录，现已失传，还著有四首短诗，现仍存世。93 行的匿名诗作《维纳斯的守夜者》（*Pervigilium Veneris*）可能出自他之手。

提布鲁斯(Albius Tibullus)　生于公元前 55 年到前 48 年间，卒于公元前 19 年。生平不详。著有二卷本的挽歌诗作，他最喜爱的主题是浪漫爱情和田园生活的乐趣。卷一大概于公元前 26 年刊布，卷二可能在其去世前夕刊布。

泰若(Marcus Tullius Tiro)　公元前 1 世纪人。他是西塞罗的奴隶，公元前 53 年获释。著有一部西塞罗的传记（现已佚失），还编辑了西塞罗的一些演说。另外，他还著有关于文法的作品，对速记方法进行了改良。

泰提尼乌斯(Titinius)　公元前 2 世纪人。他在罗马写作喜剧，是已知最早的一位"托迦喜剧"作者。仅有 15 种大题和一些残篇存世。

特洛古斯(Pompeius Trogus)　来自维松—拉罗曼尼，是奥古斯都时期的一位史家。他用拉丁语写作了第一部通史《腓力比史》（*Historiae Philippicae*），计 44 卷，主题是马其顿帝国的历史。该书仅有一部缩编本存世，可能是公元 3 世纪查士丁所著。该书在中世纪时期流传甚广。特洛古斯还著有一部至少 10 卷的动物学著作（*De Animalibus*）。

乌尔皮安(Domitius Ulpianus)　公元 2 世纪后期生于提尔（Tyre），公元 223 年被近卫军的暴乱士兵所杀。他是位著名的法学家，曾出任公职，也是一位多产的著作家，发表了近 280 部作品，内容涉及法律、立法以及宪法，其中包括 81 卷的大法官法令研究（Ad Edictum Libri 81）和《法则》（*Regulae*），后者是对他之前法律著作的总结。他的作品成为编著查士丁尼《法律汇编》的法律专家们选取的重要资料，其作品的摘录占整个汇编的三分之一。

瓦来里乌斯·安提亚斯(Antias)　公元前 1 世纪人，可能来自安提乌姆。

写作时间在约公元前80年到公元前60年间；著有自起源到约公元前60年的罗马历史，至少有75卷，仅有残篇存世。李维曾批判他的作品缺乏准确性。

瓦来里乌斯·弗拉库斯(Gaius Valerius Flaccus Setinus Balbus)　公元1世纪人，卒于公元92或93年。生平不详。他是一位诗人，有一部未完成的作品《阿尔戈远航》(*Argonautica*)，计5593行，以六步格写成，分为八卷，描写的是传说中阿尔戈(Argo)的航行。

瓦来里乌斯·马克西姆斯　生活于提比略统治时期，生平不详。作品《善言懿行录》(*Factorum et Dictorum Memorabilium Libri*)是一部有关罗马人和外邦人(主要是希腊人)的历史逸闻汇编，共九卷，目的是为演说家参考之用。逸闻按主题分类，在中世纪非常流行。

瓦里乌斯·鲁福斯(Lucius Varius Rufus)　可能生于公元前1世纪70年代，约卒于公元前13年。诗人，与维吉尔、贺拉斯为友。著有多部悲剧，我们仅知一部(有关第厄斯忒斯[Thyestes]的故事)。他还著有关于死亡的史诗(特别提到尤利乌斯·恺撒)和一篇奥古斯都颂词(Panegyric of Augustus)，但无一传世。

瓦罗(Marcus Terentius Varro)　公元前116—前27年人，生于雷亚特，也被称为雷亚提努斯(Reatinus)。在罗马和雅典接受教育，之后进入公共生活。公元前43年被后三头放逐，但得以缓期执行，不过他的图书馆和部分诗作被掠走；余生均用来研究和写作。他是罗马最博学的学者之一、诗人、讽刺作家、博古学者、法学家、地理学家、文法家及科学家，他还著有关于教育和哲学的作品。除奥利金(Origen)以外，他是古代最多产的著作家，著有约620部作品，主题广泛，但从最大程度上来说也仅有两部存世。有关农业的三卷本论述(De Re Rustica)全部保存下来，一部关于拉丁文法和词源学的25卷论著(De Lingua Latina)

仅有部分留存(卷五—卷十,但有间断)。其他现存作品包括《梅尼普斯讽刺集》(*Saturae Menippeae*)的600种残篇,该书是按照加达拉的梅尼普斯(Menippus of Gadara,公元前3世纪犬儒学派哲学家)的方式用散文和诗体写作的,用带有批判且诙谐的口吻勾画了罗马的生活。《论神事》(*Res Divinae*)或称《人事与神事考古》(*Antiquitates Rerum Humanarum et Divinarum*)是41卷的巨著,乃有关罗马历史和宗教的汇编;由于该书遭到后世基督教作家的批判,故有大量残篇存世,圣奥古斯丁在其《上帝之城》(*City of God*)中即有所提及。

瓦罗(Publius Terentius Varro) 由于他来自那尔旁高卢阿塔克斯河(Atax River)山谷,故此他还被称为"阿塔吉努斯"(Atacinus)。生于公元前82年,生平不详。诗人,著有各类诗歌,仅存有残篇。他著有一部有关公元前58年尤利乌斯·恺撒远征高卢的史诗,名为《塞夸尼战纪》(*Bellum Sequanicum*),还有一首地理诗歌《地理》(*Chorographia*),以及爱情诗、讽刺作品和希腊诗人阿波罗尼乌斯·罗狄乌斯(Apollonius Rhodius)《阿尔戈远航》的译作。

维盖提乌斯(Flavius Vegetius Renatus) 生活在公元4世纪后半期,著有关于罗马军事体制的论著《论军事》(*De Re Militari* 或 *Epitoma Rei Militaris*),共四卷。他不是军人,而是文职人员,但其军事著作自中世纪起即已受到极大关注。

维莱伊乌斯·帕特尔库鲁斯(Gaius Velleius Paterculus) 约公元前19年到公元30年之后。生于坎帕尼亚,后参军服役。他是位史学家,著有二卷本的《罗马简史》(*Historiae Romanae*),记述了自神话时代到公元30年的罗马历史;卷一已不完整。书中包括对拉丁文学发展过程的论述。

维里乌斯·弗拉库斯 卒于公元14年。被释奴,也是博学的学者,曾任奥古斯都孙子的教师。他著有多种博古作品,最为著名的是《论词义》(*De Significatu Verborum*),他在书中引用了共和国早期著作家的作品。该书现已佚失，有部分保存在公元2世纪塞克斯图斯·庞培·费斯图斯的缩编本和公元8世纪的执事保罗(Paul the Deacon)所写的费斯图斯作品的概要中。

维克多(Sextus Aurelius Victor) 公元4世纪人，来自北非。他是位史家和异教徒，公元389年成为罗马城摄政官。公元360年，写就帝国简史《恺撒》(*De Caesaribus*)。之后不久，许多非维克多本人所著的其他作品被辑入《恺撒》一书。

维吉尔(Publius Vergilius Maro) 公元前70—前19年人，生于曼图亚(Mantua)附近的安德斯(Andes)。在克雷莫纳和米兰接受教育，后在罗马学习哲学和修辞学。他是位诗人，退出公共生活后，大部分时间在罗马城以外的地方度过。他所著的《牧歌》("Eclogues"或"Bucolics")是10首互不关联的田园诗歌集("eclogue"意为选集)，写于公元前42年到约公元前37年之间，维吉尔将诗称为"布克利卡"(Bucolica)。其次，他在公元前36年到公元前29年写作了《农事诗》(有关农夫生活和劳作的诗)，共四卷，2188行六步格诗，用方言写成，题献给他的资助人麦凯纳斯。维吉尔最为著名的作品是史诗《埃涅阿斯纪》，其生命的最后几年均在写作该史诗。该作品共12卷，描述了特洛伊英雄埃涅阿斯在意大利为其人民寻找新家园的过程。维吉尔将它联系到后来罗马的建城和发展，歌颂了罗马帝国和奥古斯都的功绩。公元前19年，他计划到东部旅行参观他曾描写过的一些地方，但在希腊染病，并于返回意大利途中于布隆迪西乌姆辞世。奥古斯都下令出版其未完成的《埃涅阿斯纪》。维吉尔在其生前即已出名，但很少在罗马出现。死后，其声誉达到了迷信尊崇的顶点。"维吉尔占卜"(Sortes Vergilianae)即试图通过打开该书并随意挑选一行而预言未来，在哈德良时期十分流行。他的作品得到广泛应用，既作为学校教科书，也是编辑注释的对象，其思想亦被基督教徒作为寓言所接受。现有大量公元3到5世纪期间高质量的手稿存世，这足以证明其作品的普及程度。

维特鲁威(Marcus Vitruvius Pollio)[可能是 Mamurra] 公元前1世纪人。可能是在奥古斯都统治时期写作。他是一位工程师和建筑师,约公元前50年到前26年间在军中服役,著有10卷关于建筑和工程的论著《建筑十书》(*De Architectura*),写于公元前1世纪末叶,并题献给一位皇帝,可能是奥古斯都。《建筑十书》是现在仅存的罗马技术论著。卷一是有关建筑学的一般知识和城镇规划及城市设计的规则,卷二有关建筑历史和建造材料,卷三和卷四讨论神庙,卷五有关公共和城市建筑,卷六有关家庭建筑,卷七有关内部装饰,卷八有关水利供给,卷九有关太阳钟以及其他一些测度时间的方法,卷十有关机械工程,包括在建筑工业以及军事中使用的机械。他并未讨论竞技场,也几乎并未论及浴池和混凝土的使用。

图6.7 在英国洛哈姆(Low Ham)发现的马赛克画,图中与维吉尔在《埃涅阿斯纪》中所述狄多(Dido)与埃涅阿斯的传说相吻合。嵌板中心位置的图形恰好表现出该传说的梗概。维纳斯位于中间,两侧各有一个丘比特,各持一个火把——一个向上举起象征生命的埃涅阿斯,而另一个则指向下方象征死亡和狄多。

佐西姆斯(Zosimus) 公元5世纪末人。希腊的异教史家,著有(用希腊语撰写)四卷本的《新历史》(*Historia Nova*),记载自奥古斯都到公元410年(罗马之围)的罗马帝国历史。卷一是前三个世纪的概要,卷二到卷四是有关公元4世纪和一些公元5世纪时期的历史,公元394年到410年间的历史尤为详尽,是这一后期历史最为重要的史料。作为一个异教徒,他将帝国的衰亡归因于放弃了传统宗教诸神。

铭　刻

铭文学(Epigraphy)

铭文学是指对铭刻形式和内容的研究，一般的对象是在金属和石块等耐用材料上刻、刮或压印上的铭文，或为官方形式，或为个人随意刻制。希腊语"epigraphe"一词意为铭刻，而拉丁文中铭刻一词则是"inscriptio"或"titulus"。铭文学通常不包括钱币、绘画铭刻以及用墨水书写的文本。古文字学(Palaeography)研究诸如草纸和书板上的手稿笔迹。被研究的语言不仅包括拉丁语，还有其他在罗马时期所使用的语言，如希腊语和阿拉米语。古文字学的研究对象是草纸和其他用笔和墨水书写的材料，通常是容易腐烂的材料，如木、皮纸和皮革，以及较为耐用的陶片(ostraca)。

铭刻始自公元前 6 世纪(出土于普莱奈斯特、定年在公元前 7 世纪的一种金扣针上的铭刻现已归为仿制品)。早期铭刻以古拉丁文写成。罗马广场界石(Forum Romanum Cippus)一般被称作"黑石"(Lapis Niger)，是现存最早的罗马公共档案。黑石实际上是指在该铭刻之上发现的用黑色大理石铺筑的路面。这可能是公元前 6 世纪的一块铭刻残石，铭文在方形石柱(cippus)的四面刻写。该铭文用非常古老的拉丁文所写，无法完全释读。拉丁铭刻中帝国早期者居多，但公元 5 世纪罗马衰亡后仍然存在。

文献作品可多次传抄，原版却不复存在，但铭文不同，它提供的是书写的原始记录。铭文在整个帝国的各类遗迹中均有发现，但多数不在"原址"(in situ)。很多铭刻已残破不全，而根据古代到现代的记录可知，有大量铭刻已经佚失。现在仍不断有新铭文被发现，据估算，我们所知的铭刻有几百万(钱币除外)，其中在罗马发现的有八千多件，而在奥斯提亚有七千多件。铭刻可根据其字母的风格、内容(如事件主题和提及的执政官)和拼写来确定年份。我们所知的仿制拉丁铭文有几千种，属公元16世纪。

书 体

铭文中的字母均为大写，或为大字体（说明更正式）或为草书体（使用铁笔或毛笔速写而成）。早期铭文的字体与希腊文相似，但公元1世纪时形成大写字体，石匠刻制手法甚为精细。在质量高的大字体作品中，字母的笔画用凿子刻成“V”形切面。有时，石匠为保持字母整齐而使用的画线至今可见。字母通常使用“minium”（辰砂，朱砂）突出；“朱砂”的痕迹几乎没有残留，但在博物馆中，有时用红漆复现字母。

大字体刻字变得不甚正式，质量也逐渐下降，在较为低劣的作品中可能使用了压印工具或砖石工的镐。

纪念性铭文一般使用石块作材料，但也用木和青铜。在大型公共纪念物中，有时用青铜或铅单做出字母，再用铆钉固定到石或木上。这种铭文有时可根据铆钉钉眼的位置复原内容。在石块上，字母通常是被凿成的；在金属、砖、瓦、陶及玻璃上是凿、刮或浇铸而成。铭文还可画在墙上，刻在书板上，以及用墨水写在木或草纸上。字母也可由墙及地面的马赛克嵌片构成。草书体通常用于咒语、书于墙等物体上的涂鸦和书板的内容。

凿刻铭文需要大量精力和技术，尤其是需从架板上完成的内容。安卡拉(Ankara)的拉丁铭文《行述》(*Res Gestae*)有17 000个字母，且还有希腊语内容。据我们所知，铭文的原刻者也会出错，有时雕工会加以改正。

铭文多是用拉丁文刻写的，但罗马世界的许多地区使用其他语言，尤其是希腊语，所以某些铭文会使用一种以上的语言。

铭文的类型

铭文既有两三个词组成的简单铭刻，也有像奥古斯都《行述》那样的长篇内容。在奉给神明的圣物上可发现献给神的题献（tituli sacri），通常刻于祭坛和供品上，但在雕像或神庙上也时有发现。宗教献辞一般以神或诸神的名称（用与格或属格形式）开头，随后是奉献者的名称和地位（用主格形式），并有一个动词或一句套语，通常是缩写（如“VSLM”）；有时会阐明题献的原因。题献的动词并不经常出现，但较易理解出来。

歌颂性铭文（tituli honoraria）通常出现在为纪念某人而竖立的雕像基座上，包括该人物的姓名和级别，常书有该人的事业生涯（用与格形式），之后是题献者的陈述。纪念性匾额用来记载诸如胜利或盟约等事件。“公共建筑铭文”（tituli operum publicorum）是在公共建筑物上题献的铭文，如神庙、剧院、城墙、桥梁、支柱和水渠。这些建筑铭刻记载了建造或修复等事件，有长篇叙述也有简短说明。它们通常载有负责人的名字以及日期。现存许多铭刻载有道路建设或修复等内容，有些刻在界碑上。

墓碑上的志文（tituli sepulchrales）是最为普遍的一种铭文，其中男性和女性所用的词汇构成迥然不同。自奥古斯都时代开始，它们通常以“DM”或“DIS MANIBUS”（献给神圣的灵）开头，随后是死者的名字（用与格或主格形式），有时也使用“MEMORIAE”（意为“为纪念”），后接属格形式的名字。名字可能给出全名，即死者的父名、其选举部落名（如果是罗马公民）以及籍贯。如果是士兵和显要人物，通常会记录下经历和年龄，并附有立碑的子嗣、亲人或友人的名字。一般最后几行是“HSE”和“STTL”，有时是全名。

士兵的退役证（diplomata militaria）刻在两块相连的铜表上。自克劳狄时期到戴克里先时期的两个多世纪中，退役辅军士兵被授予该特权，以确认其罗马公民身份。退役证是张贴在罗马卡皮托尔山上（或者，在图密善以后改在帕拉丁山的奥古斯都祠庙）的法令摹刻本。每个士兵均被授予一份该法令的抄本。铭文中包括皇帝的名和号、法令所适用的军队、服役的行省及其总督，随后是日期、每位士兵的名字和民族，并附有表明该抄本真实性的七位证明人的名字。每块铜表大小均等（约 152 毫米长、127 毫米宽；6 英寸长、5 英寸宽），法令内容摹刻在内外两面。两块铜表放在一起，再用绳线穿过两个或两个以上的孔来固定，最后用七位证明人的印章密封以防假冒。最初，只在铜表内侧的两面刻文，后开始使用两个外侧面，以便在不破坏封印的情况下仍可看到内容。多数凭证与所属大队相关联，在罗马世界许多地区均有发现，共几百例，但均源自罗马。

此外还有大量刻有公文的铭表（主要是青铜或木质），展列在罗马和行省城镇的公共场所，如法律、协约、元老院和行政官法令以及宗教档案。实例有戴克里先的《限价法令》(*Edict on Prices*)、许多早期法律文本和元老院决议。罗马最重要的历史铭文还有刻在大理石上的"fasti consulares"和"fasti triumphales"（执政官和凯旋式年表）。它们位于宫(Regia)的外墙，但不是刻在石板而是用来建宫的大理石上。在"年表"(fasti)中，每一年份下面均列出执政官名及其他一些事件，"凯旋式年表"(fasti triumphales)则列出凯旋式。刻在木上的国家公文可能是些备忘录，但无一传世，所发现的铜表也很少，因为多数已被熔掉。

提比略在公元 14 年即位时，许多行省将奥古斯都《行述》的复制本摹刻到石碑上。安卡拉的一座穆斯林寺院院墙上留有其大部分拉丁文本和希腊译文，那里曾是奥古斯都和罗马神庙，该铭刻被称为"安齐拉铭文"。该铭刻的原文刻在铜表上，置于罗马城奥古斯都陵寝前。其他地方也曾发现其拉丁和希腊复制文本的残篇。该铭文被视为所有罗马铭文中最为重要的一个。

此外，还有用黑色或红色直接涂在墙上或木板上的公共布告。庞贝城的墙体上曾有很多此类发现，其中包括一篇写作非常专业的韵文，其他则较为粗劣。这些公告包括广告、历表和选举辩词。"执政官书板"(Diptycha consularia)是一组象牙书板，是罗马帝国后期为纪念执政官职而刻写的双连书板；包括执政官的名字和画像，年代在公元 406 年到 541 年之间。罗马后期，刻写双连象牙书板也用于纪念重大事件和婚姻。

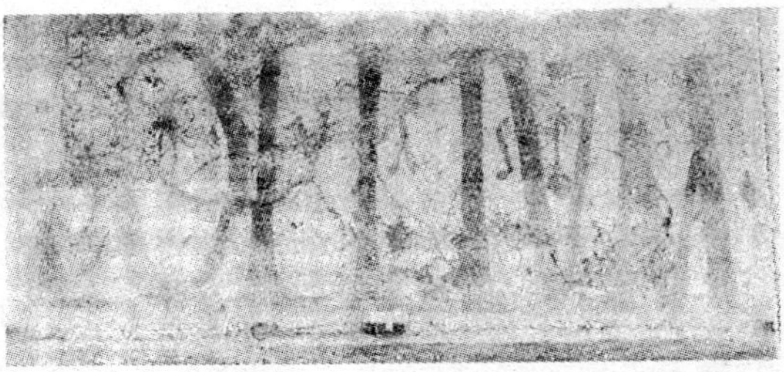

图 6.8 庞贝城一堵墙上的洛里乌斯(Lollius)选举公告，用红色勾画，技法专业。洛里乌斯在公元 78 年竞选营造官。

在一些便携品上也有铭刻，这些物品通常称为"用具"(instrumentum)，指那些在公共生活和私人生活中使用的物品，如铅管、瓦片、陶器、砝码以及计量仪器、印记和图章。"instrumentum domesticum"一词特指刻在双耳罐、砖和灯等日用物品上的铭文。在陶和瓦等质地更软的物质上使用图章

(signacula)压印浮雕式的铭文，多数图章为青铜制。压印的瓦片多为带凸缘的屋顶瓦(tegulae)。眼科医生用各种陶土印章在饼状软膏上留印，印纹包括医生、处方及适用病症的名称。金属铸块上的印记是将铸块放在带有凸起字母的模具中浇铸而成的。自奥古斯都时代起直到公元3世纪末叶，铅制水管上均有浮雕式铭文，其中较早的作品中只有皇帝的名字，公元2世纪起又增加了行省代理的名字。

在铅或青铜制(几乎没有石制的)的表上书写的咒语使用草书体，目的是为了摧毁书写者的个人对手。它们被称为“诅咒”(exsecrationes)、“咒语板”(defixiones)或“祭献”(devotiones)。草书体还用于刻在墙上的涂鸦中；庞贝城中的墙上已发现有3500多例涂鸦，记录了日常生活中的琐事。墙上涂鸦被称为“壁刻”(inscriptiones parietariae)。

铭文词汇

大概为方便阅读，铭文中的单词通常用标点(interpuncts)分开，一般称为“分隔点”(differentiae)。“分隔点”可以采用简单的形式，也可作为装饰使用(如常春藤叶子)，一般位于底线上方、字母间隔正中的位置。每一行均需写满，故单词可在任何一处断开，有时也可在单词中间随意添加句号。自公元3世纪起，句号常放错位置，这是一种文化水平低下的表现，句号也逐渐被取消。在约公元前120年到公元前75年期间，长音“A”、“E”或“U”用双元音表示；后来开始使用“长音符号”(apex，复数 apices)，即在元音上方用一条短线或撇号表示长音，但其用途仅仅是装饰性的。高挑的“I”也可用来表示长元音，但其用法并不一致，长音符号更为普遍。

缩写

一般用首字母或开头几个字母作为单词的缩写，多数铭文至少包括一个缩写。缩写的应用十分广泛，有些还包含一种以上的意义，需根据上下文推断(例如，“A”可以是许多词汇的缩写形式，诸如“ager”、“amicus”、“annus”、“as”、

“Aulus”、“Aurelius”、“aurum”以及“avus”)。有些词有一种以上的缩写形式,还有一些反复出现的惯用语,如“HDSP”。当一个词缩写时,其复数可用两个、三个或四个末字母来表示,如“AVGG”(意为两位奥古斯都[Augusti])和“AVGGG”(三位奥古斯都)。某些缩写在文学作品中的应用也十分普遍,如人名,而大部分缩写形式仅用于铭文。铭文中对缩写的使用似乎既是一种流行趋势,也是一种节省空间的方法。

缩写示例

参见人名、部落及数字的缩写。

A	朋友(amicus),年(annus),金(aurum)
ADL,ADLEC,ADLECT	经挑选的,被选的(adlectus)
AED	建筑物(aedes),通常是神庙,营造官(aedilis)
AET	永恒的(aeternus(-a)),永世(aeternitas)
AN	年(annus)
ANN	年(annus),谷物供给(annona)
AQ	水(aqua),掌旗官(eagle-bearer)
AS,ASO	从土地(a solo)
A SOL REST	他/她/它曾从平地上恢复了(a solo restituit)
ASC	斧、铲(ascia)
AVG	奥古斯都(Augustus),奥古斯都祭司(augustalis),占卜师(augur)
AVGG	两位奥古斯都(Augusti)
AVGGG	三位奥古斯都(Augusti)
AVGN	我们的皇帝(Augustus noster)
B	好地(bene),受益者(beneficiarius),好的(bonus)
BF	受益者(beneficiarius),好运(bona fortuna)
B M	非常值得的(bene merenti)
BR	不列颠,不列颠的(Britannicus[-a])

>⊃	百夫长(centurio),世纪(centuria)(>和⊃是古埃特鲁里亚文字的 K)
C	恺撒、皇帝(Caesar),公民(civis),大队(cohors),殖民城(colonia),妻子、丈夫(coniunx),执政官(consul),元老院会堂(curia),看守(custos),世纪(centuria),百夫长(centurio)
C A	当心,注意(curam agens),武器保管者(custos armorum)
CAES	恺撒、皇帝(Caesar)
CC	两位恺撒(Caesares)
CC VV	著名士绅——对元老的尊称(clarissimi viri)
C E	他的妻子,她的丈夫(coniunx eius),他/她曾留心、注意(curam egit)
C F	盖尤斯之子(Gai filius),杰出妇女(clarissima femina),他的妻子/她的丈夫做了这些(coniunx fecit)
C F C	他的妻子/她的丈夫着手做(coniunx faciundum curavit)
CH,CHO,CHOR	大队(cohors)
CL	高贵的——用于形容元老(clarissimus),船队(classis)
COH	大队(cohors)
COL	祭司团(collegium),殖民城(colonia)
CON	妻子、丈夫(coniunx)
CON KAR	她最亲爱的丈夫(coniunx karissimus)
CONS	执政官(consul)
COS	执政官(consul),执政官们(consules),执政官的(consularis)
COSS	执政官们(consules)
CR	罗马公民(civis Romanus)

CV　高贵的士绅——用于形容元老的名词(clarissimus vir),关心(cura)

CVR　他/她/它曾留心(curavit)

CVR AG　留心、执行(curam agens)

D　法令(decretum),十人长(decurio),给予(dedit),委派(designatus),神(deus),日(dies),神圣的(divus),主人(dominus),礼物(donum)

DD　遵城议事会之令(decreto decurionum),作为礼物给予(dono donavit)

DEC　遵[……]之令(decreto),十人长(decurio)

DED　他/她/它曾给(dedit)

DES　被任命(designatus)

DE S P　从他/她自己的积蓄中(de sua pecunia)

DIS M　向死者之灵魂(dis manibus)

D M (S)　献给死者之灵魂[而神圣](dis manibus [sacrum])

图 6.9　庞贝城的一块墓碑铭文,词与词之间用“分隔点”分开,用撇号表示长音。在下面两行中有几处数字缩写。

D N　我们的主/皇帝(dominus noster)

DO　礼物(donum)

D P	从积蓄(de pecunia),他/她/它曾赠送礼物(donum posuit)
D P S (D)	从他/她自己的积蓄[他/她/它曾给予](de pecunia sua [dedit])
D S D	他/她曾从他/她自己的[积蓄]给予(de suo dedit)
D S F	他/她曾用他/她自己的[积蓄]做/建立这个(de suo fecit)
D S P	从他/她自己的积蓄(de sua pecunia),他/她曾用他/她自己的[积蓄](de suo posuit)建立
DVPL	双薪士兵(duplicarius)
EEQQ	马军、骑士等级成员(equites)
E F C	他/她的子嗣曾做/建立这个([h]eres faciendum curavit)
EM V	高贵的士绅(eminentissimus vir)
EQQ	马军、骑士等级成员(equites)
EX AVC,EX AVCT	以……之权(ex auctoritate)
EX OF,EX OFF	从……的作坊(ex officina)
EX T,EX TEST	根据他/她的遗嘱(ex testamento)
F	建立/做这个(fecit),被建立/做(faciendum),忠诚的(fidelis),儿子(filius)
FAC CVR	使这个得以建立(faciendum curavit)
F C	使这个得以建立(faciendum curavit)
FEC	他/她/他们/她们做/建立(fecit,fecerunt)
FID,FIDEL	忠诚的(fidelis)
FIL	儿子(filius)
F S ET S	他为自己和他的[家族]做这个(fecit sibi et suis)
GEN	守护灵(genius)
H	子嗣(heres),小时(hora),此(hic)
HAS P	一名百夫长(高级枪兵长[hastatus prior])
HAS PO	一名百夫长(低级枪兵长[hastatus posterior])

H D S P	他/她的子嗣用他/她自己的[积蓄]建立这个(heres de suo posuit)
HER	子嗣(heres)
H E T E,H EX T F	他/她的子嗣谨遵他的遗嘱建立这个(heres ex testamento fecit)
H F C	他/她的子嗣使这个得以实现/建立(heres faciendum curavit)
H L	此地(hic locus),在此地(hoc loco)
H M	此碑/墓(hic monumentum)
H M H N S	此墓没有传给他/她的子嗣(hoc monumentum heredem nonsequitur)
HON	受尊重(honoratus)
HS	塞斯特尔提乌斯(sestertius [-ii])
H S E	他被葬于此(hic situs est),她被葬于此(hic sita est)
I	不可征服的(invictus)
ID	为管理法律(iure dicundo)
IM,IMA	持像者(imaginifer)
IM,IMP	皇帝(imperator)
IN AG	背朝(in agro)
IN FR	穿过前方(in fronte)
IN H D D	向神圣房舍致敬(in honorem domus divinae)
I O M	[向]至善至尊的朱庇特(Jupiter Optimus Maximus;Iovi Optimo Maximo)
KAL	每月第一天(kalendae)
L	军团(legio),自愿地(libens),被释奴(libertus),地点(locus)
L A	自愿地(libens animo)
L D D D	遵城议事会之令给予的地点(loco dato decreto decurionum)
LEG	副将(legatus),军团(legio)
LEG AVG	元首副使(legatus Augusti)

LEG AVG PR PR	拥有大法官权的元首副使(legatus Augusti pro praetore)
LEG LEG	军团副将(legatus legionis)
LIB	被释奴(libertus),自愿地(libens)
L L	军团副将(legatus legionis),高兴且自愿地(laetus libens)
L L M	高兴地、自愿地且理所应当地(laetus libens merito)
L M	墓址(locus monumenti)
L M (D, F, P, S)	自愿地且理所当然地[libens merito](给、做、建立、完成——dedit, fecit, posuit, solvit)
LOC	地点(locus)
M	离去者之灵魂(manes),最伟大的(maximus),月(mensis),士兵(miles),千(mille),纪念碑(monumentum)
MAT	母(mater)
MAX	最伟大的(maximus)
MED	医生(medicus)
MIL	士兵(miles),在军中服役(militavit),数千(millia)
MON	纪念碑/墓(monumentum)
M P	千步(millia passuum)=1 罗马里
M V F	他生前立此碑(monumentum vivus fecit),丈夫为妻子建立这个(maritus uxori fecit)
N	……人(natalis),生于/……岁(natus),孙/侄/甥(nepos),我们的(noster)
NA,NAT	部族(natio),生于/……岁(natus)
NEP	孙、侄、甥(nepos)
NN	我们的(复数)(nostri)
NOB CAES	最高贵的恺撒(nobilissimus Caesar)
O	作坊(officina),百夫长的副手(optio)

OF	作坊(officina)
O H S S	遗骨葬于此(ossa hic sita sunt)
O M	为纪念他(ob memoriam),最好且最伟大的(optimus maximus)
OPT	最好的(optimus),百夫长的副手(optio)
P	步、脚步(passus),父(pater),钱(pecunia),步军(pedes),忠实的、神圣的(pius),人民(populus),他建立(posuit),行省(provincia)
PA,PAR	双亲(parentes)
PAT PAT	祖国之父(pater patriae)
P F	忠诚可信的(pia fidelis)
P L L	他高兴且自愿地建立这个(posuit laetus libens)
P M	大祭司长(pontifex maximus)
PONT MAX	大祭司长(pontifex maximus)
POP	人民(populus)
POS	他建立(posuit)
P P	祖国之父(pater patriae),行省总督(pater patriae),高级百夫长(primus pilus)
PR	长官(praefectus),大法官(praetor),首位(primus),财务使、行省代理(procurator),行省(provincia)
PRA,PRAEF	长官(praefectus)
PRO	代执政官、总督(proconsul),财务使、行省代理(procurator)
PROC	财务使、行省代理(procuartor)
PROCOS	代执政官、总督(proconsul)
PRON,PRONEP	曾孙(pronepos)
PRO PR	拥有大法官权(pro praetore)
PROV	行省(provincia)
PR POS,PR POST	一位百夫长(princeps posterior)

PR PR	近卫军长官(praefectus praetorio),拥有大法官权(pro praetore)
P S	用他/她自己的钱(pecunia sua)
P S F	他/她曾用他/她自己的钱建立(pecunia sua fecit)
P S P	他/她曾用他/她自己的钱建立(pecunia sua posuit)
Q	财务官(quaestor)
R	恢复(restituit),罗马的(Romanus)
R C	他/她使之恢复(reficiendum curavit)
REF	他/她曾恢复(refecit)
REG	地区(regio)
RES,REST	他/她曾恢复(restituit)
ROM	罗马的(Romanus)
R P	国家(res publica)
S	奉献给(sacrum),他/她曾写(scripsit),塞米(semis),奴隶(servus)
SAC	祭司(sacerdos),神圣的(sacer)
S A D,S AS D	在建筑物(通常是墓)完成之前献祭(sub ascia dedicavit)
SACER,SACERD	祭司(sacerdos)
SACR	神圣的(sacrum)
S C	遵元老院令(senatus consulto)
SEN	元老院(senatus)
SIG,SIGN	掌旗官(signifer)
S L L M	他/她高兴地、自愿地且理所当然地兑现了他的诺言(solvit laetus libens merito)
S P	从他/她自己的积蓄(sua pecunia)
S P F	他/她用他/她自己的积蓄做/建立(sua pecunia fecit)
S P Q R	元老院和罗马人民(senatus populusque Romanus)

ST,STIP	服役年限
S T T L	愿泥土轻覆着你(sit tibi terra levis)
S V T L	愿泥土轻覆着你们(sit vobis terra levis)
T	土地(terra),遗嘱(testamentum),新兵(tiro),军团将官(tribunus),中队(turma)
TEST	遗嘱(testamentum)
T P	以保民官权(tribunicia potestate)
T P I	他/她在遗嘱中令它建立(testamento poni iussit)
TR	军团将官(tribunus)
TRIB	部族(tribus),军团将官(tribunus)
TRIB P,TRIB POT	以保民官权(tribunicia potestate)
TR MIL	军团长(tribunus militum)
TR PL	平民保民官(tribunus plebis)
V	征服者(victrix),人(vir),活着(vivus)
V A	他/她享年(vixit annos)
V B	好人(vir bonus)
V C	高贵士绅——用以形容元老的词(vir clarissimus)
V E	光荣的士绅——用以形容骑士等级(vir egregius)
VET	老兵(veteranus)
VEX	分遣队(vexillatio),高级掌旗者(vexillarius)
V F	他/她生前做/建立(vivus fecit)
V I	杰出的人(vir inlustris)
VIC	他征服(vicit),胜利(victoria)
VICT,VICTR	征服者(victrix)
VIX	他/她曾生活(vixit)
V L	军团老兵(veteranus legionis)
V L M S	他/她曾自愿、理所当然地兑现其诺言(votum libens merito solvit)
V L P	他/她曾自愿地还愿(votum libens posuit)
V L S	他/她曾自愿地兑现诺言(votum libens solvit)
VOT	誓言(votum,复数"vota")

VRB	城市的(urbana)
V S	他/她曾兑现诺言(votum solvit)
V S L L	他/她曾自愿且高兴地兑现诺言(votum solvit libens laetus)
V S L L M	他/她曾高兴、自愿且理所当然地兑现诺言(votum solvit laetus libnes merito)
V S L M	他/她曾自愿且理所当然地兑现诺言(votum solvit libens merito)
VV CC	最高贵的士绅们(viri clarissimi)
VV EE	光荣的士绅们(viri egregii)

连字

连字(组合字母)在公元1世纪以后日益流行。通常是2个、有时是3个字母连在一起。例如,"VETVSTATE"可能写成 VƎ VSTA⊤E,或者"TIB"写成†B。我们很难弄清最早出现的是哪个字母。尤其是公元3世纪以降的铭文有明显衰落的迹象,因为它们刻制得不甚精美,还大量使用连字,这是一种建立在降低表达准确程度的基础上的节约。

连字示例

ABI
ADI
ENT
ERI
MAE
NTI
ATVR
O H S (ossa hic sita——遗骨葬于此)
O T S L T (opto sit terra levis tibi——愿泥土轻覆着你)

单词的抹除

有时，铭文的一些部分被有意抹除，这是元老院对已故皇帝实施“清除记录”(damnatio memoriae)的结果。有 30 多位皇帝在死后以这种方式遭到谴责。

现代习惯用法

在印刷拉丁铭文时，使用以下一些习惯用法表示铭文的各种情况，尤其是在铭文第一次公布时使用。

[]　方括弧表示对“缺失”(lacunae)的补充，也表示那些被认定为最初曾有但因破损而缺失的字母。

[[]]　双方括弧表示其中的字母是被有意抹去的，如“清除记录”。

()　圆括号用来补全缩写形式，或者表示为纠错而使用的替代词汇，后一种不太普遍。

＜＞　尖角中括弧内的字母是被石匠无意漏掉的。

|/　一条垂直的短线或斜线表示铭刻中移行。

$\overline{\mathrm{PR}}\overset{\frown}{\mathrm{PR}}$　连字用相连字母上方水平或弯曲的短线表示。

Ạ　字母下方的圆点表示它由于破损或涂抹而不是十分清晰。

＋＋＋　无法辨认的字母。

[. . .]　方括弧中圆点的数量代表缺失的字母数，且不可恢复。

[— —]　方括弧加破折号说明缺失的字母数无法确知。有时破折号上方会列出一个数字，给出约数。

a b c　曾被读出的字母，但已不可见。

人　名

有关罗马人名的信息多源于铭文，因为其中经常提到人名。铭文在人类学、复原家谱、亲族关系以及行政级别等研究中还起着重要作用。在罗马历史上，人名一直发生着变化，不过是从简单的形式开始（例如罗穆路斯，没有其他任何附属名称），然后向复杂的形式转变，之后在帝国后期，尤其是在基督教和犹太教的影响之下，又转向简单的或单个的名。共和国初期有一个原则，即每个人都有两个名——首名和名。后来开始流行三个名字（即“tria nomina”），依次为首名、名和家名。“尤利乌斯自治城法”中提到，罗马公民的名字应按以下顺序登记：名、首名、父名（或者，如为被释奴，则为前主人的名）、族名、家名。帝国时期的铭文中就使用这一顺序，只是将首名放在第一位。

图 6.10　献给“N. VELASIO GRATO VIX ANN XII”的葬礼铭文——献给努美里乌斯·维拉西乌斯·格拉图斯（Numerius Velasius Gratus），年 12 岁。该铭刻位于庞贝城。

首名（即现在的名）是个人在家中使用的名字，但到公元 2 世纪末，其普及度已大大下降。个人名字仅有 17 个左右，而且都不甚重要，因为它们在书写中常被缩写。

常见人名缩写

A.　　Aulus

Ap(p).	Appius
C.	Gaius 或 Caius
Cn.	Gnaeus
D.	Decimus
L.	Lucius
M.	Marcus
M'.	Manius（最初是Ϻ）
N.	Numerius
P.	Publius
Q.	Quintus
Ser.	Servius
Sex. 或 S.	Sextus
S. 或 Sp.	Spurius
T.	Titus
Ti. 或 Tib.	Tiberius
V.	Vibius

名(今天的姓)是最重要的名称。它表明了家族或“宗族”(gens),有时也称为“nomen gentilicium”或只是“gentilicium”。例如提图斯·弗拉维乌斯·多米提亚努斯是弗拉维家族的成员。铭文中的名很少缩写,如“AEL”是埃里乌斯的缩写,“VAL”是瓦来里乌斯的缩写。

人们还经常使用家名,尤其是在共和国末期和帝国初期,罗马男性公民普遍拥有三个名字,例如马尔库斯·图利乌斯·西塞罗。家名包括一个或一个以上的名称,可与个人特点相连,有些类似于诨名,例如鲁福斯(红发)和布鲁图斯(愚人)。这是个人附加的名字,并成为世袭的家名,因此可用于区分同一宗族的不同分支。有些家名在后来的生平中用来纪念在公共生活中的特殊功绩。通常,缺少家名意味着早年或出身低微,不过这也并非绝对;例如马可·安东尼就没有家名。还有一种绰号称为“标记”(signum),公元 2 世纪中期出现。

养子要使用其养父的名字,但可以使用自己本名的形容词形式作为家名——例如,C. 屋大维被尤利乌斯·恺撒收养后成为尤利乌斯·恺撒·屋大维亚努斯(屋大维的)。

在实际生活中，通常为人所知的是名和家名，有时会颠倒过来，或者只有名，不过三个名字一直是罗马公民才享有的特权，使之与非罗马公民和奴隶区分开来。在家中，家庭成员称呼首名；朋友称呼其名或家名；在正式场合中，称呼首名和名，或者还带有家名。

自公元前2世纪起，可能是为了表明罗马公民的身份，个人名字中还包括他所属的部族名。部族名在书写时常缩写，“部族”(tribus)一词在书写和铭文中常省略。罗马早期只有三个部族，但共和国末期已有35个投票单位。帝国初期，每位公民仍被分派在一个投票部落中，多数时候新公民被指定给在位皇帝的投票部落。

部落名缩写

AEM	Aemilia
ANI	Aniensis
ARN	Arnensis
CAM	Camilia
CLA	Claudia
CLU	Clustumina
COL	Collina
COR	Cornelia
ESQ	Esquilina
FAB	Fabia
FAL	Falerna
GAL	Galeria
HOR	Horatia
LEM	Lemonia
MAEC	Maecia
MEN	Menenia
OVF	Oufentina
PAL	Palatina
PAP	Papiria

POL	Pollia
POM	Pomptina
PVB	Publilia
PVP	Pupinia
QVIR	Quirina
ROM	Romilia
SAB	Sabatina
SCAP	Scaptia
SER	Sergia
STE	Stellatina
SVC	Suburana
TER	Teretina
TRO	Tromentina
VEL	Velina
VOL	Voltinia
VOT	Voturia

图 6.11　公元 4 世纪末特里尔的一块基督教葬礼铭文：系为两个儿子密摩里奥苏斯(Memoriosus)和普鲁登斯(Prudens)为其父马克西米亚努斯所立，所有人物均只有单名。

非公民被授予公民权后一律使用在位皇帝的名，但从公元212年卡拉卡拉在整个帝国范围内授予公民权后，作为身份象征的三个名字不再那么重要了。一些详细复杂的名字仍有出现，但已有简化的趋势。对出身外邦的人来说，更为普遍的是将外邦名与罗马名相加，例如弗拉维乌斯·斯提里克。

家族世袭名称的使用遍及整个帝国，但逐渐衰落。公元3世纪末，首名的使用已经衰落，到公元4世纪末叶，许多基督教徒拥有家名，但上层统治阶级仍保留三个名字。家族世袭名称的使用再次出现，并成为现代西方命名的基础。

妇女、奴隶、被释奴和皇帝都有各自的名称系统。妇女不论出身，只有一个名字，即其父名的阴性形式，如科尔奈利娅。她们在共和国早期确曾有两个名字，即首名和名，但主要在上层社会中使用，后来首名逐渐被取缔。故此，所有姐妹都叫一个名字，而为了加以区分，则使用大的或第一个，例如克劳狄娅·普利玛(Claudia Prima；第一个克劳狄娅)和克劳狄娅·塞昆达(Claudia Secunda；第二个克劳狄娅)。几乎没有证据能表明妇女有首名，但自共和国末期以降，妇女的名字开始增多，最普遍的就是将其父的家名作为第二个名字。例如，法比娅·霍诺拉塔(Fabia Honorata)就是法比乌斯·霍诺拉图斯之女。婚后，妇女并不改名，但要加上丈夫名字的属格形式。

通常，奴隶只有一个名字，之后是其主人的名字。如获自由，他们常采用其前主人的首名和名，并将奴隶名作为家名，遂有三个名字。

皇帝的称号和名字以及家族的名称会与日俱增，不仅长且更加复杂。通常，皇帝只以一两个名字甚或一个绰号而为人熟知。他们通过接受“恺撒”之名以证明其合法性，甚至在尤利亚—克劳狄王朝灭亡、尤利乌斯·恺撒的血脉已断绝后仍然使用。后来该名称又衍生出德国皇帝(kaiser)和沙皇(czar)的称号。皇帝几乎没有常用的首名，但“imperator”被奥古斯都、奥托、韦帕芗及之后的所有皇帝用作首名(而非称号)，致使该词开始表示皇帝之意。它最初只是授予凯旋将领的称号，可一直使用到凯旋式结束。尤利乌斯·恺撒开始长期使用该称号。因此，在铭文中及其他正式提及皇帝时均以“Imperator Caesar...”开始，之后相继是他们的其他名字、家系、称号、职位以及荣辱。“Imperator Caesar”有时还授给与皇帝分享权力的皇室成员。如果皇帝赢得胜利，亦可在名后使用“Imperator"的称号。

"奥古斯都"(意为"可敬的")一词是公元前27年元老院颁令授予屋大维的荣誉称号,其后继者均用它作为家名使用。在铭文中,皇帝会写出首名、名和家名(一个或更多),之后是以一定顺序排列的官方称号。几乎所有罗马皇帝均使用三个名字或者说称号"Imperator Caesar Augustus"。奥古斯都及其之后的皇帝还被称为"元首"(第一公民)。

数　字

罗马的数字系统非常庞大。没有表示0的符号,也没有单独的符号表示2、3、4、6、7、8、9。

基本的罗马数字

I	1	显然代表一个单独数字。
V	5	显然是五个手指的基本形状。
X	10	表面看是两手相握。
L	50	最初在共和国时期是⊥和⊥的形状。
C	100	可能是一百(centum)的缩写。
IƆ或Ð	500	Ð通常中间有一横,但现在写作D。
CIƆ,M,ↀ或∞	1000	M不经常使用。它是一千(mille)或几千(milia)的缩写。在公元15世纪不再作为缩写使用。
Q	500000	五十万(quingenta milia)的缩写。

其他数字由这些基本数字重复、组合或二者结合而成。重复的数字通常被加在一起,例如"II"即2,"CCC"即300。"V"和"L"从不重复使用。小数要加上之前的大数(处在小数的左侧),例如"LX"即60,"DC"即600,而且要被之后的

大数(在小数右侧)减去,如“XL”即 40 。在一个数字中,后者要优先,如“CCXIV(214)=CCX+IV”(而不是“CCXI+V”)。一个小数出现在两个大数中间时,它要被其右侧的大数减去,如“MCM”=1900。共和国末期,数字上方有横线要乘以一千,所以“$\overline{\text{VI}}$=6000 而$\overline{\text{D}}$=500000”。在合成词中表示数字较为普遍的用法是用叠加竖线,如“IIvir”(两人),这是为了将他们与字母区别开来。加有侧线的表示十万,所以“$\overline{|\text{X}|}$”是指一百万。将数字有规则地加上横线也可表示其他用途,比如做副词使用:“$\overline{\text{XVI}}$”意为“第 16 次”。军事单位(例如军团)使用的数字总是加横线。符号“IIS”表示“sestertius”(即“II+semis”,两个半阿司),通常在中间有一横线“~~HS~~”(或写作“HS”)。狄纳里也经常带有一个横线,如“~~X~~”(即 10 [X]阿司)。

数字示例(附缩写形式)

1	I	一(unus)
2	II	二(duo)
3	III	三(tres)
4	IIII 或 IV	四(quattuor)。“IIII”是早期形式,较“IV”更普遍。
5	V	五(quinque)
6	VI	六(sex)
7	VII	七(septem)
8	VIII 或 IIX	八(octo)。“VIII”更普遍。
9	VIIII 或 IX	九(novem)。在铭文中,“VIIII”更普遍。
10	X	十(decem)
11	XI	十一(undecim)
12	XII	十二(duodecim)
13	XIII	十三(tredecim)
14	XIV	十四(quattordecim)
15	XV	十五(quindecim)
16	XVI	十六(sedecim)
17	XVII	十七(septendecim)

续表

18	XVIII 或 XIIX	十八(duodeviginti)。"XVIII"更普遍。
19	XIX 或 XVIIII	十九(undeviginti)
20	XX	二十(vinginti)
30	XXX	三十(triginta)
40	XL 或 XXXX	四十(quadragita)
50	L	五十(quinquaginta)
60	LX	六十(sexaginta)
70	LXX	七十(septuaginta)
80	LXXX 或 XXC	八十(octoginta)
90	XC 或 LXXXX	九十(nonaginta)
100	C	一百(centum)
200	CC	二百(ducenti)
300	CCC	三百(trecenti)
400	CCCC 或 CĐ	四百(quadringenti)
500	IƆ或 Đ	五百(quingenti)
600	IƆ C	六百(sescenti)
700	IƆ CC	七百(septingenti)
800	IƆ CCC	八百(octingenti)
900	IƆ CCCC	九百(nongenti)
1000	CIƆ或 M	一千(mille)
10000	CCIƆƆ	一万(decem milia)

铭文中的数字

在铭文中,许多数字写成文字,其他的作为数字,且多是缩写。以下列出更多的缩写示例。5000、10000、50000 和 100000 的缩写基本形式变化相当大。

VA XX VIII		活了二十年零八个月。
ϛ	6	可能是 VI 的连写体。
D	500	ↀ的一半。

ↀ ∞	1000	在古老的形式中有时变成∞。
ↁ IↃↃ IↃↃ	5000	ↂ的一半。
ↂ CCIↃↃ	10000	
ↇ	50000	ↈ的一半
ↈ $\overline{\text{CCCIↃↃↃ}}$	100000	
$\lvert\overline{\text{X}}\rvert$	1000000	
$\lvert\overline{\text{XI}}\rvert$	1100000	
$\lvert\overline{\text{XVI}}\rvert$	1600000	
II. V(IR)	两人(duumvir)	
III. V(IR)	三人(triumvir)	
IIII. VIR	四人(quattuorvir)	
V. VIR	五人(quinquevir)	
VI. VIR	六人(sevir)	
VII. VIR	七人(septemvir)	
X. V(IR)	十人(decemvir)	
XV. VIR	十五人(quindecimvir)	
XX. VIRI	二十人(viginti vir)	
C. V	一百人(centumviri)	

直到公元800年前后,巴格达(Baghdad)的阿拉伯学者才使用印度(Hindu)数字,并加上表示0的标记,这样才有了10个基本数字(0—9)。在中世纪欧洲,罗马数字系统普遍被这种阿拉伯数字体系所取代,从而极大简化了数学计算。

图6.12　一方墓碑:提比略·尤利乌斯·庞库尤斯(Pancuius),卢西塔尼亚辅军大队中的一名士兵,享年55岁(AN. LV),服役28年(STIP XXVIII)。他长眠于斯。

阅读书目

Latin Language

Adams 2003：bilingualism；Boardman et al. 1986：includes a discussion on the development of Latin in the early medieval period；Hornblower and Spawforth (ed.) 1996，66—67：on the alphabet；Howatson (ed.) 1989；Jones 1997：enjoyable and amusing teach-yourself course；Morwood 1999：introduction；Sandys (ed.) 1921：includes archaic Latin and the alphabet；Sharpley 2000：beginner's guide to Latin.

Writing

Bowman and Thomas 1983 and 1994：writing tablets and papyri，with examples of writing tablets from Vindolanda，as well as detailed analysis of cursive writing，with many references；Casson 2001：libraries；Chapman 1978：writing tablets；Crummy 1981，103—4：seal boxes；Grant 1990，180—82：villa of the Papyri library；Henig 1994：sealstones；Hornblower and Spawforth (ed.) 1996，854—55；Howatson (ed.) 1989；Manning 1985，85—87：*styli*；Sandys (ed.) 1921：includes writing and changes in lettering.

Education

Balsdon 1969，92—106；Bonner 1977；Hornblower and Spawforth (ed.) 1996，509—10.

Ancient Literature and Authors

There are numerous books about individual Latin authors，both old and recent publications，and only a few are mentioned here. For works of ancient authors in Latin and Greek, the Loeb Classical Library gives the original text, a translation and notes. The Penguin Classics series includes translations of Latin authors.

Boardman et al. 1986: includes discussions on many Latin authors; Bowder (ed.) 1980: profiles of major authors; Bowie and Harrrison 1993: summary of novels; Dihle 1994: useful survey of Greek and Latin literature of various kinds from the 1st century AD to the Christian era; Grant 1980: summary of authors' lives and their works in Greek and Latin and in translation; Gwinup and Dickinson 1982: provides a list of articles written about Greek and Roman authors; Hardie (ed.) 2002: Ovid; Hazel 2001: includes numerous biographies; Hornblower and Spawforth (ed.) 1996, passim: discussion of literature of many authors with references; Howatson (ed.) 1989: handbook to the subjects, places and authors of Greek and Roman literature; Levi 1997: Horace; Martindale (ed.) 1997: Virgil; Sandys (ed.) 1921: description of many aspects of Latin studies, including Latin authors; pp. 846—69 history of Latin scholarship from the Middle Ages to the 19th century; Shelton 1988: presents information on Roman social life by commenting on original sources in translation (texts, inscriptions etc.); White 1984, 183—88: description of writers of technical works.

Inscriptions

The *Corpus Inscriptionum Latinarum* (CLT) is a corpus of inscriptions in many volumes, on which work began in 1862. Many other collections of inscriptions have also been published: see Gordon 1983, 8—12.

Collingwood and Wright 1965: gives illustrations, translations and notes on many inscriptions such as altars and tombstones; Cotton et al. 1995: papyri and ostraca from the Roman Near East; Frere et al. (eds.) 1990: illustrated description of inscriptions from Britain on military diplomas, metal ingots, tesserae, dies, labels and lead seals; Gordon 1983: photographs, text, translations and a commentary on 100 Latin inscriptions dating from the 6th century BC to AD 525, presented in chronological order; also contains an introduction to the subject, including past work, and a list of abbreviations used in inscriptions; Ireland 1983: methods of cutting inscriptions; Keppie 1991: illustrated guide to many aspects of inscriptions; London Association of Classical Teachers 1971: gives the text of original inscriptions, together with translations and notes; Sandys (ed.) 1921, 728—72: many aspects of Latin studies including inscriptions, useful but outdated; Sandys 1927: explanation and description of all kinds of Latin inscriptions, useful but outdated.

Personal Names

Allason-Jones 1989, 28—29: personal names of Roman and native women from the republic onward; Baldson 1962, 17—18: personal names of women; Salway 1994: changes in names; Sandays 1927, 207—21, 231—33.

Numerals

Hornblower and Spawforth (ed.) 1996, 1053; Sandys (ed.) 1921, 742—43.

第七章

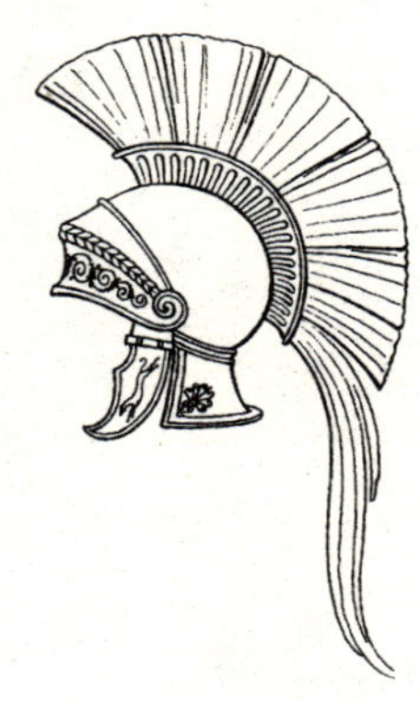

宗　教

国家宗教

发 展

宗教是慰藉和敬奉神的过程，目的是为了生活得越来越平静安详。对神的顶礼膜拜不是为了保证死后灵魂的生活，也不是通过一种道德或神圣的感觉进行的。基督教以前(pre-Christian)的罗马时代，没有一个词语是用来表示宗教的：拉丁语单词“religio”意为尊敬。基督教之前，大部分罗马人开始信仰多神，这些神影响着人们生活的各个方面。在罗马，崇拜和安抚特定的神被认为是国家宗教，他们通常排斥外来神和那些罗马世界吸纳来的祭仪。通常认为，执行正确的仪式可以保证城邦的存在和繁荣。这种国家宗教是由早期农业家庭所进行的宗教仪式演化而来的。随着农业共同体的扩展，一些为个人和家庭提供有利气候、好的收成和保护他们免于偷窃的神，也被普遍要求为共同体提供这些好处。为满足这些要求，人们开始为神举行宗教仪式和献祭，由是出现了祭司和负责此事的官员，最初由王负责。这种宗教的基本原则是信仰神和灵魂无处不在，他们对所有的自然现象负责，并通过适当的祭品和宗教仪式获得抚慰。因为神和灵魂无处不在，所以牺牲和宗教仪式成了日常生活的一部分。国家宗教很难正确地定义；对于很多神来说，没有证据表明他们是否被视为国家宗教的一部分。

随着共同体发展成为国家，宗教与政治和社会的关系也越来越紧密。宗教支配着政治活动，因为在国家运作之前，宗教的本质就是探知神的意愿。最终，为了党派的目的，人们开始利用宗教进行活动。起初王是祭司，当王被驱逐后，仍保留其头衔“rex sacrorum”(圣事君主)。祭司均为国家官员，神庙和宗教节日有时由国家提供经费。

国家宗教不是静态的，而是与罗马社会并肩发展，主要的变化是从其他文化中吸收神，特别是从埃特鲁里亚和意大利的希腊殖民地加以吸收。其最大的变化可能是通过希腊神的影响而引起的，这些神均为神人同形同性，且发展为较成熟的神话，与早期罗马的“numina”(单数为“numen”，意为精神或神圣的力量，经常表现为自然或抽象的力量)形成对比。到共和国末期，由于接受其他文化中的神，国家宗教已完全不同于早期罗马宗教了。

宗教有足够大的伸缩性来吸收外来祭仪，但它也被高度地仪式化了。在宗教仪式中有一种很强的魔幻因素，人们对此严格遵守。在执行过程中最小的错误也会导致一个仪式无效。很多宗教仪式毫无变化地延续下来，但人们却逐渐忘却了它们的含义，因此它们后来几乎不能被人所理解。有时偶尔也举行宗教仪式来敬神，但神的特征和品质已经被人遗忘，只有神的名字依然存在。

罗马除了祈祷规则外没有宗教著述，因此人们不受教条约束。他们可以自由地想象并相信他们的神想要什么，从而可以正确地执行宗教仪式。人们认为神对罗马生活中的爱国精神、家庭热爱和责任感皆有帮助，事实上它们确实与这些道德紧密联系。

恺撒渡过卢比孔河引发内战后，人们把骚动归因于对国家宗教的忽略。秩序恢复后，奥古斯都做了大量的工作使国家宗教充满了新的活力，他建立神庙，复兴宗教仪式和祭仪(如对阿波罗的祭仪)，鼓励人们参加公共宗教典礼。在后来的三个世纪里，尽管很多罗马人信奉其他宗教的现象不断增多，如密特拉教(Mithraism)、基督教和对伊西斯的崇拜，但国家宗教仍保持很强的力量。帝国时期出现了东西部的对比，在西部，罗马万神殿与本土祭仪相结合；在东部，希腊神已经建立根基并与当地神联系在一起，继续占据主导地位。

皇帝崇拜

随着帝国的扩张，罗马开始统治东部民族，这些民族习惯于将他们的国王拜为神，所以他们自然地把该崇拜转移到罗马统治者身上。奥古斯都和他的继承者提比略认为,把现存统治者奉为神的这种习俗如果传到西部将会起到煽动作用,但是既然这种习俗在东部无法消除,他们就开始鼓励崇拜"Roma",即罗马的圣灵。奥古斯都鼓励崇拜"genius"或"numen"(皇帝身上表现出来的精神力量)而非活生生的皇帝本人,希望以此消除未来社会的不安状态。在西部,奥古斯都的祭仪不断增加,并经常与罗马神联系在一起。铭文证据表明各种德操是如何被人性化并加以崇拜的,其中包括"美德神"(Virtue)、"胜利神"(Victory)、"纪律神"(Discipline)和"命运神"(Fortune)。例如,很多祭坛都用于献祭"奥古斯都之运"(Fortuna Augusta;皇帝的命运或运气),该祭仪的中心在里昂。庞贝城也有用于献祭"奥古斯都之运"的神庙。

图 7.1　尼姆的"方型房"(Maison Carrée)神庙,一个古典时期的神庙,最初是献给罗马神(Roma)和奥古斯都的皇帝祭仪,后来献给盖尤斯·恺撒和卢基乌斯·恺撒。

公元前44年尤利乌斯·恺撒死后,人们认为他已经进入神的行列(即被“神化”了),在奥古斯都(公元14年去世)以后,皇帝死后被神化的现象非常普遍。在西部,神化皇帝与罗马神祭仪紧密相连,但在东部,对在世皇帝的崇拜仍然存在。对皇帝的崇拜成为检测对罗马忠诚的标准——只要国民把其敬意奉献给皇帝,他们即可自由崇拜任何一位他们选择的神。奥古斯都时期的历法断片中的证据表明,奉献给皇帝或其家庭的节日及庆典大约一个月举行两次。

图7.2 庞贝城“奥古斯都之运”(Fortuna Augusta)神庙的复原图,该神庙用于献给皇帝祭仪。(来自W. Gell [1832] *Pompeiana*)

基督教

公元4世纪时,皇帝开始支持基督教。公元313年米兰敕令之后,基督教的传播属合法行为。公元4世纪末,狄奥多西一世在一系列敕令中禁止所有非基督的宗教仪式,禁止异端的基督徒活动,基督教成为官方宗教。

祭　司

组　织

在罗马，国家宗教没有全职专业祭司。大部分祭司是从贵族中挑选出来的，他们被培养成国家宗教的官员，有责任为国家服务，履行其职责。祭司有等级划分，以“教团”(colleges)为单位进行组织。两个主要的教团有“占卜师”(augures)和大祭司(pontifices)；后者也包括一些特定神的诸神祭司(flamines)，如“维斯塔贞尼”(Vestal Virgins)和“圣事君主”(rex sacrorum)。两个稍小的教团中包括照管《预言书》(*Sibylline books*)的祭司和牺牲宴祭司(epulones)。较低级的祭司包括“外事祭司”(fetiales)、阿尔瓦里斯祭司团(Arvales)、萨里意(salii)和牧神祭司(luperci)。

祭司与家庭中的“家长”(paterfamilias)同时组织活动：后者代表整个家庭，为保持与神之间的良好关系而举行仪式，而祭司则代表国家(State)，为保持与神之间的良好关系而举行仪式。

神庙通常有不同等级的成员，他们由祭司(sacerdotes，单数为“sacerdos”)统领，这些祭司或由行政官兼职担任，或为全职的付薪官员。女祭司也在一些仪式中任职，通常都是女神的仪式；最著名的是“维斯塔贞尼”。神庙有大量的仆人，如负责安全的看门人、负责全面维护的奴隶和仆人、司书、宗教队列和典礼中的侍僧，有时还有负责来客的向导和解说者。

大祭司

大祭司团(collegium pontificum)是罗马最重要的祭司团体。大祭司(pontifices，单数为“pontifex”)全面控制着国家宗教。在王政时期，他们构成王的宗教委员会，在国家祭祀活动中为其提供帮助。共和国时期，他们负责国家宗教的组织活动。一般认为，大祭司的人数最初为三位，到尤利乌斯·恺撒时期逐渐增加到16位。起初大祭司都是贵族，到公元前300年之后，其中一半是平民。大祭司长行使控制整个国家宗教的权力，所以位高权重。从尤利乌斯·恺撒控制这一职位开始，之后均由历代皇帝把持，公元381年格拉提安放弃这一头衔。

大祭司决定节庆、“司法日”(dies fasti，即允许处理法律事务的日子)、“非司法日”(dies nefasti，不允许处理法律事务的日子)的日期。他们也对每年发生的主要事件进行记录。大祭司也可以参加公共事务。在形式上，他们不负责个人敬神活动，但他们必须出席称之为“神圣麦饼婚礼”(confarreatio)的神圣婚礼仪式。

圣事君主

公元前510年国王被驱逐之后，出现了“圣事君主”，行使国王的宗教职能。“圣事君主”是从贵族中选出的终身任职的祭司，但他被剥夺了担任其他官职的资格。他和他的妻子(regina，意为“女王”)负责一些宗教事务，执行各种国家献祭。“圣事君主”在职位上高过并优于大祭司长，但在宗教权力上稍为逊色。

占卜师

“占卜师”是唯一被正式批准占卜吉凶(读懂并解释神谕)的祭司团体。占卜或“鸟示”(auspicium)的程序不能预测未来，但它能发现一件被提议的事情是否有神助。神谕能被主动提供，但通常要通过一些途径进行寻找，大部分通过野鸟的飞行方式或小鸡等家禽的喂养习惯来观察。在进行任何重大事件之前，如航海或战争，都要进行占卜。基于这个目的，有时会随军携带圣鸡，为的是在战争之前进行占卜。占卜有严格的规则，占卜师被选出后要终身担任，并通过训练来胜任这一角色。

内脏占卜者(Haruspices)

最初,在罗马以动物内脏占卜的人(Haruspices,单数为“haruspex”,字面意为“凝视内脏者”)是埃特鲁里亚的占卜者。他们被认为是神意的解释者,与占卜师相媲美,但他们在罗马没有宗教权力,可能直到帝国时期才组成教团。他们解释牺牲的内脏、与众不同的出生或成长(神童)以及闪电,所有这些都被认为是神的意愿迹象(神童和闪电是有预兆的)。内脏则通过颜色、斑纹、肝脏和胆囊的形状来解释,现发现有训练内脏占卜者时使用肝脏的模型。闪电的解释者称为闪电占卜者(fulgurator);闪电需通过它的频率和出现时所在天区来解释。“内脏占卜者”团体在帝国的很多地区都极为有名。

诸神祭司

在罗马,诸神祭司(flamines,单数为“flamen”)是那些被任命为特定的神服务的人。15 个诸神祭司至少服务于 12 个神:凯莱斯、法拉克尔(Falacer)、福罗拉(Flora)、芙瑞纳(Furrina)、朱庇特、马尔斯(Mars)、帕拉图阿(Palatua)、波摩纳(Pomona)、波尔图努斯(Portunus)、奎里努斯(Quirinus)、沃勒图尔努斯(Volturnus)和乌尔甘(Vulcan)。诸神祭司是大祭司团中的一部分,受控于大祭司。高级诸神祭司(最古老最有威严的)均为贵族出身,包括朱庇特神祭司(flamen dialis)、马尔斯神祭司(flamen martialis)、奎里努斯神祭司(flamen quirinalis)。低级诸神祭司均为平民。祭司的服装特点就是白色的圆锥形皮帽(apex)。地方自治市也有诸神祭司。在罗马和行省,随着尤利乌斯·恺撒和其后的皇帝被奉为神明,诸神祭司也参与到对他们的崇拜中。

外事祭司团

外事祭司团(fetiales)是从贵族家庭中挑选出来终身任职的祭司团。他们处理外族事务，特别是关注与宣战和缔约有关的一些仪式。宣战时，祭司用力投掷矛穿过边界插到敌人领土，或选择性地把矛投到贝罗纳(Bellona)神庙一处象征敌界的特别之地。祭司通过主持隆重的仪式使协约变得神圣，如果罗马首先违约，祭司就对它宣读一段咒语；祭司在巨石(lapis silex)或燧石上杀死一头猪使这次仪式有效。该祭司团可能在共和国末期已经消逝，但在奥古斯都统治时期重现。

阿尔瓦里斯祭司团

阿尔瓦里斯祭司或称阿尔瓦里斯兄弟(fratres arvales)是罗马最古老的祭司团体。他们为使土地肥沃("arvum"指犁耕过的土地)而进行公共献祭。该团体由 12 个从元老院最高家庭中挑选出来、终身任职的祭司组成。5 月，他们在罗马外界坎帕尼亚大路(Via Campania)一片小树林里举行最重要的仪式，敬奉蒂娅女神(Dea Dia)。这些祭司的颂歌(carmen arvale)是现存最古老的拉丁诗作。它保存在公元 218 年的铭文上，其时间大概可追溯到公元前 6 或前 5 世纪。

奥古斯都祭司团(Augustales)

帝国时期，罗马的一些祭司或某些名誉团体会获得"奥古斯都祭司团"的名称。提比略建立"奥古斯都友生会"(sodales Augustales)主要负责崇拜奥古斯都及其家庭。同样，其他皇帝死后，也任命祭司参加诸如此类的崇拜活动。很多意大利城镇和行省建立"六人团"(seviri)来检查罗马和奥古斯都的祭仪。他们是自由民，通常不能从其他祭司团和权威者中选出。

牺牲宴祭司

牺牲宴祭司(组织飨宴)团体在公元前 196 年建立，最初有三人后来增加到 10 人。他们安排朱庇特圣宴(epulum Iovis；即在"至善至尊的朱庇特"节日的祭祀之后为元老们举行的宴会），也在其他一些节日和竞技之后安排公共宴会。

萨里意

萨里意是由 24 个祭司组成的战神马尔斯祭司团，平均分为两组。他们是马尔斯的“跳跃的”或“舞蹈的”祭司，在其节日游行中载歌载舞。他们是从贵族家庭中挑选出来的，挑选时被选者的双亲必须健在。在游行中，他们身着军服、佩带武器，在指定地点暂停，进行仪式舞蹈，歌唱他们古老的颂歌——萨里意颂歌(carmen saliare)。

牧神祭司

Luperci 是在牧神节(Lupercalia)期间主持祭仪的祭司团。他们分为两个团体，昆提里乌斯团(Luperci Quintiales 或 Quintilii)和法比乌斯团(Luperci Febiani 或 Fabii)，人们认为二者分别由罗慕路斯和勒慕斯建立。

维斯塔贞尼

维斯塔贞尼负责看守和照管罗马维斯塔(Vesta)神庙中国家炉膛的火。她们还制作献祭的圣咸饼(mola salsa)，照管一些圣物，比如帕拉斯神像(Palladium)——“全身披挂”的希腊女神雅典娜(Pallas Athena)的肖像，该女神等同于米涅尔瓦。罗马人认为它是保护罗马的有力避邪物。

最初有四个维斯塔贞尼(后来六个)，她们由大祭司长从贵族家庭的女孩中挑选出来，年龄在六到十岁之间。一般要求服务 30 年，但她们通常终生服务。这些祭司住在靠近罗马广场的维斯塔殿(Atrium Vestae)。她们由公共资金供养，受控于大祭司长。她们的纯洁性至关重要，如果被发现失身将被活埋。她们受到很高的尊敬，在某些纠纷中代表劣势一方则具有很强的影响力。她们与其他妇女不同，不需要监护人。

男神和女神

群体

罗马的一些主神通常被分为不同的群体，最著名的是奥林匹斯众神（朱庇特、朱诺、马尔斯、维纳斯、阿波罗、狄安娜[Diana]、凯莱斯、巴库斯[Bacchus]、墨丘利[Mercury]、尼普图努斯、米涅尔瓦和乌尔甘），他们与希腊的奥林匹斯众神相对应。“Di consentes”是罗马的十二主神（六位男神、六位女神）。根据诗人恩尼乌斯记述，他们与奥林匹斯众神是相同的，只是用维斯塔代替了巴库斯。随着罗马宗教的发展，每一组三神共享罗马卡皮托尔山的一座神庙，因此成为有名的卡皮托尔三主神（Capitoline Triad）。起初他们指朱庇特、马尔斯和奎里努斯。后来在埃特鲁里亚人的影响下，三主神变为朱庇特、朱诺和米涅尔瓦，后三位便是通常所说的“卡皮托尔三神”，而为他们献祭的神庙称为“卡皮托”（Capitolia，单数为“Capitolium”），该名源于罗马的山丘和神庙。“Di inferi”是冥界诸神，如狄斯（Dis）和普罗塞尔皮那（Proserpina）。“Dius fidus”是用誓言约束的神，通常为朱庇特和英雄赫拉克勒斯。与希腊人不同，罗马人崇拜的英雄很少。

证据

由于罗马人有如此多的神，而这些神通常负责日常生活中极特别的方面，所以并非所有的神都有名字。在这些神中，可能只有相对较少的名字流传至今。而每位神祇的核心信息诸如神职、特征、仪式等也发生了一定的变化。具有完全神格的男神和女神与非人性的精神力量（numina）是有差别的。虽非全部但大多数的神是从“numina”发展而来的，其数量很大并被赋予特殊的职司。例如，尹希多耳（Insitor）是播种之神。由于缺少信息，通常无法分辨一个神是“numina”还是具有完全神格的。

同化外来神

希腊神具有神、人同形同性论的个性、外形，并在很多领域都有影响力，罗马人与希腊人不同，他们相信不明的灵魂控制着一个地区或活动。当希腊神和其他宗教的神被吸收到罗马万神殿时，他们与罗马的神对应起来。例如，希腊神宙斯(Zeus)与罗马神朱庇特相对应，他们有着相同的特征；不列颠的凯尔特女神苏利斯(Sulis)与米涅尔瓦相对应；而在卡帕多西亚战争中，女神“科马纳的玛神”(Ma of Comana)与贝罗纳等同。最初的一些罗马神有很多名字，在向神祈祷时经常使用一种惯用语“你的名字是神圣的，无论你选择何种名字”，一旦祈求者忽略了一个名字即会导致祈祷无效。同样，罗马人尽量不去冒犯任何一位神，他们甚至会接纳敬奉那些被围攻城市的神。

图 7.3　奥斯提亚的卡皮托神庙，献给朱庇特、朱诺和米涅尔瓦。通往神庙的台阶前面是一个祭坛。

诸 神

下面列举一些主要的男神、女神和一些知道名字的“numina”。这些在共和国和帝国时期受到崇拜的众神按字母顺序排列如次，多数神灵均从其他文化吸收而来，或源于罗马统治之前的一些当地神（如凯尔特、意大利、日耳曼和叙利亚的神），他们往往与传统的罗马神相对应。在罗马城邦并行不悖。

阿邦狄努斯(Abandinus) 凯尔特水神，已知源于不列颠。

阿贝奥纳(Abeona) 负责孩童离家时从父母身边迈出第一步的女神。

阿比路斯(Abilus) 凯尔特神，在法国与达默纳(Damona)一同受到崇拜。

阿波纳(Abna) 伊比利亚神。

阿布诺巴(Abnoba) 凯尔特女猎神或丰产神，与狄安娜相关。她在日耳曼黑森林(Black Forest)地区受到崇拜。

阿布恩丹提亚(Abundantia) 象征繁荣的女神。

母神拉兰提娅(Acca Larentia) 该女神(也被称为拉兰提娜[Larentina])最初的来源不明，其身份认定众说纷纭，如赫拉克勒斯的情人或法乌斯图鲁斯(Faustulus，即发现罗慕路斯和勒慕斯与狼在一起的牧人)的妻子。她的节日(Larentalia)在12月23日。

阿克什(Acis) 在西西里埃特纳山(Mount Etna)附近的阿克什河(Acis River)神，他是罗马神福那斯(Faunus)和仙女希迈提斯(Symaethis)的儿子。

阿克拉伽斯(Acragas) 在西西里的阿格里甘图受到崇拜的水神。

阿德奥纳(Adeona) 指给孩童回家道路的罗马女神。

阿多朗达(Adolenda) 把蔓延到蒂娅女神的圣殿的无花果树移开的罗马神,由阿尔瓦里斯祭司团负责乞灵。

阿德拉诺斯(Adranos) 在西西里埃特纳山附近被崇拜的神,他是一位战神,亦即希腊神赫怀斯托斯(Hephaestos,火神及锻造神)。

埃吉亚姆尼埃古司(Aegiamunniaegus) 西班牙西北部的伊比利亚神。

埃魁塔斯(Aequitas) 公平交易女神,又名埃凯提亚(Aecetia),有时又以"奥古斯都崇奉的埃魁塔斯"(Aequitas August,意为"皇帝的公正")之名受到崇拜。

阿瑞库拉(Aericura) 凯尔特—日耳曼女神,也称"赫勒库拉"(Herecura)。她有时被描述成一位母神,但主要是作为冥界女神出现。在日耳曼南部和巴尔干半岛,她与父神狄斯(Dis Pater)一同受到崇拜。

阿瑞库路斯(Aericurus) 显然是一位冥界神,阿瑞库拉的男伴。相关资料来自哈德良长墙的铭刻。

埃尔努斯(Aernus) 可能是葡萄牙(Portugal)北部布拉甘萨(Braganca)地区的一位守护神。

埃斯库拉皮乌斯 希腊神阿斯克勒皮奥斯(Asklepios)的拉丁名字,他是康复神阿波罗与凡人克洛尼斯(Coronis,弗勒吉阿斯[Phlegyas]之女)之子。埃皮达路斯(Epidaurus)是阿斯克勒皮奥斯祭仪最重要的中心地区,除此之外很少建有圣殿，比如在雅典(公元前420年)和罗马(公元前293年)。该祭仪的重要性在于它是罗马人在一次严重的瘟疫中从《预言书》中咨询出的结果。在罗马，埃斯库拉皮乌斯神庙坐落于台伯河的一个小岛上。他有时即为腓尼基神埃斯穆恩(Eshmoun)。埃斯库拉皮乌斯的节日在1月1日。

阿特尔(Aether) 上层天的化身，被认为是朱庇特和凯路斯(Caelus)的父亲。

阿格狄斯提斯(Agdistis) 弗里吉亚母神，在罗马她被称为库贝拉(Cybele)或大母神(Magna Mater)，其祭仪遍布罗马。

阿戈黎波(Aglibol) 叙利亚月神，在巴尔米拉经常与巴力(Baal)、柏尔(Bel)、雅尔希波(Iarhibol)、马拉克柏勒(Malakbel)和沙米讷(Shamin)神联系在一起。

阿尤斯·罗库提乌斯(Aius Locutius) 公元前390年高卢人入侵罗马在即，人们听到警告的声音(但被忽视了)，此后在罗马建立了该神的祭坛。"Aius Locutius"意为"宣布者"。

阿拉希亚戈(Alaisiagae) 与马尔斯相关的日耳曼战争女神。

阿拉托尔(Alator) 与马尔斯相关的凯尔特神。

阿拉韦娜(Alauina) 来自日耳曼的凯尔特母神。

阿尔比奥里克斯(Albiorix) 与马尔斯相关的凯尔特神。

阿尔布内阿(Albunea) 意大利伊特沃利(Itvoli)地区的水泽仙女。

阿莱克托(Alecto) 复仇女神(Furies)之一,也称“阿尔莱克托”(Allecto)。

阿里莫娜(Alemona) 照顾未出生孩子的女神。

阿里萨诺斯(Alisanos) 凯尔特神,在高卢作为一块石头的圣灵而受人崇拜,可能与阿莱西亚城的守护神阿里萨努斯(Alisanus)是同一个神。

阿勒特(Allat) 在巴尔米拉和其周围地区被崇拜的叙利亚女神。

阿尔摩(Almo) 拉丁姆阿尔摩河神,是仙女拉喇(Lara)的父亲。

阿勒托尔(Altor) 农业神,与女神特鲁斯(Tellus)有联系。

阿毕埃克尔(Ambieicer) 来自葡萄牙北部的伊比利亚神。

阿姆比奥瑞比斯(Ambiorebis) 来自葡萄牙北部的伊比利亚神。

阿蒙(Amon,Ammon,Amun) 埃及主神之一,在罗马时期也被崇拜,有时与朱庇特等同。

安南克(Ananke) 希腊绝对义务的化身,即罗马的尼凯希塔斯(Necessitas)女神。

安卡姆纳(Ancamna) 高卢女神,可能是一位母神,与“治愈神”马尔斯(Mars Lenus)和“供给神”马尔斯(Mars Smertrius)一同受人崇拜。她似乎是日耳曼特莱维尔部落(Treveri)女神。

安卡斯塔(Ancasta) 源于英格兰的凯尔特母神。

安达尔特(Andarte) 在高卢被崇拜的凯尔特女神,可能即为大母神,也可能与安德拉斯特(Andraste)是同一个神。

安狄努斯(Andinus) 源于摩埃希亚的凯尔特神。

安德拉斯特(Andraste) 据古代著作家记述,安德拉斯特是凯尔特胜利女神,在英格兰被爱西尼人(Iceni)崇拜。她可能和安达尔特是同一个神。

安格隆纳(Angerona) 也被称为"神圣"安格隆纳(Diva Angerona)。她是秘密女神,亦被认为可以消除疼痛和烦恼。其形象通常是把一根手指放在紧闭的嘴上,警告安静。她在12月21日其节日(Angeronalia)中受到崇拜。

安吉提亚(Angitia, Anguitia) 意大利女神,可能司康复,在弗吉努斯湖(Lake Fucinus)地区受到崇拜。

"经年神"安娜(Anna Perenna) 该女神通常被认为是年份的化身,因为她的节日是在新年的第一个月圆之日(3月15日)。其祭仪在罗马弗拉米尼乌斯大路旁一处圣林中举行。

阿诺基提库斯和安提诺基提库斯(Anociticus and Antenociticus) 在哈德良长墙一处神庙中的凯尔特神。哈德良长墙上记录的另一位神是安托基狄库斯(Antocidicus),他可能和安提诺基提库斯是同一位神。

阿努(Anu) 其祭仪遍及叙利亚和美索不达米亚。

阿努比斯(Anubis) 有豺狼头的埃及死神。罗马人通常用一只狗头来描绘他。帝国时期,他的祭仪同伊西斯等其他埃及神一起传入罗马。

阿帕德娃(Apadeva) 源于日耳曼的凯尔特女性水神。

阿匹斯(Apis) 在罗马时期作为塞拉皮斯(Serapis)祭仪的一部分受到崇拜的埃及圣牛。

阿波罗(Apollo) 该希腊神从来没有与之完全对应的罗马神。他首先作为康复神传入,后来成为神谕、预言、狩猎、音乐和诗歌神。库迈的西比拉(Sibyl)是阿波罗神的女祭司。对于罗马人来说阿波罗是诗歌神,“饮用喀斯塔利娅泉(Castalia)之水”意味着有诗的灵感。喀斯塔利娅是希腊神话中的一位仙女,她被阿波罗追逐时,投身到德尔斐(Delphi)附近帕尔纳苏斯山(Mount Parnassus)的泉水中。

阿波罗也曾作为太阳神(Phoebus Apollo)受人崇拜。凯尔特人崇拜的“伟大的骑士”阿波罗(Apollo Atepomarus)有时与马联系在一起,他可能是马匹与骑手之神。另外,阿波罗与凯尔特神百勒努斯(Belenus)对应:阿波罗—百勒努斯(Apollo Belenus)即是太阳神和康复神,他在高卢的部分地区、意大利北部和诺里库姆非常普及。“携犬出猎的王子”阿波罗(Apollo Cunomaglus)是凯尔特神,在英格兰有他的圣殿,那里可能曾是康复者的圣殿,该圣殿也敬奉狄安娜和希尔瓦努斯(Silvanus),“Cunomaglus”意为猎犬之主,即表明他是一位狩猎神。狩猎和康复祭仪经常是联系在一起的。“炙热神”阿波罗(Apollo Grannus)[译按:“Grannus”源于凯尔特语“ghrena”,意即“火热”、“温暖”,可能与温泉有关]是凯尔特康复神,在罗马和欧洲大部分地区均很普及;他经常与药泉联系在一起,也被当作太阳神受到崇拜。“沸水神”阿波罗(Apollo Moritasgus)是凯尔特的康复神,阿莱西亚的一处献辞中曾提到他,同时也提到其配偶达默纳。“清亮神”阿波罗(Apollo Vindonnus)是凯尔特太阳神和康复神,在塞纳河畔沙蒂永(Châtillon-sur-Seine)附近的埃萨卢瓦(Essarois)有一座他的神庙;“Vindonnus”意为清澈的光,很多来神庙的崇拜者因眼疾而来寻求治疗。“施仁神”阿波罗(Apollo Virotutis)是在高卢受到崇拜的凯尔特神;“Virotutis”意为仁慈的捐助者。罗马在 7 月举行敬奉阿波罗的竞技活动,9 月 23 日是阿波罗的节日。奥古斯都将阿波罗视为他自己的保护神。

阿皮亚斯(Appias) 水泽仙女,她是罗马母神维纳斯(Venus Genetrix)神庙附近阿皮亚泉(Appian fountain)水神。

阿劳西奥(Arausio) 阿劳西奥(今奥朗日)的守护神。

阿尔度纳(Arduinna) 阿登森林(Ardennes Forest)的凯尔特野猪女神。她可能是狩猎和追赶动物特别是野猪的女神。参见狄安娜。

阿莱图萨(Arethusa) 水仙女,她是西西里岛上一处泉水的化身。

阿尔奈米提娅(Arnemetia) 在英格兰阿尔奈米提娅温泉城(Aquae Arnemetiae,巴克斯顿[Buxton])出现的一位凯尔特女神,也可能是药泉女神。

阿尔忒弥斯(Artemis) 希腊的狄安娜女神,罗马统治时期,土耳其的很多城镇都崇拜她,在以弗所,其形象是与很多野兽在一起。她在以弗所的神庙被列为世界七大奇迹之一。

阿尔提奥(Artio) 凯尔特的森林动物女神,与熊的关联较大("artio"意为熊)。亦即富足、狩猎和丰产女神,她的崇拜主要在瑞士(Switzerland)和德国地区。

阿塔克纳(Ataecina) 伊比利亚冥界女神,有时等同普罗塞尔皮那。

阿塔尔伽提斯(Atargatis) 也称为叙利亚女神(Dea Syria)。海拉波利斯有她的神庙(在叙利亚是最伟大最圣洁的),作为丰产女神受到崇拜。其配偶名叫哈达德(Hadad)。公元前 2 世纪,她的祭仪传到希腊很多城市,但在西部并未普及，不过她的祭仪曾有一段时间得到尼禄的偏爱。

阿提斯(Attis,Atys) 安纳托利亚(Anatolia)神，配偶是库贝拉。公元2世纪中期以前，他在祭仪中居次要地位。罗马时代后期，他被认为是全能的太阳神，大概可以保证不朽。参见“东方宗教”。

奥法尼埃(Aufaniae) 凯尔特母神，也称为“丰产神”奥法尼埃(Matronae Aufaniae)。

奥若拉(Aurora) 美好黎明的女神。

阿维塔(Aveta) 在特里尔受到崇拜的凯尔特女神。她是象征丰产和繁荣的母神，其形象有时拿着一篮水果，有时和供玩赏的小狗或襁褓里的婴儿在一起。她可能也是丰饶、复兴或重生女神。

阿扎那提柯纳(Azzanathcona) 叙利亚女神，有时等同阿尔忒弥斯。

巴力诸神(Baals) 在叙利亚和阿拉伯被崇拜的当地太阳神和天神(单数为“Baal”)。“巴力”一名用于叙利亚最伟大的太阳神，他的崇拜中心在巴勒贝克(Baalbek)。他最初与希腊太阳神赫利俄斯(Helios)对应，后来对应于朱庇特，这样，人们乞灵时即称之为赫利奥斯城“至善至尊”的朱庇特(Jupiter Optimus Maximus Heliopolitanus)。在巴勒贝克，巴力与阿塔尔伽提斯联系在一起。在巴尔米拉，天神巴力(Baals Shamin)与当地神阿戈黎波和马拉克柏勒联系在一起，有时他的形象为身着罗马盔甲，带有雷电和谷穗，以表示除了作为天神之外，他也是保护神和丰产神。在北非，巴力诸神在一神论祭仪中受到崇拜，称为萨图恩。

巴库斯 希腊神狄奥尼苏斯(Dionysus)的罗马名字，葡萄树和酒之神，也是神秘狂欢之神。据记载,因巴库斯的仪式淫荡、腐败、纵酒狂欢,所以酒神节在公元前 186 年被查禁,酒神的圣殿也被摧毁。巴库斯在土地节(Ambarvalia,5 月 29 日)期间受到崇拜。参见"东方宗教"。

巴克(Baco) 法国一铭文记载的凯尔特神。他可能是野猪神。

班达(Banda;Bandua) 来自葡萄牙和西班牙西北部的伊比利亚神,该名可能意为"联合或团结之神"。

巴尔吉埃库斯(Barciaecus) 西班牙北部的伊比利亚当地神。

柏尔(Bel) 叙利亚天空神,与朱庇特相关。在巴尔米拉,他与当地神雅尔希波和阿戈黎波联系在一起。

柏拉图卡德路斯(Belatucadrus) 凯尔特战神,其名意为"美丽的发光物",哈德良长墙周围的铭文有相关记载,他通常等同于马尔斯。该神名字有较多的拼写形式,其祭坛质量很差,表明他的崇拜者是一些低层人民。

百勒努斯(Belenus) 一位重要的凯尔特太阳神,有时称为阿波罗。他与马有关,可能也与 5 月 1 日凯尔特的贝尔提尼(Beltene)太阳火节有联系。参见阿波罗。

贝罗纳(Bellona) 战争女神,也被称为杜埃罗纳(Duellona,罗马名称的早期形式)。她对应于希腊恩尤(Enyo)女神,有时亦被认为是马尔斯的妻子或姐妹。来自卡帕多西亚的科玛纳的战争女神玛(Ma)也称贝罗纳。贝罗纳的节日在 6 月 3 日举行。

柏尔古希亚(Bergusia) 乌库埃提斯(Ucuetis)的女性配偶。在高卢的阿莱西亚，两人可能作为工艺神一起受人崇拜。

柏斯（Bes） 埃及神，有时与伊西斯、塞拉皮斯、哈尔波克拉特斯（Harpocrates）一起受人崇拜。其形象奇异怪诞，可抵制邪恶。

波都斯（Bodus） 伊比利亚神，可能是战争神。

良善女神（Bona Dea，Bona Dia） 土地和丰产女神，有时称为福那（Fauna）。她专受妇女崇拜。节日在12月3日。

好运神（Bonus Eventus）［译按：拉丁文原意为“好的结局”］ 成功事业之神。最早可能是丰收的农业神，他非常受欢迎，卡皮托尔山有他的神庙。

波尔玛纳（Bormana） 凯尔特的康复泉女神。她的祭仪有时单独进行，更多情况下与波尔墨（Bormo）联系在一起。

波尔墨（Bormanus，Bormanicus，Borvo） 与康复泉相联系的凯尔特神，他的名字意为“潺潺的流水”。他在西班牙和高卢受到崇拜。有时与阿波罗联系在一起，在艾克斯莱班（Aix-les-Bains）被称作赫拉克勒斯。他常以波尔玛纳为女伴，在波旁莱班（Bourbonne-les-Bains）以达默纳为伴。

波乌狄纳（Boudina） 日耳曼的凯尔特母神。

波瑞冈斯（Bregans） 英格兰凯尔特神，波瑞冈提亚（Brigantia）的同伴。

波瑞克塔（Bricta） 凯尔特女神，可能是不列颠布列冈特人（Brigantes）［译按：居住在今天的威尔士一带的人］的守护神。

布巴斯提斯(Bubastis) 埃及的猫头女神,她与其他埃及神一样在罗马和意大利各地受到崇拜。

卡毕里(Cabiri) 希腊的丰产神和水手保护神,形象与狄奥斯库里(Dioscuri)相似,受到罗马人崇拜。

卡卡(Caca) 可能是司火女神,卡库斯(Cacus)的姐妹,她的圣殿里有永恒不灭之火,由维斯塔贞尼照管。

卡库斯(Cacus) 可能是火神,乌尔甘的儿子,人们认为他生活在罗马的帕拉丁山上。

凯路斯(Caelus) 被人性化的天空之神,相当于希腊的乌拉努斯(Uranus)。

凯瓦(Caiva) 日耳曼的凯尔特母神。

卡莱基亚(Calaicia) 伊比利亚神,可能是卡莱基部落(Callaeci)的守护神。

卡米奈(Camenae) 这些女神最初可能是水泽仙女。他们相当于希腊的缪斯(Muses)神,在罗马卡培那门(Porta Capena)外有一处泉水和小树林,维斯塔贞尼从此处汲水为她们祭祀。卡米奈的节日在8月13日。参见埃格里娅(Egeria)。

卡姆柏斯特瑞斯(Campestres) 军队宿营和阅兵场地的守护女神,主要受马军崇拜。

卡姆洛斯(Camulos) 在不列颠和高卢受到崇拜的凯尔特战神。

卡德利弗拉(Candelifera) 帮助妇女分娩并为其点亮蜡烛的女神。她的名字意为"手持蜡烛者"。

卡讷斯(Canens) 最初是拉丁姆的一位仙女,被认为是雅努斯之女。

卡尔迪亚(Cardea,Carda) 门铰链女神,主持家庭生活。

卡尔门蒂斯(Carmentis,Carmenta) 保护孩子分娩的预言女神,也可能是水神。在神话中她是罗马第一位定居者埃万德尔(Evander)的母亲。她由低级诸神祭司负责,其节日(Carmentalia)在1月11日和15日举行。卡皮托尔山下的大门——卡尔门蒂斯之门(Porta Carmentalis)即以她的名字来命名。

卡尔纳(Carna) 门铰链和家庭生活女神,与卡尔迪亚相似,是人们健康的保护神,并被认为居于沿台伯河河岸的小树林里。

卡尔潘图斯(Carpantus) 法国南部的凯尔特神。

卡斯托尔(Castor) 在罗马,卡斯托尔和伯吕克斯(Pollux)很早就受到人们的崇拜,合称为"狄奥斯库里兄弟"或"卡斯托里斯"(Castores)。对卡斯托尔的崇拜一直较为普及,他们在罗马的神庙通常被称为"卡斯托尔神庙",其节日在1月27日和8月13日。他们是颇受欢迎的神,尤其受到骑士的欢迎,最流行的拉丁语誓言中"mecastor"和"edepol"源自他们的名字。卡斯托尔和伯吕克斯相当于日耳曼的孪生神阿尔西(Alci)。在神话中,卡斯托尔和伯吕克斯是著名的骑手,因此被认为是运动员和马军的守护神,也是水手的保护神。

凯拉(Cela) 一些著作家笔下提到的女神,并不知名。

凯莱斯(Celes) 谷物女神,象征着大自然的再生产力量。她相当于希腊的得墨忒耳(Demeter)女神,与大地女神特鲁斯为伴。公元前496年饥荒期间,《预言书》劝诫人们把对得墨忒耳、考瑞(Kore)和伊阿库斯(Iacchus)[均是与埃琉西斯秘仪〈Eleusinian Mysteries〉相关的希腊神]的崇拜与罗马神凯莱斯、自由神(Liber)和自由女神(Libera)相对应。在罗马有“凯莱斯祭司”(flamen cerialis)。凯莱斯的节日(Cerialia)在 4 月 12—19 日,在 1 月农夫节(Paganalia)和 5 月土地节期间凯莱斯也受到崇拜。作为大地女神,在葬礼后需要向凯莱斯敬献牺牲来净化房屋。不同寻常的是 10 月 4 日有一次敬奉凯莱斯的斋戒。

科尔努诺斯(Cernunnos) 司丰产、丰饶、再生和野生动物的凯尔特神,见于罗马统治前的遗址,在罗马时期受到广泛崇拜,特别是在高卢和不列颠。“科尔努诺斯”意为有角物,至少有一个命名的肖像上可以表明他有鹿角。从很多其他相似但没有命名的肖像中可以鉴别出是在描绘这位神。他偶尔与女伴联系在一起,还发现一些有鹿角的女神画像,可能是科尔努诺斯的女性对应者。

辛西亚(Cinxia) 婚姻神,照管新娘的腰带。

辛索尼亚(Cissonia) 日耳曼的凯尔特女神。

科利图努斯(Clitumnus) 翁布里亚科利图努斯河(Clitumnus River)之神。据说牛饮用了这条河里的水会变成白色。

科利维克拉(Clivicola) 负责斜坡和有坡度街道之神。

科基狄乌斯(Cocidius) 凯尔特神,对他的崇拜似乎限定在英格兰坎布里亚西部和北部以及哈德良长墙一带。他似乎是林地和狩猎神。在埃布切斯特(Ebchester)有献给桤木神科基狄乌斯(Vernostonus,意为桤木树)的铭文。有时他与希尔瓦努斯神和马尔斯(作为战争神时)对应。

科因坤达(Coinquenda) 负责树木砍伐的女神。

科拉提纳(Collatina)　山之女神,也称科利纳(Collina)。

科美多瓦(Comedovae)　凯尔特三母神。

科莫兰达(Commolenda)　其名意为“庞然大物”,他由阿尔瓦里斯祭司团负责灵唤以把无花果树从谷物蒂娅女神的圣殿移走。

康克尔狄娅(Concordia)　象征和谐的女神,她的节日在7月。

康达提斯(Condatis)　凯尔特神,不列颠泰恩—提兹河(Tyne-Tees)地区河流汇合(condate)之神。他是一位水神可能也是康复神,有时亦与马尔斯相对应。

康迪托尔(Conditor)　与粮食储存相关的神。

康塞维乌斯(Consevius,Consivius)　观念神。

康苏斯(Consus)　谷仓神,可能与丰收和秋天耕种有联系。他在大竞技场有一个地下谷仓和祭坛,只有在8月21日和12月15日其节日(Consualia)期间展示给世人。在12月12日也有康苏斯的节日,他与马有关,因此有时与希腊神波塞冬(Poseidon)对应,参见尼普图努斯。

康维克托尔(Convector)　捆扎谷物神。

科皮娅(Copia)　象征富饶的女神。

科苏斯(Cosus)　在西班牙西北部受到崇拜的神。

克图斯(Cotys,Cotyto,Cotytto)　与库贝拉相应的色雷斯女神,她的祭仪很疯狂，遍布整个希腊和意大利。

科文提纳(Coventina) 凯尔特女神，哈德良长墙附近的卡若布尔(Carrawburgh)的一处泉水神。泉水流入一个小池塘或井里成为圣地。虽然泉水没有药性，但科文提纳可能也被认为是医治者和水神。她在高卢和西班牙西北部也较为流行。

科里密苏斯(Crimisus) 西西里科里密苏斯河(Crimisus River)神。

科罗诺斯(Cronus) 与萨图恩对应的一位提坦神(Titan)。

库巴(Cuba) 保护床上孩童的女神。

库达(Cuda) 在塞伦塞斯特一处雕刻的铭文中提及的凯尔特女神，她的形象是与三个着兜帽的守护灵(genii cucullati)在一起的母神。

库尼纳(Cunina) 照顾摇篮中婴孩的女神。

丘比特(Cupid) 爱神，维纳斯和乌尔甘之子。丘比特的原型是希腊爱神(Eros)，二者的形象都有翅膀和箭袋。丘比特象征死后在棺柩中的生命，这种象征主义为基督教教义所吸收，其形象也变成带有翅膀的小天使。

库贝拉(Cybele) 见大母神。

达默纳(Damona) 法国勃艮第(Burgundy)所崇拜的凯尔特女神。她似乎是一位生产和丰饶女神，与孵化相联系，有时与“沸水神”阿波罗、波尔墨和其他康复泉的水神联系在一起。在阿尔奈勒迪克(Arnay-le-Duc)与阿比路斯有关。达默纳之名意为“伟大的(或神圣的)牛”。

多瑙河骑手神(Danubian Rider Gods) 在潘诺尼亚、摩埃希亚和达西亚,在小块的大理石和铅制的饰板上有一些图像,显示了两个骑手正践踏一个被击败的敌人,陪伴他们的是一位女神(非常高傲)。关于这些勇士战神,仅知如此。

鞑努维乌斯(Danuvius) 多瑙河神。

凯利斯提斯女神(Dea Caelestis) 迦太基塔尼特(Tanit)女神的罗马名字(意为"天上女神"),塞普提米乌斯·塞维鲁统治以后,她的祭仪逐渐普及。

蒂娅女神(Dea Dia) 谷物或农作物女神,在5月,她的节日由阿尔瓦里斯祭司团举行。在靠近罗马的坎帕尼亚大路上有一处献给她的圣林。

马特瑞斯女神(Deae Matres) 名为马特瑞斯的凯尔特女神。

看护女神(Dea Nutrix,复数为"deae nutrices") 该术语描述的是一位外形特别的凯尔特母神,通常是坐在高背柳条椅上为一个或两个孩子哺乳。这种外形的白黏土小雕像见于帝国时期的凯尔特地区,公元一二世纪,它们产自高卢中部、布雷顿(Breton)和莱茵地区的作坊。在墓穴中也曾发现过这些小雕像,表明她也是复兴和轮回女神。类似古典维纳斯的白黏土小雕像(有时称作"伪维纳斯雕像")也可能与罗马—凯尔特丰产的家庭崇拜有关,而不是对维纳斯的崇拜。参见马特瑞斯。

德基玛(Decima) 负责怀胎九个月的女神(事实上她的名字意为"第十")。

德费伦达(Deferunda) 其名意为"运货马车夫",阿尔瓦里斯祭司团负责该神祭仪以把无花果树从蒂娅女神圣殿移走。

得墨忒耳(Demefer) 希腊谷物女神,与罗马的凯莱斯对应,是埃琉西斯秘仪的一部分。

德维拉(Deverra) 保护新生儿免受希尔瓦努斯神邪恶诡计和其他邪恶灵怪干扰的神。

狄安娜(Diana) 大自然和森林女神,她的祭仪在意大利本土广泛传播。与希腊女神阿尔忒弥斯对应,她主要是狩猎和月亮女神,也是妇女的保护神。在阿芬丁山有狄安娜的早期神庙。她的祭仪中心在罗马南部内米湖畔的阿里基亚(Aricia)城附近,被称为“森林女王”狄安娜(Diana Nemorensis),与埃格里娅和威耳比俄斯(Virbius)有关。她有时与凯尔特神联系在一起,如英格兰奈特顿什拉伯(Nettleton Shrub)的“携犬出猎的王子”阿波罗,有时也与阿布诺巴和阿尔度纳等凯尔特狩猎女神混淆。在罗马 8 月 13 日有狄安娜的节日,参见赫卡特(Hecate)、朱庇特和卢西娜(Lucina)。

十二主神(Di Consentes) 十二神,六男六女,包括朱庇特、朱诺、尼普图努斯、米涅尔瓦、马尔斯、维纳斯、阿波罗、狄安娜、乌尔甘、维斯塔、墨丘利和凯莱斯。

冥界神(Di Inferi) 阴间诸神,如狄斯和普罗塞尔皮那。

尼科希神(Di Nixi) 分娩女神,也称“尼科希”(Nixi)。

狄奥尼苏斯(Dionysus) 希腊自然神,在祭仪中有时使用他自己的名字,有时使用其罗马名字巴库斯。他成为酒神和神秘狂欢之神。其祭仪是神秘宗教的一种形式。

狄奥斯库里(Dioscuri) 卡斯托尔和伯吕克斯的合称。

狄斯(Dis) 其名称是“财富”(dives)一词的一种省略形式。狄斯还有其他名字:父神狄斯、狄维斯(Dives)、哈德斯(Hades)、海德斯(Haides)、埃德斯(Aides)、埃多奈乌斯(Aidoneus)、奥尔库斯(Orcus)和普鲁图(Pluto)。最后一个名字来自希腊语“Plouton”，也意为“财富”。狄斯是死神并是阴间的统治者，与希腊的哈德斯对应。他与埃特鲁里亚神费伯鲁乌斯（Februus）也有联系。在希腊神话中哈德斯是克罗诺斯和瑞亚（Rhea）三子之一（其他两个是宙斯和波塞冬）。哈德斯和他的妻子珀尔塞福涅（Persephone）管理冥界和亡者。当他在阴间时，只有人的誓言和诅咒才能接近他，人们通过用手震动大地的方法向他祈愿。黑绵羊是献祭给他的牺牲，那些进行献祭的人要把脸背过去。哈德斯几乎没有祭仪，也很少有他的雕像。公元前249和公元前207年，元老院宣布特殊的节日以安抚狄斯和普罗塞尔皮那。在日耳曼南部和巴尔干半岛，父神狄斯有一个凯尔特女神阿瑞库拉做配偶。在文学上，狄斯只是作为死神的象征。

狄斯基普利纳（Disciplina） 有秩序的行为女神。在帝国后期，用作宣传目的来帮助维持军团内部的稳定。

“忠诚”之神（Dius Fidius） 该名源自“神圣”和“忠诚”或“信任”。他是通过誓言宣誓的神。与“半神”桑库斯有关联（Semo Sancus）（译按：“Semo”一词可能是西班牙语，有以下几种解释：司播种与收割，相当于拉丁文“serere”；优于人类[se-homo]；半神[semis]；此处与桑库斯相关联，理解为“半神”较为妥帖），节日在6月5日。

神圣帕拉图阿（Diva Palatua） 罗马帕拉丁山的守护女神。她的节日在12月11日。

多利克努斯（Dolichenus） 在土耳其的多利克（Doliche）受崇拜的山神。他被认为是天空和天气（巴力）神，因此与朱庇特相对应。

埃都萨（Edusa） 负责孩童饮食的女神。

埃格里娅(Egeria)　水神或仙女，据说是罗马第二个王努玛·庞培利乌斯的妻子。她在阿里基亚附近的内米湖畔的圣地与狄安娜及威耳比俄斯一同接受祭拜，在罗马卡培那门外的小树林里与卡米奈一同接受祭拜。怀孕的妇女为她献祭可易于分娩。

埃勒伽巴尔　叙利亚—腓尼基的太阳神，由罗马皇帝埃拉伽巴卢斯引入罗马，他曾在埃米萨做此神的祭司男童。

安都维利库斯(Endovellicus)　冥界神，可能也是康复神，在西班牙和葡萄牙受到崇拜。

埃波纳(Epona)　凯尔特司马女神，该名得自凯尔特语“马”一词。高卢东部和日耳曼边界对她的崇拜非常流行，在不列颠、达尔马提亚、北非也受到崇拜。在罗马，12月18日是她的节日(唯一一个高卢神的节日)。其形象总是骑马或与马在一起，或拿着盛满谷粒和谷穗的盘子、水果篮，或牵着狗、拿着钥匙，这表明该女神的其他神性，如生产、水、丰饶、死亡和重生。

埃斯穆恩(Eshmoun)　腓尼基健康神，主要在黎巴嫩的西顿(Sidon)受到崇拜，相当于埃斯库拉皮乌斯。

埃苏斯(Esus)　凯尔特神，在卢坎的著作、巴黎及特里尔的铭文中有相关记载。他与柳树有关，且似乎需要人祭。他的形象是一个砍伐或剪除树枝的樵夫。

伊万德尔(Evander)　希腊神，在罗马受到崇拜，他与罗马神福那斯联系在一起。

法布利努斯(Fabulinus)　帮助孩童学会说话的神。

法古斯(Fagus) 凯尔特神,山毛榉树的化身,在法国比利牛斯山脉受到崇拜。法古斯意为“山毛榉树”。

法拉克尔(Falacer) 由法拉克尔祭司服务的神,并不知名。

法特斯(Fates) 罗马命运之神,亦称为“帕尔卡”(Parcae)。

法图阿(Fatua) 罗马神谕女神,有时也称为“福那”,其名意为“言者”。

福那(Fauna) 丰产女神,福那斯的女伴,与良善女神对应。福那作为妇女和算命者之神而受到崇拜。

福那斯(Faunus) 牧人、猎人、农业经营者之神。最初他是意大利拉丁姆的本地神,与希腊神潘(Pan)对应,但他没有山羊的特征。有证据表明其祭仪已远播到英格兰的塞特福德(Thetford)。因他也是一位神谕神,可在睡梦中揭示未来或在圣林中发出声音,故有“Fatuus”(言者)的头衔。他不但在牧神节受到崇拜,而且2月13日和12月5日也是他的节日。后来又发展出很多福那斯(法乌恩[fauns]),与希腊林神(Satyrs)相对应。

“幸运女神”费里基塔斯(Fausta Felicitas) 好运女神,她的节日在10月9日。

费布里斯(Febris) 热病的化身,令人恐惧的女神。要祛除或治疗热病,人们必须安抚她。

费伯鲁乌斯(Februus) 冥界神,可能起源于埃特鲁里亚,相当于狄斯。

费里基塔斯(Felicitas) 女神或幸运的化身。公元前2世纪中期以前还未被人知晓,在帝国时期的国家宗教中有着重要的位置,她的肖像不断出现在货币上。“幸运女神”费里基塔斯的节日在10月9日。

费罗尼亚(Feronia) 春季鲜花女神,她的祭仪在意大利中部相当普及。她与福罗拉为伴,节日在11月13日。在罗马,其祭仪一般由奴隶和自由民参加,有时被称为“自主神”(Libertas)。

费德斯(Fides) 忠诚和口头契约女神。虽然她没有明确的祭司,但在10月1日其节日时,诸神祭司都骑马到她的神庙。普遍认为其祭仪很古老。

福拉诺纳(Flanona) 在达尔马提亚伊斯特利亚受到崇拜的女神,相当于米涅尔瓦。

福罗拉(Flora) 鲜花和春天女神,在意大利,很早她的祭仪就开始广泛传播了。公元前238年,在罗马大竞技场附近建立她的神庙,由福罗拉祭司(flamen Floralis)负责管理。其节日(Floralia)在4月27日和5月3日举行。福罗拉的另一个节日在8月13日。参见费罗尼亚。

丰斯(Fons) 泉水神,也称为丰图斯(Fontus),他的节日(Fontinalia)在10月13日。他被认为是雅努斯之子。

福耳库卢斯(Forculus) 司门神。

福耳纳克斯(Fornax) 人们为了防止谷物在干燥炉灶里(fornaces)燃烧,要向此女神祈愿。她是为解释2月上旬福耳纳克斯节(Fornacalia)而创造出来的神。

福耳斯(Fors) 一位古老的女神,其名意为“带来者”,其带来的可能是神意。她相当于福耳图那(Fortuna),而福耳斯—福耳图那(Fors Fortuna)则被视为特定的神。

福耳图那(Fortuna, Fors Fortuna) 最初可能是丰产女神,但后来相当于希腊女神狄喀(Tyche),因此通常更被作为命运、时机和幸运女神看待。其重要象征物是轮子。罗马牛市广场(Forum Boarium)有她的神庙,帕莱斯特里纳(Palestrina)有她的圣殿和神谕所。其节日在5月25日和6月24日。福耳图那司职很多,如"重生者"福耳图那(Fortuna Redux),"洗浴"福耳图那(Fortuna Balnearis),"妇女"福耳图那(Fortuna Muliebris),"罗马"福耳图那(Fortuna Romana)。"忠于共和国的"福耳图那(Fortuna Publica)在4月5日有自己的节日,"室女"福耳图那(Fortuna Virgo)的节日在6月11日。"时日"福耳图那(Fortuna Huiusque)的节日在7月30日,"骑士"福耳图那(Fortuna Equestris)的节日在8月13日。初生者福耳图那(Fortuna Primigenia)的节日在11月13日。

复仇女神(Furies) 女性灵怪(Furiae 或 Dirae),她被委任去执行神对人类的复仇,惩罚人间和阴间的罪恶。多数著作家认为有三位复仇女神:蒂西福涅(Tisiphone)、梅伽拉(Megara)和阿莱克托。

芙瑞纳(Furrina, Furina) 给人印象模糊的女神,可能是一个或多个泉水的女神,她的节日(Furrinalia)在7月25日。她有自己的祭司,称为"芙瑞纳祭司"(flamen Furrinalis)。其他方面不甚明了。

盖亚(Gaia) 大地女神,在其节日12月8日那天,她的祭仪与第伯里努斯(Tiberinus)一同举行。

"着兜帽"的守护灵(Genii Cucullati) 由其名字(兜帽遮盖的神灵,单数为"genius cucullatus")引申出一系列有兜帽遮盖的神的形象,通常以浮雕的形式出现在石头上。在陆地上,他们通常以巨人或侏儒的形象单独出现,在不列颠,通常表现为三个同样的侏儒,有时亦单独出现。他们似乎是代表丰产和繁荣的凯尔特神,可能也与复兴、重生相连。

“奥古斯都”的守护灵(Genius Augusti) 皇帝的保护神,该名意为“奥古斯都之灵”。

“罗马共和国”的守护灵(Genius Publicus Populi Romani, Genius Publicus) 罗马人民团体的保护神,每年10月9日为他举行一次献祭。从公元前1世纪起,他的形象为一个手持球体的蓄须者,后来是一个手持象征丰饶的羊角、不蓄须的年轻人。

格拉尼斯(Glanis) 法国南部格拉侬(Glanum)的庇护神,该处设有格拉尼斯和格拉尼卡(Glanicae)的祭坛,后者是与康复泉有关的三母神。

哈达德(Hadad) 叙利亚雷神,也被称为“天神巴力”(Baal Shamin),该名意为“天空的统治者”。在黎巴嫩的赫利奥波利斯(Heliopolis),他被视为朱庇特神,名为“赫利奥波利斯的朱庇特”。

锤神(Hammer God) 高卢一个重要的凯尔特神。有时与配偶同时出现,有时独自出现,一些画像是献给苏克卢斯(Sucellus)的。大部分画像描绘他蓄须,着短束腰上衣,身披厚重的斗篷,手持长柄铁锤和一个小罐或长脚酒杯。在不同的地区,他与酒、康复泉和太阳联系在一起。他似乎还有很多其他同伴。其职司复杂,未能全部被人了解。

哈尔波克拉特斯(Harpocrates) 埃及神荷鲁斯(Horus)的罗马和希腊名字,他是伊西斯之子。

赫卡特(Hecate) 最初是阴间的希腊女神,她掌管巫术,经常在十字路口受人敬奉,其形象是三张脸,有时是四张。她是拉托纳(Latona)的姐妹,经常被视为狄安娜。

赫勒耳努斯(Helernus) 可能是阴间神。2月1日,在罗马的一处圣林受到崇拜。

赫拉克勒斯(Hercules) 与希腊英雄赫拉克勒斯对应的罗马神。他作为胜利神和商业经营神受到崇拜。在罗马的牛市广场有他的祭坛——马克西姆祭坛(Ara Maxima)。他的很多神庙都被设计成圆形。任何东西皆可献给赫拉克勒斯,这符合他暴食的声誉。他有时等同于腓尼基神美刻尔(Melqart)。赫拉克勒斯与许多凯尔特名相连,最流行的是在高卢东北部的"富有者"赫拉克勒斯(Hercules Magusanus);在那尔旁高卢,他被称为"伊路努斯"(Ilunnus),在英格兰的锡尔切斯特(Silchester),他被称为"凯旋的"赫拉克勒斯(Hercules Saegon),"Saegon"可能是"Segomo"(意为胜利的)一词的另一种形式。"伟大的守护者"赫拉克勒斯(Herculs the Great Custodian)的节日在6月4日,"无敌者"赫拉克勒斯(Hercules Invictus)的节日在8月12、13日。参见母神拉兰提娅、波尔墨和奥格米奥斯(Ogmios)。

霍诺斯(Honos) 荣誉的化身,也称"霍诺尔"(Honor)。他的节日在7月17日。

霍拉(Hora) 该女神被认为是奎里努斯的妻子,有时被认为是乌尔甘的妻子,对她的敬奉活动在8月23日乌尔甘节(Volcanalia)期间举行。

叙格亚(Hygeia) 埃斯库拉皮乌斯神的女儿。对其崇拜是埃斯库拉皮乌斯祭仪的一部分,她等同于萨卢斯(Salus)。

雅洛娜(Ialona) 凯尔特女神,雅洛努斯(Ialonus)的女性对应者。在法国的尼姆受到崇拜。

雅洛努斯(Ialonus) 凯尔特神,他是土地观念的化身。盖司掌空旷地、林间空地甚至耕地。在英格兰的兰开斯特(Lancaster),他被称为"Ialonus Contrebis",即"居于我们中间的雅洛努斯"之意。

雅努阿里娅(Ianuaria) 凯尔特女神,在法国贝日勒沙泰勒(Beire-le-Châtel)有一个圣殿。她的形象是穿着厚重的褶状外衣、手持一套管乐器的少女。她与阿波罗联系在一起,可能是音乐或康复女神。

雅尔希波(Iarhibol) 叙利亚神,在巴尔米拉与阿戈黎波和柏尔构成三神。他可能是太阳神。

伊克维劳娜(Icovellauna) 凯尔特女神,在高卢东部受到崇拜。她似乎是康复泉的女神。

伊姆波耳基托尔(Imporcitor) 与耙地有关的神。

尹吉奥纳(Inciona) 凯尔特女神,作为维劳狄努斯(Veraudinus)的女伴而受到崇拜。这对伴侣神仅见于卢森堡(Luxembourg)的维登博格(Widdenberg)。

尹希多耳 嫁接树木之神。

伊塔拉布斯(Intarabus) 凯尔特林神,在日耳曼的特里尔受到崇拜。

伊特耳基多纳(Intercidona) 其职司是保护新生儿免受希尔瓦努斯邪恶诡计的侵害。

伊努乌斯(Inuus) 一位古老的意大利神,可能是丰产或性交神,李维为其命名,最初在牧神节受到崇拜。

伊奥万图卡路斯(Iovantucarus) 在特里尔与治愈神(Lenus)对应的凯尔特神,他作为年轻人的保护者受到崇拜。他也曾相当于墨丘利。参见马尔斯。

伊士塔尔(Ishtar) 最初是巴比伦神，罗马统治时期，他的祭仪在叙利亚和美索不达米亚分布较广。

伊西斯(Isis) 埃及母神，在公元前1世纪初对她的崇拜传到罗马。她的祭仪是一种需要有加入仪式的神秘宗教，公元1世纪早期在整个帝国内广泛传播。

尤斯提蒂亚(Iustitia) 象征正义的女神，有时在铭文上也被称为Iustitia Augusta，即皇帝的正义。

图7.4 尼禄阿司币的背面，显示的是大门紧闭的雅努斯神庙，象征着和平。【由萨默塞特博物馆提供】

雅努斯(Janus) 开始之神，也是大门神和家门神。他的形象常是两张脸（双面雅努斯[Janus Bifrons]）朝向不同的方向，如门有两面一样。为了表示其不同职司，他有时被称为“开门神”雅努斯(Janus Patulcius)，有时被称为“关门神”雅努斯(Janus Clusivus)。他也被认为是创造神，称为“父神”雅努斯(Janus Pater)。作为开始之神，他在祈祷中是第一个被提名的神，且第一个接受牺牲。罗马日历的第一个月即以他的名字来命名，1月1日为他献祭。他的神庙位于罗马广场，是一个小型圣殿，由一个东西走向的弓形过道组成，两端均有门，只在和平时期关闭。后来，它由一个正方形青铜小神龛取代。雅努斯的节日在8月17日。

朱伽提努斯(Jugatinus) 山脊神或婚姻神。

朱诺(Juno,Iuno)　古老而又重要的意大利女神。她是埃特鲁里亚女神乌尼(Uni)的罗马形象,朱庇特的妻子。她与希腊女神赫拉(Hera)相对应,赫拉是克罗诺斯和瑞亚之女、宙斯的姐姐和妻子。每月的朔日(Kalends)都要祭祀朱诺,她的节日在7月1日和9月13日。马尔斯广场有朱诺的神庙,在阿芬丁山也有一座,是公元前392年献给她的。

朱诺有很多绰号　"卢西娜之母"朱诺(Juno Lucina)[译按:据罗马神话记载,朱诺生下卢西娜时,毫无痛苦,故成为保护妇女顺产之神]为分娩女神,在3月1日的"妇女节日"(Matronalia)受到崇拜;罗马人将卢西娜等同于希腊司分娩的女神艾莱提娅(Eileithyia或Eileithyiae)。"奥普斯之女"朱诺(Juno Opigena)亦是分娩女神。"女王"朱诺(Juno Regina)是卡皮托尔三主神之一,她的节日在9月1日。"母山羊神"朱诺(Juno Caprotina)(译按:"caprotina"源自拉丁语"capra",有"母山羊"之意)似乎是丰产女神,在7月"女仆节"(Feast of the Serving Women)上受到崇拜。"守护神"朱诺(Juno Sospita)即救星朱诺。"提醒者"朱诺在卡皮托尔山有一座神庙,是公元前344年献给她的;"提醒者"朱诺的节日在6月1日和10月10日。"波普罗尼亚"的朱诺(Juno Populonia)(译按:波普罗尼亚为埃特鲁里亚一镇名,苏拉内战时被毁)是当人们处于备战期间保佑他们的神,"拯救者"朱诺(Juno Sispes)是城邦的守护者。"守护神之母"朱诺(Juno Sospita Mater Regina)主要是生产和保护女神,她的节日在2月1日。"司丰腴者"朱诺(Juno Sororia)是女孩青春期的保护神,节日在10月1日。"持矛者"朱诺(Juno Curitis;枪兵保护者)的节日在10月7日。朱诺涅斯(Iunones)是朱诺三位一体神的变体,是在特莱韦瑞人地区受到崇拜的三母神;她们是地方性的凯尔特三母神。参见马特瑞斯。

朱庇特(Jupiter)　与希腊神宙斯相对应。他与宙斯一样,被视为众神之首,同样,他有时也与埃及神阿蒙相对应。朱庇特有很多绰号,也被称为狄斯庇特(Diespiter),这是古代拉丁语中"Jupiter"一词的主格形式。作为"至善至尊"的朱庇特,他和女神朱诺、米涅尔瓦(这三位组成了卡皮托尔三主神)共同拥有卡皮托尔山的朱庇特·卡皮托利努斯神庙，这里成为罗马最神圣之地。为敬奉“至善至尊”的朱庇特而举行的罗马庆典赛会(Ludi Romani)在9月举行，同时9月13日为节庆日。“止战祸者”朱庇特(Jupiter Feretrius)的神庙也坐落于卡皮托尔山，与橡树有联系；“Feretrius”一名较为模糊，可能意为“保佑武器或达成协约者”。

最初朱庇特似乎是天空神，控制天气，特别是雨和雷电。一个地区遭到雷击(bidental)，表示该地区已敬奉给朱庇特，且只归他一人所有。英格兰哈顿切斯特斯(Halton Chesters)的一块石头上刻着“神之光”(Fulgur Divom)，可能就标志着这样的地区。“青金石神”朱庇特(Jupiter Lapis)与用于宣誓的石头有联系(可能认为石头遭到雷击)。“多利克岛”朱庇特(Jupiter Dolichenus)[译按：多利克是爱琴海一岛屿名，阿波罗多洛斯认为它在叙利亚，而李维则认为在马其顿]最初是叙利亚天空和气候神(巴力神)，他似乎是朱庇特与土耳其多利克地区的气候神的结合体。“多利克岛”朱庇特的祭仪遍布整个帝国。他还被称为“至善至尊”的朱庇特，“女王”朱诺是他的妻子。在多利克，公元3世纪中期，他的主要圣殿遭波斯人洗劫，随后其祭仪失去了支柱。

朱庇特有时也以凯尔特天神命名，英格兰切斯特的一座祭坛写明献给“塔纳卢斯”、“至善至尊”的朱庇特(Jupiter Optimus Maximus Tanarus)——塔纳卢斯是凯尔特雷神。很显然，朱庇特与凯尔特天神是为一体，他在纪念碑上被称为“柱神”朱庇特(Jupiter Columns，或巨人神朱庇特[Jupiter-Giant columns])。这样的石柱已发现约一百五十多个，主要分布在高卢东北部和日耳曼地区。其装饰经常象征一棵树，顶端由华丽的科林斯式柱头支撑一组雕像，通常为一个骑手追赶长着蛇肢的怪物。虽然这是献给朱庇特的，但骑马者通常不是朱庇特，而可能是凯尔特天神。其他形式的石柱非常少，法国贝图维里(Berthouville)发现的一只圆盘上绘有墨丘利神石柱，法国利勒博讷(Lillebonne)的马赛克图中的石柱上绘有狄安娜。朱庇特有时也被描绘成拿着有辐的轮子，这是凯尔特太阳神的象征。

在诺里库姆，朱庇特被视为当地的高山神，亦被称为“高山神”朱庇特（Jupiter Uxellinus）（译按：“Uxellinus”一语双关，既指位于高地的神，也指地位最高之神）。“风习神”朱庇特（Jupiter Beissirissa）来自高卢南部（译按：“Beissirissa”一词源于前凯尔特语“beisso”，“习俗”之意，“rissa”的词根为“rixtu”，“形式”之意），“布雷西亚”的朱庇特（Jupiter Brixianus）来自意大利北部的布雷西亚（Brescia）。在西班牙西北部，朱庇特相当于当地的山神，被称为“拉第库斯山”朱庇特（Jupiter Ladicus）。在达尔马提亚东北部和上摩埃希亚，朱庇特被称为朱庇特·帕提努斯（Jupiter Parthinus）。在阿尔卑斯山著名的圣·伯纳德大隘口（Great St. Bernard Pass）周围，他被称为“迦太基”的朱庇特（Jupiter Poeninus）。“光明之父”朱庇特（Jupiter Lucetius）是光明使者。“息戈者”朱庇特（Jupiter Stator）（译按：这一名号为罗慕路斯最先用于对朱庇特的称呼，相传他制止了罗马人与萨宾人的一场纷争）有“阻止溃败者”之意，其节日在6月27日和9月5日。“自由神”朱庇特（Jupiter Liber）是创造神，“播种神”朱庇特（Jupiter Dapalis）是边界

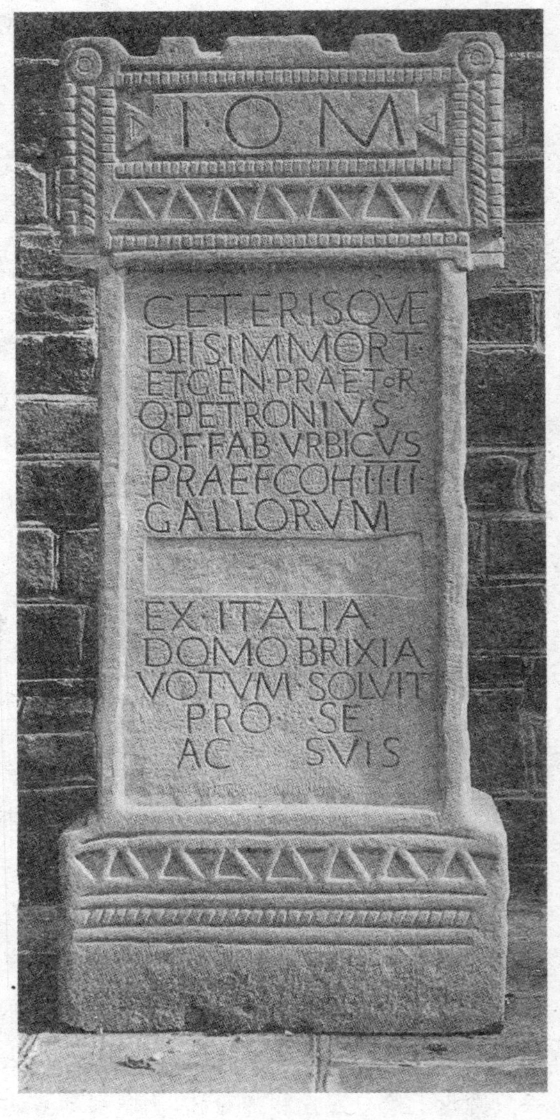

图 7.5　献给朱庇特的祭坛的复制品，最初是在哈德良长墙脚下温都兰达的指挥官住房中发现的。

神，“帝国庇护神”朱庇特(Jupiter Conservator Orbis)是世界保护者，“皮斯托里亚”的朱庇特(Jupiter Pistor)(译按：“Pistor”与埃特鲁里亚一镇名“Pistoria”相关，曾被高卢人围攻，朱庇特让他们从山上往下扔面包，使敌人误以为城内给养充足，遂撤围而去)是面包师之神。

图 7.6 哥狄亚努斯三世狄纳里币的背面，显示的是“息戈者”朱庇特，即“阻止溃败者”朱庇特(Jupiter Stayer of the Rout)，他使人停止逃散，重整旗鼓，驻守自己的土地。【由萨默塞特博物馆提供】

在罗马，“胜利者”朱庇特(Jupiter Victor)和“自主神”朱庇特(Jupiter Libertas)的节日都在4月13日。3月15日、5月15日和10月15日也是朱庇特的节日，他在4月23日前酒节(Vinalia Priora)也受到崇拜。“晓谕者”朱庇特(Jupiter Latiaris)在3月27日拉丁节(Feriae Latinae)期间受到崇拜。“无敌者”朱庇特(Jupiter Invictus)的节日在6月13日。“轰响者”朱庇特(Jupiter the Thunderer)和“自由神”朱庇特的节日都在9月1日。10月7日是“闪电神”朱庇特(Jupiter Fulgur)的节日。为了敬奉朱庇特，10月15日举行卡皮托利努斯赛会(Capitoline Games)，11月4日至17日的民众赛会(Plebeian Games)期间，在11月13日举行朱庇特节日庆祝。参见巴力诸神、柏尔、拉托庇乌斯(Latobius)、萨巴兹奥斯(Sabazios)、苏玛努斯(Summanus)和特耳米努斯。

朱图尔纳(Juturna) 水仙女，也被认为是康复女神。在罗马的马尔斯广场有她的神庙，在罗马广场有圣殿和圣池，圣池之水用于官方祭祀。她的节日在1月1日。

尤文塔斯(Juventas)　罗马年轻人(达到入伍年龄者)的女神,对应于希腊的赫柏(Hebe)女神。12 月 19 日是她的节日。

拉喇(Lara)　在神话中拉喇是一个多嘴的仙女,她的舌头被朱庇特割掉。她也被称为"玛尼亚"(Mania),是拉瑞斯(lares)的母亲。

拉劳库斯(Laraucus)　在伊比利亚北部受人崇拜的山神。

拉兰提娜(Larentina,母神拉兰提娅)　罗马女神,12 月 23 日在她的节日(Larentalia)中受人崇拜。她可能是牧人法乌斯图鲁斯的妻子,最初的阿尔瓦里斯兄弟的母亲,罗慕路斯和勒慕斯的看护者。

拉瑞斯(Lares)　家神,在称作拉拉瑞亚(lararia)的个人圣殿中受到崇拜,该圣殿通常位于房子的中厅。"裁决者"拉瑞斯(lares compitales)是掌管十字路口的神,在那儿一般建立圣殿,"护航者"拉瑞斯(lares permarini)是保护水手神,"旅者守护神"拉瑞斯(lares viales)则是道路守护神。

拉伦达(Larunda)　并不知名的女神,可能是冥界女神。每年的 12 月 23 日是她的节日。

拉提斯(Latis)　英格兰坎布里亚的凯尔特女神。她是水域、沼泽和池塘的地方女神。

拉托庇乌斯(Latobius)　凯尔特神,在诺里库姆受人崇拜的山神和天神。他等同于马尔斯和朱庇特。

拉托纳(Latona)　希腊女神莱托(Leto)的拉丁名字,是阿波罗和阿尔忒弥斯的母亲。

拉维尔纳(Laverna) 贼和冒名顶替者的女神。

雷诺(Leno) 凯尔特神,普罗旺斯勒兰(Lérins)地区的庇护神。

勒努斯(Lenus) 高卢东部和不列颠较为重要的凯尔特康复神,一般相当于马尔斯。

自由神(自由父神[Liber Pater]) 生产神。自由父神一般相当于狄奥尼苏斯,但自由神与酒没有联系。在罗马阿芬丁山有他的重要祭仪,一般与凯莱斯及其女伴自由女神一起举行。自由神有时也被视为非洲的萨德拉帕(Shadrapa)神。在3月17日有他的节日(Liberalia),很明显该节日是与自由女神一起分享的。参见朱庇特。

自由女神(Libera) 自由神的女伴。她相当于希腊女神珀尔塞福涅,在3月17日与自由神一起庆祝节日。参见凯莱斯。

利贝拉里塔斯(Liberalitas) 罗马神,他是慷慨的化身,他的出现和普及主要用于宣传帝国的目的。

自主神(Libertas) 自由化身的女神。

利比提纳(Libitina) 葬礼女神,她相当于维纳斯。罗马的"生命力之神"维纳斯(Venus Libitina)(译按:"libitina"源自"libido"一词,有"欲望、生命力"之意)神庙用于保管死亡登记、集合葬礼操办者。

利曼提乌斯(Limentius/Limentinus) 门槛神。

卢阿(Lua;母神卢阿[Lua Mater]) 土地女神,可能也是疾病女神,与萨图恩相关。

卢西娜(Lucina) 把事物带到光明处的女神,因此也是出生女神,经常等同于狄安娜和朱诺。

月神(Luna) 月亮女神,3 月 31 日和 8 月 24 日、28 日是她的节日。

卢帕尔库斯(Lupercus) 该神似乎是在奥古斯都时代为牧神节而创造出来的。

卢克瑟维乌斯(Luxovius) 凯尔特神,法国卢克瑟伊(Luxeuil)的庇护神,也只有在此处他才为人所知,是波瑞克塔的男伴。这对伴侣神是温泉神,此处亦有对其他温泉神的崇拜。

玛(Ma) 卡帕多西亚母神,她是丰产的化身。其祭仪大约在公元前 85 年传到罗马,她相当于贝罗纳。

大母神(Magna Mater) 安纳托利亚女神,也称作库贝拉,她的配偶是阿提斯。其祭仪源于小亚细亚,在那儿她是母神、生产神和大自然之神。据说她也能引起和治疗疾病。罗马与迦太基战争期间,在《预言书》的指引下,公元前 204 年,她的祭仪传到罗马。罗马人认为某些仪式过度,故皇帝克劳狄对其崇拜提出了一些限制。她的祭仪在帝国时期广泛传播。主要节日是梅伽兰希亚(Megalensia)。参见“神秘宗教”。

迈亚(Maia) 与乌尔甘有联系的一位女神。她的出现与生物的生长有关,5 月可能以她命名。她可能与同名的希腊女神相混淆,后者是赫耳墨斯(Hermes)的母亲,因此迈亚与墨丘利(他是赫耳墨斯的罗马对应者)联系在一起。作为生产女神,她也与福那有联系。迈亚的节日在 5 月 15 日。

马拉克柏勒(Malakbel) 叙利亚的太阳神,在巴尔米拉与天神巴力和阿戈黎波有联系。

玛尼亚(Mania) 她被认为是拉瑞斯的母亲,一位死亡女神,用来恐吓孩童。5月11日进行献祭。

曼图尔那(Manturna) 祈求婚姻长久的女神。

玛波努斯(Maponus) 凯尔特神,在高卢和不列颠北部受到崇拜。玛波努斯意为神圣的年轻人或圣子。有时和阿波罗合在一起,与音乐、诗歌、狩猎联系在一起。

马杜克(Marduk) 最初是巴比伦神,他是使水源丰饶的化身,负责谷物生长和成熟。罗马时期,他的祭仪在叙利亚和美索不达米亚地区广泛传播。

马尔斯(Mars) 意大利农业神,土地和边界的守护神。他对应于希腊神阿瑞斯(Ares),因此亦被视为战神与朱诺之子。作为父神马尔斯(Mars Pater),他与农业的联系一直保持下来,3月以他的名字命名。在罗马的马尔斯广场有他的祭坛,由马尔斯神祭司负责。罗马以外的阿皮乌斯大道有马尔斯的圣殿,公元前20年,复仇者马尔斯(Mars Ultor)的神庙由奥古斯都下令在广场上建立起来。狼和啄木鸟是他的圣物。马尔斯在2月、3月和10月有一系列的节日。6月1日是他的节日,“无敌者”马尔斯(Mars Invictus)的节日在5月14日。罗马军队在3月1日庆祝父神马尔斯的生日,以公牛做牺牲。净军节(Armilustrium)是以马尔斯的名义净化武器的节日,10月19日举行。

在凯尔特神中,马尔斯不仅被认为是战神,也是和平的保护神,康复神和部落神。他等同于很多凯尔特神,如“红色神”马尔斯(Mars Cocidius)(译按:“cocidius”一词源自凯尔特语中“cocco”,“红色”之意。大抵是一种与军事相关的颜色,一说也与该地的马尔斯像常被漆成红色有关)、“除害者”马尔斯(Mars Belatucadrus)(译按:“belatucadrus”意为“公平的杀手”)和“酿造神”马尔斯(Mars Braciaca)。“滋养民众”的马尔斯(Mars Alator)从英格兰的献辞中为人所知。

图 7.7　君士坦丁一世富利斯币(follis)的背面,显示的是配有矛和盾的"拯救者"马尔斯(Mars Conservator)。【由萨默塞特博物馆提供】

格洛斯特郡(Gloucestershire)尤雷(Uley)有献给"森林之神"马尔斯(Mars Silvanus)和马尔斯—墨丘利(Mars Mercury)的诅咒碑。在诺里库姆,马尔斯被认为是当地神,被称为天神马尔斯(Mars Latobius)。"阿尔比克"的马尔斯(Mars Albiorix)是高卢南部阿尔比克部落(Albici)的保护神,亦被视为山神。"卡穆洛杜努姆"的马尔斯(Mars Camullus)在不列颠和高卢作为战神受到崇拜,"战争之王"马尔斯(Mars Caturix)在高卢受人敬奉,可能是卡图瑞格人(Caturiges)的部落神。"投掷之王"马尔斯(Mars Corotiacus)来自英格兰的玛特莱谢姆(Martlesham),在那儿他被描述为骑手。"治愈神"马尔斯是高卢特莱韦瑞部落的一位重要的康复神,在特里尔和波美拉尼亚(Pommern)的药泉有他的圣殿。在特里尔,治愈神也和凯尔特女神安卡姆纳联姻,有时被命名为伊奥万图卡路斯(Iovantucarus),表明他是年轻人的保护神。有证据表明治愈神在等同于马尔斯之前,已经作为一位重要的当地神存在很长时间了。在不列颠,对"治愈神"马尔斯的献祭见于塞德沃特(Chedworth)和凯尔温特,在那儿他被称为"平复神"维劳努斯(Ocelus Vellaunus)。凯尔温特也有给"平复神"马尔斯(Mars Ocelus)的献祭,可能指的是同一位神。

"白光之神"马尔斯(Mars Loucetius)在英格兰的巴斯(Bath)献辞中为人所知,在此处"白光之神"马尔斯和尼米托那(Nemetona)作为伴侣神受人崇拜;他可能也被认为是康复神,因为献祭是在药泉的苏利斯—米涅尔瓦(Sulis Minerva)神庙的祭坛上举行的。对"治愈神"马尔斯(Mars Mullo)的崇拜在高卢北部和东北部非常流行。"穆洛"(Mullo)意为"骡",因此这位神可能与马或骡有关。

图 7.8　威尔士凯尔温特的小祭坛，由埃里乌斯·奥古斯提努斯（Augustinus）献给“平复神”马尔斯，敬献者是（军中）一个“佐将”（optio），他自愿且理所当然地履行他的誓言（VSLM）。

他也作为眼疾的治疗者而出名。“破天神”马尔斯（Mars Nabelcus）在普罗旺斯的沃克吕兹山区（Vaucluse Mountains）受到崇拜，他是当地山神。破天神也在法国南部其他山区受到崇拜。“王中之王”马尔斯（Mars Rigisamus）在不列颠和高卢受到崇拜。这一头衔意味着非常高的地位，对马尔斯来说，这比平常的角色重要很多。“圣林之王”马尔斯（Mars Rigonemetis）因来自英格兰的奈特萨姆（Nettlesham）而为人所知。“康复神”马尔斯（Mars Vorocius）在维希（Vichy）的药泉作为眼痛的治疗者而受到崇拜。“物什神”马尔斯（Mars Thincsus；日耳曼神）（译按：弗里西人［Frisjan］士兵中崇拜的神，Thincsus 被认为是献给战神提尔［Tyr］的物品）来自哈德良长墙的豪斯戴德（Housesteads）的一处献辞，在那儿他与称作阿拉希亚戈的两位女神联系在一起；在豪斯戴德的另一献辞中，这两位女神也与马尔斯有联系。“强悍者”马尔斯（Mars Segomo）受到高卢塞夸尼部落（Sequani）的崇拜。马尔斯也与其他凯尔特神相对应。例如，康达提斯、奈米托那、诺登斯（Nodens）、奥卢狄乌斯（Olloudius）、皮库斯（Picus）、斯麦尔特里乌斯、特塔提斯（Teutates）、维纳斯和维苏基乌斯(Visucius)。

马特瑞斯(Deae Matres, Matronae) 凯尔特母神(拉丁语"matres"意为诸母),通常是三位一体受到崇拜。她们经常在艺术品特别是雕刻作品中出现,通常是三位坐着的妇女拿着各种象征性的物品。她们主要在欧洲西北部以各种名字和不同的品质而受人崇拜,如不列颠的"家园神"马特瑞斯(Matres Domesticae)。她们可能与凯尔特—日耳曼"丰产女神"奥法尼埃(Matres Aufaniae)有联系,后者受到莱茵地区凯尔特—日耳曼部落的崇拜,在波恩,她们被称为"家园神"奥法尼埃(Aufaniae Domesticae)。"母神"科美多瓦(Matres Comedovae)在法国艾克斯莱班受到崇拜,并与康复和温泉的药物疗养联系在一起。"母神"格里塞利卡(Matres Griselicae)在法国格瑞欧克斯(Gréoulx)受人崇拜,仍与药泉有关。与马特瑞斯有关的是被称作看护女神的神。

马特罗奈 马特瑞斯的另一名字。与诸多凯尔特神有联系,如"丰产女神"奥法尼埃、"母神"奥德里奈阿(Matronae Audrinehae)和"母神"瓦卡黎内阿(Matronae Vacallinehae),这些神均来自莱茵地区。

马图塔(Matuta, Mater Matuta) 成长女神,也发展成为分娩女神;亦可能是一位黎明女神。后来她与希腊女神伊诺(Ino,也称为勒库特亚[Leucothea])相对应。她在6月自己的节日(Matralia)中受到崇拜。

梅迪特瑞纳(Meditrina) 该女神似乎是罗马人在后期为了10月11日梅迪特瑞纳利亚节(Meditrinalia)而创造出来的。

梅费提斯(Mefitis) 从大地喷出的硫磺泉的女神。因为人们认为她们能引起流行病,故有时亦被视为瘟疫女神。她的祭仪特别集中在意大利南部的火山地区。

梅伽拉 复仇女神之一。

梅隆尼亚(Mellonia) 照管蜜蜂和蜂蜜的女神。

美刻尔(Melqart) 腓尼基神(城市之神),他有时被称为“赫拉克勒斯”。

梅恩(Men) 弗里吉亚或波斯神,他的祭仪遍布小亚细亚并传到意大利。他是康复和保护坟墓神,也是神谕的给予者。

梅恩斯(Mens,Mens Bona,Bona Mens) 该女神是“心智”或“正确思想”的化身,她的节日在6月8日。

墨丘利(Mercury) 他被认为是迈亚和朱庇特之子,与希腊神赫耳墨斯对应。他是信使,也是商业特别是粮食贸易神。在高卢地区,他还被视为丰饶和商业成功神。在阿芬丁山有他的神庙,建于公元前495年。他常被描述为拿着神杖(caduceus,缠绕着双蛇的传令棒),戴着有翼的帽子,穿着有翼的鞋。他也常由一只小公鸡(宣布每天的开始)或公羊、山羊(生产的象征)、乌龟(墨丘利从龟壳上发明竖琴的证明)陪伴。在罗马,墨丘利(拉丁语为“Mercurius”)没有祭司,这表明最早时期他没有受到崇拜,但5月15日是他的节日。

恺撒宣称在不列颠和高卢墨丘利是最受欢迎的神,他被视为所有艺术的创造者。在凯尔特地区,他有时被描绘成有三个头或三张脸。在比利时的通厄伦(Tongeren),带有三个男性生殖器的墨丘利小雕像可能是好运和生育的魅力象征(特大的一个在其头上,一个代替了他的鼻子),用有魔力的数字三来增强其效果。在凯尔特地区,墨丘利经常等同于当地神,并由罗斯麦塔(Rosmerta)陪伴。“猎熊者”墨丘利(Mercury Artaios)在法国伊斯瑞(Isre)受到崇拜,可能与熊和狩猎有关。“阿尔维尼族”墨丘利(Mercury Arvernus)[译按:阿尔维尼族是恺撒时期最强大的高卢部族]在莱茵地区受到崇拜,可能是一位地方神。在高卢,对“勇武者”墨丘利(Mercury Cissonius)的崇拜非常广泛;勇武者神是一位凯尔特神,主要在日耳曼受到崇拜,勇武者女神也为人所知。墨丘利·格布里尼乌斯(Mercury Gebrinius)是在波恩受人崇拜的神。“猎猪者”墨丘利(Mercury Moccus)可能与狩猎有关,已知来自法国朗格勒(Langres);Moccus 表示与野猪狩猎有关。参见伊奥万图卡路斯、朱庇特、马尔斯、维劳努斯和维苏基乌斯。

梅索尔(Messor) 与收割和收获有关的神。

米涅尔瓦(Minerva) 工艺和商业行会的女神。最初她是埃特鲁里亚女神梅恩瓦(Menrva),与希腊女神雅典娜(Athena)相对应。她似乎拥有"所向披靡"的雅典娜(Athena Promachos)的军事职司,被认为是手工艺品和战争女神。米涅尔瓦在凯利乌斯山(Mons Caelius)有圣殿,在阿芬丁山有神庙。她的节日在3月19日、6月19日和9月13日。在诺里库姆和达尔马提亚,她拥有当地女神福拉诺纳之名,亦被称为"米涅尔瓦·弗拉那提卡"(Minerva Flanatica)。"医药神"米涅尔瓦(Minerva Medica)是护士的庇护神。参见朱庇特和苏利斯。

密特拉(Mithras) 在神秘宗教密特拉教中受到崇拜的神。最初他是波斯的真理和光明神。参见"神秘宗教"。

莫贡斯(Mogons, Mogtus, Mogunus, Mountus) 莫贡斯(伟大的)是凯尔特神,主要在不列颠北部特别是在哈德良长墙周围受人崇拜。在欧洲大陆也有献给"远古之神"莫贡斯(Mogons Vitiris)和"至热之神"阿波罗(Apollo Grannus Mogounus)的祭仪。

莫尔斯(Mors) 死亡化身的女神。

莫尔塔(Morta) 司死产的女神。

穆尼狄亚(Munidia) 葡萄牙和西班牙西部的伊比利亚神,可能和这一地区的穆尼斯(Munis)是同一位神。

穆尔基亚(Murcia)　并不知名的女神，在罗马有她的圣殿。她可能是怠惰神。

缪斯(Musae)　希腊神，司艺术。

纳比亚(Nabia)　女神，她的崇拜遍及伊比利亚，可能等同于纳维亚(Navia)。她可能是山谷、树林和流水女神。

尼凯希塔斯(Necessitas)　必要时的女神，她是命运强迫力的化身。

尼哈勒尼亚(Nehalennia)　航海家、生产和丰饶的凯尔特女神。她在荷兰栋堡(Domburg)和考利斯泊拉特(Colijnsplaat)有两个濒海神庙。其形象经常与航海标志一起出现，如掌舵的橹，也和丰裕标志一起出现。另一个与她相伴的标志是狗，其形象通常具有慈祥的保护姿态。各种标志表明她的职司广泛，不仅负责海上航行，还负责“丰饶”、“死亡”和“重生”。

尼马乌苏斯(Nemausus)　法国尼姆(Nemausus)当地一个古老的凯尔特—利古里亚神。最初，尼马乌苏斯可能是尼姆康复泉的神灵，此处也崇拜当地的康复和生产女神(称为尼马乌西卡[Nemausicae]或“母神”尼马乌西卡[Matres Nemausicae])。

尼米希斯(Nemesis)　希腊复仇女神，受到罗马人崇拜。她是一个冥界神，时刻准备惩罚不虔敬和奖励美德。有时她被认为是复仇女神之一。

尼米托那(NemeTona)　凯尔特的圣林女神(“nemeton”意为圣林)。她主要在日耳曼奈美特斯(Nemetes)地区受到崇拜。通常她与凯尔特的马尔斯神结为一对，如“圣林之王”马尔斯(Mars Rigonometis)或马尔斯·鲁埃提乌斯(Mars Louetius)。

尼尼亚(Nenia) 垂死、悲恸和葬礼上吟唱哀歌之女神。

尼普图努斯(Neptune) 古意大利水神。后来对应于希腊神波塞冬,因此被视为海神。因为波塞冬与马有联系,尼普图努斯亦相当于与马有关的罗马神康苏斯。尼普图努斯的节日(Neptunalia)定在7月23日,他的另外一个节日在12月1日。

图7.9 卡里古拉阿司币的背面,显示的是尼普图努斯神。【由萨默塞特博物馆提供】

尼黎奥(Nerio) 战争女神,她是勇猛的化身,有时把战利品献与她。

尼尔图斯(Nerthus) 塔西佗在《日耳曼尼亚志》中提到的日耳曼土地女神,她驾着四轮马车在游行队伍中。

诺登斯(Nodens) 仅见于不列颠的凯尔特康复神。他也被称为诺顿斯(Nodons),其主要神庙位于利德尼(Lydney),在此处他等同于马尔斯和希尔瓦努斯。我们没有诺登斯的人形画像,但有一只狗的画像,这可能描绘了该神或与之有关的一些特征。

诺都图斯(Nodutus) 谷物茎的结合处神。

诺娜(Nona) 负责怀孕第8个月的女神(她的名字意为"第九")。

诺瑞亚(Noreia) 诺里库姆的庇护女神。奥地利霍恩施泰因(Hohenstein)有她的神庙,有时被称为伊西斯。

诺尔提亚(Nortia;或称努尔提亚[Nurtia]) 埃特鲁里亚的幸运女神,在意大利博尔塞纳(Bolsena)受到崇拜。

奥巴拉托尔(Obarator) 与耕地有关(如施肥)的女神。

奥卡托尔(Occator) 耙地神。

海神(Oceanus) 一位海洋神(当时将海洋看做是环绕陆地的大河)。参见特提斯(Tethys)。

俄开卢斯(Ocelus) 凯尔特神,出现在不列颠的铭文上,与马尔斯相联;其中一个铭文是献给"平复神"马尔斯的。参见维劳努斯。

奥格米奥斯(Ogmios) 琉善提到的凯尔特神,在那尔旁高卢有奥格米奥斯的祭仪,等同于赫拉克勒斯。奥地利布雷根茨(Bregenz)的两尊诅咒碑上也有相关记载。

奥卢狄乌斯(Olloudius) 在不列颠和高卢受人崇拜的凯尔特神。他是生产、丰饶、康复及和平保护神,有时等同于马尔斯。

奥普斯(Ops) 罗马丰裕女神。通常与萨图恩相联系,因萨图恩相当于希腊神克罗诺斯,故奥普斯相当于克罗诺斯的配偶瑞亚。8 月 25 日的奥普希康西维亚节(Opsiconsivia)和 12 月 19 日的奥帕里亚节(Opalia)是奥普斯的节日,她也在 8 月 23 日乌尔甘节期间受到崇拜。

奥尔波纳(Orbona) 在孩子死亡和面临垂死的危险时,母亲要祈求的女神。该女神有不祥的名声。

奥尔库斯(Orcus) 死亡和阴间神,相当于狄斯。

俄耳甫斯(Orpheus) 虚构的希腊诗人和英雄,他是俄耳甫斯教(Orphism)的创立者,与狄奥尼苏斯神有联系。参见"神秘宗教"。

奥西里斯(Osiris) 埃及冥界神,也与生产有关,他与其他埃及神如伊西斯一起受到崇拜。

帕拉图阿(Palatua) 罗马帕拉丁山的守护女神。她有自己的祭司,称为"帕拉图阿祭司"(flamen Palatualis)。

帕勒斯(Pales) 牧羊人和羊的一个或两个守护神,一些权威者认为该神为男性,而另一些则认为是女性。帕勒斯的节日在4月21日和7月7日。

帕利希(Palici) 西西里的本土神,被认为是孪生兄弟。他们很明显是阴间神。

潘 希腊自然神,等同于福那斯和希尔瓦努斯。

帕尔卡(Parcae,Fatae) 三神或命运三女神,她们把命运中相当抽象的力量表现出来。她们单独被称为诺娜、德基玛、莫尔塔,最初可能是生育女神。

帕特拉纳(Patelana) 谷壳裂开谷穗出来时的谷壳女神。

帕克斯(Pax) 政治和平化身的女神,对应希腊女神伊瑞尼(Irene)。在货币上,她表现为一个年轻的妇女,左手持象征丰饶的羊角,右手持橄榄枝或墨丘利神杖。“奥古斯都钦定”的帕克斯(Pax Augusta)是这位女神的变体,由奥古斯都提出,表示国内和国外的持久和平。

佩纳特斯(Penates,Di Penates) 家庭守护诸神,与维斯塔和拉瑞斯有密切联系。10 月 14 日是佩纳特斯节。

珀尔塞福涅(Pesephone) 希腊女神,也称自由女神和普罗塞尔皮那,罗马时期以其名字受到崇拜。

皮库姆努斯(Picumnus) 皮卢姆努斯(Pilumnus)的兄弟。二者均为古代农业神。皮库姆努斯也是结婚和分娩的仁慈神。

皮库斯(Picus) 意大利农业神,拥有预言的力量。通常他采用马尔斯圣鸟(啄木鸟)的形象,有时亦被视为萨图恩之子。拉丁语中啄木鸟为“picus”。

皮埃塔斯(Pietas) 女神,她是恭敬地服务于神、国家、父母和家庭的化身。帝国时期,常出现在货币上,象征着在位皇帝的道德操守。12 月 1 日是皮埃塔斯的节日。

皮卢姆努斯(Pilumnus) 保护新生儿免受希尔瓦努斯和其他幽灵的邪恶诡计侵害的三神之一。他曾是农业神,有时被视为皮库姆努斯的兄弟。

伯吕克斯(Pollux) 卡斯托尔的兄弟,狄奥斯库里之一。

波摩纳(Pomona) 罗马水果(poma)女神,特别是仍在树上生长的水果女神。她的祭司称为波摩纳祭司(flamen pomonalis),等级最低,似乎没有节日。

波尔图努斯(Porlunus) 最初是保护门的罗马神,后来也成为海港的保护神,该词最初意为“门”(portus)逐渐变为“海港”。其形象通常是拿着一把钥匙。他的节日(Portunalia)在 8 月 17 日。由波尔图努斯祭司(flamen portunalis)负责。

波塞冬 最初是希腊地震神,逐渐成为海神。

普瑞阿普斯(Priapus) 谷物丰产和免除灾害的希腊神,他的祭仪遍及意大利,后来主要成为花园神,常被描绘为有巨大生殖器的畸形者。

普罗米托尔(Promitor) 分配收获物之神。

普罗塞尔皮那(Proserpina) 种子萌芽的女神,也是阴间神,与希腊女神珀尔塞福涅相对应。公元前 249 年和前 207 年,元老院下令以特殊的节日安抚阴间神狄斯和普罗塞尔皮那。

普隆维登提亚(Providentia) 谋远之神。

普迪克提亚(Pudicitia) 象征妇女纯洁谦虚的女神。

夸德瑞维亚(Quadriviae) 十字路口的凯尔特女神,德国的某献辞中曾提及她。

奎里努斯(Quirinus) 曾是萨宾人之神(可能是战神),在罗马建立前,在奎里纳尔山受到崇拜。随后他被吸收到国家宗教中,成为最初的卡皮托尔三主神之一。他的妻子叫霍拉。他的节日在 2 月 17 日;由奎里努斯祭司(flamen Quirinalis)负责。

瑞狄库卢斯(Rediculus) 公元前 211 年使汉尼拔从城门退却之神。

瑞帕拉托尔(Reparator,Redarator)　与准备休耕地有关的神。

瑞瓦(Reva)　伊比利亚神,曾见于西班牙西北部的几处铭文。

骑猎神(Rider-Hunter Gods,Rider-Gods)　色雷斯和邻近国家的主神,是骑手神,在罗马时期非常流行。他似乎不止一个名字,在铭文上亦被称为“英雄”。但与多瑙河的骑手神无关。

瑞托纳(Ritona;普里托纳[Pritona])　浅滩和水源交汇处的凯尔特女神,在德国特里尔受到崇拜。

罗比古斯(Robigus)　霉菌或谷物腐坏之神,他的节日(Robigalia)在4月25日。

罗马神(Roma)　罗马城市和城邦的圣灵。主要在东部行省受到崇拜,在那儿公元前2世纪即出现祭仪,但在罗马,直到哈德良时期才出现。在东部,她通常与希腊神宙斯一起受到崇拜。因皇帝不断被奉为神加以崇拜,她亦被吸收到帝国祭仪中。

罗斯麦塔　凯尔特女神,其名意为“伟大的供应者”。通常作为伴侣神的女伴与墨丘利神联系在一起,在欧洲大部分地区受到崇拜,特别是在高卢中部和东部地区。罗斯麦塔是繁荣和丰裕女神,常被描绘为带有象征丰饶的羊角和圆盘饰。有时她独自作为丰饶女神受到崇拜。

路米纳(Rumina)　母亲为孩子哺乳的保护神。在帕拉丁山脚下有她的圣殿,以牛奶代替酒作为敬奉的供品。

路希纳(Rusina)　土地和农田的女神。

萨巴兹乌斯(Sabazius) 里吉亚神,最初是植被神,对他的崇拜在帝国时期已经遍及意大利,他经常与大母神一起受到崇拜。有时他被视为朱庇特和希腊神宙斯、狄奥尼苏斯。他的主要标志是蛇,其祭仪的一大特色是由涂满不可思议符号的手的画像作为祭品。

萨卢斯(Salus) 古老的罗马女神,可能最初是农业和生产神。通常以健康和贮藏的人格化女神为人所知,她相当于希腊女神叙格亚。在帝国时期,她被称为"罗马人民和共和国的守护神"萨卢斯(Salus Publica Populi Romani)。节日在8月5日。

萨瑞托(Sarritor) 挖掘和除草神。

萨图恩(Saturn) 古老的意大利神,可能是播种和枯萎神。他主要是种植神,节日(萨图恩节)在冬至。该节日最初在12月17日,但从帝国后期开始,它会持续数日。萨图恩(拉丁语为"Saturnus")被认为是奥普斯的丈夫、皮库斯的父亲,他相当于希腊神克罗诺斯。在卡皮托尔山脚下有他的神庙,并用作国库(萨图恩金库)。

塞库瑞塔斯(Securitas) 女神,公众和政治安全的化身。当国家面临危难时经常祈求该女神。

塞格提亚(Segetia) 谷物成熟的女神。

塞亚(Seia) 种子播种到土里的守护女神。

"半神"桑库斯(Semo Sancus) 誓言和谈判神。他是一位古老的神,据说对他的崇拜始于萨宾人。最初可能是播种神,也与雷电有关。

森托纳(Sentona) 在塔尔萨提卡(Tarsatica)受人崇拜的女神。

塞夸纳(Sequana) 凯尔特水神和丰饶神,她在第戎(Dijon)西北部塞纳河源头处成为法国塞纳河的化身。

塞拉皮斯(Serapis) 埃及神,由奥西里斯和圣牛阿匹斯结合所生。他是阴间神、天空神和丰饶神。在罗马时期,通常因为与伊西斯的祭仪联系在一起而黯然失色。他通常被描绘为有一张蓄须、仁慈的脸,头上有牟狄乌斯(modius,象征丰产)。

萨德拉帕(Shadrapa) 北非神,受迦太基人崇拜,有时相当于自由神,也与荷鲁斯和希腊神狄奥尼苏斯相对应。

希尔瓦努斯(Silvanus) 未经耕作的土地、牧场和树林之神。其信息可从一千余个铭文、神庙和艺术绘画中获知,这些大多来自意大利。他在个人宗教中颇受欢迎,但没有神庙、节日和圣日,在拉丁文学中也很少被提及。因其影响范围与福那斯相交叠,且二者之间没有清晰的区别,因此他亦有大量的头衔和绰号。有时他相当于希腊神西勒努斯(Silenus)或萨蒂尔,但更多时候相当于希腊神潘。希尔瓦努斯有时也相当于马尔斯,在那尔旁高卢,他等同于凯尔特锤神。特别在不列颠,他相当于当地诸多凯尔特神,如卡利瑞乌斯(Callirius)和科基狄乌斯。

希罗纳(Sirona) 丰饶、生产和再生的凯尔特女神,经常与药泉联系在一起。她通常作为阿波罗(一般是"炙热神"阿波罗)的伴侣受到崇拜,这对伴侣神在高卢的特莱韦瑞部落地区受到特殊敬奉。对希罗纳的崇拜遍及地区很广,从法国西部至匈牙利。

斯麦尔特里乌斯(Smertrius) 凯尔特丰饶神,主要见于高卢发现的铭文中。斯麦尔特里乌斯意为"供给者"。他有时与马尔斯联系在一起,作为"供给神"马尔斯和安卡姆纳这对伴侣神之一而受到崇拜。

索尔(Sol) 太阳神,公元前 1 世纪起对他的崇拜日渐重要。索尔的节日在 8 月 28 日。在罗马和意大利之外,对索尔的崇拜较少。从公元 2 世纪起,东方的太阳神祭仪变得重要起来,而索尔的祭仪逐渐衰落。索尔可能和"排外者"索尔(Sol Indiges)是同一位神。

"无敌者"索尔(Sol Invictus) 他(无敌的太阳)是叙利亚太阳神、巴力神,其祭仪得到皇帝埃拉伽巴卢斯的大力提倡,后于公元 3 世纪后期被皇帝奥莱里安确为至高神。据推测,太阳神的祭仪影响了东西方向埋葬的习俗,如此一来使得亡者在重生时面朝太阳。较为确定的是太阳神的诞日(12 月 25 日:朱利略日历的冬至)没有受到基督教的压制,反而成为耶稣基督的诞日。

索拉努斯(Soranus) 萨宾的太阳神,相当于阿波罗,有时亦相当于父神狄斯。

司珀斯(Spes) 希望化身的女神,她的节日在 8 月 1 日。

斯比尼恩希斯(Spiniensis) 负责挖掘荆棘矮树丛的神。

斯达塔母神(Stata Mater) 防火女神,与"小憩者"乌尔甘(Volcanus Quietus)有联系。

斯特库里努斯(Sterculinus) 施肥之神。

斯提姆拉(Stimula) 职司无人知晓的一位女神,但直到帝国后期仍被人们承认。她有一片小树林,巴库斯的追随者在此处见面,因此她经常与狄奥尼苏斯的母亲塞默勒(Semele)混淆。

斯特莱尼亚(Strenia) 健康和勇气之女神。在罗马她有小树林,新年,人们从那里拿走嫩枝并作为礼物互相交换。这些名为"strenae"的嫩枝被认为能带来好运。

苏布伦基纳托尔(Subruncinator) 锄草神。

苏克卢斯(Sucellus) 凯尔特锤神。苏克卢斯(好铁匠)通常被描绘为成熟的蓄须男性,以长柄铁锤为其明显标志。他通常与其伴侣南托苏埃塔(Nantosuelta,“曲折的河流”)一起出现,后者经常持一根上有房子模型的长杆。还有其他标志,如桶、罐、狗和渡鸦,从中可以看出这对伴侣神与仁慈、家庭生活和繁荣联系在一起。铁锤可能表示与雷、雨和生产有关。参见锤神。

苏勒维亚(Suleviae) 凯尔特三母神,在高卢、不列颠、匈牙利和罗马受到崇拜。她们有时被称为苏勒维亚母神(Matres Suleviae)或苏勒维亚—朱诺涅斯(Suleviae Iunones)。苏勒维亚与生产、丰饶、再生和母性联系在一起,她们的祭仪分布广泛。

苏利斯(Sulis) 凯尔特女神,英格兰巴斯的药物温泉女神。她是康复女神,等同于米涅尔瓦,以苏利斯—米涅尔瓦受人崇拜。苏勒维亚亦在这些泉水处受人崇拜。

苏玛努斯(Summanus) 与朱庇特有关的一位神,可能最初是朱庇特的一部分,而非独立神灵。如朱庇特在白昼挥动霹雳一样,苏玛努斯是在黑夜挥动霹雳的神。6月20日是他的节日。

塔拉希乌斯(Talassius) 婚姻神。当新娘被送到新郎房间时,有哭泣的塔拉西奥(talassio)仪式,该神是为解释这一现象才被创造出来的,最初含义已消失。

塔米奥波瑞古斯(Tameobrigus) 在西班牙杜罗河(Douro)和塔梅加

(Tamega)河汇合处受到崇拜的神。

塔尼特(Tanit) 迦太基月亮女神,也称阿施塔特(Astarte)。在罗马时期,她是母神和生产神,通常以凯利斯提斯女神、天神朱诺(Juno Caelestis)和凯利斯提斯室女神(Virgo Caelestis)为人所知。

塔拉尼斯(Taranis,或称塔纳卢斯[Tanarus]或塔拉努斯[Taranus]) 凯尔特雷神,诗人卢坎曾提到他。不列颠、德国、法国和达尔马提亚行省均有塔拉尼斯的祭坛。他有时与朱庇特合在一起,有时相当于凯尔特的太阳圆轮神(可能也与朱庇特合在一起)。但没有直接证据表明塔拉尼斯被视为太阳神,可能是因为朱庇特作为全能的天空神,掌有雷和太阳两项职司。

塔沃斯特瑞伽拉努斯(Tarvostrigaranus) 该名(公牛和三只鹤)刻于巴黎一雕刻板上,描绘的是一头公牛和三只鹤;在特里尔也有相似的雕刻。在这两例中均有其他神出现,石头成为宗教献祭的一部分,但塔沃斯特瑞伽拉努斯的重要性仍不为人清楚。

特鲁斯(Tellus) 土地女神,她是土地生产力的化身。她和其他农业神一起在节日中受到崇拜,如1月1日的农夫节,4月1日的弗尔狄基亚节(Fordicia)。她也以特鲁斯母神(Tellus Mater)为人所知。在12月13日有其节日。参见凯莱斯。

特罗(Telo) 凯尔特女神,法国土伦的化身,是一位圣泉女神,土伦即在泉水周围发展而来。在佩里格(Périgueux)曾发现对特罗的献辞,其中她有三次与斯塔纳(Stanna)女神联系在一起。

特姆派斯塔特斯(Tempestates) 天气女神,在罗马有她的神庙。

特耳米努斯(Terminus) 界碑或里程碑之神,所有的界碑都放在卡皮托尔山“至善至尊”的朱庇特的神庙中。每块农业界碑均有其单独的神,特耳米努斯诸神(Termini)在每年2月23日宗教仪式(Terminalia)中受到崇拜。

大地母神(Terra Mater) 母神和土地生产力之女神,通常称为特鲁斯母神。

特提斯(Tethys) 希腊的海洋女神,在罗马时期受到崇拜。她是海洋之神的伴侣。

特塔提斯(Teutates) 诗人卢坎提及的凯尔特神。很多献辞来自不列颠和高卢。他通常等同于马尔斯,以战神和部落神(“特塔提斯”可能意为“部落的保护者”)的身份出现。有时也与阿波罗联系在一起,德国的威斯巴登(Wiesbaden)有对“部落联盟主宰者”阿波罗(Apollo Toutiorix)的献辞。他亦被称为图塔提斯(Toutatis)。

第伯里努斯(Tiberinus) 罗马台伯河神。他的节日在12月8日。

蒂西福涅 复仇女神之一。

图提利纳(Tutilina) 收获和储存谷物的女神。

狄喀(Tyche) 时机和幸运的希腊女神,罗马时期,诸多东部行省城市把她作为守护神。

乌库埃提斯(Ucuetis) 凯尔特女神,柏尔古希亚的伴侣。

瓦库纳(Vacuna) 最初是古老的萨宾女神,在诗人贺拉斯时期,其职司已被人遗忘。

瓦格达维库斯提斯(Vagdavercustis)　该神曾见于德国科隆一铭文。她可能是凯尔特—日耳曼母神。

瓦罗尼亚(Vallonia)　山谷女神。

瓦西奥(Vasio)　凯尔特神,法国维松—拉罗曼尼的庇护神。

维迪奥维斯(Vediovis,维狄乌斯[Vedius],维伊奥维斯[Veiovis],温狄乌斯[Vendius])　该神与朱庇特有紧密的联系,但被罗马人视为"朱庇特的对立面"(即他是有害的)。其节日在1月1日、3月7日和5月21日。在罗马之外鲜为人知。

图7.10　罗马母神维纳斯的神庙,公元前46年由尤利乌斯·恺撒奉献。

维劳努斯(Vellaunus)　凯尔特神,只见于两块铭文。一块在威尔士的凯尔温特,记载着"平复神"维劳努斯,他等同于"治愈神"马尔斯。一块在高卢南部,此处维劳努斯相当于墨丘利神。

维尼利亚(Venilia)　该女神最初的性情和职司已无法确知。可能与尼普图努斯有联系,亦是一位海岸水神。

维纳斯(Venus)　最初是意大利女神,可能负责菜园、水果和花的丰产。在早期她与希腊女神阿芙罗狄忒(Aphrodite)相对应,并用其神话。她是马尔斯的伴侣。在罗马传说中,特洛伊战争(Trojan war)的领导者之一埃涅阿斯是安喀塞斯(Anchises,特洛伊王子)和维纳斯之子。她有很多名字和绰号,包括在罗马卡皮托林山有神庙的维纳斯·埃瑞吉娜(Venus Erycina),该神庙在公元前 217 年献与她;埃瑞吉娜一名源自西西里埃瑞克斯(Eryx)山的圣殿。维纳斯在罗马科林门(Colline Gate)外有另一座神庙。母神维纳斯(宇宙之母)的节日在 9 月 26 日;公元前 46 年,尤利乌斯·恺撒在尤利乌斯广场(Forum Iulium)献给她一座神庙。"心灵的改变者"维纳斯(Venus Verticordia)在 4 月 1 日有其节日,称作维纳拉里亚(Veneralia)。"清洁者"维纳斯(Venus Cloacina)是一位清洁者。8 月 12 日和 10 月 9 日是"胜利者"维纳斯(Venus Victrix)的节日。维纳斯也与 4 月 1 日前酒节有联系。参见朱庇特和马特瑞斯。

维尔比亚(Verbeia) 凯尔特女神,不列颠北部沃弗(Wharfe)河的化身。

维尔米努斯(Verminus) 保护牛免遭虫叮咬之神。

维尔图努斯(Vertumnus,沃尔图努斯[Vortumnus]) 最初是埃特鲁里亚神。被视为变革之化身,因此负责季节变化。有时他被视为波摩纳的丈夫,因此亦被作为果园和水果神。8 月 13 日是他的节日。

图 7.11 普拉提拉狄纳里币的背面,显示的是胜利者维纳斯神。【由萨默塞特博物馆提供】

维尔瓦克托(Vervactor) 与休耕地首次耕种有关的神。

维斯塔(Vesta)　女灶神。她与希腊女社神赫斯提(Hestia)相对应。在罗马早期,每个家庭每日一次都要聚集在炉边为维斯塔献祭。罗马广场有一个圆形的小型维斯塔神庙,祭坛上的火由维斯塔贞尼照管,一直燃烧。该永恒之火代表女神,但她没有雕像。维斯塔的节日在6月9日。在罗马,5月14日从27处阿尔格伊(argei)圣殿拿来的"argei"(一捆灯芯草,类似于手脚被绑者)在大祭司、维斯塔贞尼、执政官和朱庇特女祭司游行结束后,由维斯塔贞尼从苏布里基乌斯桥投入台伯河中。该仪式的含义不甚清楚,可能用于抚慰河神,或代替人祭,据说在严重饥荒时曾举行过人祭。

"征服者"波塔(Vica Pota)　古老的罗马胜利女神,可能相当于维多利亚(Victoria),之后因后者而自惭形秽。在罗马,该神有自己的神庙,其周年纪念在1月5日举行。

维多利亚(Victoria)　胜利女神,经常被描绘长有翅膀。7月17日和8月1日是她的节日,在7月的竞技(ludi Victoriae Caesaris)和10月的竞技(ludi Victoriae Sullanae)中受到崇拜。她被视为帝国的守护神。

维诺托努斯(Vinotonus)　不列颠北部的凯尔特神。

威耳比俄斯(Virbius)　森林神,后来相当于希腊神希波吕托斯(Hippolytus)。在意大利阿里基亚附近内米湖畔的一片小树林里,他和狄安娜及埃格里娅一起受到崇拜。

维瑞普拉卡(Viriplaca)　夫妻争吵后帮助妻子从丈夫那儿重新获宠的女神。

维尔图斯(Virtus)　体健德优的美德神,常与霍诺斯相联系。7月17日是他的节日。

维苏基乌斯(Visucius)　凯尔特神,主要在高卢和日耳曼边境地区受到崇拜。他通常等同于墨丘利神，“见识广博”的马尔斯（Mars Visucius）和女神维苏克亚（Visucia）这对伴侣神也在高卢家喻户晓。

维提瑞斯（赫维提瑞斯[Hvitiris]，维图斯[Vetus]，维特瑞斯[Vitris]） 凯尔特神，在不列颠北部受到崇拜。其祭仪专门由男性参加，在公元3世纪军队的较低阶层中颇受欢迎。该神见于五十余块铭文。其特征和职司鲜为人知。祭仪中心在哈德良长墙的卡沃兰（Carvoran）。在一块铭文上，他和另一位当地神莫贡斯同被祈求，但他与古典神无任何联系。

沃勒图尔努斯（Volturnus） 该神的最初起源不明，可能是一位水神或风神。共和国后期，他的祭仪逐渐缩小。其节日沃勒图尔纳里亚（Volturnalia）在8月27日。他的祭司被称为“沃勒图尔努斯祭司”（flamen Volturnalis）。

沃路提纳（Volutina） 谷壳包住谷穗时的谷壳女神。

沃塞古斯（Vosegus） 高卢东部孚日山脉（Vosges）的凯尔特神。他可能也是狩猎神和孚日森林地区居民的保护神。

乌尔甘（Vulcan，Volcanus，Vulcanus） 早期罗马火神，可能也是铁匠神。后来与希腊神哈费斯图斯（Haephestus）相对应。乌尔甘是卡库斯之父，在罗马神话中卡库斯是居于罗马一座山上的吐火怪兽，被赫拉克勒斯杀死。卡库斯可能源于埃特鲁里亚神话，是帕拉丁山上的一位预言家。乌尔甘在奥斯提亚有一个重要的祭仪，他是该处的庇护神。“锻造者”乌尔甘（Vulcan Mulciber）（译按：这是许多拉丁诗人对乌尔甘的委婉称呼，意在以此赢得吉兆）是乌尔甘代表“熔炼金属”之意时的名字。“小憩者”乌尔甘意为“休息的乌尔甘”，他的出现是劝导人们防火。5月23日和8月23日是他的节日。参见朱庇特和迈亚。

叙勒希基亚（Xulsigiae） 凯尔特神，在德国特里尔为人所知。她们可能是三位一体的生产神和母神。

扎勒莫克希斯(Zalmoxis)　在罗马尼亚(Romania)和保加利亚(Bulgaria)受人崇拜的阴间神。

神　灵

罗马大部分神和“numina”都是当地环境的神灵。每个地区、物体及过程(即使单个的树和河)都有其灵气。因此,有无数的神灵,但多数没有名字。事实上,一个罗马人不可能崇拜所有的神,只能崇拜与他(她)家和职业有密切关系的神。例如,安抚一位当地的河神,只是为保证良好的水源供应,避免河水泛滥或淹没。

守护灵(genii)

“genius”(复数为“genii”)字面意为“生产者”,是一个人的守护灵,这种守护灵会使之生育。在“家长”生日时全家人崇拜家庭守护灵,据说他附在“家长”身上。其标志是家蛇,通常相当于“lar”。随着这种观念的发展,很多人甚至很多地区都有他们自己的“守护灵”,如罗马人民守护灵,罗马城守护灵。对妇女而言,其守护灵为朱诺。

地区守护神(Genius Loci)

“Genius Loci”是一个地区的神灵。当祈求者不能确知他所要献祭的神的名字时,便在献辞中使用该通用语。

拉瑞斯

拉瑞斯(单数为“lar”)是最初特征不明的神灵。每个家庭都有自己的保护神灵。家长的责任就是保证拉瑞斯提供持续的保护,并维护家庭诸神的神龛(lararium),神龛通常位于中庭的正中。拉瑞斯最初可能是农田神,后来作为“lares familiares”引入家庭。在共和国晚期,它们成为家宅和家务的守护灵,每个月的朔日、诺奈(Nones)和望日(Ides)均要在家里炉边敬奉他们。罗马人也认识到“裁决者”拉瑞斯可保护邻居,“公众神”拉瑞斯(lares publici)或“守卫者”拉瑞斯(lares praestites)可保护整个城市。在罗马圣路(Via Sacra)的起点有“守卫者”拉瑞斯的神庙。“裁决者”拉瑞斯在农业节日康比塔雷节(Compitalia)受到崇拜,12 月 22 日是拉瑞斯的节日。

佩纳特斯神

佩纳特斯神(或佩纳特斯)和拉瑞斯一起被视为家庭保护者。它们是食品室的神灵,房子中庭有其雕像。每餐留出一部分扔到炉膛火中献给佩纳特斯和拉瑞斯,盐瓶和一小部分首次采摘的水果作为祭品摆在桌上。家庭生活中任何大事都需向佩纳特斯和拉瑞斯祈祷。10 月 14 日是佩纳特斯的节日。与家庭守护神(佩纳特斯)对应的国家守护神即“公众神”佩纳特斯(penates publici),其祭仪隶属于维斯塔神庙。

魂(Manes)

魂是亡者的神灵,在费拉里亚(Feralia)、帕兰塔里亚(Parentalia)和勒穆里亚(Lemuria)等节日中,所有的灵魂作为“灵神”(di manes,神圣的亡者)受到崇拜。之后他们又相当于“家神”(di parentes),每个亡者都有自己的魂,称为“manes”(复数形式作为单数名词使用),这种观念亦不断发展。坟墓也一起献给亡者(dis manibus sacrum,意为“献与神圣的亡者”),帝国时期,在献辞中提到人名已成为一项惯例,意为献给(有名字的)灵神。家宅中祖先的半身像(imagines)可令人们对亡者保持鲜活的记忆。对罗马人而言,生命存于头脑而非心中,因此祖先的半身像更多地具有装饰意义;而质量较好的雕像和半身像,很难确知是纯粹的艺术品还是具有宗教意义。

勒穆瑞斯(LEMURES)

“勒穆瑞斯”也称“拉尔瓦”(larvae),是亡者家属认为在 5 月 9 日、11 日和 13 日勒穆里亚节时在家中游荡的亡灵。相对于在帕兰塔里亚节被崇拜的直系亲属的亡灵而言，他们被视为幽灵或恶鬼。

命运（法特斯）

命运（拉丁语为“fata”或“parcae”）是从希腊神话中吸纳而来，代表了天命中极为抽象的力量。“帕尔卡”（parcae）分别称为诺娜、德库玛（Decuma）和莫尔塔，意为 9 个月生（按罗马人的计算方法是早产）、10 个月生（按罗马人的计算方法是顺产）和死产。帕尔卡最初可能是生育女神，她们在性质上等同于希腊的命运女神（Fates）。该神的三位一体有时促进了她们与凯尔特的三母神融合，而凯尔特三母神有时被描述为持纺锤、卷线杆和卷轴的神——这些标志通常与法特斯有关。在卡莱尔（Carlisle），三母神亦被称为“帕尔卡”。有关母神参见马特瑞斯。

复仇女神

复仇女神（“furiae”或“dirae”）等同于希腊的厄里倪厄斯（Erinyes）或欧墨尼得斯（Eumenides）。这些女性神灵用来执行神对男人和女人的复仇、惩罚人间及阴间的罪恶。据最古老的著作称，复仇女神有三位，蒂西福涅、梅伽拉和阿莱克托，不过阿德拉斯塔（Adrasta）和尼米希斯有时亦被视为复仇女神。

仙女（Nymphs）

仙女是泉水、河流、树木和山脉等自然事物的女性化身。这些神灵源于希腊神话，在神话中她们是较为模糊的人物，年轻漂亮，喜爱音乐和舞蹈，异于凡人并较之长寿。仙女的祭仪在希腊化世界广泛流传，帝国时期扩展到所有行省，但对仙女和女神的区别仍不甚清晰。例如，科文提纳像其他水女神一样，有时亦被描述为仙女。

神　话

很多有关诸神的神话和传说均源自希腊。神话往往是以真实或虚拟的历史事件和人物为依据的口传故事,它们为希腊人构设了全部早期历史。它们很多都是事实与虚构的杂陈,极具希腊诸神的特质。罗马诗人引用的神话多借自希腊的原始资料。在罗马神与希腊神相对应之前,多数早期的罗马神在本质上都非神、人同形同性,因此在罗马神身上不太可能创作出更大范围的神话。在罗马人吸纳众多希腊神话之前,罗马和意大利自己的神话留存下来的证据非常少。

宗教仪式

罗马人主要通过祈祷、誓约、牺牲和预知与神交流。

祭拜(Cultus)和虔敬(Pietas)

罗马宗教中的祭拜胜于虔敬。由于祭拜者严格遵守仪式程序以取悦神,所以神是由祭拜者“培养”出来的,而祭拜者本人的伦理道德则无须考虑。神主要是自然力量的神灵,非恶意刁难或特别富有同情心,所以神力需要获得认可并得以安抚。因此对诸神的崇拜均被视为保持自然力量的平和,履行仪式是为保持与神之间的和平及和谐(pax deorum)。

祭仪是用仪式和典礼的形式崇拜男神、女神或英雄。一些英雄如赫拉克勒斯被罗马人视为神来崇拜,在罗马万神殿他们通常相当于其他神。宗教信仰对罗马人而言,主要是通过正确履行仪式和庆典来举行一种或多种祭仪,而非依靠信仰、道德行为或灵性。祭仪最重要的部分通常是通过牺牲、奠酒或献祭把祭品献给神,同时有如下的祈祷,“我献祭于你,你施惠于我”。随着时间的推移,这种祭仪变得固定且形式化,以至于一个最小的错误即会导致祭仪无效,不得不重新开始。

虔敬是与道德有关的一种责任,以及与家庭、朋友、祖先、制度、公民和神之间良好关系的维护。其意义较之现代派生出来的虔敬要广泛得多。虔敬的概念如其他抽象概念一样,被人格化和神化了,在 12 月 1 日有皮埃塔斯节(参见“皮埃塔斯神”)。

祈 祷

祈祷采取的形式是"我为你献祭(我献祭于你),请你施惠于我"。加图在《农业志》中记载了这样一段祈祷:

> 不管你是男神抑或女神,该小树林献与你,献猪为祭(让我)修剪圣林是你的权利,为此,由我或听我吩咐的某人来献祭,如愿完成。最终献猪为祭,我谦恭地祈求你,仁慈地对待我、我的家庭及我的子孙。最后你会屈尊接受我献给你的这头猪吗?

该祈祷主要用于农夫在砍伐树木前安抚森林神,这种法律口吻表明罗马人对神的态度,可概括为"因为我献祭了这头猪,我将得到神的允许去砍伐这些树"。因为仪式中会有其他因素存在,所以祈祷词也试图包括所有不测之事。

誓 约

誓约采取的形式是"如果你施惠于我,我将为你献祭(我将献祭于你)"。在祈祷中,不管祈祷是否得到回应,神都要接受祭品,但在誓约中,只有祈求者的愿望得到实现,神才能收到祭品。代表国家的公共誓约也是许诺一些特别的牺牲来回报神助——通常是对紧急灾难的保护。这些誓约均被记录下来,由大祭司保管。与此类似的个人誓约记录在献祭碑上,存于神庙。有时诅咒亦是一种誓约形式。履行誓约通常采取献祭的方式,可能是建一座祭坛或在圣殿或神庙存放祭品。

牺 牲

牺牲是有条件地向神、英雄和亡者敬献的祭品,奉献牺牲者希望从中获得帮助。国家和私人均可奉献牺牲,但方式各异。例如,在牺牲宴上,食物献祭可能神人共享，或通过燃烧的方式把食物全部献给神。祭品种类繁多，如糕点、酒、熏香、油和蜂蜜，也有血祭，包括屠杀各种动物。鲜有证据表明存在人祭，但在公元前216年坎尼战役后曾出现过人祭，两个希腊人和两个高卢人在罗马的牛市广场被活活烧死。在北非，婴儿经常作为牺牲被烧死。

图7.12　庞贝城韦帕芗神庙祭坛上描绘的献祭场景。头遮斗篷的祭司在三足器具旁进行祭酒仪式。后面跟随两名扈从和一名长笛演奏者。公牛前面是手持双刃斧的祭司(victimarius)，以及一名带公牛到献祭处的助手。

根据献祭的目的，用作牺牲的祭品可分为六个主要类别，但其中有重复之处。它们包括履行誓约的祭品、致谢祭品、希望得到神助的祭品、在神要求下做的牺牲、占卜所用的牺牲和周年献辞的牺牲。这些主要见于祭坛的铭文，祭坛本身也是祭品。

最普通的牺牲形式是履行誓约，如果神有所行动，人们即会许诺牺牲。一旦神处理了部分事情，人们即被誓约所束缚。最初的誓约称作“nuncupatio”(复数为“nuncupationes”)，“solutio”是指对誓约的履行。对神履行誓约通常是建立祭坛，在祭坛上常会发现铭文，一般带有通用语“依照誓约”(ex voto)和“高兴、无私、理所当然地兑现誓约”(votum solvit laetus libens merito)，后者常缩写为“VSLLM”。一些祭坛上的铭文表明，祭坛的建立是为了感谢神无私地给予帮助，而非响应祈求者的誓约，其他祭坛则是用以期待神助而建。后者多是为了某个指定者的健康(pro salute)而建。现在我们所称的“解剖还愿”即通常用赤陶做成身体某部位的模型献给神，以期得到治疗。

图 7.13 罗马图拉真记功柱上的场景。在祭祀队伍中，由祭司(victimarii)带领公猪、公羊、公牛到宿营地周围绕行，这些动物要在营地内献给马尔斯(即“苏奥维陶里亚”[Suovetaurilia]，指献祭的猪、羊和公牛)，以净化即将开战的军队。同时亦有号角和喇叭演奏者参加。

一些牺牲是在神的要求下完成的，神通过梦境或其他一些信号要求获得牺牲。另有一些是咨询神谕后所做的牺牲。在周年纪念时也做牺牲，如罗马建城周年纪念——传统上是 4 月 21 日。

屠杀和飨食动物是最流行的牺牲方式。动物适于特定的神——雄性献给男神，雌性献给女神，要无瑕疵并有适当的颜色(如黑色献给冥界神)。通常由要求做牺牲者和相关神庙的管理者(aedituus)共同安排，雇佣祭司助手(popae)和司祭(由他切断牺牲动物的喉咙，然后解剖)服务，通常还有长笛演奏者(tibicen)。牺牲过程有音乐伴随(长笛或竖琴)是为防止听到恶鸣，如果听到，牺牲将重新开始。祭司的头部一直用宽外袍遮住，避免看见恶兆和听到恶鸣。

作为牺牲的动物，其被杀方式可能很重要。在动物被杀之前，通常在其头部洒上酒和圣饼(mola sals，字面意为咸面粉)。先用长斧将其打晕，然后用祭刀刺入。血盛于碗中，再泼到祭坛上，然后剥皮切开。内脏(exta)包括肝脏和肺，它们在祭坛的火上烤或炖，由主要参加者先食。骨头和肥肉在祭坛火上烧熟，然后和其他祭品如酒和糕饼一起献给神。动物的其他部位在烹调后供给其他飨食者。在危急时刻(如战争之前)、净化仪式和殓埋葬礼中，通常进行血祭，即将牺牲完全献给神。血祭也献给冥界神和英雄。燔祭是指完全烧掉牺牲。一些人认为有些牺牲是不适合人吃的，如献给赫卡特的狗牺牲。在某个农业节日及一些其他情况下——如结束军事作战或人口普查时，猪、羊和牛等主要农业牲畜可一起做牺牲，即“Suovetaurilia”。

奠酒祭神仪式(Libations)

奠酒祭神仪式是把液体的牺牲泼洒在地上献给神(译按：多数为女神)。最普通的是纯酒，其他液体亦可，如牛奶、蜂蜜甚至水。奠酒祭神仪式也可在葬礼期间和在坟墓边稍后举行的仪式中献给亡者。

祭献(Devotio)

“祭献”是指祈求者为了获得神助而把自己的生命作为牺牲，通常是面临战争失败的绝望将领采取的一种方法。将领以复杂的仪式把自己献给“特鲁斯和亡灵(Manes)”(均为冥界神)，在战争中死亡也是一种牺牲，神必须打败敌军。“Devotio”也用来指代一种神秘咒语和符咒。

圣春(Ver Sacrum)

大灾难时期会举行“圣春”(Ver Sacrum),主要是把春天出生的任何东西献给神,通常献给朱庇特。虽以动物作牺牲,但20岁的青年也要被逐出国家去寻找新的社会团体。公元前217年,该仪式在罗马复苏;但在第二次布匿战争时期,没有驱逐青年。

驱邪仪式(Lustratio)

“驱邪仪式”是一种净化仪式,目的是为了避免邪恶的影响、带来好运。它包括一件有益物品的庄严游行过程,如用作牺牲的动物在任何需要净化之物周围游行,在路线上的各处都有祈祷者和牺牲。

深坑(Mundus)

“深坑”是为接近阴间诸灵而挖掘的坑。在罗马,将坑和凯莱斯女神联系在一起,似乎被称为“凯莱斯深坑”(mundus cereris 或 mundus cerealis)。这种深坑一直用一块大石封住,而8月24日、10月5日和12月8日例外,通常认为这三日有厄兆。

预　知

一般认为,神会通过一些迹象或征兆向人们揭示其愿望。有些是显而易见的,如雷、闪电、反常的自然现象或在经过时听到的不经意的词和习语,但大多数迹象都不明显,在很多情况下需要适当的解释。预知是为预测未来而对各种迹象进行的释读。罗马人有很多预知方法,现今已知的主要来自西塞罗的作品。预知有两种,人为的和自然的。早期基督徒把预知看成是魔鬼的工作,公元391年,狄奥多西颁布法令,禁止异教崇拜,形式上结束了这一活动。

人为预知是以长期观察动物、植物、物体、自然现象和观察牺牲的内脏为基础的。通过掷骰子和抽签的预言较为普遍，也可通过随意咨询著名诗人的作品得到预知（参见第六章“维吉尔”）。反常的天气情况也被认为是很重要的，从公元前4世纪起，占星术不断流行。巫术（召唤亡灵）也被人们使用但未受到尊重。

占卜（auspicium）是通过占卜师解释鸟类飞行或摄取食物方式来表达神意的（参见“占卜师”），因此在重大事件之前都要进行占卜，如出海或战争。内脏占卜（extispicium）是解释牺牲内脏（特别是肝脏）所表现出来的一些迹象，该过程由“哈鲁斯帕克斯”（haruspex）执行。

梦的解释是一种自然预知，通过做梦者或专业的释梦者来解释。这种解释以“孵育”为基础，即病人睡在康复神（通常是埃斯库拉皮乌斯）的神庙中，以便该神能出现在梦中，并告之治疗方法。首先病人要观看三天净化仪式，继而献出各种牺牲和金钱，并把三块糕饼献给“成功”神、“回忆”神和“正确指令”神。病人通常睡在神庙的一间小屋里，戴月桂花冠，以期梦见神。有时也为其他目的以这种方式接近神，如帮助定位遗失的财物。预知的另一种自然形式来自某人的言语，言者被视为神的代言人，如德尔斐神谕所的预言人就是神谕的主要依据。

神 谕

神谕是预知的一种形式。在希腊世界最著名的神谕所是德尔斐的阿波罗神谕所，那里的女祭司（皮提娅［Pythia］）用类似西比拉的方式进行预言。罗马时期，人们仍咨询德尔斐神谕（Delphic Oracle），但它在公元前1世纪逐渐衰落。尽管在公元2世纪哈德良统治时期有短暂的复苏，但事实上到公元4世纪中期它逐渐被人们遗弃。

与希腊相比，意大利没有神谕所，共和国时期，《预言书》是用于国家咨询的唯一神谕。在帕莱斯特里纳，福耳图纳女神庙可以给出神谕。它们刻在书板上，称为“sortes”（签），由一个孩童弄混并抽出一根给前来咨询神谕者。和阿波罗一样，其他诸神也被认为可提供预言，包括福那斯和卡尔门蒂斯。在蒂沃利的福那斯神庙要进行“孵育”，先杀掉一只羊，继而咨询神谕者睡在羊皮里。

《预言书》是一部神谕集，当罗马面临重大灾难时，人们要咨询它。一般认为，最初的神谕是从女预言家西比拉处购得，该女预言家来自东方，居于库迈的一山洞中。这些书存放在朱庇特·卡皮托利努斯神庙下一石穴的箱子里，公元前 83 年，神庙被大火烧毁后，出现了一部由不同地区、各种版本汇集而成的新的神谕集。这些新的《预言书》被奥古斯都转移到帕拉丁山的阿波罗神庙里。现有 14 本各式各样的预言书，它们源于犹太—希腊(Judaeo-Hellenic)和基督教文化。由于基督徒对《预言书》进行篡改，西比拉后来被等同于《旧约》(*Old Testament*)中的先知，并出现在基督教艺术和文学作品中。

西比拉(sibylla)一名用于不同的女预言家，但通常这些女预言家也有自己的名字。库迈的西比拉最为著名，而其他西比拉则在不同时期生活在不同地区。她们在一种入神的状态中进行预言，受控于阿波罗。阿尔布内阿是一位在蒂沃利举行祭仪的西比拉，其预言诗和《预言书》一起存于罗马。在帝国治下，随着对希腊和东部神的崇拜不断增加，罗马人对神谕亦有逐渐浓厚的兴趣。很多预言书籍开始传播，奥古斯都曾查封并烧毁 2000 本预言书，试图消除恐慌。

占星术

公元前 2 世纪，占星术从巴比伦和埃及传到意大利，得到了强有力的支持。普遍认为它与宗教是可和谐共存的，因为如果星星能预示未来，神即能助其一臂之力。帝国初期，占星术非常流行，虽然受到怀疑论者的质疑，但它异于其他预知形式。占星术中的迹象经常用于符咒和护身符中。事实上，从公元 1 世纪起，每个人(包括基督徒和犹太人)都要接受命运的预言和行星的影响。罗马政府对政治暗示特别敏感，在民族危机时期，专业的占星师都遭到驱逐。但禁令只是暂时的，皇帝亦不断求助于占星术。直到公元 4 世纪基督教皇帝统治时期，奥古斯丁谴责占星术，它才被官方禁止，但事实上仍然存在。

节　　日

“节日”(feriae 或 dies ferialis)是指拜谒神庙和献牺牲给神的节庆日。这一术语也用于公共节日和私人事情，如庆祝生日。节日是罗马人重新恢复他们与特定神关系的日子，通常在正常执行中加入额外的仪式。未能庆祝节日或庆祝仪式不是完全正确时都会激怒神。因此，国家官方的公共庆典、私人祈祷和献祭均非常重要。节日期间，公共仪式在受崇拜之神的神庙中举行。祈祷、仪式和牺牲由祭司在神庙外执行。公民可能参加仪式，但只能作为观看者，而非参与者。

一年中有很多节日，但并非所有的都是国家承认的、由国家祭司主持庆祝的公共节日。在公共节日期间，工作和商业(法律和政治上的)都要停止，避免玷污圣日。有些工作是允许的(由大祭司决定)，但似乎很多工作都没有停工，只有虔诚者拜谒神庙，其他人则欢度节日。法律上要求罗马公民奉行仪式的规则，但并非强迫他们进行崇拜。很明显，大量的节日减少了一年中的工作日，但只有犹太人(他们不庆祝节日)通过安息日有规律地过休息日；其他人则没有周末，因此，因节日占用的工作日也并不很多。

虽然节日总是有宗教的一面，但在宗教活动与世俗活动之间没有严格的区分，节日总是尽情狂欢之时。公共节日最初字面意为“宴会日”，此即地方权贵为穷苦公民提供食物。公共节日(feriae publicae)分为三组：固定节日(feriae stativae)是指每年一次在固定日期举行的节日，宣告节日(feriae conceptivae)是指每年一次，但日期由行政官或祭司指定的节日，指令节日(feriae imperativae)是指由执政官、大法官和独裁官为了庆祝胜利等目的而宣布的无规律的节日。

赛会(ludi)有宗教因素，源自纪念“至善至尊”的朱庇特的献祭活动，时间约在公元前 220 年之前，这是唯一的每年一次的活动；后来又设立了其他每年一次的活动。赛会并不是严格意义上的节日，但也被视为节日。

在意大利和罗马以外地区到底有多少节日可以庆祝，并不是很清楚。因为一些神，如维迪奥维斯，鲜有证据表明他们在罗马之外受到崇拜，更不用论及意大利之外了，因此对其节日的庆祝可能受到地域的限制。但一些重要的节日如萨图恩节在帝国各地普遍流行。随着基督教的兴起，诸多节日改为基督教历。例如，家宴节（Caristia；2月22日）改为圣彼得节日（Feast of St. Peter），牧神节（2月15日）改为圣母马利亚（Virgin Mary）的斋戒节（Feast of the Purification）。最重要的改变可能是把太阳神索尔的诞日（12月25日）改为耶稣基督的诞日。

节日列表

至少在罗马地区，一些男神和女神在一年中均有很多节日。以下是对主要节日的描述，标注星号（*）为最重要的。赛会（ludi）是节日的一部分。酒神节（Bacchanalia）是酒神狄奥尼苏斯（也称巴库斯）的节日，主要举行希腊仪式（orgia）；关于该仪式所知甚少，它是在不同地区、不同时间举行的节日，亦有不同的仪式，公元前186年被禁止。

一 月

1月1日：献给雅努斯。标志着新年的开始，人们互相交换小礼物，特别用灯照亮道路迎接新年的到来。这也是埃斯库拉皮乌斯和维迪奥维斯的节日。

1月3—5日：康比塔雷节*是在12月17日和1月5日之间可变动的节日（通常约为1月3日到5日）。在罗马，庆祝活动由大法官宣布。它是十字路口守护神拉瑞斯的节日，标志着农业纪年的结束。神庙建于三个或四个农庄交汇的十字路口处。神庙朝四个方向敞开，允许每个农庄的守护神（lar）通过。犁挂于神庙中，家中每个自由者都有一个木玩偶，每个奴隶有一个木球。

1月5日：在罗马，“征服者”波塔圣殿的诞日。

1月9日：雅努斯节（Agonalia）*在1月9日、3月17日、5月21日、12月11日举行。每次都由“圣事君主”献祭一头公羊，可能是献给雅努斯的祭品。

1月11日：卡尔门蒂斯节*是在1月11日和15日敬奉卡尔门蒂斯。朱图尔纳节（Juturnalia）在1月11日。

1 月 24—26 日:播种节[Sementivae]*(或农夫节)约在此间举行,是可变动的节日。它是一个或两个节日尚不清楚,特别之处是举行两天节日后,还有一个 7 天的间隔期(译按:间隔期后可能再次举行节日)。它是春耕或保护去年秋天所播种子的节日,或二者兼而有之。第一天祭品献给特鲁斯,第二天献给凯莱斯。

1 月 27 日:卡斯托尔和伯吕克斯的节日。

二 月

安布尔比亚节(Amburbium,环罗马城游行的赎罪队伍)是可变动的节日,有时在 2 月举行,用以净化罗马城。它是一项净化仪式,包括环城游行,随之有祈祷者和牺牲。

2 月 1 日:"救星"朱诺的节日。

2 月 5—17 日:康克尔狄娅的节日。福耳纳克斯节(Fornacalia)* 须在 2 月 5 日前后开始。它在罗马举行,其开始日期由各选区(即库里亚)首领指定,2 月 17 日结束。它对"炉灶"(fornaces)有益(炉子用来烘烤谷物)。

2 月 13 日:在罗马举行的福那斯的节日。它是 12 月 5 日在农村举行的颇受欢迎的节日。帕兰塔里亚* 是罗马的亡灵节,从 2 月 13 日到 21 日。最后一天是公共庆典,之前数日由个人纪念亡者。节日期间要关闭神庙,禁止婚礼,官员不得穿戴标识职位的服饰。

2 月 15 日:牧神节* 包括斋戒和生产仪式。最初是纪念牧神鲁帕尔库斯的牧羊人节日,用以保证土地和羊群的多产。这是一个古老的节日,罗马人也不确定应该崇拜哪位神。所以奥古斯都时期创造出鲁帕尔库斯来解决这一问题。古代著作家称伊乌努斯或福那斯(二者都相当于潘)为该节日的神。崇拜者聚集在帕拉丁山上被称作"鲁帕尔卡尔"(Lupercal)的洞中,此处即罗慕路斯和勒慕斯由母狼哺乳之处。在洞中,被称作牧神祭司以羊和狗作牺牲。两个贵族家庭的年轻人被涂上牺牲的血,牧神祭司为他们穿上牺牲的羊皮。他们带着一条条羊皮与一些行政官沿罗马街道奔跑,用羊皮击打他们遇到的每个人,使其能够生育。该节日包括很多狂欢,颇受欢迎。因此早期基督教教会没有废止它,公元 494 年,罗马教皇格拉希乌斯一世(Gelasius Ⅰ)以 2 月 15 日作为圣母马利亚的斋戒日。

2 月 17 日：奎里努斯节*(Quirinalia)是战神奎里努斯的节日。

2 月 21 日：费拉里亚*是亡者的公共节日，在帕兰塔里亚节的最后一天举行，要将食物摆在坟墓前供亡者享用。

2 月 21 日：家宴*或亲密同族(Cara Cognatio)的节日。这是重新恢复家庭关系、平息争吵的一天。有家庭膳食和祭品献给家庭守护神(拉瑞斯)。

2 月 23 日：特耳米努斯节*是每年一次崇拜特耳米努斯(界石神)的仪式。仪式(包括牺牲和宴会)由土地所有者在选定的界碑旁举行。

2 月 24 日：黜王节(Regifugium)*在共和国末期被认为是独立日，它是最后一位王被驱逐以及共和国开始的周年纪念。该节日的起源似乎有诸多不同的说法，但主要是与王被驱逐有关。

2 月 27 日：埃奎里亚(Equirria)*是为纪念马尔斯而举行的赛马节。在罗马的马尔斯广场举行，如果水淹广场，即在凯利乌斯山上举行。相似的节日在 3 月 14 日举行。

三 月

3 月 1 日：马尔斯的节日*，至少持续到 3 月 24 日，可能到月末。该节日是把马尔斯作为战神和农业神来敬奉。庆祝活动包括游行，伴有由萨里意表演的仪式舞蹈，萨里意手持马尔斯的圣盾走在游行中。妇女节(“卢西娜之母”朱诺的节日)在 3 月 1 日(旧历新年第一天)举行。对朱诺及其子马尔斯进行祈祷，丈夫要给妻子礼物，女性奴隶则由女主人款待。

3 月 7 日：维迪奥维斯的节日。

3 月 9 日：萨里意再次手持马尔斯圣盾走在游行中(参见 3 月 1 日)。

3 月 14 日：埃奎里亚节*是在罗马举行的纪念马尔斯的赛马节日(参见 2 月 27 日)。马穆里乌斯节(Mamuralia)亦在 3 月 14 日举行，是否是为老者马穆里乌斯(Mamurius Veturius)单独举行的节日不是很清楚，他是传说中圣盾的制造者，或是埃奎里亚的另一名字。

3 月 15 日：意大利女神“经年神”安娜的节日。该女神是年的化身，公共和私人牺牲均在新年当天献给她。这天也是朱庇特的节日。

3 月 16—17 日:“阿尔格伊”的游行(参见 5 月 14 日)。

3 月 17 日:利贝尔节(Liberalia)* 是自由父神及其伴侣自由女神的节日。庆祝方式有奉献牺牲、吟唱原始歌谣和在树上悬挂面具。也是雅努斯节*(参见 1 月 9 日)。

3 月 19 日:因为它是 3 月 15 日后的第五天,故该日被称作“Quinquatrus”。它被视为为纪念马尔斯而举行的五日节和假日(大奎因夸忒鲁斯[Greater Quinquatrus]*)的开始(参见 6 月 13 日)。也是米涅尔瓦节。

3 月 23 日:号角节(Tubilustrium)* 是大奎因夸忒鲁斯节(马尔斯的节日)的最后一天,是日“tubae”(圣号——最初为作战号角,后用于庆祝活动)得到净化(参见 5 月 23 日)。

3 月 31 日:月神的节日。

四 月

拉丁节是纪念“晓谕者”朱庇特作为拉丁同盟神而举行的可变动的节日。这是罗马人和拉丁人在阿尔巴山(Alban Mount)举行的共同节日,通常在 4 月末由行政官择日举行。该节日兴起时,拉丁姆的主要城市是阿尔巴隆加(Alba Longa)而非罗马,该节日一直延续到公元 3 世纪。用一头小母牛作牺牲,然后在拉丁同盟所有城市代表参加的公共聚餐上享用。

4 月 1 日:维纳拉里亚是“心灵的改变者”维纳斯的节日。“司男职”的福耳图纳(Fortuna Virilis)也是该节日崇拜的一部分。

4 月 4—10 日:梅伽兰希亚*(Megalesia, Megalensia, Megalesiaca)是在罗马为敬奉库贝拉举行的节日,伴有赛会。赛会包括在大竞技场进行的戏剧表演和演出(ludi Megalenses)。

4 月 5 日:“忠于共和国的”福耳图纳的节日。

4 月 12—19 日:凯莱斯节* 是敬奉凯莱斯的节日,最后一天在大竞技场举行赛会(ludi Cereales)。祭仪之一是在大竞技场放生尾巴上烙有印记的狐狸。

4 月 13 日:“胜利者”朱庇特和“自主神”朱庇特的节日。

4 月 15 日:福耳狄基亚* 是在罗马举行的节日,罗马 30 个选区在该日均向特鲁斯敬献一头怀孕的母牛，以提高牛的生育和土地多产。未出生的牛仔被焚烧，骨灰用于帕勒斯节(Parilia)的净化仪式。

4月21日：帕勒斯节*(Parilia或Palilia)，帕勒斯的节日。它是羊和牧羊人的净化仪式，与罗马建立有联系。清理羊圈并饰以草木，羊在燃烧硫磺的篝火烟中得到净化。牛奶和糕饼献给帕勒斯，牧羊人用露水清洗自己，喝牛奶并跳过篝火。在罗马举行该节日时，要将福耳狄基亚节时焚烧的小牛仔骨灰撒在篝火上。

4月23日：前酒节*是在罗马举行的与酒有关的两个节日中的第一个(参见8月19日)。这一天要打开前一年秋天装满的酒桶，第一部分作为奠酒(称为"calpar")献给朱庇特。最初是为敬奉朱庇特而举行的节日，后来也与维纳斯有关。

4月25日：罗比古斯节*是把铁锈颜色的狗作为牺牲献给罗比古斯的节日，他是霉菌和谷物腐坏之神。

4月27日：福罗拉节是福罗拉的节日，是花和春天的节日；如果谷物开花良好，即会丰收。在帝国时期，有持续六天的赛会(ludi Florales)。

五 月

5月1日："守卫者"拉瑞斯的节日。

5月9日：勒穆里亚*在5月9、11和13日举行，用以抚慰此时在房中游荡的家庭亡灵(最可怕的是那些年轻亡灵，人们认为他们有怨恨)。户主在半夜起床，做"mano fico"(拇指放在紧靠的两指之间——多产的符咒)手势，赤足穿过房子。要先洗手，边走边吐出九颗黑豆或其他东西，黑豆要越过其肩膀。这些是让亡灵随意食用的，否则亡灵就要带走家中的成员。与该仪式同时或紧随其后也有其他的仪式用以驱逐幽灵。

5月11日：可能是驱鬼节的一部分，把牺牲献给玛尼亚(守护神之母)。玛尼亚被视为死亡女神，因此，可能在勒穆里亚节期间也对其献祭。

5月14日："无敌者"马尔斯的节日。维斯塔贞尼、大祭司、大法官和其他人在该日会把30个"阿尔格伊"(argei)投到台伯河里。该古老仪式的含义已经消失(参见3月16—17日)。

5月15日:朱庇特和墨丘利的节日。迈亚的节日也在5月15日,因为她与希腊女神迈亚——赫耳墨斯的母亲混淆了。赫耳墨斯等同于罗马神墨丘利,后者在5月15日受到崇拜。

5月21日:雅努斯节*(参见1月9日)。也是维迪奥维斯的节日。

5月23日:另一个号角节,重复3月23日举行的庆典。也是乌尔甘的节日。

5月25日:福耳图那的节日。

5月29日:土地节*,5月末(可能在5月29日前后)举行的可变动的节日,也是与净化谷物仪式联系在一起的公共和私人节日。因此包括对农业神的崇拜,如凯莱斯和巴库斯。人们沿古罗马边界驱赶献祭的动物(猪、羊和牛),并在特定的地点进行献祭。

六　月

6月1日:“提醒者”朱诺和马尔斯的节日。

6月2日:贝罗纳节。

6月4日:“伟大的看守者”赫拉克勒斯的节日。

6月5日:忠诚之神的节日。

6月8日:梅恩斯的节日。

6月9日:维斯塔的节日*(Vestalia)。

6月11日:玛图塔节*(母亲节)是为敬奉玛图塔母神而在罗马举行的节日。也是室女福耳图那的节日。

6月13日:“无敌者”朱庇特的节日。小奎因夸忒鲁斯(Lesser Quinquatrus)也在6月13—15日举行,也是长笛吹奏者行会的节日,这些人在宗教庆典中起到重要的作用。见大奎因夸忒鲁斯(参见3月19日)。

6月19日:米涅尔瓦的节日。

6月20日:苏玛努斯的节日。该神的祭仪在共和国末期逐渐衰落下来。

6月24日:福耳斯—福耳图那的节日。

6月25日:陶里意赛会(“Taurii”或“Taurei”)*,为敬奉冥界神(di inferi)每5年举行一次。

6月27日:拉瑞斯和“息戈者”朱庇特的节日。

七 月

7月1日:朱诺的节日。

7月5日:珀普利弗基亚(Poplifugia,民族迁徙)*是一个古老的节日,其含义在早期已消失。

7月6—13日:为敬奉阿波罗而举行的赛会*(ludi Apollinares)。最初在7月13日举行,但因颇受欢迎以至于日期不断前移,到共和国后期,开始时间在7月6日。赛会后,留出六天时间进行商业和交易。

7月7日:帕勒斯的节日。该日也是诺奈·卡普若蒂娜(Nonae Caprotinae;野无花果树之“nones”)的节日,这天也举行女仆宴会。“母山羊神”朱诺也在该节日中受到崇拜,以纪念女仆帮助解除拉丁军队对罗马威胁这一事件。

7月13日:参见7月6日。

7月17日:霍诺斯和维尔图斯及维多利亚的节日。

7月19日:树林节*(Lucaria)在7月19日和21日举行。该节日在萨尔大道和台伯河之间的一个大树林中庆祝,但其含义已消失。

7月20日:恺撒的胜利赛会*(Ludi Victoriae Caesaris)从7月20日持续到30日。赛会是纪念尤利乌斯·恺撒及与恺撒有密切联系的女神维多利亚。

7月22日:康克尔狄娅的节日。

7月23日:尼普图努斯节*。

7月25日:芙瑞纳节*。

7月30日:时日福耳图那的节日。

八 月

8月1日:司珀斯和维多利亚的节日。

8月5日:萨卢斯的节日。

8月9日:“排外者”索尔的节日。

8月12日:“无敌者”赫拉克勒斯和“胜利者”维纳斯的节日。

8 月 13 日：狄安娜、维尔图努斯、骑士福耳图那、“无敌者”赫拉克勒斯、卡斯托尔和伯吕克斯、卡米奈和福罗拉的节日。

8 月 17 日：波尔图努斯节*，也是雅努斯的节日。

8 月 19 日：农业酒节(Vinalia Rustica)*是庆祝葡萄开始收获的节日，该日，第一批葡萄由“朱庇特神祭司”从葡萄树上摘下。参见 4 月 23 日前酒节。

8 月 21 日：康苏斯节(Consualia)*是康苏斯(Consus)的节日。另一个节日在 12 月 15 日。

8 月 23 日：乌尔甘节*。纪念迈亚和霍拉的仪式也在这一天举行，因为有时二者亦被视为乌尔甘的配偶。奥普斯和居于山林水泽的仙女也受到崇拜，但他们与乌尔甘的联系不甚清晰。

8 月 24 日：月神的节日。该日也要把“深坑”的盖子移走。即允许阴间的神灵在外游逛，因此该日为圣日，禁止公共贸易。10 月 5 日和 12 月 8 日盖子也被移走。

8 月 25 日：奥普斯节(Opiconsivia)*是奥普斯的节日。她的另一个节日在 12 月 19 日。参见 8 月 23 日。

8 月 27 日：沃勒图尔纳里亚节*是沃勒图尔努斯的节日。共和国末期，其祭仪渐趋衰微。

8 月 28 日：太阳神索尔和月神的节日。

九 月

9 月 1 日：“轰响者”朱庇特、“自由神”朱庇特和“女王”朱诺的节日。

9 月 5 日：“息戈者”朱庇特的节日。

9 月 5 日：罗马庆典赛会*(或“ludi magni”)是为纪念“至善至尊”的朱庇特而举行的赛会。最初只在 9 月 13 日举行，后逐渐延长至半个月。

9 月 13 日：“至善至尊”的朱庇特、朱诺和米涅尔瓦的节日。

9 月 23 日：阿波罗的节日。

9 月 26 日：母神维纳斯的节日。

十 月

10 月 1 日:费德斯和“司丰腴者”朱诺的节日。

10 月 4 日:纪念凯莱斯的斋戒。斋戒日非常少;庆祝活动多是宴会。最初斋戒日由元老院下令、按照《预言书》的描述每五年举行一次,但奥古斯都时期每年一次。

10 月 5 日:该日盖子从“深坑”移走(参见 8 月 24 日)。

10 月 7 日:“闪电神”朱庇特和“持矛者”朱诺的节日。

10 月 9 日:“罗马共和国”的守护灵、“幸运女神”费里基塔斯和“胜利者”维纳斯的节日。

10 月 10 日:“提醒者”朱诺的节日。

10 月 11 日:梅迪特瑞纳利亚节*。女神梅迪特瑞纳是晚期罗马人们创造出来的,用以解释该节日,其起源不甚清晰。在某种程度上,它与新酒的酿造期有关,并与朱庇特有联系。

10 月 13 日:丰迪纳里亚节(Fontinalia)*是神丰斯的节日。为敬奉这位泉水神,要将花环扔到泉水中,或放在井台周围。

10 月 14 日:佩纳特斯的节日。

10 月 15 日:朱庇特的节日。为敬奉朱庇特而举行的卡皮托利努斯赛会即在此日举行。

10 月 19 日:净军节*是净化武器的节日,用来敬奉马尔斯。萨里意在游行中跳舞,之后净化甲胄和圣盾并将其收好,以备来年使用。

10 月 26 日—11 月 1 日:苏拉的胜利赛会*(Ludi Victoriae Sullanae),敬奉维多利亚女神。

十一月

11 月 1 日:见上文。

11 月 4 日:敬奉朱庇特神的民众赛会*(Ludi Plebeii)。

11 月 8 日:该日盖子从“深坑”移走(参见 8 月 24 日)。

11月13日:朱庇特的节日。该日朱庇特宴会成为民众赛会的重心。这一天也是费罗尼亚和初生者福耳图那的节日。

十二月

12月1日:尼普图努斯和皮埃塔斯的节日。

12月3日:良善女神的节日*,庆典活动在各种公共和私人崇拜中举行。维斯塔贞尼参加,但不在良善女神神庙中举行,而在执政官或大法官的房子里进行,只有妇女参加。

12月5日:福那斯的节日,在乡村而非城市举行的古老的节日。

12月8日:第伯里努斯的节日。与第伯里努斯有联系的盖亚女神也在节日中受到崇拜。

12月11日:雅努斯节*(参见1月9日)。该日也是七丘节(Septimontia),是罗马七丘的人们为敬奉七丘而举行的节日。

12月12日:康苏斯的节日。

12月13日:特鲁斯节日。

12月15日:第二个主要的康苏斯节*(参见8月21日)。

12月17日:萨图恩节*最初在12月17日举行,但在共和国后期,从17日延到23日。这是冬至节日,敬奉播种神萨图恩。该节日后被圣诞节(Christmas)取代,萨图恩节的很多欢庆和习俗(如享受、欢愉与友好、点燃烛光、赠送礼物)均被吸收到基督教节日中。该节日以在萨图恩神庙献祭开始,继而举行对所有人开放的公共宴会。这是一个综合性的节日,商业活动全部停止,每年此时人们可在公共场所赌博。人们身着节日盛装,佩戴软帽(pilleus),奴隶可停止工作,甚至可能得到主人款待,每个家庭选出一位假国王主持节日。

12月18日:埃波纳的节日。

12月19日:奥帕里亚*是奥普斯的第二个主要的节日(参见8月25日)。这天可能也是朱文塔斯的节日。

12月21日:神圣安格隆纳节(Divalia Angeronae)*是敬奉神秘女神神圣安格隆纳的节日。

12 月 22 日：拉瑞斯的节日。

12 月 23 日：拉兰提娅节(Larentalia)* 是母神拉兰提娅的节日；包括在其假定的坟墓前举行葬礼仪式。

12 月 25 日：公元 3 世纪，“无敌者”索尔的祭仪兴起后，这一天才变得重要起来，因为在儒略历上 12 月 25 日是仲冬。后来，“太阳诞日”变为基督教的节日。

神秘宗教

共和国后期，从东部传来的宗教祭仪较之其他祭仪而言，对个人有着直接的吸引力，因此在罗马和意大利颇受欢迎。之所以称为神秘宗教，是因为其教义认为救世和永生是人们生活的目标，这给人以希望，但入教者不可泄露教义。神秘宗教从未获得国家的支持，因此其节日也未能出现在国家节日的列表中。随着帝国的发展，这些祭仪不断壮大；多数罗马人加入这种宗教后发现它与国家宗教在行为上没有冲突，因此他们也没有断绝与国家宗教的关系。基督徒和犹太人坚决主张，皈依必须断绝与所有其他宗教的关系，这一主张是罗马后期他们与国家冲突的主要原因。由于基督徒和犹太人没有在皇帝的祭仪上献祭，因此他们均被控不忠。

德鲁伊教(Druidism)

我们对德鲁伊教的了解较少，因为其基本教义都是保密的。我们所知的一些信息均来自尤利乌斯·恺撒等古代罗马著作家的评论。凯尔特社会由分为三部分的精英阶层控制：德鲁伊祭司(Druids)、占卜师(Vates)、吟诵者(Bards)。据恺撒所述，德鲁伊教源自不列颠，且一直是德鲁伊教的中心。它的祭仪主要围绕着一个信仰，即死后灵魂进入到另一人体或动物体内。这不仅使凯尔特人在战争中无畏，亦使之支持人祭，人祭成为德鲁伊教祭仪的一部分。为实现各种目的，罪犯、战俘甚或无辜者皆被用作牺牲，例如，在大灾难之后或感恩胜利时，需要人祭安抚神，但主要目的用于预知。

德鲁伊祭司的职责不只是祭祀，他们还控制着士兵和部分民众。他们没有对宗教权力形成垄断——瓦特斯和巴尔德斯亦有宗教职能。德鲁伊祭司在领导阶层占有优势地位，他们负责一个部落以上的宗教集会，故能在部落间起到统一的作用。德鲁伊祭司在天文和占星方面都受过教育且很博学，预知也是其职责之一。一般认为，他们有超自然的力量和投咒符的能力。奥古斯都和提比略都曾刊布公告抵制他们，公元54年，克劳狄在高卢禁止德鲁伊教。公元60年曾试图在不列颠削弱祭司集团的权力。据说因为罗马人反对人祭，所以德鲁伊祭司受到迫害。但德鲁伊祭司作为独立部落间的统一力量，支持凯尔特人的反抗，因此德鲁伊教也成为一种政治威胁。我们很难估定对德鲁伊教及人祭的镇压会对凯尔特宗教产生多大影响。镇压之后出现的对凯尔特神崇拜的诸多证据表明，罗马人想根除的是祭司集团而非宗教。公元4世纪，奥索尼乌斯提到了在阿基坦的德鲁伊祭司，这就使人疑心对他们的镇压是否彻底。

埃琉西斯秘仪

正如人们所知，埃琉西斯秘仪（译按：源于地名埃琉西斯[Eleusis]，该地系为得墨忒耳的祭仪中心，为该女神举行著名的庆祝节日，故这一节日名称即以该地名命名为埃琉西斯秘仪。）源自罗马统治前的希腊。它宣称会保证入教者死后有幸福的生活。每年9、10月播种时，在雅典举行祭仪，此时每个参加者都要在海中沐浴保持洁净，并要献祭一头小猪。雅典卫城（Acropolis）之下有一个称为"Eleusinion"的神庙，庆典即从此处开始。在"开始大厅"（telesterion）祭司把圣物展示给入教者；然后，把几天前从埃琉西斯带到雅典来的神圣且神秘之物从"Eleusinion"神庙送回埃琉西斯，紧随其后的是入教者的庞大队伍。人们认为此祭仪展示了得墨忒耳和珀尔塞福涅的神话，以及农业谷物具有的死亡和重生的象征意义。第二天入教者斋戒（因为得墨忒耳在痛失珀尔塞福涅时也斋戒过）。他们用充满薄荷味的特殊大麦饮料（称为"kykeon"）打破斋戒。在途中某地，要发出猥亵的声音，因为希腊神话认为伊阿柏（Iambe）曾使得墨忒耳发笑过，故猥亵之声是对伊阿柏辱骂谑笑的重演。在游行过程中,有规律地提高"Iakch'o Iakche"的喊叫声,通常认为这是指伊阿库斯,他有时也相当于狄奥尼苏斯。此祭仪存在超过 1000 年,直到公元 393 年被狄奥多西镇压为止。

巴库斯秘仪(Bacchic Mysteries)

巴库斯秘仪(orgia)是为崇拜巴库斯(希腊神狄奥尼苏斯)而举行的仪式。这些仪式没有特殊的祭仪场地,任何崇拜者聚集处均可举行。该祭仪的追随者主要是妇女,她们被称为酒神的崇拜者。虽然对死后生活也有许诺,但加入到酒神的狂欢狂饮中即为获得自由和安乐之感,这是该秘仪的主旨。李维曾描述过祭仪的拥护者们狂热无节制的可耻行为。普遍认为酒神的崇拜者随着音乐和舞蹈畅游山水,有超自然的神力,如连根拔起大树,捕抓肢解野兽,有时亦吃生肉。其形象通常是身着小鹿或黑豹的皮毛,戴着常春藤、橡树或冷杉的花冠,拿着"thyrsus"(常春藤和葡萄叶缠绕的棒,顶端有一个松球)。宗教的这一方面象征着无拘无束的自然对人为规则的胜利。

图 7. 14　棺柩上描绘的载歌载舞的酒神节场景。

公元前 186 年，元老院下令在罗马和意大利禁止酒神节。尽管遭到严格的控制，但祭仪仍有复苏，公元 2 世纪，在弗拉斯卡蒂(Frascati)有近 500 名的崇拜者；据推测，其他这样的群体也有存在。在公元二三世纪的石棺里有表现酒神神话的场景，巴库斯被描绘成生活的统治者，因此表明了重生的希望。

库贝拉的祭仪

库贝拉也称作阿格狄斯提斯、大母神、库贝勒(Kybele)或库贝贝(Kybebe)。其祭仪中心在弗里吉亚的佩西努斯(Pessinus)的町迪姆斯山(Mount Dindymus)，在此处她被称为阿格狄斯提斯。她被认为是所有生物之母——一位大地母神、生育女神和野生自然神，后者以其伴随物狮子作为象征。据说她也能引起并治疗疾病。因《预言书》的预言和德尔斐神谕，公元前 204 年，其祭仪被有意带到罗马；但罗马人认为她的某些仪式有些过度，因此祭仪受到限制，并禁止罗马公民担任祭司。该限制法令由克劳狄提出，对库贝拉和其配偶阿提斯的崇拜成为国家宗教的一部分，并成为一个重要的神秘宗教。弗里吉亚神话表明阿提斯是纳娜(Nana)之子，纳娜是河神珊伽里乌斯(Sangarius，小亚细亚的一条河)的女儿。她在采集一朵杏花后怀孕，此树来自阿格狄斯提斯(库贝拉)受到重创的雄性器官(阿格狄斯提斯出生时即为两性，后被神阉割)。库贝拉深爱阿提斯，当他要结婚时，库贝拉妒忌生恨使其疯癫，因此，阿提斯阉割了自己并死在一棵松树下。

库贝拉和阿提斯的仪式包括以公牛作牺牲献祭(taurobolium)给库贝拉、自我鞭挞、祭司的阉割和心醉神迷的舞蹈。以公牛作牺牲时，崇拜者站在一个深坑里，用作牺牲的公牛放在其头顶用木板搭成的地面上，以公牛血为他洗浴。与之相似的仪式有“criobolium”，但用公羊代替公牛。库贝拉的宦官祭司称为伽里意(Galli)，其名字源于在伽拉提亚靠近库贝拉最早神庙的伽卢斯河(River Gallus)。3 月 24 日(dies sanguinis)他们模仿阿提斯阉割自己，用的是燧石等最原始的工具。用于止血的阉割钳曾用于阉割动物，在伦敦泰晤士河即有此例，钳子饰以库贝拉的半身雕像，可能亦用于宗教仪式。科里本特(Corybantes)是库贝拉祭仪的主要祭司，但他们也与其他有狂欢祭仪之神有关。他们以狂野的舞蹈和音乐追随库贝拉，但经常与瑞亚的拥护者库里特(Curetes)相混淆。因神话中阿提斯有被埋葬而又重生之故，因此“运树者”(Dendrophori)行会(译按：在游行中携带树枝的祭司团体，用于显示神威)也与阿提斯的崇拜有关，他们亦充当埋葬团体。库贝拉的主要节日梅伽兰希亚定在 4 月 4 日到 10 日。作为库贝拉祭仪的一部分，紧随悲恸节日之后的是快乐的庆典(hilaria)，它是庆祝阿提斯的重生和新年的开始。敬奉库贝拉的圣殿称为“metroons”。

俄耳甫斯教

大约从公元前 6 世纪起，出现了与俄耳甫斯有关的神秘祭仪，但它能否作为俄耳甫斯教的统一祭仪令人怀疑。据传说，俄耳甫斯是前荷马时代(pre-Homeric)的希腊诗人，一位非凡的竖琴演奏者，他曾试图把欧律狄克(Eurydice)从阴间拯救出来，结果失败了，并使之消失。对此有很多相关的译本和各种传说，它亦是诗人和罗马镶嵌细工师所描述的主题。公元前 4 世纪，在希腊发现了古老的德尔韦尼(Derveni)草纸，它对俄耳甫斯的宗教诗词做了注释。它通过“重生者”狄奥尼苏斯(Dionysus Zagreus)神话(包括死亡、复苏和对邪恶的惩罚)解释人类的善恶本性，认为人死后在重生之前要对“重生者”狄俄尼苏斯之死怀有愧疚，并要对珀尔塞福涅做出补偿。希腊神话对其中心教条即人死后对个体惩罚的解释千差万别。俄耳甫斯的祭仪被认为是再生。俄耳甫斯教义认为经过三次善良的生命后，个体就永远居于布莱斯特(Blest)小岛。在希腊，俄耳甫斯追随者的这种高度伦理观和苦行实践遭到人们的贬损和讥笑。其祭仪逐渐消逝，但在帝国时期这种信仰重又复苏。

密特拉教

密特拉神最初是印度伊朗语中的真理和光明神(Mitra)。在公元前 1 世纪后半期，他的祭仪传到罗马和奥斯提亚，在帝国时期全面传播。它只限男人参加，尤其吸收商人和士兵。密特拉教是琐罗亚斯德教(Zoroastrianism)的分支，后者把“至圣者”阿胡拉(Ahura Mazda)(译按：Mazda 源出古波斯语 Ormazd，意即“智慧”、“主宰”)视为神和宇宙的创建者。密特拉教的神话非常复杂，但在本质上密特拉神支持“至圣者”阿胡拉与邪恶的恶神阿里曼(Ahriman)(译按:琐罗亚斯德教中恶之集大成者,其象征为蛇)斗争——善良和光明反对邪恶和黑暗的斗争,这是琐罗亚斯德教的精髓。密特拉神被“至圣者”阿胡拉派往大地去猎杀圣牛,在牛血中所有的生物获得生长。屠牛(tauroctony)是密特拉教的中心部分,并描绘于密特拉神庙(mithraea,单数为“mithraeum”)的石雕上。对崇拜者来说祭仪有七个阶段,包括浸洗、宗教膳食和屠牛等。密特拉神经常被描绘与牛一起,即由他捉住并在山洞里用作牺牲的牛,其神庙内部即类似于山洞。密特拉神也相当于太阳神,在其神庙中发现“无敌者”索尔(无敌的太阳神)的祭坛和其他神的祭坛。在密特拉神庙中还发现着波斯服装的两个人像——一个(Cautes)手持垂直向上的火把,另一个(Cautopates)持倒立的火把,(译按:两人通常作为密特拉神的随从出现在“牲牛祭”中。有部分学者也认为其分别代表春与秋、生与死,但其名字的语源意义已无从考究)代表着光明和黑暗。祭仪在公元4世纪逐渐消失。参见“密特拉神庙”。

伊西斯的祭仪

伊西斯是埃及母神,其子荷鲁斯(在罗马世界称作哈尔波克拉特斯)是一位英雄人物,他曾为父亲奥西瑞里报仇(对罗马人而言即塞拉皮斯[Serapis,或Sarapis]——奥西里斯和阿匹斯结合所生)。奥西里斯被邪恶的太阳神塞思(Seth)杀死并肢解,但伊西斯又恢复了其生命。希罗多德把伊西斯和得墨忒耳视为一体,但在希腊化早期,她相当于阿芙罗狄忒。伊西斯的崇拜在公元前1世纪早期即已传入罗马,公元1世纪初期在整个帝国盛极一时。

伊西斯、哈尔波克拉特斯和塞拉皮斯三神表现了创造力。普遍认为塞拉皮斯是阴间、天空和丰饶神。伊西斯本身是生育和婚姻女神,对祈求者亦表现钟爱之情和同情之心。她经常被描绘成一位充满慈爱的母亲,照顾其儿子荷鲁斯,她有一个雕像与圣母马利亚颇为相似。通常,她拿着装圣水的桶(situla)和一个拨浪鼓(sistrum,复数为“sisitra”)[译按:其形为椭圆形的框架上横穿着四根两端弯曲的金属细杆,多由青铜制成,下有纺锤形长手柄,偶用于战争,暂行战鼓或军号之职],这些物品也用于祭祀中。伊西斯的祭仪包括开始、浸洗、服侍和最终的救世。伊西斯圣殿或神庙被称为“伊斯库姆”(iscum,复数为“isea”)。

犹太教

在基督教之前,古代世界所有宗教中,犹太教是唯一承认信仰、崇拜唯一神并只用一种可接受的途径来崇拜神的宗教。崇拜其他神是被禁止的。对罗马人而言,犹太教的这种做法是不宽容、不虔诚甚至是有危险的。但对罗马人来说这又并非重要问题,因为犹地亚是帝国一个很小的部分,而其他地区的犹太人地位通常很低。犹太人是一个古老的民族,从公元前2世纪起成为罗马的同盟,因此在法律上犹太人有权奉行其民族宗教。尽管部分犹太人的民族主义不断增长,犹太人和基督徒之间充满敌意,但异教的罗马人对犹太人采取了容忍的态度(包括基督徒)并一直持续到公元1世纪。

犹太人把他们的神看做是一位并且是唯一的造物主、自然法和道德法的赋予者。他们也认为犹太民族是神特别挑选出来接受其启示并在救世中担任重要角色的民族。犹太教不只属于犹太民族,因为非犹太人也可以皈依该宗教,但当时没有活跃的传教士来鼓励这种皈依。帝国时期开始驱散犹太人(Diaspora),在公元70年耶路撒冷神庙第二次破坏之后尤甚,这为基督教的崛起打下了基础:利用流渠道,帝国内部的小部分犹太人联系在一起,基督教即在他们中开始传播。

基督教

发 展

罗马人初识基督教时,把它视为一个令人烦恼的犹太派别。基督教最初很快传播到巴勒斯坦以外的分散的犹太人团体中。没有保罗时它一直是犹太教分散团体的宗教,之后的传教士处心积虑地把这一宗教传到非犹太人中。在其早期,基督教认为世界末日即将到来,所以很少考虑构建组织或规划未来。既然大毁灭没有来临，人们即试图建立组织并使宗教合理化。早期基督教团体由单一的领导者或长者委员会控制，后来让位给主教(episcopus)。早期的教堂和组织最初通过献祭(oblationes)筹集经费，后来，馈赠、富有基督徒的赞助人、税收均使教会富裕起来。很多人觊觎掌控财政的大主教之职，有时不惜以斗争形式获取。公元 64 年罗马大火，尼禄顺势把基督徒作为替罪羊，但官方仍容忍犹太人和基督徒存在，并持续两个多世纪之久。公元 2 世纪末期，基督教开始被视为国家安定的一个威胁。

公元 2 世纪后半叶，基督教清楚地提出了其相关教条，这使得异教徒更易于理解。公元 3 世纪，有证据表明一些异教徒企图把基督教之神吸纳到异教中。塞尔维乌斯·亚历山大在其私人小礼拜堂里有俄耳甫斯、亚伯拉罕(Abraham)、耶稣基督和提亚那的阿波罗努斯的雕像，他统治的结束即标志着官方对基督教宽容政策的结束。德基乌斯是第一位试图系统铲除基督徒的皇帝，后来的一些皇帝也试图镇压基督教。这一时期，很多团体已经接受了基督教，到公元 3 世纪晚期，公共教堂开始取代家庭教堂。在西部，公元 305 年戴克里先退位，对基督徒的迫害也随之结束；在东部，公元 311 年伽莱里乌斯同意实行宗教宽容政策。公元 313 年，君士坦丁颁布米兰敕令，对基督教予以支持，公元 325 年尼西亚会议之后，基督教彻底成为罗马帝国宗教。尤利安曾试图恢复异教信仰，但公元 391 年狄奥多西一世禁止所有异教祭仪，并取消国家对他们的补助，从而完成了使基督教成为国家宗教的过程。

阿里乌斯教

阿里乌斯派异教(阿里乌斯教)是公元 4 世纪基督教的一个异端邪说，以其创始人命名。阿里乌斯(Arius，约公元 336 年去世)否认耶稣基督是神。公元 359 年与正统妥协，之后阿里乌斯教在公众中很快衰落下去(除在哥特人中)，公元 391 年君士坦丁堡会议(the Council of Constantinople)后正统观念重新确立起来。

多纳图派教义(Donatism)

多纳图派信徒(Donatists)是非洲基督教的分裂派。分裂的原因是他们拒绝接受由一个基督徒所委任的迦太基主教(在公元303—305年戴克里先迫害时期,当他们的财产变为非法时,该基督徒曾放弃了圣经),因此他们选出自己的迦太基主教,名为多纳图斯。分裂一直持续到公元七八世纪阿拉伯人破坏非洲教堂为止。

诺斯替教(Gnosticism)

诺斯替教是一个复杂的宗教,以恢复神话为发展基础。在起源上可能是前基督教,公元2世纪其基督教形式和异教形式都很突出。它把遥不可知的神和造物主(Demiurge)——神之下的一个次要的神——进行区分。造物主是不完美的创造者和世界的主宰(不完美的事物是由不完美的神创造出来的)。他们相信一些个体也具有些微神性,并期待死后恢复神性。救世主受神(可能是耶稣基督,或救世主自己前往)的派遣,而神则临时附于人体并带来"知识"(gnosis)。

修道院制度(Monasticism)

公元4世纪晚期,有组织的教会变得富有起来,这使得基督教的思想者们开始考虑它的价值,如哲罗姆和图尔(Tours)的马丁(Martin)。这促进了修道院的发展,事实上4世纪早期这种发展已处于运作状态了。在埃及、叙利亚和巴勒斯坦,人们开始远离城市,到沙漠中去,通常建立小的居住点,过着隐居和集体生活。对修道院的发展,主教们群策群力,一些修道院团体在城市中建立起来。大修道院成为未来主教的训练场所,亦是贵族后代的集训地。

圣迹(Miracles)

物质力量发展的同时,教堂亦需要展示其精神权威。在展示圣迹方面没有地方能比得上教堂。圣迹是圣洁的实证,圣徒有着神和人之间协调人的身份。如果圣徒活着，其身份非常有效，因此圣徒的遗物成为当地基督徒关注的焦点。在寻找遗物的过程中，很多赝品也被人们接受。同样，在寻找圣徒的过程中，很多异教神也被吸纳到教会中，净化后成为圣徒（如圣波瑞格特——St. Brigit，最初是布列冈特人的神），同样的方法亦使得异教场所经常为基督教所用。

基督教的物品

一些物品与基督教有联系，主要是因为它们有基督教的符号。最容易找到的基督教符号是“chirho”，这是耶稣基督的字母组合，来自希腊字母“chi”和“rhu”。在不列颠大量标有这种符号的铅罐是独一无二的，用作洗礼永德罐。这些符号也出现在一些便携式的物品上，如银勺和青铜戒指。鱼也被用作基督教的符号。各种金属戒指以刻有“与神同在”的字样为人所知。多数情况下即被认为是基督教的证据，有时铭文上也有“chi-rho”或鱼的符号。另外还有带“chi-rho”或鱼符号的白镴和银容器，带有“chi-rho”的物品还有石头、砖、瓦片和铅封印。在英格兰沃特牛顿（Water Newton）的一地窖中发现带有“chi-rho”特殊标记的献祭用的银饰板断片，同时还发现其他一些基督教物品。这些献祭的饰板说明基督教也采用了异教的祭仪。

魔法联词或字母联词以及数字都得到应用。最著名的是：

R	O	T	A	S
O	P	E	R	A
T	E	N	E	T
A	R	E	P	O
S	A	T	O	R

通常这被认为是基督教密码，早期有很多这种例子。在庞贝城，不晚于公元 79 年，即出现两例，这表明它先于基督教出现，即便如此后来亦被基督徒采用。

无 神 论

无神论(Atheism)拒绝相信有神存在,或拒绝相信传统的万神殿;因此那些拒绝取悦皇帝的基督徒被指控为无神论者。除非无神论者在大庭广众之下声明(如基督徒和犹太人)并引起恐慌,否则通常不会受到惩罚。在危难时期,人们对那些可能触怒神并带来灾难的无神论感到恐惧,以至于谴责无神论者的人会成为替罪羊。

巫术与迷信

整个罗马生活方式看起来是由迷信控制的,但罗马人并不认为自己的行为是迷信。迷信是对未知的无理性害怕,附带着对事件起因的错误认识。巫术是试图通过直接行动和仪式控制一些事情。迷信和巫术皆源自宗教,并相信超自然的力量可以控制人们的生活。宗教仪式(请求某事发生)和巫术仪式(直接试图使某事发生)的分界线很难界定,整个罗马宗教即建立在迷信基础上,并有较强的巫术因素。

迷信与相关的符咒和仪式都是非常古老且存在时间较为久远的,因为很多迷信在今天的罗马文学作品中也得到证明,如当某人打喷嚏时说"身体健康"("保佑你"更为普遍)。巫术没有得到官方的认可,但私人应用却非常广泛,在罗马文学作品中有对女巫的描述。

人们为了各种目的召唤亡灵,因此向亡魂问卜的巫术也经常在亡者的坟墓前使用。罗马法律禁止有害的巫术,它只能私下使用,而无害的巫术经常被吸纳到宗教仪式中,或与宗教仪式无任何区别。使用有害的巫术是违法的,对其镇压并非因为怀疑,而是害怕它可能出现的结果。同样地,基督教堂的早期领导者谴责巫术是因为它不虔诚,而非因为它是幻觉。

宗教建筑

神 庙

拉丁语“神庙”(templum)一词最初是由占卜师指定的一片天空,以便他进行占卜。它亦指能建立圣殿的一块空地或进行商业贸易的一块空地。因为占卜师知道神的意愿,所以如果被大祭司和占卜师均用作献祭的建筑物那只能是“templum”。如果只用于大祭司献祭,其建筑物就是“sacrum”或“aedes”,因为这种献祭只是“遵从人的意愿”,而非遵从神的意愿。在很多情况下,普遍认为国家宗教的神庙建筑指的是“aedes”,但它们却位于“templum”的圣址上。直到后来,献祭地区才与建筑物相符。这些建筑物中收藏了很多神像,但并非崇拜之地。把神圣的建筑物建于献祭地区如同后来把基督教的教堂建在献祭地区(教堂墓地)一样。

图 7.15 安东尼努斯·皮乌斯狄纳里币的背面,庆祝神圣奥古斯都和李维娅古典神庙的重建。【由萨默塞特博物馆提供】

古典神庙

最早的罗马神庙可能是木制建筑,有装饰的薄金属板外皮和赤土上的铭刻。很多坚固的石制神庙都是从共和国早期开始建筑的。早期的罗马神庙以埃特鲁里亚式(它们本身以希腊神庙为基础)为基础。专门有一个小房间(cella)存放神像,可能还有熏香用的祭坛,面对着圆柱，祭坛放在很高的讲坛上(podium)，只在前面设有台阶。在圆柱的正面通常有铭文记载该神庙的神，可能也记载为建筑提供经费者的名字。人们通常把这些铭文镀铜。在神庙外有牺牲祭坛，通常直接放在台阶的前面。

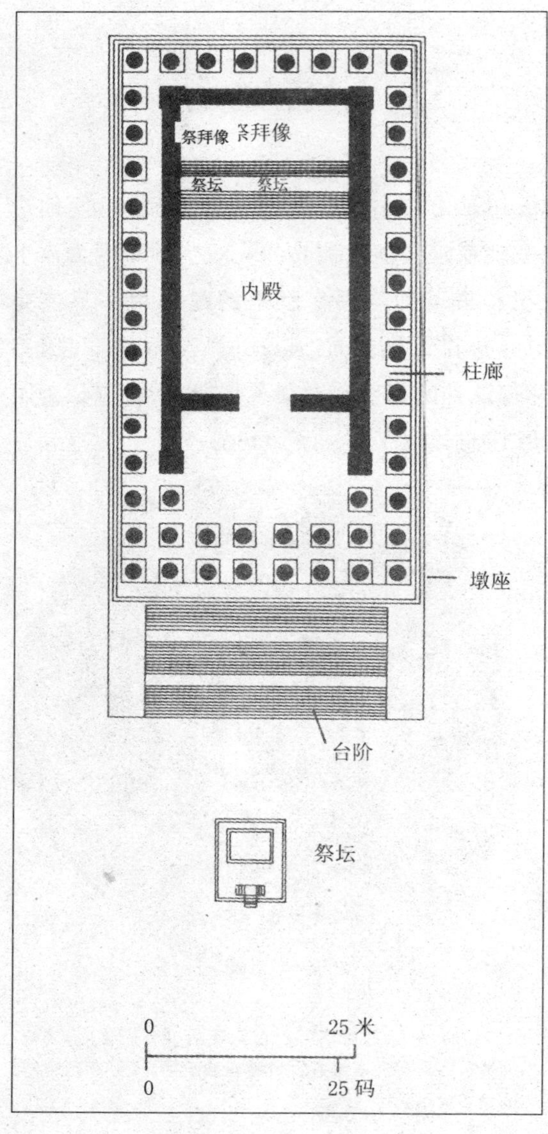

图 7.16 古典神庙的平面简图。

神庙要能放置神像，储存祭品，但没有提供崇拜者的住所。后来罗马神庙(共和国时期的最后两个世纪)模仿后期希腊神庙，但主要运用科林斯式的建筑模式。采用拱门、拱顶和圆屋顶，同时他们也发展了自己的式样，例如维斯塔的圆形神庙。罗马万神殿(Pantheon)是由哈德良建筑的一个重要的神庙，取代由M. 阿格里帕在马尔斯广场建立的神庙。它是一个以科林斯式建立的有着人字形门廊的圆形建筑，献给诸神。内部以大理石进行豪华装饰，有存放神像的壁龛。公元 609 年用作基督教教堂，墙和青铜门仍然存在。

在罗马，很多主要的神庙都以战利品为经费，并由成功将领建造用以彰显其功绩。其他的神庙在共和国时期由元老院决定或后来根据皇帝的命令以公共基金为经费。奥古斯都可能是神庙建筑最多产的皇帝，据其《行述》中记载，他在公元前 28

年重建82座神庙，修建12座神庙（包括重建一些存在的神庙）。在罗马以外的一些城镇，神庙是由公共基金或最上层的公民提供经费的。罗马神庙的方向没有固定的规则，其轴线经常由城镇规划强制力决定。虽然在规划和设计的细节上有很多不同，但古典式样的神庙遍及整个帝国。

罗马—凯尔特神庙

其他特色形式的神庙分布有限。罗马—凯尔特神庙广泛分布于高卢、日耳曼和不列颠，但在远到东部的布达佩斯亦能发现这一类型的神庙。神庙的类型有正方形、长方形、多角边形和圆形（长方形最为普遍），带有一个小的中央房间（内殿），环以通道或走廊（回廊）。有时在回廊的一侧有附属建筑物。在多边形的神庙中，八边设计最为普遍，在一些情况下，圆形的内殿由多边形回廊环绕。像其他类型的罗马神庙一样，内殿放置神像和（或）祭品。除了有些地方的神庙是遵循城镇的设计朝向街道外，一般神庙都朝东或东南，很多都高出地平面且需要一段楼梯才能到达。因为在很多情况下，罗马—凯尔特神庙仅有的证据均来自它们现存的地基，因此无法确定最初建筑是采取何种样式的。带有坚固的墙、用柱子支撑着矮墙或用圆柱支撑屋顶，如此式样的回廊是同一建筑形式中的多样性变化。虽然有证据表明，在一些情况下，中央的内殿敞向天空，但通常来说是有屋顶的。

在一些情况下，铁器时代（Iron Age）木质结构的神庙或圆形、长方形的圣殿要先于罗马—凯尔特神庙，且这种建筑一直使用至罗马时期。

北非神庙

有证据表明，由木匠和石匠共同建筑的长方形、圆形和多边形神庙或圣殿没有遵循罗马—凯尔特设计。在北非发现一种分布有限的类型。其与众不同之处是一排三间小屋占据了大部分甚或全部地方，其中一侧是围栏或庭院。虽然都是按照古典罗马式样进行建筑，但它们缺少高的墩座墙和令人印象深刻的正面。它们可能是罗马和布匿传统神庙建筑的结合体，这种类型在土加（Thugga）可找到很好的实例。

图 7. 17　罗马的万神殿，约公元 125 年由哈德良建立。铭文上记录阿格里帕是建筑者，因为在公元前 27 年，他建立该神庙以取代最初的神庙。

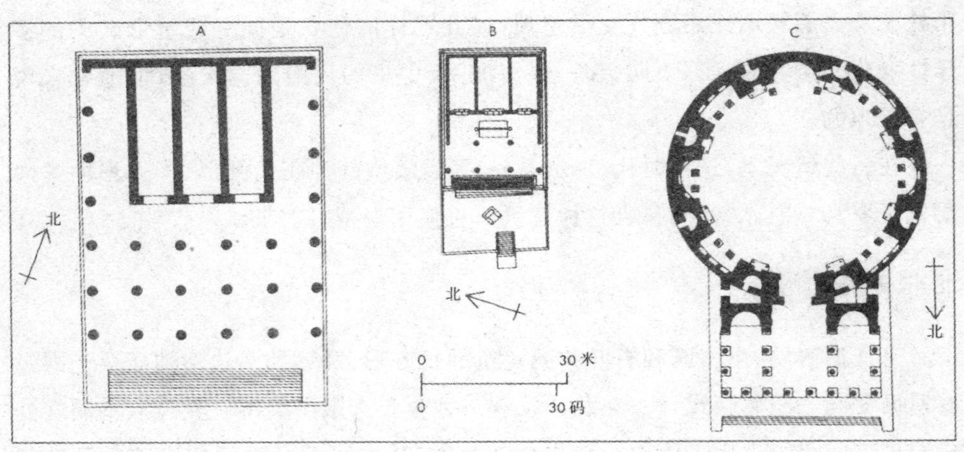

图 7.18　不同方位的神庙平面图。A. 罗马的卡皮托(公元前 5 世纪)；B. 科萨(Cosa)的卡皮托(公元前 2 世纪)；C. 罗马万神殿(公元 2 世纪)。

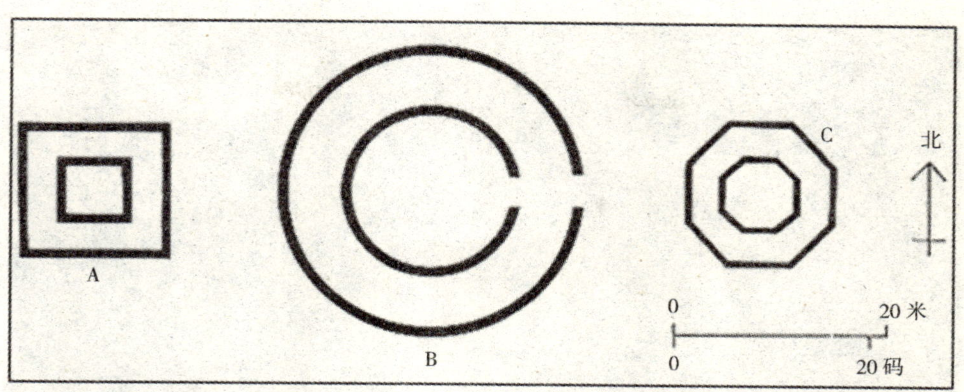

图 7.19 罗马—凯尔特神庙的平面图。A. 正方形;B. 圆形;C. 多边形。

图 7. 20 德国施瓦岑纳克(Schwarzenacker)的罗马—凯尔特正方形神庙的重建图。

图 7.21 罗马圣·克莱门特(San Clemente)教堂下的“密特拉圣殿”。

密特拉神庙

密特拉神的神庙很小,仿山洞样式设计。一些神庙部分或全部都是地下建筑。密特拉神庙与其他多数神庙不同,它们是小型圣会的聚集处。密特拉神的崇拜者主要是在里面而非神庙外进行崇拜。神庙内部的中心位置是大理石浮雕或绘画,或独立的雕刻,其主题是密特拉神屠牛。两侧是其他雕刻场景或雕像,也有小祭坛,多用来献祭给考特斯(Cautes)、考托帕特斯(Cautopates)(参见“密特拉教”)和密特拉神。在其他祭仪里,祭坛位于神庙之外,但在密特拉神庙,祭坛位于内部,即举行宗教庆典之地。有证据表明,在密特拉神庙中,需穿透一些雕刻品才能使光线照射到神庙内部。在神庙的主体部位,中央通道两侧是凸出的长椅,以便入教者可在仪式餐上就座。对着浮雕和祭坛的另一侧尽头是前廊或门廊,有时用作典礼开始的正厅。

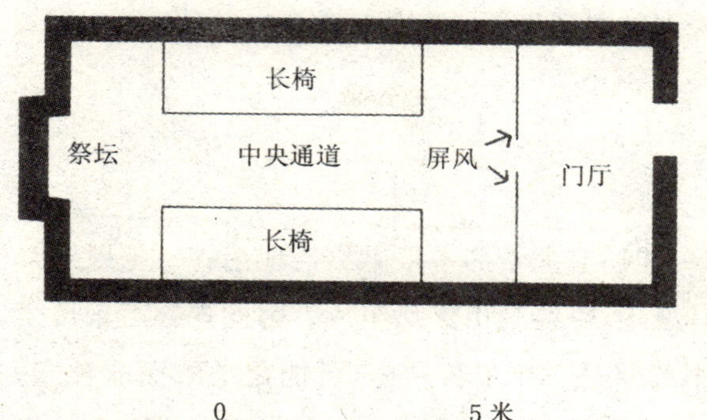

图 7.22　一密特拉神庙固定格式的平面图。

犹太教会堂

由于分散的犹太人团体远离位于耶路撒冷的神庙，所以祈祷和崇拜用的聚集处发展成犹太教会堂。这样的祷告处至少在公元前 3 世纪已在埃及出现了，它是经过深思熟虑后尽量避免仿异教神庙建筑的。异教神庙与早期犹太教会堂的不同之处在于，神庙是神之所，崇拜者只能待在外面，而犹太教会堂则是祈祷、崇拜、学习、教育和争论的地方。除了功能上不同外，犹太教会堂是以希腊罗马聚会礼堂为模型建筑的，并附带有其他功能的小礼堂，如用于进行合法的买卖。因此早期犹太教会堂没有与众不同的建筑和设计。公元 1 世纪，很多分散的犹太人团体已有犹太教会堂，随着犹太人团体在帝国内的广泛分布，犹太教会堂的数量也不断增加。在罗马，已知有 13 个犹太教会堂，在公元 70 年第二次破坏神庙之前甚至更多，耶路撒冷有很多犹太教会堂。它们都朝向耶路撒冷。

教　堂

在基督教早期，似乎尚未出现为崇拜而特别修筑的建筑（教堂）。大群基督徒聚集在近便之处进行公共崇拜，如住宅、户外或是迫害时期的隐蔽之所。虽然在公元 4 世纪有组织的基督教获得不断的发展，但鲜有证据表明人们已开始有目的地建筑教堂，究其原因可能是缺少资金之故。第一批教堂可能使用现成的建筑，主要是住宅（称作“住宅—教堂”），部分或全部都被崇拜者转而使用。随着基督教影响力的增强，财富不断增加，教堂建筑逐渐兴起。不可避免的是，它们的设计仍以传统的罗马建筑为基础，走廊在中央广场的一侧，半圆形的后殿在一端的尽头，这样的长方形大会堂深深影响了早期教堂的建筑。

圣　殿

除神庙外，特别在农村地区，可能还有大量的圣殿献给当地诸神。圣殿通常很简单，是相对来说无实体的崇拜之地，可能只由祭坛组成。因此现存下来可辨别的形式很少。一些场所，如较小的罗马—凯尔特神庙，可能是圣殿而非神庙。圣殿一词有时可用于区分那些没有建筑的崇拜之地，有时亦可用作普通术语涵指祭仪场所稍宽阔的范围。

祭祀器物

很多人造物品与仪式和宗教使用有关，包括仪式中使用的工具和器皿、献给神的祭品和用于诅咒、符咒和护身符的材料，其中有些是可交叠使用的。例如，祭坛是祭品也用于仪式。在一些情况下，很多人工物品被认为与宗教或仪式有关，但由于缺乏明确的证明，不能对其做出很好的解释。

祭仪肖像

祭仪肖像是对男神和女神的一种表现，并成为祭仪场所的中心所在，如神庙（祭仪肖像占据了内殿）。肖像为雕像或浮雕，通常由石头或青铜制成。通常很难确定一个现存的雕像或碎片最初是否是祭仪肖像，特别是在早期基督教时期，因为很多都被有意地破坏了。

祭　坛

祭坛（arae，单数为“ara”）是用作献祭的台子，且在大多数神的祭仪中是不可缺少的(冥界神例外，献给他的祭品放在深坑里)。由于几乎每个宗教活动都伴有牺牲，所以祭坛先于神庙使用并成为崇拜中心。神庙建起后，祭坛通常设在外面，背对主门。祭坛有各种外形和大小。最早的一些在设计上呈“U”形，公元前2世纪，沙漏形祭坛非常普遍，然后出现有神名的长方形石块祭坛献给神，上面还有负责建立祭坛者之名。有时祭坛建在高台上，需要台阶才能上去，还有一些更为复杂的形式也被精巧地雕刻出来，通常是在上层表面带有凹槽，用以烤制小的牺牲祭品。私人住宅也有小祭坛，或用炉膛作为祭坛。小型公共祭坛用于无血的牺牲和熏香。祭坛也用做祈求者的避难所，在此他们可受庇于特定的神。

“马克西姆祭坛”(大祭坛)是赫拉克勒斯祭坛之名，位于罗马牛市广场。战利品和商业利润的十一税均要献给该祭坛，其位置与传说中赫拉克勒斯和卡库斯有关。和平祭坛位于罗马马尔斯广场，纪念奥古斯都在公元前13年从高卢胜利凯旋，由元老院下令建立。它是大理石建筑，长10.5米，宽11.6米，高7米(34.5英尺，38英尺，23英尺)，内外两侧墙上均有大量雕刻。

仪式器皿

在献祭中，使用名为“paterae”(单数为“patera”)的酒壶和浅碟(译按：也有用黄金制成，装饰十分精美。部分有长柄，类似今天的平底锅)较为普遍，装入液体后用于祭祀洗涤或奠酒祭神仪式。这些器皿用料很广，包括银、白镴、青铜和陶器。有时上刻铭文献给特定的神。

银和青铜滤器也与宗教用途有关，虽然有些滤器用于药草和麻药泡酒，但它主要是从酒中滤走不洁物。刀、勺和大浅盘也用在仪式的宴会中，在神庙遗址中可以找到，有时亦把献祭铭文献给特定的神。

誓约和祭品

誓约通常写在献祭的书板上或放置在神庙里；很多已被发现，如在英格兰尤雷的墨丘利神庙，在此处大多数誓约均刻在金属上，主要是铅，并多以咒语书板为人所知。献祭的书板也有锡、青铜和白镴。

誓约完成后才开始献祭品。献与神的祭品大到神庙、巨大的拱门，小到货币，价值上的跨度也非常大。它们可以是任何材料：很多易腐烂的东西都未能保存下来。例如，一些木质的小雕像，但相对来说都是较为普通的祭品。有时故意打碎或破坏一些祭品，如弯曲金属物品，弯曲货币或损伤其外观，这被认为是试图把物品作为牺牲“杀掉”，如同把动物作为牺牲杀掉献给神一样。献给较重要的神庙和圣殿的祭品在商店就有出售，很多情况下这类物品都非当地制作。例如，陶器小雕像是从高卢和莱茵地区进口到不列颠的。出售的物品通常包括石头浮雕、青铜小雕像、献祭用的薄金属板、献祭用的树叶和羽毛、青铜制文字和工具模型。

绘有男神和女神图案的石头浮雕也为刻写铭文留有空间。男神和女神小青铜雕像也用做祭品和家庭圣殿的祭仪物品。用银和青铜制造的献祭薄金属板上有神的凸纹面肖像和献祭铭文。每边都有三角形把手(ansae)的薄金属板上刻有献祭铭文。献祭用的树叶和羽毛是青铜、银或金的三角形薄片，饰有凸纹面的人字形图案。通常在它们底部有一孔眼，可以用钉把它们钉住或用线悬起来。有些也雕刻神和(或)刻有铭文，一些则带有基督教“chi-rho”符号，符号两侧环有希腊字母“alpha”和“omega”。有钉孔的青铜文字用于刻写铭文，也可能用于木质装饰板上。另外也发现了一些镀金文字。

工具和武器的微小模型也用作祭品。在神庙遗址中很容易发现献祭用的微型斧头。同时也发掘出一些小型彩饰支架，一个堆叠着一个，其用途无从考究。用青铜、铁和银制作出来的模型“权杖”(caducei，单数为“caduceus”)献给墨丘利神，矛等小型武器也用作祭品。在巴斯的苏利斯—米涅尔瓦神庙中发现有发射石块的古代武器模型。

很多祭品都用陶器制成，包括微型罐、灯和灯盖、小雕像和熏香的火炉。青铜、银和金的指环和胸针用作祭品的普及程度与货币和稀有金属作为祭品一样，非常普遍；也有记载表明一些有价值的古代物品也会献给圣殿和神庙。在这些情况下，崇拜者会放弃其财富的真正一部分，以加强献祭与神的象征性活动。

祭品的另一个特别类型是有治疗性的物品，包括人身体各部位的模型。病人在康复神圣殿或神庙存放受病痛折磨部位的解剖模型，这在罗马世界是很普通的医学试验，各部位解剖模型现均有发现。

仪式着装

祭司在进行祭祀的时候通常都穿着宽外袍，而各种不同的标记大概是用于特殊场合，如节日和游行。各种标记可能反映了不同神的要求和当地传统的不同。已知有不同类型的花冠和带状头饰，常用大量纯正珠宝或玻璃制成的宝石装饰，也使用装饰用的银薄片。另有一种头饰的式样是由链条连接的大奖章组成。

乐器

在多数宗教庆典中，音乐均占有一席之地，通常用以掩盖恶鸣。双管笛(tibiae)用于多数祭祀中。长鼓和铙钹主要用在狂欢的祭仪中，如库贝拉和巴库斯的祭仪。拨浪鼓可能也广泛使用，但在伊西斯的祭仪中使用一种特别的拨浪鼓(sistrum)。同时也唱赞美诗。在宗教庆典中，音乐演奏没有希腊时期重要。

游行的物品

军旗和节杖等各种物品通常都被带到宗教游行中。精心制作的旗标描绘了神及其陪伴的圣动物及其他一些特征，简单的权杖或节杖也比较普遍。旗标经常置于半身像或神的头上，有时置于皇帝头上，通常由木、铁和青铜制成。其他圣物如祭祀工具、用于洁净的仪式盘、香炉也带在游行中。花环、花束及燃烧的熏香放在神前，散发香气，愉悦视线。在由军队举行的宗教仪式中，军团的旗帜和标语也被带到游行中。

符咒、护身符和咒语

各种符咒和护身符用于抵抗邪恶，带来好运，从人们对待符咒和护身符的态度上来区分迷信和宗教不甚明了。很多这类物品在圣殿和神庙中出售。指环和垂饰是护身符的基本形式，上刻铭文或魔法符号，或有时刻于嵌在指环里的次珍贵石头上。生殖器的符咒也非常普遍，通常用作垂饰，也出现在指环上。有很多实例显示，生殖器被雕刻在建筑物、铺路的石头，甚至是井里的石头上，目的是为这种特殊建筑提供保护。法斯吉努姆(fascinum)是生殖器的一种表现形式，用于帮助孩子抵制魔法。戈尔戈(Gorgon)的头像(这张脸把所有见到她面目的人变为石头)被视为拥有吸引和控制邪恶的力量，并能使人偏离其他目标。因此，戈尔戈的脸和面具被用作护身符，也用于建筑物、墓碑和棺柩上。赫拉克勒斯的棒状肖像也被用作护身符。神像用于宗教还是迷信，这个分界线不甚明了，很多带有神像的宝石均用作护身符。带有群头(几个人，或人和动物的头结合在一起)肖像的宝石也被作为护身符。其他护身符是两个或更多保护符号的结合，如生殖器和头的结合，或是一个生殖器和一只手做

图 7.23　庞贝城一房屋外墙上的生殖器崇拜符号。

出“mano fico”(无花果手势)的姿势。

要区分誓约和咒语同样也很困难。严格地说,咒语是由巫师召唤的魔力,使用术语来满足神的需要以惩罚敌人和做错事者。“Devotio”是一种不可思议的咒语或符咒之名。如果期待某人死亡或施爱,只要用一种方式对待他的蜡像,就能达到期望的结果。例如,熔掉蜡像就能使此人被爱融化,或用钉子刺它让受害者感到疼痛甚至死亡。“Devotio”也是一种祭祀形式之名。

咒语通常被刻在咒语板上(defixione,单数为“defixio”,意为用钉钉住)。多为薄铅片,能把人名甚至希望诅咒的事刻在上面。因为通常召唤阴间神去做诅咒的事,故铅片常被卷起藏匿,人们把它们埋起来,放在坟墓或神庙里,或投到井里。它们通常有钉孔,可被固定在树上或柱子上。相似的书板也用于其他方面,例如,恢复丢失或被偷盗的财物、影响车赛的结果和带回死去的爱侣。如果书板被用于召唤神做这样的事,那么巫术和宗教誓约之间就很难区分了。一些咒语板上的措辞明显表明它是由专业的写工所写,可能这种写工在神庙和圣殿服务,负责书写咒语、誓约和献祭词。其他书板上的措辞表明它们是从其他版本上摘抄的,通常是在意味深长的措辞中带有笨拙的半文盲书写形式。

阅读书目

Several books deal with many aspects of Roman religion, including Henig 1984, Howatson (ed.) 1989 and Shelton 1988. A major reference is Beard 1998a and 1998b, as is Adkins and Adkins 1996, a very useful dictionary of all aspects of Roman religion. Turcan 2000 is also an accessible introduction. In addition, the following references are recommended:

State Religion

Ferguson 1987 and Gradel 2002: emperor worship.

Priests

Howatson (ed.) 1989: priesthoods; Ogilvie 1969; Scullard 1981: contains a section on priests; Shelton 1988: priesthoods; Warde Fowler 1922: priesthoods.

Gods and Goddesses

Ferguson 1970; Grant 1971: mythology; Green 1976 and 1986: Celtic gods and goddesses; Green 1987; Green 1992: Celtic gods and goddesses, with an extensive bibliography; Hornblower and Spawforth (ed.) 1996, passim; Henig 1984: gods and goddesses, particularly in Roman Britain; Henig and King (ed.) 1986; March 1998: mythology of the Greek and Roman world; Scullard 1981: contains a section on Roman cults; Shelton 1988; gods and goddesses, importation of foreign gods; Warde Fowler 1922: spirits.

Religious Observance

Aldhouse Green 2001: human sacrifice; Howatson (ed.) 1989: divination; Hurst 1994: child sacrifice; Jackson 1988: religion and medicine; Ogden 2001: necromancy; Ogilvie 1969: prayer, sacrifice and divination; Scullard 1981: contains a section of priests; Shelton 1988: divination; Woodward 1992: sacrifice, particularly in Britain.

Festivals

Ogilvie 1969; Salzman 1990: includes festivals in relation to the calendar; Scullard 1981; Shelton 1988; York 1986.

Mystery Religions

Clauss 2000: Mithraism; Henig 1984: Oriental cults, particularly in Britain; Grant 1973: Judaism; Harries 1987: Christianity; Howatson (ed.) 1989;

Hutchinson 1991: review article of cult of Bacchus; Lane Fox 1986: transition from paganism to Christianity; Piggott 1968; Reece 1999, 173—80: useful glossary to early Christianity; Ross and Robins 1989; Thomas 1981: Christianity in Britain with continental parallels; Vermaserem 1963: Mithraism; Watts 1991: Christianity in Britain; Wigoder 1986: Judaism; Woodward 1992: includes Christianity in Roman Britain.

Atheism

Howatson (ed.) 1989.

Magic and Superstition

Ferguson 1970: includes magic and astrology; Henig 1984: mainly Britain; Howatson (ed.) 1989; Merrifield 1987; Shelton 1988; Warde Fowler 1922: magic.

Religious Buildings

Barton 1989: temples; Drury 1980: nonclassical shrines and temples; Henig and King (ed.) 1986: temples; Sear 1982: temples; Wilson 1980: Romano-Celtic temples; Wigoder 1986: synagogues; Woodward 1992: shrines and temples in Britain.

Ritual Objects

Green 1976: religious objects; Howatson (ed.) 1989: altars; Merrifield 1987.

第八章

经济和手工业

货币制度

名称

在已发现的数百万货币中，很多名称都源于现代（不过已经拉丁化），其最初的名称则无从知晓。直到公元2世纪末时期的货币通常为罗马人使用的名称，其后的货币名称则不是。很多古代资料一直使用传统名称，如“denarii”和“sestertii”，但不能将它们与现行货币联系起来。

货币的起源

货币最初产自公元前7世纪末小亚细亚的一些希腊城市，用金银合金（金和银的混合）压制而成。公元前500年，货币生产传到爱琴海地区的其他希腊城邦和意大利南部的希腊殖民城。这些货币以纯银制造，在有正反面的模子中打造形成。青铜货币最先出现在南部意大利的希腊地区。

意大利一些地区的货币最初是不规则的粗铜（aes rude），其价值由重量决定。从公元前4世纪末起，出现了样式更为统一的大块长方形铸条。从公元前3世纪初起，它们在重量上大体达到统一标准，并且有象或牛等简单的装饰（即印记铜[aes signatum]），一些则带有罗马的字样。

共和国时期的货币

约公元前289年，罗马任命“制币三人团”(tresviri monetales)。大约与此同时，出现了直径达100毫米(4英寸)的重铜(aes grave)，它们是在两部分的石模中浇铸出来的，且逐渐取代了青铜棒。每枚币都称为“阿司”(“as”或“aes”，复数为“asses”)，重1罗马磅(335.9克，0.74磅)。每一面都有一个与众不同的标记，另有一个价值符号；其币值单位分得更细，有“半分”(semis，1/2阿司)、“三分”(triens，1/3阿司)、“四分”(quadrans，1/4阿司)、“六分”(sextans，1/6阿司)和“十二分”(uncia，1/12阿司)。

从公元前3世纪早期起，罗马开始以希腊货币为基础铸造银币，但附有“ROMANO”的铭刻。它们最初可能由意大利南部工匠制造，据普林尼记载，罗马的银币铸造是从公元前269年开始的。最早的银币“denarius”(复数为“denarii”)可能在公元前211年之前不久发行，自此银代替铜成为价值本位。到公元3世纪，狄纳里仍是主要银币。

从公元前3世纪末起，阿司在重量和大小上都开始缩减，盖归因于布匿战争引起的财政压力，约公元前155年之后，阿司只有它最初价值的1/12(十二分阿司)。当阿司价值为1罗马磅的1/6时，1狄纳里等于10阿司。1/2狄纳里(quinarius)等于5青铜阿司，1/4狄纳里(塞斯特尔提乌斯[sestertius])等于2.5阿司。即便是大宗款项通常也用塞斯特尔提乌斯(复数为“sestertii”)表示。

公元前100年前后，银币和铜币的关系重新调整，1狄纳里等于16而非10青铜阿司，阿司的价值只有它最初重量的1/12。狄纳里的价值从10阿司变到16阿司，然后又到20阿司。阿司在公元前1世纪被废弃，奥古斯都时期又开始复兴。

金币(staters)从第二次布匿战争时期开始发行，有三种币值，苏拉、庞培和尤利乌斯·恺撒铸造过不同重量的“aureus”(复数为“aurei”)。狄纳里银币从公元前2世纪和前1世纪一直流通到公元1世纪。马可·安东尼在东部造的狄纳里银币质量非常低劣，甚至无法收藏，只有一部分继续使用到公元 3 世纪。共和国后期的金币和银币具有帝国币制的主要特点，为便于统帅支付军队的薪饷，它们均在行省制造。

帝国早期的货币

公元前 24 年，奥古斯都确立了造币体系，它以四种金属为基础——金、银、黄铜（orichalum，一种新型合金，包括 80% 的铜和 20% 的锌）和青铜或铜（aes），为不同类别的使用而设计。金和银为官方使用（如薪饷），劣质金属用于打造日常使用的小面值货币。直到公元 3 世纪晚期，各种小额的地方货币已经遍及帝国，特别是在东部。

公元 1 世纪到 3 世纪使用的货币		
货币名称	所用金属	相当于 1 奥雷的数目
aureus	金	1
denarius	银	25
sestertius	黄铜	100
dupondius	黄铜	200
as	青铜	400
semis	黄铜	800
quadrans	青铜	1600

金币和银币的制造与它们所含金或银的重量有关。奥古斯都时期，奥雷（或称“denarius aureus”）被定为 1/40 罗马磅；从公元 2 世纪中期起它已经相当稀少，但仍然是帝国早期和中期的标准金币。到尼禄时期（公元 54—68 年）其重量减到 1/45 罗马磅；直到卡拉卡拉时期（公元 211—217 年），它在名义上仍保持原来的重量，但卡拉卡拉把它减到 1/50 罗马磅。

在奥古斯都时期，狄纳里银币（或称“denarius argenteus”）被确定为 1/84 罗马磅。尼禄保持 25 狄纳里对 1 奥雷的标准，但是狄纳里币中添加了至少 10% 的合金铜，其重量减到 1/96 罗马磅。这种重量的减少在之后诸帝统治时期也不断发生。偶尔也曾发行1/2奥雷(或称“aureus quinarius”,金币)和1/2狄纳里(或称“denarius quinarius”,银币)。

塞斯特尔提乌斯和杜旁狄乌斯(dupondius)是黄铜货币,阿司和“四分”(quadrans)币是青铜货币。在公元1世纪60年代之后就很少发行“半分”黄铜币和“四分”币。罗马造币体系持续200多年没有改变,只是有些小型青铜货币逐渐废弃不用。

从克劳狄统治(公元41—54年)中期到尼禄统治(公元54—68年)的前10年,不列颠和高卢出现造币不足的情况,这导致了货币复制品的出现(已发现有克劳狄时期的复制品),质量优劣参差不齐。公元64年,尼禄恢复官方造币制度,从而缓解了这种货币短缺的现象。

公元2世纪,阿司和杜旁狄乌斯在日常交易中仍起重要作用,但塞斯特尔提乌斯开始在造币体系中占据支配地位。马尔库斯·奥里略统治中期(公元161—180年),青铜货币量大幅下降。公元2世纪和3世纪晚期,一些行省甚至开始缺乏塞斯特尔提乌斯,到公元3世纪晚期,塞斯特尔提乌斯在整个帝国范围内完全停用。公元3世纪中期,杜旁狄乌斯与阿司几无分别,只是杜旁狄乌斯刻有射状王冕。

大量的军费支出导致狄纳里银币不断改造(在重量和纯度方面),它也开始在币制中占据主导地位。塞尔维乌斯统治时期(公元193—211年),狄纳里只含40%—50%的银,事实上它已经成为只含少量银的青铜货币。从这时期起,出现一些镀银货币,可能是伪造品。与狄纳里纯度下降相应的就是青铜货币重量的减轻。

图8.1 图拉真塞斯特尔提乌斯币的背面(时间是公元103年),带有一幅佩有桂冠的写实肖像。上面刻文要比同时期的其他刻文长。【由萨默塞特博物馆提供】

安东尼努斯币(Antoninianus)

公元 215 年,卡拉卡拉(公元 211—217 年)发行一种新的货币,即现在所称的安东尼努斯币(意为安东尼努斯[即卡拉卡拉]之币)。它比狄纳里稍大,与后者的区别在于所刻皇帝头像的形制(佩射状王冕而非桂冠)不同。其含银量与狄纳里一样有缩减,它的币值可能相当于 2 狄纳里,但所含的银比 2 狄纳里少 25%。公元 222—238 年之间没有发行这种货币,但后来开始大量制造。

通常认为公元 3 世纪是货币混乱期。公元 244 年,狄纳里正式停止发行。安东尼努斯币成为唯一的流通货币,但它的快速贬值进一步影响了它的重量和含银量。公元 270 年时,安东尼努斯币的重量减至 2.5—3 克(0.088—0.1 盎司),含银少于 5%。该币种成为镀银铜币,帝国的银币流通开始崩溃。

合金货币

公元 272 年前后,奥莱里安试图进行货币改革。他发行“XXI”合金(劣质银)货币作为小额货币(革新的安东尼努斯币),代替已消失的塞斯特尔提乌斯。随后出现很多在反面带有“XXI”(东部则用与之对应的希腊文“KA”)作为价值标志的新货币,可能表示一枚王冕币相当于 20 塞斯特尔提乌斯,或表示有 1 份银和 20 份铜,现在对“XXI”的解释颇有争议。这些货币和安东尼努斯币的大小相差无几,带有射状王冕,因此也被称为王冕劣币。它们由镀银的青铜制成,含银约 5%。

希腊帝国货币

帝国的一些货币在东部制造,尤其是亚历山大城,由于这些货币有希腊刻文和图案,所以被称为希腊特许发行币。它们的单位更为简单。“Tetradrachm”(等于 1 狄纳里)为银币,由于严重贬值,戴克里先的货币改革(公元 294—295

年)将之取消,其时它几乎与铜币无异。铜币有德拉克马(drachm;大小、形制与塞斯特尔提乌斯相当),但公元 3 世纪中期已非常少见。小额货币在公元 2 世纪末已消失。

高卢帝国

图 8.2　萨默塞特格拉斯顿伯里(Glastonbury)附近发现大量王冕劣币,图为其中一部分(正面和背面均有)。【由萨默塞特博物馆提供】

公元 3 世纪晚期,主要有两种货币——一种是以罗马为权力中心的皇帝铸造,另一种则是权力范围处在不列颠或高卢(高卢帝国,公元 259—274 年)的皇帝铸造。后者虽自行铸币,但仍遵循罗马形制。珀斯图姆斯(公元 260—268 年)企图恢复帝国原来塞斯特尔提乌斯及其分支的铸币体系,将大量原来的两个塞斯特尔提乌斯币重铸为一枚带王冕刻纹的塞斯特尔提乌斯,但该举措以失败告终。

约公元 273 年至 285 年间,出现了高卢帝国早期货币的复制品,主要是提特里库斯一世和二世的安东尼努斯币复制品。这些王冕币的复制品(劣质王冕币)质量较差,射状王冕的制作也较差,这种货币大概在公元 286 年卡劳希乌斯即位时即停止流通。有些复制品很小,与其原型相差很大。

阿尔甘特乌斯和富利斯

约公元 294—295 年,戴克里先对货币体系进行了十分彻底的改革,整个帝国有了统一的货币体系。金币奥雷被定为 1/60 罗马磅;重新采用一种有时称作"阿尔甘特乌斯"(Argenteus。译按:该词主要有两种意思:一是"银质的"或"银币",二是河流名称,后一种参见第二章"水师"一节)的高质量银币,它在原狄纳里币的基础上制造，定为1/96罗马磅（见图1.17）。戴克里先还对合金货币进行改革——奥莱里安的“XXI”王冕劣币逐步被淘汰，取而代之的是佩桂冠的新货币，重10克（0.35盎司），含银约3%。这种大货币价值20狄纳里，通常称为“富利斯”（follis）。从公元295年到约公元364年，仍有较小的铜币，含银量1%—2%。

公元305年，戴克里先和马克西米亚努斯退位后，富利斯的重量和尺寸迅速下降，到公元318年时，其重量降至3.5克（0.123盎司）。小型货币停止使用，公元308年之后阿尔甘特乌斯（argentei，单数为“argenteus”）亦被废止。金的价值上涨，金、银和铜三种货币之间的关系每天都有波动。在帝国内部，政治冲突导致大量相互冲突的货币本位不断出现。

索里杜斯(Solidus)

约公元310年，君士坦丁把金币的重量从1/60减到1/70罗马磅。这种新金币“索里杜斯”成为罗马世界的标准货币单位，并一直延续到公元11世纪。东部制币厂一直生产较重的奥雷，直到公元324年才停止。此外，还有半索里杜斯（或称“半分”）。从公元370年起，1/3索里杜斯，即“三分”（treins，或称“tremis”[1/216罗马磅]），逐渐占据主导地位，并成为公元五六世纪欧洲地区后罗马货币的基础。

百分币(Centenionalis)

君士坦丁最初沿用戴克里先的合金货币政策，但约公元318年时，合金币从富利斯中分离出来，发行更为劣质的货币。这种新货币重3.0克（0.1盎司），背面刻有“VICTORIAE LAETAE PRINC PERP”（我们不朽统治者的可喜胜利）。它似乎被定为每枚硬币价值12.5狄纳里，亦称为“百分币”（因为它从一种劣质银币发展而来，后者最初被定为价值1/100索里杜斯）。

从公元318年到348年，百分币从3.0克降到1.7克（0.1盎司到0.06盎司)。公元325年前后遂出现两种高质量的新型银币,一种承袭阿尔甘特乌斯币,为1/96罗马磅(今称“siliqua”),另一种为1/72罗马磅,今称“miliarense”,不过这些货币变动颇多。

系列币(Fel Temp Reparatio)

随着高质量金币的出现和银币生产的正规化,虽然货币标准仍不稳定,但尚可满足公元4—5世纪的一些需要。公元3世纪开始以现金收税而不再以货代款。公元348年,由于要与罗马建立的第11个百年相应,进行了全面的合金货币改革。所有面额的货币背面都有统一刻文“FEL(IX) TEMP(ORUM) REPARATIO”(时代的神圣复兴)。从公元353年起,货币背面出现一名罗马战士用矛戳一个落马者的图案。

该币共发行三种币值——最大的重5.2克(0.18盎司),含银3.5%,可能称为“maiorina”(大的)。次之者重4.2克(0.148盎司),含银1.5%。最小者重2.6克(0.09盎司),不含银。“Fel Temp Reparatio”系列币贬值非常快。公元4世纪中期,篡位者马格奈恩提乌斯(公元350—353年)在高卢废弃合金货币,该币种是他早些时候按照“Fel Temp Reparatio”系列币的标准铸造发行的,但是类型不同。公元353年后便不再加银。公元361年时仅存最大的货币,君士坦提乌斯二世(公元353—361年)废弃各种合金货币。

尤利安(公元361—363年)试图再次使用合金货币,重8.3克(0.29盎司),含银3%,背面是一头公牛,但他去世时这种货币已经不存在了。他还试图把银引入到小面值币种中,但最终放弃了这种做法。虽然辅币由劣质金属制成,但在公元4世纪末以前,也经历了影响较为深远的改变。公元378年出现了大小两种铜币。公元402年,除罗马外,很多小型青铜货币在西部地区都停止铸造。

东部有很多完全不同的货币,在西部几乎很难找到,大面值货币存在时间较长。在公元498年阿纳斯塔西乌斯全面改革之前,东部的青铜货币铸造只是断断续续。

造　币

货币一般分为金(AV)、银(AR)和第一、第二、第三黄铜(AE1、2、3)。货币的两面称为正面和背面。早期的阿司币要用两部分模子来浇铸,因为它太重而不能在硬模中压铸。后来货币被铸成空白币,最初是在敞口模里浇铸,也可能在扁平面上铸造。空白币或坯子用一对硬模来压印——下层硬模是正面,上层是背面。硬模多由高锡青铜制成,也有铁制。硬模表面有凹雕的图案,因此看起来货币上有浮雕。高热度的空白币用钳从熔炉中取出,放在下层硬模(桩)上,硬模通常放在铁砧上。上层硬模(trussel)放在空白币上,用铁锤制造。很少有证据表明空白币可以在冷态下制造。

如果新铸造的空白币与上层硬模粘在一起,那么下一块空白币背面就会有上一个空白币正面的铸印图样压痕,这种被称为有缺陷的硬币。偶尔也有铸错的空白币。硬模在丢弃前能铸造 1 万枚货币。

共和国时期

共和国时期,货币由元老院下令发行,铸造则由三个行政官组成的委员会管理,即"tresviri aere argento auro flando feriundo"(Ⅲ viri AAAFF),也被称为"造币三人团"。多数货币在罗马(卡皮托尔山"提醒者"朱诺的神庙附近)和卡普亚铸造;内战时期,其他中心地区也开始铸币。在行省,共和国后期军事将领和奥古斯都初期的副将也开始在他们行省的控制范围内造币。

帝国时期

帝国时期,皇帝在罗马垄断金币和银币的铸造,青铜币在理论上由元老院铸造,而几乎所有的东部城市自行铸造铜币或青铜币,这种情况一直持续到公元 3 世纪中叶。从奥莱里安(公元 270—275 年)时期起,所有货币的发行均掌握在皇帝手中。

造币坊的标志

直到公元 2 世纪晚期,罗马都是货币的主要来源地,从公元前 10 年到 82 年在里昂有造币坊。公元2世纪晚期的内战使得行省造币在许多城市重新兴起，但并非均持续很久。现在已知的有六百多个造币坊。从伽利埃努斯统治开始出现造币坊标志，它们是一种检验图案，之前只偶尔使用。从戴克里先时期（公元284—305年）起，货币上统一附有造币坊标志，且相当清楚。公元5世纪时，西部仅罗马仍有造币坊，而东部的造币坊（除赫拉克勒斯城[Heraclea]）均存在到公元7世纪。

造币坊标志示例	
造币坊	货币的缩写（一些是在希腊的货币）
Alexanderia	ALE
Antioch	A,AN,ANT
Aquileia	AQ,AQP,AQS,AQVIL
Arles	AR,ARL,CON,CONST（公元4世纪称为君士坦丁城[Constantia]）
Cologne	CA,CCAA
Constantinople	CON,CONS,CP
Cyzicus	KV,KV,SMK
Ephesus	EPHE
Heraclea	HA,HT,HTA
London	L,LN,LON,AVG（公元4世纪称为奥古斯都城[Augusta]）
Lyon	L,LG,LVG,LVGD
Milan	MD,MDOB
Nicomedia	SMN,SMNA
Rome	R,RM,ROM,ROMA
Serdica	SD,SM
Siscia	S,SIS,SISC,SISA,ASIS
Thessalonica	TES,THES
Ticinum	T
Trier	TR,TRR,ATR,PTR,STR

早期的造币坊标志，特别是罗马的造币坊标志，通常只包括“车间”(officina)号。共和国晚期，货币可随意标志符号，有时用来识别一个特别的硬模或货币炉和车间。后来的货币上有铸造作坊所在地的缩写(如“TR”代表特里尔)，“车间”号也铸造在上面，可由数字表达，如“Ⅰ”、“Ⅱ”、“Ⅲ”或者“OF Ⅰ”、“OF Ⅱ”等等，也可全部写出——“PRIMA，SECVNDA，TERTIA”或缩写为“P，S，T”。这些数字有时为希腊文。

造币坊标志也可用首字母缩写——“P[pecunia]，M[moneta]”或“S M”(sacra moneta)。有时会标出价值，“XXI”最常见。另外也有金属的质量标志，如“OB”(obryziacum)。

正面和背面

刻文(字母)见于货币的正面和背面。共和国时期货币的刻文(有造币者或造币工的名字)垂直或水平排列在任何较为方便的位置，他们甚至可以越过货币的圆形轮廓从正面一直延续到背面，反之亦然。到公元1世纪晚期，所有的货币沿坯子周围都有图案，始自左端最底部，绕货币顺时针一周。字母顺序是正常的或是逆向的，通常都是缩写，还有一些连体的字母。来自东部帝国的很多货币刻文均为希腊文。

图8.3　君士坦丁一世(公元306—337年)青铜币背面，带有铸造标记“STR”(特里尔)。祭坛上的“VOTIS XX”说明之前15年间皇帝的誓约以及它们在20周年时再次重申。【由萨默塞特博物馆提供】

正　面

共和国时期，货币正面或前面各式各样，但一般是神像。共和国晚期时才使用人的肖像，始于庞培(在他被杀不久，公元前46年由其支持者发行)，随后是恺撒和其他将领的肖像。奥古斯都(公元前27—公元14年)沿用这一传统,并一直持续到帝国时期。造币者的名字也出现在正面或背面。

图8.4 提图斯(公元79—81年)狄纳里币正面的逆向缩写字母:IMP/TITVS/CAES/VESPASIAN/AVG/PM。【由萨默塞特博物馆提供】

帝国时期货币的正面通常是在位皇帝的肖像(多数朝右),偶尔也出现其亲属或令人尊敬的前任的肖像,肖像周围用刻文环绕。皇帝肖像可能佩戴桂冠(佩戴月桂花冠)、射状冠(佩戴像长穗一样的太阳光线王冠)或普通王冠(佩戴王冠或带有宝石的低王冠)。从尼禄统治时期起,把杜旁狄乌斯和阿司区别开来的是射状王冠,而非传统的月桂花冠,这一标志直到公元3世纪杜旁狄乌斯被废止才停止使用。射状王冠表现了环绕在阿波罗(尼禄尤为钟爱的神)头上的太阳光线。卡拉卡拉的新货币安东尼努斯币也用射状王冠区别于狄纳里。

整个帝国时期,在货币的肖像画法上有着较多的变化,特别是那些来自东部造币作坊的货币,因此一个皇帝的肖像可能有很大不同。从公元3世纪晚期起,肖像变得更加程式化,公元4世纪起出现了把肖像作为一种想象而非真实个人的趋势,且以希腊形式表现。因此,不同皇帝的肖像趋于一致,君士坦丁一世时期曾打破这种风格,但时间短暂。所以,除非使用皇帝的名字,否则很难进行区分。

帝国时期货币的正面刻文可能是奉献性的——纪念皇帝就职做的“誓约”(vota),每五年重申一次,也可能是行政性的——涉及皇帝的名衔及他执掌各类官职的任命和时间。出现在正面刻文中普通的皇帝头衔和行政术语(用缩写形式)有“AVGVSTVS”、“AVG”(高一级的皇帝),“CAESAR”、“CAES”、“C”(次一级皇帝)，“CONSVL”、“COS”(执政官)，“DN”(Dominus Noster——我们的统治者)，“IMPERATOR”、“IMP”(军队领导者)，“PATER PATRIAE”、“PP”(国父)，“PIVSFELIX”，“PF”(尊敬的，虔诚的，幸运的)，“PONTIFEX MAXIMVS”、“PON MAX”、“PM”(大祭司长)，“SENATVS CONSULTO”、“SC”(遵元老院令)，“TRIBVNICIA POTESTAS”、“TRIB POT”、“TR P”(保民官权的拥有者)，和“VOTA”、“VOTAE”(皇帝每五年进行一次的誓约)。公元 350 年后，正面的图案用铅版印刷，包含的信息也较少。

背 面

货币的反面或背面也有图案(称为模式)。共和国时期的货币趋向显示神的化身和神秘的场景，很多货币刻有一艘船的船首。公元前 213 年后，青铜货币背面均为船首。从公元前 260 年到前 2 世纪，“ROMA”一词见于货币背面。青铜币的刻文仅限于铸币者的名字，或在正面或在背面，最初只用符号，后用全名。附有名字的青铜币主要出现在公元前 2 世纪。银币上也曾出现铸币者的名字。

图 8.5 马克西米亚努斯(公元 286－305 年)时期富利斯币的正面。刻文很少(MAXIMLANVS/NOB/CAES)，其肖像(戴桂冠的半身像)非常程式化。【由萨默塞特博物馆提供】

最早的帝国青铜币上只有字母“SC”(senatus consulto，意为“依元老院之令”)，而无其他图案。从公元 1 世纪中期起，背面图案更加精良复杂。帝国货币的图案包括神像、美德的化身(如和平或公正)或宣传图案(如军事胜利或建筑计划)。背面分为两部分，一是居于地平线上的图案背景，一是背景下面的空白处，通常刻有造币坊的标志。货币上的刻文经常与图案有关。

图 8.6 马克西米努斯一世(公元 235—238 年)狄纳里币的背面,描绘了皇帝的健康(SALVSAVGVSTI),并使之人格化。【由萨默塞特博物馆提供】

从公元 294 年戴克里先货币改革起,帝国货币出现大量图案,但很少将注意力放在背面。四帝共治时期的银币只有数字"XCⅥ"(1/96 罗马磅),金币只有宗教主题,如"无敌者"索尔或朱庇特像;青铜币通常为军事图案,如两名战士并附军事刻文,如"GLORIA EXERCITVS"(军队之荣耀)。货币上的异教神于公元 318 年和 324 年分别在西部和东部消失;相反,出现了旧式人格化形式(如胜利女神),并附有简单刻文。

希腊帝国货币的背面样式各异,有些是联合领袖的头像或统治家族其他成员的肖像,因此这些货币看起来有两个正面。

测定年代

货币的年代可以通过皇帝的肖像及其头衔和职位来确知。图案(如军事胜利)也可帮助测定年代。当货币丢失或被埋(最终在考古堆积物中发现),其年代就很难确定,因为很多货币都经历了漫长的流通过程。

伪 币

古代伪币包括镀币,当金或银为基础货币时,它即可充当纯金币或纯银币,或充当基础货币的复制品,如今天的货币。复制品的价值超出了它所使用的金属本身的价值。

银　行

在早期希腊，神庙可以把钱借给当地人，也可作为贵重物品和钱财的储藏库。最初的银行家是货币兑换商，在节日时工作，把旅行者的钱换成当地货币。在希腊化时期的城邦，银行由重要的神庙、个人商号、城市本身负责，而且还有对银行家制定要求付费给第三者的书面规则。在托勒密埃及，有一套复杂的公共银行体系负责集中国王的税收以及支付款项，且使用各种票据交易。

在共和国时期，货币兑换商(argentarii)需要兑换意大利各同盟的货币，甚至包括来自更远地区的贸易货币。在罗马，富有者总是通过向外贷款获得利息；直到公元前4世纪末罗马才出现经营存款业务的专业银行家("argentarii"或者"coactores aggentarii"，后来称为"nummularii")。公元前2世纪和前1世纪，在罗马，银行的规模较小，主要是由富有的骑士而不是国家经营。贵重物品和钱财寄存于银行家处，后者可贷款给第三方以获得可观利润。有存款业务的银行称为"argentaria"。在共和国后期和帝国早期，罗马的利息率通常是6%—10%，但在投资较少的偏远行省较高。当时使用最原始的兑换票据，银行家使罗马内外的结算方法更为发展，即使没有真正的货币进行交易也允许付款。银行体系在整个帝国发展起来，奥古斯都重新改造了埃及托勒密的银行体系。但据现在所知，当时没有女性银行家。

帝国时期，货币兑换商在货币的相互转换过程中一直占有重要地位，特别是小规模的地方交易，如税收付款。贷款也是有利可图的，在行省，钱经常被借去支付税款，因此产生大量债务。在罗马，银行一直持续到公元3世纪晚期。公元6世纪时，查士丁尼把大量银行交易程序编成法典，并历经中世纪由欧洲人和阿拉伯人保存下来。

物价和通货膨胀

很多关于通货膨胀的证据均来自东部行省。在帝国早期，通货膨胀明显很低，但是从公元260年起迅速增长，主要表现即为银币贬值。当时出现了大规模的囤积，政府在很多税收项目中拒绝接受货币，反而坚持以货代款。在共和国和帝国时期，很多日用品的价格都很明确，但它们之间很难进行比较，因为它们依据变量而变，譬如歉收。通货膨胀的两个基本标志即军饷（参见第二章）和谷物价格。

在征税和货币改革的同时，戴克里先采取了罗马历史上从未使用的方法，即在整个帝国内颁布工资和价格最高定额。公元301年，戴克里先颁布限价法令(Edictum de pretiis)，包括导言、各种商品最高价格列表和各种工作的最高工资列表。违反规定要处以死刑或流放。因为很多商品退出市场，所以限价法令并未成功，终被废除。

重量和度量标准

长度的度量标准

长度的度量标准主要以人身体的各部位为基础。标准的罗马足（pes，复数为“pedes”）约为296毫米（11.65英寸），通常称为“提醒者足长”（pes monetalis），源于罗马“提醒者”朱诺神庙保存的度量标准。早期的足超过297毫米（11.7英寸），“德鲁西亚努斯足长”（pes Drusianus）约为332或333毫米（13.1英寸），帝国早期，至少在高卢和日耳曼地区均使用它们。从公元3世纪起出现了比较小的足，长294毫米（11.5英寸）。有时，足分为16趾（digiti），可能源于希腊，但是更多的分为 12 罗马寸(unciae，单数“uncia”)。

as = 12 罗马寸

deunx = 11 罗马寸

dextans = 10 罗马寸

dodrans = 9 罗马寸

bes = 8 罗马寸

septunx = 7 罗马寸

semis = 6 罗马寸

quincunx = 5 罗马寸

triens = 4 罗马寸

quadrans = 3 罗马寸

sextans = 2 罗马寸

semuncia = 0.5 英寸

sicilicus = 0.25 英寸

sesuncia = 1.5 英寸

dupondius = 2 英尺

测量路长使用步和里，5 足长(pedes)=1 步长(passus；步幅——实为两步，等于 1.48 米[4 英尺 8 英寸])。“mille passus”或“milia passuum”(里)即为 1000 步(5000 罗马足)，相当于 1480 米(4685 英尺)。当时也使用里格(Leagues)[参见第五章]。在海边测量距离时使用斯塔狄乌姆(stadium；古希腊长度单位)：125 步=1 斯塔狄图姆。

土地测量员主要用阿克图斯(actus；一种可推式工具)，长 120 罗马足(35.48米[116 英尺 6 英寸])[参见第四章]，这是一个农业术语，表示牛拉犁的单程距离。奥斯坎人和翁布里亚人用韦尔苏斯(versus；意为旋转)，是 100 罗马足。

2.5 pedes = 1 gradus

2 gradus = 1 passus

2 passus = 1 decempeda

12 decempeda = 1 actus

2 actus = 1 iugerum

面积的测量

1 平方阿克图斯(actus quadratus 或 acnua)=144000 平方罗马足(约 0.126 公顷[0.312 英亩])。

2 平方阿克图斯 = 1 犹格 = 28800 平方罗马足(约 0.252 公顷[0.623 公亩])。犹格(一对牛一天耕的土地,源自"iugum"[轭]一词)是土地测量中很普遍的度量单位制,是指一天内耕种土地的数量。1/12 犹格是"uncia"(2400 平方罗马足)。"三分"(triens)是 1/3 犹格。

2 犹格 = 1 赫瑞狄乌姆(heredium,复数为"heredia")= 约 0.504 公顷(约 1.246 英亩)。赫瑞狄乌姆(通过继承得来的土地)对一人来说足够的一块土地,但该词已不再使用。

100 赫瑞狄乌姆(heredia)= 1 百分田(centuria)= 约 50.4 公顷(约 124.6 英亩)。这是一块百分田的标准尺度(20×20 阿克图斯:2400 平方罗马足)。同时也有不规范的百分田尺度,从 50 犹格到 400 犹格或者更多。

容量的测量

容量有干和湿的测量尺度,最初用于酒(湿)和油,以及谷物(干)。湿物和干物的测量细分为:

4 cochlearia = 1 cyathus(源自希腊文)

6 cochlearia = 1 acetabulum

2 acetabulum = 1 quartarius

2 quartarius =1 hemina

2 hemina ＝ 1 sextarius

“cochlear”或“cochlea”(蜗牛壳)或“ligula”(一匙)是最小的单位，等同 1.14 厘升(0.34 液量盎司)。

较大的液体测量：

12 hemina ＝ 1 congius

8 congius ＝ 1 amphora 或 cadus

20 amphora ＝ 1 culleus (约合 144 美制加仑)

图 8.7　用于测量谷物的“modius”容器，系奥斯提亚协会广场的镶嵌图案。

“amphora”是 1 立方罗马足(25.79 公升，约合 7 美制加仑)。它是主要的液体测量单位，与陶制器皿有关，陶制器皿的立方容量事实上是变化的。(参见第八章)

比较大的干物测量：

8 sextarius ＝ 1 semodius

16 sextarius ＝ 1 modius (主要谷物单位)

“sextarius”是 0.546 公升(1.14 美制品脱)。“modius”几近 2.4 美制加仑。

重　量

重量体系是建立在自然单位基础上的，最小的是大麦粒(相当于金衡制谷)。重量一词为“pondus”，源自“pendere”(悬挂)。罗马的重量以磅(libra，字面意为“平衡”；

相当于335.9克，即常衡制11.849盎司)为基础。最初，天平装置主要用于称量铜(asses)条，因此“as”一词也用来指罗马磅。这种铜条长1罗马足，分成12等份(unciae)，因此罗马磅亦被分为12等份(unciae)。罗马磅细分的名称有：

as 或 libra = 1 罗马磅

deunx = 11oz

dextans = 10oz

dodrans = 9oz

bes = 8oz

septunx = 7oz

semis = 6oz

quincunx =5oz

triens = 4oz

quadrans =3oz

sextans =2oz

semuncia =1.5oz

uncial = 1oz

semunicia= 1/2oz

sicilicus = 1/4oz

sextula =1/6oz

semisextula = 1/12oz

scriptulum = 1/24oz

siliqua = 1/114oz

1 siliqua = 3 grana hordei(大麦粒或者金衡制谷)。1阿司(或 libra)=5184大麦粒或金衡制谷(公元前268年之前是5050大麦粒)。

测重工具

天平(libra)用于测重，天平杆由青铜、铁或骨头制成，两端各悬挂一青铜托盘，从悬挂点算起距离相等。货物放在一个托盘上称重，另一面放铅、石头、青铜、铁或裹着青铜的铅，直到两面平衡为止。

杆秤(statera)有秤杆，称重的货物悬挂在较短的一头。秤砣沿长杆移动直到平衡为止，从长杆的刻度上可获得物体的重量。长杆上悬挂不同的吊钩，以便适用于不同范围的重物；在秤杆的一面或两面都标有重量刻度，与吊钩的使用一致。

谷物(如大麦和小麦)用青铜的桶型容器(modius)测量。有关长度测量的工具，参见第四章。

手工业

罗马多数手工业犹如组织良好的行会，在行会和手工业之间没有界限。罗马手工业劳动力密集、技术熟练、地域性强，货物交易非常广泛(参见第五章)。手工业组织多种多样，从满足交易的大规模生产到满足地方需要的小规模生产，均可称为工艺手工业。

我们对手工业所知甚少。多数矿工都是被判在矿山劳作的奴隶或罪犯(ad-metallum)。奴隶从事各种工作，包括熟练工匠的劳作。在意大利，奴隶只是少数人口，行省更是如此。多数劳动力可能由自由公民和被释奴组成。帝国时期，手工业者组织了诸多行会(collegia)，这些行会也通过宴会和丧葬社进行活动。

整个罗马时期，技术改革较少，似乎尚未引入可节省劳动力的设备。尽管有潜在力量，但仍未发起手工业改革，手工业生产力的扩张只是回应不断增长的市场需求。手工业无法建立在更有效率的基础上可能要归因于各种因素的共同作用。主要原因可能是富人认为投资手工业不享有被人认同的社会地位。当很多人从手工业中获利时，农业仍一成不变地是投资中最享有声望的形式。在共和国后期和帝国早期，广泛使用奴隶亦被认为是手工业和技术没有发展的深层原因。

陶 器

陶器的制作遍及整个罗马世界，但我们只在一些地区从事有限的研究。陶器制作是最普通的一种商业形式，在挖掘中陶器是最常见的人工制品，关于手工业，我们从古代著作家的作品中知之甚少。地中海地区出土的陶器比其他地区多很多，主要是双耳细颈罐。陶制容器用于厨房餐具、贮藏和货物运输。大多数粗糙的陶器都由当地制造，而特殊的陶器均通过长途运输过来，包括质量好的陶器，如赭色黏土陶器(terra sigillata)，以及用于运输和贮藏货物的容器，如双耳细颈罐。除陶制容器外，还有一系列其他的陶制商品，如小雕像、烛台和灯。

制造业

随着砖瓦的制造，黏土从选定的沉淀物中挖掘出来，视天气情况进行加工。黏土通过磨成细粉的方式进行精炼——把它和水混合，以使粗糙物沉淀下去，有机物的残骸漂浮起来，把杂质滤去后再捣成泥浆(将调和物与水混合)。

一些粗糙的陶器均为手工制作，但多数陶器都是轮制。一些罐子，特别是赭色黏土陶器，均在模子上加工制作。陶工使用的轮子几乎没有传世。陶工可能在宽扁的轮子上工作，轮子固定在地上，像组合的调速轮和工作台。他们可能也使用小陶工轮，固定在腰部，与下面的调速轮连接在一起。有些现存的石制组件可能属于陶工的轮子，但多数可能均为木制。

陶罐干燥后要进行烤制。粗糙的陶器有时在简易篝火窑中烤制——把罐子堆放在一起，放在篝火下面的深坑里进行烘焙。多数陶器通常都在单一烟道上升气流的窑中进行烤制。罐子倒着堆放在一个椭圆或圆形炉膛内，在下面的黏土横梁上点火，横梁用瓦片或黏土制的支柱支撑。一侧有炉膛口和司炉大坑，热气从火上升起，环绕在罐周围，然后从窑顶出去。对于窑的上部构造不是很清楚——一些窑可能有暂时的遮盖物，一些有固定的圆顶，并在中央有通风口。燃料可能主要是木头。

烧制建筑材料也使用类似的平行烟道窑，如瓦和大罐。它们堆放在形成平行烟道的拱门之上。特殊陶器使用复杂的烧窑，如赭色黏土陶器。

粗制陶器

地方性的陶器制作（本地陶器）趋向于使用罗马统治前的式样，因此整个帝国内部出现很多分支。它们通常被称为粗陶或厨房陶器，但在考古发现中亦有大量质地较好的这类陶器。多数粗陶包括式样简单、没有上釉的土制容器，由于黏土的来源和烤制的方法存有差别，所以它们在颜色上各有不同。一些地方性手工业规模很大，但分布相对有限。很多粗陶的式样是从使用角度进行设计，因此在几个世纪中，变化很小。很多地方陶器供军队使用。

赭色黏土陶器（或萨摩斯陶器）

赭色黏土陶器手工业组织规模庞大，大量出口到罗马世界的很多地区。在不列颠，赭色黏土陶器被称为萨摩斯陶器，更早的陶器是沙玛音陶器（Arretine）。"terra sigillata"（用图案装饰的黏土）是拉丁术语，它只应用于带装饰的容器，但有时也指简单的容器。赭色黏土陶器也被称为红彩陶器和涂红陶器。产自不列颠的类似陶器称为涂色陶器，在北非则称为红釉陶器。

赭色黏土陶器通常为红色，由较好的红黏土制成，表面由质地好的黏土加工成形，较为光滑（没有釉）。红色是在窑里氧化（氧气充分）的环境下烤制形成的。我们已知的有坚硬的萨摩斯陶器和黑色萨摩斯陶器，它们均是在还原（氧气缺乏）的环境下形成的。

赭色黏土陶器源自希腊早期黑色和红色外形光滑的花瓶。日常使用、外表相似的希腊陶器都是"黑釉"餐具。从公元前4世纪起，意大利很多地区都效仿这种陶器，并称之为坎帕尼亚陶器。公元前1世纪中期，由于鉴赏力的提高和不同的烘烤技术，出现了沙玛音（或称早期意大利）陶器。它们是红色外表的容器，最早在阿雷佐（Arezzo）制作，之后遍及意大利各地，在里昂出现分支作坊，包括铸模的杯子、水壶和餐具。很多陶器都很普通或装饰很少，也有一些高质量的带有图形和植物装饰图案的容器。约公元前50年，沙玛音（或早期意大利）陶器取代了坎帕尼亚陶器；其出口遍及地中海，远至印度和不列颠。

公元1世纪早期，赭色黏土陶器手工业遍及高卢南部(主要是在拉格劳费桑克[La Graufesenque])。这些陶制容器最初都很普通或只有简单装饰，但逐渐发展起带有人和动物图像的复杂设计。在公元1世纪，其生产转移到高卢中部(在阿利埃[Allier]河谷，主要是在莱玛泰德维[Les Martres-de-Veyre]和勒祖[Lezoux])，公元1世纪末期，高卢南部陶器的质量下降。从公元1世纪晚期起，高卢中部的陶器开始占据主要地位，一直持续到约公元200年。随后出现了盛饰容器，特别是带有人和动物图案的容器。高卢南部和中部的陶器出口到西部行省，包括意大利。

公元1世纪早期，高卢东部建起陶器场，在公元2世纪晚期占据主要地位。沿摩泽尔河、莱茵河和多瑙河有很多小型的陶器场，特别是在特里尔、布里克维尔(Blickweiler)和黑扎博恩(Rheinzabern)。高卢东部的陶器只出口到西北行省。约公元250年，陶器价格下降，生产随即停止。西班牙、非洲和不列颠等其他行省也生产类似的陶器。公元2世纪末，非洲红釉陶器在地中海占主要地位，其生产持续到公元7世纪。

碗和盘等普通的开口容器均为轮制，可能使用木质模板，然后加上一个底环。简单的装饰是用料浆和滚压制成，但带有比较复杂装饰的容器是在模子里制作的，由质量好的黏土加工而成，并印有装饰风景和图形。黏土被挤压到模子里，干燥后收缩，即可从模子中取走。边缘和底环需要手工加上。在烧制之前，普通的和有装饰的容器浸泡在液体黏土釉中，烧制后的容器就很光滑了。

赭色黏土陶器对测定年代非常有用，依据的是陶工的印章、装饰风格、形式和结构的改变，因为这些在各个制作中心是不同的。多数容器都有陶工的名章——容器的基部内部通常用模子反过来刻上去，因此刻出来的字母朝右环绕着罐体。模子制作者的名字有时也在上面，通常用铁笔刻上，作为模子的签名，这样在容器上就可反映出制作者的形象。在有装饰的容器上常出现作坊(officina)的广告图章。图章经常包括缩写的“OF”，“OFIC”，“OFFIC”，这些代表“officina”(作坊的)，“F”，“FE”，或者“FEC”代表“fecit”(制作这个)，“M”，“MA”，“MANV”代表“manu”(……之手)。

容器按一定的标准分成不同类型，它们主要由各权威人物进行分类，并以其名字命名，他们是：德拉根多尔夫（Dragendorff；Dr. or Drag.）、德舍莱特（Déchelette）、诺尔（Knorr）、沃尔特（Walters）、库勒（Curle）、路德维希（Ludovici）和里特林（Ritterling）[图 8.7]。普通制作的和有装饰的容器包括碟、盘、杯、碗、广口瓶、臼、烛台、墨水池和水壶。后缀“R”（如“Drag. 18R”）表示滚压镶边装饰仍然存在。

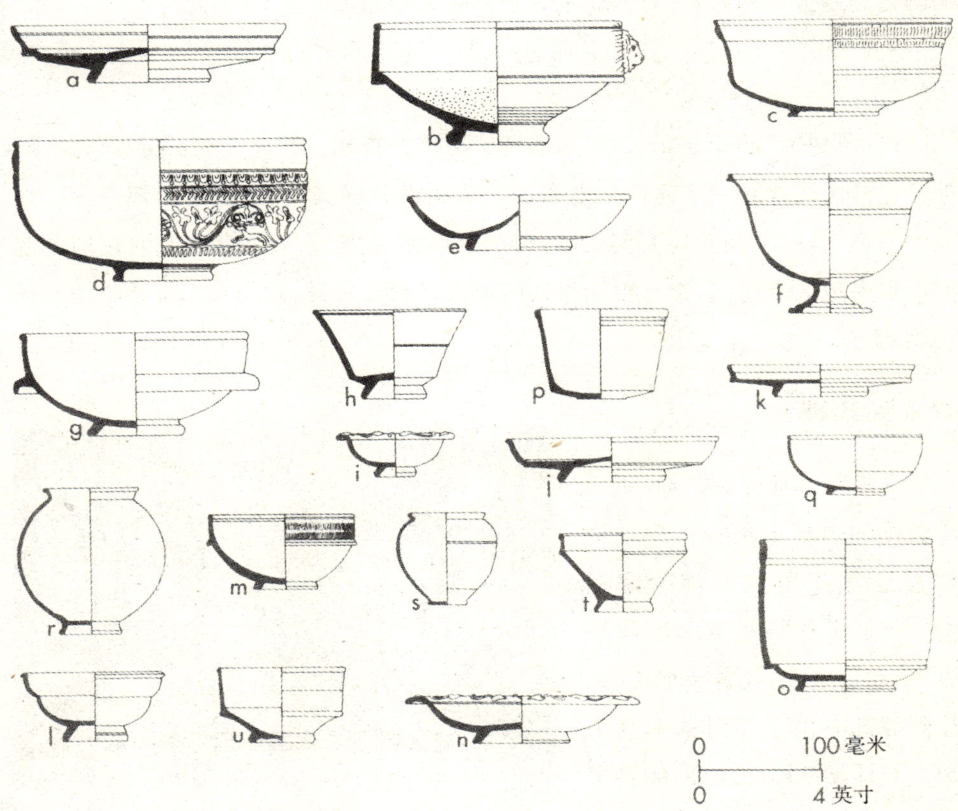

图 8.8　一些主要的赭色黏土陶器类型：德拉根多尔夫类型：a. 15/17；b. 45（臼）；c. 29；d. 37；e. 31；f. 11；g. 38；h. 33；j. 18；k. 17；l. 27；m. 24/25；n. 36；o. 30。其他类型：p. 诺尔 78；q. 霍夫海姆（Hofheim）8；r. 德舍莱特 72；s. 德舍莱特 67；t. 哈尔腾（Haltern）8；u. 霍夫海姆 9。除了德拉根多尔夫 37，以下几种类型都有装饰：德拉根多尔夫 11、德拉根多尔夫 29 和德拉根多尔夫 30。

精细陶器

除赭色黏土陶器外，还有其他精细器皿，特别是饮水用的大口杯和酒杯，有些是在同一个生产中心制造出来的。从公元前 2 世纪到公元 2 世纪末期，意大利的手工业最为活跃，公元 1 世纪早期起转移到高卢和日耳曼地区。特殊的磨光是通过色片（外表有颜色的陶器）、铅釉（不常见）和装饰完成的。一些地方性的陶器场制造红釉餐具，充当赭色黏土陶器的复制品。

臼(Mortaria)

臼（单数为“mortarium”）用来准备厨房里的食物。它们是大而坚固的碗，有易于把持的边缘和一个喷口。内部表面混有粗砂（研碎物），使之粗糙坚固。公元一二世纪，臼上经常印有陶工或作坊的名字，这使得人们能够追溯它们的起源。很多地区制造臼，交易可达很远的地方。相对来说，它们在东部地中海地区较为稀有。

双耳细颈罐

图 8.9　奥斯提亚协会广场的马赛克图案：两棵海枣树之间放着一只双耳细颈罐，刻有标志“MC”，可能是指非洲的恺撒城—毛里塔尼亚。

在地中海地区，酒、油、鱼酱等液体和包括干粮在内的其他食物经常使用双耳细颈罐运输——通常是腰身宽阔的陶器皿，颈和嘴狭窄，仅容一个瓶塞，靠近嘴部有两个相对的垂直手柄。双耳细颈罐的高度、腰身和罐壁的厚度各不相同，但它们的高度通常都超过 1 米（3 英尺 3 英寸）。很多在底部都有球形捏手或者杆状尖底，这样可以在提起或灌注时作为第三个手柄。它们可以垂直或斜着提起。希腊术语“amphiphoreus”(两侧都能被提起[的罐])可缩写为“amphoreus”,拉丁语借用后者写成“amphora”(复数为“amphorae”)。“dolium”(复数“dolia”)是非常大且壁厚的罐,不用于运输商品而用于贮存。

分类 整个罗马时期有成百种不同类型的双耳细颈罐。按照外形,双耳细颈罐被分为很多种类。在公元 19 世纪,海因里希·德雷塞尔(Heinrich Dressel)辨认出 40 余种,后来其他人又分辨出一些种类。较之其他物品,双耳细颈罐的风格不易改变,因此它对测定年代不是非常有用(除了一些有题字的)。很多类型的双耳细颈罐分布广泛,从帝国的一端到另一端,甚至在罗马末期亦是如此。虽然我们对烧窑知之甚少,但通过对黏土结构的分析仍能够鉴别出生产的来源。

双耳细颈罐的主要类型如下所述,主要以时间为序,括号中的是其他的名字。

希腊—意大利式(Greco-Italic):源自大希腊地区,罗马双耳细颈罐的原形;其中一种类型可能产于西西里和爱琴海地区,另一种产于庞贝城近郊和科萨。时间:公元前 4 世纪末到约公元前 130 年。装载物:可能是酒。

德雷塞尔 1A:它的制造地遍及整个意大利。时间:约公元前 130 年到前 50 年。装载物:主要是酒。

德雷塞尔 1B:它的制造地遍及整个意大利,取代德雷塞尔 1A。时间:公元前 1 世纪。装载物:主要是酒。

德雷塞尔 1—帕斯库尔(Pascual)1:它的制造地主要在西班牙东北海岸沿线,可能法国南部也有。它们模仿德雷塞尔 1B。时间:主要是奥古斯都时代。装载物:可能是酒。

兰博利亚 2:来自阿普利亚。时间:公元前 2 世纪到前 1 世纪中期。装载物:可能是橄榄油或酒。

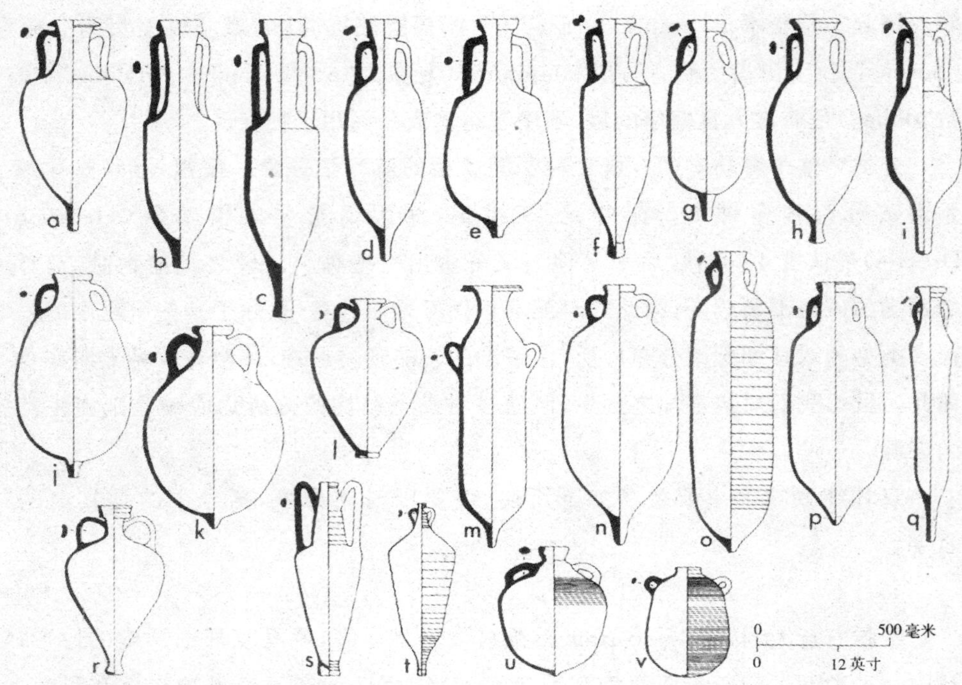

图 8.10　双耳细颈罐的主要类型：a. 希腊—意大利式；b. 德雷塞尔 1A；c. 德雷塞尔 1B；d. 德雷塞尔 1—帕斯库尔 1；e. 兰博利亚 2；f. 德雷塞尔 2—4；g. 哈尔腾 70；h. 德雷塞尔 7—11；i. 贝尔特朗(Beltrán)Ⅱ；j. 奥贝拉丹(Oberaden)83；k. 德雷塞尔 20；l. 佩里塞(Pélichet)47；m. 新布匿(Neo-Punic)；n. 非洲(Africana)Ⅱ；o. 后期罗马北非；p. 的黎波里塔尼亚 I；q. 斯巴蒂昂(Spatheion)；r. 德雷塞尔 30；s. 中空底部(Hollow-Foot)；t. 不列颠 Biv(British Biv)；u. 巴勒斯坦。

德雷塞尔 6：可能来自前南斯拉夫的伊斯特里亚(Istria)。分布广泛，特别在达尔马提亚、爱琴海和意大利的东北部。在类型上与兰博利亚 2 较为相似。形状：包状的罐体带有尖角或短而秃的底部。时间：公元 1 世纪。装载物：可能主要是橄榄油。

罗德斯式(奥斯提亚 LXV，卡姆罗杜努姆[Camulodunum]184，卡兰德尔[Callender]7)：可能主要来自罗德斯地区。形状：圆形边，圆柱颈，长杆手柄延伸到最高处，罐体纤长，波状，逐渐变细成为一个固体的长锥。时间：公元前 1 世纪晚期到公元 2 世纪早期。装载物：主要是酒、无花果和蜜。

德雷塞尔 2—4(柯昂型[Koan type]，“希腊—罗马式”双耳细颈罐)：从公元前 1 世纪晚期开始制造，取代德雷塞尔 1B。它们主要来自地中海西部，从公元前 1 世纪晚期到公元 2 世纪中期成为该地区最主要的装酒双耳细颈罐。罐壁很薄，因此能装很多酒。装载物：主要是酒。

从公元前 2 世纪晚期到公元 1 世纪前 10 年，德雷塞尔 1 和 2—4 双耳细颈罐是最常见的形式，它们在地中海西部和北部欧洲市场占有优势，并扩展到很多其他地方，包括红海和印度东部。此时，希腊仍在制造罗德斯式等双耳细颈罐，但非大规模生产。

胡萝卜式双耳细颈罐（Carrot amphora；卡姆罗杜努 189；肖恩茅[Schöne-Mau]XV）：起源并不确定，通常见于不列颠和日耳曼的早期军事地点。形状：普通或圆形的边，通常没有颈，小且厚的环形柄，比较小且成锥形的罐体外表面通常由水平波纹装饰。时间：主要是公元 1 世纪。装载物：可能是椰枣。

哈尔腾 70（卡姆罗杜努姆 185 A，卡兰德尔 9）：来自巴埃提卡（Baetica）。时间：公元前 1 世纪中期到公元 1 世纪中期。装载物：主要是浓葡萄汁（defrutum）。

德雷塞尔 7—11（贝尔特伦 I）：来自西班牙。时间：公元前 1 世纪末到公元 1 世纪。装载物：主要是鱼酱。

贝尔特伦 II（卡姆罗杜努姆 186 A，肖恩茅 VII）：来自南部西班牙。时间：公元前 1 世纪晚期到公元 2 世纪。装载物：鱼酱。

德雷塞尔 38（贝尔特伦 II A，奥斯提亚 LXIII，卡姆罗杜努姆 186C，佩里塞 46，卡兰德尔 6）：来自南部西班牙。形状：宽阔的颈，钩状的边，长而扁的手柄，罐体从顶部到底部逐渐加宽，形成一个长而凹的尖底。时间：可能从弗拉维时期到公元 2 世纪早期。装载物：鱼产品。

奥贝拉丹 83（哈尔腾 71，德雷塞尔 25）：可能来自瓜达尔基维尔河（Guadalquivir）地区；通常见于日耳曼城墙的堡垒处。时间：公元前 1 世纪末到公元 1 世纪。装载物：可能是橄榄油。

德雷塞尔 20（球状的双耳细颈罐[Globular amphora]，贝尔特朗 V，奥斯提亚 I，卡兰德尔 2）：从奥贝拉丹 83 发展而来，主要来自瓜达尔基维尔河地区。特别是在西部，它们是最常见并且分布广泛的双耳细颈罐之一。时间：提比略时期到公元3世纪晚期,可能到公元4世纪。装载物:橄榄油,橄榄。

佩里塞47(高卢瓦兹[Gauloise]4,奥斯提亚LX,卡兰德尔10):主要来自法国南部。时间:公元1世纪中期到3世纪。装载物:酒。

德雷塞尔28:在西班牙和法国制造。形状:滑轮型边缘,有一个或两个短且呈环形的手柄,有很浅的褶皱,罐体丰满,底厚,带脚环。时间:奥古斯都晚期到公元2世纪的前半期。装载物:可能是酒或鱼产品。

新布匿:在摩洛哥和突尼斯制造。时间:主要是公元前2世纪和公元前1世纪,可能持续到公元1世纪。装载物:不详。

非洲Ⅰ"小型"(Africana Ⅰ"Piccolo";贝尔特朗57,奥斯提亚Ⅳ):来自北非,特别是突尼斯的荒漠草原地区和迦太基地区。形状:边厚、外翻,短而直的颈,小且急剧弯曲的手柄,长且呈圆柱形的罐体,短而空的尖底。时间:公元3世纪,可能公元4世纪,又或是公元2世纪。装载物:鱼产品,可能也有橄榄油。

非洲Ⅱ"大型"(Africana Ⅱ"Grande";贝尔特朗56,奥斯提亚Ⅲ):来自突尼斯的萨赫勒(Sahel)。时间:公元2世纪晚期到至少4世纪。装载物:橄榄油,可能有鱼产品。

晚期罗马北非的双耳细颈罐(Late Roman North African amphorae):主要来自突尼斯。它们发展出超过93种的圆柱形状,主要是通过边缘和尖底来区分。从公元4世纪晚期到公元6世纪它们都非常普遍。

的黎波里塔尼亚Ⅰ(奥斯提亚LXⅣ):在的黎波里塔尼亚制造;广泛分布于东部地中海地区。时间:公元1世纪到4世纪。装载物:可能是橄榄油。

德雷塞尔30(奥斯提亚Ⅴ):可能来自阿尔及利亚。时间:公元3世纪到4世纪。装载物:可能是橄榄油。

不列颠Bi(British Bi;库兹马诺夫[Kuzmanov]ⅩⅨ,斯戈尔潘[Scorpan]7A,迦太基LR—双耳细颈罐2,班加西[Benghazi]LR—双耳细颈罐2):可能来自爱琴海和黑海地区。时间:公元4世纪到6世纪晚期或7世纪早期。装载物:不详。

不列颠Bii(British Bii;巴拉纳[Ballana]6,库兹马诺夫ⅩⅢ,斯戈尔潘8B,迦太基LR—双耳细颈罐1,班加西LR—双耳细颈罐1):来自东部地中海地区,在那儿它们是非常普通的形式，可能来自叙利亚或塞浦路斯。形状：相对来说有比较薄的壁，下垂的厚手柄，加厚的边缘，在罐体的中央有宽广的背脊，肩部和底部较为狭窄。时间：公元5世纪早期到公元7世纪(特别是公元5世纪晚期和6世纪早期出现较多)。装载物：可能是油。

不列颠Biv(巴拉纳13a，库兹马诺夫Ⅶ，斯戈尔潘5，基斯特[Zeest]95，迦太基LR—双耳细颈罐3，班加西LR—双耳细颈罐10)：来自地中海东部，可能是小亚细亚地区，分布面积较广。时间：单柄形状——公元1世纪晚期到5世纪；双柄形状——公元4世纪最末期到公元6世纪晚期。装载物：不详。

公元4世纪晚期，地中海东部的包状双耳细颈罐越来越多地流入到地中海西部地区，并在公元5世纪末占据主要地位(例如，巴勒斯坦形式)。这种贸易可能持续到公元7世纪中期阿拉伯人征服为止。

巴勒斯坦式(Palestinian)：可能来自巴勒斯坦，在那儿它们非常普遍。通常，罐体有大量褶皱和白色描绘装饰。时间：公元5—6世纪。装载物：可能是白葡萄酒。

中空底部的双耳细颈罐(Hollow Foot amphora；奥斯提亚Ⅵ，喀毕坦[Kapitän]Ⅱ，库兹马诺夫Ⅶ，涅德尔毕博[Niederbieber]77，基斯特79，班加西MR—双耳细颈罐7)：可能来自爱琴海。时间：公元2世纪晚期到公元4世纪。装载物：可能是酒。

泽麦尔(Zemer)53：可能来自巴勒斯坦的加沙(Gaza)；黎凡特(Levant)较为普遍，特别是在巴勒斯坦和埃及。形状：小而厚的边缘，在肩部有两个环形手柄，沉重的包状罐体带有圆形的底部。时间：公元3—4世纪。装载物：可能是酒。

阿尔马格罗(Almagro)54(库兹马诺夫XIV，迦太基LR—双耳细颈罐4)：可能来自巴勒斯坦的加沙；在地中海的东南部地区很普遍。形状：边缘小、外翻，肩部有粗糙环状手柄，狭窄的圆柱形罐体，圆形或扁形的底部，通常在肩部和手柄之间有大量的脊，在肩部和边缘周围有黏土的积成物。时间：公元4到6世纪。装载物：可能是酒，橄榄油或芝麻油。

斯巴蒂昂(班加西LR—双耳细颈罐8)：可能来自西班牙和北非。术语“斯巴蒂昂”指的是一组带有狭长罐体的双耳细颈罐，有尖底，相当高的颈部带有翻转的边缘，在颈部有两个短手柄。时间：较大的出现在公元4世纪晚期到5或6世纪；较小的则出现在公元6—7世纪。装载物：不详。

密封 双耳细颈罐是有浸透性的，它通过各种方式来防漏，例如装橄榄油的双耳细颈罐用橄榄油渣滓涂抹内部。很多双耳细颈罐有黑色的内层增强防渗性。内层通常用柏油、树脂和松脂涂抹，但在术语上让人很难分辨。柏油与原油联系在一起；焦油（树木脂）是树木蒸馏出来的残渣；树脂是来自某种树的黏性物质。松脂是松树脂蒸馏出来的固体残渣。对双耳细颈罐内层的分析表明它们主要都是树脂。树脂偶尔也被用作日用品，它的残渣通常用作密封剂。通过对双耳细颈罐的研究，并未发现内层，这有助于了解最初的装载物和有关食品贸易的信息。

双耳细颈罐的密封是用塞子或软木盖或烧制的黏土（operculum），通过黏合剂的密封粘得很牢。密封上偶尔也印有名字，可能是商人而不是生产者的名字。

供应 农庄生产的油、鱼产品和酒在生产地已装入瓶内。双耳细颈罐可能在农庄制造（也可能由其他农庄提供），或由独立的陶工制造。在北非、高卢南部和西班牙发现有双耳细颈罐的烧窑，一些是在农庄里，但在意大利很少发现双耳细颈罐的烧窑。在生产诸如大器皿之类的物品上有很多主要的技术问题。它们可能主要是在一个随金属丝移动的轮子上制造，干燥后再制作颈部和边缘，加上手柄。一些可能是由黏土卷在轮子上完成的。它们在大而圆并且有上升气流的烧窑中烤制，烧窑直径3.5米（11英尺6英寸）到5.5米（18英尺）。通常发现的烧窑成对或成组。

刻文 很多双耳细颈罐都有刻文，这对确认它们的年代、产地和装载物都非常有用。很多都在烤制之前印在手柄、尖底和罐体上，但对其含义尚不清楚：它们更有可能是农庄主人的印章，而非陶工印章。

着色的刻文（tituli picti）是在烤制之后加上的。可能在多数双耳细颈罐上均有出现，但保存下来的很少，它们通常在双耳细颈罐颈部下端用红色字母写上。德雷塞尔 20 双耳细颈罐上的“着色刻文”最复杂，它包括双耳细颈罐的净重、装载物的重量、产品来源、运输和管理细节。双耳细颈罐空时和装满时均要称重，两者重量的差别记在双耳细颈罐上以表示装载物的重量。很多双耳细颈罐能装 24—30 升(6—7.0 加仑)，但也有变化，如德雷塞尔 20 双耳细颈罐的容量是 40—80 升(10.6—21.1 加仑)。其他类型的双耳细颈罐上的刻文较为简单，因此提供的信息也较少。

赤陶小雕像

烤制黏土(赤陶或陶瓷制品)的小雕像在希腊化时期很流行。这种手工作坊遍布整个罗马世界，小雕像用模子制成。很多都遵循希腊化模式，但女神雕像通常与当地祭仪联系在一起。从公元 2 世纪早期起，小雕像的生产地集中在高卢中部的阿利埃河山谷，后莱茵河地区变得非常重要；它们由白色黏土(白黏土)制成，并大量出口，维纳斯小雕像和母神雕像尤甚。

小雕像大量用于神庙和家庭圣殿的祭祀活动。用于祭祀的祭品也包括由赤陶制成的人体各部位(参见第七章)。其他陶器包括装饰品、纪念品和玩具。公元 4 世纪时，可能因基督教的影响不断增强，赤陶手工业衰落。

灯

从公元前 7 世纪起，地中海地区已使用青铜和陶器灯。多数流传下来的罗马油灯(lucernae 或 lychni)均为陶制，有一些可能由青铜和其他材料制造。灯的式样仍保持不变，包括一个装油(通常是橄榄油)的小空间、填充物的洞、灯芯嘴，有时也有一个手柄。灯芯可能由亚麻、莎草或其他植物材料制成。有些灯不止一个嘴。灯被放在墙上的壁龛里或凸出的托架上，有些则用铁链悬挂。灯的上层表面通常都被装饰过，包括日常生活场景和神话，其他的灯都很简单也较为实用。很多灯在底部有制作者的名字。早期的灯由轮子制成，但从公元前 3 世纪起，大多数都是在上下两件模子中加工，可能用石膏或灰泥制成。把灯从模子上取下，在烤制前要浸泡在黏土釉里，可增强防渗性。灯在烧窑的上升气流中进行烤制，类似于烤制陶器。

公元前3世纪和公元前2世纪时,意大利的灯可能从雅典进口。从公元前1世纪起,灯主要在意大利进行生产。它们大量出口并被当地生产商效仿。在奥古斯都时代,意大利生产出高质量的涡形灯,灯嘴的侧面带有两个曲线装饰,宽阔的上层表面用浮雕装饰。在公元1世纪中期,出现另外一种形式的灯,圆形且带有短而圆的嘴。从公元1世纪中期起,整个罗马世界内出现了各种形状和风格的灯。在不列颠、高卢和日耳曼曾发现带有环形手柄的数字"8"状的敞口托盘,但在地中海地区很少见。它被用作滴水托盘或真正的灯。在欧洲西北部,可能因为橄榄油供应的中断,灯的生产在公元3世纪中期停止了,而必须改用其他照明方法。在整个罗马时期,地中海地区的灯生产一直非常兴旺。

砖和瓦

砖和瓦的真正生产过程较长。首先,挖出合适的黏土,选择适宜的天气,通常是过冬之后,然后把黏土进行各种处理——滤出石头和其他各种杂质,加入沙子以生产出设定的颜色。当黏土达到适合加工的稠度时,把它放到木质的模子里塑形,这样制成砖和瓦。在放到窑中之前,先置于干燥的地方变硬,砖瓦的烧窑设计为圆形、正方形或长方形。砖场由军队、城镇或个人来管理。

经烧制的砖或泥砖在东部地区非常普遍,在意大利和罗马也使用过。烧制的砖在罗马时代之前就是常见的建筑材料,公元前4世纪的巴比伦也曾使用过。从公元前2世纪起,它们偶尔用于建筑,直到公元1世纪中期才开始广泛使用。它们主要用于混凝土墙的饰边、石头墙或在地热装置中支撑地板的柱子。(参见第四章)

砖有不同形状以适用于特殊目的,如固体拱石砖用于建筑拱门,半圆砖用于圆柱建筑。

屋顶建筑和地热烟道使用的瓦种类较多,也用于排水管。屋顶瓦的主要类型有屋顶瓦和波形瓦(参见第四章)。因为经常使用波形瓦,屋脊瓦相对较少。饰有浮雕式样的烘焙黏土屋瓦沿屋檐放在屋顶的最低边(在波形瓦的末端)。装饰屋瓦也用作屋脊最末端的尖顶饰。从公元前6世纪起,共和国时期的一些建

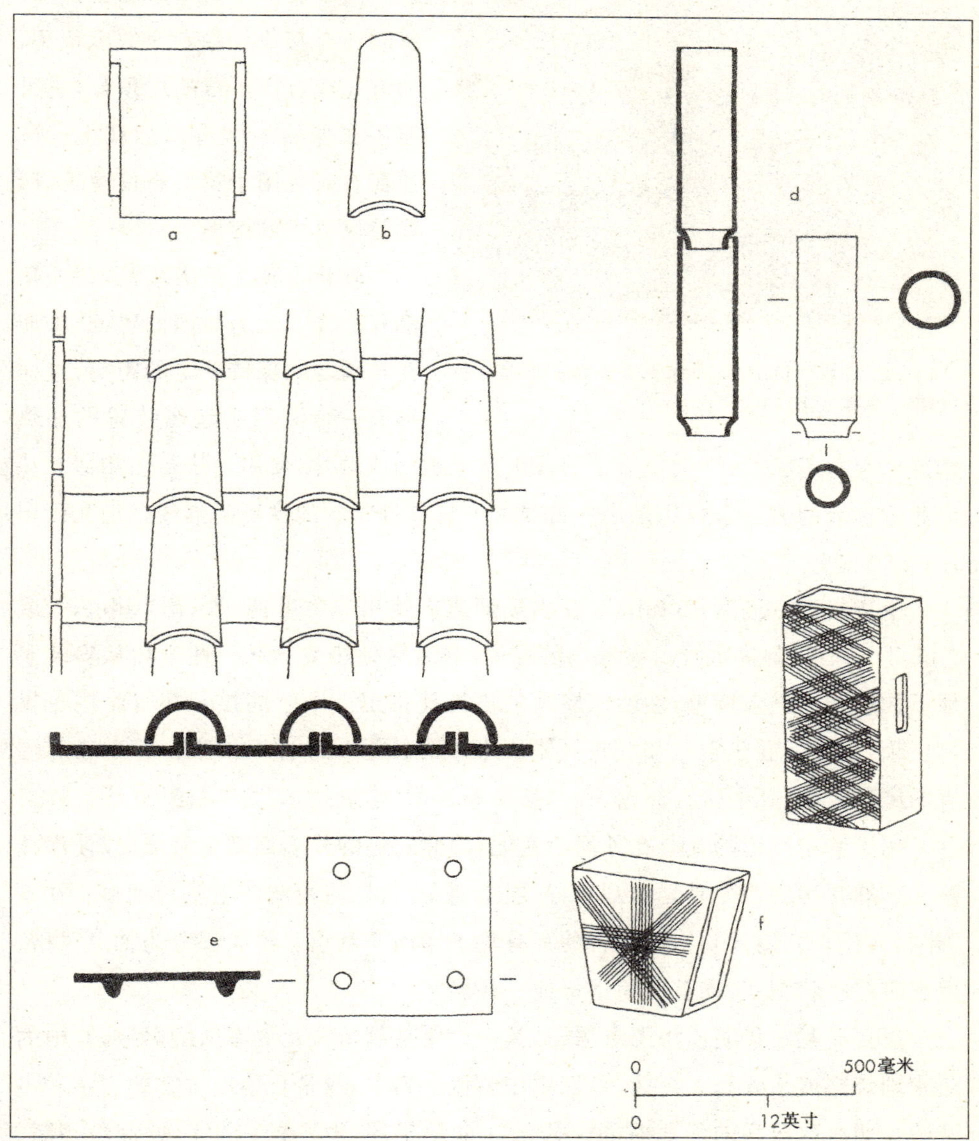

图 8.11　瓦的图例：a. 屋顶瓦；b. 波形瓦；c. 屋顶瓦和波形瓦屋顶的一部分的复原图；d. 排水管；e. 乳状屋顶瓦(tegula mammata)；f. 中空拱石瓦；g. 盒状瓦。

筑中使用装饰用的烘焙黏土护墙。有时还有其他一些专门的屋顶瓦，如有孔或有模子罩的屋顶瓦，它可能用在加热的烟道出烟孔上。屋顶瓦有时也用于箱形石坟建筑，以代替坟墓中的棺柩。

图 8.12　印有“LEGIIAVG”的瓦，意为“第二奥古斯都军团制造”。瓦上有署名。

乳状屋顶瓦是大扁瓦，每一角都有凸饰。瓦为离墙而置，凸饰使瓦与墙之间保持一定的距离，这样形成一个洞用于地热装置的加热烟道。半盒子状的瓦（类似盒子的瓦纵向地被切成两片）使用方法与之相似。让扁瓦远离墙的另一个方法是用铁钉或夹子钉穿过陶制的柱形间隔线轴把瓦固定住。

中空的长方形盒瓦（tubuli）在供暖烟道中使用非常普遍。术语“tubuli”（或“tubi”）也指陶制排水管。在地热装置中，烟道引导热空气和一些气体从安装于地下的空穴中进入墙壁，然后从屋顶的出烟孔排出。中空的拱石瓦有时用于拱形屋顶，以便引导热空气和一些气体从这些烟道进入到中央出烟孔，但对于有屋脊的屋顶，出烟孔通常在屋檐下。（参见第四章“建筑技术”之“供暖”）

用于墙中烟道的瓦要在外面涂灰泥，因此它们的外表面都有刮痕，以便涂抹灰泥。通常用尖锐工具划出刮痕，一般用梳子，这样梳齿能产生平行刮痕。在不列颠，大量来自南部和东部行省的瓦有辊子印而非刮痕。绝大部分为抽象风格，但也有些动物图案、词首大写字母或一些名字。

很多砖瓦在烤制前用图章盖印，其中一些是制造砖瓦的军队的名字，其他的是管理烧窑或掌管私人企业、皇家农庄的业主名字，或是自治地方官的名字。一些砖瓦印有执政官的任职时间。公元 3 世纪早期，罗马的砖生产被帝国垄断。从卡拉卡拉统治起（公元 211—217 年），压印的砖很少，戴克里先（公元 284—305 年）改革砖业生产后，重新恢复了这种惯例。直到狄奥多西（公元 493—526 年）统治时期仍然使用压印。

一些砖瓦在烤制前会故意用手指划上痕迹产生表面纹道(署名)。这种标记的目的无人知晓,但它可能表示此人或该作坊制造这些砖和瓦,也可能仅仅表示某批砖瓦的最后一块。一些砖瓦在边缘处有与罗马数字相类似的切口,可能是标志记号。

玻璃制品

玻璃是通过加热混合物(通常是沙子)制成的,其中包括最基本的硅石、作为降低熔化温度熔剂的苏打(来自天然苏打沉积物或某种海洋植物的灰烬)和作为稳定剂的钙(石灰,来自石灰石)。添加其他成分可以使玻璃形成不同颜色。

大约公元前三千年中期,开始生产玻璃珠,公元前 1500 年前,美索不达米亚地区就开始制造玻璃器皿。到公元前 9 世纪,这项手工业在美索不达米亚和北部叙利亚建立起来。希腊化时期,生产中心发生改变。从公元前 4 世纪晚期起的二三百年间,美索不达米亚没有出现过玻璃制造,但在叙利亚一直持续不断。公元前 332 年亚历山大城建立后不久,这座城市成为玻璃制造的中心,它迅速成为生产中心,其市场包括罗马。玻璃制造也遍及意大利,可能包括塞浦路斯和罗德斯。玻璃从这些生产中心大量出口,覆盖整个地中海地区。

这个时期,罗马人使用四种主要方法制造玻璃器皿,但并无一种方法能易于制造大片玻璃。瓶子和小瓶等封闭容器由玻璃在内核(可能是泥)周围熔化制成,玻璃冷却时一块块把核拿走。第二种方法是在核心周围聚集玻璃杆,加热之后把它们溶合在一起。敞口容器可由一块玻璃切割和研磨制成。据推测,具有这种工艺方法特征的器皿是通过把一块玻璃(而非一大块固体块)浇铸成较为合适的形状制成的。随着技术的提高,容器在模子里浇铸,通过研磨和火磨光(在炉子上重新加热,让容器有光亮的表面)完成。所有这些方法都是需要技术和时间的,因此共和国时期的玻璃是价格昂贵的奢侈日用品,相对来说并不重要。

公元前 1 世纪时,可能在叙利亚,出现了吹玻璃的方法。这项技术依靠玻璃粘住热铁的原理而产生。铁管需要浸入到熔化的玻璃中,所以它要足够长,这样保护玻璃工人(vitriarius)不被烧伤。玻璃工人向管里吹气形成玻璃气泡,以形成期望的形状。这一过程非常快，它也可用于制造较大的、形态杂乱的容器，从而引发了玻璃工业上的一次实质性改革。复杂且有装饰的吹制容器也可以通过放置到再度使用的模子里成形。玻璃变得很便宜且得以广泛的使用。公元1世纪早期，玻璃容器用于日常生活，如储藏，也出现了用于盛放交易物品的瓶子。

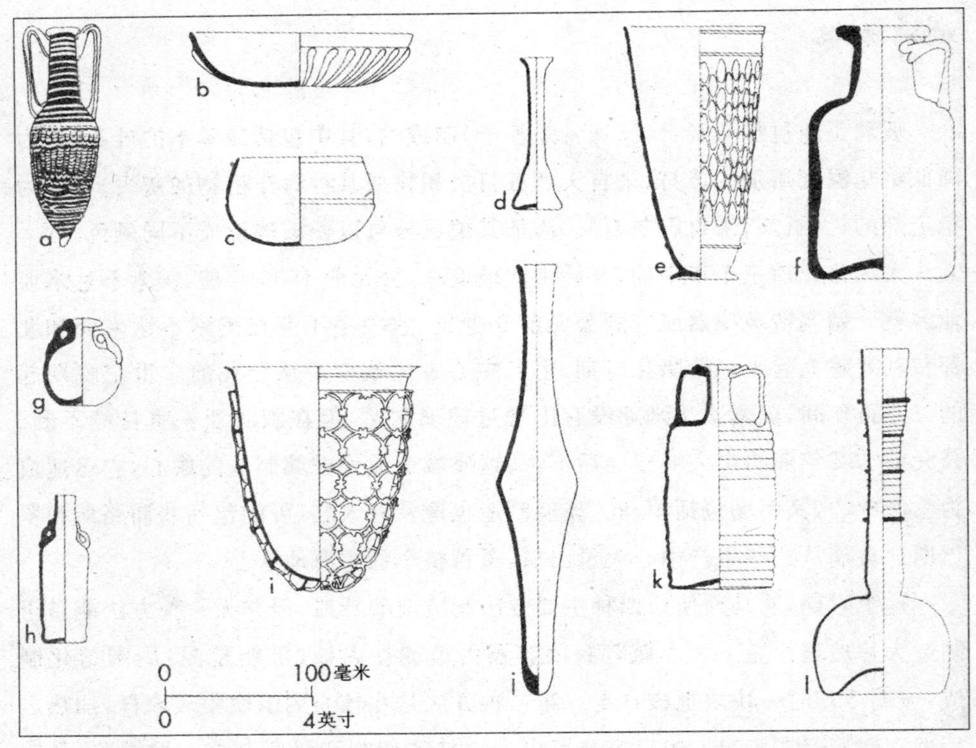

图8.13 玻璃器皿的样式范例：a. 细颈瓶，核型，有褐绿色玻璃(呈黑色)、白色和黄色不透明痕迹(呈白色)，带有清晰的琥珀手柄和底部的球形突起物，公元前2—前1世纪；b. 柱状模子的碗，浇铸制成，公元1世纪。吹制容器。c. 霍夫海姆杯，带有轮子切割的痕迹，公元1世纪；d. 油膏瓶，公元1世纪；e. 琢面大口杯，带有切割的小平面，公元1世纪；f. 正方形瓶子，吹制的模子，公元1世纪；g. 盛芬芳油类的圆瓶(aryballos，装油的细颈瓶)，常用于把油带去浴池，公元2世纪；h. 圆柱形瓶子带有海豚手柄，公元3世纪后期；i. 盒杯，公元4世纪；j. 油膏瓶，公元4世纪；k. 吹制模子、双手柄桶型瓶子，有时在底部带有名字(如"Frontinus")，公元4世纪；l. 有装饰痕迹的细颈瓶，公元6世纪。

玻璃制造遍及整个罗马世界，从而减少了易碎玻璃容器运送到市场的距离(参见第五章)。据我们所知，罗马、普特奥里、阿奎雷亚和科隆也生产玻璃，它们成为重要的玻璃生产中心。最终，可能多数行省均有数个玻璃制造中心，但相对来说，流传下来的炉子和工具很少，玻璃制造点也鲜为人知。

一些玻璃器具由于具有技术含量，故仍是奢侈品。公元1世纪，高度着色的容器特别受欢迎，但在该世纪末即已过时，被清晰、无色彩的玻璃取代。玻璃切割工(diatretarii)的切割和雕刻作为装饰在罗马世界一直延续，包括在清晰的玻璃容器上的场景和图形雕刻。切割精湛的例子是石雕或贝雕容器和笼子状的杯子，后者的雕刻设计非常独特。玻璃也饰有格外的痕迹和斑点，在装饰的模子里通过吹玻璃容器，也可以通过涂绘和镀金方式装饰玻璃。

除容器外，还出现了很多玻璃物品，如珠子、手镯、装饰用的薄板和半身肖像。公元1世纪，罗马人发明了窗玻璃。它可能是在扁平的表面进行简单烧铸，也可能在木质的模子里加工。可能在公元3世纪，窗玻璃通过圆筒的方法制造出来，即一个圆筒从被拉长的气泡玻璃上切割下来。然后圆筒被纵向切割，展开形成一个扁平的长方形薄片。

公元4世纪和5世纪动荡的局面导致玻璃市场渐趋衰退，特别是在西部，玻璃再次成为昂贵的奢侈品，容器的样式也局限在一个狭小的范围里。在东部，没有出现较严重、较快的衰退现象，高质量的玻璃仍继续生产。

食品加工

酒

酒生产是一个主要的加工工业，它带动了整个罗马世界的出口贸易(参见第五章)。大多数酒生产的证据来自意大利，这大概也可代表各地的生产方法。葡萄采摘后要进行拣选，选出的要拿到压榨房，放在凸起的地板上踩踏。汁液流入中间的蓄水池或直接进入大罐(dolia)里。一个简单的机械压榨机能从果肉中提取更多汁液。压榨机包括一根大木梁，在一端被固定住作为杠杆。葡萄果肉放在杠杆之下一硬面上，对着固定的一段，通过使用绳索、杠杆或螺丝机械装置使杠杆的另一端压下。经踩踏或压榨的残渣(葡萄汁)常与水混合制成饮料。

葡萄汁可留在罐(dolia)里发酵,罐子通常被放在靠近压榨房的院土里,或放入桶中或坛中发酵。发酵结束时,将酒倒入双耳细颈罐里,留待酿熟。

橄榄油

橄榄油贸易非常广泛。它是食物和照明燃料的主要来源,也用于其他日用品中,如肥皂、香料、药物、皮毛油和化妆品。橄榄采摘后,通过挤压榨取出油。在压榨之前需要贮藏几天,但古代著作家对贮藏期提出反驳意见,他们认为应立即压榨。橄榄在一个特殊的压榨机中碾碎,压榨机能调整上下磨盘的距离以免压碎带有苦味的核。汁液收集在蓄水池里,从最上面把油舀入陶容器中,留下橄榄中的苦汁。从碾碎的橄榄中提取的糊(排除核)在有梁的压榨机中碾压,类似于制酒,最终的液体流入沉淀桶中,从此处可以获得进一步提炼的油。

鱼 酱

鱼酱是一种很昂贵的精美食物,其买卖很广泛。从公元前1世纪晚期起,它主要从巴埃提卡大量出口到意大利及各地。鱼酱(garum)是西班牙、葡萄牙和北非大西洋沿岸的鱼加工过程中的副产品,通过发酵鱼肠和其他剩余部位制成。鱼酱的制法因鱼的种类不同而各异。已知鲭鱼、凤尾鱼、鲱鱼、金枪鱼和红色胭脂鱼均可制作鱼酱,有时候甲壳类动物也可以。无论哪一种制法,生产者都要先把各种成分放入陶容器中,撒盐后置于太阳下发酵数月,另外一些制法则建议先把各种成分放在一起加热煮沸。发酵结束后,过滤出液体鱼酱,留下剩余物(hallec 或 allec)也可以出卖。鲜有的著名鱼酱包括稀酱(liquamen)和卤酱(muria;咸味的液体)。这些酱能给食物带来很重的气味,对掩盖发霉的食物非常有用。

压榨和烘焙

最初,将谷物压磨成面粉为家庭手工业;主要使用鞍状手推磨——把谷物置于一个扁平的磨石上,通过上面的磨石前后挤压完成。从公元前2世纪早期起,旋转的手磨和压磨机发展起来。旋转的手磨得到普遍使用,它由一个上层凹入的磨石和下层凸起的磨石构成。谷物通过一个小孔流入上层磨石里，同时磨石旋转起来。而以驴和骡为动力的较大的旋转压磨机（驴拉的碾磨）也逐渐普及。较大的磨通过它由一个铃状的下层磨石和一个沙漏状的上层磨石构成。

水磨的使用很广泛，可能从公元前3世纪发展起来。它们比以动物为动力的压磨机能碾磨数量更多的谷物。有证据表明水磨有时也用于其他手工业。已知最大的水磨在普罗旺斯的巴贝加尔（Barbegal）发现，它有自己的水渠，在左右两排有一套复杂的十六水轮。这可能是现存给人印象最深的罗马手工业纪念碑，另外也发现其他较大且复杂的水磨，如在罗马的加尼库卢姆（Janiculum）山。很多水磨也是木质结构，因此出土较少。多数压磨仍是小规模的地方性手工业，通常由面包师担当。

图 8.14　庞贝城面包店的一个大型压榨机。左侧为烤炉。

压磨和烘焙通常在同一场所完成。在乡间，烘焙是一种家庭手工业，而在城镇，面包师不仅提供面包，也提供面粉糕饼和糖果，可能在一些乡村也是如此。

纺织品

如我们所想，罗马纺织业的主要纺织成品是衣服，但布料也有其他不同用处，如制作毯子、垫子、包、袋子和挂毯。布料生产包括三个基本过程——纤维的制备、纺纱和编织。最常见的是由羊毛和亚麻制成的织物。毛和皮衣被认为是野蛮人的御寒物。

纤维的制备

根据纤维的不同，制备也有所不同。通常在初夏开始修剪羊毛，使用的铁剪刀与今天所用的相似。长羊毛中的杂质用有长齿的铁梳子梳理出来，而短羊毛中的杂质可能用手挑拣。

亚麻制品中的亚麻在盛夏收割，要用手拔起全部的亚麻植物，然后把亚麻浸入不流动或缓慢流动的水中浸泡约三周，之后晾干，用木槌棒连续敲打。在敲打中，亚麻弯曲紧缩，再用木剑击打使之松散，分离各纤维。梳理纤维能去除杂质。制备大麻纤维的方法与之相似。

桑蚕丝和丝织品都从中国进口，野生蚕丝来自印度和科斯(Cos)。桑蚕丝是单纤维，不需要纺纱；野生蚕丝可能需要纺纱，但无需制配。

罗马人使用棉花，偶尔也尝试使用其他纤维，如兔毛和山羊毛、锦葵属植物和石棉。

图 8.15　德国的伊盖勒纪念碑，由富商塞昆狄尼乌斯家族(Secundinii)建造，目的是为了纪念他们与纺织工业的联系。纪念碑上显示了布料准备和完成的场景。

纺　纱

纺纱是劳动密集型的村社手工业。成品的纱线质量几乎等同于现代机器纺纱。纺纱要用纺锤和卷线杆。

在最简单的构造中，卷线杆是一个叉形的木棍，用以支撑大量纤维，由左手把持。纺锤是木质或骨质的杆，有200毫米(8英寸)长，对着下端支撑纺锤锭盘的部位比较厚。纺锤锭盘由各种材料制成，通常为石头、骨头或者陶器。它们作为调速轮控制纺锤的旋转。

纺纱时，纤维要从卷线杆抽出，绕成线轴，系到纺锤的最上端。纺锤需要固定住才能进行纺纱，纤维用手抽出加到延伸的线轴内。当纺锤到达地面时，线轴撞击到它，然后再重复这一过程。

编 织

在罗马的纺织中有很多种不同的织法。牙砣经纱(warp-weighted)的垂直织机在整个罗马世界一直使用。在立足点处有两个木质垂直装置，穿过顶部和梭口杆之间有一个水平梁，略下倾，可把奇偶数的整经线分开。由此产生了缺口(梭口)，通过梭口，水平的织物线可以穿过。综线杆带动奇数整经线前后移动，从而改变了梭口使得织物线能单独通过。垂直整经线的重量应算上坠着的石头或烘焙的黏土的重量(织布机的重量)。

罗马时期使用的另一种织布机是双梁织机，也称为双梁垂直织机或管状织机。这也是一种竖式织机，但是整经线在上下梁之间拉得很紧。这种织机用于编织挂毯和管状的长织物。在罗马晚期使用水平织机，但可能仅限于一些专业作坊中，如有丝绸织工的地方。编织板和镶边织机也用于纺织花边。

染色和漂洗

给未织的纤维染色要比给纱线或成品织物染色更普遍。植物染色很普遍，但有时也使用青苔和贝类。通常，罗马人使用紫色染色，紫色可以有很多种来源(如青苔和贝类)，贝类骨螺最受欢迎。很多染色没有媒染剂，持续时间很短，要预先使用媒染剂，特别是尿、泡碱或碳酸钾，然后把织物放入染缸。

染色后，织物通过漂洗完成，漂洗过程包括在浴盆中踩踏，浴盆中要加入漂白土溶剂或腐坏的尿，以便去除油脂和污垢。毛纺织物有时用硫磺漂白，一些织物通过拉绒和剪毛完成。漂洗工也进行衣物的清洗。

皮 革

在整个罗马世界中，皮革是一种重要的物资，用于很多物品中，如鞍、鞋、甲胄、帐篷、包、桶、水壶、盾和一些衣物。

未加工的兽皮和皮革需防腐，通常要撒盐、晾干或制革。根据皮革的种类需要进行各种精密的过程。未加工的兽皮要防止细菌导致的腐烂，甚至在送到皮革场之前就要进行处理。通常的办法就是撒盐，但有时兽皮只可以通过太阳晒干，或者晾干后撒盐。

制革是一系列的过程，由此，未加工的动物皮才能转化为皮革。在制革场，毛皮和兽皮都要经过清洗，然后用石灰处理。这使得它们更能适应制革液体，而毛也更为松软，以便从最上层（表皮）刮擦下来。同样，脂肪要从内层表面刮擦下来，留下真皮，真皮用来制造皮革。

毛皮或兽皮要经过硝皮，通过矿物制剂或植物制剂完成。只有植物制革才能产生真正的皮革。在罗马统治时期，直到公元前 4 世纪才广泛使用。它是永远不能取消的过程，产生的皮革可防水，并可在考古堆积物中保存得很好。其他方法并不是真正的制革过程，所以前罗马时期的皮革没有保存下来。植物制革通常是浸泡在木材和树皮的溶液里，这一过程对于公牛皮要花费两年的时间。

制革后，要经过各种过程才能生产出所期望的颜色、质地和外貌，这种过程确切地说应该叫做抛光。皮革可以用很多种方法进行装饰。它可以切成图案的形式，如在透孔凉鞋上。花样可以带有印花和打孔，产生穿通或浮雕样式，另外也使用缝纫装饰，有时也附有嵌花图案。

骨、鹿角和象牙

动物的骨头和鹿角用于很多物品上，如发夹、手镯、戒指、赌博筹码、指针、织片、纺锤涡、调羹和骰子。它们也用作其他物品的一部分，如刀柄、食橱和盒子的铰链、家具的装饰镶嵌。我们无从知晓骨制品是否为专业工匠制作，可能各种工匠都能制作骨头，例如，宝石匠做骨头手镯。在骨头的加工中没有专门的工具，通常是被切断的，雕刻和塑形的方法与加工木头相似。

帝国初期，象牙偶尔也用于家具镶嵌。从公元4世纪中期起，将它镶嵌在奢侈品上很流行，特别是在小盒子和双折的画上。双折的画被雕刻在木头和象牙上，通常是纪念执政官或其他重大事件（参见第六章），一般赠给名人、城市或皇帝。公元354年，限制送给执政官镀金和象牙的法律出台。

木制工艺

木头广泛应用于房屋建筑、小船、海船、手推车、防御工事、工具、武器、桶、家具和雕刻品上。木工艺技术有很大的发展，为不同的目的需要精心挑选特殊类型的木头。木工使用的大量木材均为当地生长，但交易可达很远的地方。

木工工具在范围上和今天的手工具大体相同，技艺方面也有很高的标准。有各种不同结构的锯，最简单的一种是弓锯。锯片固定在一片木头的末端，木头可以弯成半圆形，这样木头上的压力可拉紧锯片。更为普通的是一个“H”形的木框；锯片通过“H”的底端固定住，绳索通过“H”的上端被固定住并被拉紧，以此保持锯片的紧张度。

斧、扁斧和拽刀都用于雕刻木形，凿子和圆凿也更多地用于此类目的，如今天木工和细木工使用的一样。另外也有用于磨光和塑木形的粗锉刀和锉。

刨用于修整和磨光木材。有些是在木质部分固定刀片，有些底部为铁制的刨更精确耐用。已知的还有铁刨，刀片和刨身均为铁制，在埃及发现了公元3世纪木质门的镶板，这表明当时已经开始使用成型的刨。

车床用于旋削木头从而生产出一些物品，如木球、家具腿，甚至小的圆桌面。木头上的孔由弓形的钻孔机或螺丝钻制成，细木工的技术包括卯榫与燕尾榫。木钉、胶水、铁钉或所有这些东西都用来粘合木片，但没有螺孔或螺帽、螺钉。为固定住大木材而常用的工具有工匠的轧头和“T”形夹钳。

金 属

采 矿

除农业外，采矿业是罗马世界最大的行业之一，其组织范围十分广泛，带有机械化的迹象。在很多行省都有采矿业的痕迹，特别是在西班牙，非常重要的采矿有金、银、铜、锡、铅和铁矿。很多地点在罗马人开采后仍然开采，所以罗马采矿技术的很多痕迹都被湮没了，测定矿山的年代也很困难。大多数的矿山都由皇帝控制，经常租赁给私人企业。

对于硬岩石，通常的采矿方法是顺着矿脉用水平坑道挖垂直矿井。大多数罗马矿井呈正方形和长方形，偶尔也有圆形。矿井的入口是通过在矿井墙上的一侧切出凹口的立足点，或通过把木头锤到墙上形成。平峒（水平或倾斜的矿井）相当长，有些在找到矿砂之前需要刺穿一大块光脊的岩石。矿井开头部分的水平坑道在外形和大小上各异。平峒和地道可以是正方形、长方形、弓形或马蹄形。

平峒和地道利用火把也许可深入到岩石中，即点燃一个火把，靠近岩石表面，热气可以引起岩石膨胀和裂缝。加热的岩石可以用水淬火，以引起很快的收缩和瓦解。在平峒和地道中很少需要支柱，但偶尔也能发现支撑房顶的木质支柱。

采矿中使用大量的铁质工具，包括鹤嘴锄、凿子和楔，岩石表面被精心切削。可能也使用木质铲，有时用铁敲击。光亮由油灯提供，也发现有放置油灯的小壁龛。使用火把可能产生有毒气体，所以通风是一个问题。由此可以解释成对的井筒在矿井中较为常见的原因。在一个井筒的最底部点亮火把可加速气流流到另一个井筒中，以便提供新鲜空气。底部采矿的另一个问题是水。罗马人用三个主要的方法克服这一问题。最简单的方法是用一串桶来舀水。另一个方法不是很普遍，即排水道穿过平峒，使水流到水坑里，在那儿舀水。最有效的排水方法是使用机械，有证据表明螺旋泵和水轮可以从矿井中抽出水来，但要以人为动力。这需要安置一系列螺旋泵(cochleae),通过旋转把水从一个泵提到另一个泵里。水轮更有效、更实用,通常成对使用。

通过人的传递可以用桶或皮袋把矿砂从矿山中搬运出来。舀水和搬运矿砂的桶可能由不同的材质制成。在西班牙发现某种铜合金和某种茅草,后者通过在内部加焦油或树脂制成防水装置。有时也使用由木头加固的拖运矿砂的篮子。

对于软石堆积物(如西班牙西北部含金岩石)和一些硬石堆积物,通常需要露天(表面)挖掘。这一方法需要大量的水,因此要修建大面积的沟渠和蓄水池。蓄水池在形状和大小上各有不同,但大部分为长方形。可以使用两种技术——冲刷找矿法和就地溜洗槽采矿法。在冲刷找矿过程中,水通过渠道汇入大型蓄水池,然后以大浪的形式释放,冲击堆积物。这样去除表土后矿石堆积物就暴露出来,也去除了矿石碎片。就地溜洗槽采矿法易于控制,用不断供给的水冲洗矿石以去除表土。

一旦含矿石的物质得到开采或被蓄水和地面放水冲洗,则需取出矿石。多数矿石通过碾压可以重新找回,现已发现用于碾压的石砧,或通过使用流水,因为较轻的废物被冲走后可留下矿石。

金属加工

矿砂转化为可以使用的金属包括很多过程,在火里或熔炉里和木炭一起熔炼。熔炼通常和采矿紧密联系在一起,不过也有附近不能提供木炭而要把矿石运走的情况。铁矿石的熔炼比其他矿石需要更为熟练的技术,碗状熔炉和竖炉都有使用。通过进一步的处理,从铅中可以获得银,这就是已知的灰皿提炼法。

冶炼的金属倒入模子里形成锭铁(参见第五章),然后运输到加工中心用来生产人造物品。官方造币坊用金属生产货币,也有一些用来生产武器和装甲(参见第二章),同时也可生产很多其他金属物品。来自冰川核心的证据表明,从公元前1世纪到公元3世纪早期,大气污染在很大程度上均来自罗马金属加工业。

金

现在已知当时有很多金匠作坊。珠宝是主要的生产品，包括项链、戒指、手镯、耳环和垂饰。多数物品由金片制成，金片由铁砧上的金锭铁经过锤打形成。一些物品由金丝线制作，如链子和耳环，少有物品是浇铸出来的。

银

叙利亚、亚历山大城和意大利是知名的银器产地，但多数主要城市都有银加工业。一些是在小作坊中生产出来的，也有证据表明有稍大的工厂生产银餐具。多数银餐具发现于西部行省，其中一些通常都有到处流浪、寻求庇护的希腊艺术家的签名。银加工技术与今天技术很相似。银可能被锤打成一定形状，所有锤打的痕迹又通过磨光除去，饰以凸纹面、雕刻、雕镂和镀金，乌银镶嵌也经常使用。

银经常用作珠宝饰物，如戒指和手镯，有时也用作宗教或家庭使用的容器、滤器和调羹。一些银器皿上多饰以罗马传统宗教主题或基督教主题。在罗马，银餐具很少，直到第二次布匿战争时期开始增多，因为此时西班牙有丰富的金属资源，而且从各地掠夺了很多战利品。公元4世纪末和公元5世纪早期，出现了很多高质量的餐具。银盘经常作为呈给皇帝和其他重要人物的传统礼物，同时人们也大量购买用于家庭生活。银和金也作为捐赠物送给军队。

青 铜

铜和锡的合金非常普遍，二者结合产出青铜，而铜中加入锌则制出黄铜。青铜用于不同范围的物品，包括餐具、硬币、武器、珠宝。有时不需加热即可制造，但通常要进行浇铸，加入石墨可增加其流度。一些物品需要在石模里浇铸制造，或通过失蜡的方法——将蜂蜡模覆于黏土中，然后烧制，使蜡熔化。再将熔铸的青铜倒入凹槽中，凝固后去掉黏土。

较大的凹形物品通过核心浇铸（空心铸件）制成——用黏土做成大致的形状，扣以蜡模型。外面覆上黏土，插入青铜钉可以使黏土核心在蜡被烤制熔掉后仍留在原处。将熔铸的青铜倒入蜡留下的空隙内。拿掉外层的黏土模，或将其打碎以作为断片模重新使用。如此做法能促进物品大量生产，如神或皇帝的肖像。通过青铜封口的小洞可去掉黏土核。

敞口容器是在石模里浇铸形成，或当它在车床上旋转时，在模子周围进行锤打塑成青铜薄片。水壶等封闭容器是在两片模子里用核心浇铸技术形成。穿过后加的底部去掉内核。很多青铜物品都有精心的装饰，如在表面添加青铜或其他金属或者上釉。

图 8.16　来自德国诺伊马根的葬礼纪念碑的局部，描绘了一张餐桌和金属容器。餐桌可能由大理石制成，桌腿雕刻狮子头，金属容器可能由青铜和银制成；一名男子手持陶制的大口杯，似乎是在准备服侍他人。

上釉术

彩饰是一种融合到金属表面(主要是青铜)的玻璃质物质，是可以提供各种明亮色彩的一种装饰方法。青铜区域被裁掉或被浇铸成凹槽时，再填充玻璃粉末并加热，这样玻璃粉末与青铜融合形成彩饰。

铅、白镴、锡

铅可以制成各种不同的物品，如砝码、封铅和纺锤螺纹。铅片广泛应用于一些物品中，如水桶、水管、浴室内层、容器和棺柩。铅也用于生产白镴。

白镴是铅和锡的合金，在罗马世界它被用做焊料。公元 3 世纪，它作为银的替代品，主要用做餐具，在不列颠非常流行。白镴需要浇铸制成，现已发现其浇铸石模。

锡铜合金制成青铜，再加入铅制成白镴。它用于锡胸针和军用青铜，也用于青铜烹饪容器的内部。

铁

铁匠在铸造中利用各种工具制成生铁棒。铁砧是粗制的正方形或长方形锥体铁块，锤和钳的使用也很常见。多数修整和完工的物品需用不同形状的锤加工，孔用打孔机制成。在罗马世界，锻造是非常普通的工业，大部分物品都可以生产，特别是工具、武器和一些装置。

石

采 石

由于运费高，石通常都在本地使用。大理石等需从相当远的地方海运过来(参见第五章)，一些石制品亦是如此，如磨石。几乎所有的采石场都近海或河。在西部行省，罗马统治前没有用灰泥进行建筑的传统，因此在罗马统治下，采石业发展非常广泛。大多数采石场都在帝国的控制下生产出高质量的石头，也有一些由私人企业掌握。开采出的石头样式不一，在一些石头表面也发现有铭文。开采石头通常是用楔把石头从石床中分离开来，然后在采石场门口对石头进行修整和装饰。开采的工具包括鹤嘴锄、斧头和扁斧。

开采黏土用于陶器工业，挖出的沙和沙砾用于制成混合灰泥和混凝土。大量的白垩和石灰石也被开采出来，主要用于窑中烧制成石灰和灰泥。(参见第四章)

石头加工

石用于各种目的，主要为建筑方面，也用于制造其他物品，如雕刻品、墓石、祭坛和桌子。泥瓦匠需要大量的工具。在雕刻大理石的过程中，普遍使用打孔机和凿子，弓形的打孔机可用在更为细致的工作中。凸出部分(如臂状物)常为个别添加，而非从单块石头上雕刻出来。先用石或金属销把它们结合起来，再灌以石墨或者灰泥进行加固，有时也用胶水。建筑用的柱子需要在车床上进行加工。

西北部行省用泥板岩制造物品，如桌面、桌腿、手镯、餐具、盘子、纺锤螺纹、计算器和雕刻品。因为泥板岩是软石，所以很多物品都用类似木头加工的技术在车床上进行制造。琥珀和黑玉（起源上是有机的，不像其他经雕琢的宝石）来自波罗的海，用于镶嵌装饰和制作一些物品，如戒指、垂饰、盒子和小雕像。黑玉（枇石的一种）来自惠特比（Whitby）和不列颠，用于各种物品，包括饰针、戒指、手镯、珠子、垂饰、纺锤螺纹、骰子、手柄和计算器。在公元 3 世纪和公元 4 世纪琥珀稀少时开始使用黑玉。

镶嵌在戒指上的珠宝和封铅是由珍贵石头制成的，它们的凹雕由能转头的单一打孔机雕刻出来。虽有玻璃放大透镜，但它们是否用于这项工业仍不确定。共和国中期，雕刻技术发展起来，公元前 1 世纪，使用大量的石头进行雕刻，特殊的艺术家也得到人们的认可。从奥古斯都（公元前 27—公元 14 年）时代起，大量刻有浮雕的宝石或贝壳在国家作坊进行切割，这一传统在整个帝国时期一直延续。除切割石头外，带有浮雕的经雕琢的宝石也由在模子里印压出来的玻璃块制成；它们意在大众市场打开销路，但效果我们无从知晓。容器、肖像和小雕像偶尔也用珍贵的石头雕刻出来。

盐

通常盐是靠海水或内陆盐水和咸泉水蒸发生产出来的。潟湖的水要进行太阳蒸发或放在浅黏土盘中蒸发，黏土盘要放在用圆柱形的火棍支撑的炉上。经常能发现盘和棍的碎片，一般称为砖状粉饰。盐可以装在密封黏土容器或桶和皮袋中，以块状形式进行运输。这项工业受控于皇帝，但有时也出租给私人承包者。盐主要用于保存肉和鱼等食品，也用于皮革工业。

阅读书目

Oleson 1986: comprises annotated bibliography on many aspects of craft and technology.

Coinage

Andreau 1999: banking; Burnett et al. 1992: late republican and early imperial coinage; Casey 1980: imperial coinage, with particular reference to Britain; Carson 1978: illustrated description of republican coins; Carson 1980: illustrated description of coins of the principate; Carson 1981: illustrated description of coins of late empire; Carson 1990: description of all types of coins with plates and numerous references; Crawford 1985: republican coinage with many photographs and maps; Duncan-Jones 1994; Greene 1986, 45—66: coinage, banking and monetary economy, with numerous references; Hornblower and Spawforth (ed.) 1996, 232—33, 358—61, 994; Jones 1990: dictionary of coins; Kent 1987: imperial coins; Oleson 1986; Reece 1970: types of coins, designs and legends; Reece 1983: artistic designs on coins in the republic and empire; Reece 2002: a clear introduction to coinage, with an emphasis on Britain; Sear 2000: well-illustrated guide (aimed at the coin collector); Sellwood 1976: minting of coins; Vagi 1999b: well-illustrated guide (aimed at the coin collector).

Prices and Inflation

Duncan - Jones 1994 ; Lewis and Reinhold 1990 ; includes Diocletian's Price Edict.

Weights and Measures

Hornblower and Spawforth (ed.) 1996, 942—43, 1620—21; Sandys (ed.) 1921,436—41.

Industries

Bradley 1991, 103—24; child labor, including apprentices; Burford 1972: various aspects of craftsmanship, including patronage and collegia; Greene 1986; Manning 1987; Oleson 1986; Wacher 1987: includes an overview of industry in the empire.

Pottery

Bailey 1976: manufacture of lamps; Bailey 1983: lamps and figurines; Bailey 1991: lamps of metal and clay, listing the major publications from 1980; Brown 1976b: techniques of pottery manufacture; Greene 1979: fine wares of pre-Flavian date, with many illustrations and references; Greene 1986, 156—68: trade and manufacture of pottery, especially terra sigillata; Hayes 1997: Mediterranean pottery, including amphorae; Johns 1971: terra sigillata; King 1983: decorated pottery from the republic to the late empire; Oleson 1986; Peacock 1982: manufacture of various types of pottery, with extensive references; Peacock and Williams 1986: types, uses and trade of amphorae with a revised classification of forms; Swan 1984: illustrated analysis of kilns in Britain, methods of pottery manufacture and references; Tyers 1996: pottery found in Britain.

Brick and Tile

Bailey 1983: terracotta revetments; Brodribb 1987; McWhirr (ed.) 1979; McWhirr 1982; Oleson 1986; Sear 1982.

Glass

Harden 1970; Harden et al. 1968; Harden et al. 1987; Isings 1957; Newby and Painter (eds.) 1991: articles on glass of 1st centuries BC and AD, extensive bibliography; Oleson 1986; Price 1976, 1983; Price and Cottam 1998: glass vessels in Britain.

Food Processing

Alcock 2001: all types of food processing; Bateman and Locker 1982: fish sauce; Hill 1984, 155—64: water power for milling; Mattingly 1988: olive oil; Oleson 1986; Peacock and Williams 1986, 31—39: wine, olive oil, fish sauce; Shelton 1988, 85—86: a recipe for fish sauce; Tchernia 1986: wine; White 1984: wine, olive oil; Wilson 1996, 20—21; Wilson 2002: watermills.

Textiles

Croom 2000; McWhirr 1982; Manning 1985, 33—37: wools used in wool and cloth processing; Oleson 1986; Walton Rogers et al. 2001; Wild 1970, 1976, 1988, 2002.

Leather

McWhirr 1982; Manning 1985, 39—42: leatherworking tools; Oleson 1986; Waterer 1976.

Bone, Antler and Ivory

Henig 1983, 163—64; MacGregor 1985: describes technology and gives examples of artefacts; Strong 1976: includes ivory diptychs.

Woodworking

Liversidge 1976; Manning 1985, 15—29: woodworking tools; Meiggs 1982:

supply of timber; Oleson 1986.

Metals

Brown 1976a: bronze and pewter working; Bucher 1976: enamelling; Cameron 1992: late Roman silver plate; Cleere 1976: ironmaking; Davies 1935: techniques of mining, with a Europe-wide survey; Edmonson 1989: mining in the late empire; Healey 1978: mining, processing of ores; Henig 1983: includes decorative metalwork; Higgins 1976: goldsmithing; Higgins (ed.) 1980: jewelry manufacturing techniques; Hill 1984, 127—54: water-raising machines; Kent and Painter (eds.) 1977: gold and silver of the late empire; Landels 1978, 58—83: water pumps; Manning 1976: blacksmithing; Manning 1985: metalworking tools and ironwork of various kinds; Oleson 1986; Sherlock 1976: silversmithing; Sims and Ridge 2002: military ironworking; Strong 1966: gold and silver plate up to the 5th century, including manufacturing methods; White 1984, 120—26: metallurgy; Wilson 2002: mechanization and ice cores; Woods 1987: mining, including drainage methods.

Stone

Dodge 1991: review article on the marble industry, with bibliography; Fant 1993: marble quarries; Fant 2001: Rome's marble yards; Henig 1983: includes engraved gems, amber and jet; Henig 1994: sealstones; Strong and Claridge 1976: marble sculpture; Manning 1985, 30—32: stoneworking tools; Oleson 1986.

Salt

Alcock 2001, 72—75.

第九章

日常生活

时　间

名　年

罗马人通常用每年执政官的名字命名年份(帝国时期,指每年1月1日就职的执政官),有时也使用皇帝的在位年份命名。用执政官命名年份(名年)的方法一直使用到公元537年,之后查士丁尼采用了以皇帝在位年份纪年的方法,不过执政官命名年份在埃及一直使用到公元611年。执政官年表(fasti)自公元前509年即已出现,但只有公元前300年以后的才完整。甚至在当时,古代著作家使用的纪年方法也不同。例如,瓦罗的方法有几位著作家使用,但李维所用的方法就与之不同。偶尔还有从罗马建城时间推算年份的方法(AUC,即"ab urbe condita")。帝国时期有许多其他的命名年份方法,其中包括地方使用的纪元。公元6世纪中叶,以基督教纪元定年的方法开始流行,即使用公元前(BC)和公元(AD),自基督出生的1年开始算,没有0年。

"诏示"(indictio)一词最初是指须向政府交纳食物及其他货品的诏告。自公元287年以降,该词用于实物税收的年度评估,以五年为周期连续计算,公元312年以后变为15年为一个周期。它经常用来界定财务性年份(一般始于9月1日),此后成为命名年份的常用方法。人们对诏示之年的了解程度一般要高于执政官年。

古代日期很难适用到现代日历中。公元前45年恺撒改革历法之前,是否有确切的日期还无法确定,这还引发了日期转换之后的矛盾,还有许多其他因素也会影响到日期转换。

历 法

太阴月(一次新月与下一次新月之间的周期)计 29 天半,但地球绕太阳公转一年大约需 $365^{1}/_{4}$ 天(比十二个阴历月份多出 14 天)。所有的历法最初都是太阴历。

月

历法一词和每个月份的名称、顺序均源于罗马。有关罗马历法的信息来自文献资料和现存的历法铭刻残片(fasti),其中包括执政官年表。罗马的第一部历法(罗穆路斯之年)是一个有 10 个月的农业年。从 3 月(March)到 12 月(December;第十个月)是 10 个不规则的月份(共 304 天)。月份的名称均源于第一部历法,从 12 月到 3 月期间由于不能进行农业活动,所以不计入月。

可能在公元前 6 世纪出现了向 12 个月的太阴历历法的转变。公元前 153 年,1 月(January)被定为每年的第一个月。到恺撒历法改革时,罗马年包括 355 天,共分 12 个月,4 个月份有 31 天(3 月、5 月、7 月和 10 月),7 个月份有 29 天(1 月、4 月、6 月、8 月、9 月、11 月和 12 月)、2 月有 28 天。它们的名称是与"月份"(mensis)相关的形容词:"Ianuarius"、"Februarius"、"Martius"、"Aprilis"、"Maius"、"Iunius"、"Quinctilis"(第五个月,公元前 44 年以尤利乌斯·恺撒命名为"Iulius")、"Sextilis"(第六个月,公元前 8 年以皇帝奥古斯都命名为"Augustus")、"September"(第七个月)、"October"(第八个月)、"November"(第九个月)和"December"(第十个月)。

有关设闰(为与太阳年保持一致而加入天数)的证据十分有限,但很明显,每隔一年,二月份都加入 22 或 23 天(称为"Mercedonius"或"Intercalaris"),以致每年的平均天数是 $366^{1}/_{4}$ 天(大约多出一天)。大祭司负责设闰,但并不严格执行,所以到尤利乌斯·恺撒时期,世俗年份比太阳年提前了大约三个月。因此,恺撒将公元前 46 年增加到 445 天,以消除矛盾。从公元前 45 年 1 月 1 日起,他规定每年有 365 天,各月份则保持它们现有的天数。恺撒还采用了闰年,在二月的 23 和 24 号之间插入一天。最初是每三年一次，公元前 8 年以后改为每四年一次。儒略历(以尤利乌斯·恺撒命名)比太阳年大约长出 11 分钟。现代的格里高利历法(Gregorian calendar)在本质上与儒略历相同。唯一一次重大改变是在教皇格里高利十三世(Pope Gregory XIII)时进行的，他将公元 1582 年减去 10 天，自同年起调整了儒略历与太阳年之间的矛盾，他还下令每 400 年的闰年要减去 3 天。

日

每个月的日期并非连续计数，而是与三个已定名的日期相关。每月第一天是朔日(Kalendae)。诺奈是望日之前的第 9 天(按照罗马包含计数的方法)；相当于 5 号(或为 31 天一个月的 7 号)，最初就是一个太阴月的第一个四分之一。望日是 13 号(或为 31 天一个月的 15 号)，最初与太阴月的满月日相应。日期的号数便用朔日、诺奈或望日之前的多少天(ante diem)来表示，不过这三日之前的一天用“pridie”表示。

罗马儒略历的十一月月历

现代日期	罗马日期
1(11 月)	十一月初一(朔日)(Kalendis Novembribus)
2	十一月诺奈前四天(a[nte] d[iem] IV Nonas Novembres)
3	十一月诺奈前三天(a. d. III Non. Nov.)
4	十一月诺奈前一天(pridie Nonas Novembres)
5	十一月初五(诺奈)(Nonis Novembribus)
6	十一月望日前八天(a. d. VIII Id. Nov.)
7	十一月望日前七天(a. d. VII Id. Nov.)
8	十一月望日前六天(a. d. VI Id. Nov.)
9	十一月望日前五天(a. d. V Id. Nov.)

10 十一月望日前四天(a. d. Ⅳ Id. Nov.)
11 十一月望日前三天(a. d. Ⅲ Id. Nov.)
12 十一月望日前一天(pridie Idus Novembres)
13 十一月十五(望日)(Idibus Novembribus)
14 十二月朔日前十八天(a[nte] d[iem] XVIII K[alendas] Dec[embers])
15 十二月朔日前十七天(a. d. XVII Kal. Dec.)
16 十二月朔日前十六天(a. d. XVI Kal. Dec.)
17 十二月朔日前十五天(a. d. XV Kal. Dec.)
18 十二月朔日前十四天(a. d. XIV Kal. Dec.)
19 十二月朔日前十三天(a. d. XIII Kal. Dec.)
20 十二月朔日前十二天(a. d. XII Kal. Dec.)
21 十二月朔日前十一天(a. d. XI Kal. Dec.)
22 十二月朔日前十天(a. d. X Kal. Dec.)
23 十二月朔日前九天(a. d. IX Kal. Dec.)
24 十二月朔日前八天(a. d. VIII Kal. Dec.)
25 十二月朔日前七天(a. d. VII Kal. Dec.)
26 十二月朔日前六天(a. d. VI Kal. Dec.)
27 十二月朔日前五天(a. d. V Kal. Dec.)
28 十二月朔日前四天(a. d. IV Kal. Dec.)
29 十二月朔日前三天(a. d. III Kal. Dec.)
30 十二月朔日前一天(pridie Kal. Dec.)
1(12 月) 十二月初一(Kalendis Decembribus)

官方日历由大祭司制定,其中包括各类宗教节日。日历上的每一天都用不同字母做标记,包括“C”(comitialis,即可召开“大会”[comitia]的日期)、“F”(fasti)或“N”(nefasti)(参见第七章)。

周

集日(nundinae)很早就出现了,每 8 天一次——按照罗马包含计数的方式,即每隔 7 天(每个第 9 天)。这是停止农业劳作进行休息和将作物拿到集市的日子。这一中间期被称为"nundinum"。东方使用 7 天的周期,尤其是希腊化时期的占星家们,一些日期还拥有行星的名称。罗马最早在奥古斯都统治时期(公元前 27—公元 14 年)提到了 7 天周期,在帝国时期逐渐被接受。

计 时

一天分成 12 个小时的夜晚和 12 个小时的白昼,故此白昼时长与夜晚时长不等(除了春分和秋分时),而且每个月都会发生变化。在冬至日,白昼的 1 个小时大约有 45 分钟,夏至日则有一个半小时。这个长短还会随着纬度的不同而不同。午夜总是夜晚的第六个小时,而正午是白昼的第六个小时。在专业术语中提及白昼的时间可称为"第一小时"(日出后的一个小时)、第十二小时(日落前的一个小时)和正午(meridies)。正午之前为上午(ante meridiem;AM),正午之后则是下午(post meridiem;PM)。

当时已使用计时工具(horologia)——影钟或称太阳钟和滴漏。以太阳钟(solaria)形式做成的影钟在公元前 3 世纪传入罗马;它们有些缺点,如依赖于阳光照射,不同纬度需要不同的量尺,需随季节进行调整,而且夜晚不能使用。最简单的太阳钟形制就是使用指时针(gnomon)或称指时杆。公元前 9 年罗马的马尔斯广场中竖立了奥古斯都太阳钟(Horologium or Solar Clock of Augustus),它用一座埃及方尖碑作为指时针。

水钟或滴漏(clepsydrae)也需要进行季节性调整,但在夜间可以使用——例如在军营中它可用来区分四段夜班戍守期。流动的滴漏是一个带孔的容器,装满水后,以之流空来估算时间。更为复杂的滴漏有持续的水源和机械装置,可由水操作指示 24 个小时。其例子是公元前 1 世纪后半期在雅典设立的安德罗尼库斯钟(Horologion of Andronicus),或称风塔(Tower of the Winds)。

人际关系

家庭

就像罗马生活中的许多方面一样，我们对上层阶级的家庭了解更多。家(familia)包括其“核心”成员——一对配偶、他们的子女和奴隶——及其所有品。并无证据表明其范围包括至祖父等辈的多代家庭，不过“家长”(paterfamilias)是家中在世最年长的男性。他是家族的法定主人，对其全部的子女——无论他们是否已结婚生子——拥有绝对权威(patria potestas，父权)。他的权力甚至延伸到生杀予夺之权(ius vitae necisque)——他有权遗弃或处死新生儿、抛弃儿童或出卖儿童为奴。只有在他死后，其子女才能独立(sui iuris)，不过儿子可以由其父亲从管束中解放。因此，法律中的自由公民或称为“自权人”(sui iuris)或称为“他权人”(alieni iuris)。

妇女

在现实当中，妇女被排除在公共生活之外，偶尔出现的女性祭司除外。比如，她们不能当选行政官或参与选举投票。一般来讲，只有那些是某掌权人的妻子或其女性近亲才能行使政治权力。从共和国末叶开始，妇女在处理自己的私事和财务等方面获得了更为广泛的自由。如果不是在夫权下(in manu)成婚的妇女，她们可以拥有、继承和处理自己的财产。许多妇女参与管理家务和照顾子女。妇女对其子女没有法律权力。她死后，需要用遗嘱将其财产留给其子女。如果未立遗嘱而死，她的财产可以转给她的父亲或其他亲属。

女子月经一般始于 14 岁，卫生保护用品可能包括布料和毛织品，但无法确知如何使用。实际上，所有女性在 20 出头即已成婚。只是在无夫权(sine manu)婚姻中的妇女一生都要有一个看护或监护人(tutela),不过在奥古斯都时代之后,生育3个子女(女性被释奴则需4个子女)的妇女便可以独立。男孩在14岁即被指派教师,女孩却从来没有。自公元2世纪以降,对成年妇女的监护只是一种形式。维斯塔贞尼不需监护。

女奴和下层的自由女子一定要从事不同类型的工作,但相比较而言,我们对她们的生活几乎一无所知。

婚 姻

罗马的婚姻属一夫一妻制。在罗马,只有当双方都是罗马公民或被授予"通婚权"(conubium)的人才能拥有完全婚姻。法定的最低婚龄是女性12岁、男性14岁,但实际的结婚年龄要高于此。在早期,成婚前通常要订立正式的婚约(sponsalia)。包办婚姻极为常见,一些孩子在幼年即被其父亲或监护人订下婚约。在婚姻决定之前,几乎没有任何女子能够见到她们未来的丈夫。在公元前445年之前,贵族与平民不得通婚;自由人也不能与被释奴成婚,后来在奥古斯都时期才有立法允许之(元老除外)。近亲之间亦不能成婚,例如堂、表兄(姐)妹(弟)之间或叔(舅)父与其侄(甥)女之间。奴隶因无权拥有财产和子女而不能成婚。

罗马的婚姻是建立在配偶双方同意基础上的一种长期的私人行为。婚姻中需要男女双方以长久结合为目的共同生活;其中并没有法定的言辞规则或书面约定(嫁资除外)。通常有婚礼仪式,这虽然能表明婚姻关系,但不具有法律地位。最初,法律是因为注重子女的合法性才需要知道该婚姻是否合法。嫁资(dos)也是表明婚姻关系的一种标志。嫁资属道德习俗而非法律要求。法律不允许婚姻双方互赠其他的大型礼物。

在早期,妇女成婚之后就受其丈夫控制(manus),处于夫权之下(in manu或in manu maritu)。到共和国末期,只要父亲在世,妇女往往仍处在其父权之下(sine manu,无夫权),并不加入其丈夫的家庭。帝国时期,婚姻逐渐无法普及,生育率随之下降,故此,奥古斯都向育有三个以上子女的父母授予特权——"三子权”(ius trium liberorum)。

“神圣麦饼婚礼”(confarreatio)是最古老也是最神圣的成婚仪式,举行后几乎不可能离婚。“朱庇特神祭司”和大祭司长均出席仪式,其中小麦(far)做成的饼具有某种意义。其他的婚礼仪式一般在6月举行,其中包括各种宗教典礼,例如献祭和婚宴。典礼上,要身着白色服装:新娘身穿亲自织就的白色羊毛长罩衫(tunica recta),并配以黄色的新娘面纱(flammeum)。

离 婚

与结婚相比,有关罗马的离婚我们所知更多。宗教对于离婚并无禁令,而且离婚双方也不会有任何社会污点。从很早时候起,通奸被认做是一项重大罪行,丈夫可因通奸而与妻子解除婚约,反之则不行。男人有拥有情妇、奴隶以及妓女的权利;但男人要在一家之内另设一偏室是不允许的。后来,男人可以为了诸如不育等原因与妻子离婚。共和国后期,男女双方均可提出离婚,且无须提出理由。

离婚似乎非常普遍,起码在上流阶层是这样。据估计,上流社会的婚姻中有六分之一在前10年中即以离婚告终,还有六分之一是以配偶一方死亡而告终。通常,妇女在离婚后可索回嫁资,子女可能不必与其父亲一同生活,但仍处于父权之下。

再 婚

再婚现象相当普遍。许多男性在离婚后毫不费力地再次成婚,而离婚的女性将很难再婚,可能因为男性更喜好年轻女性。孀妇再婚相当正常,而且奥古斯都立法也如此要求。在上流社会中,结婚、离婚和再婚常常成为一种政治手段。

儿 童

合法的儿童称为“liberi”,即自由儿童。当时的人一致认为婚姻的功用就是繁衍后代,尤其是男性后代。当时的人们懂得一些避孕知识,如果是意外怀孕可以堕胎。只有在一些极偶尔情况下，如父亲失去后嗣，堕胎才被视为犯罪，否则胎儿并非法律上的实体。在整个罗马世界，婴儿出生后如果父母不要(尤其是畸形儿或女婴)即被杀的情况十分普遍，但一般都是合法遗弃。许多弃婴(被丢弃任其自然死亡)成为奴隶。婴儿出生似乎是在相对公开的场合进行，孕妇在家生产，有产婆(一般不是医生)和几位女性亲属出面照料，但丈夫和其他男性亲属不能在场。产妇在一张特制的椅子上以直立的姿势生产。九天后举行一个仪式(lustratio)，婴儿被赋予名字。新生婴儿被包在襁褓中，家中会为之雇佣一两年的乳母，这种现象在社会各个阶层中都非常普遍。

父亲可以拒绝履行新生儿的抚养义务。这是限制家庭成员的一种方法——所有的子女要均分财产(女儿的分享方式就是获得嫁资)，因此过多的子女会将家庭财产分割殆尽。不想抚养子女还有许多其他原因，比如贫困。但是，遗腹子不能因其父已故而被拒绝抚养。新生儿可以被杀戮、出卖和遗弃。弃婴并非真正被杀，不过一旦无人——如贩奴者或皮条客——领养即会死去。与女儿相比，家中通常更需要儿子，所以女孩被弃的现象比男孩普遍，但对这点并没有确切的证据。抛弃地点通常在房屋之外或公共场所。畸形儿有的被遗弃，有的被溺死。公元374年，遗弃婴儿的行为被定罪，不过仍有发生。

无论是日间活动时，还是因死亡或离婚使婚姻破裂的情况，子女并非一定要一直跟随母亲。法律规定，一桩婚姻中的子女属于其父，离婚后，子女在法律上仍属其父亲的家族。孤儿是指丧父而非失去双亲的孩子，他们需要被派以监护人(tutor)，且时常与监护人，而不是与他们的母亲共同居住。非法儿童使用母亲的名字，没有任何权利。

儿童玩具的范围非常广泛，有木制或骨制的玩偶，但我们无法知晓它们是给男孩还是女孩玩的。在艺术品中，有些关于儿童活动的证据，但实际上，儿童玩具在帝国以前的公共和私人艺术品中没有任何位置。

收 养

收养(adoptio)不是对孤儿或弃儿的慈善性的收养，但是这种情况在不育的夫妇身上也偶尔发生。收养一般要将儿子从一个户主的权威之下转移到另一个户主手中，儿子在其原来的家庭中便失去了一切权利。收养多数是为政治利益而进行的，尤其是在缺乏男性子嗣的家庭中更为普遍。大多数被收养者通常从近亲中选出。女性很少被收养，法律也不允许妇女收养子女。一个独立的人（他自己就是户主）还可以按照自己的意愿将自己置于另一个人的权威之下，称为“自权人收养”（adrogatio）。共和国后期，一些年轻贵族为了有资格当选平民保民官而让平民收养自己。

同性恋

当时并没有同性恋的概念，因为当时的社会是接受男性与其社会附属——女人、男女奴隶、男孩、女孩和娼妓——有性关系的，对罗马的男性或女性自由民之间的同性性关系则持谴责态度。对于一个男人来说，做被动的一方，以及被另一个社会地位与他相同或低级的男人——譬如奴隶——侵犯，都是可耻的，因为这是一种女气的表现。我们几乎找不到任何有关女性同性恋的信息。女性之间的性交被认为是与男性关系之外的一种补充，双性恋行为是可以被接受的。

人口

除却人口普查（参见第一章）提供的信息，几乎没有任何关于人口的可靠信息留存下来。最有价值的是奥古斯都和克劳狄治下登记在册的所有公民的身份。这些表明，公元 14 年前后，意大利有大约五百万自由居民，另据人口统计学分析家推测，此外还应有两三百万的奴隶人口。罗马的人口在 50 万到一百万之间，奥古斯都时期可能在 80 万左右，公元 2 世纪初增至一百万，之后又有下降。其他的大型城市有 10 万到 20 万人口。埃及的总人口似乎在七百万上下，亚历山大城在公元 1 世纪时有 60 万人口。公元 1 世纪初，帝国境内的人口至少有五六千万，可能多达一亿。然而，数字的缺乏意味着这些给出的人口总数只是约略。很少有人提出人口是增多还是减少的问题。

当时的人口寿命较之今天要短，但有证据表明也有人寿命很长，尤其是上层阶级。婴儿和儿童的死亡率很高，由分娩引起的死亡率也很高。许多人在二三十岁便去世，很少有人活过40岁。有关死亡的证据大部分来自墓志铭。人口时常因疾病的爆发而骤减，譬如公元2世纪后期发生的瘟疫。

奴　隶

罗马世界的文明是由少数人在损害大多数人利益的情况下享有的。财富和资源分配失衡，社会阶层的流动性也相对很小。当时有大量劳动力，包括奴隶和薪金极少的自由劳动者，后者在某种意义上与奴隶无异。其他类型的非自由工人，如债务奴隶和依赖于土地的农民，不能列为奴隶。奴隶及其子女不被当作人，而是其主人的财产，像其他商品一样被买卖。他们被贩奴者出售或出租，或者在个人之间买卖。

图9.1　德国美因兹的柱础，刻有两名战俘，似乎将被卖为奴隶。公元1世纪末。

罗马从很早时候起就使用奴隶，自公元前2世纪起其数量才开始大幅增加。其中大部分是来自帝国各地的外邦人，不是意大利人或希腊人。在整个罗马历史中，战争一直是奴隶供应的重要来源。贩奴者从战俘、海盗（参见第五章）和罗马境外贸易中获取奴隶。父母也会出卖子女，主要是为偿还债务，同时奴隶也来源于那些被遗弃的儿童（弃婴）。自公元1世纪开始，奴隶的外部来源减少，但可能还有大量豢养奴隶的现象存在。因此，家养奴隶（vernae）可能最终超过了那些被奴役者，不过他们的出生率可能没有高到足以满足所需数量的程度。奴隶的价格非常昂贵，而且在非技术劳动中使用奴隶无法获益，到公元4世纪时，在矿山和私人作坊中自由劳动力开始代替奴隶。中上层对奴隶的拥有也开始衰落，但奴隶在意大利以外地区的使用程度无法确知。据估计，奴隶大约占总人口的百分之十，所以帝国初期有六百万左右的奴隶。

奴隶受雇从事技术性及非技术性工作。没有完全由奴隶独立完成的工作，但他们是采矿、工场和私人雇主的主要劳力。奴隶同时为市镇政府所有，从事公共设施的建设，比如修理公路、疏通沟渠等，但是国有奴隶仅限于公共事务的包租活动中。农业劳动更复杂一些，大面积的农场几乎全部由奴隶耕作，而小面积的农场由农民耕作或者租给佃户。除服兵役以外，奴隶几乎什么工作都能做。

奴隶的待遇有很大不同，这取决于他们的雇佣状况及其主人。豢养奴隶是一种投资，所以奴隶主不会对他们过于苛刻，而且奴隶表现不好会造成其主人的经济损失。在工场、农场和工矿的奴隶所受待遇更为严苛，每周工作七天没有休息。有证据表明，大农场的奴隶在白天由铁链锁着成群劳作，晚上被囚禁在狱室，这种情况在意大利南部和西西里尤甚。他们甚至被烙上印记或者戴上刻字的金属项圈，这使得他们成功逃跑的机会微乎其微。矿工的待遇更差、寿命更短。与此相反，很多奴隶受过教育，当过医生、建筑师和教师，而且一些奴隶还积聚了相当财富。他们不可以结婚。

奴隶要由其主人同意释放（授予自由）才能成为自由的男人（liberti，libertini）或女人（libertae），或者他们如果攒足钱财也可以买得自由。官方释放（在行政官面前）同时授予自由和罗马公民权，当然这要在主人同意释放奴隶（manu misit）的前提下。公元前2世纪时，出台了一部法律（弗腓乌斯—卡尼尼乌斯法[lex Fufia Caninia]），规定一个奴隶主可自愿释放的奴隶数目。受庇护者是自由人，他们对其资助人有法律约束的役使义务，被释奴自然成为其先前主人（现在是他们的资助人）的受庇护者。他们受资助人的约束，甚至有时要继续为他们做工。被释奴虽然获得了公民权，但没有资格出任政治职位，不过却可以变得富有且有势力。之后他们所生的任何子女均为自由公民，且有资格担任政治职位。

非官方释放（在朋友面前）不授予公民权；这些被释奴被称作“尤尼亚拉丁

人”(Latini Iuniani),他们的财产在其死后归其前任主人所有。释放现象相当频繁,对自由的期待可能就是高效劳动的主要动力之一。奴隶起义大多出现在共和国时期。共和国末期发生了三次大规模起义——两次在西西里(公元前135—前132年,公元前104—前101年),一次是斯巴达克在意大利领导的(公元前73—前71年)。帝国时期,奴隶们似乎没有组织太多的起义或是发起反对其主人的暴力行为。

饮 食

食 物

饮食习惯依赖于生活水平和地理位置。多数人的饮食很简单,基本食物是玉米(谷物)做成的面包或粥、橄榄油和酒,另外还有豆类、蔬菜以及各种水果和坚果,具体则取决于所处的地理位置。谷物——主要是小麦——是多数食品的原材料。最初用去皮的小麦(far)做粥(puls),但后来培育出无壳型小麦(后称“frumentum”),用来制作面包。有时,面包用蜂蜜或奶酪等食物调味。它出现在大多数餐饮中,可以同许多食物共食,如香肠、家禽、野味、蛋类、奶酪、鱼类和贝类食物。鱼和牡蛎在经济能力允许的人群中间尤为受欢迎。他们也食用肉类,尤其是猪肉,但因为肉类与鱼类一样昂贵,故并未在饮食中占据重要地位。从公元3世纪开始,由于家禽饲养业的发展,肉类开始更加普及。外来的食品和烹饪方法常出现在富人的宴会上。罗马人还养殖一些精致美味,如蜗牛和睡鼠,另外还食用一些野味和小型的野生禽类。多种多样的蛋糕、点心和果馅饼都用蜂蜜增加甜度。蔬菜包括卷心菜、欧防风、莴苣、芦笋、元葱、蒜、葫芦、萝卜、扁豆、豆类和甜菜。口味极浓的调料,如鱼酱,非常普遍(参见第八章),还有香料和香草。罗马食物多加有大量香料,掩盖了食物的原味和腐烂食品的味道。

有关食物的资料主要来自古代著作家、考古积留物(例如种子和动物骨)和现存的食物壁画。古代著作家著有多种关于烹饪的作品，但不究其篇幅如何，唯一留存下来的是阿皮基乌斯的烹饪书（参见第四章“农业”）。

烹 饪

面包、蛋糕和点心既有家庭制作也有用作商业用途的制作。带穹顶的圆形烤炉主要用来烤制未发酵的面包或点心——先在烤炉内点火，放进食物前再将火耙出。多数食物在火盆或敞开的炉膛上烹制，并将用链条吊起的汽锅，或将煎锅等其他烹饪器皿放在铁制的烤架或三角炉架上，下面用木炭生火。烹制食物在厨房完成，生火产生的烟从屋顶或墙上的通风口冒出。当时并没有烟囱，所以厨房的空气可能非常难闻，工作也非常辛苦，包括坐在烤炉前和举起沉重的双耳罐和盛水器皿。当时也有露天烹饪。许多人，尤其是租房者，可能没有烹饪器具，不过大概有一个公用的烤炉。富人使用奴隶为其做饭。

食品常常与水果、蜂蜜和醋一起烹调，以得到一种甜酸的味道。肉类多数时候是用香料浓烈的调味品烹煮而非烤制。蜂蜜是用来增添甜味非常重要的调料。食品可能极难保存。鱼类和贝类也许在鲜活时放在桶中运输到目的地。多数食品可以通过腌制的方式保存，肉类和鱼类则通过烘干、烟熏和盐腌保存。不过仍有食用腐坏食物的情况，食物中毒可能也非常普遍。

整个帝国内在所食用的食物和所使用的烹调方法上都有地区差异，这是由地方习俗和食品可用性决定的。

饮 料

酒是最为常见的饮料，一般会加水（似乎是为了防止喝醉）和香料，并加热。饮用不加水的酒被认做是野蛮行为。加水的浓缩酒（必须加水）也会醉人。“posca”是在穷人中非常流行的一种饮料，由一种与醋非常类似的劣质酒——酸葡萄酒（acetum）加水而成。青铜制的热水加热器或者说带有龙头和放置木炭格间的铜壶是宴会上使用的奢侈品，可能用来烧水以加入酒中。啤酒（发酵的大麦）和蜂蜜酒（发酵的蜂蜜）主要流行于北部行省。奶通常取自绵羊或山羊，饮用它被看作是一种不开化的表现，故主要用来制作奶酪和留作医用。优质的水源都供给城镇甚至富人的私宅或别墅，但我们无法确知饮用水同用来烹调、洗衣、清洁和洗浴的水是在何种范围内进行选择分配的。

进餐时间

一般来讲，罗马人每天只有一顿主餐。他们不常吃早饭（ientaculum），通常只是一片面包，但不管怎样，早餐仍算是一顿便餐。最初，早餐之后是中午的一顿重要的正餐（cena）和夜间的晚餐（vesperna）。然而，正餐逐渐在白天的晚些时候吃，最终成了夜餐。晚餐也随之取消，早餐和正餐之间产生了一顿简便的午餐（prandium），故此，罗马人在白天吃两顿便餐，在日落前后吃一顿主餐（cena）。

对于穷人来说，三餐多数是做成粥或面包的谷物，如果可能会佐以肉类和蔬菜。对富者而言，主餐包括三道菜，即从蛋类到苹果（ab ovo usque ad mala）。第一道（gustatio 或 promulsis）是开胃菜，通常是简单烹制的蛋类、生冷蔬菜、鱼类或贝类。主菜（prima mensa）包括烹制过的蔬菜和肉类——这种菜的类型和质量要取决于该家庭所能承担的费用。之后是甜菜（secunda mensa），包括水果或甜点。

罗马人吃饭多要坐直，但富人要靠在躺椅上，尤其是在宴会上，如果天气晴好，他们常在室外的私人花园里用餐，奴隶和穷人则蹲坐或弯腰吃饭。烹调器具类型各异，其中大部分是粗陶和青铜所制。有证据表明，当时北部行省有桌子和直背的椅子。对穷人来说，餐具可能由粗陶制成，但现在也发现有一系列器具用细陶、玻璃、铜、银、金和白镴制成（参见第八章）。食物都是事先切好然后用手食用。刀的刀刃为铁制，刀柄有骨、鹿角、木或青铜制的。我们还知道有铜、银和骨制的调羹，用来食用液体食物和蛋类，还有削尖的手柄用来从贝壳中取出贝类或蜗牛。

参见“娱乐”部分。

服　饰

服　装

男女衣着相类似，其中对布料的裁剪和缝纫都是最小限度的。它们的样式在几个世纪中都没有太大变化，不过在帝国的不同地区衣着风格有所不同。儿童的穿着是小码的成人服装。有证据表明，在各种类型的服装中，男女均使用艳丽的颜色。服装是一种昂贵的日用品，故此可以体现穿着者的富有程度和社会地位。

托迦（Togas）

托迦是罗马男性公民最正式的外衣和寿衣。最初他们只穿托迦，后来作为外衣套在托伲之外。托迦由白色上等纯羊毛织成，是一种昂贵且沉重的外套，需经常由漂洗工清洗。托迦的外形基本呈半圆形，约 5.5 米（18 英尺）宽、2.1 米（7 英尺）长。它以一种非常复杂的方式围住身体，几位皇帝不得不颁布法令规定它在公共场合的穿着方法。

图 9.2　一枚狄纳里币的背面图案：卡拉卡拉（公元 211—217 年在位）在三足器旁献祭。头遮托迦表明其祭司身份。【由萨默塞特博物馆提供】

对托迦最早的描写出现在共和国后期有关小托迦（toga exigua）的描述。小托迦是一种短小简单的托迦。到共和国末期，它变得更为复杂，带有衣兜（sinus）和凸饰（umbo）。衣兜由从左肩垂到右股的帘布组成，用作口袋，还可以拿起搭到右肩，形成一个三角带。凸饰是在身体前侧突出的大面积折叠，还可以拉起形成一个风帽。一个罗马人若将托迦蒙在头顶，说明他是一名祭司。衣服上从肩部到腋窝的斜纹镶边被称作肩带(balteus)或带子。

不同社会阶层的托迦有所不同。镶边托迦(toga praetexta)有紫色条纹，由高级官吏穿着。男孩在十五六岁穿着简朴的成人托迦(toga virilis)之前也穿这种托迦。元老所穿的托迦有一道很宽的紫色条纹(latus clavus)；骑士托迦有一道窄的紫色条纹(angustus clavus)；皇帝的托迦全部为紫色。

图 9.3　德国诺伊马根一座葬礼纪念碑的部分图像，图中的丈夫身着带有凸饰和衣兜的托迦。他的妻子着紧式无边帽和外套(stola)，他们的儿子着一件长袖托促和一件披风。他们穿着样式各异的皮革鞋。

白托迦(toga candida)由官职候选人穿着，这种托迦用白垩涂抹后更白。黑托迦(toga pulla)由黑色纯羊毛织成，在葬礼中穿着。

罗马时代末期，元老级别者穿着更短、不很宽松的托迦，没有肩带和凸饰，而是使用更为简单的、将布料折成三角形的方法。它穿在一件薄的长袖托伲之外，再里面是一件更长的内托伲。到公元 4 世纪时，托迦已不再流行作正式外套使用。

托　伲

短袖托伲(tunica)是基本的外衣，长及膝盖，通常在腰部用腰带束紧；多数为奴隶和儿童(男孩和女孩)所穿，是普通的室内衣物；它也配在成年男性的托迦内穿着。穿带袖的长托伲被视为娇弱的表现。在寒冷的季节会加穿托伲。元老穿带有紫色宽条纹的托伲，骑士穿带有紫色窄条纹的托伲，条纹从肩部直到下摆，前后都有。赛车御者穿着的托伲染上其所属派别的颜色。法衣(dalmatica)最初是一种短袖或无袖的托伲，帝国后期时开始带有长袖。托伲由各种布料制成，如羊毛、亚麻和丝，这些都是地位高级者穿着。托伲还被用作教士的外衣。

裤 子

士兵尤其是马军穿短皮裤，但帝国边境以外的蛮族人大多穿长羊毛裤(braca)。大多数人光腿或用绑腿包裹。

披风/斗篷

我们还知道有风格多样、尺寸不一的披风和斗篷，或由厚羊毛制成或皮革制成，一些带有风帽。它们包括大披肩(palla 或 pallium)、短披风(lacerna)、带风帽的大氅(paenula)、长袍(caracallus)、蒙头长袍(cucullus)、军袍(sagum)和羊毛短袍(byrrus)。罗马时代后期，上等人穿着长且厚的斗篷(chlamys)，在右肩上用一枚精致的领针扣紧。其颜色多种多样，穿在长袖的白托伲之外，配有红色腰带。一般不戴帽子。

女 装

早期罗马的妇女也穿着托迦，但后来只有妓女和其他一些被认定有不良声誉的女人(譬如通奸者)才被迫穿着。之后妇女穿着托伲。已婚妇女(主妇)在托伲外罩一件外套(stola)，即一种长且宽松的外衣，在腰部用高腰带收紧，颈部带有彩色镶边。这种外套成为罗马主妇的标志，贵族妇女和嫁给公民的被释女奴均可穿着。通奸妇女不可穿着外套，因为她不再是受尊重的主妇。妇女外出时还可穿着斗篷(pallae)以遮住头部。它们没有风帽，但有矩形的遮罩覆盖头部。寡妇不穿外套，而戴一块面纱(ricinium)——一种头巾，可能是黑色。富人的服装颜色多样，面料考究，譬如细棉布和丝绸。一些地区的女性还戴有随形的软帽和发网。有关未婚女性的衣着我们还不了解。

童装

儿童的穿着与成年人相似,婴幼儿要用毛毯或条形布料包裹。

内衣

有关内衣的信息十分有限,但罗马和意大利的人们戴有一块缠腰布,妇女有时会穿着胸带(strophium 或 fascia)或比基尼式的内衣。还有证据表明当时有长短袜。

鞋类

大概许多罗马人都是赤脚行走。对穿鞋者来说,可穿的鞋类很多,有皮革的鞋和靴,从沉重的平底凉鞋和封闭式鞋到轻便的便鞋和拖鞋。“carbatina”是一种由一块皮革制成的便鞋,鞋底柔软,鞋面为网状透雕并以鞋带相系。“soccus”是鞋底没有平头钉,且皮制鞋面与之分离的鞋。“calceus”是平头钉鞋,用鞋带加固。“solea”是简便的凉鞋,脚趾间有皮带,鞋底有平头钉。士兵所穿的“caliga”是一种沉重的凉鞋,带有平头钉的鞋底和独立的皮制鞋面,用皮带系紧。有些“caliga”还印有制作者的名字。木屐和木制便鞋都有,可能也曾生产过毛毡、软木和植物纤维制成的鞋类。

化妆用品

帝国时期,罗马人花费大量时间进行洗浴和按摩。在发现的遗存中,盥洗用品较为普遍,或单个或成套,通常为青铜制,包括指甲清洗器、镊子、牙签和耳挖勺。剃须刀或青铜制或铁制,梳子或骨制或木制。刮身板为青铜制,有时也为铁制,用来在浴后刮除身上的油、汗和死皮。小勺(ligulae,单数为“ligula”)用来从窄细的软膏瓶中取出化妆品或药品。镜子由磨光的铜和银制成,有时也用镀银玻璃制成。还发现有化妆盒,用来盛放盥洗用具、香水和化妆品。

发 式

从雕像中可了解许多发式的细节，而且几年中就会发生相当大的变化。早期发式极其简单。主妇要将头发用羊毛带（vittae）扎起，“户主”（即“一家之主”[masterfamilias]）的妻子梳一种称为“tutulus”的特殊发式，其中头发被分成许多发辫，向上盘起并在头顶用羊毛带扎起。公元 1 世纪末到 2 世纪初，女性中间非常流行精美的发式，将很多发卷和辫子高高地盘在一个金属架上。公元 2 世纪中叶，出现了带有发卷和辫子的不甚精美的发式。妇女的发式都在家中制作，通常由奴隶完成。男女都用各色颜料染发，如红褐色，金发最为流行。用日耳曼战俘的金发做成的假发非常流行，有时还从印度进口黑发。

在罗马早期，多数男性蓄胡须和长发，但从公元前 3 世纪起，他们开始刮胡须。自哈德良时代（公元 117—138 年）开始，胡须又开始流行，因为哈德良为掩盖面部瑕疵而蓄须。当时有许多理发店。男女都使用发油。

图 9.4　四个妇女服侍其主人美发的情景。她们身着简朴的长袖托伲，头发固定成圆形发髻。有一个女人手持镜子。她们的主人身着外套，坐在编织椅上。——德国诺伊马根的纪念碑复制品。

化妆品

当时有多种香水和面部化妆品。化妆品的原料多种多样，例如木炭和藏红花；另外使用白垩和铅白美白脸部。

珠 宝

罗马人佩戴的珠宝种类繁多，但佩戴的数量常受法律限制。珠宝在区分地位时占有重要地位。最为普遍的是扣针

(fibulae)，用来扣紧托迦等衣物。除了扣针，男性多佩戴指环，而女性佩戴项链、耳环(用于有耳洞的耳朵)、手镯、臂环、脚镯、指环和发夹。已婚妇女佩戴金指环。收藏古代指环非常流行，包括图章戒指。“bulla”通常为金质，是一种中空的垂饰，包括一个护身符，常戴在男孩颈部，但奴隶不能佩戴。妇女还手持扇子以保持凉爽。更多信息可参见珠宝的特殊类型。

娱　乐

公共娱乐活动在罗马生活中占有极为特殊的地位，在行省的普及程度更为广泛。尤文纳尔曾论及罗马的城市民众只关心“面包和竞技”(panem et circenses)。尽管这是一种讽刺性的夸张之词，但仍说明了娱乐活动在人们日常生活中的重要性。

公共赛会

最初，公共赛会(ludi)是在一些宗教节日中举行，但其中的娱乐因素逐渐变得更为重要，每年的赛会数量也随之增加。到公元前100年时，罗马城的赛会包括梅伽兰希亚赛会[ludi Megalenses](4月4—10号)、凯莱斯赛会[ludi Cereales](4月12—19号)、弗罗拉赛会[ludi Florales](4月28号—5月3号)、阿波罗赛会[ludi Apollinares](7月5—13号)、罗马庆典赛会(9月5—19号)和民众赛会[ludi plebeii](11月4—17号)(参见第七章“节日”)。

公元前1世纪时，军事统帅还利用私人赛会庆祝胜利，其铺张程度可与公共赛会匹敌。行政官也利用赛会博得民众好感和获取竞选中的支持，并控制平民百姓。皇帝也发现因袭这一传统非常有效。每位皇帝都尽力超过其前任，导致赛会需耗费巨额公共及私人财产。参加赛会都是免费的。

到公元2世纪末叶，罗马的官方庆典数目达到135项，公元4世纪时达176项。另外还有特殊庆典，譬如公元107年为庆祝图拉真战胜达西亚人，举行了历时100天的赛会。公款负担的赛会还扩展到整个帝国的行省。

公元4世纪时开始限制赛会发展。公元4世纪末，东部取消了角斗士竞赛，公元5世纪时西部也取消，但与野兽的格斗似乎在帝国范围内一直持续到公元6世纪。帝国后期，战车竞赛在西部消亡，但在东部的拜占庭帝国内仍继续存在。

表演有三种主要类型——竞技表演、圆形竞技场中的表演和剧院表演。

竞技场

战车竞赛是罗马世界最古老也是最受欢迎的娱乐活动，其起源最晚可上溯到王政时代和传说中罗马建城时。希腊的战车竞赛在赛马场举行，这在东部一直持续到罗马统治时期，但在西部，竞赛在竞技场举行。竞技场赛会(ludi circenses)逐渐发展出其他活动，如希腊式运动、拳击和摔跤，但战车竞赛仍是最受欢迎的活动。

图9.5 一位获胜的战车御者及其战车和两匹马，来自奥斯提亚壁画。

战车竞赛花费极高，它作为一项组织极为完善的商业行为是为赢利而运作。罗马有四个竞赛派别——蓝队、绿队、白队和红队，战车御者所着服装分别是这四种颜色。获胜的御者会得到财富和盛名，人们还会为他们竖立雕像，现在仍留存有相关的马赛克和玻璃器具模型，有的还有他们的名字。各派别之间竞争非常激烈，有时还导致各派支持者间的暴乱，但通常是绿队和蓝队最受欢迎。赛马并不常见(参见第四章)。

圆形竞技场

圆形竞技场内上演几种不同的表演，所有的都在“场地”(arena，harena)进行，字面意为“沙地”，因为场地上被撒上沙子以吸收表演中出现的鲜血。最受欢迎的表演之一便是角斗士竞赛——两个角斗士之间为生存而进行的格斗。这种表演类型似乎是从一种称为“献祭”(munera)的埃特鲁里亚葬礼仪式发展而来。有史可查最早的罗马角斗士竞赛发生在公元前264年的一个葬礼上，但到公元前1世纪末，这些竞赛已失去其宗教典礼的性质。

为满足对角斗士不断增长的需求，出现了角斗士训练学校(ludi)。公元1世纪时，这些学校被收归国家控制，以防止其发展成私人军队。角斗士包括被判决的罪犯(damnati或noxii)、为该目的而购买的奴隶、战犯，或是为酬金而签约

图9.6 德国特里尔的一座圆形竞技场，带有“场地”(arena)和供观众就座的上升梯台。

受雇或宣誓的自愿者。罪犯(包括妇女)可以被判“至剑”(ad gladium)——他们可以谋求发迹而避免一死,或被判“至野兽”(ad bestias)——必死无疑。西班牙短剑(gladius hispaniensis)逐渐成为角斗士武器中最常见的形式,角斗士(gladiator)一词即源于此。

角斗士分为几种。骑士(eques,复数为“equites”,马军)指轻装角斗士,先是乘马格斗,之后要下马以肉搏结束战斗。骑士身着薄片甲胄(scale armor),但在帝国时期只穿托伲。他们还有绑腿、护臂、头盔和盾,用长矛和短剑搏斗。“鱼冠角斗士”(murmillo 或 mirmillo)全身赤裸,仅佩有缠腰布、腰带、护臂、绑腿、全头盔(有一高耸的鱼形冠顶和面盔)和盾。这种角斗士的名称源于希腊语的“鱼”一词。他们用短剑搏斗,对象通常是“色雷斯角斗士”(threaex)或“霍普罗马库斯”(hoplomachus),而从不与另一“鱼冠角斗士”搏斗。

“色雷斯角斗士”(thraex 或 thrax,色雷斯人)与“霍普罗马库斯”相似,身着填充棉绑腿、非常高的胫甲、头盔和护臂。他还佩有几乎为正方形的盾和一把类似匕首的曲形剑——称为“sica”或“falx”。“霍普罗马库斯”佩圆形盾和长匕首及长矛。

图 9.7　德国奈尼希庄园(Nennig villa)一处马赛克描绘的两角斗士之间的格斗。

“激怒角斗士”(provocator)只与另一“激怒角斗士”格斗。他们佩有缠腰布、护臂、胫甲、胸甲、头盔、盾和剑。帝国初期出现了一种新型角斗士“三叉戟角斗士”(retiarius);他们全身赤裸且光头,不戴缠腰布、护臂和金属护肩,仅用发网、三叉戟和长剑装备。“三叉戟角斗士”常与“secutor”格斗,后者类似于“鱼冠角斗士”,但头盔不同。还有在以其他各种不同方式武装的角斗士之间进行的格斗,妇女和侏儒也不例外，还有一些在战车中打斗。

公元前2世纪，有野兽（venationes，追猎）参加的表演作为一种娱乐活动传入罗马，并大受欢迎。它们通常以狩猎为基础，让人徒步（有时也乘马）与野兽厮杀，但也有野兽之间的搏斗表演。这些格斗常在非常壮观的场景中进行，有大量野兽被杀。一旦死去，它们会分给观众作为食物或用来喂养其他野兽。圆形竞技场周围有高耸的围墙或网防止任何野兽跳入观众席。大肆搜捕外来野兽的活动不断进行，从而出现大范围的野兽买卖，但这些买卖活动多集中在行省边境地区。与野兽格斗的人称作"bestiarii"，有被判决的罪犯、战俘或受雇的训练有素的战士。在舞台上被杀的罪犯可能会给野兽为食或投入台伯河，而死去的角斗士则被带到"spoliarium"除去他们的装备。之后他们可能被集中埋葬、火化或喂给野兽，偶尔也能获得体面的葬礼，有现存的一些角斗士墓碑为证。

最初，与野兽的搏斗在赛会的上午举行，中午进行公决，下午举行角斗士格斗——"角斗士表演"（munera 或 munera gladiatorial），但这些排序逐渐被打乱。大量角斗士格斗同时进行，而战争场面在舞台表演。有时还上演带有战船的模拟海战（naumachiae），但并非在曾经认定的圆形竞技场中，而是在其他地方举行，如人工湖（stagnum）。另外还有动物表演，常伴有音乐，音乐家在幕间休息时表演。在帝国东部，角斗士表演和公决常在运动场（stadia）内进行（参见第四章）。

剧场和"剧院"

剧院表演（ludi scaenici）自公元前3世纪开始流行，起源于希腊剧院。女性演员面临许多责难，几乎被视为与妓女无异，所以男性演员要饰演所有角色，可能用佩戴面具来明确地突出其男性或女性角色。演员们（histriones，单数为"histrio"）通常是受训的奴隶或被释奴，一般是外邦人，都由一个管理员指导。男性演员也受到歧视，因为他们用身体赚钱。

从公元前1世纪开始，哑剧和笑剧开始流行，它们在本质上常带有政治性和颠覆性，甚至会引起暴乱。在笑剧中，演员饰有台词的角色，但在哑剧中他们伴着歌唱、跳舞、音乐和复杂的视觉效果模仿角色，其表演类似一场夸张的芭蕾；而在笑剧中，演员要讲话。一些哑剧演员受到极大欢迎。女性可以参演笑剧和哑剧。音乐表演和文学朗诵以及哑剧都在“剧院”（带顶棚的小型剧场）进行（参见第四章和第六章）。

洗 浴

洗浴逐渐成为消遣活动；而且，它既是私人的也是公众的娱乐活动——大多数人使用公共浴池，但富人常拥有私人浴池。除了浴室，通常还有一些相关设备以进行各种锻炼、球类运动、游泳和演说，此外还有花园、会议室和食品店铺。这些高度发达的公共浴池与现代的健身俱乐部或社区活动中心十分相似（参见第四章）。

图 9.8 庞贝城广场浴池（Forum Baths）的温室（tepidarium）复原图，其中带有铜板凳和铜火盆（最远端）。（采自 W. Gell [1832] *Pompeiana*）

其他休闲活动

那些能负担高昂费用的人在家享受娱乐活动，他们经常举行露天餐饮，从正式的宴会到奢侈的筵席均有。除了谈话之外，可能还有由专业音乐家表演的音乐、舞蹈和歌唱。在一些社交圈子中，宴后娱乐包括朗诵文学作品——多为诗歌，还有演说和短文。对平民来说，行会(collegia)有时提供宴饮机会。对穷人来说，常出入小酒馆就算是吃喝一类的消遣活动，在大多数城镇中都有很多小酒馆。它们的性质有很大不同，有些作为妓院而有些作赌场使用。“popinae”是下层人的快餐店，提供饮料和烹调好的食物，如鱼和香肠，还提供妓女。“thermopolia”是一种酒吧，提供冷热饮品和小吃。“taberna”是商店或酒吧，“caupona”是旅馆或客栈，只提供饮品。

图 9.9　德国奈尼希庄园的马赛克图像，表现的是在圆形竞技场举行赛会的间歇进行音乐表演的场景。一名音乐家演奏“cornu”，另一名演奏水风琴(hydraulis)——应有一位侍者抽动空气。

娼妓也包括男性和男孩，大部分是奴隶，据知他们待在妓院、公共浴池或进城的道路沿线的墓地。娼妓用性做交易以获取报酬，但对自由出身的娼妓会有非议。奴隶主无须为与其奴隶的性关系付钱，因为他们是他的财产，他可以任意使用他们。年轻的女孩或妇女不做奴隶，便可能是妓女(meretrix，复数为“meretrices”)，她们可能是被人以嫖娼为目的收养的弃婴，或者是被其父亲或丈夫以性服务出卖的人。酒吧或妓院的娼妓管理者或拥有者称为“leno”，他自己可能就是奴隶，妓院称为“lupanar”或“fornix”(字面意为墓穴或地下室)。

赌博在各个阶层都很受欢迎，骰子、关节骨和筹码是较为常见的出土物品。成人、小孩可能都玩棋盘游戏，像捉迷藏、跳背戏等许多传统儿童游戏在罗马艺术品中都有体现。我们知道一些儿童玩具，但有时玩具和祭品又很难区分。在农业地区，渔猎也是富人们喜好的消遣活动，但对于穷人来说，这种活动多是必需的生活劳动而非娱乐活动。

音乐对于罗马人来说远没有对希腊人那么重要，但也有一些关于他们在宴会上、音乐厅中以及圆形竞技场中演奏音乐的证据。我们所知的号有四种，都在军队中使用，"tuba"、"lituus"、"bucina"和"cornu"，还有长笛、里拉和水风琴。尽管罗马人吸收了许多埃特鲁里亚人的音乐传统，但他们的音乐主要用于战争、报警音、葬礼及其他一些室外游行中。大部分文学作品并不和着音乐朗诵，音乐逐渐成为专业音乐家的专门领域，尤以外邦人居多。

刑　罚

罗马的刑罚系统在公共处罚和私人处罚间有所区别，体现在公私分别立法。私法是作为一种报复和复仇的替代品发展起来的，处罚成为强制性付款以作为罪犯对被害方的补偿。公共处罚更多的是干预复仇，它是阻止他人而不是纠正罪犯或补偿被害方。公法与私法之间的区别并不是我们一直想象的那样。例如，叛国罪和一些形式的谋杀罪均属公共侵犯，一般情况下都要判以死刑，而偷盗或袭击某人一般是民事犯罪，以私法解决。另外，对不同阶层的人处罚也有所不同(参见第一章"法律")。

死罪常根据罪行的严重程度和被判处之人的地位以多种不同方法执行。方法包括用剑斩首(用于军人)、钉十字架、活埋、置于麻袋中溺死和投入野兽群中作为公共娱乐观赏。

对反公众罪行的处罚包括鞭笞、罚款、遣送至矿山和采石场、发配到角斗士训练学校和部分或全部财产充公。对上层自由民(honestiores)和下层自由民(humiliores)的处罚有所区别，奴隶则可被其主人以任何方式处罚。最常见的是鞭笞，也会被罚以刺字和其他伤害。如谋杀者为一名奴隶，则该主人的所有奴隶均可被处死（通常是钉十字架），主要是为了镇压可能出现的起义和鼓励奴隶举报阴谋。

酷 刑

在共和国时期的刑事诉讼中，常使用酷刑以获得奴隶的口供。一个需要在法庭作证的奴隶如果不讲实话，首先会遭受酷刑。公元1世纪以后的皇帝均试图限制在最为严重的刑事案件中使用酷刑，不过从提比略统治时期开始，对自由民也开始使用酷刑。酷刑逐渐变得非常普遍，最终在民事诉讼和刑事诉讼中均有所使用。

牢 狱

在罗马刑法中，关押并不被看作是一种处罚形式。公共监狱是对那些不听从行政官命令的人采用的强制方法，关押时间并不长。牢狱还被用来拘留在刑事审判中被控告者或是那些已宣判但等待处决的罪犯。一些大家族中有用以监禁奴隶的私牢。

流 放

关押管理的条例较为宽松，有时官员会延迟拘留，以便被控死罪者（通常是上层人）有时间在判决宣布前转为自愿流放（exsilium）。这样，被告可以逃跑，而且不会失去其公民权也不会遭受财产充公之处罚。公元前1世纪以后，行政官必须给被告留出时间在执行死刑前流亡。因此，"流放"（exsilium）成为死罪的代名词。

"流放"的使用逐渐放宽，对其他任何形式的放逐或驱逐都使用，以至于它所表达的并不总是它的本意。"驱逐"（relegatio）是临时放逐到某地或被排斥在某些地方之外居住。“放逐”(deportatio)是永久发配到某地,同时失去其公民权且财产充公。

流放是一种多用于上层人群的处罚。对于类似的罪行,下层人会被处以在公共建筑或矿山强制劳动,或者发配到角斗士学校甚至处以死刑。

医　学

罗马的医学大部分来自希腊,罗马世界的许多医生都是希腊人。希腊医学与罗马医学的融合部分是科学上的(主要来自希腊人),部分是巫术和宗教方面的(主要来自罗马人),从而导致一种治疗与实践的奇异组合。

绝大多数罗马神祇都被赋予某些医疗能力,但有一些是被认定十分有效的。他们的治疗能力要通过到神庙祈祷、献祭和孵育才能求得(参见第七章)。在祛除或试图治愈疾病时普遍使用护身符和巫术咒语。药草和药品似乎也开始广泛使用,一方面是由于它们被假定出神秘的特性,一方面是因为它们已被证明有效果。

这种医疗观点带有宗教和神秘色彩,此后出现了较为理性的方法,这主要来自希腊医学,它摒弃了神性的介入,转而寻找更为实际的解释和治疗方法。对于伤口和其他伤患的处置一般包括清洗和包扎。据我们所知,当时的人们已使用酒、醋、树脂和松脂油等作温和的消毒剂,但如果感染和坏疽通常必须做切除手术。我们知道当时已有假肢,但恐怕只有富人才有支付能力。

对疾病的治疗和诊断更为困难,一般要依靠对症状的观察和记录,将它们与类似病例的经历进行比较,以预知病症过程,找到合适的治疗方法。许多著作家曾写作医学方面的书籍,最为重要的可能就是伽兰;其中包括所有疾病种类的病例,如疟疾、天花、瘟疫、毒瘤、麻疹、麻风病、斑疹伤寒、肺结核、肠内寄生虫,尤其是眼疾。传染病经常发生,有时甚至非常严重,尤其是瘟疫(pestilentia)。

有些医疗方法相当先进,尤其是外科。如果有能力支付,牙病治疗还是相当精细的,假牙和齿桥补牙都已出现。一般用金来补牙,而且法律虽然禁止随葬金子，但用于补牙的金子除外。引起蛀牙的原因并不很清楚，但由饮食而引起的龋齿发病率较之现代要低很多。

其他的外科手术——譬如切除小肿瘤、环锯手术和各种眼部手术——均属非常普通的例子，而且在意大利起码还有一些医生（medici）作为眼科专家（medici ocularii）行医。当时已使用罂粟和天仙子来镇静和止痛，但外科医生受到缺乏有效的麻醉剂的限制，所以一个称职的外科医生必须强壮、灵巧、精确，最重要的是敏捷麻利。

由于外科军医随军迁移，故此他们在医疗技术的改进方面起到非常重要的作用，尤其是在对伤口和创面的处理和在帝国范围内传播医学常识方面。外科军医还不断接触新事物，尤其是新型的草药和药品，他们从中获益良多。因此，军队可能是罗马医学发展和传播的唯一一支主力军。

行医并没有资格限制，也没有正规训练。医生从未享有很高的地位，多数是希腊人，以奴隶或被释奴甚或被释奴的后裔居多。他们的社会地位从未达到很高的程度，不过确实在逐渐改善，公元前46年在罗马行医的外来医生被尤利乌斯·恺撒授予公民权。私人从业者和外科军医同医生都附属于富裕家族甚至是皇帝的扈从，有些还被城市议事会聘用以备任何不时之需。

医疗行业是少有的对妇女开放的几个行业之一，我们所知就有许多女性医生（medicae），多出身希腊，她们专为妇女诊病。更为普遍的是助产士（obstetrices），她们专职接生以及诊断各种妇科疾病和失调。她们大多在医生指导下行医，但有能力独立进行治疗，有些似乎技术高超，文化水平也很高。

军队医院非常普遍，但尚无法确定是否有民用医院。富庶的贵族在家中由常驻或上门医生诊病，而其他人在医生租用的或自己的房屋内诊病。还有一些医生经营"tabernae medicae"——一种面向商人和手工业者的医疗店铺。

现已发现许多用作各种用途的外科用具，多由青铜或黄铜制造，有时也有铁制，其中包括探针、弯钩、镊子、针和解剖刀。眼科医生印章（collyrium stamps）是带有刻字的小石片，用来在眼膏（做成非常柔软的形态）上标记。这种印章在高卢、日耳曼和不列颠地区发现较多。

哲　学

最初,罗马人不信任希腊哲学家,公元前173年和前161年两次将他们逐出罗马。到公元前2世纪末叶,哲学在罗马开始得到重视,尤其是伊壁鸠鲁学说(Epicureanism)和斯多亚学说(Stoicism),二者成为罗马哲学的主导流派。一般来说,比起理论和沉思,罗马人更注重哲学的伦理和宗教方面。

伊壁鸠鲁是公元前300年前后的雅典人,创建了伊壁鸠鲁哲学学派,我们对其学说的了解大部分来自卢克莱修的作品。伊壁鸠鲁认为,诸神以不朽的福祉存在,但并不为奖赏或惩罚而干涉人间事务。他认为灵魂并非不朽,可以向善而杜恶,神没什么可怕,死亡亦不可知觉。

斯多亚学说在公元前300前后由芝诺创立,公元前3世纪末到前2世纪初时经希腊哲学家进一步发展。罗马官方逐渐重视斯多亚学派;最著名的代表是小塞涅卡。斯多亚学者(Stoics)是泛神论和决定论者。他们认为,在神的构架中,人的角色已被决定,所以人只有如何扮演这一角色的自由,而无法选择扮演何种角色。因此,斯多亚学派提倡接受生活所给予的一切,无论好坏。

在希腊世界中,柏拉图的哲学仍具有很大影响。然而,他的罗马信徒忽视了柏拉图哲学许多形而上学和神秘主义的方面,而接受了一种理性的怀疑论,用可能性取代了事实的确定性。柏拉图哲学的两个基本观点是:人类可以向善,智者至上。

新柏拉图主义(Neoplatonism)创立于公元3世纪,是柏拉图主义的复兴,它吸收并融合了毕达哥拉斯(Pythagoras)、亚里士多德和斯多亚学者的观点。它是自公元3世纪中叶到529年查士丁尼关闭哲学学院期间占主导地位的异教哲学。新柏拉图主义是基于全面、广泛的哲学基础上的一种尝试,也展现了个体的灵魂如何有可能接近神。与基督教和神秘宗教相比,它也同样提供了一条通往拯救的道路,并且对基督教思想产生了巨大影响。

死亡和来世

来 世

关于是否有来世的问题，以及如果有它是什么样子的问题，都存在很多观点。这些观点都体现在各类葬礼习俗中。在公元 3 世纪中叶前后，葬礼习俗有一个明显的转变，即土葬比火葬更加流行，但原因不明。它可能体现了对来世的一种普遍增强的希望和期待，这是东方宗教崇拜和新柏拉图主义（而不是基督教，它在当时并未占主导地位）影响的结果。或者，它也可能是对钟爱更为夸张的仪式和与土葬有关的纪念碑这两种逐渐盛行的趋势的结果。

关于来世，没有普遍接受的观点存在，但有一种长期存在并被广泛支持的观点，即死者在墓葬中仍继续活着，并能以一种模糊、不确定的方式影响生者的命运，所以要定期向他们献祭。祭品要带到墓地，并为死者倾倒奠酒，有时墓穴装有导管，所以酒可以自动流入墓穴。尽管我们只知道一些带有这种导管的墓穴（火葬和土葬均有），但它也可能较为普遍。在墓旁举行庆祝仪式也被视为满足死者灵魂的行为。

笃信来世有时导致迷信行为。所知的埋葬场合就有重压被葬者以防止死者复活和骚扰生者，而一些尸体似乎为了同样的原因而被斩首。一般认为，灵魂在死后便去阴间（不是天堂或地狱），但那些阴间诸神不接纳的灵魂注定要永远游荡。包括基督教在内的各种宗教都提供了一个美好来世的承诺（虽然不同宗教有不同的定义方式）并促使产生一种更为普遍的观点，即灵魂（柏拉图和后来的哲学家定义为实体）不灭。

葬 礼

葬礼由专门人员组织，他们提供着丧服的妇女、奏乐者，有时也有舞者和笑剧演员。多数葬礼非常简朴，但上层人的葬礼通常都很繁复，尤其是当死者较有名气时。对于这样的人，其尸体会一直庄重地存放到葬礼开始，葬礼时丧葬队伍从城外开始行进，并取道城中各个主干街路。队伍可能在广场稍作停留，举行“悼词”(laudatio)仪式，其间，死者被放在棺木中展示遗容，通常是直立的姿势，之后诵念悼文(laudatio funebris)。

共和国时期和帝国初期，丧葬队伍的一部分是死者的家庭成员，扮作其祖先的样子并佩戴其祖先的面具(imagines)。公元前1世纪之前，这些面具均为蜡制，之后出现了其他材料。这些代表祖先之人乘在战车上，是整个丧葬队伍中最重要的角色。只有那些曾出任高级职位的人才有权当众展示祖先的头像。队伍从广场出发，出城后前往埋葬或火葬的地点。

与之相反，下层人的葬礼在死后马上举行，取道最短的路途将尸体运出城外，且没有那么繁复的丧葬队伍。穷人可能参加一些葬礼团体(collegia funeraticia)，这些团体为葬礼出资。

在墓地或火化地点还要举行各种祭典，包括为送葬者准备的筵席和向死者献祭饮食。九天之后，整个葬礼即将结束时，还有一次宴会(cena novendialis)，死者被一直悼念，尤其是在帕兰塔里亚和勒穆里亚两个节日中。“9”作为数字“3”的三倍通常很重要，用于大多数的典礼仪式中。葬礼和殓埋的具体地点因死者家庭的信仰和地方习俗的不同而多有变化。所有与葬礼相关的人都被认为受到了污染，在与其他人接触之前必须通过仪式活动得到净化。

殓　埋

罗马人对死者或埋葬(土葬)或火化(火葬)。共和国末期，火葬已取代土葬，并且直到公元3世纪中叶一直是占主导地位的习俗，那之后又开始流行土葬。然而，在各个时期，火葬和土葬都同时存在。为避免宗教意义上的污染，绝大多数葬礼都在城外墓地举行，一般在路边或城墙外。一些墓地有数以千计的墓穴。

火 葬

罗马人在火葬时将尸体在柴堆上焚烧。火葬仪式可在墓地中专为此类用途而设的地点(ustrinum)进行,也可在掩埋骨灰的地点举行,一般是在事先挖好的、被称为“bustum”的墓穴上方进行。一些礼物和死者的私人物品有时也一同焚烧。所余骨灰放入器皿中掩埋,当时使用的器皿样式多样,包括布袋、陶器、玻璃或金属容器、金棺或大理石盒。犹太人和基督徒反对火葬,故在公元5世纪时火葬习俗已绝迹。

土 葬

土葬通常是以某种方式遮盖尸体。穷人的土葬可能只用一个布袋或裹尸布。最常见的棺柩是木制的,但也有铅制和石棺(sarcophagi)。一些石棺相当华美,有些只在三面雕刻,因为它们在墓中会依墙而放。墓穴内壁可能还用石或木贴制,或用瓦片甚或双耳罐碎片来保护尸体。初生婴儿通常被殓埋而不是火葬,而且一般是在住宅附近——可能认为他们并不会引起污染。在一些地区还涂抹防腐剂,包括在棺柩里用石膏布包裹身体表面。基督徒的殓葬方式趋于东西朝向。

墓及墓碑

许多墓穴(土葬和火葬)都用墓碑作为标记。墓碑的样式很多,多数均刻有死者的介绍以及献辞题铭。可能绝大多数墓穴用木制的墓碑做标记,但无一留传。

墓葬的形状和大小随所容纳死者的数量而变化,它们可盛放一个甚至更多装在棺柩或骨灰器皿中的被埋者。很多墓葬位于精心划定的一块土地上,并且在各角用界杆标记或用矮墙圈起。对罗马人来说,陵寝即为坟墓,但逐渐指代大型坟墓,有时周围有建筑物。最大的陵墓之一是罗马的哈德良陵寝。尤其是从公元2世纪开始,上层人的墓葬多用巨大的、有时甚至是古怪的纪念碑,譬如坐落在罗马的盖尤斯·科斯提乌斯(Cestius)陵寝即状似金字塔。

图 9.10 庞贝城一座主要墓园中的墓葬，该墓园位于努科里亚(Nuceria)门外，与城墙平行。这些坟墓平面呈矩形或圆形，内部均有装饰绘画。

有时，死者的地位类似英雄，甚至几乎受到神一般的对待。这种人拥有墓葬祠堂或陵寝祠堂，生者可以从祠堂进入墓中。这似乎是基督教对殉教者墓葬的威力和圣洁产生信仰的滥觞。然而，陵寝祠堂可能只是繁复精美的坟墓。在埋葬地上方建起的大型土丘(冢)也属巨型墓碑，在北部行省发现有此类遗迹。

在墓葬和罗马后期的茔窟(地下墓室)中均使用碎石墓，后者多见于基督教教徒坟墓。茔窟是从松软岩石中开挖出的地下通道网。罗马和其他意大利城镇有一些茔窟，另外在西西里、马耳他(Malta)和北非也有发现。

在罗马，那些葬礼团体和大家族通常将火化遗存物的器皿存放在一个称为隔间(columbarium)的合葬墓中，每个器皿都有自己的“龛位”(nidus)。

随葬品

许多墓葬——包括土葬和火葬——均备有随葬品，可能是为死者在来世使

图 9.11　盖尤斯·科斯提乌斯的金字塔形墓，位于罗马城奥斯提亚门外，年代在公元前 18—前 12 年之间。

用，但基督徒的墓葬没有随葬品。随葬品的类别可能体现了死者家庭的信仰和经济状况。富人的墓葬中可能有大量盛满食物和饮料的器具，还包括为奠酒仪式而备的大肚酒壶和圆盘（餐盘），可能还有一枚金指环作为上等地位的象征，以及人们认为死者在来世可能需要的几乎所有的东西，如没药和乳香这类熏香。穷人墓葬中的随葬品很少，通常是一两件器具、食物、饮料和一些私人物品。

在一些土葬中，死者口含一枚钱币，作为送给传说中冥府渡神卡戎（Charon）的费用，有些墓葬和土葬中有一双皮靴或鞋子，有时也用灯作随葬品，这些可能是准备为死者在冥府行路所用。

阅读书目

There has been an explosion in the number of novels set in the Roman period, including crime novels, and many are well researched and worth reading to get a flavor of the times, such as the Falco novels by Lindsey Davis.

Time

Beard et al. 1998b, 60—77: calendars; Bicherman 1980: various aspects of ancient chronology, including calendars, lists of consuls and problems of dating;

Cornell 1995, 399—402: problems of early chorology; Oleson 1986: includes bibliography on time-keeping; Salzman 1990: discusses the calendar, in particular an illustrated one for AD 354 and its contents; Scullard 1981, 41—49.

Personal Relationships

Allason-Jones 1989: women in Britain; Balson 1962: women; Balson 1969: includes children; Bradley 1991; Clark 1989: various aspects relating to women, with numerous references; Clark 1993: women and children in late antiquity; Dupont 1989, 103—21; Eyben 1993: adolescent males; Grant 1992, 27—37: women; Hallett 1984: role of women in upper-class families; Hanson 1999: the family, including women and children; Harris 1994: child exposure; Jackson 1988, 86—111: women's diseases, contraception, birth; McGinn 1998: adultery and the law; Parkins 1997: the elderly in the family; Rawson (ed.) 1991: marriage, divorce, children, families; Rawson 1997: children; Treggiari 1991: marriage; Veyne 1987, 9—49: children, women, marriage, adoption; Williams 1999: sexual relationships.

Population

Brunt 1987; Duncan-Jones 1982: population size; Frier 1999; Hornblower and Spawforth (eds.) 1996, 1223; Scheidel (ed.) 2001.

Slaves

Bradley 1984: various aspects of slavery, including manumission; Bradley 1989: slave rebellions; Bradley 1994: many aspects of slavery; Dupont 1989, 56—69; Grant 1992, 100—22: slaves, freedmen and freedwomen; Harris 1999: source of slaves; Phillips 1985, 16—39; Scheidel 1997: sources of slaves; Shelton 1988, 168—205; Veyne 1987, 51—93: slaves and freedmen; Yavetz 1988: compilation of slave revolts.

Food and Drink

Alcock 2001: all aspects of food and drink, with emphasis on Roman Britain; Cotton et al. 1996: fish sauces; Dunbabin 1993: water heaters; Dupont 1989, 269—75: meals; Grant 1999: food and cookery, with many recipes converted for modern use; Jackson 1988, 32—55: diet and hygiene; King 1999: meat diet; Oleson 1986: includes bibliography on food; Shelton 1988, 81—88.

Personal Appearance

Boon 1991: razors; Croom 2000: clothing, shoes and jewelry; Henig 1994: intaglios and cameos, especially finger rings; Houston 1947: illustrated account of Roman and Byzantine costume and hairstyles; Sebesta and Bonfante (eds.) 1994: various articles on costume, hairstyles and jewelry; Smith 1999: late Roman clothing; van Driel-Murray 2001: shoes; Wild 1968: clothing in the northwest provinces; Wilson 1924: togas.

Entertainment

Baker 2000: popular account of gladiators; Balsdon 1969: various types of entertainment; Beacham 1999: public entertainment; Cameron 1976: circus factions; Coleman 1993: *naumacbiae*; DeLaine and Johnston 1999: bathing; Dupont 1989, 275—86: dinner parties; Flemming 1999: prostitution; Grant 1999: taverns; Humphrey 1986: circuses; Kohne and Ewigleben 2000: public entertainment, especially gladiators and circuses; Kyle 1998: amphitheatre spectacles, with emphasis on the victims; Landels 1999: includes Roman music; McGinn 1998: female prostitutes; Potter 1999: entertainers (e. g. gladiators); Shelton 1988; Olivova 1984; Slater 1994: review article on actors; Veyne 1987; Welch 1991: review article of amphitheaters and *naumacbiae*; Wiedemann 1992: gladiators; Williams 1999: prostitutes.

Punishment

Bauman 1996; Hornblower and Spawforth (eds.) 1996, 1297—98; Saller 1991.

Medicine

Duncan-Jones 1996: plague epidemics; Hornblower and Spawforth (eds.) 1996; Jackson 1988 and 1990a; Jackson 1990b: collyrium stamps; Jackson 1999: hydrotherapy; King 2001: introduction to medicine; Sallares 2002: malaria in Italy; Scarborough 1969; Shelton 1988.

Philosophy

Dihle 1994: includes a useful summary of philosophy from the 1st century; Howatson (ed.) 1989, 434—55; Meredith 1986: includes numerous references; Shelton 1988, 426—37.

Death and Afterlife

Davis 2000: funerary monuments of emperors; Henig 1984: death, burial and afterlife; Howatson (ed.) 1989: death, burial and afterlife; Jones 1987: burial; Kyle 1998: includes the disposal of victims of amphitheater spectacles; Reece (ed.) 1977: burial; Shelton 1988: death, burial and afterlife; Toynbee 1971: burials and tombs.

参考书目

Adam, J.-P. 1994. *Roman Building: Materials & Techniques* (translated from the French) London

Adams, C. and Laurence, R. (eds.) 2001. *Travel and Geography in the Roman Empire*. London and New York

Adams, J. N. 2003. *Bilingualism and the Latin Language*. Cambridge

Adkins, L. and Adkins, R. A. 1996. *Dictionary of Roman Religion*. New York

Aicher, P. J. 1995. *Guide to the Aqueducts of Ancient Rome*. Wauconda

Alcock, J. P. 2001. *Food in Roman Britain*. Stroud

Alcock, S. E. 1993. *Graecia capta. The landscapes of Roman Greece*. Cambridge

Aldhouse Green, M. 2001. *Dying for the Gods. Human Sacrifice in Iron Age and Roman Europe*. Stroud and Charleston

Aldrete, G. S. and Mattingly, D. J. 1999. "Feeding the City: The Organization, Operation, and Scale of the Supply System for Rome." In D. S. Potter and D. J. Mattingly *Life, Death, and Entertainment in the Roman Empire*, pp. 171—204. Ann Arbor

Alföldy, G. 1974 *Noricum*. London and Boston

Allason-Jones, L. 1989*Women in Roman Britain*. London

Alston, R. 1994. "Roman Military Pay from Caesar to Diocletian." *Journal of Roman Studies* 84, pp. 113—23.

Anderson, A. S. 1987, "The Imperial Army." In J. Wacher, ed., *The Roman World*, vol. 1, pp. 89—106. London and New York

Anderson, J. K. 1985*Hunting in the Ancient World*. Berkeley, Los Angeles and London

Andreae, B. 1973*The Art of Rome* (translated and published in English in 1978). London

Andreau, J. 1999. *Banking and Business in the Roman World* (translated from the French). Cambridge

Applebaum, S. 1987 "Animal Husbandry". In J. Wacher, ed., *The Roman World*, vol. 2, pp. 504—26. London and New York

Austin, N. J. E. and Rankov, N. B. 1995. *Exploratio. Military and Political Intelligence in the Roman World from the Second Punic War to the Battle of Adrianople*. London and New York

Baatz, D. and Herrmann, F.-R, eds. 1982. *Die Römer in Hessen*. Stuttgart

Bailey, D. 1983. "Terracotta Revetments, Figurines and Lamps." In M. Henig, ed., *A Handbook of Roman Art: A Survey of the Visual Arts of the Roman World*, pp. 191—204. Oxford

——. 1991. "Lamps Metal, Lamps Clay: A Decade of Publication." *Journal of Roman Archaeology* 4, 51—62.

Baker, A. 2000. *The Gladiator: The Secret History of Rome's Warrior Slaves*. London

Balsdon, J. P. V. D. 1962. *Roman Women: Their History and Habits*. London

——. 1969. *Life and Leisure in Ancient Rome*. London

——. 1970. *Rome: The Story of an Empire*. London

Bandinelli, R. B. 1969. *Rome. The Centre of Power. Roman Art to AD 200* (translated and published in 1970). London and New York

——. 1970. *Rome. The Late Empire. Roman Art AD 200—400* (translated and published in 1971). London and New York

Barbet, A., ed. 1983. *La peinture murale romaine dans les provinces de L'Empire: Journées d'étude de Paris 23—25 Septembre* 1982. Oxford

Barnwell, P. S. 1992. *Emperors, Prefects & Kings. The Roman West*, pp. 395—565. London

Barton, I. M. 1989. "Religious Buildings." In I. M. Barton, ed., *Roman Public Buildings*, pp. 67—96. Exeter

——., ed. 1989. *Roman Public Buildings*. Exeter

Bass, G. R, ed. 1972. *A History of Seafaring Based on Underwater Archaeology*. London

Bateman, N. 1985. "Warehousing in Roman London." In G. Milne, *The Port of Roman London*, pp. 68—78. London

Bateman, N. and Locker, A. 1982. "The Sauce of the Thames." *London Archaeologist* 4, pp. 204—7.

Bauman, R. A. 1996. *Crime and Punishment in Ancient Rome*. London and New York

Beacham, R. C. 1999. *Spectacle Entertainments of Early Imperial Rome*. New Haven and London

Beard, M. and Henderson, J. 2001. *Classical Art. From Greece to Rome*. Oxford

Beard, M., North, J. and Price, S. 1998a. *Religions of Rome. Volume 1. A History*. Cambridge

——. 1998a. *Religions of Rome. Volume 2. A Sourcebook*. Cambridge

Beckwith, J. 1979. *Early Christian and Byzantine Art*, 2nd ed. Harmondsworth

Bedon, R., ed. 1997. *Les Aqueducs de la Gaule romaine et des régions voisines*. Limoges

Bedon, R. 2001. *Atlas des villes, bourgs, villages de France au passé romain*. Paris

Bennett, J. 1980. *Towns in Roman Britain*. Princes Risborough

Berger, A. 1953. *Encyclopedic Dictionary of Roman Law*. Philadelphia

Bickerman, E. J. 1980. *Chronology of the Ancient World*. 2nd ed. London and Ithaca, N. Y.

Bidwell, P., Miket, R, and Ford, B. 1988. *Portae cumturribus. Studies of Roman Fort Gates*. Oxford

Birley, E. 1988. *The Roman Army. Papers 1929—1986*. Amsterdam

Bishop, M. C. 1985. "The Military *Fabrica* and the Production of Arms in the Early Principate." In M. C. Bishop, ed., *The Production and Distribution of Roman Military Equipment*, pp. 1—42. Oxford

——., ed. 1985. *The Production and Distribution of Roman Military Equipment*.

Oxford: British Archaeological Reports International Series 275.

Bishop, M. C. and Coulston, J. C. 1989. *Roman Mili tary Equipment*. Princes Risborough

——. 1993 *Roman Military Equipment from the Punic Wars to the Fall of Rome*. London

Black, E. W 1987. *The Roman Villas of South-East England*. Oxford: British Archaeological Reports 171.

Blackman, D.J., ed. 1973. *Marine Archaeology*. Colston Papers no. 23. London

Blagg, T. 1983. "Architecture." In M. Henig, ed., *A Handbook of Roman Art*, pp. 26—65. Oxford

Blagg, T. F. C. 1987. "Society and the Artist." In J. Wacher, ed., *The Roman World*, vol. 2, pp. 717—42. London and New York

Boardman, J., Griffin, J., and Murray, O. 1986. *The Roman World*. Oxford

Boethius, A. 1970. *Etruscan and Early Roman Architecture*. Harmondsworth. 2nd integrated ed. published 1978.

Bomgardner, D. L. 2000. *The Story of the Roman Amphitheatre*. London and New York

Bonanno, A. 1976. *Portraits and Other Heads on Roman Historical Relief Up to the Age of Septimius Severus*. Oxford: British Archaeological Reports Supplementary Series 6.

Bonner, S. F. 1977. *Education in Ancient. From the Elder Cato to the Younger Pliny*. London

Boon, G.C. 1991. "*Tonsor Humanus*: Razor and Toilet-knife in Antiquity." *Britannia* 22, pp. 21—32.

Bowder, D., ed. 1980. *Who Was Who in the Roman World 753 BC-AD 476*. Oxford

Bowie, E. L. and Harrison, S. J. 1993. "The Romance of the Novel." *Journal of Roman Studies* 83, 159—78.

Bowman, A. K. 1986. *Egypt after the Pharaohs 332 BC-AD 642 from Alexander to the Arab Conquest*. London

Bowman, A. K. and Thomas, J. D. 1983. *Vindolanda: The Latin Writing Tablets*. London: Britannia Monograph Series 4.

——. 1994. *The Vindolanda Writing-tablets (tabulae Vindolandenses II)*. London

Bradley, K. R. 1984. *Slaves and Masters in the Roman Empire. A Study in Social Control*. Brussels

——. 1989. *Slavery and Rebellion in the Roman World 140 B.C.—70 B.C.* Bloomington and London

——. 1991. *Discovering the Roman Family. Studies in Roman Social History*. Oxford

——. 1994. *Slavery and Society at Rome*. Cambridge

Bradley, P. 1990. *Ancient Rome. Using Evidence*. Victoria

Braund, D. C., ed. 1988. *The Administration of the Roman Empire (241 BC-AD 193)*. Exeter

Breeze, D. J. 1982. *The Northern Frontiers of Roman Britain*. London

——. 1987. "The Frontiers: Britain." In J. Wacher, ed., *The Roman World*, vol. 1, pp. 198—222. London and New York

Breeze, D. J. and Dobson, B. 2000. *Hadrian's Wall*. 4th ed. London

Brennan, T. C. 2000. *The Praetorship in the Roman Republic*. Oxford and New York

Bridger, C.J. 1984. "The *Pes Monetalis* and the *Pes Drusianus* in Xanten." *Britannia* 15, pp. 85—98.

Brilliant, R. 1974. *Roman Art from the Republic to Constantine*. London

Brodribb, G. 1987. *Roman Brick and Tile*.

Gloucester

Brothers, A. J. 1989. "Buildings for Entertainment." In I. M. Barton, ed., *Roman Public Buildings*, pp. 97—125. Exeter

Brown, D. 1976a. "Bronze and Pewter." In D. Strong and D. Brown, eds., *Roman Crafts*, pp. 24—41. London

——. 1976b. "Pottery." In D. Strong and D. Brown, eds., *Roman Crafts*, pp. 74—91. London

Brunt, P. A 1987. "Labour." In J. Wacher, ed., *The Roman World*, vol. 2, pp. 701—16. London and New York

Buck, D. J., and Mattingly, D. J., eds. 1985. *Town and Country in Roman Tripolitania: Papers in Honour of Olwen Hackett*. Oxford

Burford, A. 1972. *Craftsmen in Greek and Roman Society*. London

Burnett, A., Amandry, M., and Ripollès, P. P. 1992. *Roman Provincial Coinage. Volume I from the Death of Caesar to the Death of Vitellius (44 BC-AD 69)*. Part Ⅰ: Introduction and Catalogue. Part Ⅱ: Indexes and Plates. London and Paris

Burnham, B. C. and Wacher, J. 1990. *The "Small Towns" of Roman Britain*. London

Burton, G. 1987. "Government and the Provinces." In J. Wacher, ed., *The Roman World*, vol. 2; pp. 423—39. London and New York

Butcher, S. A. 1976. "Enamelling." In D. Strong and D. Brown, eds., *Roman Crafts*, pp. 42—51. London

Cameron, A. 1976. *Circus Factions Blues and Greens at Rome and Byzantium*. Oxford

——. 1992. "Observations on the Distribution and Ownership of Late Roman Silver Plate." *Journal of Roman Archaeology* 5, pp. 178—85.

Campbell, B. 1996. "Shaping the Rural Environment: Surveyors in Ancient Rome." *Journal of Roman Studies* 86, pp. 74—99.

——., ed. 2000. *The Writings of the Roman Land Surveyors. Introduction, Text, Translation and Commentary*. London

Carson, R. A. G. 1978. *Principal Coins of the Romans. Volume I. The Republic c. 290—31 BC*. London

——. 1980. *Principal Coins of the Romans. Volume Ⅱ. The Principate 31 BC-AD296*. London

——. 1981. *Principal Coins of the Romans. Volume Ⅲ. The Dominate AD 294—498*. London

——. 1990. *Coins of the Roman Empire*. London and New York

Carter, J. 1989. "Civic and Other Buildings." In I. M. Barton, ed., *Roman Public Buildings*, pp. 31—65. Exeter

Casey, P. J. 1980. *Roman Coinage in Britain*. Princes Risborough

Casson, L. 1991. *The Ancient Mariners. Seafarers and Sea Fighters of the Mediterranean in Ancient Times*. 2nd ed. Princeton

——. 2001. *Libraries in the Ancient World*. New Haven and London

Chapman, H. 1978. "Writing Tablets." In *Southwark Excavations* 1972—1974, pp. 397—401. London and Middlesex Archaeological Society/ Surrey Archaeological Society joint publication 1.

Chevallier, R 1976. *Roman Roads*. London

——. 1988. *Voyages et déplacements dans l'empire romain*. Paris

Claridge, A. 1993. "Hadrian's Column of

Trajan." *Journal of Roman Archaeology*6, pp. 5—22

Clark, G. 1989. *Women in the Ancient World*. Oxford

——. 1993. *Women in Late Antiquity. Pagan and Christian Life-styles*. Oxford

Clarke, J. R. 1991. *Houses of Roman Italy 100 B. C.-A. D. 250*. Los Angeles

Clauss, M. 2000. *The Roman Cult of Mithras* (translated from 1990 German edition by R. Gordon) Edinburgh

Clayton, P. A. 1988. "The Pharos at Alexandria." In P. A. Clayton and M. J. Price, *The Seven Wonders of the Ancient World*, pp. 138—57. London and New York

Clayton, P. A. and Price, M. J. 1988. *The Seven Wonders of the Ancient World*. London and New York

Cleere, H. 1976. "Ironmaking." In D. Strong and D. Brown, eds., *Roman Crafts*, pp. 126—41. London

Coleman, K. M. 1993. "Launching into History: Aquatic Displays in the Early Empire." *Journal of Roman Studies* 83, 48—74.

Collingwood, R. G. and Wright, R. P. 1965. *The Roman Inscriptions of Britain. I. Inscriptions on Stone*. Oxford

Connolly, P. 1981. *Greece and Rome* at *War*. London

——. 1987. "The Roman Saddle." In M. Dawson, ed., *The Roman Military Equipment*, pp. 7—27. Oxford

Cornell, T. J. 1995. *The Beginnings of Rome. Italy and Rome from the Bronze Age to the Punic Wars (c. 1000—264 BC)*. London and New York

Cornell, T. J. and Matthews, J. 1982. *Atlas of the Roman World*. Oxford

Cotton, H., Lernau, O., and Goren, Y. 1996. "Fish Sauces from Herodian Masada." *Journal of Roman Archaeology*9, pp. 223—38

Cotton, H. M., Cockle, W. E. H. and Millar, F. G. B. 1995. "The Papyrology *of* the Roman Near East: A Survey." *Journal of Roman Studies* 85, pp. 214—35

Coulston, J. C. 1985. "Roman Archery Equipment." In M. Bishop, ed., *The Production and Distribution of Roman Military Equipment. The Accoutrements of War*, pp. 220—336. Oxford

Coulston, J. C. and Dodge, H., eds. 2000. *Ancient Rome: The Archaeology of the Eternal City* (Oxford)

Crawford, M. H. 1985. *Coinage and Money under the Roman Republic. Italy and the Mediterranean Economy*. London

Crook, J. A. 1967. *Law and Life of Rome*. London

Croom, A. T. 2000. *Roman Clothing and Fashion*. Stroud and Charleston

Crummy, N. 1981. *The Roman Small Finds from Excavations in Colchester* 1971—9. Colchester Archaeological Report 2.

Cüppers, H., ed. 1990. *Die Römer in Rheinland-Pfalz*. Stuttgart

Curchin, L. A. 1991. *Roman Spain. Conquest and Assimilation*. London

Dalby, A. 2000. *Empire of Pleasures: Luxury and Indulgence in the Roman World*. London and New York

Daniels, C. 1987. "The Frontiers: Africa." In J. Wacher, ed., *The Roman World*, vol. 1, pp. 223—65. London and New York

Davies, H. 2002. *Roads in Roman Britain*. Stroud and Charleston

Davies, O. 1935. *Roman Mines in Europe*. Oxford

Davies, P. J. E. 2000. *Death and the Emperor. Roman Imperial Funerary Monuments from Augustus to Marcus Aurelius*. Cambridge

Davies, R. W. 1985. *Service in the Roman Army*. Eds. D. Breeze and V. A. Maxfield. Edinburgh

Davison, D. P. 1989. *The Barracks of the Roman Army from the 1st to 3rd centuries A. D. A Comparative Study of the Barracks from Fortresses, Forts and Fortlets with* an *Analysis of Building Types and Construction, Stabling and Garrisons*. Oxford

Dawson, M., ed. 1987. *The Roman Military Equipment. The Accoutrements of War*. Oxford: British Archaeological Reports International Series 336.

De Alarcão, J. 1988. *Roman Portugal: Introduction and Gazetteer*. Warminster

DeLaine, J. 1988. "Recent Research on Roman Baths." *Journal of Roman Archaeology* 1, pp. 11—32.

DeLaine, J. and Johnston, D. E. (eds.) 1999. *Roman Baths and Bathing. Proceedings of the First International Conference on Roman Baths held* at *Bath, England, 30 March — 4 April* 1992. *Part 1: Bathing and Society. Part 2: Design and Context*. Portsmouth, Rhode Island

De Ruyt, C. 1983. *Macellum. Marché alimentaire des Romains*. Louvain-la-Neuve.

de Souza, P. 1999. *Piracy in the Graeco-Roman World*. Cambridge

Dihle, A. 1994. *Greek and Latin Literature of the Roman Empire from Augustus to Justinian* (translated from the 1989 German edition). London and New York

Dilke, O. A. W. 1971. *The Roman Land Surveyors. An Introduction to the Agrimensores*. Newton Abbot

——. 1985. *Greek and Roman Maps*. London

Dixon, K. R. and Southern, P. 1992. *The Roman Cavalry from the First to the Third Century* AD. London

Dobson, B. 1981. "Army Organisation." In P. Connolly, *Greece and Rome at War*, pp. 213—27. London

Dodge, H. 1990. "The Architectural Impact of Rome in the East." pp. 108—20. In M. Henig, ed., *Architecture and Architectural Sculpture in the Roman Empire*. Oxford.

——. 1991. "Ancient Marble Studies: Recent Research." *Journal of Roman Archaeology* 4, pp. 28—50.

Dorigo, W. 1966. *Late Roman Painting. A Study of Pictorial Records 30BC-AD500*, trans. and pub. in 1971. London

Drack, W. and Fellmann, R 1988. *Die Riimer in der Schweiz*. Stuttgart

Drinkwater, J. E. 1987. "Urbanization in Italy and the Western Empire." In J. Wacher, ed., *The Roman World*, vol. 2; pp. 345—87. London and New York

Drury, P. J. 1980. "Non-classical Religious Buildings in Iron Age and Roman Britain: A Review." In W Rodwell, ed., *Temples, Churches and Religion*, pp. 45—78. Oxford

Dunbabin, K. M. D. 1978. *The Mosaics of Roman North Africa. Studies in Iconography and Patronage*. Oxford

——. 1993. "Wine and Water at the Roman *convivium*." *Journal of Roman Archaeology* 6, pp. 116—41.

——. 1999. *Mosaics of the Greek and Roman World*. Cambridge

Duncan-Jones, R. 1982. *The Economy of the Roman Empire. Quantitative Studies*.

2nd ed. Cambridge

——. 1994. *Money and Government in the Roman Empire*. Cambridge

——. 1996 "The Impact of the Antonine Plague." *Journal of Roman Archaeology*9, pp. 108—36.

du Plat, J. Taylor and Cleere, H., eds. 1978. *Roman Shipping and Trade: Britain and the Rhine Provinces*. London.

Dupont, F. 1989. *Daily Life in Ancient Rome*, trans. and pub. in 1992. Oxford, UK, and Cambridge, Mass.

Edmondson, J. C. 1989. "Mining in the Later Roman Empire and Beyond: Continuity or Disruption?" *Journal of Roman Studies*79, pp. 84—102.

Ellis, S. P. 2000. *Roman Housing*. London

Elton, H. 1996. *Frontiers of the Roman Empire*. London

Engels, D. W. 1999. *Classical Cats. The Rise and Fall of the Sacred Cat*. London and New York

Eyben, E. 1993. *Restless Youth in Ancient Rome*. London and New York

Fabre, G., Fiches, J.-L., and Paillet, J.-L. 1991. "Interdisciplinary Research on the Aqueduct of Nîmes and the Pont du Gard." *Journal of Roman Archaeology*4, pp. 63—88.

Fant, J. C. 1993. "A Distribution Model for the Roman Imperial Marbles." In W. V. Harris, ed., *The Inscribed Economy. Production and Distribution in the Roman Empire in the Light of* instrumentum domesticum, pp. 145—70. Ann Arbor, Michigan

——. 2001. "Rome's Marble Yards." *Journal of Roman Archaeology* 14, pp. 167—98.

Farrar, L. 1998. *Ancient Roman Gardens*. Stroud

Faulkner, N. 2002. *Apocalypse: The Great Jewish Revolt against Rome AD 66—73*. Stroud

Ferguson, J. 1970. *The Religions of the Roman Empire*. London

——. 1987. "Ruler-worship." In J. Wacher, ed., *The Roman World*, vol. 2; pp. 766—79. London and New York

Filtzinger, D., Planck, D., and Gämmerer, B. eds. 1986. *Die Römer in Baden Wiirttenberg*. Stuttgart

Fischer, M., Isaac, B. and Roll, I. 1996. *Roman Roads in Judaea Ⅱ: The Jaffa-Jerusalem Roads*. Oxford

Flemming, N. C. 1980. "Structures under Water." In K. Muckelroy, ed., *Archaeology under Water*, pp. 162—77. New York and London

Flemming, R. 1999. "*Quae Corpore Quaestum Facit*: The Sexual Economy of Female Prostitution in the Roman Empire." *Journal of Roman Studies*89, pp. 38—61

Frere, S. 1967. *Britannia. A History of Roman Britain*. London

Frere, S. S., Roxan, M., and Tomlin, R. S. O., eds. 1990. *The Roman Inscriptions of Britain. Volume Ⅱ. Instrumentum Domesticum. Fascicule 1*. Gloucester

Frier, B. W. 1999. "Roman Demography." In D. S. Potter and D J. Mattingly, *Life, Death, and Entertain ment in the Roman Empire*, pp. 85—109. Ann Arbor

Gilliver, C. M. 1999. *The Roman Art of War*. Stroud and Charleston.

Golvin, J.-C. 1988. *L'amphithéâtre romain. Essai sur la théorisation de sa forme et de ses fonctions*. Paris

Gordon, A. E. 1983. *Illustrated Introduc-*

tion to Latin Epigraphy. Berkeley, Los Angeles and London

Gradel, I. 2002. *Emperor Worship and Roman Religion*. Oxford

Grant, Mark 1999. *Roman Cookery: Ancient Recipes for Modern Kitchens*. London

Grant, Michael 1971. *Roman Myths*. London

——. 1973. *The Jews in the Roman World*. London

——. 1974. *The Army of the Caesars*. London

——. 1980. *Greek and Latin Authors 800 B. C.-A. D. 1000*. New York

——. 1990. *The Visible Past. Greek and Roman History from Archaeology 1960—1990*. London

——. 1992. *Greeks and Romans. A Social History*. London

Green, E. 1987. "Laws and the Legal System in the Principate." In J. Wacher, ed., *The Roman World*, vol. 2; pp. 440—54. London and New York

Green, M. J. 1976. *A Corpus of Religious Material from the Civilian Areas of Roman Britain*. Oxford

——. 1986. *The Gods of the Celts*. Gloucester and Totowa, N. J.

——. 1987. "Provincial Cults." In J. Wacher, ed., *The Roman World*, vol. 2; pp. 785—792. London and New York

——. 1992. *Dictionary of Celtic Myth and Legend*. London

Greene, K. 1979. *Report on the Excavations at Usk 1965—1976: The Pre-Flavian FineWares*. Cardiff

——. 1986. *The Archaeology of the Roman Economy*. London

Greenhill, B. 1976. *Archaeology of the Boat. A New Introductory Study*. London

Grew, F., Pritchard, F., and Richardson, B. 1985. "Traffic and Trade." In G. Milne, *The Port of London*, pp. 103—26. London

Grimal, P. 1983. *Roman Cities*, trans., ed. and a descriptive catalogue of Roman cities by G. M. Woloch. Madison

Gwinup, T. and Dickinson, F. 1982. *Greek and Roman Authors: A Checklist of Criticism*, 2nd ed. Metuchen, N. J.

Hague, D. B. 1973. "Lighthouses." In D. J. Blackman, ed., *Marine Archaeology*, pp. 293—314. London

Hallett, J. 1984. *Fathers and Daughters in Roman Society: Women and the Elite Family*. Princeton, N. J.

Hanley, R. 1987. *Villages in Roman Britain*. Princes Risborough

Hanson, A. E. 1999. "The Roman Family." In D. S. Potter and D. J. Mattingly, *Life, Death, and Entertainment in the Roman Empire*, pp. 19—66. Ann Arbor

Harden, D. B. 1970. "Ancient Glass. II: Roman," *Archaeological Journal* 126, pp. 44—77.

Harden, D. B., Hellenkemper, H., Painter, K., and Whitehouse, D. 1987. *Glass of the Caesars*. Milan

Harden, D. B., Painter, K. S., Pinder-Wilson, R. H., and Tait, H. 1968. *Masterpieces of Glass*. London

Hardie, P., ed. 2002. *The Cambridge Companion to Ovid*. Cambridge

Harries, J. 1987. "The Rise of Christianity." In J. Wacher, ed., *The Roman World*, vol. 2; pp. 796—811. London and New York

Harris, W. V. 1994. "Child-exposure in the Roman Empire." *Journal of Roman Studies* 84, pp. 1—22

——. 1999. "Demography, Geography and

the Sources of Roman Slaves." *Journal of Roman Studies* 89, pp. 62—75

Harrison, G. W. M. 1993. *The Romans and Crete*. Amsterdam

Hayes, J. W. 1997. *Handbook of Mediterranean Roman Pottery*. London

Hazel, John. 2001. *Who's Who in the Roman World*. London, New York

Healey, J. F. 1978. *Mining and Metallurgy in the Greek and Roman World*. London

Heinen, H. 1985. *Trier und das Treverland in römischer Zeit*. Trier

Heinz, W. 1983. *Römische Thermen*. Munich

Henig, M. 1983. "The Luxury Arts: Decorative Metalwork, Engraved Gems and Jewellery." In M. Henig, ed., *A Handbook of Roman Art*, pp. 139—65. Oxford

——. 1984. *Religion in Roman Britain*. London

——. ed. 1983. *A Handbook of Roman Art: A Survey of the Visual Arts of the Roman World*. Oxford

——. ed. 1990. *Architecture and Architectural Sculpture in the Roman Empire*. Oxford

——. 1994. *Classical Gems. Ancient and Modern Intaglios and Cameos in the Fitzwilliam Museum Cambridge*. Cambridge

——. 1995. *The Art of Roman Britain*. London

Henig, M. and King, A., eds. 1986. *Pagan Gods and Shrines of the Roman Empire*. Oxford

Higgins, R. 1976. "Jewellery." In D. Strong and D. Brown, eds., *Roman Crafts*, pp. 52—61. London

——. 1980. *Greek and Roman Jewellery*, 2nd ed. London

Hill, D. 1984. *A History of Engineering in Classical and Medieval Times*. London

Hingley, R. 1989. *Rural Settlement in Roman Britain*. London

Hodge, A. T. 1989. "Aqueducts." In I. M. Barton, ed. *Roman Public Buildings*, pp. 127—49. Exeter

——. 1992. *Roman Aqueducts & Water Supply*. London

Holder, P. A. 1982. *The Roman Army in Britain*. London

Horn, H. G., ed. 1987. *Die Römer in Nordrhein-Westfalen*. Stuttgart

Hornblower, S and Spawforth, A., eds. 1996. *The Oxford Classical Dictionary*, 3rd ed. Oxford and New York

Houston, M. G. 1947. *Ancient Greek, Roman and Byzantine Costume & Decoration*. 2nd ed. London

Howatson, M. C., ed. 1989. *The Oxford Companion to Classical Literature*, 2nd ed. Oxford

Humphrey, J. H. 1986. *Roman Circuses. Arenas for Chariot Racing*. London

Hurst, H. 1994. "Child Sacrifice at Carthage." *Journal of Roman Archaeology* 7, pp. 325—328

Huskinson, J. 1993. "The Later Roman Period." In J. Boardman, ed. *The Oxford History of Classical Art*. pp. 297—344. Oxford

Hutchinson, V. J. 1991. "The Cult of Dionysos/Bacchus in the Graeco-Roman World: New Light from Archaeological Studies." *Journal of Roman Archaeology* 4, pp. 222—30.

Hyland, A. 1990. *Equus: The Horse in the Roman World*. London

——. 1993. *Training the Roman Cavalry. From Arrian's Ars Tactica*. Stroud.

Ireland, R. 1983. "Epigraphy." In M.

Henig, ed., *A Handbook of Roman Art*, pp. 220—33. Oxford

Isaac, B. 1988. "The Meaning of the Terms *Limes* and *Limitanei*." *Journal of Roman Studies*78, pp. 125—27.

——. 1992. *The Limits of Empire*: *The Roman Army in the East*2nd ed. Oxford

Isings, C. 1957. *Roman Glass from Dated. Finds.* Groningeni/Djakarta

Jackson, R. 1988. *Doctors and Diseases in the Roman Empire*. London

——. 1990a. "Roman Doctors and Their Instruments: Recent Research into Ancient Practice." *Journal of Roman Archaeology* 3, pp. 5—27.

——. 1990b. "A New Collyrium Stamp from Cambridge and a Corrected Reading of the Stamp from Caistor-by-Norwich." *Britannia* 21, pp. 275—83.

——. 1999. "Spas, waters, and hydrotherapy in the Roman world." In J. DeLaine and D. E. Johnston, eds. 1999. *Roman Baths and Bathing. Proceedings of the First International Conference on Roman Baths held at Bath, England, 30 March—4 April 1992. Part 1: Bathing and Society. Part 2: Design and Context*, pp. 107—16. Portsmouth, Rhode Island

Johns, C. 1971. *Arretine and Samian Pottery*. London

Johnson, A. 1983. *Roman Forts of the 1st and 2nd centuries AD in Britain and the German Provinces*. London

Johnson, S. 1983. *Late Roman Fortifications*. London

——. 1989 *English Heritage Book of Hadrian's Wall*. London

Johnston, D. 1999. *Roman Law in Context*. Cambridge

Johnston, D. E. 1979. *An Illustrated History of Roman Roads in Britain*. Bourne End

——. ed. 1977. *The Saxon Shore*. London

Johnstone, P. 1988. *The Sea-craft of Prehistory*, 2nd ed. London

Jones, B., and Mattingly, D. 1990. *An Atlas of Roman Britain*. Oxford

Jones, J. M. 1990. *A Dictionary of Ancient Roman Coins*. London

Jones, P. 1997. *Learn Latin*: *The Book of the Daily Telegraph QED Series*. London

Jones, R. 1987. "Burial Customs of Rome and the Provinces." In J. Wacher, ed., *The Roman World*, vol. 2; pp. 812—37. London and New York

Kapiän, G. 1973. "Greco-Roman Anchors and the Evidence for the One-armed Wooden Anchor in Antiquity." In D. J. Blackman, ed., *Marine Archaeology*, pp. 383—94. London

Keay, S. J. 1988. *Roman Spain*. London

Kennedy, D. 1987. "The Frontiers: The East." In J. Wacher, ed., *The Roman World*, vol. 1, pp. 266—308. London and New York

——. 1992. "The Roman Frontier in Arabia (Jordanian sector)." *Journal of Roman Archaeology*5, pp. 473—89.

Kennedy, D. and Riley, D. 1990. *Rome's Desert Frontier from the Air*. London

Kent, J. 1987. "The Monetary System." In J. Wacher, ed., *The Roman World*, vol. 2, pp. 568—85. London and New York

Kent, J. P. C., and Painter, K. S. 1977. *Wealth of the Roman World. Gold and Silver AD 300—700*. London

Keppie, L. 1984. *The Making of the Roman Army*: *From Republic to Empire*. London

——. 1991. *Understanding Roman Inscriptions*. London

King, A. 1983. "Pottery." In M. Henig, ed., *A Handbook of Roman Art*, pp. 179—90. Oxford

——. 1990. *Roman Gaul and Germany*. London

——. 1999. "Diet in the Roman World: A Regional Inter-site Comparison of the Mammal Bones." *Journal of Roman Archaeology* 12, pp. 168—202

King, H. 2001. *Greek and Roman Medicine*. London

Kleiner, F. S. 1989. "The Study of Roman Triumphal and Honorary Arches 50 Years after Kähler." *Journal of Roman Archaeology* 2, pp. 195—206.

Köhne, E. and Ewigleben, C. 2000. *The Power of Spectacle in Ancient Rome: Gladiators and Caesars* (trans lated from the German). London

Kyle, D. G. 1998. *Spectacles of Death in Ancient Rome*. London and New York

Landels, J. G. 1978. *Engineering in the Ancient World*. London

——. 1999. *Music in Ancient Greece and Rome*. London and New York.

Lander, J. 1984. *Roman Stone Fortifications. Variation and Change from the First Century A. D. to the Fourth*. Oxford: British Archaeological eports International Series 206.

Lane Fox, R. 1986. *Pagans and Christians*. Harmondsworth

Le Bohec, Y. 1994. *The Imperial Roman Army* (translated from 1989 French edition). London

Lengyel, A., and Radan, G. T. B., eds. 1980. *The Archaeology of Roman Pannonia*. Lexington and Budapest

Levi, P. 1997. *Horace: A Life*. London

Levick, B. 1987. "Urbanization in the Eastern Empire." In J. Wacher, ed., *The Roman World*, vol. 1, pp. 329—44. London and New York

Lewis, M. J. T. 2001. *Surveying Instruments of Greece and Rome*. Cambridge

Lewis, N., and Reinhold, M., eds. 1990. *Roman Civilization. Selected. Readings. Volume II: The Empire*. 3rd ed. New York

Liebeschuetz, J. H. W. G. 1987. "Government and Administration in the Late Empire (to AD 476)." In J. Wacher, ed., *The Roman World*, vol. 2, pp. 455—69. London and New York

Ling, R. 1976. "Stuccowork." In D. Strong and D. Brown, eds., *Roman Crafts*, pp. 209—21. London

——. 1998. *Ancient Mosaics*. London

Lintott, A. 1990. "Electoral Bribery in the Roman Republic." *Journal of Roman Studies* 80, pp. 1—16.

Liversidge, J. 1976. "Woodwork." In D. Strong and D. Brown, eds., *Roman Crafts*, pp. 154—166. London

Liversidge, J., ed. 1982. *Roman Provincial Wall Painting of the Western Empire*. Oxford

——. 1983. "Wall Painting and Stucco." In M Henig, ed., *A Handbook of Roman Art*, pp. 97—115. Oxford

London Association of Classical Teachers. 1971. *Some Inscriptions from Roman Britain*. 2nd ed. Original Records no. 4.

MacDonald, W. I. 1982. *The Architecture of the Roman Empire. I. An Introductory Study*, rev. ed. New Haven and London

——. 1986. *The Architecture of the Roman Empire. II. An Urban Appraisal*. New

Haven and London

McGinn, T. A. J. 1998. *Prostitution, Sexuality, and the Law in Ancient Rome*. New York and Oxford

MacGregor, A. 1985. *Bone, Antler, Ivory & Horn. The Technology of Skeletal Materials since the Roman Period*. London, Sydney and Totowa, N. J.

McKay, A. G. 1975. *Houses, Villas and Palaces in the Roman World*. London

Macready, S., and Thompson, F. H., eds. 1987. *Roman Architecture in the Greek World*. London

McWhirr, A. 1982. *Roman Crafts and Industries*. Princes Risborough

——., ed. 1979. *Roman Brick and Tile: Studies in Manufacture, Distribution and Use in the Western Empire*. Oxford

——. 1987. "Transport by Land and Water." In J. Wacher, ed., *The Roman World*, vol. 2, pp. 658—70. London and New York

Magie, D. 1950. *Roman Rule in Asia Minor to the End of the Third Century after Christ*. New York orig. pub. 1950. Princeton, reprint.

Mann, J. C. 1977. "*Duces* and *Comites* in the 4th Century." In D. E. Johnston, ed., *The Saxon Shore*, pp. 11—15. London

——. 1983. *Legionary Recruitment and Veteran Settlement during the Principate*. London

Manning, W. H. 1976. "Blacksmithing." In D. Strong and D. Brown, ed., *Roman Crafts*, pp. 142—53. London

——. 1985. *Catalogue of the Romano-British Iron Tools, Fittings and Weapons in the British Museum*. London

——. 1987. "Industrial Growth." In J. Wacher, ed., *The Roman World*, vol. 2, pp. 586—610. London and New York

March, J. 1998. *Dictionary of Classical Mythology*. London

Marsden, E. W. 1969. *Greek and Roman Artillery. Historical Development*. Oxford

Marsden, P. 1972. "Ships of the Roman Period and after in Britain." In G. F. Bass, ed., *A History of Seafaring*, pp. 113—32. London

Martindale, C. ed. 1997. *The Cambridge Companion to Virgil*. Cambridge

Mattingly, D. J. 1988. "Oil for Export? A Comparison of Libyan, Spanish and Tunisian Oil Production in the Roman Empire." *Journal of Roman Archaeology* 1, pp. 33—56.

——. 1995. *Tripolitania*. London

Mattingly, D. J. and Hayes, J. W. 1992. "Nador and Fortified Farms in North Africa." *Journal of Roman Archaeology* 5, pp. 408—18.

Mattingly, D. J. and Hitchner, B. 1995. "Roman Africa: An Archaeological Review." *Journal of Roman Studies* 85, pp. 165—213.

Maxfield, V. A. 1981. *The Military Decorations of the Roman Army*. London

——. 1987. "The Frontiers: Mainland Europe." In J. Wacher, ed., *The Roman World*, vol. 1, pp. 139—97. London and New York

——., ed. 1989. *The Saxon Shore. A Handbook*. Exeter

Maxfield, V. A. and Dobson, M. J., eds. 1991. *Proceedings of the XVth International Congress of Roman Frontier Studies*. Exeter

Meiggs, R. 1982. *Trees and Timber in the Ancient Mediterranean World*. Oxford

Meijer, F. 1986. *A History of Seafaring in the Classical World*. London and Sydney

Meredith, A. 1986. "Later Philosophy." In J. Board man, J. Griffin, and O. Murray, *The Roman World*, pp. 288—307. Oxford

Merrifield, R. 1987. *The Archaeology of Ritual and Magic*. London

Millar, F. 1993. *The Roman Near East 31 BC-AD 337*. Cambridge, Mass., and London

Miller, J. 1969. *The Spice Trade of the Roman Empire 29 B.C. to A.D. 641*. Oxford

Miller, L., Schofield, J., and Rhodes, M. 1986. *The Roman Quay at St Magnus House*. London. *Excavations at New Fresh Wharf. Lower Thames Street.* London *1974—78*. London

Milne, G. 1985. *The Port of Roman London*. London

Mócsy, A. 1974. *Pannonia and Upper Moesia. A History of the Middle Danube Provinces of the Roman Empire*. London and Boston

Morris, P. 1979. *Agricultural Buildings in Roman Britain*. Oxford

Morrison, J. S. 1976. "The Classical Traditions." In B. Greenhill, *Archaeology of the Boat*, pp. 155—73. London

Morwood, J. 1999. *Latin Grammar*. Oxford

Muckelroy, K., ed. 1980. *Archaeology Under Water. An Atlas of the World's Submerged. Sites.* New York and London

Newby, M. and Painter, K., eds. 1991. *Roman Glass. Two Centuries of Art and Invention*. London

Nicol, D. M. 1991. *A Biographical Dictionary of the Byzantine Empire*. London

O'Connor, C. 1993. *Roman Bridges*. Cambridge and Melbourne

Ogden, D. 2001. *Greek and Roman Necromancy*. Princeton and Oxford

Ogilvie, R. M. 1969. *The Romans and Their Gods.* London

Oleson, J. P. 1986. *Bronze Age. Greek and Roman Technology. A Select Annotated. Bibliography.* New York and London

——. 2000. "Ancient Sounding-weights: A Contribution to the History of Mediterranean Navigation." *Journal of Roman Archaeology* 13, pp. 293—310

Olivová, V. 1984. *Sports and Games in the Ancient World*. London

Owens, E. J. 1989. "Roman Town Planning." In I. M. Barton, ed., *Roman Public Buildings*, pp. 7—30. Exeter

——. 1991. *The City in the Greek and Roman World*. London

Paddock, J. 1985. "Some Changes in the Manufacture and Supply of Roman Bronze Helmets under the Late Republic and Early Empire." In M. C. Bishop, ed., *The Production and Distribution of Roman Military Equipment*, pp. 142—59. Oxford

Parker, A. 1980. "Mediterranean Wreck Sites and Classical Seafaring." In K. Muckelroy, ed., *Archaeology under Water. An Atlas of the World's Submerged Sites*, pp. 50—61. New York and London

Parkin, T. 1997. "Out of Sight, Out of Mind: Elderly Members of the Roman Family." In B. Rawson and P. Weaver *The Roman Family in Italy. Status, Sentiment, Space*, pp. 123—48. Canberra and Oxford

Peacock, D. P. S. 1982. *Pottery in the Roman World: An Ethnoarchaeological Approach*. London and New York

Peacock, D. P. S. and Williams, D. F. 1986. *Amphorae and the Roman Economy. An*

Introductory Guide. London and New York

Percival, J. 1976. *The Roman Villa*. London

——. 1987. "The Villa in Italy and the Provinces." In J. Wacher, ed., *The Roman World*, vol. 2, pp. 527—47. London and New York

Perring, D. 2002. *The Roman House in Britain*. London and New York

Phillips, W. D. 1985. *Slavery from Roman Times to the Early Transatlantic Trade*. Manchester

Piggott, S. 1968. *The Druids*. London

——. 1983. *The Earliest Wheeled. Transport. From the Atlantic Coast to the Caspian Sea*. Ithaca, N. Y

Pollitt, J. J. 1993. "Rome: the Republic and Early Empire." In J. Boardman, ed. *The Oxford History of Classical Art*. pp. 217—95. Oxford

Potter, D. S. 1999. "Entertainers in the Roman Empire." In D. S. Potter and D. J. Mattingly. *Life, Death, and Entertainment in the Roman Empire*, pp. 256—325. Ann Arbor

Potter, T. W. 1987. *Roman Italy*. London

Poulter, A. 1987. "Townships and Villages." In J. Wacher, ed., *The Roman World*, vol. 1, pp. 388—411. London and New York

Pratt, P. 1976. "Wall Painting." In D. Strong and D. Brown, eds., *Roman Crafts*, pp. 223—9. London

Price, J. 1976. "Glass." In D. Strong and D. Brown, eds., *Roman Crafts*, pp. 110—25. London

——. 1983. "Glass." In M. Henig, ed., *Handbook of Roman Art*, pp. 205—19. Oxford

Price, J. and Cottam, S. 1998. *Romano-British Glass Vessels: A Handbook*. York

Ramage, N. H. and Ramage, A. 1991. *The Cambridge Illustrated. History of Roman Art*. Cambridge and New York

Rawson, B. ed. 1991. *Marriage, Divorce and Children in Ancient Rome*. Oxford

——. 1997. "The Iconography of Roman Child hood." In B. Rawson and P. Weaver, *The Roman Family in Italy. Status, Sentiment, Space*, pp. 205—38. Canberra and Oxford

Reddé, M. 1986. *Mare Nostrum. Les Infrastructures, le dispositif et l'histoire de la marine militaire sous l'empire romain*. Rome

Reece, R. 1970. *Roman Coins*. London

——. 1977. "Coinage and Currency." *Institute of Archaeology Bulletin* 14, pp. 167—78.

——. ed. 1977. *Burial in the Roman World*. London

——. 1983. "Coins and Medals." In M. Henig, ed., *Handbook of Roman Art*, pp. 166—78. Oxford

——. 1999. *The Later Roman Empire. An Archaeology AD 150—600*. Stroud and Charleston

——. 2002. *The Coinage of Roman Britain*. Stroud

Rees, S. E. 1979. *Agricultural Implements in Prehistoric and Roman Britain*. Oxford

——. 1981. *Ancient Agricultural Implements*. Princes Risborough

——. 1987. "Agriculture and Horticulture." In J. Wacher, ed., *The Roman World*, vol. 2, pp. 481—503. London and New York

Richardson, L. 1992. *A New Topographical Dictionary of Ancient Rome*. Baltimore and London.

Richardson, J. S. 1996. *The Romans in Spain*. Oxford

Rickman, G. 1971. *Roman Granaries and Stone Buildings*. Cambridge

——. 1980. *The Corn Supply of Ancient Rome*. Oxford

Ridgway, F. R. S. 1991. "Etruscan Art and Culture: A Bibliography 1978—1990." *Journal of Roman Archaeology* 4, pp. 5—27.

Rival, M. 1991. *La Charpenterie navale romaine. Matériaux, méthodes, moyens*. Paris

Rivet, A. L. F. 1988. *Gallia Narbonensis. Southern Gaul in Roman Times*. London

Rivet, A. L. F. and Smith, C. 1979. *The Place-Names of Roman Britain*. London

Robertson, D. S. 1945. *Greek and Roman Architecture*, 2nd ed. Cambridge

Rodwell, W., ed. 1980. *Temples, Churches and Religion: Recent Research in Roman Britain with a Gazetteer of Romano-Celtic Temples in Continental Europe*. Oxford

Ross, A., and Robins, D. 1989. *The Life and Death of a Druid Prince*. London

Rossiter, J. J. 1978. *Roman Farm Buildings in Italy*. Oxford

——. 1989. "Roman Villas of the Greek East and the Villa in Gregory of Nyssa E. P. 20," *Journal of Roman Archaeology* 2, pp. 101—110.

Sallares, R. 2002. *Malaria and Rome. A History of Malaria in Ancient Italy*. Oxford and New York

Saller, R. 1991. "Corporal Punishment, Authority, and Obedience in the Roman Household." In B. Rawson, ed., *Marriage, Divorce and Children in Ancient Rome*, pp. 144—65. Oxford

Salmon, E. T. 1969. *Roman Colonization under the Republic*. London

Salway, B. 1994. "What's in a Name? A Survey of Roman Onomastic Practice from *c.* 700 B. C. to A. D. 700." *Journal of Roman Studies* 84, pp. 124—45.

Salway, P. 1981. *Roman Britain*. Oxford

Salzman, M. R. 1990. *On Roman Time. The Codex-Calender of 354 and the Rhythms of Urban Life in Late Antiquity*. Berkeley, Los Angeles and Oxford

Sanders, I. F. 1982. *Roman Crete. An Archaeological Survey and Gazetteer of Late Hellenistic, Roman and Early Byzantine Crete*. Warminster

Sandys, J. E. 1927. *Latin Epigraphy. An Introduction to the Study of Latin Inscriptions*, 2nd ed. revised by S. G. Campbell. Cambridge

——., ed. 1921. *A Companion to Latin Studies*, 3rd ed. Cambridge

Scarborough, J. 1969. *Roman Medicine*. London

Scarre, C. 1995. *Chronicle of the Roman Emperors. The Reign-by-Reign Record of the Rulers of Imperial Rome*. London

Scheidel, W. 1997. "Quantifying the Sources of Slaves in the Early Roman Empire." *Journal of Roman Studies* 87, pp. 156—69.

——., ed. 2001. *Debating Roman Demography*. Leiden, Boston, Köln

Scott, I. R. 1985. "First Century Military Daggers and the Manufacture and Supply of Weapons for the Roman Army." In M. C. Bishop, ed., *The Production and Distribution of Roman Military Equipment*, pp. 160—219. Oxford

Scullard, H. H. 1980. *A History of the Roman World 753—146 BC*, 4th ed. London and New York

——. 1981. *Festivals and Ceremonies of the Roman Republic*. London

——. 1982. *From the Gracchi to Nero. A History of Rome 133 BC to AD 68*. 5th ed. London and New York

Sear, D. R. 1981. *The Emperors of Rome and Byzantium. Chronological and Genealogical Tables for History Students and Coin Collectors*. 2nd ed. London

——. 2000. *Roman Coins and Their Values. The Millennium Edition. Vol 1. The Republic and the Twelve Caesars 280 BC-AD 96*. London

Sear, F. 1976. "Wall and Vault Mosaics." In D. Strong and D. Brown, eds., *Roman Crafts*, pp. 231—52. London

——. 1982. *Roman Architecture*. London

——. 1992. "Introducing Roman Public Buildings." *Journal of Roman Archaeology* 5, pp. 291—93.

Sebasta, J. L. and Bonfante, L., eds. 1994. *The World of Roman Costume*. Wisconsin

Sellwood, D. 1976. "Minting." In D. Strong and D. Brown, eds., *Roman Crafts*, pp. 62—73. London

Sharpley, G. D. A. 2000. *Essential Latin: The Language and Life of Ancient Rome*. London and New York

Shaw, J. W. 1972. "Greek and Roman Harbour works." In G. F. Bass, ed., *A History of Seafaring*, pp. 87—112. London

Shelton, J.-A. 1988. *As the Romans Did. A Source Book in Roman Social History*. Oxford

Sherlock, D. 1976. "Silver and Silversmithing." In D. Strong and D. Brown, eds., *Roman Crafts*, pp. 10—23. London

Shirley, E. 2001. *Building a Roman Legionary Fortress*. Stroud and Charleston

Sim, D. and Ridge, I. 2002. *Iron for the Eagles: The Iron Industry of Roman Britain*. Stroud

Slater, W. 1994. "Actors and Their Status in the Roman Theatre in the West." *Journal of Roman Archaeology* 7, pp. 364—8

Smith, D. J. 1983. "Mosaics." In M. Henig, ed., *A Handbook of Roman Art*, pp. 116—38. Oxford

Smith, J. T. 1997. *Roman Villas. A Study in Social Structure*. London and New York

Smith, R. R. R. 1999. "Late Antique Portraits in a Public Context: Honorific Statuary at Aphrodisias in Caria, A. D. 300—600." *Journal of Roman Studies* 89, 155—89.

Southern, P. and Dixon, K. R. 1996. *The Late Roman Army*. London

Speidel, M. 1984. *Roman Army Studies Volume One*. Amsterdam

——. 1994. *Riding for Caesar: The Roman Emperors' Horse Guards*. London

Starr, C. G. 1960. *The Roman Imperial Navy 31 B. C.-A. D. 324*. 2nd ed. Cambridge

Stephenson, I. P. 1999. *Roman Infantry Equipment. The Later Empire*. Stroud

Strong, D. E. 1966. *Greek and Roman Gold and Silver Plate*. London

——. 1976. *Roman Art*. Harmondsworth and New York, reprinted in an integrated format, 1980.

Strong, D. and Brown, D., eds. 1976. *Roman Crafts*. London

Strong, D. and Claridge, A. 1976. "Marble Sculpture." In D. Strong and D. Brown, eds., *Roman Crafts*, pp. 194—207. London

Swan, V. G. 1984. *The Pottery Kilns of Roman Britain*. London

Talbert, R. J. A. 1992. "Mapping the Classical World: Major Atlases and Map Series 1872—1990." *Journal of Roman Archaeology* 5, pp. 5—38.

——. ed. 1985. *Atlas of Classical History*. London, reprint.

——. ed. 2000a. *Barrington Atlas of the Greek and Roman World*. Princeton and Oxford

——. ed. 2000b. *Barrington Atlas of the Greek and Roman World: Map-by-Map Directory Volumes I and II*. Princeton and Oxford

Taylor, R. 2003. *Roman Builders. A Study in Architectural Process*. Cambridge

Tchernia, A. 1986. *Le vin de l'Italie Romaine. Essai d'Histoire économique d'apres les amphores*. Rome

Thébert, Y. 1987. "Private Life and Domestic Architecture in Roman Africa." In P. Veyne, ed., *A History of Private Life. 1. From Pagan Rome to Byzantium*, trans. A. Goldhammer, pp. 313—409. Cambridge, Mass

Thiel, J. H. 1946. *Studies on the History of Roman Sea Power in Republican Times*. Amsterdam

Thomas, C. 1981. *Christianity in Roman Britain to AD 500*. London

Thompson, D. J. 1987. "Imperial Estates." In J. Wacher, ed., *The Roman World*, vol. 2, pp. 555—67. London and New York

Todd, M. 1978. *The Walls of Rome*. London

——., ed. 1978. *Studies in the Romano-British Villa*. Leicester

Tomlin, R. 1981a. "The Mobile Army." In P. Connolly, *Greece and Rome at War*, pp. 249—59. London

——. 1981b. "Fortifications, AD 284—378." In P. Connolly, *Greece and Rome at war*, pp. 300—2. London

——. 1981c. "Siege Warfare, 4th century." In P. Connolly, *Greece and Rome at War*, pp. 302—3. London

——. 1987. "The Army of the Late Empire." In J. Wacher, ed., *The Roman World*, vol. 1, pp. 107—20. London and New York

Toynbee, J. M. C. 1971. *Death and Burial in the Roman World*. London

Throckmorton, P. 1972. "Romans on the Sea." In G. E. Bass, ed., *A History of Seafaring*, pp. 65—86. London

Treggiari, S. 1991. *Roman Marriage Iusti Coniuges from the Time of Cicero to the Time of Ulpian*. Oxford

Turcan, R. 2000. *The Gods of Ancient Rome*. (translated from the 1998 French version). Edinburgh

Tusa, V. 1973. "Ancore antiche nel Museo di Palermo." In D. J. Blackman, ed., *Marine Archaeology*, pp. 411—37. London

Tyers, P. A. 1996. *Roman Pottery in Britain*. London

Vagi, D. L. 1999a. *Coinage and History of the Roman Empire c. 82 B. C. -A. D. 480*. Volume II: Coinage. Chicago and London

——. 1999b. *Coinage and History of the Roman Empire c. 82 B. C. -A. D. 480*. Volume I: History. Chicago and London

van Doorninck, F. 1972. "Byzantium, Mistress of the Sea: 330—641." In G. F. Bass, ed., *A History of Sea faring*, pp. 133—58. London

van Driel-Murray, C. 2001. "Vindolanda and the Dating of Roman Footwear." *Britannia* 32, pp. 185—97.

Vermaserem, M. J. 1963. *Mithras the Secret God*. London

Veyne, P. 1987. "The Roman Empire." In P. Veyne, ed., *A History of Private Life*, pp. 5—233. Cambridge, Mass., and London

——. ed. 1987. *A History of Private Life 1. From Pagan Rome to Byzantium*. trans. A. Goldhammer. Cambridge, Mass., and London

Wacher, J. 1987. *The Roman Empire*. London

——., ed. 1987. *The Roman World*, vols. 1, 2. London and New York

——. 1995. *The Towns of Roman Britain*. 2nd ed. London

Walton Rogers, P., Bender Jorgensen, L. and RastEicher, A. 2001. *The Roman Textile Industry and Its Influence. A Birthday Tribute to John Peter Wild*. Oxford

Warde Fowler, W. 1922. *The Religious Experience of the Roman People from the Earliest Times to the Age of Augustus*. London

Ward-Perkins, J. B. 1970. *Roman Imperial Architecture*. Harmondsworth, 2nd integrated. ed. pub. 1981.

Warmington, B. H. 1954. *The North African Provinces from Diocletian to the Vandal Conquest*. Cambridge

Waterer, J. W. 1976. "Leatherwork." In D. Strong and D. Brown, eds., *Roman Crafts*, pp. 178—93. London

Watson, G. R. 1969. *The Roman Soldier*. London

——. 1987. "The Army of the Republic." In J. Wacher, ed., *The Roman World*, vol. 1, pp. 75—88. London and New York

Watts, D. 1991. *Christians and Pagans in Roman Britain*. London and New York

Webster, G. 1985. *The Roman Imperial Army of the First and Second Centuries A. D.* 3rd ed. London

Welch, K. 1991. "Roman Amphitheatres Revived." *Journal of Roman Archaeology*4, pp. 273—81.

——. 1994. "The Roman Arena in Late-Republican Italy: A New Interpretation." *Journal of Roman Archaeology* 7, 59—80

——. 1998. "Greek Stadia and Roman Spectacles: Asia, Athens, and the Tomb of Herodes Atticus." *Journal of Roman Archaeology*11, pp. 117—45

Welsby, D. A. 1982. *The Roman Military Defence of the British Provinces in Its Later Phases*. Oxford: British Archaeological Reports 101.

White, K. D. 1967. *Agricultural Implements of the Roman World*. Cambridge

——. 1970. *Roman Farming*. London

——. 1975. *Farm Equipment of the Roman World*. Cambridge

——. 1978. *Country Life in Classical Times*. London

——. 1984. *Greek and Roman Technology*. London

Wiedemann, T. 1992. *Emperors and Gladiators*. London and New York

Wightman, E. M. 1985. *Gallia Belgica*. London

Wigoder, G. 1986. *The Story of the Synagogue*. London

Wild, J. P. 1968. "Clothing in the North-West Provinces of the Roman Empire." *Bonner Jahrbuch* 168, pp. 166—240.

——. 1970. *Textile Manufacture in the Northern Roman Provinces*. Cambridge

——. 1976. "Textiles." In D. Strong and D. Brown, eds., *Roman Crafts*, pp. 166—77. London

——. 1988. *Textiles in Archaeology*.

Princes Risborough

——. 2002. "The Textile Industries of Roman Britain." *Britannia* 33, pp. 1—42

Wilkes, J. J. 1969. *Dalmatia*. London and New York

——. 1989. "The Frontier of Noricum." *Journal of Roman Archaeology* 2, pp. 347—52

Williams, C. A. 1999. *Roman Homosexuality. Ideologies of Masculinity in Classical Antiquity*. New York and Oxford

Wilson, A. 2002. "Machines, Power and the Ancient Economy." *Journal of Roman Studies* 92, pp. 1—32.

Wilson, D. R. 1980. "Romano-Celtic Temple Architecture: How Much Do We Actually Know?" In W. Rodwell, ed., *Temples, Churches and Religion*, pp. 5—28. Oxford

Wilson, L. M. 1924. *The Roman Toga*. Baltimore

Wilson, R. J. A. 1986. "Roman Art and Architecture." In J. Boardman, J. Griffin, and O. Murray, *The Roman World*, pp. 361—400. Oxford

——. 1990. *Sicily under the Roman Empire. The Archaeology of a Roman Province, 36 BC-AD 535*. Warminster

——. 1992. "Terracotta Vaulting Tubes (*Tubi Fittili*): On Their Origin and Distribution." *Journal of Roman Archaeology* 5, pp. 97—129.

——. 1996. "*Tot aquarum tam multis necessariis molibus* ... Recent Studies on Aqueducts and Water Supply." *Journal of Roman Archaeology* 9, pp. 5—29.

Wilson Jones, M. 1993. "One Hundred Feet and a Spiral Stair: The Problem of Designing Trajan's Column." *Journal of Roman Archaeology* 6, pp. 23—38.

——. 2000. *Principles of Roman Architecture*. New Haven and London

Wiseman, T. P., ed. *Roman Political Life 90 BC-AD* 69. Exeter

Woods, A. 1987. "Mining" In J. Wacher, ed., *The Roman World*, vol. 2, pp. 611—34. London and New York

Woodward, A. 1992. *English Heritage Book of Shrines and Sacrifices*. London

Woolliscroft, D. J. 2001. *Roman Military Signalling*. Stroud and Charleston

Yavetz, Z. 1988. *Slaves and Slavery in Ancient Rome*. New Brunswick, N. J. and Oxford

York, M. 1986. *The Roman Festival Calendar of Numa Pompilius*. New York

词汇译名对照

A

Aballava 阿巴拉瓦
Abandinus 阿邦狄努斯
Abdera 埃博戴拉
Abeona 阿贝奥纳
Abilus 阿比路斯
Abna 阿波纳
Abnoba 阿布诺巴
Abraham 亚伯拉罕
Abrittus 阿波里图斯
Abundantia 阿布恩丹提亚
Acca Larentia 母神拉兰提娅
Acci 阿齐
Accius 阿基乌斯
Achaea 阿卡亚
Acis 阿克什
Acragas 阿克拉伽斯
Acropolis 雅典卫城
Actium 亚克兴
Ad Aras 阿达拉斯
Adeona 阿德奥纳
Ad Maiores 阿德玛尤里斯
Adolenda 阿多朗达
Ad Portum 阿德波尔图姆
Ad Publicanos 阿德普布里卡诺斯
Adranos 阿德拉诺斯
Adrasta 阿德拉斯塔
Adrianople 亚德里亚堡
Adriatic coast 亚得里亚海岸
Adriatic Sea 亚得里亚海
Aecetia 埃凯提亚
Aegates Islands 艾伽特斯群岛
Aegean region 爱琴海地区
Aegean Sea 爱琴海
Aegiamunniaegus 埃吉亚姆尼埃古司
Aegyptus 埃及
Aegyptus Herculia 赫拉克勒斯埃及
Aegyptus Iovia 朱庇特埃及
Aelia Ariadne 艾里娅·阿里亚德妮
Aelia Capitolina 埃里乌斯·卡皮托利努斯城
Aelia Eudocia (Athenais) 艾里娅·欧多吉娅(阿提奈斯)
Aelia Eudoxia 艾里娅·欧多克希娅
Aelia Flaccilla 艾里娅·弗拉吉拉
Aelia Marcia Euphemia 艾里娅·马尔吉娅·欧菲弥娅
Aelian 埃里亚努斯
Aelia Paetina 艾里娅·拜提娜
Aelia Pulcheria 艾里娅·普尔盖里娅
Aelia Verina 艾里娅·维里娜
Aelia Zenonis 艾里娅·基诺尼斯
Aelius 埃里乌斯
Aemilia 艾弥利娅

Aemilian 艾弥利安
Aeminium 埃米尼乌姆
Aeneas 埃涅阿斯
Aequitas 埃魁塔斯
Aericura 阿瑞库拉
Aericurus 阿瑞库路斯
Aernus 埃尔努斯
Aesculapius 埃斯库拉皮乌斯
Aesica 埃锡卡
Aesop 伊索
Aether 阿特尔
Aëtius, Flavius 埃提乌斯,弗拉维乌斯
Aetolia 埃托利亚
Afghanistan 阿富汗
Afinia Gemina Baebiana 阿菲尼娅·盖米娜·拜比亚娜
Afranius 阿弗拉尼乌斯
Africa 非洲
Agathe 阿伽特
Agdistis 阿格狄斯提斯
Aglibol 阿戈黎波
Agricola, Gnaeus Julius 阿古利可拉,格奈乌斯·尤利乌斯
Agri Decumates 十区领地
Agrigentum 阿格里甘图姆
Agrippa, Marcus Vipsanius 阿格里帕,马尔库斯·维普萨尼乌斯
Agrippina the Elder 老阿格里皮娜
Agrippina the Younger 小阿格里皮娜
Agyrium 阿基里乌姆
Ahenobarbus, Domitius 阿黑诺巴尔布斯,多米提乌斯
Ahriman 阿里曼(恶神)
Ahura Mazda 阿胡拉·玛兹达(善神)
Aides/Aidoneus 埃德斯/埃都奈乌斯
Aius Locutius 阿尤斯·罗库提乌斯
Aquae Sextiae 塞克斯图斯温泉区
Aix-les-Bains 埃克斯累班
Aksu 阿克苏
Alabanda 阿拉班达
Alaisiagae 阿拉希亚戈
Alaric 阿拉里克
Alator 阿拉托尔
Alauina 阿拉韦娜
Alba Fucens 阿尔巴弗肯斯
Albinovanus Pedo 阿尔比诺瓦努斯·佩多
Albinus, Clodius 阿尔比努斯,克罗狄乌斯
Albiorix 阿尔比奥里克斯
Albunea 阿尔布内阿
Alci 阿尔西
Alecto 阿莱克托
Alemona 阿里莫娜
Alalia 阿莱里亚
Alesia 阿莱西亚
Alexander 亚历山大
Alexandria 亚历山大城
Alfred the Great 阿尔弗雷德大帝
Algeria 阿尔及利亚
Alisanos/Alisanus 阿里萨诺斯/阿里萨努斯
Allat 阿勒特
Allecto 阿尔莱克托
Allectus 阿莱克图斯
Almo 阿尔摩
Alteburg, Cologne 阿尔特堡,科隆
Altinum 阿尔提努姆
Altor 阿勒托尔
Alypia 阿里皮娅
Amasea 阿马塞
Amastris 阿马斯特里斯
Ambieicer 阿毕埃克尔
Ambrose 安布罗斯
Amida 阿密达
Amiens 亚眠
Amiternum 阿密特尔努姆
Ammianus Marcellinus 阿米阿努斯·马塞利努斯

Amon 阿蒙
Ananke 安南克
Anas 安纳斯河
Anastasius 阿纳斯塔西乌斯
Ancamna 安卡姆纳
Ancasta 安卡斯塔
Anchises 安喀塞斯
Ancona 安科纳
Ancus Marcius 安库斯·马尔西乌斯
Ancyra 安齐拉
Ancyrona 安齐罗纳
Andarte 安达尔特
Anderita 安德里达
Andes 安德斯
Andinus 安狄努斯
Andronicus 安德罗尼库斯
Angerona 安格隆纳
Angers 昂热
Angitia 安吉提亚
Ankara 安卡拉
Annaba 安纳巴
Anna Perenna “经年神”安娜
Annia Lucilla 安妮娅·卢吉拉
Anociticus 阿诺基提库斯
Antenociticus 安提诺基提库斯
Anthemius, Procopius 安提迈乌斯,普洛柯比乌斯
Anthimus 安提姆斯
Antibes 安提贝
Antinoopolis 安提努斯城
Antinous 安提努斯
Antiochia 安条克城
Antiochus Ⅲ 安条克三世
Antipolis 安提堡
Antium 安提乌姆
Antonia 安东尼娅
Antonina 安东尼娜
Antoninus, M. Galerius 安东尼努斯,M. 伽莱里乌斯
Antoninus Pius 安东尼努斯·皮乌斯
Antony, Mark 安东尼,马可
Anubis 阿努比斯
Anu 阿努
Anzio 安奇奥
Aosta 奥斯塔
Apadeva 阿帕德娃
Apamea 阿帕梅城
Aphrodisias 阿芙罗狄忒城
Aphrodite 阿芙罗狄忒
Apicius, Caelius 阿皮基乌斯,凯利乌斯
Apicius, Marcus Gavius 阿皮基乌斯,马尔库斯·伽维乌斯
Apion 阿比昂
Apis 阿匹斯
Apollo 阿波罗
Apollonia, 阿波罗城
Apollonius of Tyana 提亚那的阿波罗尼乌斯
Appian 阿庇安
Appias 阿皮亚斯
Apuleius, Lucius 阿普莱利乌斯,卢基乌斯
Apulia 阿普利亚
Apulum 阿普卢姆
Aquae Apollinares 阿波罗温泉区
Aquae Arnemetiae 阿尔奈米提娅温泉城
Aquae 阿奎亚温泉区
Aquae Flaviae 弗拉维温泉区
Aquae Regiae 雷吉亚温泉区
Aquae Sextiae 塞克斯图斯温泉区
Aquae Sulis 苏利斯温泉区
Aquileia 阿奎雷亚城
Aquilius 阿奎里乌斯
Aquincum 阿奎因库姆
Aquinum 阿奎努姆
Aquitaine 阿基坦
Aquitania 阿奎塔尼亚
Arabia 阿拉伯
Arae Flaviae 弗拉维祭祀地
Araphisar 阿拉费萨尔

Arar 阿尔阿尔
Aratus 阿拉图斯
Arausio 阿劳西奥
Arbitio, Flavius 阿尔比提奥,弗拉维乌斯
Arbogast 阿尔波伽斯特
Arcadius, Flavius 阿尔卡狄乌斯,弗拉维乌斯
Arcarnania 阿尔卡尔纳尼亚
Archar 阿卡尔
Arduinna 阿尔度纳
Arelate 阿瑞雷特
Ares 阿瑞斯
Aretaeus 阿莱泰乌斯
Arethusa 阿莱图萨
Arezzo 阿雷佐
Argentomagus 阿尔根图马古斯
Argentorate 阿根托雷特
Aricia 阿里基亚
Ariminum 阿里米努姆
Aristides 阿里斯提德
Aristotle 亚里士多德
Arius 阿里乌斯
Arles 阿尔勒
Armant 阿尔曼特
Armenia 亚美尼亚
Arnay-le-Duc 阿内勒杜
Arnemetia 阿尔奈米提娅
Arnobius 阿诺比乌斯
Arnus 阿尔努斯河
Arpinum 阿尔庇努姆
Arretium 阿雷提乌姆
Arrian 阿里安
Arrius Aper 阿里乌斯·阿佩尔
Artemis 阿尔忒弥斯
Artensburg 阿兰兹堡
Artio 阿尔提奥
Asconius Pedianus, Quintus 阿斯库尼乌斯·佩狄亚努斯,昆图斯
Asia 亚细亚
Asia Minor 小亚细亚
Asiana 亚细亚管区
Asinius Pollio 阿西尼乌斯·伯里奥
Asisium 阿西西乌姆
Asklepios 阿斯克勒皮奥斯
Aspalathos 阿斯帕拉托斯
Aspendus 阿斯潘多斯
Assisi 阿西息
Assyria 亚述
Astarte 阿施塔特
Astigi 阿斯提基
Astorga 阿斯托加
Asturica Augusta 阿斯图里加—奥古斯都城
Aswan 阿斯旺
Atacinus 阿塔吉努斯
Ataecina 阿塔克纳
Atargatis 阿塔尔伽提斯
Atella 阿提拉
Aternum 阿特尔努姆
Athalaric 阿塔拉里克
Athena 雅典娜
Athens 雅典
Atlantic Ocean 大西洋
Atta, Titus Quinctius 阿塔,提图斯·昆克提乌斯
Attalus, Priscus 阿塔路斯,普利斯库斯
Attalus Ⅲ 阿塔路斯三世
Attica 阿提卡
Atticus, Titus Pomponius 阿提库斯,提图斯·蓬波尼乌斯
Attila the Hun 匈奴人阿提拉
Attis 阿提斯
Attius 阿提乌斯
Aturica Augusta 阿图利卡—奥古斯都城
Atys 阿提斯
Auchendavy 奥成塔维
Aufaniae 奥法尼埃
Aufidius Bassus 奥菲狄乌斯·巴苏斯

Belgrade 贝尔格莱德
Belisarius 贝利撒留
Belkis 贝尔奇斯
Bellona 贝罗纳
Benedict 贝奈迪克特
Beneventum 贝奈温图姆
Benghazi 班加西
Benwell 班韦尔
Berenice 贝瑞尼斯
Bergusia 柏尔古希亚
Berthouville 贝图维里
Beryrus 贝里鲁斯
Besançon 贝桑松
Bes 柏斯
Béziers 贝济耶
Bibracte 比布拉克特
Bilbilis 比尔比利斯
Birdoswald 伯多斯瓦尔德
Bishopton 比塞普敦
Bitburg 比特堡
Bithynia 比苏尼亚
Bitterne 比特尼
Blickweiler 布里克维尔
Bodrum 博德鲁姆
Bodus 波都斯
Boethius, Anicius Manlius Severinus 贝提乌斯,安尼基乌斯·曼利乌斯·塞维里努斯
Bologna 博洛尼亚
Bolsena 博尔塞纳
Bona Dea 良善女神
Bona Mens 梅恩斯
Bonn 波恩
Bononia 博诺尼亚
Bonus Eventus 好运神
Bordeaux 波尔多
Bormana 波尔玛纳
Bormo 波尔墨
Boscovich 博斯科维什
Bostra 波什拉
Bothwellhaugh 博什韦尔霍
Boudicca 波蒂卡
Boudina 波乌狄纳
Boulogne 布洛涅
Bourbonne-les-Bains 波旁莱班
Bourges 布尔日
Bowness-on-Solway 索尔湾的鲍内桑
Bracara Augusta 布拉卡拉—奥古斯都城
Braganca 布拉甘萨
Bregans 波瑞冈斯
Bregenz 布雷根茨
Brescia 布雷西亚
Bressuire 布雷叙尔
Bricta 波瑞克塔
Brigantia 波瑞冈提亚
Brigantio 波里甘乔
Brigantium 布列冈提乌姆
Brigetio 不列盖提奥
Brigit 波瑞格特
Brindisi 布隆迪西乌姆
Britain 不列颠
Britannia 不列颠
Britannicus Caesar 布列塔尼库斯·恺撒
Britanny 布列塔尼
Brixellum 布利克塞鲁姆
Brough 布拉夫
Brundisium 布隆迪西乌姆
Brutii 布鲁提
Bruttia Crispa 布鲁提娅·克里斯帕
Bruttium 布鲁提乌姆
Brutus, Marcus Junius 布鲁图斯,马尔库斯·尤尼乌斯
Bubastis 布巴斯提斯
Budalia, Lower Pannonia 布达里亚,下潘诺尼亚
Budapest 布达佩斯
Bulgaria 保加利亚

Bulla Regia 布拉雷吉亚城
Burgh-by-Sands 傍沙区
Burgundy 勃艮第
Burnum 布尔努姆
Burrus 布鲁斯
Bursa 布尔萨
Busra 巴士拉
Buxton 巴克斯顿
Byzacena 拜扎凯纳
Byzantium 拜占庭

C

Cabira 卡比拉
Cabiri 卡毕里
Caca 卡卡
Cacus 卡库斯
Cadder 喀德尔
Cadiz 加的斯
Caecilius Africanus, Sextus 卡埃基利乌斯·阿非利加努斯,塞克斯图斯
Caecilius Statius 卡埃基利乌斯·斯塔提乌斯
Caelus 凯路斯
Caerleon 卡利恩
Caerwent 凯尔温特
Caesar, Gaius 恺撒,盖尤斯
Caesar, Julius 恺撒,尤利乌斯
Caesar, Lucius 恺撒,卢基乌斯
Caesaraugusta 恺撒—奥古斯都城
Caesarea 恺撒城
Caesarea, Eusebius of 恺撒城的优西比乌
Caesarea, Phoenicia Arca 腓尼基的阿尔卡—恺撒城
Caesarea Maritima 滨海恺撒城
Caesarodunum Turonum 图洛尼—恺撒罗杜努姆
Caesaromagus 恺撒罗马古斯
Caesonia 凯索尼娅
Cagliari 卡利亚里
Caister 凯斯特
Caiva 凯瓦
Calagurris 卡拉古里斯
Calaicia 卡莱基亚
Calatayud 卡拉塔尤德
Caligula 卡里古拉
Calleva Atrebatum 卡雷瓦—阿特莱巴图姆
Callia Cisalpina 山南高卢
Callirius 卡利瑞乌斯
Calpurnia 卡尔普尔尼娅
Calpurnius 卡尔普尔尼乌斯
Calvus 卡尔乌斯
Camboglanna 康伯格拉纳
Camelon 卡梅隆
Camenae 卡米奈
Camillus, Marcus Furius 卡米路斯,马尔库斯·弗瑞乌斯
Camillus Scribonianus 卡米路斯·斯科里波尼亚努斯
Campania 坎帕尼亚
Campestres 卡姆柏斯特瑞斯
Camulodunum 卡姆罗杜努姆
Camulos 卡姆洛斯
Candelifera 卡德利弗拉
Canens 卡讷斯
Cannae 坎尼
Canopus 坎努帕斯
Canterbury 坎特伯雷
Capellianus 喀贝利亚努斯
Capito 卡皮托
Capo di Miseno 卡普蒂—米塞诺
Cappadocia 卡帕多西亚
Capri 卡普里
Capua 卡普阿
Caracalla 卡拉卡拉
Carales 卡拉雷斯
Carausius 卡劳西乌斯

Carcaso 卡尔卡松
Cardea 卡尔迪亚
Carinus 卡里努斯
Carlisle 卡莱尔
Carmentis 卡尔门蒂斯
Carna 卡尔纳
Carnuntum 卡尔努恩图姆
Carpantus 卡尔潘图斯
Carpentorate 卡尔庞托里特
Carpentorate Meminorum 梅密尼—卡尔庞托里特
Carrawburgh 卡若布尔
Carrhae 卡莱
Carriden 卡里登
Carthage 迦太基
Carthaginiensis 迦太基
Carthago 迦太基
Carthago Nova 新迦太基
Carus 卡鲁斯
Carvoran 卡沃兰
Casilinum 卡西利努姆
Caspian Sea 里海
Cassiodorus 卡西奥多罗斯
Cassius Dio 卡西乌斯·狄奥
Cassius 卡西乌斯
Castlecary 卡斯喀里
Castlehill 卡斯希尔
Castlesteads 卡斯尔斯泰兹
Castor 卡斯托尔
Castores 卡斯托里斯
Castra Regina 瑞吉纳营
Castrum Truentum 特鲁安图姆堡
Catiline 喀提林
Cato 加图
Cato "Uticensis," Marcus Porcius "乌提卡的"加图,马尔库斯·伯尔基乌斯
Catullus 卡图卢斯
Catulus 卡图鲁斯
Cautopates 考托帕特斯
Cavillonum 卡维罗努姆
Cela 凯拉
Celsus 凯尔苏斯
Celtic 凯尔特
Cenabum 科纳布姆
Centumcellae 百屋城
Cephissia 塞菲希亚
Ceres 凯莱斯
Cernunnos 科尔努诺斯
Cestius, Gaius 盖尤斯·科斯提乌斯
Chaeronea 卡埃罗内亚
Chalcedon 卡尔西顿
Chalcis 卡尔基斯
Châlon-sur-Saône 索恩河畔沙隆
Charon 卡戎
Chaucer 乔叟
Chaves 查弗斯
Chedworth 塞德沃特
Chelmsford 切姆斯福德
Cherchell 舍尔沙勒
Chester 切斯特
Chesterholm 切斯特霍尔姆
Chesters 切斯特斯
Chichester 奇切斯特
China 中国
Christ 基督
Christmas 圣诞节
Cicero, Marcus Tullius 西塞罗,马尔库斯·图利乌斯
Cicero, Quintus Tullius 西塞罗,昆图斯·图利乌斯
Cilicia 西里西亚
Cincinnatus, Lucius Quinctius 金基那图斯,卢基乌斯·昆克提乌斯
Cinna, Gaius Helvius 秦纳,盖尤斯·赫勒维乌斯
Cinna, Lucius Cornelius 秦纳,卢基乌斯·科尔奈利乌斯

Cinxia 辛西亚
Circesium 西尔凯西乌姆
Cirencester 塞伦塞斯特
Cirta 基尔塔
Cisalpine Gaul 山南高卢
Cissonia 辛索尼亚
Citium 基蒂翁
Civilis, Julius 基维里斯,尤利乌斯
Classis 船队
Claudia 克劳狄娅
Claudia Antonia 克劳狄娅·安东尼娅
Claudian 克劳狄安
Claudiopolis 克劳狄城
Claudius 克劳狄
Claudius Ⅱ Gothicus"哥特库斯"克劳狄二世
Clausentum 克劳森图姆
Clement of Alexandria 亚历山大城的克莱曼特
Cleopatra 克莱奥帕特拉
Clermont-Ferrand 克莱蒙费朗
Clitumnus 科利图努斯
Clivicola 科利维克拉
Clodius 克罗狄乌斯
Clodius Albinus 克罗狄乌斯·阿尔比努斯
Clunia 克鲁尼亚
Cluvius Rufus 克鲁维乌斯·鲁福斯
Cnidos 科尼多斯
Cnossus 克诺索斯
Cocidius 科基狄乌斯
Corduba 科尔杜巴
Coele 谷地
Coinquenda 科因坤达
Colchester 科尔切斯特
Colijnsplaat 考利斯泊拉特
Collatina 科拉提纳
Cologne 科隆
Colonia Agrippina 阿格里皮娜殖民城
Colonia Claudia Ara Agrippinensium 阿格里皮娜祭坛—克劳狄殖民城
Colonia Claudia Victrix Camulodunum 凯旋克劳狄殖民城—卡姆罗杜努姆
colonia Commodiana "康茂德之城"
Colonia Glevum 格莱乌姆殖民城
Colonia Lindum 林都姆殖民城
Colonia Ulpia Traiana 乌尔皮乌斯·图拉真殖民城
Columella 科鲁迈拉
Comedovae 科美多瓦
Commodus 康茂德
Commolenda 科莫兰达
Comum 科穆姆
Concordia 康克尔狄娅
Condate Redonum 雷多内—康达特
Condatis 康达提斯
Conditor 康迪托尔
Consevius (Consivius) 康塞维乌斯
Constans 君士坦斯
Constantia 君士坦提娅
Constantiana 君士坦提亚纳
Constantina 君士坦提娜
Constantine 君士坦丁
Constantine Ⅰ 君士坦丁一世
Constantine Ⅱ 君士坦丁二世
Constantine Ⅲ 君士坦丁三世
Constantinople 君士坦丁堡
Constantius, Julius 君士坦提乌斯,尤利乌斯
Constantius Ⅰ 君士坦提乌斯一世
Constantius Ⅱ 君士坦提乌斯二世
Constantius Ⅲ 君士坦提乌斯三世
Consus 康苏斯
Copia 科皮娅
Corbridge 柯布里治
Corcyra 克基拉
Cordoba 科尔多瓦
Corfinium 科尔菲尼乌姆
Coriallum 科里亚卢姆
Corinium Dubonnorum 杜博尼—科林尼乌姆

Corinthus 科林斯
Corinum Dubonnorum 杜博尼—科林努姆
Cornelia 科尔奈利娅
Cornelia Salonina 科尔奈利娅·萨洛尼娜
Cornelia Supera 科尔奈利娅·苏佩拉
Cornelius Severus 科尔奈利乌斯·塞维鲁
Coronis 克洛尼斯
Corriallum 科里亚卢姆
Corsica 科西嘉
Cortona 科尔托纳
Coruña 科尔纳
Coruña del Conde 科尔纳—德尔孔德
Cos 科斯
Cosa，Italy 科萨，意大利
Cotys 克图斯
Coventina 科文提纳
Crassus，Marcus Licinius 克拉苏，马尔库斯·李基尼乌斯
Cremona 克雷莫纳
Cremutius Cordus 克莱穆提乌斯·科尔都斯
Creta 克里特
Crimisus 科里密苏斯
Crinagoras 科里纳高拉斯
Crispus，Sallustius Passienus 克里斯普斯，撒路斯提乌斯·帕西埃努斯
Crispus，Flavius Julius 克里斯普斯，弗拉维乌斯·尤利乌斯
Cronus 科罗诺斯
Ctesiphon 泰西封
Cuba 库巴
Cuda 库达
Cuicul 奎库尔
Cumae 库迈
Cumbria 坎布里亚
Cunina 库尼纳
Cunomaglus 猎犬之王
Cupid 丘比特
Curetes 库里特
Curium 库里乌姆
Curle 库勒
Curtius Rufus 库尔提乌斯·鲁福斯
Cybele 库贝拉
Cynoscephalae 基诺斯柯法莱
Cynthia 金提娅
Cyprian，Saint 圣塞浦里安
Cyprus 塞浦路斯
Cyrenaica 昔兰尼加
Cyrene 昔兰尼
Cyzicus 西奇库斯

D

Daccia Porolissensis 博罗里森锡斯—达西亚
Dacia 达西亚
Dadastana 达达斯塔纳
Dalmatia 达尔马提亚
Dalmatius 达尔玛提乌斯
Damascus 大马士革
Damasus 达玛苏斯
Damona 达默纳
Danuvius 鞑努维乌斯
Dardanelles 达达尼尔海峡
Dardania 达尔达尼亚
Darnis 达尔尼斯
Dea Caelestis 凯利斯提斯女神
Dea Dia 蒂娅女神
Deae Matres 马特瑞斯女神
Dea Nutrix 看护女神
Déchelette 德舍莱特
Decima 德基玛
Decimus Junius Brutus Callaicus 德基姆斯·尤尼乌斯·布鲁图斯·卡莱库斯
Decius，Trajan 德基乌斯，图拉真
Deferunda 德费伦达
Deiotarius 德尤塔里乌斯
Delos 提洛岛

Delphi, Greece 德尔斐,希腊
Delphic Oracle 德尔斐神谕
Demeter 得墨忒耳
Demosthenes 德谟斯提尼
Derna 德尔纳
Dertona 德尔托纳
Dertosa 德尔托萨
Deutsch-Altenburg 德意志—奥登堡
Deva 德瓦
Deverra 德维拉
Devnya 代夫尼亚
Diadumenian 狄亚杜曼尼安
Diana 狄安娜
Diana Nemorensis “森林女王”狄安娜
Didia Clara 狄底娅·克拉拉
Didius Julianus 狄底乌斯·尤利亚努斯
Dido 狄多
Diespiter 狄斯庇特
Di Nixi 尼科希神
Dio Cassius 狄奥·卡西乌斯
Diocletian 戴克里先
Diodorus 狄奥多罗斯
Diodorus Siculus 狄奥多罗斯·西库鲁斯
Dionysius 狄奥尼修斯
Dionysius Periegetes “旅行者”狄奥尼修斯
Dionysus 狄奥尼索斯
Dionysus Zagreus “重生者”狄奥尼索斯
Dioscuri 狄奥斯库里
Dioscurides 狄奥斯库里德斯
Diospolis Magna 大狄奥斯波利斯
Diospontus 圣海
Di Penates 佩纳特斯神
Dis 狄斯
Disciplina 纪律神
Dis Pater 父神狄斯
Dius Fidius 忠诚之神
Diva Angerona 神圣安格隆纳
Diva Palatua 神圣帕拉图阿
Dives 狄维斯
Divodurum Mediomatricorium 梅狄奥马特里基—蒂沃杜卢姆
Diyarbakir 迪亚巴克尔
Djemila 贾米拉
Doliche 多利克
Dolichenus 多利克努斯
Domburg 栋堡
Domitia Longina 多米提亚·隆基娜
Domitian 图密善
Domitilla 多米提拉
Domitius 多米提乌斯
Domitius Ahenobarbus 多米提乌斯·阿黑诺巴尔布斯
Donatus 多纳图斯
Dorchester 多切斯特
Dordogne River 多尔多涅河
Doriscus 多利斯库斯
Dougga 杜加
Douro/Duero River 杜罗河
Dover 多佛
Dragendorff 德拉根多尔夫
Dravus River 德拉乌斯河
Dressel 德雷塞尔
Driana 德里亚纳
Drobeta 德罗贝塔
Drumburgh 德兰伯格
Drusilla 德鲁西拉
Drusus 德鲁苏斯
Drusus, M. Livius 德鲁苏斯,M. 李维乌斯
Drusus the Elder 老德鲁苏斯
Dubris 杜布里斯
Duellona 杜埃罗纳
Dura-Europus 杜拉—欧罗普斯
Dura-Europus shield 杜拉—欧罗普斯盾
Durnovaria Durotrigum 杜罗特里格—杜莫瓦里亚
Durobrivae 杜罗布里崴

Durocortorum Remorum 勒密—杜罗科尔托卢姆
Durostorum 杜罗斯图卢姆
Durovernum Cantiacorum 坎提亚克—杜勒温
Durrës 都拉斯
Dutocher 杜托塞尔
Dyrrachium 第拉奇乌姆

E

East Coker 东科克
Eastern Desert 东部沙漠
Ebchester 埃布切斯特
Eburacum 埃布拉库姆
Ecija 埃西哈
Edessa 伊德沙
Edirne 埃迪尔内
Edusa 埃都萨
Egeria 埃格里娅
Egypt 埃及
Eileithyia/Eileithyiae 艾莱提娅
Elagabalus 埃拉伽巴卢斯
El Djem 杰姆
Eleusis 埃琉西斯
El Gabal 埃勒伽巴尔
Elizabeth I 伊丽莎白一世
El Manshah 曼沙
Emerita Augusta 埃梅里塔—奥古斯都城
Emesa 埃梅萨
Emporiae 恩波里埃
Endovellicus 安都维利库斯
Ennius, Quintus 恩尼乌斯,昆图斯
Enyo 恩尤
Ephesus 以弗所
Epictetus 埃皮克泰图斯
Epicurus 伊壁鸠鲁
Epidarmus 埃匹达姆努斯
Epidaurus 埃皮达路斯
Epirus 伊庇鲁斯
Epona 埃波纳
Equirria 埃奎里亚
Eregli 埃雷利
Erinyes 厄里倪厄斯
Eros 希腊爱神
Erycina 艾瑞吉娜
Erythrae 埃利色雷
Eshmoun 埃斯穆恩
Essarois 埃萨卢瓦
Esus 埃苏斯
Etruria 埃特鲁里亚
Eugenius 欧格尼乌斯
Euhespesides 欧黑斯庇西德斯
Eumenides 欧墨尼得斯
Europa 欧罗巴
Europe 欧洲
Europus 欧罗普斯
Eurydice 欧律狄克
Eusebia 优西比娅
Eusebius of Caesarea 恺撒城的优西比乌
Eutropius 尤特洛皮乌斯
Evander 埃万德尔
Evreux 埃夫勒
Exeter 埃克塞特

F

Fabius 费边
Fabius Picto 法比乌斯·皮克托尔
Fabius Rusticus 法比乌斯·鲁斯提库斯
Fabulinus 法布利努斯
Fagus 法古斯
Falacer 法拉克尔
Falerii Novi 新法雷利
Falkirk 福尔柯克
Fanum Fortunae 法努姆福尔图奈
Far Spain 远西班牙

Fatae 命运三女神
Fates 法特斯
Fatua 法图阿
Fatuus "言者"
Fauna 福那
Faunus 福那斯
Fausta 法乌斯塔
Fausta Felicitas "幸运女神"费里基塔斯
Faustina 法乌斯提娜
Faustina, Annia 法乌斯提娜,安尼娅
Faustina, Rupilia 法乌斯提娜,卢比里娅
Faustinopolis 法乌斯提娜城
Faustulus 法乌斯图鲁斯
Favorinus 法沃里努斯
Febris 费布里斯
Februus 费伯鲁乌斯
Felicitas 费里基塔斯
Feronia 费罗尼亚
Festus, Sextus Pompeius 费斯图斯,塞克斯图斯·庞培
Fides 费德斯
Firmicus Maternus, Julius 费尔米库斯·马特尔努斯,尤利乌斯
Flaccus, Verrius 弗拉库斯,维里乌斯
Flaminia 弗拉米尼亚
Flaminius 弗拉米尼乌斯
Flaminius, Titus Quinctius 弗拉米尼乌斯,提图斯·昆克提乌斯
Flanona 福拉诺纳
Flavia 弗拉维娅
Flavia Augusta Puteoli 弗拉维乌斯—奥古斯都—普特奥里
Flavia Domitilla 弗拉维娅·多米提拉
Flavia Julia Helena 弗拉维娅·尤利亚·海伦
Flavia Maxima Fausta 弗拉维娅·马克西玛·法乌斯塔
Flavia Maximiana Theodora 弗拉维娅·马克西米亚娜·狄奥多拉
Flavia Titiana 弗拉维娅·提提亚娜
Flavius Victor 弗拉维乌斯·维克多
Flora 福罗拉
Florentia 佛罗兰提亚
Florian 弗罗里安
Florus, Annius 弗罗鲁斯,安尼乌斯
Florus, Lucius Annaeus 弗罗鲁斯,卢基乌斯·安奈乌斯
Florus, Publius Annius 弗罗鲁斯,普布里乌斯·安尼乌斯
Foligno 福利尼奥
Fons 丰斯
Fontus 丰图斯
Forculus 福耳库卢斯
Fornax 福耳纳克斯
Fors 福耳斯
Fors Fortuna 福耳斯—福耳图那
Fortuna 福耳图那
Fortuna Augusta "奥古斯都之运"
Fortuna Balnearis "洗浴"福耳图那
Fortuna Equestris "骑士"福耳图那
Fortuna Huiusque "时日"福耳图那
Fortuna Muliebris "妇女"福耳图那
Fortuna Primigenia "初生者"福耳图那
Fortuna Publica "忠于共和国的"福耳图那
Fortuna Redux "重生者"福耳图那
Fortuna Romana "罗马"福耳图那
Fortuna Virgo "室女"福耳图那
Forum Iulii 尤利乌斯市集
France 法国
Frascati 弗拉斯卡蒂
Fréjus 弗雷瑞斯
Frontinus, Sextus Julius 弗朗提努斯,塞克斯图斯·尤利乌斯
Fronto, Marcus Cornelius 弗朗托,马尔库斯·科尔奈利乌斯
Froxfield 佛罗克斯菲尔德
Furia Sabinia Tranquilina 弗里娅·萨比尼娅·特兰奎里娜
Furies 复仇女神

Furrina 芙瑞纳

G

Gadara 加达拉
Gades 加的斯
Gaia 盖亚
Gallienus 伽利埃努斯
Gaiseric 盖塞里克
Gaiso 盖索
Gaius 盖尤斯
Galatia 伽拉提亚
Galba，Servius Sulpicius 伽尔巴，塞维鲁·苏尔皮基乌斯
Galen 伽兰
Galeria Valeria 伽莱里娅·瓦来里娅
Galerius 伽莱里乌斯
Galla 伽拉
Galla Placidia 伽拉·普拉吉迪娅
Gallia 高卢
Gallienus 伽利埃努斯
Gallus 伽卢斯
Gallus，Flavius Claudius Julius Constantius 伽卢斯，弗拉维乌斯·克劳狄·尤利乌斯·君士坦提乌斯
Gangra 甘革拉
Garumna River 加卢姆纳河
Gaul 高卢
Gelasius I 格拉希乌斯一世
Gelimer 盖利迈尔
Gellius，Aulus 盖里乌斯，阿乌鲁斯
Genava 格纳瓦
Genii Cucullati 着兜帽的守护员
Genius Augusti "奥古斯都"的守护灵
Genius Publicus Populi Romanii "罗马共和国"的守护灵
Genoa 热那亚
Genua 热努阿
Gerasa 格拉沙
Gergovia 日尔戈维亚
Germania 日耳曼
Germanicopolis 日耳曼尼库斯堡
Germanicus 日耳曼尼库斯
Germany 德国
Gesoriacum 盖索里亚库姆
Geta 盖塔
Geyre 格伊雷
Ghirza 格尔扎
Glanicae 格拉尼卡
Glanis 格拉尼斯
Glanum 格拉侬
Glastonbury 格拉斯顿伯里
Glevum 格莱乌姆
Gloucester 格洛斯特
Gloucestershire 格洛斯特郡
Glaucia 格劳基亚
Glycerius，Flavius 格利凯里乌斯，弗拉维乌斯
Gordian Africanus 阿非利加努斯·哥狄亚努斯
Gortyna 戈尔蒂纳
Gothicus Maximus 哥特库斯·马克西姆斯
Goths 哥特人
Gracchi 格拉古兄弟
Gracchus，Gaius Sempronius 格拉古，盖尤斯·塞姆普罗尼乌斯
Gracchus，Tiberius Sempronius 格拉古，提比略·塞姆普罗尼乌斯
Gratian 格拉提安
Gratianopolis 格拉提安城
Grattius 格拉提乌斯
Gratus，Numerius Velasiius 格拉图斯，努美里乌斯·维拉西乌斯
Great Chesters 大切斯特斯
Greater Greece 大希腊
Greater Quinquatrus 大奎因夸忒鲁斯
Greece/Greek 希腊
Gregory XIII 格里高利十三世

Grenoble 格勒诺布尔
Guadix 瓜迪什

H

Hadad 哈达德
Hades 哈德斯
Hadrian 哈德良
Hadrianopolis 哈德良堡
Hadrumetum 哈德鲁迈图姆
Haephestus 哈费斯图斯
Haides 海德斯
Halicarnassus 哈利卡尔那索斯
Halton Chesters 哈顿切斯特斯
Hammer God 锤神
Hannibal 汉尼拔
Harpocrates 哈尔波克拉特斯
Harran 哈兰
Hasta 哈斯塔
Hebe 赫柏
Hecate 赫卡特
Helena 海伦
Helene 赫勒尼
Helernus 赫勒耳努斯
Heligobalus 赫里高巴鲁斯
Heliopolis 赫利奥波利斯
Helios 赫利俄斯
Hellespontus 赫勒斯滂
Hephaestos 赫怀斯托斯
Hera 赫拉
Heraclea 赫拉克勒斯城
Heracles 赫拉克勒斯
Herculaneum 赫库兰尼姆
Hercules 赫拉克勒斯
Herecura 赫勒库拉
Herennia Cupressenia Etruscilla 希兰尼娅·库普莱塞尼娅·埃特鲁斯吉拉
Herennius Etruscus 希莱尼乌斯·埃特鲁斯库斯
Heriosolyma 海洛索里玛
Hermes 赫耳墨斯
Hermonthis 赫尔门斯
Hermopolis Magna 大赫耳墨斯城
Herod Agrippa 希律·阿格里帕
Herodes Atticus 赫罗狄斯·阿提库斯
Herodian 赫罗狄安
Herodotus 希罗多德
Herod the Great 希律大帝
Hestia 赫斯提
Hierapolis 海拉波利斯
Hierosolyma 海洛索里玛
High Cross 海克罗斯
Hilary, Saint 圣希拉利
Hippolytus 希波吕托斯
Hippo Regius 希波
Hirtius 希尔提乌斯
Hirtius, Aulus 希尔提乌斯,阿乌鲁斯
Hispalis 伊斯帕里斯
Hispania 西班牙
Histria 伊斯特利亚
Hohenstein 霍恩施泰因
Homer 荷马
Honor 霍诺尔
Honorius 赫诺瑞乌斯
Honos 霍诺斯
Hora 霍拉
Horace 贺拉斯
Horatius Cocles, Publius 豪拉提乌斯·科克莱斯,普布里乌斯
Horus 荷鲁斯
Hostia 豪斯提娅
Hostilian 豪斯提利安
Housesteads 豪斯戴德
Huesca 韦斯卡
Hungary 匈牙利
Hvitiris 赫维提瑞斯
Hygeia 叙格亚

Hyginus, Gaius Julius 叙吉努斯,盖尤斯·尤利乌斯
Hyginus Gromaticus 叙吉努斯·戈罗马提库斯
Hyginus 叙吉努斯

I

Iacchus 伊阿库斯
Ialona 雅洛娜
Ialonus 亚洛努斯
Iambe 伊阿柏
Iamblichus 雅姆布里库斯
Ianuaria 雅努阿里娅
Iarhibol 雅尔希波
Iberian Peninsula 伊比利亚半岛
Iberus River 伊比鲁斯河
Icovellauna 伊克维劳娜
Igel monument 伊盖勒纪念碑
Iglita 伊格利塔
Ilchester 伊尔切斯特
Ilerda 伊莱尔达
Ilium 伊利乌姆
Illyria 伊里利亚
Illyricum 伊里利库姆
Ilunnus 伊路努斯
Imporcitor 伊姆波耳基托尔
Inciona 尹吉奥纳
India 印度
Indochina 印度支那
Indo-European languages 印欧语系
Ino 伊诺
Insitor 尹希多耳
Intarabus 伊塔拉布斯
Intercidona 伊特耳基多纳
Intercisa 因特基萨
Inuus 伊努乌斯
Inveravon 因弗拉翁
Iol Caesarea 恺撒城
Iovantucarus 伊奥万图卡路斯
Iran 伊朗
Irene 伊瑞尼
Isauria 伊绍里亚
Isca 伊斯卡
Isca Dumnoniorum 杜姆诺尼—伊斯卡
Isca Silurum 锡卢尔—伊斯卡
Ishtar 伊士塔尔
Isis 伊西斯
Isre 伊斯瑞
Issus 伊苏斯
Istanbul 伊斯坦布尔
Istria 伊斯特里亚
Italia 意大利
Italica 意大利城
Italy 意大利
Itvoli 伊特沃利
Iuliobona Caletorum 尤里奥博纳—卡勒托卢姆
Iuliomagus 尤里奥马古斯
Iuno 朱诺
Iunones 朱诺涅斯
Iustitia 尤斯提蒂亚
Izmir 伊兹密尔
Izmit 伊兹米特
Iznik 伊兹尼克

J

Janus Clusivus 关门神雅努斯
Janus 雅努斯
Jarrow 迦罗
Java 爪哇
Jerash 杰拉什
Jerome 哲罗姆
Jerusalem 耶路撒冷
Jesus 耶稣

Johannes 乔安奈斯
Josephus, Flavius 约瑟夫,弗拉维乌斯
Jotapian 乔塔皮安
Jovian 乔维安
Jovinus 乔维努斯
Juba Ⅱ 朱巴二世
Judaea 犹地亚
Jugatinus 朱伽提努斯
Jugurtha 朱古达
Julia 尤利亚
Julia Aquilia Severa 尤利亚·阿奎利娅·塞维拉
Julia Augusta 尤利亚·奥古斯塔
Julia Cornelia Paula 尤利亚·科尔奈利娅·帕乌拉
Julia Domna 尤利亚·多姆娜
Julia Mammaea 尤利亚·玛麦娅
Julian of Pannonia 潘诺尼亚的尤利安
Julian The Apostate 叛教者尤利安
Julia Sabina 尤利亚·萨宾娜
Julius Caesar 尤利乌斯·恺撒
Junia 尤尼娅
Juno 朱诺
Jupiter 朱庇特
Justa Grata Honoria 尤斯塔·格拉塔·霍诺里娅
Justin 查士丁
Justina 查士丁娜
Justinian 查士丁尼
Juturna 朱图尔纳
Juvenal 尤文纳尔
Juventas 尤文塔斯

K

Kayseri 开塞利
Kelkit 凯尔基
Khalkis 哈尔基斯
Kinik 科尼刻
Kinneil 基奈尔
Kirkintilloch 柯金蒂洛赫
Kore 考瑞
Kostolac 柯斯托拉克
Kybebe/Kybele 库贝贝/库贝勒

L

Labeo 拉贝奥
Laberius 拉贝里乌斯
La Coruña (Brigantium) 拉科鲁尼亚(布列冈提乌姆)
Lactantius 拉克坦提乌斯
Lactodorum 拉克图多卢姆
Laelianus 莱利亚努斯
Laevius 莱维乌斯
Lambaesis 朗贝锡斯
Laminium 拉米尼乌姆
Lampsacus 兰帕萨库斯
Lancaster 兰开斯特
Langres 朗格勒
Lanuvinus, Luscius 拉努维努斯,鲁斯基乌斯
Lanuvium 拉努维乌姆
Laodicea 劳迪塞亚
Lapseki 拉普塞基
Lara 拉喇
Laraucus 拉劳库斯
Larentina 拉兰提娜
Lares 拉瑞斯
Larissa 拉里萨
Lars Porsenna 拉尔斯·伯尔塞那
Larunda 拉伦达
Latakia 拉塔基亚
Latis 拉提斯
Latium 拉丁姆
Latobius 拉托庇乌斯
Latona 拉托纳

Lauriacum 劳里亚库姆
Laverna 拉维尔纳
Lebanon 黎巴嫩
Leicester 莱斯特
Leno 雷诺
Lenus 治愈神
Leo 利奥一世
Leontia 利昂提娅
Lepidus, Marcus Aemilius 雷必达，马尔库斯·艾弥利乌斯
Leptis/Lepcis Magna 大莱普提斯/莱普基斯
Leptis/Lepcis Minor 小莱普提斯/莱普基斯
Lerida 莱里达
Lérins 勒兰
Lesbia 蕾丝比亚
Leto 莱托
Leucothea 勒库特亚
Libera 自由女神
Liberalitas 利贝拉里塔斯
Liber 自由神
Liber Pater 自由父神
Libertas 自主神
Libitina 利比提纳
Libius Severus 利比乌斯·塞维鲁
Licinia Eudoxia 李基尼娅·欧多克希娅
Licinius 李基尼乌斯
Liguria 利古里亚
Lillebonne 利勒博讷
Lilybaeum 黎里贝乌姆
Limentius/Limentinus 利曼提乌斯
Limoges 利摩日
Limonum Pictonum 皮克塔维—黎莫努姆
Lindinis 林迪尼斯
Lindum 林都姆
Lisbon 里斯本
Liternum 里泰尔努姆
Livia 李维娅
Livius Andronicus 李维乌斯·安德罗尼库斯
Livy 李维
Lollius 洛里乌斯
London 伦敦
Longinus 隆基努斯
Lorch 洛赫
Lorium 洛瑞乌姆
Low Ham 洛哈姆
Loyang 洛阳
Lua 卢阿
Luca 卢卡
Lucan 卢坎
Lucania 卢卡尼亚
Lucca 卢卡
Luceres 鲁克勒斯
Lucian 琉善
Lucilius 卢基里乌斯
Lucina 卢西娜
Lucius Verus 卢基乌斯·维鲁斯
Lucretius 卢克莱修
Lucullus 卢库鲁斯
Lucus Augusti 奥古斯都—卢库斯
Lugdunensis 卢格杜南西斯
Lugdunum Convenarum 卢格杜努姆移民城
Lugdunum 卢格杜努姆
Lugo 卢戈
Luna 月神
Luna 卢纳
Lupercus 卢帕尔库斯
Luscius Lanuvinus 鲁斯基乌斯·拉努维努斯
Lutetia Parisiorum 帕黎斯—鲁特提亚
Luxembourg 卢森堡
Luxeuil 卢克瑟伊
Luxor 卢克索
Luxovius 卢克瑟维乌斯
Lycaonia 吕卡奥尼亚
Lycia 吕西亚
Lydia 吕底亚
Lydney 利德尼

M

Mars 马尔斯
Marseille 马赛
Martial 马提亚尔
Martianus Capella 马尔提亚努斯·卡佩拉
Martinian 马尔提尼安
Martin of Tours 图尔的马丁
Martlesham 玛特莱谢姆
Masada 玛沙达
Massilia/Massalia 马西里亚
Mater Matuta 玛图塔
Matres 马特瑞斯
Matres Suleviae 苏勒维亚母神
Matuta 玛图塔
Mauretania 毛里塔尼亚
Maxentius, Marcus Aurelius Valerius 马克森提乌斯,马尔库斯·奥里略·瓦来里乌斯
Maxima Caesariensis 大恺撒
Maximian 马克西米亚努斯
Maximianus 马克西米亚努斯
Maximinus Daia 达亚·马克西米努斯
Maximus 马克西姆斯
Mazaca 马扎卡
M'Daourouch 马道鲁赫
Mediolanum 梅狄奥拉努姆
Mediolanum Santonum 桑托尼—梅狄奥拉努姆
Mediterranean Sea 地中海
Meditrina 梅迪特瑞纳
Mefitis 梅费提斯
Megalopolis 迈伽拉波利斯
Megara 梅伽拉
Mehring 梅林
Melitene 迈利提尼
Mellonia 梅隆尼亚
Melqart 美刻尔
Membij 曼比伊
Memmius, Gaius 迈密乌斯,盖尤斯
Memphis 孟菲斯
Men 梅恩
Menander 米南德
Mens 梅恩斯
Mercury 墨丘利
Merida 梅里达
Mesopotamia 美索不达米亚
Messalla 梅萨拉
Messana 麦萨纳
Messor 梅索尔
Metellus 梅特卢斯
Metz 梅斯
Mexada 迈科萨达
Milan 米兰
Miletus 米利都
Milo, Titus Annius 米罗,提图斯·安尼乌斯
Minerva 米涅尔瓦
Minucius Felix 米努基乌斯·费里克斯
Misenum 米塞努姆
Mithras 密特拉
Mithridates 密特里达提
Mitra 光明神
Mitrovica 米特罗韦卡
Mitylene 米蒂里尼
Modena 摩德纳
Moesia 摩埃希亚
Mogons 莫贡斯
Mogontiacum 摩贡提亚库姆
Mogtus 莫贡斯
Moguntiacum 摩古恩提亚库姆
Mogunus 莫贡斯
Mont Beuvray 贝弗莱山
Monte Cassino 蒙特卡西诺
Mopsucrenae 摩珀苏克雷奈
Mors 莫尔斯
Morta 莫尔塔
Mount Dindymus 町迪姆斯山
Mount Eryx 埃瑞克斯山
Mount Etna 埃特纳山

Mount Parnassus 帕尔纳苏斯山
Mountus 莫贡斯
Mucia 穆吉娅
Mumrills 穆瑞尔斯
Munda 蒙达
Munidia 穆尼狄亚
Munis 穆尼斯
Murcia 穆尔基亚
Mursa 穆尔萨
Muses 缪斯
Mutina 穆提那
Mylae 米拉埃
Mylitene 米利提尼
Myra 米拉
Mysia 穆细亚
Mytilene 梅提里尼

N

Nabelcus 破天神
Nabia 纳比亚
Naevius, Gnaeus 奈维乌斯,格奈乌斯
Naissus 奈苏斯
Namatianus, Rutilius Claudius 纳马提亚努斯,鲁提里乌斯·克劳狄
Nana 纳娜
Nantosuelta 南托苏埃塔
Naples 那不勒斯
Narbo Martius 马尔斯—那尔博
Narbonese Gaul 那尔旁高卢
Narbonne 纳博讷
Narni 纳尔尼
Narona 那罗纳
Naucratis 那克拉提斯
Naulochus 瑙罗库斯
Navia 纳维亚
Necessitas 尼凯希塔斯
Nehalennia 尼哈勒尼亚
Nemausicae 尼马乌西卡
Nemausus 尼马乌苏斯
Nemesianus, Marcus Aurelius Olympius 奈梅西亚努斯,马尔库斯·奥里略·奥林匹乌斯
Nemesis 尼米希斯
Nemetes 奈美特斯
Nemetona 尼米托那
Nenia 尼尼亚
Nennig 奈尼希
Neocaesarea 新恺撒城
Nepi 奈丕
Nepos 奈波斯
Nepos, Julius 奈波斯,尤利乌斯
Nepotian 奈波提安
Neptune 尼普图努斯
Nerio 尼黎奥
Nero 尼禄
Nerthus 尼尔图斯
Nerva 涅尔瓦
Netherlands 荷兰
Nettlesham 奈特萨姆
Nettleton Shrub 奈特顿什拉伯
Neumagen 诺伊马根
Neuss 诺伊斯
New Carthage 新迦太基
Newcastle 纽卡斯尔
Newstead 纽斯泰德
Nicaea 尼西亚
Nicomachus 尼科马库斯
Nicomedes Ⅳ 尼科美德斯四世
Nicomedia 尼科米底亚
Nicopolis 尼科波利斯
Nigrinian 尼戈里尼安
Nijmegen 奈梅亨
Niksar 尼克萨尔
Nîmes 尼姆
Nisibis 尼西比斯
Nis 尼什

Nocera 诺切拉
Nodens 诺登斯
Nodutus 诺都图斯
Nola 诺拉
Nona 诺娜
Nonae Caprotinae 诺奈·卡普若蒂娜
Nonius Marcellus 诺尼乌斯·马克卢斯
Nora 诺拉
Noreia 诺瑞亚
Noricum 诺里库姆
North Sea 北海
Nortia 诺尔提亚
Novae 诺维
Novaesium 诺韦西乌姆
Noviomagus 诺维奥马古斯
Noviomagus Batavorum 巴塔维—诺维奥马古斯
Noviomagus Regnorum 瑞格尼—诺维奥马古斯
Noviomagus Treverorum 特莱维尔—诺维奥马古斯
Nuceria 努科里亚
Numantia 努曼提亚
Numa Pompilius 努玛·庞培利乌斯
Numerian 努美里安
Numidia 努米底亚
Nursia 努尔西亚
Nurtia 努尔提亚
Nusaybin 努塞宾

O

Obarator 奥巴拉托尔
Occator 奥卡托尔
Oceanus 海神
Oceanus Atlanticus 大西洋
Oceanus Britannicus 布列塔尼库斯海
Oceanus Germanicus 北海
Ocelus Vellaunus 平复神维劳努斯
Octavia 奥克塔维娅
Octavian 屋大维
Odessus 奥德苏斯
Odoacer 奥多亚克
Oea 奥埃阿
Ogmios 奥格米奥斯
Olisipo 奥里希波
Olloudius 奥卢狄乌斯
Olybrius 厄利布里乌斯
Olympia 奥林匹亚
Ops 奥普斯
Orange 奥朗日
Orbona 奥尔波纳
Orcus 奥尔库斯
Orestes 奥瑞斯特斯
Orleans 奥尔良
Orosius 奥若希乌斯
Orpheus 俄耳甫斯
Osca 奥斯卡
Osijek 奥西耶克
Osiris 奥西里斯
Osrhoene 奥斯罗埃尼
Ostia 奥斯提亚
Ostrogoths 东哥特人
Otho, Marcus Salvius 奥托,马尔库斯·萨尔维乌斯
Ovid 奥维德
Ovilava 奥维拉瓦
Oxyrhynchus 奥克西林库斯

P

Pacatian 帕卡提安
Paccia Marciana 帕吉娅·马尔吉娅娜
Pacuvius, Marcus 巴库维乌斯,马尔库斯
Padua 帕多瓦
Paestum 帕埃斯图姆

Philodemus of Gadara 加达拉的菲洛德姆斯
Phlegyas 弗勒吉阿斯
Phoebus Apollo 太阳神阿波罗
Phoenicia 腓尼基
Phrygia 弗里吉亚
Piacenza 皮亚琴察
Picumnus 皮库姆努斯
Picus 皮库斯
Pietas 皮埃塔斯
Pilumnus 皮卢姆努斯
Piraeus 皮拉埃乌斯
Pisae 比萨
Pisaurum 皮萨乌鲁姆
Pisidia 皮西迪亚
Piso, Caius Calpurnius 皮索,盖尤斯·卡尔普尔尼乌斯
Placentia 普拉森舍
Placidia 普拉吉迪娅
Placidius Valentinianus 普拉吉狄乌斯·瓦伦提尼亚努斯
Plato 柏拉图
Plautia Urgulanilla 普劳提娅·乌尔古拉尼拉
Plautilla 普劳提拉
Plautus 普劳图斯
Pliny the Elder 老普林尼
Pliny the Younger 小普林尼
Plovdiv 普罗夫迪夫
Plutarch 普鲁塔克
Pluto 普鲁图
Poetovio 珀埃托维奥
Poitiers 普瓦捷
Pola 波拉
Pollio 伯里奥
Pollio, C. Asinius 伯里奥,C. 阿西尼乌斯
Pollux 伯吕克斯
Polyaenus 伯利埃努斯
Polybius 波利比乌斯
Pomona 波摩纳
Pompeia Plotina 庞培娅·普洛提娜
Pompeii 庞贝
Pompeius Strabo 庞培·斯特拉波
Pompey 庞培
Pomponius Mela 蓬波尼乌斯·麦拉
Pomponius Secundus 蓬波尼乌斯·塞昆杜斯
Pontius 蓬提乌斯
Pontus 本都
Pope Damasus 达玛苏斯主教
Pope Gelasius I 教皇格拉希乌斯一世
Pope Gregory XIII 教皇格里高利十三世
Pope Leo I 教皇利奥一世
Popillius 伯庇利乌斯
Poppaea 珀派娅
Porphyry 博尔菲利
Port bei Nidau 尼道港
Porto Terres 蒂里斯港
Portugal 葡萄牙
Portunus 波尔图努斯
Portus 波尔图斯
Portus Iulius 尤利乌斯港
Poseidon 波塞冬
Poseidonia 波塞冬城
Postumus, Marcus Cassianius Latinius 珀斯图姆斯,马尔库斯·卡西亚尼乌斯·拉提尼乌斯
Potaissa 博泰萨
Pozzuoli 波佐利
Praeneste 普莱奈斯特
Praetorium Agrippinae 阿格里皮娜帅部
Priapus 普瑞阿普斯
Priscian 普里西安
Priscus, Javolenus 普利斯库斯,亚沃勒努斯
Priscus Attalus 普利斯库斯·阿塔路斯
Pritona 普里托纳
Probus 普洛布斯
Procopius 普洛柯比乌斯
Promitor 普罗米托尔
Propertius, Sextus 普洛派尔提乌斯,塞克斯图斯

Roma 罗马
Romania 罗马尼亚
Romulus 罗穆路斯
Romulus Augustulus 罗穆路斯·奥古斯都路斯
Rosmerta 罗斯麦塔
Rotomagus 罗托马古斯
Rottweil 罗特韦尔
Rough Castle 卢卡索
Rubicon River 卢比孔河
Rudchester 拉德切斯特
Rudiae 卢迪埃
Rufus, P. Sulpicius 鲁福斯,P. 苏尔皮基乌斯
Rufus, Servius Sulpicius 鲁福斯,塞尔维乌斯·苏尔皮基乌斯
Rumina 路米纳
Rusina 路希纳
Rutupiae 卢图皮亚

S

Sabazius 萨巴兹乌斯
Sabina 萨宾娜
Sabratha 塞卜拉泰
Sabrina River 萨布里纳河
Sagetia 塞格提亚
Saguntum 萨贡图姆
Saintes 桑特
St. Albans 圣阿尔班斯
St. Ambrose 圣安布罗斯
St. Augustine of Hippo 希波的圣奥古斯丁
St. Benedict 圣贝奈迪克特
St. Bertrand de Comminges 圣贝尔特朗德康曼日
St. Brigit 圣波瑞格特
St. Cyprian 圣塞浦里安
St. Hilary 圣希拉利
St. Jerome 圣哲罗姆
St. Paulinus of Nola 诺拉的圣帕乌利努斯
St. Remy 圣雷米
St. Severinus 圣塞维里努斯
St. Sidonius Apollinaris 圣希多尼乌斯·阿波黎纳里斯
Salamis 萨拉米
Salinae 萨利奈
Sallust 撒路斯特
Sallustia Barbia Orbiana 撒路斯提娅·巴尔比娅·奥尔比亚娜
Salonae 萨洛奈
Saloninus 萨洛尼努斯
Salus 萨卢斯
Salvius 萨尔维乌斯
Samandag 萨曼达
Samarobriva Ambianorum 阿姆比安—萨马罗布里瓦
Samnium 萨莫尼乌姆
Samosata 萨摩撒塔
Sangarius 珊伽里乌斯
Santiponce 桑迪邦斯
Sarapis 塞拉皮斯
Sardinia 萨丁尼亚
Sardis 萨尔迪斯
Sarritor 萨瑞托
Sarsina 萨尔西纳
Satala 撒塔拉
Saturn 萨图恩
Saturnia 萨图尔尼亚
Saturninus, Lucius Antonius 萨图尔尼努斯,卢基乌斯·安东尼
Saturninus, Lucius Appuleius 萨图尔尼努斯,卢基乌斯·阿普莱利乌斯
Saturninus, Sextus Julius 萨图尔尼努斯,塞克斯图斯·尤利乌斯
Savaria 萨瓦里亚
Savia 萨维亚

Savus River 萨瓦河
Sbeitla 斯贝特拉
Scaevola 斯喀埃沃拉
Scallabis 斯喀拉比斯
Scandinavia 斯堪的纳维亚
Scarpus, Pinarius 斯卡尔普斯,皮那里乌斯
Schwarzenacker 施瓦岑纳克
Scipio 西比阿
Scipio Nasica 西比阿・纳西卡
Scotland 苏格兰
Scribonia 斯科里波尼娅
Scupi 斯库比
Scythia 西徐亚
Seabegs 锡贝格兹
Seabegs Wood 锡贝格兹伍德
Sea of Marmara 马尔马拉海
Sebastea 塞巴斯蒂阿
Sebastianus 塞巴斯提亚努斯
Securitas 塞库瑞塔斯
Sefetula 塞费图拉
Segedunum 塞格杜努姆
Segontia 塞贡提亚
Segora 塞戈拉
Segovia 塞哥维亚
Segusio 塞古西奥
Seia 塞亚
Seine River 塞纳河
Sejanus, Lucius Aelius 塞亚努斯,卢基乌斯・埃里乌斯
Seleucia Pieria 皮埃里亚—塞琉古城
Seleucia 塞琉古城
Selimiye 塞里密耶
Selinus 塞里努斯
Semele 塞默勒
Semo Sancus "半神"桑库斯
Seneca 塞涅卡
Seneca the Elder 老塞涅卡
Seneca the Younger 小塞涅卡
Senlis 桑利斯
Sentona 森托纳
Septimius Severus 塞普提米乌斯・塞维鲁
Sequana 塞夸纳
Serapis 塞拉皮斯
Serdica 塞尔狄卡
Serena 塞莱娜
Sertorius 塞尔多利乌斯
Servius 塞尔维乌斯
Servius Tullius 塞尔维乌斯・图利乌斯
Seth 塞思
Setif 塞提夫
Severa, Marcia Otacilia 塞维拉,马尔吉娅・奥塔吉里娅
Severn River 塞文河
Severus, Cornelius 塞维鲁,科尔奈利乌斯
Severns Alexander 塞维鲁・亚历山大
Seville 塞维尔
Shadrapa 萨德拉帕
Shamin 沙米讷
Shapur 萨普尔一世
Sibyl 西比拉
Sibyl at Cumae 库迈的西比拉
Sicily 西西里
Side 锡德
Sidon 西顿
Sidonius Apollinaris, Saint 圣希多尼乌斯・阿波黎纳里斯
Siguenza 锡古恩萨
Silchester 锡尔切斯特
Silenus 西勒努斯
Silistra 锡利斯特拉
Silius Italicus 西利乌斯・伊塔利库斯
Silvanus 希尔瓦努斯
Simon BarCochba "星宿之子"西蒙
Singara 辛加拉
Singidunum 辛吉杜努姆
Sinope 锡诺普

Sinuessa 锡努埃萨
Sirmium 希尔密乌姆
Sirona 希罗纳
Siscia 锡斯吉亚
Sisenna 西塞那
Sitifis 锡狄菲斯
Sivas 锡瓦斯
Skopje 斯科普里
Smertrius 供给神
Smyrna 斯穆尔纳
Sofia 索菲亚
Sol 索尔
Solin 索林
Solinus 索利努斯
Sol Invictus 无敌者索尔
Soranus 索拉努斯
Soria 索里亚
Sousse 苏斯
South Shields 南希尔兹
Spain 西班牙
Spartacus 斯巴达克
Sparta 斯巴达
Spartianus 斯巴提亚努斯
Spes 司珀斯
Spidauros 斯皮达卢斯
Spiniensis 斯比尼恩希斯
Split 斯普里特
Stanna 斯塔纳
Stanwix 斯坦维克斯
Stata Mater 斯达塔母神
Statilia Messallina 斯塔提里娅·梅萨里娜
Statius, Caecilius 斯塔提乌斯,卡埃基利乌斯
Statius 斯塔提乌斯
Sterculinus 斯特库里努斯
Stilicho, Flavius 斯提里克,弗拉维乌斯
Stimula 斯提姆拉
Strabo 斯特拉波
Strabo, L. Seius 斯特拉波,L. 塞尤斯
Sttasbourg 斯特拉斯堡
Stratonicea 斯特拉托尼卡
Strenia 斯特莱尼亚
Stridon 斯特黎敦
Stuklen 斯都克伦
Subruncinator 苏布伦基纳托尔
Sucellus 苏克卢斯
Suesa Aurunca 苏埃萨—奥仑卡
Suetonius 苏埃托尼乌斯
Sufetula 苏费图拉
Suleviae 苏勒维亚
Suleviae Junones 苏勒维亚-朱诺涅斯
Sulis 苏利斯
Sulis Minerva 苏利斯-米涅尔瓦
Sulla, Lucius Cornelius 苏拉,卢基乌斯·科尔奈利乌斯
Sulmo 苏尔莫
Sulpicia 苏尔皮基娅
Suipicia Dryantilla 苏尔皮基娅·德里昂提拉
Sulpicius Severus 苏尔皮基乌斯·塞维鲁
Summanus 苏玛努斯
Summerston 萨默斯顿
Susa 苏萨
Swisjtow 斯韦斯耶托
Switzerland 瑞士
Syene 息安尼
Symaethis 希迈提斯
Symmachus, Quintus Aurelius 叙马库斯,昆图斯·奥里略
Synnada 叙纳达
Syracusae 叙拉古
Syria 叙利亚
Szöny 索尼
Szouny 斯佐尼

T

Tabarka 塔巴卡

Tacitus 塔西佗
Talassius 塔拉希乌斯
Talavera la Vieja 塔拉维拉—拉维耶
Tameobrigus 塔米奥波瑞古斯
Tanarus 塔纳卢斯
Tangiers 丹吉尔
Tanit 塔尼特
Taranis 塔拉尼斯
Tarasco 塔拉斯孔
Tarasicodissa 塔拉西克迪萨
Tarentum 他林敦
Tarquin 塔克文
Tarraconensis 塔拉戈—西班牙
Tarraco 塔拉戈
Tarsatica 塔尔萨提卡
Tarsus 塔尔苏斯
Tarvostrigaranus 塔沃斯特瑞伽拉努斯
Tauromenium 陶罗曼尼乌姆
Taurunum 陶鲁努姆
Tébessa 泰贝萨
Tebtunis 提波突尼斯
Tefessad 提费萨德
Tellus 特鲁斯
Tellus Mater 特鲁斯母神
Telo 特罗
Tempestates 特姆派斯塔特斯
Terence 泰伦斯
Tergeste 特尔戈斯特
Terminus 特耳米努斯
Tertullian 德尔图良
Tethys 特提斯
Tetricus 提特里库斯
Teutates 特塔提斯
Teutones 条顿人
Thabraca 塔布拉卡
Thagaste 塔伽斯特
Thamugadi 塔穆加迪
Thapsus 塔普苏斯
Thebae 底比斯
Thebais 底比斯
Theodahad 狄奥达哈德
Theodora 狄奥多拉
Theodoric 狄奥多西
Theodosiopolis 狄奥多西城
Theodosius 狄奥多西乌斯
Theseus 提秀斯
Thessalia 色萨利
Thessalonica 色萨罗尼加
Thessaly 色萨利
Thetford 塞特福德
Thevestis 泰维斯提斯
Thrace 色雷斯
Thrasea Paetus 特拉塞亚·帕埃图斯
Thrax 色雷斯人
Thuburbo Maius 大图布尔波
Thugga 土加
Thysdrus 蒂斯德鲁斯
Tiberianus 提贝里亚努斯
Tiberinus 第伯里努斯
Tiberius 提比略
Tiberis 提贝里斯
Tibullus 提布鲁斯
Tibullus, Albius 提布鲁斯,阿尔比乌斯
Tibur 提布尔
Ticinum 提契努姆
Tigris River 底格里斯河
Timesitheus 提迈希修斯
Timgad 塔穆加迪
Tingi 廷基
Tipasa 提普萨
Tiro 泰若
Tisiphone 蒂西福涅
Titan 提坦神
Tities 提提埃斯
Titinius 泰提尼乌斯
Titus 提图斯

Tivoli 蒂沃利
Toletum 托莱图姆
Tolosa 托罗萨
Tomi 托密
Tongeren 通厄伦
Tortona 托尔图纳
Tortosa 托尔托萨
Toulon 土伦
Toulouse 图卢兹
Toutatis 图塔提斯
Towchester 托切斯特
Trabzon 特拉布宗
Traianopolis 图拉真堡
Trajan 图拉真
Tralles 特拉雷斯
Trapezus 特拉佩祖斯
Trebonianus Gallus 特莱波尼亚努斯·伽卢斯
Trento 特伦托
Tridentum 特里登图姆
Trier 特里尔
Trieste 的里雅斯特
Trimontium 特里蒙提乌姆
Tripoli 的黎波里
Tripolis 特里波利斯
Tripolitania 的黎波里塔尼亚
Trogus 特洛古斯
Troy 特洛伊
Tullia 图利娅
Tullus Hostilius 图鲁斯·豪斯提利乌斯
Tulmaythah 图勒迈塞
Tunisia 突尼斯
Turda 图尔达
Turin 都灵
Turkey 土耳其
Turnu-Severin 塞维鲁塔城
Turris Libisonis 图里斯—利比松
Tuscia 托斯卡
Tusculum 图斯库鲁姆
Tutilina 图提利纳
Tyana 提亚那
Tyche 狄喀
Tyrrhenian Sea 第勒尼安海
Tyrus 提路斯

U

Ucuetis 乌库埃提斯
Uley 尤雷
Ulpia 乌尔皮娅
Ulpian 乌尔皮安
Ulpia Severina 乌尔皮娅·塞维里娜
Ulpia Traiana Sarmizegetusa 乌尔皮乌斯—图拉真—萨米塞基图萨
Umbria 翁布里亚
Um Qeis 乌姆杰斯
Uni 乌尼
Uranius 乌拉尼乌斯
Uranus 乌拉努斯
Urbino 乌尔比诺
Urfa 乌尔法
Uselis 乌塞里斯
Utica 乌提卡
Uxelodunum 乌克塞罗杜努姆

V

Vaballathus 瓦巴拉图斯
Vacuna 瓦库纳
Vagdavercustis 瓦格达维库斯提斯
Vaison 维松
Vaison-la-Romaine 维松—拉罗曼尼
Valballathus, Wahballat 瓦巴拉图斯
Valens, Aurelius Valerius 瓦伦斯,奥里略·瓦来里乌斯
Valens, Flavius 瓦伦斯,弗拉维乌斯

Valentia 瓦兰提亚
Valentinian 瓦伦提尼安
Valeria 瓦来里娅
Valeria Messallina 瓦来里娅·梅萨里娜
Valerian 瓦来里安
Valeria Severa 瓦来里娅·塞维拉
Valerius Antias 瓦来里乌斯·安提亚斯
Valerius Flaccus 瓦来里乌斯·弗拉库斯
Valerius Maximus 瓦来里乌斯·马克西姆斯
Valkenburg 法尔肯堡
Vallonia 瓦罗尼亚
Varius Rufus 瓦里乌斯·鲁福斯
Varna 瓦尔纳
Varro 瓦罗
Varus 瓦鲁斯
Vasio 瓦西奥
Vasio Vocontiorum 沃康克—瓦锡奥
Vates 瓦特斯
Vatinius 瓦提尼乌斯
Vediovis 维迪奥维斯
Vedius 维狄乌斯
Vegetius 维盖提乌斯
Veii 维伊
Veiovis 维伊奥维斯
Vellaunus 维劳努斯
Velleius Paterculus 维莱伊乌斯·帕特尔库鲁斯
Velsen 费尔森
Vendius 温狄乌斯
Venetia et Histria 温奈提亚—伊斯特利亚
Venilia 维尼利亚
Venonae 韦诺奈
Venosa 维诺萨
Venta 温塔
Venta Belgarum 贝尔格—温塔
Venta Icenorum 爱西尼—温塔
Venta Silurum 锡卢尔城
Venus Cloacina “清洁者”维纳斯
Venus 维纳斯
Venus Erycina 维纳斯·埃瑞吉娜
Venus Genetrix 母神维纳斯
Venusia 维努西亚
Venus Libitina “生命力之神”维纳斯
Venus Verticordia “心灵的改变者”维纳斯
Venus Victrix “胜利者”维纳斯
Veraudinus 维劳狄努斯
Verbeia 维尔比亚
Vercellae 维尔克莱
Vercingetorix 维尔辛格托里克斯
Vergil 维吉尔
Verminus 维尔米努斯
Verona 维罗纳
Verres 维瑞斯
Verrius Flaccus 维里乌斯·弗拉库斯
Vertumnus 维尔图努斯
Verulamium 费鲁拉米乌姆
Verus, Annius 维鲁斯,安尼乌斯
Verus, Marcus Annius 维鲁斯,马尔库斯·安尼乌斯
Vervactor 维尔瓦克托
Vesontio Sequanorum 塞夸尼—维松提奥
Vespasian 韦帕芗
Vesta 维斯塔
Vesunna Petrucoriorum 佩特鲁科里—韦苏纳
Vetranio 维特拉尼奥
Vetus 维图斯
Vica Pota 征服者波塔
Vicarello 维卡莱罗
Vichy 维希
Victor, Sextus Aurelius 维克多,塞克斯图斯·奥里略
Victoria 维多利亚
Victorinus, Marcus Piavonius 维克多里努斯,马尔库斯·皮亚沃尼乌斯
Victory 胜利女神
Vienna 维也纳

Vietnam 越南
Viminacium 费米那基乌姆
Viminal Hill 维米纳尔山
Vindex, Gaius Julius 温德克斯,盖尤斯·尤利乌斯
Vindobona 温多博纳
Vindolanda 温都兰达
Vindonissa 温多尼萨
Vinotonus 维诺托努斯
Vipsania Agrippina 维普萨尼娅·阿格里帕
Virbius 威耳比俄斯
Virgil 维吉尔
Virgin Mary 圣母马利亚
Virgo Caelestis 凯利斯提斯室女神
Viriplaca 维瑞普拉卡
Virtus 维尔图斯
Virunum 维鲁努姆
Visigoths 维西哥特人
Visucia 维苏克亚
Visucius 维苏基乌斯
Vitellius, Aulus 维泰里乌斯,阿乌鲁斯
Vitellius, Lucius 维泰里乌斯,卢基乌斯
Vitris 维特瑞斯
Vitrivius 维特鲁威
Vivarium 维瓦里乌姆
Volaterrae 沃拉提莱
Volcanus 乌尔甘
Volsinii 沃勒锡尼
Volturnus 沃勒图尔努斯
Volubilis 沃吕比利斯
Volusian 沃鲁希安
Volutina 沃路提纳
Vortumnus 沃尔图努斯
Vosegus 沃塞古斯
Vulcan Mulciber "锻造者"乌尔甘
Vulcanus 乌尔甘
Vulcanus Quietus "小憩者"乌尔甘
Vulcan 乌尔甘

W

Wales 威尔士
Wallsend 沃尔森德
Water Newton 沃特牛顿
Wearmouth 韦尔茅斯
Westerwood 韦斯特伍德
Whitby 惠特比
Widdenberg 维登博格
Wiesbaden 威斯巴登
Windisch 温迪施
Wroxeter 弗罗克塞特

X

Xanten 克桑腾
Xanthus 桑索斯
Xulsigiae 叙勒希基亚

Y

York 约克
Yugoslavia 南斯拉夫

Z

Zalmoxis 扎勒莫克希斯
Zama Regia 雷吉亚扎玛
Zaragoza 萨拉戈萨
Zela 基拉
Zeno 芝诺
Zenobia, Septimia 泽诺比娅,塞普提密娅
Zeugma 泽戈玛
Zeus 宙斯
Zosimus 佐西姆斯

图书在版编目(CIP)数据

探寻古罗马文明/〔英〕阿德金斯,〔英〕阿德金斯著;张楠等译. —北京:商务印书馆, 2008
(探寻古文明丛书)
ISBN 978-7-100-05828-5

I. 探… II. ①阿…②阿…③张… III. 古罗马—文化史
IV. K126

中国版本图书馆 CIP 数据核字(2008)第 049303 号

探寻古文明丛书

探寻古罗马文明

〔英〕莱斯莉·阿德金斯 罗伊·阿德金斯 著
张楠 王悦 范秀琳 译
张强 校

商务印书馆出版
(北京王府井大街36号 邮政编码 100710)
商务印书馆发行
北京瑞古冠中印刷厂印刷
ISBN 978-7-100-05828-5

2008年11月第1版 开本 700×1000 1/16
2008年11月北京第1次印刷 印张 47¾
印数 5 000 册

定价: 70.00 元